Lorenzo Piazza

La genesi del "FObulatore"

Dario Fo e i fabulatori del Lago Maggiore

W0294274

La genesi del "FObulatore" – Dario Fo e i fabulatori del Lago Maggiore
Copyright © 2024 Lorenzo Piazza
Tutti i diritti riservati
Codice ISBN: 9798873107209
Prodotto in autopubblicazione da Lorenzo Piazza

Fotocomposizione dell'autore in copertina: foto della Rocca di Caldé (proprietà di Franco Marmino) e immagine di un giovane Dario Fo (proprietà della Fondazione Dario Fo e Franca Rame)

A tücc': paisan, turist e furèst che i vör ben al nòst lagh[1]

[1] Trad.: A tutti: paesani, turisti e forestieri che amano il nostro lago.

Ul fô par ul fögh,
al primm ann a l'è òr,
al segund a l'è arsgent,
al terz, u vâr gnient [I]

Dario Fo, ricorda Antonio Costantini[II], era soprannominato "faggio", non tanto per la sua figura allampanata, quanto perché in dialetto *fô* significa proprio faggio, un legno comune dei nostri boschi. Il proverbio, però, non rispecchia la straordinaria carriera del "faggio" artista!

[I] T. Salvi, *Fregüi de la sapienza di nòst vécc'*, Germignaga, Edizioni Verbano, 1989, p. 28. Trad.: Il faggio per il fuoco, il primo anno è oro, il secondo è argento, il terzo non vale niente; cioè vale sempre meno via via che passano gli anni.
[II] Cfr. Antonio Costantini, *Storie di comici*, «Verbanus», n. 7, 1986, p. 315.

Sommario

Prefazione

Quali sono le ragioni che inducono a varare un progetto letterario?

In effetti, questa stessa domanda potrebbe essere la motivazione per redigerne uno alquanto corposo. Tanto pingue da fare invidia a Tolstoj, almeno per estensione, perché le motivazioni che conducono alla scrittura sono numerose quasi quanto coloro che decidono di seguirle…

Ma cosa accade quando ci si immerge nella composizione di un lavoro, con l'intento vero di documentare, per la prima volta in maniera puntuale, una teoria creduta valida sulla base dell'autorevolezza di chi l'ha enunciata… e si scopre che non è così?

Come ci si sente nel rendersi conto che, invece di sostenerne ed ampliarne la risonanza mediante mediante un'analisi storica, culturale e sociologica, il proprio impegno sta andando a smentire proprio quella tesi che si era determinati a sostenere? Ma, soprattutto… cosa ti compare davanti, nel momento in cui capisci che, con la tua ricerca, in qualche modo, stai dando del "Bugiardo" a un premio Nobel?!

Ecco… dietro i quesiti sopra espressi, che può svelare solo Lorenzo, c'è la ragione della pubblicazione di questo lavoro, che certamente può risultare interessante agli appassionati della storia artistica e personale di Dario Fo (Spoiler: il Maestro non ne esce male, affatto), ma che appartiene al novero di quelle opere capaci di sorprendere e interessare, altrettanto se non di più, coloro che amano le verità sotto le apparenze e quelle atmosfere che rimandano a modi e tempi che, pur ancora vicini a noi, sono già avvolti dalla nebbia del passato, sfumati e, forse, per questo ancor più affascinanti.

Un testo che avrebbe potuto non esistere, consegnato alle citate nebbie invece di celebrarle perché la sfida, durante il lavoro di raccolta delle informazioni, si è dimostrata differente e, certo, molto più ardua del previsto. La caparbietà dell'autore ha fatto in modo che questo testo potesse compiersi e arrivare nelle vostre mani (o sui vostri schermi di lettura, dati i tempi correnti). L'invito è, dunque, ad immergervi per scoprire verità e non, sulle quali si sono sviluppate le radici di un grande artista.

D'altro canto, cosa è vero? Ciò che viene affermato nel momento in cui è pronunciato, lo è sicuramente, per me che l'ascolto. È stato detto, in quel momento. Falsità o verità, in quell'istante è stato dichiarato!

Nell'arte, la suggestione che la parola crea, la concatenazione logica capace di aiutarci a credere ciò che desideriamo… non sono esse stesse verità?

Prendo spunto da un aneddoto: il grande attore Giancarlo Giannini, in una intervista del luglio 2023 durante una rassegna teatrale presso il Sacro Monte di Varese, parlava dei suoi esordi con Shakespeare diretto da Zeffirelli. Ricordando il suo debutto, ammetteva di essere arrivato alla vigilia della Prima senza aver studiato adeguatamente la parte. Andò in scena comunque, e fu un successo, seguendo il consiglio del regista: "Fumo negli occhi!". Chiosò il racconto con una alzata di spalle aggiungendo: "Aveva ragione Zeffirelli… e poi, se dietro hai un genio come Shakespeare, non può andare male!"

Certo, questa affermazione vale se hai il talento per improvvisare… ma cosa accade, se il Genio e il Talentuoso sono la stessa persona? Nelle dita e nelle labbra di Dario Fo, ecco che può nascere un mito storico che diventa vero anche più della verità stessa.

A rendere il quadro ancor più accattivante contribuisce la cornice. Gli scenari e le ambientazioni del lago Maggiore in cui, da un lato, Fo recupera soprattutto ispirazione per figure popolari e picaresche, ma che nella persona non particolarmente appassionata alla sua opera richiamano, giustamente, caratteri di bellezza magnificati fin dal '600, tanto da farne meta intermedia dei Grand Tour di ampia parte della nobiltà europea. Non aveva sbagliato Vitaliano VI Borromeo (1620-1690), nel comprendere la potenzialità di certe "Quinte Teatrali", tanto da spingerlo a concepire l'Isola Bella come oggi noi la conosciamo, al fine di "… farsi amici e stima", arricchendo panorami che ispireranno innumerevoli artisti, come Ashton e Van Wittel, per citarne solo due.

Su questo sfondo, a metà tra giardino delle delizie e ambito di passaggio, si stagliano i personaggi che popolano le memorie (o le fantasie?) dell'artista. Territori proiettati verso un confine che è, per sua natura, luogo di scambi e opportunità; polo attrattivo per viandanti che recano al seguito beni e merci ma, non di meno, anche le proprie storie, tradizioni e linguaggi. Questi ultimi, a loro volta, posti in bilico sulla linea di demarcazione tra l'essere strumento per trasmettere la narrazione ovvero divenire, essi stessi, colonne della creazione autoriale e della sua incontenibile, fantastica fabulazione, in qualità d'interpreti (di primo piano!), dell'eterno confronto fra il vero e il verosimile.

Tra echi di battaglie antiche (realmente accadute), all'ombra di fortezze smantellate dalla furia dei contendenti (davvero esistite), si delineano maschere figlie della provincia all'apparenza pigra, eppure collocata in un contesto di respiro insospettabilmente ampio. Fatte di semplicità ma anche portatrici di guizzo ed ironia, al pari di quelle ereditate da un giullare che seppe arrivare fino alla "Corte" del Re di Svezia...

Mirco Cucina

Il Lago Maggiore

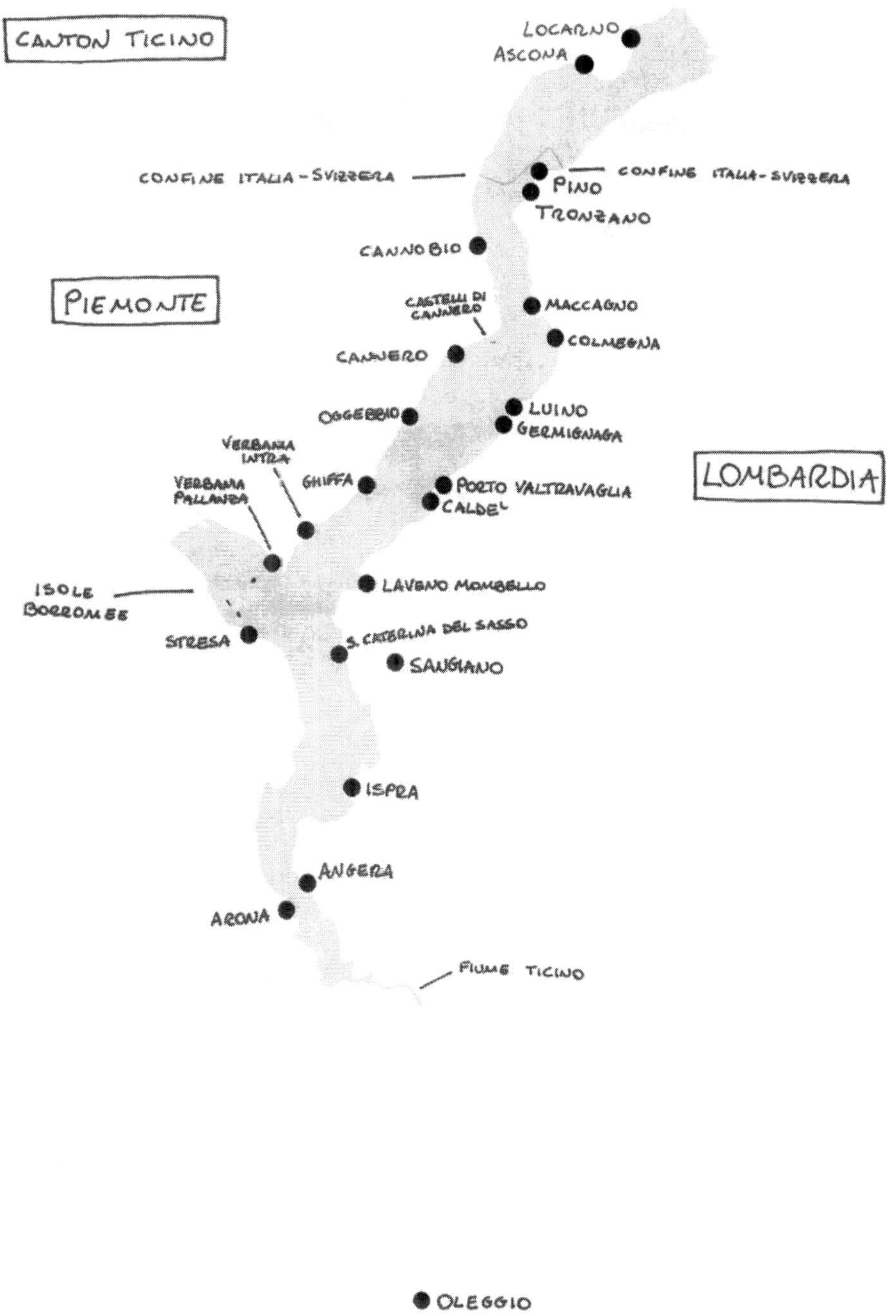

Introduzione

Piazza Lorenzo, nato nel 1977 a Luino, Lago Maggiore.
Fo Dario, nato nel 1926 a Sangiano, (quasi sul) Lago Maggiore.
La comune origine geografica inorgoglisce sempre: cosa sperimentata sulla propria pelle da quanti abbiano avuto la ventura di nascere in una zona – non necessariamente una città, suvvia – resa celebre dall'aver dato i natali a un'illustre letterato o uomo di scienza, a un calciatore famoso o a un cantante di grido. La gloria rifulge su tutta la cittadinanza e comuni limitrofi.

Ebbene, chi ha vissuto la mia stessa situazione, avendo provato il brivido della notorietà (altrui) è perfettamente in grado di capire quanto il mio *ego* di fiero *homo lacus* si sia gonfiato a dismisura nel venire a conoscenza dell'assegnazione del premio Nobel per la letteratura a Dario Fo «*who emulates the jesters of the Middle Ages in scourging authority and upholding the dignity of the downtrodden*»[1]. Onore che poi è destinato a risplendere sul paese intero, come ha scritto Piera Corsini: «ottobre ha regalato al cittadino "ad honorem" Dario Fo il premio Nobel per la Letteratura [.] A Luino quindi la gloria di comparire su testi di scuola, enciclopedie e annuari come patria adottiva di un premio Nobel»[2].

Ma qual è il rapporto tra il grande uomo di teatro e la sua zona di origine?
Banalmente, potremmo definirlo di odio-amore, sebbene questa semplificazione nasconda delle cause di difficile comprensione.
Dario Fo, che tanto afferma di aver appreso dalle involontarie lezioni dei fabulatori del Lago Maggiore, da un certo momento della sua vita ha smesso di frequentare i luoghi natii. Il motivo non può essere ridotto ai pressanti impegni che l'hanno costretto in giro per L'Italia e per il mondo.

A Fo l'ambiente piaceva molto, ed era certamente legato a Porto Valtravaglia, in cui ha vissuto prima di trasferirsi a Milano, ma anche a Luino dove ci fu il battesimo su un vero palcoscenico, il Teatro Sociale, e che «fu la sua residenza dal 1959 al 1975»[3]. Sicuramente esisteva un rapporto privilegiato tra Fo e la piazza luinese; tant'è che, precisa il professor Angelo Aschei, quando nel '56 recitò il ruolo di protagonista nel film di Lizzani, *Lo svitato*, la proiezione avvenne «a Luino con un giorno d'anticipo rispetto alla prima visione nazionale di Milano»[4]. Ma il flop, il suo risentimento e le critiche spinsero l'ancor giovane artista ad abbandonare lo schermo cinematografico. Critiche che giunsero, inaspettatamente per lui, anche dal pubblico luinese[5]:

---

[1] The Nobel Prize in Literature 1997 (https://www.nobelprize.org/prizes/literature/1997/summary/). Trad.: Che emula i giullari medievali nel castigare l'autorità e nell'incoraggiare la dignità degli oppressi.

[2] P. Corsini, *Lunario*, *Il Rondò*, n. 10, 1997, p. 73.

[3] https://www.verbanonews.it/aree-geografiche/lombardia/2016/10/13/le-pagelle-di-un-premio-nobel/559236/

[4] Intervista a A. Aschei del 15/07/2002.

[5] Così hanno scritto Baroli e Frigerio, senza soffermarsi sulle argomentazioni delle critiche: «l'opera fu negativamente giudicata dalla critica e non furono certo i luinesi a decretarne il successo» (S. Baroli – P. Frigerio, *La società operaia di Luino*, Germignaga, *Nastro & Nastro*, 1999, p. 78).

> Possiamo ipotizzare che quelle critiche ebbero un peso considerevole dal punto di vista psicologico, soprattutto perché non riguardarono aspetti cinematografici, come la scarsa integrazione tra la sua abilità mimica e gestuale con il linguaggio cinematografico, ma furono attacchi superficiali e banalmente politici[6].

Il nocciolo della questione, in fin dei conti, risiedeva nelle sue manifeste simpatie politiche. Perciò, una persona che l'ha conosciuto, l'avvocato Vincenzo Viazzo, giudica «decisamente cattivo» il *feeling* con la zona:

> A causa della politica e delle posizioni sulle BR, molti l'hanno attaccato violentemente ("scrive, recita, guadagna soldi e poi fa l'ultrà di sinistra, il mangiapreti!", dicevano). Soprattutto a Luino, ha ricevuto dai democristiani locali molte critiche che non ha mai mandato giù.
>
> Perciò aveva cattiva opinione dei luinesi (e viceversa), che non gli dimostrarono né stima, neppure quando si seppe della prima candidatura al premio Nobel [febbraio 1975, NdA], né solidarietà o appoggio quando era in difficoltà e sperava che la piazza l'avrebbe accolto mentre era stato rifiutato da altri ambiti. Come se non bastasse venne anche accusato dagli anticomunisti di essere un rastrellatore fascista... Ma aveva ragione lui, non era stato un torturatore di partigiani[7].

Con una situazione di questo tipo sembrava difficile tentare di ricomporre lo strappo. Viazzo ha ammesso che gli sarebbe piaciuto tentare qualcosa per riportare Fo a Luino: «eravamo d'accordo che, se mi fossi candidato a sindaco di Luino, Dario avrebbe fatto uno spettacolo gratis al campo sportivo con la sua compagnia, per devolvere i soldi per qualche opera pubblica o beneficenza»[8].

Così non è stato e perciò le parti si sono parzialmente riavvicinate solo con l'assegnazione della cittadinanza onoraria a Luino. Era la sera del 1° novembre 1996[9]. In quella circostanza avvenne il mio primo contatto con l'allora futuro premio Nobel, di fronte all'ingresso dell'appena ristrutturato Teatro Sociale. Il Fo stava parlando al telefonino; raccontava le sue impressioni sulla serata e spendeva parole d'elogio per il comico che aveva appena fatto il suo show [Enrico Bertolino, NdA].

Ammetto di aver avuto la tentazione di avvicinarmi ulteriormente a lui – ero a circa tre metri – per fargli i miei complimenti e magari ottenere il suo autografo. Non lo feci per una sorta di timidezza mista a discrezione, sebbene mi avrebbe incuriosito interrogarlo sul legame tra lui e la mia terra, e sapere quale emozione gli desse tornare nei luoghi della sua infanzia.

Da allora mi restò l'impressione di aver visto dal vivo un grande personaggio, legato alla zona del lago, ma in un modo per me ancora indecifrabile. Ora, sebbene vorrei evitare di dare troppo peso al destino o ai segni premonitori, ammetto di aver ripensato a quella sera, nello scrivere queste pagine.

Già... quella sera. Era dedicata alla riapertura del Teatro Sociale e soprattutto a onorare la sua carriera col conferimento della cittadinanza onoraria, ma lui non parve

---

[6] Intervista a A. Aschei del 15/07/2002.
[7] Intervista a V. Viazzo del 04/05/2002.
[8] *Ibidem.*
[9] Cfr. S. Baroli – P. Frigerio, *La società operaia di Luino*, Germignaga, Nastro & Nastro, 1996, p. 99.

entusiasta; almeno non come mi aspettavo dovesse essere un artista che incassava in quel momento un attestato di stima da parte della popolazione. Sembrò impacciato, non completamente soddisfatto nel ricevere dall'allora sindaco Pietro Tosi le chiavi della città.

Non ricordo le parole esatte che pronunciò, ma pressappoco disse: «mi ha stupito sapere della decisione dell'Amministrazione Comunale di Luino di concedermi la cittadinanza onoraria, perché sentivo già Luino come una casa». A colpire fu il tono con cui vennero pronunciate quelle parole, che non rispecchiavano gioia, ma un'amara incredulità.

Ebbi conferma della sua mancanza di entusiasmo confrontando le mie impressioni con quelle di altre persone presenti quella sera. Secondo l'ex sindaco Tosi, la questione va compresa tenendo presente «la dialettica tra voglia e distacco, due forze contrapposte che lo attraggono e lo respingono»[10], e che quindi influiscono sul legame con la zona. E precisamente su quella serata:

> È stato molto importante che sia stato soddisfatto il suo desiderio di riconoscimento, sebbene, è mia opinione, lui in cuor suo si senta sprecato rispetto alla manifestazione di gratitudine e apprezzamento offerta dal paese, arrivata comunque troppo tardi[11].

L'ex assessore comunale Roberto Micotti lo vide «indifferente al ricevere la cittadinanza onoraria»[12]. E Viazzo afferma senza dubbi: «il giorno della cittadinanza onoraria, lui non si esaltò molto. Quella sera sono stato vicino a lui e capii subito che lo considerava quasi uno scherzo di cattivo gusto»[13].

Il risultato, almeno per quanto riguarda me personalmente, fu di delusione; anche perché il festeggiato non concesse al pubblico nemmeno la recita di un pezzo del suo repertorio, eccetto una canzone che purtroppo non ricordo.

Il caso di Porto Valtravaglia è differente, ma come per Luino, il rapporto col paese si è ristabilito più di recente, per la precisione domenica 2 febbraio 2003, quando Fo ha accettato l'invito a presentare il suo ultimo libro *Il paese dei Mezaràt*, che dedica molte pagine all'eccezionalità di Porto[14].

Durante un incontro al limite dell'informalità, Fo ha ricevuto un simbolico riconoscimento dal "Paese dei Mezaràt"[15], un atto che è stato definito dal sindaco Filippo Colombo il «ricucire uno strappo con la memoria» seguito a tanti anni in cui «c'era stato un ignorarsi a vicenda»[16].

---

[10] Intervista a P. Tosi del 09/05/2002.

[11] *Ibidem.*

[12] Intervista a R. Micotti del 10/07/2002.

[13] Intervista a V. Viazzo del 04/05/2002.

[14] Porto Valtravaglia, essendo un nome molto lungo, viene sovente abbreviato in "Porto". Capita pure di trovare scritto "Portovaltravaglia".

[15] «Noi gli abbiamo molto semplicemente dato, senza fronzoli né ufficialità, una targa di peltro con scritto "Il paese dei Mezaràt ti ricorda", giusto per testimoniargli il piacere di averlo ospitato e l'onore di essere stati nominati nel libro. Lui era contento perché c'era tanta gente che aveva voglia di rincontrarlo» (Intervista a F. Colombo del 25/02/2003).

[16] *Ibidem.*

Tuttavia non è chiaro quale sia stata la causa della latitanza. Fo ha risposto alla domanda in maniera molto semplice, adducendo come scusa un episodio del suo passato: la demolizione della casa in cui era vissuto per lasciare spazio ad un nuovo condominio:

> Mancavo dal '46, e sono venuto solo di passaggio perché mancava la mia casa, il *Palazzett'*, bianca e rossa col cotto, piena di decorazioni, con una specie di torre, che era in verità una sequenza di luoghi dove si andava... così a liberarsi il corpo... uno sull'altro... così romantica, ma appunto erano tre cessi uno sull'altro. Unica nella storia dell'architettura italiana [.] Quella casa era il ricordo di tanti fatti straordinari e giocosi. Non trovarla più è stato uno shock[17].

Il sospetto è che le motivazioni reali siano simili a quelle che allontanarono Fo da Luino, sebbene Porto fu retta prevalentemente da amministrazioni comunali di sinistra.

Qualunque sia stata la causa, Fo non ha voluto mantenere contatti, seppure il suo ricordo sia sempre stato presente negli abitanti. Questo è emerso durante l'incontro al paese, dato che molti abitanti sono accorsi entusiasti per accogliere il loro vecchio famoso concittadino: è stata quasi una riunione tra amici.

L'argomento

L'antefatto è l'edizione televisiva del 1977 di *Mistero buffo*: in essa Fo dichiara l'esistenza sul Lago Maggiore di «moltissimi fabulatori», una categoria di contastorie itineranti che giravano i paesi del Verbano, si distinguevano per le feroci e sarcastiche tirate contro il potere, e si prefiggevano lo scopo di svegliare le coscienze. Questo è solo il punto di partenza di un vero e proprio viaggio, nell'universo lacustre in generale, e nella vita di Dario Fo in particolare.

Attraverso le conferme della tradizione giullaresca e della Commedia dell'Arte, e le smentite di chi ha conosciuto bene il lago e la sua gente, l'oggetto della ricerca verrà gradualmente riprogrammato in virtù delle nuove scoperte.

Le chiacchiere nei mercati e nei caffè, popolati da una miriade di personaggi curiosi, assurdi, grotteschi, e affrescati sapientemente dallo scrittore Piero Chiara, sono la cornice entro cui si è mosso Fo nei primi anni di vita: noi faremo altrettanto, addentrandoci negli angoli di paese per respirarne l'atmosfera, per conoscere i segreti dell'ambiente.

Ripercorreremo le sue gesta fin dalla natia Sangiano, poi a Pino Tronzano e a Porto Valtravaglia, il paese dei fabulatori per antonomasia, da cui sarebbero uscite quelle storie assurde e critiche che tanto hanno ispirato la fantasia del premio Nobel e di cui tenteremo di individuare le origini.

---

[17] D. Fo alla presentazione de *Il paese dei Mezaràt* a Porto Valtravaglia, 02/02/2003. Il sindaco ricorda la casa: «la casa era vicina a un grosso cedro e nello stesso edificio c'era l'"Osteria del Palazzetto"... ora c'è un orrendo condominio con tapparelle blu» (Intervista a F. Colombo del 25/02/2003).

Ma il nostro treno non arresterà la sua corsa sul lago: proseguirà a Milano e nei primi teatri calpestati da Fo, per valutare quanto sia rimasto nell'autore-regista-attore della sua esperienza d'infanzia.

Fino al capolinea del nostro tragitto, quando potremo rivolgere indietro lo sguardo e valutare, grazie alla conoscenza e alla consapevolezza acquisite, le varie tappe dell'affascinante caccia ai fabulatori del Lago Maggiore. E così guarderemo con altri occhi il figlio di quell'ambiente: Dario Fo, l'unico e solo "FObulatore".

I testimoni

Italo Calvino ha fatto delle considerazioni sul reperimento del materiale usato per realizzare il suo *Le fiabe italiane*: egli «non è andato di persona» a farsi «raccontare le storie dalle vecchiette», ma ha utilizzato raccolte di folcloristi che già garantivano una mole consistente di documenti. Annota inoltre:

> E poi, insomma, non è il mio mestiere, è un lavoro che bisogna saperlo fare, bisogna saper entrare in confidenza col prossimo, e io già partirei con la prevenzione che la gente ha altro per il capo che raccontar favole a me [.] Eppure, un modo giusto *oggi* di raccogliere le fiabe dalla bocca del popolo ci dev'essere[18].

Riporto queste parole perché io stesso mi sono scontrato con la medesima difficoltà, ad esempio con gli utenti del Centro Anziani di Porto Valtravaglia, presso cui mi sono recato nel tentativo di estrapolare racconti e testimonianze: purtroppo la gente sembrava avesse di meglio da fare, fosse solo giocar a carte o guardare la televisione. E così non mi è stato possibile, come speravo, trovare una persona che fosse abile e disposta a narrare, simile ad Agatuzza Messia «brava contatrice», protagonista della raccolta di Giuseppe Pitrè *Fiabe, novelle e racconti popolari siciliani* [19], descritta di «parola facile, frase efficace, maniera attraente di raccontare» e naturalmente dotata di memoria prodigiosa. Il periodo storico è quello della seconda metà dell'800, perciò ben lontano dall'oggi; il luogo, la Sicilia, sembrerebbe distante anni luce dall'alta Lombardia. Tuttavia ci sono delle analogie, riscontrabili nell'analisi del Pitrè, che mostrano quanto sia custodito gelosamente il patrimonio dei ricordi e di quanta confidenza occorra per penetrarvi[20] – salvo casi eccezionali e sporadici come quello della signora Messia. I miei primi testimoni, che quindi non compaiono nel libro, probabilmente non sapevano o ricordavano molto; ma l'atteggiamento era molto distaccato e le mie domande non sembravano suscitare il minimo interesse, come se il passato non avesse alcun valore. Ciò mi ha stupito, perché erroneamente ritenevo che fosse valido il *cliché* che descrive i *vécc* (i vecchi) sempre desiderosi di rievocare il passato perdendosi nei meandri degli episodi e dei particolari, fino allo sfinimento dell'interlocutore.

---

[18] I. Calvino, *Sulla fiaba*, Torino, Einaudi, 1988, pp. 21-22

[19] G. Pitré cit. ivi, pp. 29 e segg.

[20] «Vi sono donne che avendone udite centinaia, non ne ricordano più una; e ve ne sono due che, ricordandosene, non hanno la grazia di narrarle» (G. Pitré cit. ivi, p. 32).

Fortunatamente ho poi trovato le persone giuste, sguinzagliando amicizie e conoscenze, telefonando o presentandomi a casa senza preavviso!
Posso dunque affermare senza possibilità di smentita di essermi rivolto agli individui più qualificati per competenza, esperienza, notorietà, e che mi sono stati raccomandati anche da coloro che, per varie ragioni, hanno ritenuto di non poter essere utili.

Il dialetto

> La tradizione è sempre locale: perché fonda la sua originalità su una cultura autoctona, che arriva al cuore delle cose ed esprime, complice il dialetto, un legame tenace con la realtà; e perché la natura dei luoghi incide profondamente sul carattere, sull'economia e sull'evoluzione del gruppo[21].

Nel mio lavoro, mi sono imbattuto spesso in pagine vernacole e in testimonianze pronunciate in dialetto. Per facilitare la comprensione a quanti siano a digiuno completo del dialetto della sponda magra del Lago Maggiore[22], ho cercato di fornire delle traduzioni il più possibile precise.
Per quanto riguarda la trascrizione, ho sempre rispettato fedelmente quella originale presente nei documenti analizzati, sebbene sia capitato di incontrare la stessa parola scritta in maniera sensibilmente diversa. Ho agito così innanzi tutto per rispetto nei confronti dell'opera dei vari autori, che sarebbe stato violato dalle mie correzioni; e poi per facilitare il lavoro, dato che, per utilizzare un unico sistema grafico uniforme, bisognerebbe scrivere un testo a parte, lavoro interessante, ma inaffrontabile in questa sede.

Infine, quando ho dovuto riportare sulla pagina delle testimonianze dialettali orali, ho fatto riferimento al vocabolarietto locale scritto da Trento Salvi, *'na gèrla de paroll*[23]; oppure al semplice buon senso, frutto del confronto tra parole foneticamente e morfologicamente similari. Mi si voglia quindi perdonare le eventuali imprecisioni, tenendo poi conto che non esiste UN dialetto, ma solo tante varianti che mutano da paese a paese, sotto la spinta di innovazioni e scambi culturali[24].
Del resto, il dialetto non lo si impara a scuola e capita raramente di doverlo leggere. Ho cercato quindi di mantenere le cadenze, le parole e le costruzioni grammaticali autentiche.

---

[21] L. Stadera, *Oralità e scrittura*, «Tracce», n. 34, novembre-dicembre 1999, p. 13.
[22] La sponda magra è quella lombarda, in contrapposizione alla sponda grassa piemontese.
[23] T. Salvi, *'na gèrla de paroll*, Luino, Franceso Nastro Editore, 1985.
[24] Cfr. P. Frigerio, *Storia di Luino e delle sue valli*, Varese, Macchione editore, 1999, pp. 16-17.

PARTE I

PRODROMI

La definizione dell'argomento d'indagine, tra fabulatori, giullari e comici dell'Arte.
A seguire le ricerche iniziali che rendono necessario e indilazionabile delineare un quadro della vita e dell'antropologia del lago.

1. La continuazione dei giullari

> Nel Lago Maggiore ci sono moltissimi fabulatori. Io sono della parte lombarda e i fabulatori sono… – adesso ormai non ce ne sono quasi più – ma allora veramente erano… la continuazione dei giullari e io ho imparato da loro proprio le prime forme di fabulazione.

Così Dario Fo introduce la storia, o meglio la fabulazione di *Caino e Abele*[25] nell'edizione televisiva del *Mistero Buffo*, trasmessa dalla RAI nel 1977[26].

Questi personaggi straordinari usavano raccontare storie legate alla Bibbia, prendendo dei temi e ribaltandoli, non per piacere di esercizio narrativo o per rendere più comprensibili concetti nobili e elevati, bensì con un «significato politico ben preciso»:

> Chi le raccontava era fintamente imbragato, imbarazzato, preoccupato di far arrivare certe cose con sfondoni; il finto tonto, ignorante, timido, che ha il panico del pubblico e non sa trovare le parole. E tutto questo gioco del fingere di non sapere, di non conoscere le cose, naturalmente serve a far arrivare le cose che ben si sanno, ben si conoscono[27].

Il pubblico è ora pronto ad accogliere il pezzo recitato da Fo nella veste del fabulatore che, col panico del pubblico, cerca appunto di spiegare l'argomento di ciò che racconterà:

> Siccome che a me mi hanno detto di contarvi su qualche storia della famiglia, e siccome che io mi ricordo la storia del Caino e dell'Abele, che poi è una storia antica… che l'ho contata così un mucchio di volte, che quasi quasi adesso non me la ricordo più neanche tanto bene… allora io ve la racconto.
> Siccome però è una storia del bene e del male, allora io la comincio al volo. Ecco adesso comincia… comincio……[28].

Finita questa introduzione, comincia il racconto vero e proprio della vicenda, che presenta le differenze tra i due fratelli: «d'Abele» recita la preghiera del buon mattino tra lo stupore e l'ammirazione delle persone («Com'è bravo l'Abele, e che inventiva che ci

---

[25] Definito in un'intervista «[…] un monologo patetico in cui mi ero messo dalla parte di Caino. Ad Abele andava tutto bene, aveva la simpatia del Signore, tutto gli riusciva a meraviglia; l'altro invece era un fregato della vita. E allora, dai che stavo con Caino. E tutti a chiedermi: ma perché? Ti ci riconosci un pochino? Sei così anche tu? E invece no: la vera ragione per cui parteggio per Caino è che ho sempre simpatia per chi non ha la fortuna di doti o di occasioni nate come dono acquisito e non sofferto» (D. Fo cit. in Bruno D'Alessandro, «La settimana Incom», marzo '66 contenuto in D. Fo, *Fabulazzo*, Kaos, Milano 1992, p. 30).

[26] Lo spettacolo è disponibile anche in un cofanetto composto da due videocassette e il testo del *Mistero Buffo*, edito da Einaudi, Torino 1997.

[27] *Ibidem.*

[28] http://www.archivio.francarame.it/scheda.aspx?IDScheda=688&IDOpera=134: trascrivo l'incipit della versione on line, poiché più esplicativa e precisa rispetto a quella eccessivamente raffazzonata dell'edizione televisiva del 1977.

ha»); mentre passeggia per le strade riceve una miriade di complimenti; persino la natura lo incensa: «d'eco gentile» e i colombi lo circondano amorevolmente, e «d'ape apina» che ronza sui «fiori colorati dal profumo gentile» gli dà un bacio.

Al contrario «il Caino» viene considerato stupido («me l'è stupid chel lì») e viene deriso per i suoi «ugitt picul e i pe' piatt»; «d'eco gentile» diventa un urlo disumano che spaventa i colombi; la stessa ape gli riserva un trattamento completamente diverso da quello del fratello: una dolorosa «cagnada sul dit» che scatena le imprecazioni del povero Caino e la conseguente indignazione del Signore («A chi porco qui porco là?»). La conclusione dell'episodio biblico, ossia la morte di Abele, viene rispettata, col Caino, ormai snervato dalle continue critiche, che colpisce il fratello con un bastone; rimanendoci male, «poer nano».

1.1. Continua la tradizione

L'esistenza dei fabulatori di cui parla Fo, non mi stupì in maniera eccessiva, dato che la mia zona è sempre stata fucina di *vis comica*. Oltre allo stesso Fo, posso ricordare il comico demenziale Francesco Salvi nato a Luino; Enzo Iacchetti di Maccagno, celebre grazie al programma televisivo *Striscia la notizia*; Cochi e Renato che hanno radici tra Laveno e Gemonio; il cantante satirico Nanni Svampa, coi nonni a Cannobio e a Sangiano; l'attore e autore Davide Rota , cugino di Fo; anche Massimo Boldi è legato alla zona e aveva comprato una casa; prima di loro lo scrittore luinese Piero Chiara; e oltre confine nel Canton Ticino, ad Ascona, il clown Dimitri.

Tuttavia, nonostante tali illustri referenze, non avevo coscienza di aver calpestato lo stesso suolo che, da secoli, era stato la ribalta di uomini originali e coraggiosi, capaci di stimolare il riso del pubblico senza mai annebbiarne il cervello, perché sempre c'era un significato profondo nei loro lazzi, i quali nascondevano l'amarezza di una vita tutt'altro che giocosa.

Questo è un aspetto che accomuna i fabulatori ai ben più celebri colleghi della Commedia dell'Arte: «È importante capire come il teatro, la commedia dell'arte vera, quella intorno al Quattrocento, non sia mai fine a sé stessa, per avere sempre dietro, anche quando c'è il divertimento e la risata, un dramma e una denuncia»[29].
È lo stesso spirito di «dramma» e «denuncia» che Fo identifica come una delle caratteristiche peculiari dei cantastorie del suo paese:

> Giravano il Lago Maggiore dalle mie parti, dove sono nato, raccontando nelle piazze, nelle osterie, strane storie, un poco ingenue, un poco matte. La semplicità era la loro caratteristica. Le loro storie erano semplici iperboli desunte dall'osservazione della vita quotidiana, ma al di sotto di queste storie "assurde" si nascondeva la loro amarezza; l'amarezza di una gente delusa e di una satira acerba – rivolta al mondo ufficiale – che forse pochi coglievano[30].

---

[29] C. Meldolesi, *Su un comico in rivolta. Dario Fo il bufalo e il bambino*, Roma, Bulzoni Editore, 1978, p. 118.
[30] D. Fo cit. in L. Binni, *Attento te!... Il teatro politico di Dario Fo*, Verona, Bertani, 1975, p. 194.

Si trattava di storie dipinte coi colori vividi della quotidianità, con tutte le sue assurdità e le sue sofferenze:

> Storie semplici animate dal gusto per il paradosso e per l'iperbole: un "assurdo" popolaresco che crea stupore e meraviglia, che gioca sullo scambio grottesco di vero e non vero, di serio e non serio, su un sottofondo di concezione amara della vita, di delusioni e sconfitte, e di satira nei confronti delle ingiustizie, del mondo dei potenti[31].

La valvola di sfogo di un popolo certamente provato dalle ristrettezze, ma incapace di subire in silenzio le prevaricazioni del potere, esprimendo «frustrazioni e desideri di gente calpestata e da sempre subalterna» tramite storie «costruite con una tecnica inventiva che presenta delle costanti (il gioco fra logico e illogico, il ribaltamento grottesco delle situazioni) su di un piano di immaginazione concreta, "realistica"»[32].

Soprattutto, godevano di un'enorme presa sull'uditorio e avevano una naturale predisposizione per lo spettacolo: «storie immediatamente teatrali» – dunque – «nel cui racconto il "fabulatore" al centro della piazza di paese riesce a inchiodare l'attenzione e l'interesse del suo pubblico»[33].

È importante, tuttavia, fare una doverosa precisazione: l'invidiabile capacità comunicativa dei fabulatori garantiva di per sé un ampio seguito, trasformava il racconto in spettacolo, attraeva il pubblico sfruttando tematiche semplici e di immediata comprensione, perché consentivano l'identificazione della gente. Ma non si trattava solo di vicende ricavate dalla vita di tutti i giorni; anzi, spesso, la loro origine affondava le radici nei secoli precedenti. Ricorda Fo: «nei miei ricordi di ragazzino ci sono i fabulatori, i cantastorie della mia zona, che poi, studiando, ho ritrovato nel teatro. Credevo che certe storie le avessero inventate loro. Invece ho scoperto successivamente che si trattava di una tradizione»[34].

Quale fosse la tradizione, l'apprendiamo da un altro intervento[35] dello stesso attore, il quale afferma che i fabulatori raccontavano «storie diverse rielaborate su testi di autori del Settecento e anche medievali» di difficile documentazione, in quanto «spesso i testi originali sono spariti ed è rimasto solo il documento orale».

Si tratta pertanto di racconti puramente non scritti, che certamente hanno subito trasformazioni anche profonde nel corso del tempo, tali da rendere familiari dei motivi antichi. D'altra parte, se dagli studi teatrali di Fo sono emerse tracce di quelle fabulazioni, significa che i meccanismi teatrali in esse contenuti avevano resistito alla de-formazione dei temi originari per ripresentarsi in "incognito", ma con un'innata carica. «Io sono nato come fabulatore recitando cose del medioevo senza saperlo» – ammette Fo – «non sapevo di recitare cose di origine antica, perché le avevo lì e non mi interessava di scoprirne le date»[36].

---

31 L. Binni, *Dario* Fo, Firenze, Il Castoro, 23 marzo 1977, p. 15.

32 *Ibidem.*

33 *Ibidem.*

34 D. Fo cit. in Enzo Magrì, *Europeo*, ottobre 1973 contenuto in Dario Fo, *Fabulazzo* cit., p. 39.

35 D. Fo, *Dialogo provocatorio sul comico, il tragico, la follia e la ragione*, a cura di Luigi Allegri, Bari, Laterza & Figli, 1990, p. 20.

36 Ivi, p. 125.

Se è chiaro che il giovane Dario sia stato incantato da quelle storie a prescindere dalla tradizione che recavano, è ovvio che il loro reale valore intrinseco sia stato compreso solo in un secondo tempo, quando cioè l'interesse suscitato dalla dinamica del racconto, coi suoi modi e i tempi, ha ceduto spazio alla riflessione e allo studio dei significati:

> "Ma allora non è cultura da quattro soldi, questa che ho sottomano!". E io ho la fortuna di trovarmela a domicilio, ancora viva; di potermela ascoltare, imparare nei suoi ritmi giusti, non come ricalco intellettualistico ingessato. Così ho imparato anche a intendere il valore di quelle storie, un valore a sé stante, non secondario come ci insegnano[37].

Ad esempio, Fo ammette: «Per quanto mi riguarda, personalmente io ho imparato per lezione orale diretta, al mio paese, le storie del Lazzaroni, autore nell'Ottocento del *Pepin e il Gigia a Milan*»[38].

Egli non aveva letto questo «fabulazzo» ma l'aveva imparato sentendolo recitare a viva voce e pensava che fosse patrimonio esclusivo dell'oralità, «dato che [aveva] notato che ogni fabulatore [lo] eseguiva raccontando e svolgendo il tema e i dialoghi in modo sempre diverso»[39].

Questo è il meccanismo di circolazione della cultura al di fuori dei circuiti ufficiali: il contastorie, coniuga virtù artistica, bravura nel creare confidenza con l'uditorio ed esperienza con gli elementi della tradizione. La resa è un caleidoscopio di possibili rappresentazioni, marchiate tutte dall'idea originaria, ma diversificate da variabili a loro volta in evoluzione: è impensabile che la stessa "tirata" sia sempre uguale.

1.2. Ritratto del fabulatore

Le mattinate sul lago, nei giorni di bel tempo, sono di un'incantevole bellezza. Il sole riflesso sull'acqua crea volubili barbagli e la brezza soffia sulle piazze inondate di luce, insinuandosi nei vicoli angusti e tortuosi che, abbandonato il Verbano alle spalle, si arrampicano e si snodano.

Le piazze, prima sonnacchiose, accolgono i primi passanti, i lavoratori, e i semplici amanti della frescura mattutina che vanno a occupare il solito posto sulla solita panchina. Il brulichio aumenta d'intensità, le voci cominciano a rincorrersi da ogni dove: è giorno di mercato.

Imbonitori, clienti, semplici curiosi, di tutte le età, interpretano il ruolo scritto nel copione della vita: si incontrano, contrattano, litigano, parlano, sempre con un calore particolare.

---

[37] *Ibidem*.

[38] Protagonisti sono i due villani eponimi, che si recano a Milano e vivono con «trauma comico» il contatto con la città. Ad esempio capitano a teatro e, completamente spaesati, non riescono a comprendere la divisione tra palco e platea; si stupiscono di come gli attori sul palco, anzi in «vetrina», non si accorgano si essere spiati da «curiosi maleducati» spettatori; addirittura pensano: «"Strana osteria, senza tavoli e mescita di vino"»; arrivano persino a gridare rivolti agli attori in scena: «"Ehi, attenzione che vi vediamo!"» (Ivi, p. 18).

[39] Ivi, p. 19.

È un ambiente povero, modesto, genuino: la gente operosa "vive il proprio paese" completamente, ama la vita che conduce e non disdegna il sacrificio.

Tuttavia, questi parchi costumi di origine contadina non possono nascondere completamente un'esistenza, in cui sono i forti e i furbi a vincere sui deboli e gli onesti. Il popolo patisce delusioni e amarezze spesso difficili da sopportare, acuite dalla fame e dalla miseria da sempre presenti, anche sulle sponde del lago.

L'impulso di evasione veniva trovato negli stessi luoghi in cui maggiormente si realizzavano il confronto e lo scambio d'idee: le strade e le piazze diventavano il palcoscenico del fabulatore.

Stando alle affermazioni di Fo, esisteva un cordone ombelicale che legava le sorti dei giullari a quelle dei fabulatori, loro diretta «continuazione». Partendo da questo presupposto, ritengo calzante la seguente descrizione che sottolinea l'intento (anzi la missione), lo stile recitativo e il rapporto col pubblico: «Fin dal mille il giullare andava in giro per i paesi, per le piazze a recitare le sue *clowneries*, che erano delle vere e proprie tirate grottesche contro i potenti»[40].
Il giullare, perciò, «era una figura che nasceva dal popolo, che dal popolo prendeva la rabbia per ritrasmettergliela, mediata dal grottesco»[41]. In un'epoca in cui la dignità degli individui faticava a emergere, soffocata da soprusi e mortificazioni, «il teatro è sempre stato il mezzo principale di espressione, di comunicazione, ma anche di provocazione e di agitazione delle idee. Il teatro era il giornale parlato e drammatizzato del popolo»[42].

Questa attività polemica e persuasoria dei contastorie non era un'esclusiva dei borghi attorno al Lago Maggiore, ma esisteva, e perdura tuttora, in paesi anche molto distanti culturalmente e geograficamente dal nostro. Sempre Dario Fo ricorda «un grande fabulatore, un contadino cinese [...] che si esibiva su un palcoscenico all'aperto davanti a un migliaio di persone sedute sull'erba» che raccontava nel dialetto di Pechino la *Storia della tigre*[43] eseguendo zompi e ruggiti; come i fabulatori del lago si rivolgeva a un pubblico numeroso e indistinto per cantare, mediante un racconto divertente e paradossale, i rischi derivanti dalla guerra e dall'odio tra gli uomini.
Oppure, il caso dei comici indiani:

> Si esibiscono singolarmente e in coppia nei mercati, durante le grandi feste religiose, in mezzo a una folla di migliaia di persone. Arrivano travestiti da santoni e ne fanno la parodia. Molti, fra il pubblico, sono convinti che siano santoni autentici e li trattano con rispetto e timore, ma via via i clown eseguono riti sempre più paradossali e irriverenti da far esplodere gran sghignazzo fra il pubblico accorto e l'indignazione della maggior parte degli spettatori e dei fedeli ottusi e fanatici. In altre occasioni recitano la parte di pazzi di diverso carattere[44].

---

40 D. Fo cit. in Jacques Joly, *Le théâtre militant de Dario Fo*, *Travail théâtral* n. 14, inverno 1974 (cit. in C. Valentini, *La storia di Dario Fo*, Milano, Feltrinelli Economica, 1977, p. 124).
41 *Ibidem.*
42 *Ibidem.*
43 Cfr. D. Fo, *Manuale minimo dell'attore*, Torino, Einaudi, 2001 (1987), p. 193 e segg. con videocassetta abbinata *Lezioni di teatro.*
44 Ivi, p. 278.

Immagino lo stesso «sghignazzo» che scatena la medesima «indignazione» sulla riva del lago piuttosto che su quella del Gange o dello Yang Tse Kiang.

Ma torniamo alla descrizione di una tarda mattinata sul lago: quando gli abitanti affollano le strade e le piazze del borgo per recarsi dal *buterée* e dal *furmagiátt*, si scorge avanzare un carro tra il *puliröö* e il *lacée*, seguito da una calca di persone che, già consapevoli di ciò che avverrà, cercano di ottenere un posto in prima fila, dove non giungano le grida sguaiate dell'*umbrelée* o del *caretée*[45].
Lentamente il fabulatore li stuzzica, li interpella, sagacemente li schernisce, perché pretende il massimo dell'attenzione al discorso che si appresta a cominciare: critica i loro difetti fisici, attacca con puntate sull'attualità spicciola, di sicura presa sulla popolazione. Vuole creare feeling e confidenza, incuriosendo la gente.

Poi, di slancio, inizia un racconto paradossale, una sorta di *pot-pourri* che pesca tanto nella storia locale quanto nelle Sacre Scritture: uno dei *leit motiv* è la condanna degli stereotipi, il ribaltamento del senso comune, lo stesso sentimento, per intenderci, che trasforma Caino da carnefice a vittima. Con la stessa tecnica è possibile reinterpretare in chiave grottesca la vicenda di Adamo, la *soa miée* Eva e il serpente; oppure, perché no, la faccenda del Diluvio Universale col povero Noè che fa una fatica tremenda per fare l'inventario delle bestie da caricare, costruire l'arca, e premunirsi di ombrelli e bacinelle per tamponare le perdite! O ancora il povero Giobbe, la cui proverbiale pazienza viene continuamente messa alla prova. Finché, superato il limite, esplode tutta la sua frustrazione che si manifesta con offese, fisiche e verbali, a tutti coloro che gli capitano a tiro: bambini, massaie, allevatori, fino al «Geometra»[46].

Dunque il nostro narratore inizia tentennante, sia per creare *suspance*, sia per fingere che siano improvvisate la sua presenza e la storia che si appresta a narrare. Quando, al contrario, c'è dietro un progetto ben preciso, in cui i motivi che appartengono alla tradizione sono solo il pretesto per concentrare l'attenzione su fatti e personaggi d'attualità.
Quasi intimorito – si diceva – dalla ressa che lo attornia, racconta delle angherie di un signorotto locale a danno dei poveri contadini e di come, una volta organizzatisi in una sorta di cooperativa, essi riescano a vendicarsi ideando scherzi sempre più spassosi che mortificano oltremodo il tiranno, mettendolo alla berlina anche dei suoi stessi sgherri.
In questo genere di fabulazioni, la denuncia non è mai palese dal principio, poiché non viene gridata con rabbia, ma sussurrata con aria di scherno. L'effetto non è uno sguaiato berciare, bensì il riso consolatorio figlio della consapevolezza dei soprusi subiti, l'unico vero «grimaldello»[47] offerto alla gente comune per liberarsi dalla propria condizione di sudditanza e sottomissione al potere.

Al termine dello spettacolo, sommerso dagli applausi e dall'affetto della gente, raccoglie le offerte e si attarda, magari davanti a un *bicér de vin*, per scambiare opinioni

---

[45] Trad.: burraio e formaggiaio; pollivendolo e lattaio; ombrellaio o carrettiere.

[46] «Il Geometra, lui che ha l'occhio nel triangolo», così Piero Mazzarella chiama Dio nella commedia *El fradell del mè fradell e sò fradell*, Eagle Pictures, 2007, DVD.

[47] «Il "riso" implica distacco, passa per il cervello, è un grimaldello per penetrare il linguaggio degli altri, farli ragionare» (A. Barsotti, *Eduardo & Fo (Eduardo visto da Fo)*, in AA.VV., *Eduardo 2000*, Napoli, ESI, p. 46).

con le persone più colpite dalla sua esibizione. Indi si prepara ad andarsene, per recarsi in un altro paese, in un'altra piazza, desiderosa di ascoltare e, soprattutto, capire.

1.3. Giullari e fabulatori

La «continuazione dei giullari» quindi. Coloro che Fo aveva studiato perché gli interessava «il meccanismo della fabulazione»: nei giullari vedeva il «modello storico» del tipo di spettacolo, basato su «il gioco del paradosso, il gioco dell'abnorme e dell'assurdo come deformazione fantastica della realtà»[48] a cui si assisteva sul lago.
Ma chi erano i giullari e quali punti in comune avevano coi fabulatori del Lago Maggiore?

«Non c'è dubbio, a parere degli specialisti, che un numero considerevole di professionisti dello spettacolo popolasse le piazze dell'Europa occidentale nei secoli dell'alto Medio Evo»[49]: perciò non c'è ragione di dubitare della loro presenza sulle piazze del Verbano.

Le storie letterarie, per l'appunto, ci parlano di una «letteratura giullaresca e addirittura [...] di una civiltà o *cultura giullaresca*, caratterizzata dall'attività di questi mimi e buffoni, il cui repertorio consisteva in *verba jocosa*, *jocularia*, *strophae*, vale a dire storielle impertinenti o procaci, contrasti, monologhi, ballate, invettive, con caratteri considerevolmente diversi da quelli della contemporanea letteratura scritta»[50]. Queste forme di teatralità, per buona parte dell'alto Medioevo, «costituirono l'unica sopravvivenza del teatro profano in gran parte dell'Europa»[51].
I tratti distintivi della loro arte si rinvengono nel repertorio e nel tono delle «storielle»:

> Possedevano un repertorio di brevi brani, continuamente rimaneggiati e aggiornati, di monologhi drammatici, per la recitazione dei quali si rivestivano forse di costumi o almeno si dotavano di accessori particolari. Simili, per invenzione e stile, ai nostri monologhi contemporanei, queste brevi *pièces* formavano, nel loro insieme, una specie di rivista satirica delle diverse condizioni e mestieri. Il tono è arguto, ed essenzialmente *comico*, nel senso più esatto del termine; infatti il personaggio che parla espone ingenuamente le sue disavventure e traversie in modo da far ridere di sé senza considerarsi ridicolo[52].

Fo, che descrive il giullare come «un mimo che, oltre a usare il gesto, si avvale della parola e del canto e che, nella maggior parte dei casi, non si serve della scrittura per i propri testi, ma li rimanda oralmente, andando a memoria e spesso anche improvvisando»[53], rimarca l'uso dei costumi e la loro perizia scenica:

---

[48] D. Fo, *Dialogo provocatorio sul comico, il tragico, la follia e la ragione* cit., p. 126.
[49] M. L. Straniero, *Giullari & Fo*, Roma, Lato Side Editori, 1978, p. 18.
[50] Ivi, p. 19.
[51] P. Bosisio, *Teatro dell'Occidente*, Milano, LED, 1995, p. 153.
[52] Cinquantunesima edizione della *Histoire de la littérature francaise des origines à nos jours* di Ch.-M. Des Granges, riveduta e aggiornata nel 1947 da Jean Boudout, Paris, Librairie A. Hatier, 1960, trad. it., p. 150 (cit. da M. Straniero, *Giullari & Fo*, cit. p. 25).
[53] D. Fo, *Manuale minimo dell'attore* cit., p. 1[illegible]3.

> I giullari recitavano quasi sempre in prima persona, soli e unici attori sul palco – o tavolo –, anche quando si producevano in contrasti e rispetti, cioè in dialoghi a due personaggi. Anzi, la loro dote peculiare era quella di esibirsi in scene dove apparivano davanti al pubblico decine di personaggi diversi. Usavano un proprio costume eccentrico, ma amavano anche i travestimenti: durante un mercato, per esempio, montavano all'improvviso su un banco (da cui probabilmente "saltimbanco"), abbigliati da sbirro, da medico, da avvocato, da prete, da mercante, e lì cominciavano la loro esibizione[54].

Anche Paolo Bosisio individua i caratteri salienti di quegli «artisti solitari [...] ormai ben differenziati dai ciarlatani e dagli istrioni da fiera»: «l'abitudine al nomadismo [,] insieme al gusto per l'inventiva mordente o per l'adulazione carica di ironici sottintesi con i quali intrattengono tipi disparati di pubblico»[55]. E Natalino Sapegno osserva che, oltre alla recitazione, figuravano «la composizione di ritmi, ballate, spettacoli mimici»[56].

In realtà, la figura del giullare è molto più complicata di quanto possa sembrare ad un'analisi superficiale, «anche perché ogni scuola letteraria e quasi ogni autore specialistico la stiracchia a suo comodo per farla coincidere con la funzione di cui nella fattispecie ci si sta occupando»[57]. La stessa denominazione *joculatores* – dal latino *joculari* "improvvisare scherzi rozzi"[58] – viene impiegata per indicare qualsiasi tipo di intrattenitore, dato che il giullare assommava in sé molteplici attività: era «contemporaneamente musico, cantore, attore, acrobata e saltimbanco»; sebbene la funzione più straordinaria fosse appunto quella di essere «il giornale parlato e drammatizzato del popolo», comprensibile ed efficace grazie a «stranezza», «veemenza delle immagini», «caricatura» e «grottesco»,

> tutti elementi che contribuiscono a definire una funzionalità sia rispetto all'ascolto (è produzione destinata a essere consumata nel rumore un po' folle delle piazze e non nella tranquillità della lettura), sia rispetto alla comprensibilità (si deve colpire fortemente l'attenzione e la fantasia, attaccando le istituzioni, con una certa cautela: una specie di "mordi e fuggi" satirico giocato veramente sul filo del rasoio, da abili saltimbanchi, equilibristi e giocolieri della parola)[59].

Non va tuttavia dimenticato quanto fosse stentata e grama la vita dei nostri autori/attori, costretti a «cercare appoggio e salvezza nella ricca committenza di signori feudali, di abati e monaci o in quella della plebe di piazza, che li riduce piuttosto vicini all'accattonaggio»[60]. In sintesi, giullari, trovatori, saltimbanchi sono obbligati a richiedere fondi per il proprio sostentamento: sono sempre «tipi che vivono dell'ospitalità di signori, laici o ecclesiastici [,] uomini di spettacolo protesi – in forma

---

[54] Ivi, p. 115.
[55] P. Bosisio, *Teatro dell'Occidente* cit., p. 162.
[56] N. Sapegno, *Compendio di storia della letteratura italiana*, Firenze, La Nuova Italia, 1936 (ed. 1963), vol. I, p. 54.
[57] M.L. Straniero, *Giullari & Fo* cit., p. 23.
[58] P. Bosisio, *Teatro dell'Occidente* cit., p. 153.
[59] M.L. Straniero, *Giullari & Fo* cit., p. 25.
[60] Ivi, p. 26.

più o meno sfacciata – al procacciamento di donativi; tutti comunque immessi nella precarietà e provvisorietà di una condizione instabile»[61].

Le problematiche connesse al vivere precario ed errabondo si scontrano, perciò, con la «pura gioia di divertire raccontando» che rappresenta soltanto la superficie dell'iceberg, ossia la facciata della cultura giullaresca che nasconde, secondo Straniero, «un'irrequietudine, una ribellione, una distanza tra la riuscita e il progetto che – pur senza farsi coscienza sociale o di classe – corrodono e pervadono tutto il repertorio che ci è rimasto o che riusciamo a immaginare, sfiorando talvolta una specie di follia, di stravaganza non sempre gratuita»[62].

Anzi, continua l'autore, «gli aspetti di rottura formale dell'ordine (anche metrico), che costituiscono parte integrante di questa espressività popolare vengono istituzionalizzati, secondo uno schema classico, in funzione di rottura della cappa di oppressione sociale e ideologica cui i giullari si sentono sottoposti. Le strutture del controllo sociale attuato dalla Chiesa e dall'autorità civile possono allora saltare "allegramente" grazie ai lazzi apparentemente spensierati – ma in realtà disperatamente amari – del buffone, di corte o di strada»[63].

Risulta evidente lo scontro tra i portavoce dei malesseri del popolo e le istituzioni che li causavano. Le due fazioni, difatti, incarnavano due culture ben distinte: l'una, quella della Chiesa e dell'aristocrazia, «che non si interessava all'esistenza del popolo veniva elaborata nelle abbazie»[64]; l'altra è quella che «le collettività popolari hanno potuto elaborare da sole [,] legata concretamente al lavoro e che si esprime nei canti, nelle danze, nella medicina, nei riti. È una cultura dove si ritrovano i riti dionisiaci, i draghi, i fuochi fatui e i diavoli (visti in chiave positiva), e gli animali che parlano»[65].

L'opposizione della Chiesa verso il mondo giullaresco era anche «l'opposizione del *clericus*, l'unica figura intellettuale specifica del medioevo, verso l'unico altro concorrente nella produzione culturale. Alla stabilità e controllabilità assoluta del monaco e del chierico si contrapponeva l'estrema mobilità (il "vagabondaggio"), l'incontrollabilità e talvolta l'antiistituzionalità [...] del giullare»[66]. Infatti nel concilio di Tours (813) si consigliava con decisione ai sacerdoti come comportarsi nei confronti della cultura giullaresca:

> Da ogni e qualsiasi allettamento uditivo e visivo onde possa sospettarsi un rammollimento della forza dell'animo, come si può pensare di certe specie di musici e di svariate altre cose, i sacerdoti di Dio debbono astenersi, perché attraverso gli allettamenti uditivi e visivi suole insinuarsi all'animo una folla di vizi. E la licenziosità dei passatempi offerti da istrioni inverecondi ed osceni debbono essi con tutto l'animo fuggire, e predicare agli altri sacerdoti che ne rifuggano[67].

---

61 R. Antonelli - S. Bianchini, *Dal clericus at Poeta*, in LIE, vol. II, 1983, pp. 171-174 (cit. in S. Gugliemino - H. Grosser, *Il sistema letterario*, vol. I, Milano, Principato, 1992, pp. 339-340).

62 M.L. Straniero, *Giullari & Fo* cit., p. 26.

63 Ivi, p. 27.

64 D. Fo cit. in Jacques Joly, *Le théâtre militant de Dario Fo* cit.

65 *Ibidem*.

66 R. Antonelli - S. Bianchini, *Dal clericus al Poeta* cit., pp. 171-174.

67 *Ibidem*.

In verità, la feroce persecuzione di cui furono vittima non era una regola universalmente accettata. Spesso, i giullari erano ammessi anche alle corti feudali laiche («lietamente dimoranti nelle corti signorili[68]») e persino alla tavola di dignitari ecclesiastici, come conferma il Bosisio:

> Anche gli ambienti religiosi non mancano di apprezzare il fascino della giulleria: malgrado la riprovazione teorica per la condotta di vita dei giullari, vescovi e alti prelati li accolgono spesso generosamente a scopo di passatempo personale, ma anche per impiegarne le abilità recitative nell'interpretazione di alcune parti, come ad esempio i demoni negli spettacoli religiosi, oppure per affidare loro la composizione di parti di intermezzo comico da intercalare tra una scena e l'altra del dramma sacro[69].

Non bisogna dimenticare che «in una società senza mezzi di comunicazione di massa, il mondo giullaresco, mobile e aperto a motivi nuovi, atti a rinnovare il repertorio, era un elemento estremamente utile a fini propagandistici e di consenso, sia che si trattasse di predicare una crociata, sia che si dovesse esaltare la potenza di un casato»[70]. Questo è un esempio di implicazione dei giullari con le strutture che intendevano invece avversare, per le quali svolgevano una funzione divulgativa e persuasiva in cambio di protezione e sostentamento. Più che «il giornale parlato del popolo», si tratterebbe nella fattispecie del "giornale parlato della corte".

In tal senso, considerata l'esistenza di giullari di corte e di strada, è possibile operare la distinzione tra giullari leciti («danno sollievo agli uomini nelle loro infermità e nelle loro pene»[71]), illeciti («trasformano e trasfigurano il loro aspetto con turpi danze e pantomime, o denudandosi in maniera indecente, o indossando orribili travestimenti e maschere: tutti costoro sono da condannare, a meno che non abbandonino la loro attività»[72]) e buffoni vagabondi («non fanno nulla di positivo, ma vivono in modo stravagante, senza una dimora fissa [e] a nient'altro sono buoni, se non a divorare e a sparlare»[73]).

Mi auguro che le osservazioni fatte poc'anzi abbiano fornito un quadro di massima sulla cultura giullaresca, compresi quegli elementi che si ricollegano al mondo dei fabulatori del lago. Un *fil rouge* unisce l'una agli altri. Il Sapegno vede nei giullari «già forte il senso dell'arte se non come disciplina e freno interiore, almeno come tecnica e mestiere» che sono il frutto della ricerca di un'efficacia rappresentativa fino a quel momento ignorata, di una nuova vivacità e ricchezza del linguaggio e delle immagini, di spunti, trovate e schemi che diventeranno più tardi modelli diffusi e imitati[74]: i fabulatori, accomunati ai predecessori dal «desiderio di piacere» e dal «bisogno di attrarre l'attenzione degli ascoltatori», mostrano pari propensione all'intrattenimento e simili qualità sceniche. Probabilmente i giullari erano artisti più versatili, poiché non impostavano, come pare, lo spettacolo sul solo racconto monologante, ma si

---

[68] N. Spegno, *Compendio di storia della letteratura italiana* cit., p. 54.
[69] P. Bosisio, *Teatro dell'Occidente* cit., p. 163.
[70] Ivi, p. 340.
[71] R. Antonelli - S. Bianchini, *Dal clericus al Poeta* cit., pp. 171-174.
[72] *Ibidem.*
[73] *Ibidem.*
[74] N. Sapegno, *Compendio di storia della letteratura italiana*, vol. I cit., p. 54.

producevano in numeri diversificati di funambolismo, musica e canto. Ma l'elemento più importante che sottende il legame tra le due categorie di attori da strada è l'identità di finalità comunicative: per entrambi, fabulatore e giullare, la strada era la migliore palestra in cui formare le menti ad accogliere le idee di giustizia e libertà così bistrattate, tanto nel medioevo quanto nei secoli più recenti.

1.4. L'Arte dei fabulatori

Un altro aspetto merita di essere affrontato: come notato in precedenza, oltre ai rapporti di continuità tra i fabulatori e i giullari si evince un altro illustre precedente che pare avere elementi in comune coi racconta-storie del lago.
L'opposizione al potere di cui si fanno carico i fabulatori è riconducibile – oltre a quello giullari/potere del paragrafo precedente – al dualismo tra le istituzioni umanistiche ed ecclesiastiche e i comici della Commedia dell'Arte:

> Nella storia della drammaturgia moderna, la nascita e gli sviluppi plurisecolari della Commedia dell'Arte pongono inequivocabilmente [...] la pratica professionale dello spettacolo su di un piano di opposizione ai valori etici e culturali dominanti [;] se la Chiesa è presenza del Divino, il Teatro delle maschere è presenza del Diavolo e negazione del Divino; se la Poesia è "corona" che consacra la Parola, il Teatro dell'improvvisazione è trionfo del Mimo osceno e negazione della Parola. Letterati ed ecclesiastici, attraverso silenzi di sdegno o concitate polemiche, formano, per tre secoli, un fronte unito per erigere attorno alla Commedia dell'Arte quelle barriere che separano la *civitas dei* dalla *civitas diaboli*; la repubblica delle *humane litterae* dal paese degli "asini incivili"; l'Ordine dal Caos[75].

Tessari etichetta puntualmente i comici dell'Arte come «fattore di disturbo» per la *leadership* della cultura dominante:

> Umanesimo e Chiesa post-tridentina non fanno che denunciare una potenziale estraneità dell'Arte alle regole della Cultura [.] La Commedia dell'Arte, poiché si presentava come spettacolo e festa rivolti ad un ampio pubblico, era necessariamente fenomeno concorrenziale ai momenti di spettacolo e di festa elaborati dalla cultura dominante[76].

Ad esempio, Flaminio Scala nella sua commedia *Il finto marito* scrive due prologhi «entrambi in forma di dialogo tra un «Comico» e un «Forestiero», che riassumono, rispettivamente, le posizioni dell'Arte e quelle della cultura tradizionale». «Segnando un confine invalicabile tra "zannata" e opera "distesa", il Forestiero rivendica alla letteratura il diritto esclusivo di esprimere da sé l'autentica drammaturgia. Incalzato dal suo antagonista, egli non disconosce l'abilità degli attori, ma intende confinarla in uno spazio espressivo che nulla avrebbe da spartire con la dignità dello scrittore»[77], ossia

---

[75] R. Tessari, *Commedia dell'arte: la maschera e l'ombra*, Milano, Mursia, 1984, p. 28.
[76] Ivi, p. 29.
[77] Cfr. R. Tessari, *Commedia dell'arte* cit., p. 50.

l'ambito di «specialistica attitudine a realizzare "azzioni" sceniche»[78]. Anzi, «drammaturghi consapevoli» e «moralisti zelanti» ammirano la teatralità della Commedia, sebbene auspichino una conversione del loro fare spettacolo secondo i dettami dell'«eccellente poema»[79].
Totalmente differente è il punto di vista del «Comico»:

> L'arte vera del ben fare le Commedie, credo io, che sia di chi ben le rappresenta, perché se l'esperienza è maestra delle cose, ella può insegnare à chi hà spirito di ben formare, e meglio rappresentare i suddetti recitabili [,] il ben distenderli ancora [.] L'esperienza fà l'arte, perché molti atti reiterati fanno la regola, et se i precetti da essa si cavano, adunque da tali azzioni si viene a pigliar la vera norma, sí che il Comico può dar regola à compositori di Commedie, ma non già quegli à questi[80].

Ma nonostante quest'ultima affermazione, che tenta di porre gli spettacoli dei comici in un'ottica positiva in virtù della loro grande esperienza e capacità scenica, è evidente che ci fossero estrema diffidenza e massimo sospetto per le rappresentazioni dei comici, così anticonformisti da sfuggire sia alle regole dello spettacolo, sia a quelle dell'etica, ma anche così efficaci da coinvolgere un pubblico ampio al punto di corromperlo:

> Osserva le voci degli spettatori, guarda le loro facce, i loro occhi, esamina le loro parole, interpreta i sospiri, i cenni, e dovrai riconoscere con me quante male azioni commettono. Costoro rimangono in ogni città due o tre mesi e nel frattempo in queste città quanto scompiglio non si verifica? Quante risse, per lo più causate da quelle riunioni, non avvengono? Quanti ferimenti, uccisioni o almeno pericoli in tutto questo? Gli interessi familiari sono del tutto trascurati, se osservi quel che fanno i padri. L'avidità degli spettacoli regna anche tra gli artigiani e i contadini che accorrono, abbandonando il lavoro quotidiano; vengono in massa i servi, le matrone lasciano le case, portano con sé le figlie e fanciulle adolescenti, perché imparino cose che non hanno mai sentito, perché la fiamma della libidine le investa più rapidamente[81].

Una delle cause principali di questo effetto devastante per le fragili e influenzabili menti degli spettatori, in aggiunta alla «scelta di trame elementari, comunque cattivanti e aperte a esiti licenziosi»[82], è certamente la loro recitazione:

> Il virtuoso recitare in scena è una bella grazia, anzi è un compendio di molte grazie, le quali molti mercenari e moderni comici scoprono improvvisamente nel moderno teatro. Non hanno tutte le rappresentazioni stese di parola in parola: o se pur le hanno essi non le mandano alla memoria al modo de' recitanti fanciulli o de' verbali oratori, ma apprendendole bene prima in sostanza, come per brevi capi e punti ristretti, recitano poi

---

[78] Ivi, p. 51.
[79] Ivi, p. 30.
[80] F. Scala, *Prologo a Il finto marito*, Venezia, 1619, p. 7 (cit. in C. Jannaco, *Stesura e tendenza letteraria della commedia improvvisa in due prologhi di Flaminio Scala*, «Studi secenteschi», n. I (1960), pp. 195-201).
[81] F.M. del Monaco, *Parentesi contro gli attori e gli spettatori di commedie del nostro tempo* (cit. in F. Taviani, *La Commedia dell'Arte e la società barocca. La fascinazione del teatro*, Roma, Bulzoni, 1969, p. 209).
[82] R. Tessari, *Commedia dell'arte: la maschera e l'ombra* cit., p. 30.

improvvisamente o quasi improvvisamente, così addestrandosi ad un modo di recitare libero, naturale e grazioso[83].

Ovvio quanto sia diabolico un meccanismo recitativo di questo tipo, poiché consente di improvvisare[84] le battute, modificandole con estrema facilità e adattandole alla situazione e al pubblico contingenti.

Alla luce di questa osservazione, l'improvvisazione va intesa come libertà dell'attore e non casualità del fatto scenico. In effetti, l'unica casualità era «quella che costringeva i censori o a confrontarsi preliminarmente con testi scritti di ambigua interpretazione o a verificare, troppo tardi, spettacoli in atto»[85] e che rendeva «"dannose" le manifestazioni dell'Arte: vere e proprie "pitture vocali" animate, costruite a fini "mercenari", incentrate sull'esibizione della presenza femminile, tendenzialmente protese a illustrare situazioni di un Eros non cristiano»[86].

Se a ciò aggiungiamo l'elemento di cui tratta il Perrucci, ossia l'uso della maschera («il recitar mascherato è restato alle parti dei buffoni e ridicoli, dandoli caricatura di color bruno, naso o grande o schiacciato, occhi piccoli o lipposi, fronte arrogata, capo calvo»[87]), otteniamo il ritratto che, per i contemporanei, richiamava «segni di magia negromantica», un'«aura di fascinosa leggenda» e l'accostamento di «cupe fiabe di demoni» alla loro presenza[88]. Per non parlare del loro «singolare modo errabondo di "guadagnare il vitto"» che inevitabilmente trascinava con sé «titoli di marginalità e di sulfurea atmosfera avventurosa»[89].

Non possiamo, di conseguenza, sorprenderci della severa presa di posizione del Cardinale Borromeo che si scaglia contro gli spettacoli dell'Arte, accusati di spingere a disertare le Chiese, che specialmente nei giorni di festa «si dovrebbero frequentare per celebrare la bontà divina», e di invitare la gente ad affollare «gli scanni dei teatri per esasperarla con colpe di ogni sorta»[90].

In sostanza, se sintetizziamo i componenti essenziali della Commedia dell'Arte, notiamo immediatamente gli elementi comuni tra comici dell'Arte e fabulatori: in entrambi i casi sono presenti dinamiche di «contaminazione e profanazione», dato che i temi trattati traggono spunto da storie e motivi, sia antichi, sia di attualità, fusi con

---

[83] G.D. Ottonelli, *Della Christiana Moderatione del Theatro*, Firenze, 1652, p. 292.

[84] In realtà, l'improvvisazione «non è utopia d'una pretesa creatività immediata, bensì praticabilissima realizzazione del solo apparente paradosso per cui, mentre si finge di far nascere sulla scena un testo prima inesistente, si traduce in spettacolo immediato – giocando sul più ampio margine di libertà mnemonica degli attori – non un testo mai scritto, bensì il fantasma d'un testo sempre troppo facilmente componibile perché sia necessario che un Poeta lo scriva» (R. Tessari, *Commedia dell'arte* cit., p. 76).
È in sostanza «non l'esprimere *quidquid in buccam venit*, bensì il ricomporre in unità quasi-estemporanea una pluralità di elementi desunti dalla dissezione dell'organismo comico e ristrutturati sino a farne componenti intercambiabili nel meccanismo dello spettacolo» (Ivi, p. 79).

[85] Ivi, p. 25.

[86] Ivi, p. 26.

[87] A. Perrucci, *Dell'arte rappresentativa premeditata e all'improvviso* (1699) a cura di A.G. Bragaglia, Firenze, Sansoni, 1961, p. 216 (cit. *ibidem*).

[88] Cfr. R. Tessari, *Commedia dell'arte* cit., p. 27.

[89] Ivi, p. 58.

[90] Cfr. ivi, p. 28.

perizia per assecondare un duplice scopo, il divertimento e la ribellione, sempre in un clima avulso dal senso del sacro «attraverso maschere buffonesche (non attraverso personaggi)» e il «linguaggio della parola sfacciata e del gesto "ruffianesco"». L'esito drammaturgico si contrappone al «cosmo delle *humanae litterae*», ossia alla cultura ufficiale, in quanto ne è portatrice «gente sordida (non da animi nobilmente educati)» e «si risolve in scandaloso vagabondaggio (non in presenza culturalmente composta)».

Divergenti sono invece riguardo agli intenti: «mercenari» nel caso dei comici, che, inevitabilmente, fanno sostentamento della loro arte; miranti alla «gloria disinteressata» in quello dei fabulatori, capaci di anteporre l'interesse comune ai propri bisogni[91].

---

[91] Cfr. ivi, pp. 15-17.

2. Cercasi fabulatore disperatamente

«In Luino si fa un mercato il mercordì d'ogni quindeci giorni, per comodità de gli habitanti circonvicini, e di maggio, giugno e luglio, si può convenevolmente più presto chiamar fiera che mercato»[92]: si tratta del famoso Mercatone settimanale di origini cinquecentesche.
Luino è il paese di riferimento o comunque uno dei più importanti della sponda lombarda del Lago Maggiore. È un luogo che il giovane Dario Fo ha certamente frequentato e in cui sono morti i suoi genitori. Ma soprattutto è il mio paese, e perciò il posto in cui era più logico e naturale portare avanti la ricerca sui fabulatori.

Come abbiamo già potuto capire, la loro presenza era avvertita in tutti i paesi del lago, tanta era la fama che riscuotevano e il divertimento che suscitavano con i loro impareggiabili spettacoli di piazza. Essi erano lo specchio che rifletteva ogni affanno per tramutarlo in pernacchio: erano la voce di un popolo oppresso dalla fame e dalle prevaricazioni, per il quale fungevano sia da lieti intrattenitori, sia da strumento d'informazione. Grazie alle loro battute, venivano smascherati e sbeffeggiati i tentativi di abusare dell'ignoranza e dell'ingenuità della gente.

Occorreva, a quel punto, qualche conferma dalla viva voce di esponenti della popolazione lacustre, in particolare luinese. Non fu difficile selezionare alcuni individui per farne dei testimoni, scegliendoli in base all'esperienza e alla competenza in storia e folclore locale.
«Poche domande, ma precise, adatte a scandagliare l'intero argomento» – pensavo.
Cominciò così un processo conoscitivo che nuova luce avrebbe gettato sulla mia inchiesta.

2.1. *'l sciúur aucátt*

Mi rivolsi per primo all'avvocato Trento Salvi, padre del famoso comico Francesco («possibilità enormi. E un'enorme carica»[93]). Ritenni di andare a colpo sicuro, convinto di trovarmi di fronte alla persona giusta, vivace, competente e, aspetto ancora più gradito, disponibile: la fama di cui gode nella zona, i numerosi articoli e libri che portano la sua firma, le dimensioni della sua biblioteca in gran parte dedicata a materiale locale e folcloristico, furono fattori decisivi che mi spinsero a contattarlo. Accettò con entusiasmo di incontrarmi, ma preferì che gli spiegassi l'argomento di persona.

Esauriti i convenevoli, sciorinai sicuro l'espressione che ritenevo maggiormente sintetica ed esauriente per trasmettere il senso del mio lavoro:

---

92 P. Morigia, *Historia della nobiltà et degne qualità del Lago Maggiore*, Milano, Hieronimo Bordone & Pietro Martire Locarni, 1603 (cit. in copertina di P. Frigerio, *Storia di Luino e delle sue valli* cit.).
93 Opinione di Fo su F. Salvi in Lina Coletti, «Europeo», marzo 1990 (cit. in D. Fo, *Fabulazzo*, cit., p. 134).

> In *Mistero Buffo*, edizione televisiva degli anni settanta, Dario Fo introduce la rappresentazione dedicata a *Caino e Abele* affermando che "sul Lago Maggiore c'erano moltissimi fabulatori, oggi non ce ne sono quasi più, ma erano la continuazione dei giullari", da cui lui aveva imparato "le prime forme di fabulazione". Il fabulatore viene descritto come un individuo apparentemente tonto, ignorante, timido, intimorito dal pubblico e che finge di non sapere le cose per far arrivare quei concetti che, in realtà, ben conosce e intende trasmettere[94].

L'avv. Salvi, non appena gli illustrai l'oggetto della mia indagine, si mostrò perplesso, aggrottò la fronte e inarcò le sopracciglia. Sospirò. Dopo aver preso un po' di fiato, affermò di non sapere nulla dell'esistenza di fabulatori o giullari né nel Luinese, né nel bacino del Verbano. Non garantì per quanto riguarda la sponda piemontese, ma apparve tutt'altro che possibilista.

L'ingegno luinese, in particolare, sarebbe stato molto scarso, la gente troppo ignorante, dedita alla pesca e alla coltivazione del granoturco specialmente nella piana di Voldomino[95], come troviamo conferma anche nelle parole dello scrittore luinese Piero Chiara[96]:

> Fino all'apertura della galleria del Gottardo e alla costruzione della linea ferroviaria, Luino era stato un paesello di pescatori e di contadini, un luogo senza storia che forse aveva dato i natali a Bernardino Luini [pittore del XVI secolo, NdA], un piccolo mercato delle valli adiacenti, con qualche signorotto [...] insediato nelle ville[97].

Accolsi un po' incredulo le parole del mio interlocutore. Poi mi sovvenne il dubbio di non essermi spiegato con sufficiente chiarezza. Così attaccai daccapo con l'ottimo sproloquio che risultò molto meno efficace del previsto, soprattutto perché io per primo cominciavo a nutrire una sottilissima perplessità nella sua efficacia. Ormai avevo la lingua felpata e il respiro affannoso del mastino napoletano. La speranza di ottenere un barlume andava esaurendosi.

Il Trento, peraltro dispiaciuto, ribadì la sua ignoranza in materia e mi consigliò di sentire altre campane.

Gli chiesi allora se, a suo modo di vedere e alla luce della conoscenza del Fo, i fabulatori e le loro storie fossero tutta un'invenzione: «*Mì sò mia*» - rispose - «certo è che c'erano molti tipi curiosi: via Manzoni [una delle vie storiche di Luino, NdA] e altre vie erano un teatro gratis»[98].

'l *Matt' de Beder*, figura storica di Luino, era uno di loro. Di professione era capomastro e frequentemente scendeva a piedi dal paese di Bedero, situato in

---

[94] Intervista a T. Salvi del 05/03/2002.

[95] È il nome di una frazione di Luino.

[96] Piero Chiara, nato a Luino nel 1913, scrittore giunto tardi alla narrativa – il primo libro, *Il piatto piange*, è del '62 – ha poi riscosso uno straordinario consenso di pubblico e di critica. Coi suoi personaggi amabilmente surreali e, allo stesso tempo, incredibilmente umani, ha saputo elevare le vicende degli abitanti del lago a metafora della vita.

[97] *Una stazione immaginaria*, P. Chiara, *Gli anni e i giorni*, Pordenone, Edizioni Studio Tesi, 1988, p. 133.

[98] Intervista a T. Salvi del 05/03/2002. Un altro aneddoto: «c'era uno che, non avendo soldi, si era fatto impacchettare dal capitano della nave e si era fatto consegnare allo zio che gli negava sempre dei prestiti, volendo che questo pagasse a peso la sua "carne viva"».

posizione elevata rispetto al livello del lago: giunto a Luino gridava per le strade: «*duman al piöv, duman ven bell*»; oppure: «*'l temp el müda*». Salvi, nel suo libro *Te sée regordet…*, lo definisce «*'l Bernacca di temp indrée*, barometro itinerante di Luino e dei suoi immediati dintorni»[99] proprio perché declamava, spesso azzeccando, le previsioni del tempo; «*u meteva kappaò ancasì il büs dela Tògna*[100]». Per via del suo passo «saltellante e allegretto», i ragazzi lo seguivano e imitavano le sue movenze, «*inscì la soa entrada in la part valta du paes a l'eva scquàas* "un corteo trionfale"»[101]. Persino in chiesa era impossibile non notare la sua sagoma allampanata, dato che seguiva la funzione «in piedi, dritto, tra la sagrestia e il prete»[102].

Celebre era anche un tal Brovelli, detto *Valatè*. «Ma-và-là-tè al Polo» era una sua tipica espressione, dovuta alla notorietà suscitata dalle spedizioni di Umberto Nobile che trasvolò il Polo Nord[103]. Era negli alpini, combattè sul Monte Grappa nella I Guerra Mondiale nel tentativo di bloccare la *Strafexpedition* austriaca; tornò dal fronte «un po' squinternato». «*A l'eva un brav uperari: ma al sabèt sira a l'eva sempur imbenzinàa e u vusava per i strà*: "Va là te… al Polo!"»[104] e al sabato si dava al bere, «faceva il filotto di dieci osterie»[105].

Gli volevano bene tutti, e non faceva male a nessuno. Ma qualche *malnatt* (malandrino) lo prendeva in giro: «*Famm vedè cum'è che te fasevet in trincea!*»[106], invitandolo a strisciare in mezzo alla piazza con gomiti e ginocchia come fosse tra le linee nemiche, per poi pagargli un *mezz lìter*.

Un'altra sagoma era un tale *'Medeo* (Amedeo). Jelmini[107], un gran volpone che nella vita aveva fatto di tutto, contrabbandiere, partigiano, e che non aveva mai fatto del male a nessuno (eccetto al fisco); viveva in un barcone di fronte all'imbarcadero e

---

[99] T. Salvi, *Te sée regordet…*, Germignaga, Edizioni Verbano, 1981, p. 58.

[100] *Ibidem*. Erano così affidabili i suoi "pronostici meteorologici" che superavano in esattezza persino il *büs dela Tògna*: con tale termine tratto dalla tradizione popolare, si intende un generico punto di riferimento, un angolo di cielo tra i monti o tra i comignoli, ecc., variabile da paese a paese, da scrutare per ottenere lumi sul tempo della giornata successiva. Questa tradizione è diffusa anche a Milano, come raccontato nella commedia dialettale *Cà de ringhera* scritta da Rino Silveri e interpretata insieme al fratello Piero Mazzarella, in cui Isidoro Masera osserva il colore del cielo e l'eventuale presenza di nubi in un pertugio ricavato tra camini e abbaini dei tetti (P. Mazzarella, R. Silveri, *Cà de ringhera*, Paneurope, 1994 VHS).
Certamente può far sorridere pensare, oggi che ci sono sofisticati strumenti meteorologici di misurazione, a una tecnica tanto astrusa. Tuttavia, come precisato da Salvi nell'intervista, «la sapienza popolare, che non è scritta in nessun libro ma passa di bocca in bocca, non sbaglia mai»; e, aggiungo io, ha uno *humour* impareggiabile. Si pensi a quest'altro "proverbio-previsione": «*Quand el Lema a gà sü 'l capell / o che fa brütt o che fa bell / Quand el Lema a gà sü nagott de tütt / o che fa bell o che fa brütt*» (trad.: Quando il monte Lema [che sovrasta la sponda lombarda del lago, NdA] ha il "cappello" [s'intende di nubi] / o che fa brutto o che fa bello / Quando il Lema ha su niente del tutto/ o che fa bello o che fa brutto»). Geniale.

[101] Trad.: così il suo ingresso nella parte alta del paese era quasi un corteo trionfale (*Ibidem*).

[102] Intervista a T. Salvi del 05/03/2002.

[103] Nel 1926, assieme al norvegese R. Amundsen e l'americano L. Ellsworth trasvolò il Polo Nord col dirigibile "Norge". Nel 1928 ripetè l'impresa col dirigibile "Italia", di sua costruzione come il precedente: peccato che esso andò distrutto nel tratto di ritorno alla base.

[104] T. Salvi, *Te sée regordet…* cit., p. 62.

[105] Intervista a T. Salvi del 05/03/2002.

[106] Trad.: Fammi vedere come facevi in trincea (*Ibidem*).

[107] La descrizione dello Jelmini l'ho tratta interamente dalla viva voce del Salvi, sempre nell'intervista del 05/03/2002.

frequentava il caffè Clerici e gli altri locali. Aveva un occhio di vetro, perciò fisso, che rendeva il suo aspetto ancora più sinistro.
Una volta, durante le feste di Natale del '45-'46, un Milanese ricco comparve a Luino con la sua macchina nuova e, evidentemente già indirizzato, gli si presentò per chiedergli di procurargli della cocaina:

> MILANESE. Senta, volevo comprare un po' di co..
> 'MEDEO. (Dandogli una *pesciada* e con tono molto scontroso) *Ciamel* borotalco, *tè capì*?! Ed è roba purissima, *dumà cent gramm.*
> MILANESE. Quant'è?
> 'MEDEO. *Tresent sacch, stüpid! Varda, vestì me 'n camerier… 'l vegn de Milàn…Oh vialt de città…*

Così *'l 'Medeo*, come tutti lo chiamavano, andò a Ponte Tresa da un amico farmacista per farsi dare una bottiglia *pinina* di "Merck" da riempire con borotalco; ritoccò l'etichetta e sigillò il flacone con la ceralacca. Incontratosi nuovamente col *pistola*, nella parte più oscura del Caffè Clerici si concretizzò l'affare: «*Chí nun se cugnossum pü*» - disse il volpone per concludere; e intanto «*'l ghe schisciava l'öcc, quell bun naturalment*». Il giorno successivo, Natale, il matto raccolse tutte le persone più vecchie e malandate del paese, una trentina, e le portò in albergo. Il proprietario, vistosi arrivare un'orda di cialtroni, stava già per metterli alla porta, quando tutto venne chiarito dal provvidenziale e tempestivo intervento del *'Medeo*: «Qui non si scherza! *Chí gh'è la grana!* Mangiare bere fumare, *paghi mì! E in del püsée bel cantun che vorum vardàa el lagh ben*». Mangiarono pranzo e cena e soprattutto bevvero al punto di tornare a casa *tücc' ciócch.*
La festa continuò nei giorni successivi, dato che si fece scarrozzare in taxi con tre o quattro compari ad Angera, Pallanza, Cannobio, sempre grazie alle trecentomila del milanese. Quest'ultimo, però, accortosi della truffa, cercò invano di rintracciarlo fino alla vigilia di S. Silvestro quando lo scovò al Clerici. *'l 'Medeo* era in compagnia di energumeni spaventosi e minacciosi:

> 'MEDEO. *Tè piasüü 'l borotalco*?
> MILANESE. Appunto, è di questo che…
> 'MEDEO.*Te ghè de dì un quaicoss che va mia ben*?!

E senza attendere né la replica, né la reazione del milanese, un pescatore gigantesco lo sollevò e lo sbatté fuori. Minacciò di rivolgersi ai Carabinieri, ma era evidente che non lo avrebbe fatto.
Anni dopo, un simpatico maresciallo venne a sapere la storia dalle parole del *'Medeo* stesso, ma non potè che riderci sopra, dato che, in fondo, era stato promesso del borotalco ed era stato venduto del borotalco. Tutto in regola![108]
I personaggi appena abbozzati sono solo un campione dell'umanità che popolava i caffè, le osterie e le vie, e che diventava soggetto o oggetto – interprete o argomento –

---

[108] Trad. delle frasi e parole dialettali precedenti: pedata / Chiamalo borotalco, hai capito!? / solo cento grammi / piccina / qui non ci conosciamo più / gli schiacciava l'occhio, quello buono naturalmente / Qui ci sono i soldi / pago io! E nel posto più bello che vogliamo guardare il lago bene / tutti ubriachi / T'è piaciuto il borotalco? / Devi dire qualcosa che non va bene!?

delle chiacchiere di paese. Particolarmente significativi sono i ritratti scritti dal già citato autore luinese Piero Chiara, la cui grande dote è stata quella di saper ascoltare le voci, i pettegolezzi e le indiscrezioni che si rincorrevano quotidianamente. «Nel libro *Il piatto piange* si narrano fatti veramente avvenuti, anche in sua assenza. Chiara racconta ciò che ha sentito dire da altri, tra cui persone che raccontavano in maniera stupenda: un esempio è la descrizione della partita a carte nei sotterranei dell'albergo, allagati a causa di un'inondazione[109]».

In realtà non c'è una perfetta corrispondenza tra nomi e descrizioni dei personaggi, e le situazioni spesso sono state sottoposte a un *lifting* per esigenze narrative: lo stile dell'autore, in fin dei conti, sopravanza la fredda cronaca. Un altro esempio è invece tratto da *La spartizione*[110]: nel romanzo troviamo la vicenda di una bibliotecaria che si lascia andare a un turbine di passione sfrenata con un gigolo, proprio nei locali del convento abbandonato annesso alla biblioteca. Questa la finzione, lievemente dissimile alla realtà: «c'era la biblioteca di S. Agnese vicino a piazza S. Francesco» – spiega Salvi – «il prevosto don Balossi aveva acquistato tutto compresa la biblioteca, la cui bibliotecaria aveva uno spasimante che le dava i bacini. Chiara ci ha ricamato molto sopra».

Senz'ombra di dubbio, il concetto di fabulatore andava rivisto. Il colloquio col Trento, difatti, aveva scatenato in me due opposti stati d'animo: smarrimento per il fallimento delle prime ipotesi che, non ancora fissate su carta, balenavano nella mia mente, nonché entusiasmo nell'approfondire l'argomento, per verificare effettivamente la realtà dei fatti.

Apparentemente, dunque, non c'era traccia dei fabulatori. Invece, mi si era dischiuso un frammento di realtà, forse meno organizzato in quanto a teatralità, eppure ugualmente suggestivo. Cominciavo a sentire vibrare un universo fatto di persone vere, speciali, a tutto tondo. Non abbandonai comunque immediatamente la pista fabulatori; del resto un testimone, per quanto attendibile, deve sempre necessariamente essere confrontato con altri. E poi, in tutta sincerità, la carica con cui l'avvocato mi narrò la vicenda del borotalco… bèh… aveva un non so che di fabulatorio.

2.2. Una iena che punge l'alluce

Concordai così un incontro con Basilio Cadoni, poeta e cultore di storia locale, conosciuto anche per i suoi articoli su «Il Rondò», l'almanacco annuale di Luino; fu altresì amico di Piero Chiara.

---

[109] Intervista a T. Salvi del 05/03/2002. *Il piatto piange* racconta le vicende di un gruppo di giovani che pensano solo ai piaceri e ai vizi, ignari della tragicità della seconda guerra mondiale che saranno destinati ad affrontare. Uno dei passatempi preferiti è, appunto, il gioco d'azzardo (cfr. P. Chiara, *Il piatto piange*, Milano, Mondadori, 1995 (1962), cap. II).

[110] Cfr. P. Chiara, *La spartizione*, Milano, Mondadori, 2002 (1964), p. 98 e segg. È la storia del rapporto morboso che si crea tra le tre sorelle Tettamanzi e lo sposo di una di loro. L'ombra dello scandalo comincia ad aleggiare su una famiglia ritenuta prima integerrima, e le passioni inaspettate rompono il solido *ménage* che pareva inattaccabile.

Gli proposi lo stesso quesito, ossia se l'affermazione[111] di Dario Fo tratta dal *Mistero Buffo* sia verificabile e attendibile.
«Non ne ho cognizione» – fu la risposta – «magari c'è stato qualche personaggio originale».
E a sostegno aggiunse:

> Tutti i caffè, tutti i crocicchi potevano essere fonte di barzellette, di storie inventate, questo senz'altro. Ma ciò accade in ogni paese, in ogni borgo; è tipico di ogni ambito ristretto, da osteria[112].

Gli chiesi di essere più preciso: «Io sono capitato a Luino a metà anni '50, capitava di sentire Tizio e Caio che nominavano delle storie successe a questo o a quello, ma tutto è in quel mosaico così vago della provincia[113]».

Fonte suggestiva, in accordo con quanto appreso durante l'incontro col Salvi, è sempre il Chiara, che descrive «individui che erano andati via da Luino e poi tornavano raccontando storie di paesi che la gente di Luino non aveva mai visto[114]».
Chiara potrebbe essere benissimo considerato un fabulatore:

> Raccontava fiorendo e inventando aneddoti o avventure, che poi in effetti erano sempre frutto della fantasia e non della realtà. Faceva sempre nomi, così, di persone che frequentano il caffè, giocavano a carte o biliardo, e che non hanno spessore letterario, né storico; spesso, addirittura, li travisava quindi non si riesce a capire la reale identità[115].

Eppure, questo processo narrativo non può essere considerato esclusivo della zona del lago, in quanto non è possibile riscontrare caratteristiche così peculiari da marcare e distinguere i tratti del cosiddetto fabulatore. Infatti, continua il Cadoni,

> in tutti i paesi non cambia molto, che poi uno vada in città, i raccontatori di favole ci sono sempre. Io mi ricordo di un tizio di Avigno, un paese sopra Cremenaga, che le "sparava un po' grosse". Poiché era stato arruolato in Libia nel '12 o successivamente con le truppe di occupazione, raccontava che, mentre dormiva in tenda, si sentiva grattare e pungere l'alluce e il calcagno perché era una iena che glieli mordicchiava. Sono le stesse figure a cui Chiara accenna[116].

La discriminante, in questa prospettiva, non sarebbe la zona geografica, bensì la sensibilità e la capacità del narratore:

> Chiara ha saputo elaborare, nobilitare, dare dignità di stampa a queste barzellette e storie di paese, per una sua intrinseca dote; ma se fosse nato a Londra o in Francia,

---

[111] Cfr. pp. 2 e 16.
[112] Intervista a B. Cadoni del 09/03/2002.
[113] *Ibidem.*
[114] *Ibidem.*
[115] *Ibidem.*
[116] *Ibidem.*

avrebbe descritto fatti simili chiamando i personaggi Joe, Alexandre, ecc invece che Giovanni[117].

Se prendiamo un posto a caso in Italia, troviamo sicuramente qualcuno che sa raccontare con maestria. La differenza è che

> alcuni erano degli sfaccendati che certamente parlavano e si raccontavano, abbellendo, pettegolezzi e trascorsi di vita, mentre l'individuo più sensibile capta le finezze e le sfumature della società e le fa proprie, e poi cita la tradizione che in realtà è in tutti i posti d'Italia. E Sereni[118], non sarebbe cambiato se fosse nato sul Lago d'Orta o di Garda; il paesaggio è più o meno lo stesso. Occasionalmente il poeta si è trovato a Luino, aveva una sua sensibilità[119].

Si vedano a sostegno di queste prime osservazioni due esempi. Il primo raccontato dallo stesso Cadoni: «lo zio di mia moglie aveva notevole memoria e sviluppata capacità espositiva». Ciò non significa che fosse un fabulatore, proprio perché, stando sempre al ritratto suggerito, verrebbe a mancare il fine, l'organizzazione: allo spettacolo si sostituirebbero il racconto da caffè e il pettegolezzo. Oppure il secondo esempio, tratto direttamente dalla novella di Chiara *La bellezza del vivere*, di cui è protagonista il notaio Arca, giocatore di biliardo siciliano stanziato a Cividale del Friuli:

> Gran raccontatore della sua vita, vero fabulatore e cantastorie di sé stesso. Ogni tanto, giunto al punto culminante di una storia, si fermava sulla gamba di legno, e modellato nei forti tratti del viso dalla luce gialla di un lampione, recitava il finale da grande attore. Parlava delle sue gesta nella guerra mondiale, della palla di cannone che gli aveva portato via la gamba, dei suoi amori e dei casi incredibili che gli erano capitati. Aveva sempre una storia nuova da impostare e da portare a conclusione, per la quale gli occorrevano talvolta un paio d'ore, che ci passavano inavvertite, lasciandoci il desiderio di altri racconti, uno per sera, fino a consumare tutta la vita in quel modo, che credevamo il migliore possibile[120].

Quei momenti, trascorsi «tra chiacchiere e biliardo» avevano un valore incredibile, perché consentivano di «sentire [...] il gusto e la bellezza del vivere»[121].
Le storie scandivano le giornate; la compagnia cementava i propri legami in funzione del raccontare, processo certamente fondamentale per stimolare la riflessione, ma soprattutto capace di infondere un sentimento positivo e gratificante nella gente.

Non mi è dato sapere se sia veramente esistito e dove un notaio di nome Arca, gran racconta storie; tuttavia, è evidente che il Chiara abbia incontrato un uomo simile

---

117 *Ibidem.*

118 Vittorio Sereni (1913-1983), poeta nato a Luino e vissuto a Milano: «i risultati raggiunti anche nella ricerca di una nuova lingua poetica lo pose tra le voci più influenti sulle nuove generazioni» (Vittorio Sereni, *Poesie*, antologia per la scuola a cura di Dante Isella e Clelia Martignoni, Luino, Nastro & Nastro, 1993, p. XVI).

119 Intervista a B. Cadoni del 09/03/2002.

120 *La bellezza del vivere*, P. Chiara *L'uovo al cianuro e altre storie*, Milano, Mondadori, 1969, pp. 131-132.

121 *Ibidem.*

nella sua vita, e l'abbia frequentato abbastanza da farne una descrizione così precisa e completa, quasi una definizione di "fabulatore".

Nel passaggio tra realtà e finzione, tra sagome da caffè e fabulatori di origini antiche, cominciava ad aprirsi uno spiraglio che suggeriva delle considerazioni: innanzitutto la certezza sempre più consistente circa l'improbabile esistenza dei fabulatori, almeno nei termini specifici tracciati da Fo. Eppure, la sicurezza dell'esistenza di "figuri" eccentrici e degni di essere ricordati alimentava il sospetto che soggetti di tal fatta potessero essere stati gli ispiratori di Fo; ossia, che egli abbia sapientemente e in maniera impercettibile distorto il vero per ricavare una certa immagine di "teatranti" da proporre alla massa. Il perché e le modalità di questa operazione restavano oscuri.

2.3. Giro di boa

Anche il secondo colloquio non permise di ottenere notizie illuminanti sul fenomeno dei fabulatori. Non posso tuttavia negare che modificò in maniera determinante la visione del problema: la mia ricerca così impostata non avrebbe portato a frutti concreti. Occorreva una correzione di rotta, sulla scia delle osservazioni scaturite dai *brainstorming* coi miei due "teste".

Fo si considera "discepolo diretto" dei fabulatori del lago: se cerchiamo di leggere tra le righe, «la sua affermazione ha un fondo di verità... Le persone sono esistite, figure originali e caratteristiche che popolavano i classici luoghi d'incontro presenti in tutti i paesi: bar, osterie, oltre a piazze e mercati. Ma, in verità, siamo lontani dall'affermare l'esistenza di "moltissimi fabulatori", almeno seguendo alla lettera la descrizione di Fo»[122].

Invece di monitorare le tracce storiche e umane sul territorio per scoprire la presenza di contastorie itineranti, impresa destinata a fallire, decisi che avrei seguito il percorso inverso: analizzare l'antropologia del lago, valutare lo stile di vita e le caratteristiche degli autoctoni, decifrare il loro rapporto con l'habitat e confrontare il materiale raccolto con vita, formazione e opere di Dario Fo. Considerarlo, in sostanza, non come la punta dell'iceberg di una schiera di giullari, vale a dire come l'ultimo ramo di quel vasto e secolare albero genealogico dei fabulatori, ma come coltivatore di quell'albero; come colui che, dotato di una sensibilità e un'acutezza fuori dal comune, ha saputo, similmente a Chiara, «elaborare, nobilitare, dare dignità di stampa a queste barzellette e storie di paese».

Eppure le testimonianze di Fo sono varie, e tutte sufficientemente precise, o comunque lo sono abbastanza da risultare convincenti. Come riportato, ad esempio, dalla Valentini:

> Rispetto ad altre zone di provincia del nord Italia, sul lago viveva tutta una cultura e una tradizione popolare molto sviluppata, viva e integrata alla realtà di tutti i giorni. A cominciare dai fabulatori, che giravano i paesi del Lago Maggiore a raccontare storie iperboliche e paradossali, tutte giocate sullo scambio grottesco del vero e del non vero,

---

[122] Intervista a B. Cadoni del 09/03/2002.

> dove spesso i protagonisti erano gli sfruttati, in cui gli spettatori potevano identificarsi, ma dove l'ironia, la trovata assurda e surreale avevano una gran parte[123].

Tale descrizione, in realtà molto simile alle precedenti, non fa altro che accrescere ulteriormente la dialettica tra le informazioni ricavate dalle dichiarazioni di Fo e quelle reperite "in diretta". Sempre la stessa scrittrice:

> Questi fabulatori, che Fo ha sempre indicato come un'esperienza molto importante della sua formazione, anche per la loro teatralità fondata sui gesti, sulla mimica, sulla capacità di essere contemporaneamente più personaggi, di passare da un ruolo all'altro, di dar vita, da soli, al centro di una piazza, a un'intera storia, sono stati indicati da qualcuno come il modello da cui Fo, molti anni dopo, si sarebbe ispirato per i suoi giullari, il suo *Mistero Buffo*. Io credo che si tratti di una semplificazione, anche se senz'altro questo modo di stravolgere la realtà con il paradosso ha influenzato molto Fo[124].

Qualcuno, dunque, ha indicato i fabulatori come un modello, anzi *il* modello per i giullari di *Mistero Buffo*. In base a quanto desunto, questa asserzione cozza con le parole di Salvi e Cadoni, i quali, non solo rifiutano l'esistenza di presunti contastorie, ma stentano persino a trovare un appiglio di verità nelle "raffigurazioni" del premio Nobel: l'ipotesi che va delineandosi è che ben altre sarebbero le vere fonti d'ispirazione per la creazione della figura del giullare con cui Fo dice di identificarsi, certo più legate ai suoi studi teatrali che alla sua esperienza personale. Più che una «semplificazione», si tratterebbe di una mistificazione.

Opportunamente, la Valentini ci offre un'altra osservazione che schiude una possibilità interpretativa prima inaccessibile: «nei paesi del Lago Maggiore non erano solo i fabulatori "ufficiali" a raccontare. Racconti ugualmente straordinari e fantastici li si potevano ascoltare dai pescatori, quando alla sera, seduti in circolo, pulivano le reti dalle alghe e dagli sterpi, le ricucivano[125]».

Coi pescatori si era instaurato un rapporto umano molto profondo, basato su uno spontaneo *do ut des*: i fabulatori, in cambio delle storie che raccontavano, "guadagnavano" l'aiuto dell'uditorio nei lavori di manutenzione dell'attrezzatura da pesca: «ero un ragazzino e ci mettevano tutti in fila, in cerchio, a rammendare le reti. Non ce lo imponevano, per carità, era un invito che noi raccoglievamo sempre di buon grado… anzi con entusiastica passione»[126].

Inoltre, accanto ai pescatori, si muovevano i membri di una colonia di soffiatori di vetro, chiamati da tutta Europa a lavorare nella vetreria di Porto Valtravaglia[127].

Quello dei vetrai era «un mestiere difficile, di alto artigianato, pagato moltissimo perché chi lo faceva durava poco, si ammalava quasi sempre di silicosi, spesso a poco a poco impazziva»; e sia gli incredibili scherzi che organizzavano, sia le storie che

---

123 C. Valentini, *La storia di Dario Fo* cit., p. 19.

124 *Ibidem*.

125 *Ibidem*.

126 D. Fo, *Dialogo provocatorio* cit., p. 21.

127 Uno dei luoghi topici per la formazione del giovane Dario, in cui ha vissuto la pre-adolescenza. Come avremo modo di constatare in seguito.

raccontavano, avevano «un gusto dell'assurdo che può ricordare certi racconti della Romagna di Fellini, ma con in più la disperazione della malattia e della pazzia, la lucidità di chi conosce bene i meccanismi dello sfruttamento di cui è vittima»[128].

Accanto ai (sedicenti) fabulatori ufficiali scopriamo una seconda classe di contastorie, per i quali il raccontare non è l'occupazione principale. Anzi, è un hobby per individui la cui natura è pienamente radicata nell'ambiente da cui provengono; individui che vivono tutti nello stesso paese e, invece di girare le piazze a raccontare storie, si fanno interpreti *in primis* dei fatti e delle vicende locali, con un occhio particolare per le proprie dure condizioni di vita.

Comunque, viene ribadito, si trattava di figure così particolari da stimolare il giovane Fo:

> Ne sono certo: tutto comincia da dove si nasce. Per quanto mi riguarda, io sono nato in un piccolo paese del Lago Maggiore, al confine con la Svizzera. Un paese di contrabbandieri e di pescatori più o meno di frodo. Due mestieri per i quali, oltre una buona dose di coraggio, occorre molta, moltissima fantasia. È risaputo che chi usa la fantasia per trasgredire la legge, ne preserva sempre una certa quantità per il piacere proprio e degli amici più intimi. Ecco perché, cresciuto in un simile ambiente, dove ogni uomo è un personaggio, dove ogni personaggio cerca di costruirsi una storia da raccontare, mi è stato possibile entrare nel teatro con un bagaglio piuttosto insolito, vivo, presente, e vero; come vere sono le storie degli uomini veri. Forse sembrerà un po' gratuita la provenienza di cui sopra, circa quel certo surreale, fantastico, grottesco che è alla base dei miei lavori. Forse non nasce tutto da lì, ma è certo che dai miei compagni ho imparato a guardare e leggere le cose in un certo modo[129].

Anche i contrabbandieri, che si aggiungono ai pescatori e ai soffiatori di vetro; tre diverse categorie umane e professionali accomunate da due qualità indispensabili per chi affronta la vita con stimoli positivi, convinti che di ogni attimo ci sia qualcosa da conservare: il *coraggio* di vivere intensamente, di rischiare perfino, di esprimere le proprie opinioni senza timore di ritorsioni, felici di essere stati coerenti con loro stessi. E la *fantasia*: per barcamenarsi nelle difficoltà che, nell'apparente serenità della vita di provincia, si abbattono con inaudita ferocia; nonché per cogliere la poesia e la frizzante vivacità di quel microcosmo poi re-interpretato in chiave surreale, fantastica e grottesca.

2.4. De-fabulazione

Nonostante, per quanto detto, fossi ormai persuaso dell'opportunità di una "correzione di rotta", preferii trarre le prime definitive conclusioni solo dopo aver avuto un confronto con l'ingegner Pierangelo Frigerio, stimatissimo autore del testo *Storia di Luino e delle sue valli* e di numerosi articoli sui periodici annuali «Verbanus» e «Il Rondò»[130]: una vera e propria *auctoritas lacus*.

---

[128] C. Valentini, *La storia di Dario Fo* cit., pp. 20-21.
[129] D. Fo cit. in L. Binni, *Attento te!* cit., p.193.
[130] Cfr. Bibliografia.

Magari – pensavo – nelle sue approfondite ricerche si era imbattuto nei fabulatori o quantomeno ne aveva rinvenuto le tracce. Oppure, sempre affidandomi alla sua cultura ed esperienza, sarebbe emersa la necessità di concentrare gli studi sui paesi in cui Fo aveva effettivamente vissuto, ad esempio Porto Valtravaglia, invece di considerare la sponda orientale del lago in generale, e Luino (col suo mercato) in particolare. Magari, il nostro aveva esagerato indicando il bacino del Verbano come palcoscenico dei fabulatori, presenti, invece, solo nel circondario di Porto Valtravaglia, paese in cui visse negli anni, per così dire, formativi.

> Non mi è noto che qui avvenisse qualcosa del genere [presenza di fabulatori itineranti, N.d.A.]; anche perché, se lui fa riferimento al paese di Porto Valtravaglia, a maggior ragione doveva avvenire a Luino, perché c'era l'occasione: il mercato. Piero Chiara parla di mangiatori di fuoco, saltimbanchi, ma mai di fabulatori[131].

Alla stessa domanda seguì la stessa risposta. Un classico ormai, come il riferimento al novelliere Chiara, ricorrente nelle citazioni dei miei interlocutori.

«Ed esistevano personaggi insoliti e caratteristici?» – chiesi io: «Certamente, ma questo è un altro discorso. Chiara descrive in modo attendibilissimo figure eccezionali, tra cui un certo Tonchino vissuto in Indocina»[132]: si trattava di uno dei tanti emigranti che, partito per l'estero anni prima, finalmente si riaffacciava al paese natio con uno scrigno colmo di avventure incredibili che attendeva solo un ascoltatore interessato, curioso e affamato di novità che lo aprisse.

«Un tipo simile» – riprese il Frigerio – «è completamente diverso dai giullari che, al termine della loro *performance* vanno a riscuotere... Altrimenti di cosa vivono?!... Al massimo da noi si poteva ricevere un invito a bere al bar, anzi al caffè, in cambio della compagnia e dei racconti di viaggio»[133].

Riflettendo bene su un altro particolare, c'è l'eventualità che i fabulatori abbiano origini così remote da non aver lasciato tracce evidenti. Ma se così fosse, come ha fatto l'arte di Fo a venire influenzata dalle loro tecniche recitative e compositive? E ancora: per quale ragione Fo, pur citando diffusamente i fabulatori, non li colloca mai in un'epoca storica, precisa o approssimata che sia, e si limita a dichiarare che le loro storie assurde e paradossali avevano un'origine antica, risalente a seicento-settecento e, addirittura, al medioevo?

«Si possono solo fare diverse ipotesi» – fu la risposta – «ma la realtà oggettiva è che in nessun archivio compaiono documenti riguardanti giullari o fabulatori». A tal proposito ho esaminato gli Statuti di Pallanza (1392) per vedere se c'erano provvedimenti contro giullari o simili. Tutto viene regolato: ordine, pulizia di acque, boschi, strade, mercati, agricoltura, proprietà, ma non c'è traccia di giullari o fabulatori "scomodi" in continua peregrinazione da una piazza all'altra[134]. Stesso risultato è emerso dalla lettura degli Statuti di Maccagno inferiore, ad eccezione di un comma che minaccia seri provvedimenti «se qualcuno di questa terra contraddirà o si opporrà in

---

131 Intervista a P. Frigerio del 14/03/2002.

132 Cfr. cap. 3.1.

133 Intervista a P. Frigerio del 14/03/2002.

134 Cfr. «Verbanus», n. 20, 1999, p. 375 e segg.

qualche modo, o con parole o coi fatti, all'amministrazione della giustizia»; in realtà, pare regolasse solamente i casi di oltraggio, turpiloquio e bestemmie, resistenza alla forza pubblica senza specificare, in ogni caso, l'operato sovversivo dei fabulatori[135].
Ho trovato comunque su una pubblicazione locale un riferimento al dottore *Francisco de Arona* (Arona, XVII sec.) che aveva un curioso incarico a Milano: gestiva un «*oficio sobre los comediantes, historieros, charlatanes, cantaenbanco, (ba)galateros*» e venditori di oli e medicinali in genere[136].

È vero invece che esisteva molto teatro popolare, grazie all'iniziativa di filodrammatiche locali («incredibile quanto fosse diffusa da noi questa attività teatrale minore, che faceva a capo ai teatri degli oratori o al teatro Sociale. Non so se si tenessero spettacoli all'aperto»[137]) ma anche di compagnie vaganti; tra queste si ricorda «il teatro tenda dei Rame che giravano principalmente nel basso Varesotto e potevano permettersi di recitare persino in caso di "moderato maltempo", grazie all'ausilio di una grande tettoia»[138]; ad ogni modo si trattava di compagnie organizzate, che annunciavano il loro arrivo in paese tramite l'esposizione di manifesti.
«Per quanto riguarda la satira fatta in teatro» – continua il mio interlocutore – «si rammentano tre operette *ad hoc* rappresentate a Luino: una era la *Luvineide* scritta nel 1913 da Giovanni Battista Reggiori, di cui ci è rimasto il testo, tutta imperniata sul prendere in giro delle personalità locali. Dello stesso autore era anche la *Kursaaleide*, forse del 1909, ma non si è trovato traccia né di testo, né di recensioni. Pare che Reggiori avesse concepito una terza rivista in senso nazionalista-interventista»[139].
Infine, la satira più interessante ai nostri fini: *Ma la Tresa ci divide* ideata da Dario Fo, «una rivista satirica che ironizzava su ambiente e personaggi locali»[140].

Quanto detto, comunque, non combacia con l'identikit dei fabulatori, il cui ambiente privilegiato erano le strade e le piazze, i centri nevralgici della comunità, insomma. E, estendendo la categoria dei frequentatori di tali luoghi, si scopre una fetta di umanità che, per ragioni di necessità e tornaconto, affollava i paesi e in particolare i mercati: gli artisti da strada, ognuno con competenze e abilità specifiche, ma sempre atte ad assorbire l'attenzione dei passanti per indurli a elargire un qualche obolo.
Oltre a ciò, è fondamentale non trascurare la *verve* di commercianti e bancarellai che erano veramente «assimilabili ai cantastorie, così pettegoli, curiosi, attenti ai fatti di cronaca e, di conseguenza, ottimi divulgatori di notizie. Anche il Manzoni ne *I promessi sposi* ci dice che le storie venivano divulgate col "passa-parola", quando i giornali non esistevano o, al limite, erano letti solo da persone ricche alfabetizzate»[141]. Parafrasando le parole di Fo, "osteria e mercato erano il giornale parlato e drammatizzato del popolo" poiché accoglievano gente che veniva da fuori e rendeva noti dei fatti nuovi, comprese notizie e curiosità divertenti[142].

---

135 Cfr. ivi, p. 423 e segg.
136 Cfr. «Verbanus», n. 1, 1979, p. 262.
137 Intervista a P. Frigerio del 14/03/2002.
138 *Ibidem.*
139 *Ibidem.*
140 *Ibidem.*
141 *Ibidem.*
142 Dice Frigerio: «rammento uno che sosteneva che un gatto s'era messo a parlare. Ma non era recitare, era solo una piccola esibizione da bar o treno, davanti a uno o più conoscenti» (*Ibidem*).

Un altro *habitué* dei medesimi spazi era il ciarlatano,

> una figura fondamentale del mercato che vendeva unguenti ed elisir, rivolgendo epiteti ai passanti, persino in tedesco, da noi. La sua, per così dire, presenza scenica era innegabile ma finalizzata allo scopo pratico della vendita e il fatto che quest'ultima potesse essere accompagnata da battute satiriche e critiche verso politici o ecclesiastici era il minimo che potesse succedere[143].

Nell'Archivio Cantonale di Bellinzona, a questo proposito, rinveniamo un documento del 1703 che attesta l'interrogatorio a un tale Alessandro Monti (*joccolator a civitate Venetiae eductus carceribus offitii Lugani*), accusato di essere un untore che diffondeva la peste. In realtà si trattava di un saltimbanco che girava il lago (Locarno, Intra, mercato di Luino, oltre a Ponte Tresa e Lugano sul lago omonimo) per vendere la sua merce:

> D – Quale professione è la vostra.
> R – Il mio primo mestiere fu a far berete, e poi mi esercitai con medici e chirogici, et hora facio il mont'in bancho [saltimbanco].
> D – Che cosa dispensate della vostra presente professione.
> R – Tutti li medicamenti ch'io dispenso, tanto interni, ch'esterni, sono con la sua recetta[144].

L'ambulante, l'imbonitore, il ciarlatano apparentemente si avvicinano all'immagine del fabulatore che ancora rimane avvolta da mille dubbi. È essenziale andare a fondo nella faccenda, tentare di ricostruire le caratteristiche della ciarlataneria per creare un parallelo con l'ormai più volte citata raffigurazione del fabulatore. Si tratta di trovare quella dimensione storica in cui finora non è stato possibile collocare il fabulatore. Al di là delle assonanze coi giullari, quelli veri, e i comici della Commedia dell'Arte.

Almeno abbiamo una certezza sull'effettiva esistenza dei ciarlatani, la cui presenza si è protratta fino al XX secolo, nonostante i numerosi ostacoli incontrati:

> I bandi, le grida, i regolamenti di polizia e di vigilanza urbana si sono moltiplicati lungo tutti gli anni del '700 e dell''800 per mettere un freno alle imposture, per proibire le pratiche truffaldine e delittuose, per contenere il ciarlatanesimo entro i limiti del lecito e dell'onesto, ma se fu possibile disciplinarlo nessun legislatore riuscì a soffocarlo. Ancor oggi si chiama piazzista chi fa la "piazza", ossia l'imbonitore che ha una licenza di polizia intestata alla professione di "fierante con mercerie". Il ciarlatano cantastorie, saltimbanco, imbonitore, spacciatore di specifici miracolosi ancora grida nelle Fiere dei paesi.[145]

---

[143] *Ibidem*. Ancora Chiara racconta del piccolo Pierino che collabora con alcuni ambulanti: «cosa vedi di lassù? – gli chiedeva col suo vocione Maciste. – Vedo un pidocchio sulla testa di Garibaldi [la statua, NdA] – rispondeva Pierino. – E poi? – continuava Maciste. – Poi – rispondeva Pierino – vedo il battello che arriva da Cannero. – E poi? – insisteva Maciste. – Poi, poi – gridava Pierino – vedo il mulo del sindaco! A quell'uscita che il ragazzo pronunciava senza far sentire troppo bene la emme di mulo, dal pubblico si levava una gran risata e un coro di applausi» (*La vergogna di tutta la famiglia*, P. Chiara, *Le avventure di Pierino al mercato di Luino*, Milano, Mondadori, 1980, pp. 111-112).

[144] «Verbanus», n. 12, 1991, p. 538-539.

[145] S. Piantanida, *Ciarlatani* in AA. VV., *La piazza*, Milano, Edizioni Avanti, 1959, p. 269.

2.5. I ciarlatani e i fabulatori

L'Ottonelli ascrive i ciarlatani alla categoria dei «recitanti»:

> Distinguo tutti i recitanti in due ordini: uno di coloro che si chiamano comunemente i commedianti, e questi fanno le loro azioni dentro le case, nelle camere o sale o stanzoni assegnati. L'altro ordine è di quelli che si nominano i ciarlatani, e questi fanno i loro trattenimenti e giuochi nelle pubbliche strade o piazze di concorso [;] i ciarlatani diventano commedianti e si servono della commedia come mezzo efficace per allettare il banco, donde fanno lo spaccio delle loro mercanzie e bussolotti[146].

L'Ottonelli descrive due mondi paralleli, con molti punti di contatto, ad esempio le tecniche recitative e l'uso delle maschere, ma diversi per quanto concerne i luoghi deputati ad ospitare la scena e, soprattutto, la «destinazione sociale dello spettacolo e i suoi esiti espressivi»[147].

Il primo punto consente di notare che gli spazi selezionati dai ciarlatani coincidono con quelli utilizzati dai fabulatori: in entrambi i casi le strade e le piazze delle città, brulicanti di vita e di confusione, sono la logica passerella per coloro che desiderano mostrarsi alla gente e comunicare con essa in maniera decisa. Così come le osterie, ritrovo di sfaccendati e chiacchieroni, ma anche tappa obbligata per i forestieri che, giunti in paese con le loro merci o il loro spettacolo, cercano ristoro di fronte a un bicchiere di vino…e perciò sciolgono la lingua suscitando curiosità e interesse.

Riguardo alle finalità dello spettacolo, invece, si registra un distacco tra ciarlatano e fabulatore, dato che quest'ultimo, per definizione, non mira alla persuasione del cliente per vendergli un prodotto o un servizio, bensì intende divertire e allo stesso tempo istruire il pubblico; più simile, perciò, ai ridicoli e ribelli comici dell'Arte.

Eppure, in base alla viva voce dei miei testimoni, sarebbe stato più probabile imbattersi in ciarlatani e mercatanti sulle sponde del lago e, se la mia ricostruzione di un ipotetico spettacolo del fabulatore è frutto solo di deduzioni ricavate da materiale lacunoso e impreciso, non potrà comunque sfuggire la somiglianza col nitido ritratto di una piazza secentesca fornito dall'Ottonelli:

> Comparisce alle volte in una città una compagnia di questi galantuomini: conducono seco donne bene all'ordine e della loro professione […] spargono voce di voler servire al pubblico, vendendo eccellenti segreti e facendo belle commedie; e tutte, per dar spasso e piacere e senza pagamento: eleggono luogo sulla pubblica piazza, ove, composto un palco, vi salgono a fare prima il ciarlatano e poi il commediante. Ogni giorno a ora comoda comparisce in quella scena bancaria uno Zanni, o altro di simil fatta; e comincia, o sonando, o cantando ad allettar il popolo al circolo et all'udienza: poco dopo si fa vedere un altro e poi un altro, et anche spesso una donna; e quivi tutti insieme con zannate o con altro fanno un miscuglio di popolari allettamenti: quando ecco viene il principale, che è lo spacciatore del segreto e l'archiciarlatano: e con buone

[146] G.D. Ottonelli, *Della Christiana Moderatione del Teatro* cit., p. 456.
[147] R. Tessari, *Commedia dell'arte* cit. p. 36.

> maniere s'introduce alla lode grande et incomparabile del suo meraviglioso medicamento. Di cui, fattosi buono spaccio e radunati i soldi, si termina quella vendita principale; dopo cui un altro ciarlatano comincia la sua [...] e poi anche la signora spaccia i suoi moscardini e qualche altra gentilezza. Alla fine si avvisa il popolo così: orsù la comedia si comincia, la comedia; e serrate le scatole e levati i bauli, il banco si cangia in scena, ogni ciarlatano in commediante; e si dà principio ad un dramatico recitamento che all'uso comico trattiene per lo spazio di circa due ore il popolo con festa, con riso, e con sollazzo[148].

Questa precisa fotografia esibisce la spettacolarità di cui si servivano i ciarlatani che, «per chiara necessità di imbonimento nei confronti d'un pubblico popolare», si dimostravano «"formatori di spettacoli", sì che la loro attività vive in una movimentata cornice di attrattive sceniche [...] e si risolve in forme di compiuta teatralità»[149] finalizzate a irretire i passanti. Infatti, come si sa, un cliente che non si ferma è un cliente perso.
Si veda un altro esempio:

> Dall'alto delle loro carrozze dalle ruote dorate, trainate da quattro o sei cavalli con gli zoccoli d'oro, essi vendevano, dopo un roboante imbonimento, generalmente dei preziosi unguenti, accompagnati da una coorte di servi e al suono di una musica strepitosa. Questi tipi di ciarlatani hanno il petto largo, la pelle scura, la voce forte e un po' rauca di gente abituata a vivere e a parlare all'aperto. Quando concionano passano da un tono familiare e un po' triviale, alle alte sfere del sublime per perdersi nell'enfasi. Iperboli e metafore infiorano il loro scervellato discorso. Parlano talvolta il latino senza averlo mai imparato. Sono sempre figlioli di un sapiente mago, nato nel lontano Oriente e sono immancabilmente dotati di grandissime virtù. Sono fisici, alchimisti, naturalisti, prestigiatori, filantropi[150].

Un'impalcatura scenografica e uno stile così curati sono, è bene ricordarlo, acquisizioni dovute a un processo di affinamento, in cui il nostro soggetto frequentatore di piazze subisce una metamorfosi progressiva evolutiva.

L'etimologia stessa della parola è incerta. Il termine "ciarlatano" deriverebbe da "cerretano": per alcuni detta voce risalirebbe a metà XV secolo e designerebbe «certi frati di Caeretum, nello Spolentino», che «ebbero per una bolla papale l'autorizzazione di andare pel mondo a questuare» e che «ci seppero fare così bene che in tutte le contrade d'Europa i cercanti erano segnati a dito e chiamati Cerretani»[151]; per altri, i cerretani sarebbero «i Sacerdoti della dea Cerere che, fuggiti da Roma, si rifugiarono nell'Umbria ove fondarono un castello che chiamaron Cereto e di là si sparsero poi nel mondo per imbrogliare il prossimo con 34 e più sistemi di furfanteria»[152] che designarono perfino la loro denominazione specifica. Tra questi, ad esempio, i «Felsi» si avvalgono della falsità, «assumono arie da profeta per predire il futuro e gabbano la povera gente spillando denari per allontanare disgrazie e malocchi»; oppure gli

---

148 G.D. Ottonelli, *Della Christiana Moderatione del Theatro* cit., p. 456.
149 R. Tessari, *Commedia dell'arte* cit., p. 34.
150 S. Piantanida, *Ciarlatani* cit., p. 215.
151 Ivi, p. 222.
152 Cfr. S. Piantanida, *Ciarlatani* cit., pp. 222-229.

«Attremanti», che «si fingono paralitici e tremanti»; o ancora gli «Affamigliosi», «persone pigre accidiose, tarde alla fatica, che fingono d'avere una numerosa famiglia di piccoli fanciulli, per commuovere il prossimo e ricevere aiuti».

In generale, come rileva Tessari, i cerretani «non sono vagabondi e mendichi passivamente trascinati da una condizione sociale ineluttabile, bensì vagabondi "autentici" e mendichi per elezione»:

> *Attori*, in un certo senso, che stravolgono in rappresentazione artefatta quell'esibizione della miseria che è ultima risorsa ai derelitti; e scendono in concorrenza con questi ultimi, per sottrarre loro un mercato della carità (e della credulità) sostenuto soprattutto dai contadini e dai lavoratori urbani [.] Confusi ad arte tra i poveri autentici, cerretani e ciarlatani fingono piaghe miserevoli con trucchi opportuni, e volgono in commedia truffaldina ogni gesto ed ogni esibizione capace di convertire la religiosità popolare in elargizione di moneta sonante. Sono dei professionisti della mimesi sfrontata, che vanificano la carità contaminandola con l'inganno: da un lato, sono portati a specializzare il proprio mestiere in singole arti, dall'altro destano attorno a sé un alone di leggenda diabolica[153].

Il mutamento si ha col passaggio «tra Medioevo e Rinascimento, con la crisi della mendicità e l'evoluzione della mentalità verso nuovi miti di felicità più laica e terrena» e quindi col cerretano che «perfeziona la propria arte mistificatoria facendo leva sull'individuale aspirazione al benessere dei suoi spettatori»[154]. Così per Tessari:

> Nella figura del ciarlatano, la maschera del falso oggetto di carità lascia affiorare lentamente le maschere del mercante, del medico, dell'esperto di magia naturale. Il rapporto di persuasione occulta, di fascino tra il nuovo vagabondo e il suo pubblico, allora, non sarebbe più fondato sulla fede, sulla carità e sulla speranza della religione tradizionale, bensì su una fiducia, su un rapporto di compra-vendita, su una illusione di felicità che richiedono l'incremento di certe tecniche d'attrazione e di convinzione del potenziale acquirente[155].

Nel più autonomo uso di tecniche dello spettacolo si giunge alla definitiva distinzione tra cerretano e ciarlatano. «Se il cerretano è un attore inconsapevole, il ciarlatano è un regista consapevole», come ha scritto il canonico Tomaso Garzoni di Bagnacavallo:

> I "sagaci" ciarlatani erano nello stesso tempo giocolieri, prestigiatori, illusionisti: stupivano il popolino con lo strano gioco dei *bianti ombranti*, nel chiaroscuro della lanterna magica; lo intrattenevano con burattini e pupazzi [.] I ciarlatani racontavano storie e cantavano frottole, proponevano agli spettatori giuochi d'azzardo e improvvisavano commedie e farse (i più ricchi assoldavano anche commedianti di mestiere); fra un giuoco e l'altro vendevano boccette dei "secreti" dalle decantate, miracolose virtù: i "bussoli"[156].

---

153 R. Tessari, *Commedia dell'arte* cit., p. 38.
154 P. Bosisio, *Teatro dell'Occidente* cit., pp. 282-283.
155 R. Tessari, *Commedia dell'arte* cit., p. 40.
156 T. Garzoni, *Piazza universale di tutte le professioni*, Venezia, 1585, p. 830.

L'autore inserì nella *Piazza universale di tutte le professioni* delle colorite descrizioni dei «formatori di spettacoli» che costituiscono una casistica varia e precisa delle potenzialità spettacolistiche dei ciarlatani. Si valutino le esibizioni di una coppia:

> Da una canto della piazza tu vedi il nostro galante Fortunato insieme con Fritata cacciar carotte, e trattener la brigata ogni sera dalle ventidue fino alle vintiquattro ore di giorno, finger novelle, trovar istorie, formar dialoghi, far caleselle, cantare all'improviso, corrucciarsi insieme, far la pace, morir dalle risa, alterarsi di nuovo, urtarsi in sul banco, far questione insieme, e finalmente buttar fuora i bussoli e venire al quamquam delle gazette, che vogliono carpire con queste loro gentilissime, e garbatissime chiacchiere[157].

Oppure quella di Mastro Paolo da Arezzo:

> Si mette mano alle scatole, e si cava fuori un carbonaccio lungo due braccia e grosso come un palo e poi un madarasso, e poi una vipera, e si spaventa il popolo, con l'orrido aspetto di tali animalazzi. Qui si tesse la favola di come gli ha presi alla foresta, mentre i mietitori mietevano il frumento, e ha liberato la villa da una morte manifesta, che soprastava tutti dal perielio grande di quei serpi maladetti. Il plebeo s'arriccia, il villano stremisce alla novella, che vien raccontata con tal garbo, che non si tien sicuro di mettere un piè fuor della porta della città, se prima non beve un bicchierino di polvere, che gli è data da mastro Paolo, o dal Moretto da Bologna: ma non finisce qui la cosa, che di nuovo si torna mescolar nelle scatole, e si butta fuora un aspide sordo, un regolo a basilisco morto, un crocodillo portato d'Egitto, una tarantola di campagna, una luserta d'India, e con la mostra di tai serpenti si pone orrore alla turba, che tremebonda mette mano alla borsa e compra la gratia di S. Paolo ridotta a una baiella alla più stretta a due Crazie per carta[158].

In generale, questi sono solo esempi dell'infinita varietà delle occupazioni dei ciarlatani, così numerose da essere classificabili a stento. Il cinquecentesco Garzoni, nonostante le difficoltà, fornisce un accenno di catalogazione in perfetto stile ridondante:

> Chi vende polvere da sgrossar la ventosità di dietro; chi una ricetta da far andare i figliuoli tutti fuor della pignatta alla massara; chi vende allume di feccia per stoppini perpetui, chi l'oglio de' filosofi, la quinta essenza da farsi ricchi, chi oglio di tasso barbasso per le freddure, chi pomata di sevo di castrone per le creppature, chi onguento da rogna per far buona memoria, chi sterco di gatta, o di cane per cerotto da creppature, chi paste di calcina da far morire i topi, chi brughieri di ferro per coloro che sono rotti, chi specchi da accendere il fuoco posti incontra al sole, chi occhiali fatti per vedere al scuro, chi fa veder mostri stupendi e orribili all'aspetto, chi mangia stoppa getta fuori una fiamma, chi si percuote le mani col grasso discolpato, chi si lava il volto col piombo liquefatto, chi finge di tagliare il naso a uno con un coltello artificioso, chi si cava di bocca dieci braccia di cordella, chi fa trovar una carta all'improvviso in man di un altro, chi soffia in un bussolo e intinge il viso a qualche mascalzone, e chi fa mangiare dello

---

[157] T. Garzoni cit. in S. Piantanica, *Ciarlatani* cit., p. 258.
[158] Ivi, pp. 261-262.

> sterco in cambio d'un buon boccone. Queste e infinite altre sono le prove de' moderni ceretani[159].

Grandi doti spettacolistiche, quindi, sostenevano i ciarlatani nella loro opera di persuasione e vendita. Ma dietro questa conquista, bisogna riconoscere il debito verso un altro protagonista animatore delle piazze, «già da tempi remoti specializzato nell'esibire e nel vendere manifestazioni di puro spettacolo»[160]: il buffone.

Proprio la figura del buffone, retaggio della tradizione medievale, «deteneva un "sapere" tecnico performativo che si estrinsecava da sempre, nel pericoloso privilegio di divenire il principe con la sorpresa della battuta, del detto arguto, ma anche dello scandalo trasgressivo e ridicolo»[161]; capace insomma di «fingere novelle, trovare istorie, formar dialoghi [,] cantare all'improvviso»[162].
Tessari conferma le sue qualità:

> L'improvvisazione, appunto, le recitazione e la gestualità comica, la mimesi caricaturale risolta in stereotipi e in vere e proprie "maschere" costituiscono il bagaglio tecnico di quella genía di vagabondi che campano la vita strappando al popolo un obolo, in cambio dell'offerta di elementari forme di divertimento[163].

La «sintesi di imbonimento, commercio e commedia» tracciata dall'Ottonelli[164] è il miglior esempio dell'unione tra «smercio di dubbi prodotti» e «fascino dello spettacolo». L'esito immediato di questo processo è la metamorfosi del ciarlatano che, non solo «si allea al buffone», ma addirittura «talora si fa buffone egli stesso»; in prospettiva più ampia, invece,

> è in questa evoluzione che le forme embrionali della commedia dell'Arte hanno modo di svilupparsi come in una coltura adeguata. La piccola commedia del buffone [,] assurgendo a livello di ciarlataneria, può radunare le sue membra sparse in una sintesi cui aggiungono ulteriori potenzialità espressive altre "trovate" tipiche dei "venditori d'ogli cotti"[165].

In sostanza, la nuova arte, tutta freschezza e istinto, getta le basi per un nuovo modo di far teatro, che si realizzerà solo nel momento in cui si presenteranno le condizioni concrete e si svilupperà una riflessione teorica, sfociante finalmente in un progetto unificante e nell'organizzazione degli elementi dello spettacolo: dal ciarlatano al comico.

Ma il divario tra la figura del ciarlatano e quella del fabulatore rimane molto grande, dato che Fo nobilita questo principe della strada, lo eleva a interprete della realtà;

159 T. Garzoni, *Piazza universale di tutte le professioni* cit., pp. 763-764.
160 R. Tessari, *Commedia dell'arte* cit., p. 40.
161 P. Bosisio, *Teatro dell'Occidente* cit., pp. 281-282.
162 T. Garzoni, *Piazza universale di tutte le professioni*, cit., p. 760.
163 *Ibidem.*
164 Cfr. p. 27.
165 R. Tessari, *Commedia dell'arte* cit., p. 41.

dimentica che il fine era il proprio tornaconto, il guadagno, che spesso significava approfittarsi degli altri. Altro che aprir loro gli occhi di fronte ai soprusi del potere!

2.6. Conclusioni

Ammetto di sentirmi frastornato: come se fossi andato in una macelleria per comprare un filetto di manzo e mi fossi sentito rispondere "Mi spiace, ma noi qui vendiamo pasticcini!".

Quello che voglio dire è che la differenza tra le aspettative iniziali e i primi riscontri è notevole: credevo di trovare giullari vaganti intenti a comunicare col popolo per aprire la sua coscienza e, invece, pare mi dovrò occupare di una realtà con un profilo storico molto più scarno.

Questi sono i fatti. Non c'è traccia dei fabulatori, né nei documenti e nei testi di storiografia locale, né nella memoria antropologica di chi conosce approfonditamente l'ambiente in cui vive.

Il territorio era sì frequentato da ambulanti, ciarlatani e saltimbanchi che giravano per le piazze e soprattutto per i mercati, ma sono riscontrabili solo leggere somiglianze con l'immagine del fabulatore proposta da Dario Fo; e lo stesso discorso vale anche per i personaggi stravaganti che, senz'ombra di dubbio popolavano i paesi come Luino, Porto Valtravaglia e altri. Ma, come già evidenziato, personaggi particolari e storie assurde e curiose sono reperibili un po' ovunque; è la sensibilità dello scrittore o, certamente, dell'ascoltatore che li ricrea e li eleva. Tuttavia, ritengo questa visione troppo semplicistica, perché così viene completamente negato all'aria del lago un qualsivoglia influsso sulla *vis comica* dei suoi abitanti; è più probabile che ci sia un'ottima via di mezzo tra l'etichettare il fenomeno come "normale, niente di speciale" e il dire "moltissimi fabulatori". Sarebbe errato trascurare il supporto del novelliere Chiara, prodotto anch'egli, come il Fo, del "vivaio" del lago, e classico riferimento nelle citazioni dei miei interlocutori in una doppia veste: testimone dei *temp indrée* da cui attingere preziosi esempi e informazioni sul vissuto di inizio novecento e "fabulatore" a sua volta, quindi esempio della possibilità che potessero nascere dei fabulatori sul lago. Il secondo elemento pone in essere, ovviamente, un confronto con le descrizioni di Fo: da questo punto di vista, pare non ci sia somiglianza di intenti, per via dello spirito caustico e polemico dei fantomatici fabulatori, di ben altra natura della sottile ironia di Chiara. Comunque avremo modo di riprendere in seguito la questione che merita certamente di essere indagata più approfonditamente.

A questo punto occorre porsi delle domande precise: perché Fo ha voluto sostenere la tesi dell'esistenza dei fabulatori, quando la realtà è molto più semplice? Solo da un certo momento della sua carriera ha cominciato a creare questo mito, oppure ha sempre detto così? Non è che volesse elementi di sostegno alla sua idea di cultura e teatro popolare? Si tenterà di dare una risposta.

La soluzione, probabilmente, è insita nella biografia di Fo e nella tradizione locale, non intesa in senso storico, ma solo umano: tra luoghi e persone frequentate dal premio Nobel occorre scremare le nozioni realmente utili. Non sarà semplice, perché ci sono affermazioni apparentemente archiviabili come corrette che nascondono dei trabocchetti, forse perché sono state pronunciate in contesti che non necessitavano una precisione e un rigore altissimo. Propongo un esempio che, pur nella sua banalità, è significativo per capire come affrontare l'argomento da ora in poi:

> Ne sono certo: tutto comincia da dove si nasce. Per quanto mi riguarda, io sono nato in un piccolo paese del Lago Maggiore, al confine con la Svizzera[166].

Un'analisi severa della dichiarazione precedente evidenzia che Fo è nato a Sangiano, quindi un paese che assolutamente non è bagnato dalle acque del lago, e che tecnicamente non è neppure situato vicino alla Svizzera, almeno rispetto a tanti altri paesi della zona.

Per questo ritengo che si debba filtrare le affermazioni veramente utili per restituire una dimensione più realistica del mondo del lago. Il discorso sui fabulatori non ufficiali, nella fattispecie pescatori, vetrai e contrabbandieri, considerati in alternativa a quelli itineranti è un buon punto di partenza verso una chiarificazione definitiva.

Della situazione che si è creata, mi assumo la piena responsabilità: se avessi iniziato la ricerca dopo una lettura approfondita e attenta di tutto il materiale (o quasi), forse non sarei incappato nel grossolano errore di sopravvalutare le dichiarazioni di Fo. Beata ingenuità!

Ora farò un *excursus* sull'antropologia del lago, specie del periodo tra fine '800 e primi decenni del '900, per fornire al lettore le opportune conoscenze sulla gente del lago, così da fargli acquisire la necessaria coscienza critica, sia per non sottostare ulteriormente alle affermazioni di Fo, sia per vagliarle alla ricerca del vero e dell'artefatto.

In un secondo tempo, naturalmente, ci occuperemo di scoprire chi erano veramente i fabulatori del lago, ripercorrendo la movimentata infanzia del nostro protagonista.

Voglio tuttavia precisare una cosa: non intendo ora «fare le pulci a Fo»[167], poiché l'obiettivo primario non è mai stato né sarà mai sminuzzare le sue dichiarazioni a caccia della magagna. Semplicemente sono convinto del fatto che, dietro ogni parola, ci siano sempre una motivazione e una presa di posizione. Perciò, le correzioni e le annotazioni saranno sempre funzionali all'obiettivo della ricerca.

---

166 L. Binni, *Attento te!...* cit., p. 193.

167 Mi riallaccio allo spirito con cui M. Straniero scrisse il libro, già citato, *Giullari & Fo.* (cfr. ivi, p. 156).

3. Il lago, l'uomo e la sua voce

> Nell'alta Lombardia, dove i laghi incominciano a stendersi, al piede delle Alpi, stanno raccolti alcuni paesi di quasi ignorata bellezza, la cui storia è soltanto nelle monografie di qualche ricercatore provinciale o nella dolce memoria dei paesani che sono andati a lavorare e a penare per il mondo. Paesi che hanno un turrito stemma comunale, qualche avanzo di epoche lontane [.] Nella parte alta, presentano un accavallamento di tetti scuri, intorno alla chiesa da cui digradano per tortuose contrade, fatte a sghembo perché il vento del lago non le prenda d'infilata nei rabbiosi giorni di marzo. Fuori dal vecchio agglomerato quei paesi si stendono per viali nuovi tra il lago e un imbocco di valle, hanno chiese, una o due, verso i campi, qualche manifattura vicino a brevi corsi d'acqua. Ma dentro al nucleo primitivo conservano l'antica nobiltà, dove i portali attestano i secoli e gli intonaci hanno sfumature d'ocra e di rosa [.] In quelle corti si tramanda il dialetto più incontaminato e si conservano gli usi tradizionali; escono di là, nelle feste di paese, gli uomini delle confraternite in vestaglia rossa o bruna, confratelli una volta l'anno, poi irriducibili rivali di mestiere o di bottega. Chi è vissuto tra quelle vie intorte, sotto quei fiumi geometrici di cielo azzurro che le gronde dei tetti conducono dalla chiesa al lago, e si è visto crescere di anno in anno, riflesso il volto ai vetri delle accanite botteguccе, novera quei tempi fra le epoche felici del mondo e cerca spesso il quaderno della memoria cui quei calmi paesi sono affidati in un fiato geloso, composti come fiori morti di lontane stagioni[168].

Così appaiono, agli occhi di un animo sensibile, i paesi che si affacciano sul Lago Maggiore. Sono avvolti da un'aura impossibile da ignorare, perché funziona da richiamo per tutti coloro che hanno vissuto veramente e intensamente sulle sponde del Verbano.

La bellezza incontaminata e i ritmi ripetitivi e cadenzati della vita di provincia chiudono gli abitanti in una sorta di limbo, protettivo e limitante allo stesso tempo, che scandisce le esistenze degli uomini. Sostiene Cadoni: «questo è il mondo di provincia che, come la sua gente, appare ad una osservazione esterna chiuso e introverso, quando in realtà, si agita uno spirito creativo e vitale sotto la calma apparente»[169].

Come il lago, «un filosofo [che] custodisce terribili e disumani segreti»[170], gli abitanti sono costantemente sottoposti alle sferzate dei venti che a volte donano una dolce follia, e che mutano l'umore, da calmo ad agitato in numerose sfaccettature riscatto a una vita troppo monotona da accettare. Pisoni ha scritto: «l'ho visto sornione, volubile, infuriato. Come me l'hanno visto generazioni di verbanesi, che l'avranno amato più e meglio di me, odiato talvolta: mai però restandovi indifferenti»[171]. Perciò, nonostante gli uomini vivano in uno stato di torpore per la

---

[168] P. Chiara, *Di casa in casa, la vita*, Milano, Mondadori, 1988, pp. 53-54.

[169] Intervista a B. Cadoni del 09/03/2002.

[170] P. Corsini, *Storie minime*, «Il Rondò», n. 2, 1989, pp. 55-56. Il lago, come ha scritto Vittorio Sereni («Il tuo sorriso limpido e funesto / simile al lago / che rapisce uomini e barche / ma colora le nostre mattine»), ha una doppia natura: creatrice e distruttrice (*Ecco le voci cadono*, V. Sereni, *Poesie*, a cura di D. Isella, Milano, Mondadori, 1995, p. 53).

[171] C. A. Pisoni, *Note per una storia della navigazione verbanese*, «Loci Travaliae», n. VIII, Biblioteca Civica di Porto Valtravaglia, 1999, p. 67.

mancanza di imprevedibilità degli eventi, sono travolti da passioni intense, qualunque sia la loro reazione: perdersi per il mondo in cerca di fortuna, oppure cercare emozioni nel gioco in attesa che torni chi è partito.

3.1. L'attesa

> Si giocava d'azzardo in quegli anni [...] con accanimento e passione; perché non c'era, né c'era mai stato a Luino altro modo per poter sfogare senza pericolo l'avidità di danaro, il dispetto verso gli altri e, per i giovani, l'esuberanza dell'età e la voglia di vivere[172].

Il bisogno di denaro spingeva inesorabilmente al gioco, possibilità di moltiplicare le risorse finanziarie e, allo stesso tempo, di vincere la noia. Il biliardo e le carte erano, e sono tuttora, i passatempi più praticati, soprattutto il secondo: «le carte han sempre [...] esercitato un certo fascino, han garantito a volte attività, fortune, dissesti, han fornito il tramite per conoscenze ed abitudini di incontro»[173]. Ma a prescindere dalle differenze ideologiche («ognuno restava fedele al proprio *circul*, l'appartenenza al quale non era tanto per la bontà del vino quanto per uno schieramento politico: al *Circulin* i bianchi ed al *Circulon* i rossi»[174]), il tavolo da gioco ha accomunato passioni e incontri di autoctoni e forestieri: «ed anche per questo si è giunti all'odierna mischiatura di origini diverse»[175]. Del resto le occasioni di incontro erano numerose, poiché era una «società meno distratta allora, meno individualista, senza radio, televisione, fine settimana». A tal proposito, il *Prospetto degli esercizi e professioni assoggettati alla tassa comunale nel 1887* afferma che, su 4.200 abitanti c'erano «12 bettole e venditori di liquori, 11 negozianti di vino e aceto, 15 osterie con alloggio, 18 osterie senza alloggio, 7 caffè», in totale 63 esercizi «per la soddisfazione del ber[n]e un bicchiere: in compagnia si intende»[176].

«A Porto Valtravaglia» – non solo nella Luino descritta da Chiara, perciò – «si prediligeva giocare a carte a soldi». Ad esempio al Caffè Milano «per evitare grane, dato che il gioco d'azzardo era proibito, giocavano a Ramino, consentito dalla legge, sebbene puntando forti somme di denaro»[177].

Con queste parole, Piero Chiara presenta gli abitanti di Luino[178] nella loro incapacità di vivere pienamente e di accettare i rischi che la vita comporta:

---

[172] P. Chiara, *Il piatto piange*, Milano, Mondadori, 1995 (1962), p. 3.

[173] C. Volonté, *Tiremm innanz... ... portiamo a vanti una chiacchierata che pare sia piaciuta a tutti*, Luino, Francesco Nastro Editore, 1980, p. 12.

[174] Ivi, p. 13.

[175] *Ibidem.*

[176] Ivi, p. 26. Volonté ricorda anche una «bassetta costruzione», il «*café chantant* in certi tempi brillantissimo centro della grande-vie piccante luinese», di cui compare anche una fotografia del 1908 (Cfr. C. Volonté, *A tutti piace... pazzerellata storico-ambientale senza impegno di sorta*, Luino, Cerutti &Pozzi, 1967, p. 84).

[177] Intervista del 18/04/2002 a G. Miglio, giovane abitante di Porto.

[178] Luino, in questo caso, non va inteso come paese specifico e determinato, ma come luogo simbolico che racchiude in sé le caratteristiche di un territorio ben più vasto: il conglomerato dei paesi attorno al lago.

> Non ci si accorge che a due passi, fuori dalle finestre, c'è il lago e la campagna. Si sta legati ai tavoli a denti stretti e neppure si pensa che lo studio, o un mestiere qualsiasi, potrebbero rompere quell'inceppo che si maledice e si adora, e aprire una strada nel mondo a chi nascendo si è trovato davanti l'acqua del lago e dietro le montagne, quasi a indicare che per uscire dal paese bisogna compiere una traversata o una salita, fare uno sforzo insomma senza sapere se ne valga la pena[179].

Gli uomini, o almeno una buona parte di loro, si chiudono nelle salette fumose dei caffè e negli altri ritrovi abituali per consumare quelle ore che li separano dal giorno successivo. La tentazione è quella di equiparare tutti a quella «umanità disincantata e accidiosa che consumava al caffè l'irresoluta speranza di evasione, verso luoghi dove la vita meritasse di essere vissuta»[180]; ma in tal maniera non viene resa giustizia a colui «che si ribella o che viene scosso dalla necessità» e «se ne va a lavorare o a far ribalderie all'estero, o almeno fuori da quei limiti». Tutti i paesi bagnati dal lago o negli immediati dintorni, infatti, sono terra di emigranti:

> C'erano poi, specialmente nei paesi e nelle vallate che scendono verso Luino [tratto comune a molti altri paesi del lago, ad esempio Tronzano è stata terra di emigranti, stuccatori, fumisti decoratori, muratori, molti dei quali stabilitisi in Francia, NdA], i muratori, gl'imbianchini e gli stuccatori che da secoli andavano in Francia, in Svizzera e in Germania a lavorare, seguendo itinerari famigliari. E tanti cuochi e camerieri, quasi tutti delle valli di Dumenza, o di Colmegna e Maccagno, che arrivavano fino in Inghilterra[181].

La conferma giunge anche dalle parole di Frigerio:

> Le risorse non sovrabbondanti, che ambiente e territorio offrivano, scoraggiarono nei secoli la permanenza al paese natìo. Costanti correnti di emigrazione ebbero come meta le grandi città e l'Oltralpe [.] Tre furono quivi i filoni più significativi dell'onda migratoria: albergatori, cuochi, camerieri; gli imprenditori d'opere pubbliche; decoratori, imbianchini, stuccatori, muratori[182].

Spesso gli emigranti dovevano ingegnarsi per attraversare la frontiera:

> Tentavano l'espatrio servendosi di treni merci, avvalendosi di sistemi assai rischiosi, quale il celarsi sotto il vagone tra il longherone e il porta-ceppi o, in alternativa, il gettarsi sui vagoni stessi in piena notte da bassi dirupi sovrastanti le numerose gallerie della Luino-Bellinzona approfittando del rallentamento dei convogli nei pressi dei caselli[183].

«Gli altri» preferiscono trascorrere le loro giornate seduti a un tavolino:

---

179 P. Chiara, *Il piatto piange* cit., p. 3.
180 P. Frigerio, *Luino un secolo 1885-1985*, Luino, 1985, p. 179 (volume a cura della Banca Popolare di Luino e di Varese).
181 P. Chiara, *Il piatto piange* cit., p. 5.
182 P. Frigerio, *Luino un secolo 1885-1985* cit., pp. 38 e 40.
183 G. Pippione, *Il saio del frate* in *L'Inverna*, Luino, Francesco Nastro Editore, 1986, p. 81.

> Continuano a giocare, a studiarsi, a guardarsi vivere l'un l'altro. Di tempo in tempo trovano qualche nuova forzatura nel dialetto o inventano un soprannome che affliggerà una famiglia per due generazioni. Passano una stagione dopo l'altra e aspettano il ritorno di quelli che sono partiti per poterli ascoltare quando raccontano in cerchio al *Metropoli* o al *Caffè Clerici*.
> Forse l'unica benevolenza che i luinesi abbiano tra loro è proprio quella di ascoltarsi in quei racconti e di accettarli per veri[184].

Benché gli scopi e le azioni delle due categorie umane appaiano tanto divergenti, in realtà, chi ozia nei locali e chi parte, vale a dire le due anime che vivificano il folclore del lago, si riuniscono, divengono facce della stessa medaglia; contribuiscono in maniera determinante a creare il serbatoio culturale, indubbiamente lacunoso e teneramente ingenuo, a cui attinge la gente di provincia.

Affinché ciò si realizzi, è vitale rispettare i ritmi scanditi dall'*attesa*: che vengano date le carte; che la sorte volga a proprio favore; che torni un compaesano partito anni prima con una *valísa* di sogni; che lo stesso porti nella valigia una collezione di storie che frantumino la routine e scatenino l'interesse per il nuovo e l'esotico. Solo in tal maniera, il meccanismo che genera la conoscenza del mondo e che forma il pensiero di chi è nato sul lago si attiva:

> Certe volte arrivava da lontano, magari dall'Estremo Oriente o dalla Bolivia, un tale che nessuno conosceva o che solo qualche anziano ricordava per nome: era subito circondato al caffè e finiva per raccontare, aggiungendo nuove contrade e nuove esperienze alla nostra curiosità.
> Si alimentavano, a quei discorsi, i sogni di quelli che non si sarebbero mai mossi e degli altri che un giorno, senza salutare nessuno, avrebbero preso la strada di quei miraggi[185].

La conseguenza più immediata di questo processo narrativo, basato sul distacco dalla terra natia per vivere nuove esperienze professionali, era che «il mondo veniva conosciuto non sui libri o sulle carte geografiche, ma dai racconti di quelli che erano stati fuori e attraverso le loro avventure»[186]:

> Il Monti, detto "Tonchino", raccontava le sue avventure in Indocina dove per le strade, dopo i temporali, scavalcava serpenti; il Lanfranchi quando parlava di Parigi dove aveva fatto il sarto, tanto che tagliava ancora alla moda parigina dei suoi tempi; il Carletto, detto "Còdega" per la troppa carne che aveva sul collo, quando descriveva l'Inghilterra e le miniere dove aveva lavorato, o suo fratello Gianni quando parlava dell'America dov'era andato come cameriere di bordo sopra una nave[187].

Il risultato di un così vivido trasferimento di conoscenze, o meglio, di esperienze fattesi conoscenze, è che

---

184 P. Chiara, *Il piatto piange* cit., pp. 3-4.
185 Ivi, p. 4.
186 *Ibidem.*
187 *Ibidem.*

> c'era per noi un'Inghilterra che era quella del Còdega, un'America che era quella di suo fratello Gianni, un'Indocina che era quella del Tonchino e due o tre tipi di Parigi [.] Erano vedute diverse, ma più vere di quelle che a me toccò poi scoprire nei libri[188].

«Specie chi frequentava i porti» – racconta il Salvi – «aveva occasione di vedere un po' di tutto. Come successe al Pierin Pozzi che si era ammalato di scolo nero in Marocco, e il membro gli era stato tagliato. Lui raccontava di aver assistito a scene incredibili nei porti, durante la sua vita da marinaio lontano dal paese: ascoltandolo si imparavano tante cose che nemmeno nei libri di scuola c'erano»[189].

Il racconto era il fondamento del sapere; ed era soprattutto il primo tassello di un progetto fabulatorio destinato col tempo ad assumere proporzioni crescenti e ad autoalimentarsi, traendo nuova linfa dalle storie, che immancabilmente sedimentavano nei locali fumosi lungo le sponde del lago.

3.2. «Dove si tesseva la storia del mondo»

Il caffè era un luogo topico. A una prima ipotesi, passarvi le proprie giornate equivaleva a cercare le uniche forme di divertimento e svago che fossero consentite in un piccolo paese ad avventori scansafatiche.

Il Paolino, *alter ego* letterario di un uomo che, magari con altro nome, è esistito veramente, incarna il prototipo del giocatore perdigiorno e *gigolo* mellifluo: «un bel giovane, pallido, sui venticinque anni, con i capelli lunghi alla teppista e gli occhi torbidi, alto e piuttosto magro, vero tipo di giocatore e nottambulo»[190]. Si trattava, soprattutto, di uomini sprovvisti di un lavoro e una famiglia… di una vita regolare insomma, e delle sicurezze che ne derivano. Per gente come il Paolino, «il gran mangiare e bere, l'aver donne in quantità, denaro e fama di gran signore» erano «l'aspirazione di tutti, lo scopo d'ogni vera esistenza e in fondo la miglior riuscita del vivere»[191]. La conferma giunge dall'opinione entusiastica di uno di quei "vitelloni" del lago, intento ad espletare le sacrosante funzioni corporali:

> *Ma tì, ma tì, guarda che l'è pur anca bel a fa sta vita! Giúgum, màgnum, un quai danèe ghe l'èmm semper, lavúrum pok o nagòtt, quant ghè de cudegà cudégum, pàsum l'inverno al kalt, d'està 'ndemm a nôdà. E adess semm chì a vardà 'l laag cun la bel'ariéta fresca in sui ciapp!* [192].

Come abbiamo già osservato nei caffè «giovani e vecchi giocavano a carte e a biliardo, leggevano il giornale, oppure stavano seduti fuori dalle porte a guardare la gente che

---

188 Ivi, p. 5.

189 Intervista a T. Salvi del 05/03/2002.

190 P. Chiara, *La spartizione*, Milano, Mondadori, 2002 (1964), p. 55.

191 P. Chiara, *L'uovo al cianuro e altre storie*, Milano, Mondadori, 1969, p. 239.

192 Trad.: Ma tu, ma tu, guarda che è perfino bello fare questa vita! Giochiamo, mangiamo, un po' di denaro da parte l'abbiamo sempre, lavoriamo poco o niente, quando c'è la possibilità di fare l'amore lo facciamo, passiamo l'inverno al caldo, d'estate andiamo a nuotare. E adesso siamo qui a guardare il lago con una bell'arietta fresca sulle chiappe! (P. Chiara, *Il piatto piange* cit., p. 25).

passava»[193]; «grappa e cognac» servivano a «rinfocolare le discussioni e ad attizzare la memoria dei vecchi, intenti a raccontare le vicende dei paesi del lago, le loro imprese e quelle di altri che passavano in rassegna o mettevano alla gogna per trovare argomento di spasso e di allegria». Oltre a parlare di personaggi illustri che a vario titolo riguardavano la zona, si concentravano sulla narrazione «degli scandali e dei pettegolezzi che ravvivavano la vita nei paesi del lago»[194]. Nulla di particolarmente originale in tutto ciò.

Dai racconti e dalle cronache, tuttavia, ci è giunto l'eco di un aspetto che va oltre i semplici passatempi e i piaceri che ne derivano, e che elegge il caffè a centro nevralgico di quella società. Esso era un "laboratorio di analisi" «i cui tavolini esterni erano [...] popolati dal solito tribunale di sfaccendati che passava il tempo a filtrare voci e notizie e a studiare la vita della gente»[195]. Il Caffè Clerici, che «fu per lungo tempo ineguagliabile palestra luinese di giocatori di biliardo e di contaballe immaginifici»[196], è un ottimo esempio:

> Era allora il luogo dove si setacciava tutta la vita luinese e dove venivano portate tutte le notizie degne di qualche interesse per subire l'esame e la valutazione del tutto particolare dei fannulloni che vi passavano la vita[197].

Era un'assurda "banca dati" condivisa da tutti e frammentata tra tutti che conteneva tutte le informazioni sulle vicende riguardanti il paese che «aveva sempre dato ricetto a [...] bricconi o balordi, oppure gente stanca come naufraghi, che approdava a un paio di stanze tranquille dopo chissà quali fortune»[198], o almeno i resoconti che di tali vicende erano pervenuti. Era prassi diffusa «andare in Francia o in altre località del mondo a far danari, a correre avventure e poi tornare a contar balle al caffè»[199]: sempre il già citato Paolino, personaggio di riferimento per la nostra analisi, era uscito dal «nucleo più antico e decrepito dov'era nato», aveva vissuto in Francia come cameriere, professione ideale per chi vuole vivere avventure sempre nuove e su cui è facile "rielaborare", per poi tornare al paese ed entrare giovanotto nella «scuola della vita nei caffè, intorno ai tavoli dove approdavano i reduci delle lunghe emigrazioni all'estero e dove si tesseva la storia del mondo, l'unica che potesse capire»[200]. Cosa piuttosto comune era che venissero poi divulgate versioni diverse dello stesso fatto, poiché il caffè «appariva, nelle varie ore del giorno e della notte, come un cosmorama di uomini e di vicende. I volti disparati e le diverse personalità dei clienti, con i caratteri che si arrischiavano a mostrare dopo essere giunti con più o meno avarie in quel porto, configuravano un intero universo umano»[201]. Molto più di quanto possa essere notato ai nostri giorni, frequentare quei posti di socializzazione e perdizione consentiva di

---

193 *Che cosa può essere un pittore in un paese*, P. Chiara, *Gli anni e i giorni* cit., p. 258.
194 *Il Luraghi incatenato*, P. Chiara, *L'uovo al cianuro e altre storie* cit., p. 160.
195 P. Chiara, *La spartizione* cit., p. 186.
196 S. Barigozzi, *Vittorio Sereni a Luino*, «Il Rondò», n. 14, 2001, p. 16.
197 P. Chiara, *Sereni al suo paese* in «Il Rondò», n. 9, 1996, p. 28.
198 P. Chiara, *Il balordo*, Milano, Mondadori, 1967, pp. 16-17.
199 P. Chiara, *Sereni al suo paese* in «Il Rondò», n. 9, 1996, p. 30.
200 P. Chiara, *La spartizione* cit., p. 116.
201 *Ibidem*.

conoscere il destino degli altri uomini e, naturalmente, far conoscere il proprio; il caffè è un luogo, dove «si finisce sempre col parlare e a chiunque scappa, presto o tardi, un riferimento qualsiasi che basta ad aprire la strada delle scoperte»[202]. E proprio l'insana e talvolta morbosa curiosità spingeva a sondare il vissuto dei nuovi avventori che prendevano in mano le carte o si lasciavano tentare dal biliardo. La brama di vincere ogni volontà di mantenere incognito e riserbo perdeva efficacia all'interno dell'ambiente «dove un campionario degli abitanti della piccola città sedeva in permanenza e donde partivano [...] supposizioni e fantasie»[203]. Qualora si fosse dimostrato troppo arduo penetrare nei più intimi segreti delle persone, sarebbero fiorite decine di ipotesi alternative e ugualmente suggestive, capaci di placare l'ingordigia di sapere e di stimolare il divertimento.

A onor del vero, capitava che il ritorno di un individuo che aveva apparentemente accumulato denari all'estero, scatenasse l'interesse degli abitanti di provincia, facilmente suggestionabili e sempre pronti a idealizzare o mitizzare i successi – in realtà spesso modesti – di un compaesano, con lo scopo di trarre prestigio e benefici dalla sua conoscenza; anche se esisteva sempre il sospetto che il "redivivo" «sballasse delle frottole, come usa chi ha molto viaggiato e in particolare chi ha fatto fortuna»[204]. Il frutto di quelle indagini, tuttavia, non aveva principalmente dei fini pratici e materialistici, "conoscere per poter trarne vantaggi", bensì serviva ad alimentare il diletto che solo nuovi aneddoti e nuove storie riescono a procurare.

Se proviamo a strutturare in maniera analitica le informazioni in nostro possesso ricaviamo una sorta di formula che descrive la modalità secondo cui la comunità accoglieva quegli eventi che frammentavano il ritmo monotono della vita:

attesa→ partenza→ attesa→ ritorno→ racconto→ (ri)elaborazione→ attesa

All'interno del tessuto sociale si creava uno strappo con la partenza di un concittadino che si decideva a compiere quella «traversata» o quella «salita». Solo il ritorno poteva riempire il vuoto lasciato e che era parzialmente colmato, "metabolizzato" dalla monotonia di provincia. Al rimpatrio seguiva logicamente il racconto delle esperienze vissute o della versione riveduta e corretta di quelle, le "balle" insomma. Al caffè veniva operata una cernita delle informazioni su cui intervenire con un secondo *restyling*, o molti *restyling* spesso contraddittori tra loro ma dotati di pari dignità. Una volta esauritasi la carica innovatrice apportata dalle storie fresche, queste venivano consegnate al patrimonio di voci e chiacchiere di paese, lasciando che la cittadinanza riprendesse il "letargo".

È manifesto che il diffondersi delle notizie, delle balle, del commento alle notizie avvenisse all'inizio del secolo piuttosto che oggi, poiché i processi relazionali erano fondamentali, dato il maggiore interesse per la vita altrui che derivava dalla mancanza di menefreghismo e dalla dose spropositata di sfrontatezza. Raccontare «aveva veramente un senso, perché serviva a tenere allegra la popolazione, dato che non

---

202 P. Chiara, *L'uovo al cianuro* cit., p. 65.
203 Ivi, p. 66.
204 *L'onesto signor Bernasconi* in P. Chiara, *L'uovo al cianuro e altre storie* cit., p. 98.

c'erano il cinema e la televisione: l'unico divertimento era scambiarsi aneddoti durante una partita a tresette»[205].

Esisteva, in sostanza, una comunità che traeva veramente senso dai membri di cui era composta. Una comunità tutt'altro che indistinta, ma resa viva dalle azioni e soprattutto dalle voci degli abitanti che la sostenevano. Una comunità che assegnava la preminenza al linguaggio schietto e colorito, in accordo con l'originalità e il carattere particolare dei suoi componenti:

> Si parlava così, allora. Ora può darsi che si parli più pulito e più generico. Ma tra di noi il parlare era tutto; e la preminenza, il rispetto, venivano sostenuti dalla forza del parlare [...] mai liscio, ma sempre in modo fiorito, penetrante, immaginoso e senza eufemismi. La nostra vita e i nostri discorsi erano vani; ma proprio per questo avevamo bisogno di parole precise e di frasi ingegnose[206].

Si parlava di più e meglio, dove meglio non vale come "grammaticalmente corretto", ma qualifica la coloritura delle espressioni, la vividezza delle immagini, la ricchezza delle descrizioni, magari ridondanti, barocche; perché, in fondo, non c'era l'indigestione di fotografie e filmati a guastarci la fantasia. Di questa abbondanza risentono il linguaggio e di conseguenza l'originalità narrativa, poiché è difficile trasmettere agli altri dei concetti come ci piacerebbe, in quanto la gente conosce molte più cose pur senza averle viste o vissute di persona, e non è perciò costretta a plasmarle col solo ausilio della fantasia. Anche qui ci sono un aspetto positivo e uno negativo: se pensiamo alla televisione, essa è diventata la finestra attraverso cui vedere finalmente il mondo, ma così ha frantumato il meccanismo della nascita e circolazione delle storie, perché esse, spesso erano figlie dell'ignoranza e dell'ingenuità dell'uditorio, contrapposte alla scaltrezza della fonte.

Provo nostalgia nel descrivere quei tempi. Anzi, dato che non li ho vissuti in prima persona, il sentimento è malinconia. Fatico non poco a immaginare un clima così speciale all'interno dei comuni ritrovi dei paesi. La realtà è che il caffè è sparito, sostituito da bar, pasticcerie e *pub*, di certo frequentatissimi, ma sensibilmente diversi, superficiali, banali.

Uno che quei posti li conosceva bene, il Chiara, si era accorto da tempo che stavano cambiando:

> Il caffè non è più quello di una volta e ha pure cambiato nome. Più che un caffè, è un bar pasticceria con poche sedie, i tavolini rotondi larghi un palmo per due o tre bicchieri, la coppetta delle patatine e il portacenere[207].

Allo stesso modo, il mutamento coinvolgeva gli avventori, lui per primo:

> Vado al caffè, non più come una volta per passare le sere e spesso anche i pomeriggi giocando a carte o a biliardo, ma solo per prendere un espresso, sul mezzogiorno e in

[205] Intervista a B. Cadoni del 09/03/2002.

[206] P. Chiara, *Il piatto piange* cit., p. 18.

[207] *Com'è cambiato il caffè di provincia* in P. Chiara, *Di casa in casa, la vita* cit., p. 173.

> fine di giornata. Stando al caffè tengo d'occhio due o tre clienti abituali che prendono un aperitivo dopo l'altro spostandosi nei vari esercizi del centro[208].

A tal proposito si consideri la seguente contrapposizione che descrive il comportamento prima e dopo il cambiamento d'epoca:

> Con l'asta del giocatore al piede, solo in tutta la città, negavo valore all'operosità e alzavo un inno silenzioso all'ozio mattutino, al divino spreco del tempo.
>
> Ora vado al caffè, dove resto, in piedi, non più d'un quarto d'ora, per vedere un po' di gente, vecchie e nuove facce, che gravitano a ore fisse in alcuni punti del centro storico, precluso alle automobili[209].

Gli elementi che più hanno risentito della modernità sono proprio quelli che erano stati i cardini della vita sociale: la loquacità, la carica dialogica, la contrapposizione tra la scaltrezza e l'ingenuità infantile. Ad essi si sono sostituiti le partite ai *videopoker*, surrogato elettronico delle carte e del gioco d'azzardo di una volta, che traducono nella staticità di una videata le sensazioni prettamente fisiche di una volta; e, purtroppo, le conversazioni stentate costellate di parole vuote:

> Verso sera [...] i tavolini in fondo [...] vengono occupati da quattro o cinque pensionati [.] Talvolta, in disparte, qualche solitario sta seduto per un'ora, imbambolato [.] Gli altri fanno gruppo e si scambiano parole. Sono tutti d'accordo sul malandare del mondo, sull'eccessivo costo della vita, sulla balordaggine dei politici e sull'andamento deludente della Borsa. Mentre sto tra la cassa e il bancone del bar, do un'occhiata al gruppo, con un brivido di orrore: che non avessero un giorno, ad attirarmi tra di loro[210].

Nel passaggio, per così dire, dal caffè al bar si è ormai sfaldato quel meccanismo meraviglioso, quella magica sorgente in cui si riversavano i sogni della gente, da cui sgorgava la conoscenza del mondo, semplice e imprecisa quanto si vuole, ma sincera, con le sue storie incredibili, vere o false che fossero non ha grande importanza, perché erano comunque il frutto dell'ingegno dell'uomo, della sua fantasia, del suo stare insieme.

È triste, ma vero: «il dopocena, i caffè che alle nove di sera si rianimano, i giocatori di carte e di biliardo, i conversatori da tavolino, sono fantasmi d'altri tempi»[211].

3.3. Scaltro ingenuo fantasioso

Finora abbiamo descritto a grandi linee la dinamica comunicativa che favoriva il sorgere di storie fresche nello spazio privilegiato del caffè. Tuttavia, affinché ciò si

---

208 Ivi, p. 171.
209 Ivi, p. 172.
210 Ivi, p. 173.
211 Ivi, p. 175.

possa realizzare in maniera fluida e interessante, occorre da parte degli autoctoni una naturale predisposizione.

Domenico de' Belli detto "il Macanéo"[212], letterato, umanista e coreografo, verso la fine del XV secolo aveva tracciato un sintetico identikit della gente verbanese:

> L'indole della gente è rustica e, benché poco incline alla socievolezza, degna di stima. Attivi e industriosi sono senza dubbio gli uomini, tanto che se in loro c'è da trovare difetto questo va attribuito alla natura selvaggia dei luoghi non all'ingegno che essi hanno assai pronto e acuto. E proprio perché d'ingegno versatissimo nelle varie discipline letterarie, molti di loro girano il mondo intero. Alcuni fabbricano barche e vivono trafficando con i cuoi e con la pesca. Alcuni sono costruttori edili o artigiani versatili e peritissimi. C'è chi, per converso, abita a guisa di nomade in labili ricoveri nutrendosi solo di latte, formaggio, e castagne e chi ancora, ignorando l'uso del pane, in luogo di quello rosicchia le ghiande. Costoro, anziché fissarvi una stabile dimora, si spostano continuamente nelle parti più inaccessibili dei monti. Felici giudichiamo tutti gli altri, dediti all'agricoltura; in genere sono assuefatti alla sete e alla calura, al gelo e alla fame, abituati come sono a vivere sempre all'aria aperta. Robustissimi, non ristanno dal lavorare la terra che, rivoltata da mani sapienti e non asservite, produce più che in ogni altro luogo frutti abbondanti[213].

La descrizione precedente, come è logico attendersi, è piuttosto generica e il succo è che gli abitanti del verbanese sono capaci e impegnati in ogni disciplina desiderino intraprendere, sia essa pratica o di pensiero. Certo è che, rispetto alla fauna che si dice stazionasse nei caffè, la popolazione appare molto più industriosa.

Può darsi che il Macanéo sia stato generoso nel giudicare i suoi conterranei, e comunque non poteva ancora immaginare che, circa cinque secoli dopo, il Lago Maggiore sarebbe stato la culla di molti comici. In un'intervista rilasciata a «Il Rondò» da Nanni Svampa vengono appunto indagate le ragioni che hanno favorito la nascita di comici e uomini di spettacolo, o che comunque ne hanno influenzato la carriera.
La prima motivazione deriva dalla volontà di imitare ciò che avveniva a Milano:

> Forse i ragazzi di qui, dove il dialetto è rimasto lingua viva, sono partiti con la sensazione di poter esprimere un certo "humour" in chiave lombarda [...] sulla scia di un recupero della lingua milanese, come lingua della protesta. Sino ad allora il cantare in milanese [...] significava per la tradizione popolare cantare la protesta, la guerra, la risaia, la miniera, la filanda, l'emarginazione[214].

È palese l'importanza che ha avuto l'ambiente milanese per i comici locali. Milano è la metropoli, il "grande salto" per chi è cresciuto nell'ovatta della provincia. Eppure la stessa considerazione potrebbe essere applicata a centinaia di altri paesi, tutti guidati dalla luce della "Madonnina"; e allora nulla in particolare giustificherebbe lo zampillio di umorismo sulla sponda destra del Lago Maggiore. Svampa avanza un'ipotesi che

---

212 Il soprannome deriva dal suo paese natale di Maccagno, situato sul lago tra Luino e il valico svizzero di Zenna.

213 P. Frigerio, *Storia di Luino e delle sue valli* cit., p. 121.

214 N. Svampa cit. in *La barca dei comici. Chiacchierata semiseria con Nanni Svampa*, «Il Rondò», n. 8, 1995, p. 62.

concorda in pieno con l'analisi svolta sulla dinamica creativa di nuove storie: a Luino e dintorni si manifesterebbe

> la reazione di quei pochi che hanno una gran voglia di esprimersi [...] in chiave satirica; la reazione a un certo conformismo, a una certa piattezza. Di Luino si dice che vive di mercato e di mercanti, di Svizzeri che vengono a comprare le scarpe e di poca iniziativa, per cui il comico può esprimere un tentativo di sgancio e quindi un desiderio di affermazione[215].

La parola chiave è «piattezza», in altri termini *routine*, banalità, noia. Ciononostante terreno grasso e fertile da cui germogliano «grandi colpi di creatività», rumorosi e indelebili perché inaspettati, stridenti con la quotidianità. «In fondo il furto della Gioconda» – ricorda Svampa - «l'ha fatto uno di Dumenza... e questa è creatività pura. Comunque, la provincia in generale ha sempre avuto grande creatività a tutti i livelli [.] A Luino abbiamo avuto un poeta molto importante, Sereni, e un Chiara letterato e fine umorista»[216]. Fa riferimento a Dario Fo che raccontava le storie in treno, al «demenziale» Salvi, «unico luinese puro», a Cochi e Renato, con radici tra Laveno e Gemonio, a Boldi, «nato a Luino (Voldomino per l'esattezza), dove i genitori sfollati da Milano durante la guerra facevano il sapone [;] veva anche un appartamento a Luino, poi l'ha venduto... e ci ha rimesso pure qualche milione»[217]; e ancora a Iacchetti e i «Tuìcc» che facevano «canzoni cattivissime contro lo sfruttamento dei frontalieri, interpretando un cabaret satirico-politico»[218].

«Io credo, in fin dei conti» - spiega Svampa - «che un territorio, una razza, un contesto ha o non ha per sua natura una volontà di reazione e d'affermazione che la spinge a confrontarsi nei campi più svariati. Nel nostro caso, il teatro»[219].

I creativi nati sul lago hanno appunto un forte desiderio di affermarsi e di mostrare il proprio estro in risposta alla banalità. L'isolamento e l'estremo provincialismo respirati da noi avrebbero scatenato il fenomeno:

> I *laghée* sono una razza unica. Il *laghée* non è acquatico [...] ma neanche uomo della montagna [...] è lontano dalle grandi metropoli però non è un contadino. Inoltre la gente beveva *grapitt* con tutte le conseguenze sui figli e sui nipoti. Non c'era la comunicazione di massa che sottolinea il tuo isolamento. Allora – diciamo due o tre generazioni fa – questo fatale isolamento ha fatto nascere la tradizione dei bar, delle scommesse, dei giochi. I mattacchioni, i pazzi, gli estrosi si esprimevano in qualcosa che doveva esaltare il tempo libero. Per esempio, un premio per quello che raccontava la balla più grossa. Era lo stimolo all'invenzione[220].

In un'intervista al giornalista Mario Biondi, Svampa, oltre a ricordare «l'alcolismo atavico delle zone montanare» ha definito questo fenomeno "desertificazione":

---

215 *Ibidem.*
216 Ivi, pp. 62-63.
217 Intervista a T. Salvi del 20/05/2002.
218 Cfr. N. Svampa cit. in *La barca dei comici* cit., p. 61.
219 Ivi, p. 65.
220 Ivi, p. 63.

> Si dice che la zona del Lago Maggiore sia molto dura, arida, che, per esempio, gli abitanti di Luino camperebbero soltanto per il mercato del mercoledì, cioè, in sostanza, per i soldi, per fare i loro affari con quelli di Lugano. Ecco, è da un simile "deserto" che spuntano per reazione i fili d'erba della satira.[221]

O forse le ragioni sono insite esclusivamente nella geografia del luogo e nei fenomeni ambientali. Per alcuni la causa è la "cannobina":

> Sull'alto lago si dice che quando uno prende la cannobina – la brezza notturna che scende dalla valle – ecco... questo gli dà una "rama" [vena] di dolce follia, quella che fa vivere sul serio [.] Così si spiegherebbe il fiorire a Luino e nel Luinese di tanta comicità, di tanto gusto per la satira, di tanta estrosità[222].

Ma ammesso che l'influsso della cannobina non riesca a lambire la sponda lombarda, «certi amici ticinesi», propongono un'interessante teoria scientifica:

> Una corrente magnetica sotterranea che parte dal Monte Verità, sopra ad Ascona, passa da Cannobio[223] [...] tira fuori qualche bello spirito e attraversa il lago proprio sulla linea delle trote [.] Quello che conta è che passa da Luino[224].

La stessa raccontata anche al giornalista Mario Biondi, poiché «secondo i geologi, dal Monte Verità di Lugano [Locarno, in realtà, NdA] verso il Lago Maggiore scenderebbe una vena di un minerale magnetico che genera la pazzia»[225]. Questa teoria apparentemente fantasiosa, ha effettivamente una base scientifica, in quanto «la zona di Ascona costituisce una sorprendente anomalia magnetica nota ai fisici e ai geologi, dovuta alle caratteristiche del sottosuolo e dei suoi strati di roccia ultrabasici che provengono direttamente dalle profondità della crosta terrestre»[226].

Proprio il Monte Verità, il cui nome in origine era Monescia, una collina alle spalle di Ascona nel distretto di Locarno, è un luogo magico che, grazie «alle anomalie magnetiche comprovate del luogo e al microclima», ha attirato a inizio Novecento «rivoluzionari, scrittori, filosofi [...] in cerca di felicità e di amore universale»: questi fondarono una sorta di comune *ante litteram* dove, quasi da precursori degli *hippie*, iniziarono una vita «su nuove basi, macrobiotica e naturista, antroposofica ed egualitaria»[227].

Tra i tanti ospiti che frequentarono il Monte Verità, figuravano personalità di fama internazionale: Carl Gustav Jung, Károly Kerényi, Erich Maria Remarque, Hermann

---

221 https://mariobiondiscrittore.it/Sito_Personale/Giornalismo/Spettacolo_moda/Svampa/svampa.html

222 N. Svampa cit. in *La barca dei comici* cit., p. 63.

223 Il Macanéo su Cannobio: «luogo frequentatissimo e prospero mercato di corami. Da qui si diffondono uomini di mente acutissima e appassionata, si direbbe, in ogni ramo della scienza» (P. Frigerio – S. Mazza – P.G. Pisoni, *Verbani lacus. Il lago Verbano*, Intra, Alberti, 1975, p. 22).

224 N. Svampa cit. in *La barca dei comici* cit., p. 64.

225 https://mariobiondiscrittore.it/Sito_Personale/Giornalismo/Spettacolo_moda/Svampa/svampa.html

226 https://www.editorialedomani.it/idee/cultura/sulla-collina-dellutopia-dove-si-ballava-con-la-natura-nzfwr12l

227 https://fileane.com/it/culture-umanistiche/monte-verita-italiano/

Hesse, Filippo Franzoni, Marianne Werefkin, Alexej Jawlensky, Otto Gross, Franz Kafka, Paul Tillich, David Herbert Lawrence, Michael Balint, Isadora Duncan, Max Brod[228].

Secondo gli abitanti autoctoni, i comportamenti degli ospiti della colonia li qualificavano come eccentrici, se non addirittura stolti e, specialmente la pratica del naturismo, li fece nominare *balabiott* (danza nudi)[229]:

> Vennero proposti soggiorni a quanti volevano cambiare stile di vita con un'attenzione terapeutica rivolta al benessere del corpo e dello spirito. Gli ospiti si vestivano con una sorta di camicione, o sai, spesso portavano i capelli lunghi e non curati, predicavano la vita a contatto con la natura e spesso praticavano le loro attività, tra cui la coltivazione dell'orto, in tenuta adamitica. Costruivano anche semplici ed essenziali casette di legno "aria e luce". Il regime alimentare era strettamente vegetariano. Avevano un culto della vita rurale e primitiva che consideravano come una rivolta anti-industriale, libera dalle convenzioni sociali, una forma di religiosità naturistica[230].

Tornando a Svampa, egli avalla questa incantevole e misteriosa teoria, ricordando che «il lago non restituisce mai niente», specie uno strato di melma al centro che impedisce il ritorno a chiunque vi si inabissi: «il lago porta via e trasmette segnali che stanno tra la magia e il paranormale, alimenta la leggenda e la superstizione»[231]. È risaputo che il lago «si prestava spesso come compiacente complice di delitti ancor più atroci, potendovi occultare facilmente e stabilmente crimini e delitti»[232]. Custodisce davvero immani segreti e insondabili misteri: essi, in pratica, pervaderebbero gli abitanti stimolando la loro sensibilità e ricettività; o addirittura, per assurdo, potremmo immaginare che il lago assorba l'energia vitale di quanti in esso abbiano perso la vita e poi la restituisca sottoforma di follia e originalità agli abitanti delle sponde. Suggestivo, nevvero?

Ma forse è merito solo della «Divina Clemenza» che ha sorriso alle genti del lago donando loro tutto ciò che avrebbero potuto desiderare:

> Il luogo ſi fa comodo, e ſalutare all'individuo de gli abitanti, tutto è nobiltà, tutto porta grandezza a' favoriti continenti; onde non v'ha dubbio, che i Popoli abitatori delle Riviere di queſto maggior Lago, ſenza nota d'ingratitudine, non poſſono, che dar gloria, e grazie grandi a Dio d'aver deſtinati i loro natali in ſito, ove la ſoavità dell'aria purgata, la fertilità delle terre, la copia, e bontà de' vini, la chiarezza, e purità dell'acque, le vettovaglie, ed ogni frutto abbondano[233].

[228] Cfr. https://it.wikipedia.org/wiki/Monte_Verit%C3%A0
[229] Cfr. https://it.wikipedia.org/wiki/Balabiott
[230] Cfr. https://it.wikipedia.org/wiki/Monte_Verit%C3%A0
[231] N. Svampa cit. in *La barca dei comici* cit., p. 64.
[232] C. A. Pisoni, *Note per una storia della navigazione verbanese* cit., pp. 81-82.
[233] G. G. Vagliano, *Le rive del Verbano*, Intra, Alberti Editore, 1976 (anastatica del 1710), a cura di P. Frigerio e P. G. Pisoni, pp. 417-418.

Situazione che rende la popolazione «bella, sveglia, franca, *allegra*, ben complessa e snella insieme, di contorni risentiti, *occhi vivaci*, di colori vivi»[234].

L'ipotesi che l'elevato numero di comici sia stato solo un caso è forse la più comoda: certo che la coincidenza è "sospetta", appunto perché stiamo considerando un bacino di appena 30 mila abitanti, niente a che vedere con quello di una città come Milano, in cui è elevato il numero sia degli abitanti, sia delle occasioni per emergere.

Francesco Salvi, proprio uno dei comici più noti della zona, ha espresso la sua opinione nello stralcio d'intervista che riporto:

> (GT): Tu sei di Luino come tanti altri comici, Iacchetti, Boldi...
> (FS): ...ma anche Cochi e Renato, Dario Fo, Nanni Svampa...
> (GT): ...cosa respirate a Luino? Gas esilarante? Perché tanti comici?
> (FS): Chi lo sa. Un miscuglio. Intanto sono venute molte persone tornate da Milano. Tra cui Cochi e Renato che sono cresciuti lì, Renato si è anche sposato, lì c'ha la casa lì eccetera. E poi il lago. Il lago genera pazzia, genera mostri. O contrabbandieri o avvocati. a Luino sono questi tre qui i tipi di personaggi.
> (GT): Oppure bravissimi comici.[235]

Anche Salvi dunque è dell'idea che non ci sia un solo motivo sebbene il lago sia considerato padre di comici (lui) e avvocati (suo padre Trento).

Ho rivolto lo stesso quesito allo scrittore Giovanni Pippione[236]. Secondo lui è una «questione di emulazione»:

> Io stesso, che sono considerato un "piccolo Chiara", ho iniziato a scrivere proprio perché conoscevo bene le circostanze che hanno portato Chiara alla notorietà. Egli era amico del poeta Vittorio Sereni, che era direttore letterario della Mondadori. Quando si incontravano, Chiara, che era un gran parlatore, raccontava fatti del luogo e rammentava vicende che magari avevano vissute assieme. Così Sereni lo spinse a trasferire su carta quelle storie. Visto quello che era successo a Chiara, che in fondo era un uomo comune che ha cominciato a scrivere dal niente, mi sono detto: "Perché non provare?". Grazie a questo impulso, ho scritto circa 100 novelle, tutte nate dall'ascolto metodico e paziente dei racconti dei miei amici luinesi[237].

Il discorso dell'emulazione ha lo stesso valore anche nel caso dei comici: «Pozzetto-Boldi-Salvi-Iacchetti sono andati tutti uno dietro l'altro»[238].

Trovo, tuttavia, che la realtà scaturisca da una commistione dei fattori messi in evidenza da Svampa e Pippione: i comici si sono sicuramente influenzati, ma alla base

---

234 C. Cantù, *Storia di Varese e sua Provincia*, Bornato di Franciacorta (BS), Fausto Sardini Editore e Stampatore, 1975 (dalla *Storia della Provincia di Como*, anno 1859), p. 773.

235 *Accattatev'... Illo*, intervista di Gianfranco Terzoli a Francesco Salvi: https://www.fucinemute.it/2000/06/accattatev-illo/

236 G. Pippione (Castagnole Lanze (AT), 1927) ha risieduto a Luino per molti decenni ed è stato autore di quattro raccolte che contengono un centinaio circa di novelle nate dall'ascolto metodico e paziente di amici luinesi: «la ricerca di fatti e personaggi è minuziosa, quasi l'autore riuscisse a penetrare nei più reconditi segreti della vita rivierasca» – scrive Pietro Macchione nella presentazione del libro *Il Lago racconta*. E aggiunge: «è ormai il più noto novelliere del Lago Maggiore, almeno per la sponda varesina».

237 Intervista a G. Pippione del 04/05/2002.

238 *Ibidem*.

rimane l'influsso dell'habitat, la provincia come luogo in cui germina la reazione, certamente importante al di là delle suggestive teorie "scientifiche" di Svampa.

Se ora proviamo a seguire a ritroso il cordone ombelicale artistico, notiamo che il personaggio famoso precedente a tutti è proprio Dario Fo. Ma di chi è stato emulo Fo? Se lui fosse solo una "mosca bianca", un'eccezione straordinaria fuoriuscita ad un mondo di pecorai incolti, ignoranti e insensibili, concluderemmo che è il suo proprio genio a guidarlo. Nella logica del nostro discorso, invece, qualcuno in un modo o nell'altro l'ha ispirato... Questo "qualcuno" non sarà stato famoso, ma il suo animo creativo ha pervaso Fo e via via tutti gli altri.
L'apoteosi sarebbe che l'uomo misterioso – o gli uomini misteriosi, perché no – avesse i tratti somatici e artistici del fabulatore... Ma poiché le descrizioni di Fo si sono dimostrate esagerate e infondate, dobbiamo reperire i «colpi di creatività» a cui fa riferimento Svampa nelle testimonianze e nei racconti di vicende avvenute sul lago, i cui protagonisti sono uomini sconosciuti al grande pubblico, ma che hanno lasciato un ricordo incancellabile nella gente del borgo.

I caratteri dominanti che si propongono con maggior frequenza in quelle storie sono la scaltrezza e la sua antitesi, l'ingenuità; che parafrasate sono la carica negativa e quella positiva, gli opposti che si attraggono con effetti a volte esilaranti che colpiscono la fantasia popolare, solleticano l'animo pettegolo degli abitanti del lago, subiscono trasformazioni e si depositano nel serbatoio dei racconti tradizionali locali: «a Luino le burle erano all'ordine del giorno» - scrive Pippione[239]: spiccano le sagome dei tanti furbi, ingegnosi e un po' farabutti che trascorrevano le loro giornate a caccia di tipi a cui combinare tiri di ogni genere, approfittando del loro candore.

3.3.1. Le truffe

Proliferavano i bari e gli imbroglioni, a dispetto degli ingenui: terreno fertile per l'inventiva e l'immaginazione. L'occhio osservatore non può perciò condannare decisamente i piccoli soprusi, consumati soprattutto per beffa o per bisogno e sopravvivenza; allo stesso modo, le vittime non sono considerate con pietismo, al contrario si guarda alla loro sorte col sorriso, provocato da una ingenua spontaneità che oggi pare perduta.

Una vittima ideale per i raggiri dei maligni era l'Attilio, «el pescadur», «alacre lavoratore» che «aveva molto spiccato il senso dell'umorismo e soprattutto la battuta pronta. Unico grande neo era l'ingenuità». Egli vendette la sua barca ad un imbroglione che pagò con un assegno a vuoto. Nel tentativo di incassarlo, scoprì che la banca mai e poi mai avrebbe potuto dargli i soldi. La sua reazione fu sorprendente: «non riesco proprio a capire» – disse con estremo candore – «come una banca così ricca di marmi, di macchine da scrivere, con tante belle poltrone, con così splendidi lampadari non abbia soldi. È una cosa vergognosa, una cosa che non mi aspettavo»[240].

---

239 *La carnevalata* in G. Pippione, *Castelli d'acqua*, Luino, Francesco Nastro Editore, luglio 1987, p. 111.
240 Cfr. *E il vecchio pescatore finì nella rete* in G. Pippione, *Il Lago racconta. Vicende della Luino di Fo, Chiara, Sereni e C.*, Germignaga, Marcocattaneoeditore, 1997, pp. 23-26.

Della stessa "categoria" era tal Fiorenzo Petruselli, ingenuo cacciatore, che decise di comprare un cane da caccia. Maurizio Montabuoni, «tipaccio noto a Luino come gabbamondo», gli rifilò uno spinone scadente «d'accordo con i compari di baldoria della trattoria» che, durante la trattativa, «scoprivano pregi in ogni parte del corpo»[241] dell'animale.
Il penoso stato di salute del cane non fu tuttavia l'unico raggiro: il Montabuoni lo convinse di aver acquistato addirittura un cane parlante: naturalmente dietro l'animale stava il proprietario stesso che, con doti da ventriloquo, «sapeva abilmente fuorviare la provenienza dei suoni».
Non solo, per evitare future rimostranze, al momento del passaggio di proprietà fece dire al cane le ultime parole:

Il padrone mi ha venduto?
Scioccato, la parola ho perduto.
Da oggi soltanto abbaierò
E al gioco più non mi presterò.

Fu proprio un colpo gobbo quello subito dal povero Petruselli, in accordo con la sua ben nota fama di *bucalùn* [boccalone, credulone].

Simile alla precedente è la storia di un avaro commerciante di ferri vecchi e cianfrusaglie, detto Camamela, che venne truffato da due complici, ben consci della sua celeberrima parsimonia, i quali gli vendettero delle coti per affilare i coltelli. Il piano congegnato dai due soci fu molto ingegnoso: il primo si presentò dal negoziante con la sua partita di coti affilalame del prezzo di 1 lira cadauna, suscitando l'ira del Camamela mal disposto a spendere una cifra così consistente; il compare, giorni dopo propose lo stesso quantitativo di merce, ma a 3 lire cadauna. L'avaro rise, dicendo di aver rifiutato lo stesso affare a 1 lira al pezzo. Così il secondo lo invitò a comprare per lui, dal primo rappresentante, la merce a 2 lire a cote, beninteso se questo si fosse ripresentato; e, per siglare l'accordo, lasciò 10 lire di caparra. Naturalmente il negoziante incontrò "per caso" il primo venditore di coti, da cui acquistò la partita con fare da grande *businessman*: certamente la boria gli passò quando non vide più tornare l'uomo che gli aveva lasciato la caparra e che già stava festeggiando insieme al socio![242]

Un'altra fonte interessante di vicende curiose accadute sul lago ci perviene dal lavoro di Maria Giulia Baiocchi nel libro *Cronache della sponda magra*, una raccolta di racconti «a metà strada tra la cronaca giornalistica, spoglia e impersonale, e l'invenzione fantastica, ricca di tono e di colore». L'autrice ha infatti preso spunto da articoli scritti tra il 1879 e il 1900 per creare storie in una «forma narrativa convincente»[243]. Frigerio rimarca quanto, proprio attorno a metà '800, «la nuova società dovette prodigarsi nel porre ordine in un mondo pittoresco dominato

[241] Cfr. *Sofisticazioni canine*, ivi, p. 51-54.
[242] Cfr. *I venditori di fumo*, Giovanni Pippione, *Castelli d'acqua* cit., pp. 65-68.
[243] Cfr. introduzione a M.G. Baiocchi, *Cronache della sponda magra*, Germignaga, Marcocattaneoeditore, 1997.

dall'improvvisazione e, in buona misura, dall'imbroglio. Ingegnosi espedienti per sopravvivere si succedevano come in un fuoco d'artificio»[244].

Protagonista di una di esse è un cacciaballe di Porto Valtravaglia che si finse notaio nella speranza di arraffare un po' di quattrini. Incontrato per caso un pover'uomo che ne cercava appunto uno «per mettere un po' d'ordine» tra i beni del cugino gravemente ammalato, si presentò come il nuovo notaio di Porto Valtravaglia e dette la sua disponibilità a seguirlo a casa del moribondo. Per sfortuna del millantatore, il prete diffidò dell'identità del presunto notaio e lo inchiodò con una serie di domande così precise, da non lasciare scampo: gli chiese ad esempio notizie di una certa Maria, che il bugiardo ovviamente non conosceva e che descrisse come una «donnina di facili costumi»; «come poteva non sapere che la Maria era stata la governante del suo predecessore [che] ora doveva essere sulla settantina» – fu il commento del parroco, dopo aver costretto il furbacchione a defilare[245].

La truffa a danno di sprovveduti è il tema di altri due articoli di cronaca romanzati: nel primo, un sedicente ispettore, dovendo nascondere delle carte fondamentali per una certa missione, si rivolse al proprietario della locanda presso cui alloggiava, per farsi indicare un luogo sicuro ove porre i documenti. L'oste, candidamente, gli rivelò il nascondiglio segreto dove aveva nascosto i risparmi. Ovvia la conclusione in cui, «l'illustre ispettore doganale» si dileguò col maltolto[246]. Il secondo, avvenuto a Cannobio, narra di un imbroglio organizzato da due compari che, travestiti da suora, si fecero consegnare le elemosine, mangiarono e bevvero a sbafo in trattoria, fecero il bis in convento. Ma vennero scoperti in abiti civili e furono costretti a scappare. «Il giorno seguente l'intera Cannobio seppe d'essere stata truffata. Ma siccome la beffa era stata generale, lo smacco risultò minore e i più si consolarono, commentando: "Mal comune, mezzo gaudio!"»[247].

3.3.2. Il furto della Gioconda

> Il 22 agosto 1911, un martedì, una notizia sconvolgente percorse rapidamente la Francia e il mondo intero: mani ignote quanto abili erano riuscite a trafugare dal salone Carrè del Louvre la Gioconda di Leonardo da Vinci[248].

Così inizia la ricostruzione della vicenda sullo sfondo del "furto del secolo". Nanni Svampa lo definisce, come abbiamo visto, «creatività pura». È la dimostrazione che i nativi del lago – e dei suoi dintorni in questo caso – hanno nel loro DNA non solo la capacità di inventare frottole da osteria e concepire piccole truffe, ma addirittura di congegnare un piano perfetto, per il quale occorrevano una cura e un'audacia fuori dal comune, in barba al museo più famoso del mondo: infatti «non si trattava di una comune tela che potesse essere tolta dallo *chassis*, arrotolata con cura e fatta passare per

[244] P. Frigerio, *Luino un secolo 1885-1985* cit., p. 110.
[245] Cfr. *Il notaio* in M.G. Baiocchi, *Cronache della sponda magra* cit., pp. 11-15.
[246] Cfr. *L'ispettore* in M.G. Baiocchi, *Cronache della sponda magra* cit., pp. 17-21.
[247] Cfr. *Le monache* in M.G. Baiocchi, *Cronache della sponda magra* cit., pp. 109-112.
[248] P. Macchione, *La Gioconda rapita*, Azzate, Macchione Editore, 1995, p. 7.

un qualsiasi pacchetto. La Gioconda era stata dipinta su una tavoletta di pregiato legno con misura 77x93»[249], e quindi, sebbene nel 1911 non esistevano sistemi di telecamere a circuito chiuso, apparentemente impossibile da far sparire senza destare sospetti. Eppure, il colpo venne eseguito con precisione chirurgica. Certamente l'autore del furto conosceva bene sia gli spostamenti dei custodi, sia la presenza di un'uscita secondaria che permettesse di incontrare meno persone. Difatti, venne scoperta una porta a vetri a cui mancava il pomello e, grazie alla segnalazione di un impiegato, si ebbe la certezza che un individuo sospetto con un pacchetto, si era allontanato con un'insolita fretta nella direzione di quella porta. Gli accertamenti fecero rinvenire il pomello mancante.

Si pensò naturalmente alla massiccia presenza di operai che, a vario titolo, avevano acceso al museo; e coi pochi indizi a disposizione prese forma la ricostruzione della dinamica del furto:

> Un operaio, né più alto, né più robusto degli altri col suo bravo camice pulito, ma segnato da macchie ostinate ad ogni bucato, con qualche attrezzo in mano e con aria indaffarata si avvicina alla Gioconda, la stacca, la ripone sotto un braccio in modo che non se ne scorgano le fattezze e con la stessa sicurezza esce dalla sala. A questo punto apre la porticina che dà sulle scale a chiocciola e con atti concitati trae Monna Lisa dalle sue protezioni. Queste le abbandona, poi nasconde la tavola sotto la larga blusa ed indisturbato si allontana[250].

Persisteva tuttavia l'ipotesi del furto d'autore, magari commissionato da qualche appassionato d'arte senza scrupoli: di conseguenza vennero interrogati alcuni assidui frequentatori che avevano dimostrato un interesse e un'ammirazione particolare per il dipinto. Tra i sospetti ci furono – come direbbe Fo – uno spagnolo, un certo Pablo, Picasso mi pare, il poeta Guillaume Apollinaire e un tale Vincenzo Peruggia, italiano di Dumenza, «un comune lavoratore, per giunta uno dei tanti emigranti su cui cadeva il disprezzo della società perbenista francese, quindi lo si tenne fuori dalla lista dei sospetti»[251].

Muratori, stuccatori e decoratori erano di casa al Louvre e il Varesotto, specialmente la Valveddasca e la Val Dumentina, era interessato all'emigrazione in Francia di questa manodopera a metà tra l'artigianato e l'arte vera e propria. Tra essi il Peruggia, appunto. Venne in fine interrogato e la sua piccola abitazione fu perquisita senza successo:

> L'aspetto che avrebbe destato negli anni appresso maggior scalpore fu che il funzionario di polizia redasse il verbale della completa estraneità del Peruggia su un tavolino in cui era stato abilmente ricavato un nascondiglio che conteneva la tavoletta della Gioconda. Era ricoperta da un tappetino, ma [...] era proprio lì[252].

---

249 Ivi, p. 12.
250 Ivi, p. 14.
251 Ivi, p. 17.
252 Ivi, p. 20.

Ma il ladro, due anni dopo, nel 1913, finì per tradirsi: contattò l'antiquario fiorentino Alfredo Geri e, col nome falso di Vincenzo *Leonard* (!), si recò presso gli Uffizi a Firenze per effettuare il passaggio di proprietà per un valore di 500.000 lire. I due incontrarono Giovanni Poggi, direttore della Reggia Galleria di Firenze, che portò con sé il quadro per una perizia. Il giorno dopo il ladro fu arrestato.

Quando fu interrogato, ammise di conoscere bene ogni angolo del museo e le abitudini dei guardiani. Sulla dinamica confermò la descrizione abbozzata dalle autorità:

> I visitatori in quel giorno ed a quell'ora erano pochissimi e la sorveglianza molto stanca. In un attimo tolsi la cornice della tavola per poterla trafugare con più facilità. E infatti la nascosi sotto il camice e la involtai nella blusa, riuscendo a passare inosservato alle porte del Louvre[253].

Il movente esaltava i nobili intenti del Peruggia: restituire alla patria italiana l'opera di maggior fama, come risarcimento delle depredazioni artistiche subite dal nostro paese nel corso dei secoli. In aggiunta veniva indicato, quale emblema dei trafugatori di capolavori italiani, quel Napoleone Bonaparte che aveva trascinato i quadri in Francia su grandi carri trainati da buoi.

Un così strenuo e fiero attaccamento alla propria bandiera scatenò il genuino sentimento solidaristico manifestato dalla «coscienza nazionale» dei cittadini italiani a cui ripugnava che egli dovesse essere giudicato e condannato per questa nobile azione:

> Personaggi autorevoli e la stampa chiedevano che gli fosse concessa la libertà provvisoria, si raccoglievano fondi per rendergli la vita in prigione meno dura. Accettate le sue dichiarazioni di patriottismo se ne faceva un eroe nazionale e tutti erano portati a solidarizzare con il "ladro gentiluomo" che aveva osato compiere un'azione riparatrice[254].

E poco importavano le accuse rivolte al dumentino di voler semplicemente lucrare sul frutto del suo reato. La vendita del quadro a un museo italiano, a giudizio dell'imputato, sarebbe stato l'unico sistema per consentire alla popolazione italiana di riabbracciare Monna Lisa.

La delusione fu notevole quando il tribunale nel 1914 condannò l'imputato a un anno e 15 giorni; sebbene in seguito la pena venne ridotta a sette mesi e otto giorni.

La vicenda naturalmente non si chiuse con la condanna dell'imputato, anzi. Scaturirono infatti nuove intriganti rivelazioni che portarono alla luce il coinvolgimento di due complici del colpevole, cioè i fratelli Lancellotti di Cadero Veddasca, anch'essi conterranei del Peruggia: essi avrebbero aiutato l'autore del furto preparando insieme a lui il calco di una chiave del museo, costruendo «una cassa di legno tipo valigia col doppio fondo»[255], e infine nascondendo il dipinto nel paesino di Cadero.

---

[253] V. Peruggia cit. ivi, p. 29.
[254] Ivi, p. 35.
[255] Ivi, p. 53.

Graziano Ballinari, fondatore del museo etnologico di Garabiolo si è molto interessato alla faccenda ed è un acceso sostenitore dell'implicazione dei fratelli Lancellotti come corresponsabili del furto della Gioconda e, proprio in virtù delle sue convinzioni, avanza un'ipotesi assolutamente suggestiva: al Louvre non sarebbe esposta la Gioconda originale, bensì un falso. Perché il Peruggia, dopo due anni di circospetta attesa, avrebbe dovuto improvvisamente e a scatola chiusa affidarsi a uno sconosciuto antiquario per vendere il quadro in Italia? Su questa considerazione si basa la tesi del Ballinari, convinto che Monna Lisa, quella vera, si trovi ancora in Val Veddasca, nel nascondiglio predisposto dai Lancellotti, la cui implicazione con la dama di Leonardo era confermata anche dalle parole della madre dei due fratelli: «"con tante donne che ci sono al mondo i miei figli dovevano proprio perdersi con questa Gioconda per farsi portare in prigione?" Infatti la signora Teresa credeva che la Gioconda fosse una donna parigina implicata in qualche losca faccenda»[256].

3.3.3. La fantasia al servizio dell'uomo

Finora ho mostrato dei casi in un certo modo faceti, in cui però l'inventiva spiccata della gente del lago era finalizzata a ottenere dei guadagni in maniera "poco pulita", tutt'altro che legale. Gli esempi seguenti sono di altro tipo: alla punta di malignità si sostituisce la determinazione a combattere con le proprie forze e il proprio intelletto le piccole o grandi difficoltà che la vita presenta.

Come accadde a Martino Trepacchi, la cui esistenza subì una svolta negativa: viveva senza una compagna poiché aveva giurato eterna fedeltà alla moglie morta; aveva inoltre due nipoti all'orfanotrofio e gli spiaceva non poterli aiutare; quando gli venne diagnosticato un tumore, sembrò la fine. Finché non gli venne il colpo di genio…

Qualche mese dopo, mise un annuncio sul giornale in cui affermava che «essendo in procinto di morire, si rendeva disponibile […] a recare messaggi nell'aldilà a parenti. Il costo […] dieci lire, cifra discreta […] ma abbastanza accessibile».

La sua iniziativa ebbe un successo incredibile e così, grazie a questa attività medianica, i nipoti, unici beneficiari, ereditarono parecchie migliaia di lire: «l'inventiva di un uomo in procinto di morire era riuscita, sia pure con uno stratagemma, ad aiutare due orfani»[257].

Di natura completamente diversa fu, invece, la vicenda di un ingegnoso pescatore che riuscì ad allontanare dall'edificio in cui viveva dei fracassoni che gozzovigliavano tutte le notti, disturbando il suo sonno. Memore delle incrollabili superstizioni[258] che attanagliavano i suoi contemporanei, ideò un efficace stratagemma: schiodò le tavole

---

[256] Ivi, pp. 55-56.

[257] Cfr. *Un messaggio dall'aldilà*, G. Pippione, *Il Lago racconta* cit., pp. 39-42.

[258] Sempre sul tema della superstizione e dei sistemi per sfruttarla, si trova nelle cronache il racconto della «malizia con cui una povera epilettica di Brenta si fingeva ossessa del demonio, approfittando della sua qualità di ventriloqua». La donna, vissuta in un paese poco distante dalle rive del lago, «riusciva così a trarre in inganno anche alcuni preti creduloni (o mistificatori a lor volta?) che si precipitavano a sfruttare il caso per imbandire esorcismi di dubbia validità canonica» (*Valcuvia 1797: la ventriloqua, gli esorcisti, i lumi*, a cura di Beppe Galli in «Verbanus» n. 8, 1987, p. 207).

del pavimento e, al momento opportuno, fece penzolare le gambe fasciate con bende ed emise lamenti come fosse uno spirito d'oltretomba[259].

Infine, è geniale ciò che accadde nella Porto Valtravaglia di inizio secolo, quando si stava per procedere al reclutamento della classe 1890. Uno dei due candidati, un giovane contadino o il figlio del sindaco, sarebbe partito per quattro anni. La decisione sarebbe stata presa mediante l'estrazione di una pallina da un'urna: chi avesse estratto la pallina nera sarebbe stato arruolato. Il padre del contadino subodorò un machiavello escogitato dal sindaco e così invitò il figlio, primo a dover pescare nell'urna, a ingoiare immediatamente la pallina appena estratta per non mostrarne il colore, lasciando in tal maniera l'esito dell'estrazione nelle mani del figlio del sindaco. A nulla servì, perciò, che le palline fossero entrambe nere[260].

3.3.4. Creativi per piacere

Accanto agli scaltri e ai dritti troviamo soggetti singolari, di lingua svelta e amanti della battuta: per loro la creatività non va utilizzata a fini pratici, ma solo per proprio divertimento.

«*'l Martin u saveva cumbinàa di schèrz a tücc'*». Era un uomo di spirito e di compagnia, sempre allegro; amava molto l'atmosfera del Carnevale: tant'è che i vecchi ancora si ricordano della sua sfilata su un carretto in compagnia di amici ubriachi come lui, tutti vestiti da «*fiuritt du asìl*» [bambini dell'asilo], che piangevano e facevano le boccacce. Un altro aneddoto che lo vede protagonista narra di quando fu invitato a provvedere affinché il suo conto in banca non fosse più scoperto. Lui andò da un suo amico e gli disse: «*Va a tò la cuèrta pesanta e portala in Banca* [...] *e diset che la manda 'l Martìn par quarciàa 'l so cunt ch'a l'è biòtt*»[261].

Lo stesso *humour* apparteneva a Tranquillo Ferrarini, che «aveva la battuta pronta, spirito caustico, fantasia a non finire». Fu originale anche in punto di morte: chiese di essere cremato e che le sue ceneri fossero buttate a Sesto Calende nel Ticino, affinché potessero giungere nel Polesine, sua terra d'origine: «qualche giorno prima aveva avvisato i parenti colà residenti che sarebbe passato, ma non in treno...»[262].

Si trova anche il ricordo di un barbiere di origine milanese che dilettava i suoi clienti con esilaranti storielle in dialetto meneghino: «raccontava, come cronista attentissimo, avvenimenti di molti anni prima; il folclore si mescolava al sentimento»[263]. Oggi è rarissimo incontrare un professionista o un commerciante in genere che dimostra simpatia e buon umore durante il lavoro.

Un altro era il *Bernardo*, la perfetta incarnazione di tutti i caratteri di originalità, simpatia, capacità fabulatoria:

---

[259] Cfr. *Il fantasma calante*, G. Pippione, *Castelli d'acqua* cit., pp. 137-139.

[260] Cfr. *Scarpe grosse e cervello fino*, G. Pippione, *Castelli d'acqua* cit., pp. 85-87.

[261] Trad.: Martino sapeva combinare scherzi a tutti / Va' a prendere la coperta pesante e portala in banca [...] e di' che la manda il Martino per coprire il suo conto che è nudo (cfr. T. Salvi, *Te sée regordet* cit., p. 68).

[262] Cfr. *Le guerre di Tranquillo*, G. Pippione, *Il lago racconta* cit., pp. 71-74.

[263] *Il barbiere... in vettura*, G. Pippione, *Castelli d'acqua* cit., p. 70.

> Il Bernardo – nato nel 1880 – era un buontempone, sempre pronto alle battute spiritose [,] regolarmente occupato nelle ferrovie dello Stato [.] Senza essere un abitudinario delle trattorie, quando trovava la giusta compagnia, raccontava in maniera impareggiabile i fatti suoi e quelli degli altri, colorandoli in modo straordinario, ma senza acredine verso chicchessia. Autodidatta, possedeva vivacissima capacità espressiva ed anche una certa cultura in considerazione che leggeva molti libri: piaceva anche per una certa sua signorilità e per la serietà ostentata quando strappava risate anche a chi avesse mal di denti. Molte delle sue battute erano forse d'importazione: le aveva sentite magari in altri posti nel corso dei suoi spostamenti che lo avevano portato lontano, o le aveva trovate nei libri. Ma gli altri non le conoscevano e poi lui sapeva adattarle così bene a fatti e persone che tutto quello che diceva non faceva mai una grinza e aveva sempre il gusto della genuinità e dell'immediatezza. I suoi racconti erano una vera e propria galleria di personaggi, alcuni ancora viventi, ma per la maggior parte scomparsi. La sfilata prendeva sempre le mosse da avvenimenti e situazioni che tutti conoscevano o di cui avevano sentito: qualche volta le narrazioni del Bernardo sconfinavano nella leggenda, ma ciò nulla toglieva alla credibilità, ché, anzi, il pizzico di fantasia di cui tutte le cose, tramandate a voce, si arricchiscono immancabilmente; ad ogni passaggio aumentava l'interesse degli ascoltatori che si bevevano a bocca aperta le sue parole [.] Esilarante e dinamico, era comico apprezzato nei vari teatri luinesi e particolarmente in quello parrocchiale, dove si esibiva anche come regista, dote innata per cui avrebbe potuto benissimo andare per la maggiore[264].

La conferma della caratura di questo personaggio straordinario mi è giunta dalla testimonianza dell'avvocato Salvi che ha avuto la fortuna di conoscerlo: «si chiamava Bernardo Maestri e lavorava a un casello ferroviario. Bèh… era un piacere ascoltarlo!»[265]

Il Bernardo era un fabulatore e ai lettori più attenti non saranno sfuggite le somiglianze con Dario Fo: come il collega più illustre era attore comico e regista; oltre alla capacità espositiva così ricca e fantasiosa, possedeva una memoria portentosa e riusciva a prendere spunto da fonti completamente diverse tra loro: eventi autobiografici, episodi vissuti da conoscenti o semplicemente riportati da quelli, fatti di costume noti a tutti, letture e interessi personali, ecc. Sapeva inoltre adattare il tenore delle storie all'interlocutore e al contesto in cui le raccontava, magari impiantando personaggi differenti, ma noti all'uditorio, all'interno dello stesso intreccio narrativo. Tutto ciò ne faceva un apprezzato e prolifico inventore di storie, ma, cosa fondamentale, «senza acredine verso chicchessia».

3.3.5. Sagum di temp indrée

Le piazze, le vie erano «un teatro gratis», ha detto Trento Salvi. Questo grazie agli svitati, eccentrici, bizzarri personaggi. Maschere grottesche che, con la loro umanità, hanno segnato un'epoca in cui i rapporti tra gli uomini avevano un valore diverso da

---

264 Cfr. *Un uomo tutto d'un pezzo*, G. Pippione, Castelli d'acqua cit., pp. 73-76.
265 Intervista a T. Salvi del 20/05/2002.

oggi[266]; magari tutti si impicciavano dei fatti altrui, ma almeno non c'era indifferenza. Anzi, i sentimenti erano genuini, non sbiaditi come oggi che abbiamo pagato l'appiattimento propugnato dai media. Ora è difficile che un buffo personaggio ci colpisca, o stupisca, o interessi, perché siamo assuefatti: cinema, TV e, soprattutto, nuove tecnologie digitali ci hanno proposto una casistica umana pressoché completa. Allora era diverso: quelli non erano solo uomini. Erano macchiette, con il loro ruolo, la loro dimensione, che si integrava con quella degli altri.

Il *Valatè* «bevitore professionista e ultima figura caratteristica del paese» era quello che, come abbiamo già appreso, ripeteva frasi come «Va là te al polo a inversare gli orsi bianchi!» a chi gli chiedeva come stesse. Il falegname Luciano Suira lo ricorda «innocuo, sereno, al suo posto», inserito in «un mosaico perfetto [dove] ciascuno faceva una cosa in un'anticipazione di specializzazione»[267]: intende dire che allora ognuno aveva la sua collocazione e, credo, che c'era una maggiore sinergia tra gli elementi della comunità. C'erano dei tratti distintivi che rendevano gli individui, o almeno la maggior parte di loro – e non dimentichiamo che a inizio secolo gli abitanti erano molto meno – immediatamente riconoscibili per il comportamento o la professione: ad esempio, a differenza di oggi in cui i negozi vendono articoli generici, impedendo così la stretta identificazione tra la merce prodotta/venduta e il rispettivo produttore/venditore, nei tempi passati, ad esempio, il *verdurée* era sempre e solo colui che vendeva esclusivamente verdure. Per quanto riguarda le sagome di paese, ognuno possedeva un proprio personalissimo *show*, che veniva allestito di frequente per i semplici passanti o gli *aficionados*; spesso lo spettacolo e la sua follia erano il retaggio di sofferenze antecedenti, profonde, non ancora sopite. A dimostrazione di ciò, si analizzi l'esibizione del *Valatè*:

> Trascorreva sovente le domeniche […] a combattere la guerra di Libia […] disteso [sul] marciapiede, mimando un avvicinamento alle linee nemiche [,] strisciando con circospezione [poi] in uno slancio eroico, balzava in piedi lanciando un'immaginaria bomba a mano e, piegato in due, entrava correndo ai Tre Re (un'osteria, NdA) a far ecatombe di nemici e scorta di munizioni, per uscirne più audace che mai e ridiscendere cauto, ventre a terra fino in piazza, lanciando comandi imperiosi forse in lingua libica, nell'esaltazione di una rimembranza bellica che poteva durare anche per ore[268].

---

[266] Oggi la visita di leva si fa a Como, uno per volta; o meglio scaglionati a seconda della data di nascita. Una volta era diverso, c'era meno individualismo. Era maggiore la volontà di far festa stando insieme in compagnia e il riso era contagioso. Si veda ad esempio una considerazione del Salvi sulla visita di leva: «*'Na bèla matina di primavera… u trunava 'l campanùn a vòtt'ùur: j'eva i cuscritt. Par i stràa i fava legrìa e musica e a gh'eva sempur l'armonega a fa cumpagnìa* [.] *E a l'eva ancasì d'obbligh 'na fermada lunga da mamarosa e pöö 'na bèla paciada cun relativa ciòca ch'a l'eva asèe mèza*». Al giorno d'oggi «*gh'è pü o squàss, baldoria paciatoria, ciòca, mamarosa, legrìa e cori vusáa par i stràe du paes*». Trad.: Una bella mattina di primavera… suonava la campana alle otto: erano i coscritti. Facevano allegria e musica per le strade e c'era sempre l'armonica a fare compagnia [.] Ed era anche d'obbligo una fermata lunga da Mamarosa» – Mamma Rosa era la tenutaria della "Casa Rossa", il bordello di Luino, «molto frequentato anche solo per fare due chiacchiere con gli amici», dice il Salvi – «e poi una bella scorpacciata con relativa sbornia che mezza non bastava [;] non c'è più il caos, il festeggiare a tavola, la sbornia, il "casotto", l'allegria e i cori urlati per le strade del paese (cfr. T. Salvi, *Te sée regordet…* cit., p. 49).

[267] L. Suira, *Luino un luogo ameno*, Luino, Eurostampa Di Castri, 1993, pp. 16-17.

[268] P. Corsini, *Lunario*, «Il Rondò», n. 7, 1994, pp. 100-101.

La casistica di soggetti simili è abbastanza ampia e variegata. Ritengo che sia proprio il serbatoio ideale da cui un artista possa attingere il materiale per creare delle storie, oppure trarre ispirazione per affinare il proprio modo di raccontare: oltre al *Valatè*, al *Medeo*, c'era il Matto di Bedero – come abbiamo già avuto modo di sapere dalle parole dell'avv. Salvi[269]. Proprio quest'ultimo ha lasciato una traccia indelebile sulle pagine del folclore locale. Così l'ha ricordato il grande poeta Vittorio Sereni:

> Piombava in paese all'improvviso dentro l'alone vermiglio della sua follia scatenando un generale fuggi fuggi di ragazzini, che poi, vinto il timore, gli si accodavano accordandosi al suo passo cadenzato e svelto, mosso da una marcetta di cui lui solo percepiva l'onda prorompente dagli ottoni di una invisibile banda musicale. Scorrendo tra due siepi di ilarità appena velata di apprensione, dirigeva a gesti, sempre marciando, quella banda inesistente [,] tante domeniche del '24, '25, '26 e seguenti[270].

E questa è la reminiscenza di Giovanni Pippione:

> Volto inespressivo, occhi ebeti, voce tale da rintronare i timpani altrui, senescenza precoce, maniere rozze, trasandato nella persona, bevitore incallito, bizzarro e stravagante [.] Alto, corpulento, spalle curve, ogni suo movimento, i gesti avevano un non so che di animalesco [;] alcuni sostenevano che era un menagramo, altri che possedeva qualità paranormali con la prerogativa di segnalare le calamità atmosferiche; il fatto è che tutte le volte che il Matt de Beder cantava, i luinesi preparavano l'ombrello, certi che subito dopo avrebbe piovuto[271].

Secondo Piera Corsini, nota commerciante del Luinese e dedita all'organizzazione di eventi culturali, «*'l Matt de Beder* si può considerare una sorta di cantastorie locale: lo vedevamo per le strade con la palandrana scura e il cappello con la penna "ciucco fatto" e cantava… e noi si sapeva che sarebbe piovuto, immancabilmente. In senso lato era un personaggio, aveva un suo pubblico, suscitava delle reazioni e, perché no, delle emozioni. Certo non c'entra niente con le persone di cui parla Fo, che io non ho mai sentito. Dalle nostre parti c'erano solo personaggi come lui, ed erano tanti»[272].

Tutti caratteri diversi, ma sempre veri e particolari: il simpatico *Ciumacèla de Macagn'* indimenticabile perché «*u gh'eva 'na facia de ratt e um fava di bucasc' ch'j pudeva vèss bun pa 'na comica du Ciarlòt*»[273]; l'idraulico-calderaio *Menelik*: «*a l'eva 'n umett pinìn pinìn e, in di dì de festa, tütt stimenz e cuj barbisìtt ben pecenàa e lùstèr, e um pareva 'l Rè d'Italia! […] A l'era sempur in trüsa: u nava dapartütt a pèe cund'ul so garzunìn-porta-borsa-di-fèr. U stupava sempur aleghèr e vers sira u dundava un pöö*»[274].

---

269 Cfr. cap. 2.1.

270 V. Sereni, *Il matto di Bedero*, «La Rotonda», n.1, 1978, p. 39.

271 *Il mattoide*, G. Pippione, *L'Inverna* cit., p. 95-97.

272 Intervista a P. Corsini del 02/05/2002.

273 Trad.: Aveva una faccia da topo e faceva delle boccacce che poteva essere adatto a una commedia di Charlot (T. Salvi, *Te sée regordet* cit., p. 58).

274 Trad.: Era un uomo piccolo piccolo e, nei giorni di festa, tutto elegante e coi baffi ben pettinati e puliti, e ci sembrava il Re d'Italia […] era sempre ubriaco: andava ovunque a piedi col suo aiutante che portava la borsa dei ferri. Si dava da fare sempre allegro e verso sera traballava un po' (Ivi, p. 61).

Il Salvi mi ha parlato di un certo Prato, capomastro trasferitosi in Svizzera: scovò la moglie a letto con un ingegnere a cui non venne risparmiata la vita. Per pagare il suo debito con la giustizia venne imprigionato in Svizzera. Poi tornò in Italia e si dedicò al bere, grazie anche ai soldi della pensione svizzera. Venne trovato impiccato a una trave del vecchio tirassegno. Il suo soprannome era *Stravácum*, in quanto «*u fava cinq dì de "astinenza" e pöö... sbornia fissa, intranàa 'mè 'na pìta. In 'sta manera u nava par i strà e u sbragiava in tudesch, in francées e in patrà e u vusava "stravácum! stravácum!"*»[275].
«Una volta aveva fatto dei lavori per mia madre» – racconta il Salvi – «e aveva ricevuto, come pagamento, un fiasco di barbera... Soddisfatto si incamminò verso casa. Arrivato in piazza dei matti (oggi piazza S. Francesco), nome sintomatico, cadde e si fece male. Il suo commento fu: "*Orca malora, sperem che sia 'l mè sangh!*"»[276]: si augurava che il liquido rosso che vedeva spandersi sul terreno non fosse vino!

C'era poi il *Masera* «sempre debitamente carburato e preda di una scontrosità perenne»[277]: ricorda il Trento che «fu bersagliere nella prima guerra. Combatté anche a Caporetto e ne vide di tutti i colori... Tornato a casa "aveva perso l'equilibrio". Ricordo che mia madre gli faceva fare qualche cosa per dargli una mano... però lo pagava in pane, non in vino come voleva lui!»[278]. Infatti, come suggerisce il soprannome stesso – Masera deriva da *maseráa* o *masaráa* = "bagnato fradicio" – il nostro curioso elemento aveva una predisposizione per i liquidi, era proprio «*l'òmm de l'umìd e du vin, parché in quand ch'u piuveva lù nava sempur in gìir senza quarciàss e senza umbrèll, insci us maserava tüt e pöö us travacava sü 'na pancheta du Carmen e in tücc' i stagiùn, anca cun la fiòca. Ul vìn a l'eva* il vero, unico, grande suo amore»[279].

Dalla memoria inesauribile del Salvi emerge un altro aneddoto sul passato di un individuo che si troverebbe a proprio agio inserito in una satira o in una commedia:

> Madre natura creò il Leopoldo "*Puldin*" Costa un po' sciancato e ladro di professione... *inscì*, va bèh... Aveva bisogno di soldi. Una sera si introdusse di soppiatto nella sede dell'AVAV [Associazione Velica Alto Verbano, NdA] per sgraffignare qualcosa: riuscì a entrare da un oblò e rubò un motore. Purtroppo per lui, per trasportarlo si ferì non ricordo più dove e perse sangue... 24 ore dopo era già in carcere, con grande soddisfazione del commissario De Vincenti che si faceva lustro di aver pizzicato il ladro così in fretta... Per forza, bastava seguire la scia di 2 litri di sangue! il Puldin restò un mese in carcere e io lo difesi al processo [ride] Mi viene ancora da ridere... mi chiese: "*Te me spieghet cuma l'è che là fai 'l cumisàri a capil' che s'eri stà mi?*"[280].

---

[275] Trad.: Faceva cinque giorni di astinenza e poi... sbornia fissa, "pieno come una botte". In queste condizioni andava per le strade e gesticolando gridava in tedesco, francese e in patois e urlava "stravácum! stravácum!" ossia esageriamo, conciamoci da sbatter via (Ivi, p. 62).

[276] Intervista a T. Salvi del 20/05/2002.

[277] P. Corsini, *Lunario*, «Il Rondò», n. 7, cit. p. 100.

[278] Intervista a T. Salvi del 20/05/2002.

[279] Trad.: L'uomo dell'umido e del vino, perché quando pioveva andava sempre in giro senza coprirsi e senza ombrello, così si bagnava tutto e poi si stravaccava su una panchina di fronte al santuario del Carmine e in tutte le stagioni, anche con la neve (T. Salvi, *Te sée regordet* cit., p. 63).

[280] Trad.: Mi spieghi come ha fatto il commissario a capirlo che ero stato io (Intervista a T. Salvi del 20/05/2002).

L'ultimo che presento ai lettori è interessante perché, almeno, ha un punto in comune coi caustici fabulatori di Fo: il suo nomignolo era *Pufátt*, che significa "indebitato":

> *'l Pufátt l'eva 'na smagia uniga. Vöja de laurà: saltemm adòss! A l'eva tropp fatiga. E u fava 'l mistée du Michelasc' – 'l mistée püsèe bèll: "sbafáa, bev e 'nà a spass"*[281] *– E voremai a l'eva pienn de pùff. Ma lü se la casciava mìia, e u diseva sempur "evviva chi gh'ha di pùff e i dev crepàa i sciúur. I pùff j dà vita ma i credit j manda sottèra prima du temp parché j è di fastìdi gross"*[282].

Chissà se, dietro la sua protesta contro i signori, si celavano una riflessione e un accenno di critica sociale; oppure se dominavano in lui solo l'avversione al lavoro e la predisposizione a vivere di espedienti e debiti. In tutta onestà, propendo per la seconda ipotesi: il nostro pare più un avvinazzato scansafatiche che un arguto intellettuale di strada!

I personaggi appena descritti, per quanto eterogenei, appartenevano idealmente ad un'unica ribalta, quella su cui andava in scena la vita, con le sue banalità e le sue stranezze:

> Nel loro modo surreale, stralunato e un po' folle queste figure non erano dei patetici clowns, ma dei re senza lustrini. Re della strada, re di una scena a cielo aperto, fantasiosi e toccanti come certe creature felliniane che avremmo rincontrato molti anni dopo[283].

Quale importanza si debba dare a questa categoria umana dipende da alcune considerazioni: è vero che individui originali ed eccentrici sono reperibili ovunque, ma abbiamo visto che la "fauna" del lago ha qualcosa di speciale; poi, dato che i fabulatori consapevoli che sarebbero stati i modelli artistici di Dario Fo non sono esistiti, è plausibile che egli abbia subito l'influenza e il fascino di qualche elemento del genere e che abbia poi nobilitato quella fonte: che cioè sia stato, come sostenuto da Cadoni, quel narratore sensibile che ha colto le stranezze e le bizzarrie del luogo d'origine.

Sono più che mai convinto, che sia in figure come queste che bisogna cercare la vera dimensione che ha ispirato il giovane Fo: i «re della strada», e non i giullari che avrà incontrato sulle pagine di qualche libro di storia. La verifica alla precedente osservazione verrà effettuata occupandoci in maniera più dettagliata della "cornice" della sua infanzia, ossia i luoghi e le persone che, a vario titolo, hanno portato il figlio di un capostazione a diventare, lui sì, un fabulatore.

Per ora posso già dire che, per ottenere il risultato prefissoci, dobbiamo impostare in base alle nuove coordinate il concetto di fabulatore: tra i parametri che delineano i contastorie bisogna eliminare l'idealismo e l'influenza sul pubblico, nonché ridurre la percentuale di coscienza e intenzionalità che sostenevano le loro rappresentazioni di piazza.

---

281 Trad.: Il mestiere più bello: mangiare, bere, andare a spasso (T. Salvi, *Te sée regordet* cit., p. 91).

282 Trad.: Il Pufátt era una macchietta unica. Voglia di lavorare: saltami addosso! Era troppa fatica. E faceva il mestiere di Michelasc' [...] e ormai era pieno di debiti. Ma a lui non importava e diceva sempre "Viva chi ha i debiti e devono crepare i signori. I debiti danno vita ma i crediti portano alla morte prima del tempo perché sono un grosso fastidio (Ivi, p. 65).

283 P. Corsini, *Lunario*, «Il Rondò», n. 7, cit., p. 102.

3.4. Mercato

Ci fu un'epoca, circa duemila anni fa, in cui i legionari romani percorrevano il nord della penisola per studiare la conformazione delle montagne e soprattutto i valichi per attraversarle. Un contingente delle truppe di Roma giunse in prossimità dei territori che oggi hanno nome Germignaga, Luino, Maccagno: là, piantarono l'accampamento, sul triangolo di terra formato dalla convergenza degli odierni fiumi Tresa e Margorabbia.

Il primo impatto con un pescatore indigeno non ebbe esiti positivi, perché il paesano venne colpito duramente: «*el m'ha dai vun di chi valzacü*!», raccontò la vittima dell'aggressione. Con premesse del genere, fu logico pensare ad un'invasione imminente. Fino a che parlò il decano del luogo: «sembrano brava gente, che non fa del male. Cercano soltanto pesce e ortaggi, offrendo in cambio aghi e pezzi di tessuto». Ecco la suggestiva, divertente e immaginifica spiegazione della nascita del mercato di Luino[284].

La realtà, ovviamente, è molto meno bizzarra di quella uscita dalla penna dello scrittore. Al di là dell'aspetto folcloristico che più ci preme indagare, non è possibile dimenticare l'intrecciarsi di interessi economici molto alti, che si snodano per circa otto secoli, con vicende politiche e belliche, tra cui le lotte tra fazioni per conquistare il potere nei territori, e la vicinanza con la Svizzera, connessa ai rischi elevati di sfroso (contrabbando)[285]. Oggi il mercato ha assunto «una dimensione ecumenica, orbiterraquea, suprannazionale», si è fatto «da meraviglia delle meraviglie di questa sponda magra del Lago Maggiore [,] è un'attrattiva turistica di tutta una zona che

---

284 P. Chiara, *Di casa in casa, la vita* cit., p. 41. Trad.: Mi ha dato uno di quei calcioni!

285 Nel 1475 Luino chiese, con esito negativo, un mercato settimanale ai duchi Visconti (ma esistono tracce di mercati a Cannobio, Germignaga, Arona e Sesto già nel XII secolo). Solo nel 1541, giunse la concessione a tenere il mercato da parte di Carlo V, lo stesso imperatore che, nel 1535 l'aveva accordato a Maccagno. Si stabilì, perciò, un'alternanza tra i due paesi della sponda magra. Nel 1543, Franchino Rusca vendette il feudo a Camillo e Giberto Borromeo, ai quali rimase la concessione per il mercato settimanale di Luino fino al 1553, anno in cui i Rusca riacquistarono il feudo; da allora «di mercato settimanale per un bel pezzo non si parlò più». Solo nel 1582 si tornò all'alternanza tra Luino e Maccagno, almeno fino al momento in cui Maccagno pagò pesantemente «le restrizioni in materia di grani e di biade [che] limitarono grandemente gli affari con gli Svizzeri che si rivolsero preferibilmente a Intra e a Pallanza». Era il 1633. Quarantasette anni dopo, venne nuovamente ottenuta da Maccagno il nullaosta, ma solo per due anni, sempre a causa delle proteste vibranti di Intra e Pallanza. La situazione era più tranquilla in quel di Luino, che si ingegnava sempre più per «spennare i forestieri» con dazi e gabelle. Questo fino al 1744, anno del passaggio dei borghi di Intra e Pallanza al re di Sardegna con l'intera sponda occidentale: ciò costrinse il Magistrato delle Biade a rinnovare il sistema mercatale. Luino, naturalmente, propose la propria candidatura, ma a causa dell'opposizione di Como e Varese, venne scelto Laveno. Nel 1785 si fece avanti Porto Valtravaglia che, lamentandosi dei rischi per giungere via lago a Laveno, si propose come nuova sede del mercato, poiché «sembra a tal uopo dalla natura stessa collocata in un seno da qualsiasi vento riparato». Nonostante questo aspetto geografico e le successive proteste dei deputati della Valtravaglia, la scelta cadde nuovamente su Luino, dove «si riteneva più facile reprimere i contrabbandi grazie al maggior numero di impiegati governativi». Perciò, «il mercato settimanale si iniziò il secondo mercoledì di luglio 1786, giorno 12, e per quanto ne sappiamo ha perdurato ininterrottamente fino a oggi» (cfr. P. Frigerio-P.G. Pisoni, *Otto secoli di mercato*, «La Rotonda», n. 5, 1982).

giunge sino… non sapremmo indicarne i limiti», caratterizzato da un linguaggio che «di bancarella in bancarella si fa sempre più vario e complesso: dal francese al napoletano, dal tedesco al calabrese, dal voldominese all'inglese»[286], altrove viene definito «un mercato pieno d'animazione»[287].

Alla luce della storia del mercato, emergono tre osservazioni. Primo: se oggi vale indissolubilmente il binomio mercato/Luino, nei secoli precedenti non era esattamente così. Anzi, molti paesi ebbero la medesima occasione di fregiarsi della concessione mercatale, realtà da ritenersi comune e radicata in loco; e, di conseguenza, è lecito supporre un grande movimento della "fauna variopinta" che abitava le fiere e i mercati. Secondo: non necessariamente l'assenza di un mercato ufficiale di discrete proporzioni precludeva la presenza di ambulanti privati che correvano per i vari paesi. Dario Fo stesso ricorda un eccentrico calderaio[288] che compariva con la sua mercanzia a Porto Valtravaglia e si disponeva in solitudine in una piazza del paese. Terzo: non esistono riferimenti a contastorie, benché si legga in un regolamento del 1582 che «a chiunque era garantito diritto di passo, esclusi naturalmente *li falsificatori di moneta, sassini di strada, heretici et ribelli di Sua Maestà*»; purtroppo non si fa cenno a giullari o sovversivi, a meno che «heretici et ribelli» non contemplino anche fabulatori arguti, itineranti e polemici.

3.4.1. Gente del mercato

> Il folklore è generalmente ritenuto l'espressione più genuina del popolo, la manifestazione di quell'intramontabile spirito creativo delle genti, che si traduce in canti, poesie, costumi, feste, tradizioni, superstizioni… ma vi sono alcuni aspetti del folklore spesso ignorati, aspetti che noi raccoglievamo inconsciamente ogni giorno e che, appunto per questo, erano in noi così connaturati da non accorgercene. Ognuno di noi ascoltava ogni giorno […] queste manifestazioni di folklore purtroppo destinate a scomparire[289].

Così Andrea Musi introduce un libro semplice e intenso, capace di riproporre una Milano appartenente al passato, la quale diventa simbolo dello spirito spontaneo del popolo e delle sue genuine espressioni di piazza. L'autore racconta di una città viva e chiassosa, ma i rumori erano ben diversi dagli stridii e dai rombi dei motori odierni. Le voci («che si intrecciano, prevalgono, si attutiscono, si intensificano, svaniscono, ritornano, in una sinfonia senza elaborazione, per lo più felicemente disarmonica»[290]) offrivano un ventaglio incredibile, «brusio di una operosità serena» sullo sfondo di «una commedia dell'arte giocata su un'esistenza di ringhiera»[291]; esattamente l'opposto

---

286 C. Volonté, *A tutti piace…* cit., pp. 34-35. Il Voldominese è il dialetto parlato a Voldomino, frazione di Luino.
287 P. Frigerio – S. Mazza – P.G. Pisoni, *Verbani lacus. Il lago Verbano* cit., p. 45.
288 Avremo modo di occuparcene nel capitolo successivo.
289 A. Musi, *Voci e gridi della vecchia Milano*, Milano, Mursia, 1978, p. 9.
290 Ivi, p. 13.
291 Ramella-Corsini-Crimi, *A quattro mani e una "chiave di basso"*, «Il Rondò», n. 13, 2000, p. 70.

di quanto si verifica oggigiorno «in condomini dove non ci si scambia neppure un saluto in ascensore»[292].
Venditori, imbonitori, giocolieri, saltimbanchi, complessini ambulanti e certamente semplici passanti davano vita a uno spettacolo quotidiano oggi inimmaginabile, specchio di un'epoca in cui «il grido dell'uomo era ancora il re incontrastato della strada»[293].

Anche il Salvi, che guarda con nostalgia a quell'epoca, riconosce la grande differenza rispetto a oggi:

> *'na volta, in di temp indrée... de nocc' s'a sentiva dumà i ciócch ch'j 'gnìva fö da 'n quaj trani e i cantava, in coro... e tu ridevet!*
> *'dèss a gh'è 'l sciupamént di muturit ch'j te disseda... e tu ghe mandet di acidént!*
> *'dess a gh'è il via-vai di mutur, i trumb e i trumbètt ch'j te storna par tütt 'l dì.*
> *...'na volta a gh'eva dumà 'l vèrs di "ambulanti", j gh'eva i miste vusàa e i nòst donn j preparava in fund a la trumba di basèj i ropp de fàa giustàa e i strasc' de fàa menàa via o i crumpava scigoj, insalada, pomm, persigh, erburin, arbìun, agùn, trütt...*[294]

Nel XXI secolo, già da molti anni in realtà, non capita più di sentire le grida del *frütiröö* («*Chichinscì i bèj scirés, mugnagh, magiostèr e brugn'; chichinscì i bèj persich, pomm, pisöö e tüta früta fresca!*»[295]), del *magnán* («*Donne belle, a ghé chì 'l magnan / s'a gh'avi quajcoss de fà giustà / a ghé chì 'l magnan / ch'u gh'ha vöja de laurà*»[296]), del *pessátt* («*Arburèj, trütt, lusc', gavedèn, inguíll, pespèrsich, pespèrsichtrüta, agòni! Tüta roba fresca e bèla! Pèna pescada! Doooneeee!*»[297]), del *pulentátt* («*A gh'è la pulénta! A l'è calda, a l'è gialda, a l'è còta... e par naott!*»[298]).
Oppure le filastrocche dello *strasciée* – lo straccivendolo:

> *Ferri rotti, strascìn, strasciètt, strasc'*
> *strascééééé...*
> *mi nèèti gió in d'un bótt tütt ul surée,*
> *strasciée strasciatt*
> *sum chichinscì a spazza 'l surée*

---

[292] *Ibidem.* Dello stesso avviso è anche Piero Mazzarella che, lamentando la sparizione delle case di ringhiera sostituite dai magazzini, ricorda di quando le voci si rincorrevano nel cortile (cfr. P. Mazzarella, R. Silveri, *Cà de ringhera*, cit.)

[293] A. Musi, *Voci e gridi della vecchia Milano* cit., p. 10.

[294] Trad.: Una volta, in passato. . di notte si sentivano solo gli ubriachi che uscivano da qualche osteria e cantavano, in coro... e tu ridevi! Adesso c'è lo scoppiettare dei motorini che ti sveglia... e tu mandi loro un accidente! Adesso c'è il via-vai di motori e clacson che ti rendono sordo per tutto il giorno. Una volta c'era solo il verso degli ambulanti, c'erano i mestieri urlati e le nostre donne preparavano in fondo alla tromba delle scale la roba da far aggiustare e gli stracci da far portar via o compravano cipolle, insalata, mele, pesche, prezzemolo, corbezzoli, agoni, trote... (T. Salvi, *Te sée regordet* cit., p. 80).

[295] Trad.: Qui le belle ciliegie, albicocche, fragole e prugne; qui le belle pesche, mele, pere e tutta frutta fresca! (Ivi, p. 85).

[296] Trad.: Donne belle, c'è qui il calderaio / se avete qualcosa da far aggiustare / c'è qui il calderaio / che ha voglia di lavorare! (Ivi, p. 89).

[297] Trad.: Alborelle, trote, lucci, cavedani, anguille, pesci persici, persici trota, agoni! Tutta roba fresca e bella! Appena pescata! Dooonneeee! (Ivi, p. 93).

[298] Trad.: C'è la polenta! È calda, è gialla, è cotta... e costa niente! (*Ibidem*).

strasciée, strasciatt, strasciéééééé…[299]

O la presentazione del *muléta* – l'arrotino – seguita dalla sua stornellata:

Mé pá u fàa 'l muléta
e mi a fò 'l muletìn
in quand ch'ha sarà mort ul mé pá
a farò 'l muléta mì

O donn! A gh'è chì 'l muléta
s'a gh'avìi 'l curtell cund'i dent
s'a gh'avìi la fureseta
ch'a la taja pù par gnient

curtèll e fureseta
o donn! Purtémèi chì
'a ghè nisün muléta
ch'a mola mej de mì

E a gira la rôda la gira…
e a gira la rôda e la gira
gira, gira Giuán ch'a vegn' sira
e gira e gira…[300]

Proprio le fiere e i mercati erano i luoghi privilegiati in cui si realizzavano quelle manifestazioni del folclore: «erano il ritrovo obbligato di […] peripatetici musicisti che vi convenivano insieme ai loro colleghi d'arte: saltimbanchi (sollevatore di pesi e prestigiatore), mangiatori di fuoco, «*pacciasass*», cantastorie, imitatori, acrobati»[301].

Cerchiamo ora di riscoprire il mercato di una volta per conoscere i suoi frequentatori. Silvio Barigozzi racconta il mercato di Luino della sua infanzia, presumibilmente dei primi decenni del Novecento: descrive accuratamente alcuni prodotti, frutta e verdura («ignara di surgelamenti e maturazioni artificiali»[302]), formaggi, pollastri e, soprattutto, le grida dei venditori («senza amplificazioni e distorsioni rauche e spaccaorecchi di megafoni e altoparlanti, che non c'erano ancora, ma naturali, schiette, e fin musicali»[303]).

---

[299] Trad.: straccino, staccetto, straccio / straccivendolooo / pulisco in un lampo tutto il solaio / straccivendolo stracciaio / son qui a svuotare il solaio / straccivendolo, stracciaio, straccivendolooo (Ivi, p. 94).

[300] Trad.: Mio padre fa l'arrotino / e io faccio l'"arrotinino" / quando sarà morto mio padre / farò io l'arrotino / Oh donne! C'è qui l'arrotino / se avete il coltello rovinato / se avete la forchetta / che non taglia più per niente / coltello e forchetta / o donne! Portatemeli qui / non c'è nessun arrotino / che li mola meglio di me! / e gira la ruota gira / e gira la ruota e gira / gira, gira Giovanni che vien sera / e gira e gira… (Ivi, p. 90).

[301] A. Musi, *Voci e gridi della vecchia Milano* cit., p. 117.

[302] S. Barigozzi, *Mercoldì pasàa*, «La Rotonda», n.3, 1980, p. 57.

[303] Ivi, p. 58.

A questi si aggiungevano «altre presenze, più modeste e fioche ma pur sempre parte di quel mondo, gli accattoni[304] che si accontentavano di raggranellare qualche quattrino in più rispetto agli altri giorni della settimana, a parte le domeniche nelle quali battevano i sagrati». Tra essi il «pitore disocupato» («così scriveva lui per terra vicino ai suoi ritratti di santi e celebrità [...] coi gessetti colorati»); oppure c'era il «vecchio sciancato e rubicondo» che «pareva sprizzar barbera», detto «Socrate» per una certa somiglianza («appoggiato ad una grossa stampella con un'aria che avrebbe voluto sembrare sofferente, ricambiava l'obolo con le pianete della fortuna»); o il «povero cieco» che chiedeva l'elemosina sempre con la stessa tiritera «Ah bravi fratelli bona salute mi ricomando bravi vàrdino poverino» e che però, a sera, criticava severamente i lavori del madonnaro: «*Però quej ae mercoldì pasàa eren pusee bej*»[305]. Così come, sempre secondo il Barigozzi erano più belli i mercati dei mercoledì passati.

Anche Trento Salvi nomina i venditori, con le loro caratteristiche urla celebri *in sü 'l marcàa*, e descrive il «*dutur*» ciarlatano che «*sbulugnava pa'n franch un scatulìn de gandulìtt-miracul ch'j sbateva giò de regul tücc' i màa de stomegh*»[306], oppure il «*Pianetta*» col suo pappagallo «sapiente» che vendeva le «pianete» della fortuna («*föietìn de carta velina, bèj, ross bianc verd gialdìn rosa lilla e j dava a la gent la michéta du destin* [.] *E a la spusina a ghe tucava 'l pronostegh de la tòsa e a chesta chell de la spúsa! Pròpi tütt a l'incuntrari!*»[307]); o ancora i «*gratafurmaj ch'j cantava e j sunava de can di canzunétt denanz du* Garibaldi»[308].

È evidente che fosse un ambiente molto animato, ma, ancora una volta, non ritroviamo persone che improvvisavano uno spettacolo in piazza o tra le bancarelle, raccontando storie paradossali, ingenue, con la tecnica del rovesciamento, dietro cui si celava una sofferenza interiore.

> Al mercato di Luino convenivano, e convengono tutt'ora, imbroglioni, ciarlatani e mercanti d'ogni sorte [.] Qua e là [...] trovavano posto giocolieri, acrobati, mangiafuoco o imbonitori, alcuni con l'attrattiva di una scimmietta o di un pitone mezzo morto, altri con trombe nelle quali soffiavano a pieni polmoni o tamburi e grancasse che tempestavano di colpi. Un tale che vendeva grasso di marmotta contro i dolori di schiena, mostrava una marmotta viva che faceva stare dritta a forza di botte sulla testa e sul sedere, date con tanta grazia che parevano carezze[309].

---

304 Il loro numero era sempre in aumento, con gravi disagi e fastidi per la popolazione; così a Pallanza, nel 1860, venne presa la curiosa iniziativa di dotare i mendicanti di una targhetta di riconoscimento: «quelli che otterranno tale licenza dovranno portare appesa al petto una lastra di latta bianca di forma quadrata, della larghezza per ogni lato di sei centimetri coll'indicazione del nome del Comune, della parola "mendicante" e del numero d'ordine corrispondente della licenza. Non potrà rilasciarsi tale licenza a coloro che sono validi al lavoro, sani e robusti» (*Mendicanti targati* in «Verbanus» n. 10, 1989, p. 399).

305 Cfr. S. Barigozzi, *Mercoldì pasàa* cit., p. 59. Trad.: Però, quelli di mercoledì scorso erano più belli.

306 Trad.: sbolognava per una lira uno scatolino di pillole miracolose che guarivano con facilità tutti i dolori di stomaco (T. Salvi, *Te sée regordet* cit , p. 38).

307 Trad. foglietti di carta velina, belli, rossi bianchi verdi giallini rosa lilla e dava alla gente il pane del destino [...] E alla sposina toccava il pronostico della ragazza nubile e a questa, quello della sposa! Proprio tutto il contrario! (Ivi, p. 41).

308 Trad.: i grattuggiatori che cantavano e suonavano da cani delle canzonette davanti alla statua di Garibaldi (*Ibidem*).

309 *Non piangere Bertinotti*, P. Chiara, *Le avventure di Pierino al mercato di Luino* cit., pp. 67-68.

Nel 1994, l'amministrazione comunale di Luino decise di rinverdire lo spettacolo offerto da questi tipici animatori delle fiere; così ingaggiò degli artisti di strada per intrattenere i turisti accorsi a fare compere al mercatone. L'esperimento non ebbe molto successo e non venne più riproposto; a causa della pioggia inclemente[310] e, ritengo, a causa dell'atmosfera prettamente legata ai consumi che il mercato ha assunto negli ultimi anni, e che non consente il fiorire della genuinità e della spontaneità che caratterizzava quello d'inizio secolo: «Se pur c'è stato un periodo di fortuna folcloristica per il nostro mercato, oggigiorno a tenerlo in piedi è la marcatissima convenienza economica»[311].

Infatti, gli spettacoli di forza e destrezza che animavano le piazze hanno ormai smarrito il loro magico *appeal*, causa l'inflazione del genere riproposto all'inverosimile dai numerosi circhi itineranti, sempre più presenti tra l'altro nelle trasmissioni televisive, con la conseguente indifferenza della gente.

Lo stesso ambulante (detto borometta, barometta o girometta: «*nava a vend in di paes e in di cà di strupaj, bindèi, gùcc', furésétt* [;] *pöö in quand ch'a gh'eva faj su'n quaj franch, u verdiva butega*»[312]) è sempre più affine al comune negoziante, a vantaggio della discrezione, ma a discapito della coreografia. Tutt'altra cosa rispetto agli imbonitori e ai battitori «malvisti dai bancarellai perché dirottavano i compratori attirandoli a far mucchio intorno ai loro posteggi»[313], ossia «gente specializzata nel forzare la vendita di qualunque prodotto con invenzioni spettacolari e clamorose pagliacciate»[314]. Ci è rimasto il ricordo di un imbonitore milanese:

> Il venditore battitore di stoffe era un vero e proprio *show man*. Iniziava raccontando barzellette e facendo piccoli giochi di prestigio. Poi bruciava filamenti di lana, stropicciava con gesti rapidi e plateali la pezza di stoffa, battendola infine con le mani»[315]

La presenza di queste sagome era ovviamente viva nei mercati del Verbano: «in ogni angolo erano a portata di mano vocianti e sudate figure d'imbonitori che vendevano scampoli a basso prezzo sollecitando l'attenzione delle attonite donne acquirenti con vezzeggiativi o addirittura con insulti»[316].

---

310 Scrive Piera Corsini nel *Lunario*: «Luino scontrosa dominata da bizze e capricci, cielo turbolento e lago altero» ha rovinato le «piazzade» con malagrazia; infatti «i mimi, i saltimbanchi, i giocolieri, non essendo del luogo non potevano sapere che "*tempûral de Lugàn, nanca asé de bagnà i màn*" [temporale da Lugano non basta neppure per lavarsi le mani: secondo la sapienza popolare, le nubi che provengono da quella zona della Svizzera recano una perturbazione di breve durata] e si sono ritirati a precipizio, così che le vie erano ormai popolate soltanto dai Luinesi che si godevano il freschetto dopo lo scoscio di pioggia» (in «Il Rondò», n. 7, cit., pp. 99-100).

311 Carlo Volonté, *Tiremm innanz...* cit., p. 49.

312 Trad.: Andava a vendere nei paesi e nelle case stringhe, nastri, aghi e forbicine [;] poi quando aveva guadagnato un po' di soldi, apriva un negozio (T. Salvi, *Te sée regordet* cit., p. 81).

313 P. Chiara, *Le avventure di Pierino al mercato di Luino* cit., p. 69.

314 *Ibidem*.

315 A. Musi, *Voci e gridi della vecchia Milano*, Milano, Mursia, 1978, p. 62.

316 C. Volonté, *Tiremm innanz...* cit., p. 49. Trovo interessante la tecnica di insultare il potenziale cliente per stimolarlo. Il che mi ricorda il comico degli *Uccelli* di Aristofane: «entrava in scena, nell'intervallo, insultando il pubblico, raccontando frottole e cianciando a perdifiato come un vero e proprio Boccaccione [;] incomincia dapprima a blandire il pubblico, poi pian piano capovolge la situazione e

Tra questi, Chiara descrive un certo Bertinotti, venditore di articoli di stoffa e altre telerie: gridava e si scalmanava, «regalava», ammucchiava i soldi coi piedi «per far vedere quanto poco gli importasse del denaro» e soprattutto, «inventava sempre qualche nuova battuta e spesso [...] raccontava una barzelletta o aneddoti successigli in altri mercati [.] Capitava anche il Bertinotti raccontasse storie che non avevano nulla a che fare col suo commercio. Casi straordinari, divertenti, o storielle che gli servivano per incantar la gente»[317]. Organizzava addirittura delle vere scenette comiche con Pierino, protagonista delle novelle e alter ego dello scrittore in gioventù, che «come un vero attore partecipava alla commedia del mercante»[318].

Uno studio molto utile è quello svolto da Petr Grigorevic Bogatyrëv sulle grida dei venditori ambulanti, di cui analizza in sintesi i comportamenti prodotti per smerciare al meglio le loro mercanzie. La premessa fondamentale è che «le grida di venditori, commercianti ed artigiani ambulanti hanno anzitutto lo scopo di rendere nota la presenza nel villaggio, nel mercato o nel cortile [e quindi] hanno la stessa funzione delle insegne di negozi, magazzini e botteghe»[319].
Tale comunicazione essenzialmente pubblicitaria si realizza mediante recitativi, grida composte con un verso da *skaz*[320] o, soprattutto, grida-canzoni con una certa melodia:

> Le grida-canzoni che indicano la merce venduta o la specialità dell'artigiano vanno eseguite possibilmente ad alta voce, forte. Le parole a volte sono fortemente strascicate. Per questo il linguaggio di molte grida-canzoni si differenzia dal linguaggio corrente ed è simile o identico al linguaggio canoro[321].

Accanto alla voce, una funzione segnica è svolta anche dal rumore, prodotto ad esempio da un flauto, dai colpi sul fondo di un secchio o dal suono proveniente da due bastoncini battuti uno contro l'altro. Del resto ogni accorgimento ha la sua funzione per sconfiggere la concorrenza, specie «al mercato dove erano in molti a vendere la stessa merce, il mercante era ovviamente interessato a che questa merce venisse acquistata da lui e non da altri. Per questo il grido, dall'essere un segno che segnalava la presenza del venditore o dell'artigiano, si trasformava in segno di reclame»[322]. Per questo non era sufficiente attirare l'attenzione, ma occorrevano degli espedienti linguistici per convincere i potenziali clienti a mettere mano al portafoglio; si sprecavano allora i tropi: l'iperbole, il grado superlativo, le esclamazioni per lodare la

---

giunge a offenderlo, lo accusa di dimostrarsi ignorante, vuoto, incapace di afferrare le più facili allusioni satiriche [...] il valore di queste tirate non si ritrovava tanto nel testo, quanto nella velocità dello sproloquio, nel tempo e nel ritmo con cui si eseguiva questo andamento» (D. Fo, *Manuale minimo* cit., p.35).

317 Ivi, pp. 69-70.

318 Ivi, p. 76.

319 *Le grida dei venditori ambulanti. segni di reclame* in P. G. Bogatyrëv, *Semiotica della cultura popolare*, Verona, Bertani, 1982, pp. 213-214.

320 Tipo di verso caratteristico del racconto popolare russo fatto in prima persona (*skaz*). Malgrado le differenze tra la realtà del lago e quella delle strade e piazze russe, annoto questa classificazione a dimostrazione delle molteplici soluzioni declamatorie in possesso degli ambulanti. Anche nella nostra realtà è possibile scegliere tra le canzoni in rima o non, le filastrocche, gli sproloqui o i semplici slogan.

321 P. G. Bogatyrëv, *Le grida dei venditori ambulanti: segni di reclame* cit., pp. 214-215.

322 Cfr. ivi, pp. 216-218.

merce e dimostrare entusiasmo[323]. Senza dimenticare le due tecniche più redditizie per scaldare i passanti, cioè «saturare queste grida di umorismo e di satira»[324] e rivolgersi alla clientela «anche chiamandola con nomi affettuosi»[325].

Si trattava perciò, in sostanza, di figure che interpretavano il proprio mestiere con una *verve* da attore consumato, che si avvalevano di un repertorio certamente non letterario e ufficiale, ma collaudatissimo e suscettibile di garantire divertimento ai clienti e guadagno al venditore. Essi impersonavano il ruolo di «formatori di spettacoli» che, come abbiamo visto, spettava ai ciarlatani di piazza. Ben diversa è la situazione odierna, in cui la presenza invadente e chiassosa degli imbonitori e l'astuzia subdola dei ciarlatani sono a poco a poco scomparse: «la ciarlataneria si è nobilitata, si è munita di un diploma dottorale, ed ha lasciato la carrozza per tendere la rete ai clienti delle popolose città in un sontuoso appartamento»[326]. La Baiocchi, a proposito, ci consegna la storia di una coppia di sposini che non riusciva ad avere figli e che, disperata, si rivolse a un medico ciarlatano. Dopo molti tentativi di cura, finalmente il "dottore" trovò la medicina adatta e «il mese successivo la costanza dei giovani sposi, le pozioni miracolose dell'illustre professore e la dedizione del prestante infermiere, ebbero la meglio e la signora poté annunciare a tutti che era incinta»: la realtà era che, durante le sedute, il marito dormiva in una stanza, mentre la moglie, lievemente obnubilata, riceveva la "medicina" dall'infermiere. Potere della scienza![327]

Non solo, per raggiungere il maggior numero possibile di ingenui, il ciarlatano sfrutta l'enorme portata dei media: televisione e Internet, ma anche radio, manifesti e inserzioni su riviste e quotidiani. Del resto, finché ci saranno i dolori, ci sarà sempre qualcuno che vorrà approfittarne per guadagnarci:

> Con l'arte e con l'inganno
> Vivrò mezzo l'anno
> Con l'inganno e con l'arte
> Vivrò l'altra parte[328].

Con questo motto si diffusero i ciarlatani, sfruttando «la tendenza che ha l'uomo di voler credere nel meraviglioso e nel soprannaturale [,] quando con la propria ragione e con le proprie forze non riesce a risolvere un problema»[329] e ha bisogno di qualcuno che soddisfi i suoi desideri. Per la verità, l'uomo ha la tendenza ad inseguire aspirazioni irraggiungibili e persino di difficile comprensione che, proprio per questa ragione, avrebbero dovuto imporre l'intervento di "animi superiori", con conoscenze e abilità sovrumane e, cosa peggiore, con pochissimi scrupoli:

> Il chimerico castello delle impossibili aspirazioni dell'uomo ha cinque solidissimi bastioni che la ragione e la scienza non sono mai riusciti a smantellare [:] la vita

---

[323] Cfr. ivi, pp. 218-219.
[324] Cfr. ivi, pp. 219-220.
[325] Cfr. ivi, p. 224.
[326] S. Piantanida, *Ciarlatani* cit., p. 220.
[327] *L'erba magica*, M.G. Baiocchi, *Cronache della sponda magra* cit., pp. 39-44.
[328] Ivi, p. 221.
[329] *Ibidem.*

> immortale, l'eterna giovinezza, la florida salute, la conquista dell'amore, la facile ricchezza. Le manipolazioni e i trucchi dei ciarlatani per volgere a loro profitto la credulità umana, assunsero nel corso dei secoli remoti e vicini gli aspetti più pittoreschi e impensati. E non solamente cerretani e bagatellieri, hanno rincorso i sogni e le utopie. Falsi profeti, finti scienziati, maghi e alchimisti, cavalieri del bel mondo, avventurieri d'ogni condizione hanno gabbato il prossimo ripetendo giochi e gherminelle, costruendo ingegnosissime trappole, facendo luccicare ingannevoli specchietti, accattivandosi l'attenzione dei gonzi con l'aiuto della roboante parola e del gesto farsesco[330].

Chiaramente, l'esito positivo e remunerativo della vendita era affidato completamente alla "confezione", perché non aveva alcuna importanza quale fosse il prodotto o il sevizio, bensì "come venisse presentato": alcuni cavadenti «si facevano accompagnare da una piccola compagnia di commedianti e di suonatori che aveva il compito di adunare l'inclito pubblico prima dell'imbonimento»[331]; oppure Bonafede Vitali, saltimbanco d'eccezione di Busseto «nato per vantare le sue panacee da un palco eretto nelle piazze mentre quattro maschere della Commedia italiana recitavano scene farsesche, fra squilli di tromba»[332]. O ancora quel venditore che si dovette ingegnare molto per convincere la gente a preferire il lucido da scarpe alla vecchia mistura di grasso e fuliggine: «divenne popolarissimo e, per la sua inesauribile chiacchiera, venne chiamato *el bagolon del luster*. *Bagola* infatti in dialetto significa pallina, piccola palla e [...] vale proprio ciancia, fandonia, donde *bagolon* assume anche il significato di fanfarone, chiacchierone, "spacciatore di frottole", mentre il verbo *bagolà* vuole dire "chiacchierare alla sventata, senza scopo. Il detto: *L'è on bagolon del luster*, è un parolaio, buffo e millantatore, divenne popolarissimo»[333].

Il *bagolon* (*bagulùn* sul lago) spiegava con attenzione come lucidare le scarpe con esiti spesso divertenti: «era uno spettacolo davvero buffo vedere chi, scalzo d'un piede e poi dall'altro, assisteva alla lucidatura delle proprie scarpe; dopo averle rimesse poi, doveva passare in rivista degli spettatori accompagnato dal venditore»[334].

C'era poi un'altra categoria, che sfruttava la propria abilità artistica per guadagnarsi da vivere. Di questa facevano parte i suonatori ambulanti, presenti ancora oggi, ma che nel passato erano numerosissimi. Essi erano «spesso ex contadini che lasciavano la campagna per seguire la loro...vocazione artistica»[335]; sono rimaste nella memoria, oltre ai semplici suonatori di chitarra, le esibizioni del trio musicale: la ragazza cantante, il chitarrista, l'uomo orchestra (che suonava fisarmonica, «trombetta a foggia di piccolo sax», grancassa e piatti utilizzando la prolunga di un gomito e una corda attaccata allo sperone)[336].

---

330 Ivi, p. 235.

331 Ivi, p. 265.

332 Divenne famoso poiché debellò un'epidemia a Verona, e venne successivamente chiamato dal re di Prussia per insegnare medicina all'Università di Halle: rifiutò. Goldoni stesso, incontratolo a Milano, gli dedicò parecchie pagine delle sue memorie (cfr. ivi, pp. 267-268).

333 C. Comoletti, *I mestee de Milan*, Milano, Libreria Meravigli Editrice, 1983, pp. 15-16.

334 *Ibidem*.

335 A. Musi, *Voci e gridi della vecchia Milano* cit., p. 116.

336 Cfr. C. Volonté, *Tiremm innanz...* cit., p. 48.

Non occorre però chissà quale orchestra per incuriosire i pedoni, a volte sono sufficienti un mangianastri e tanta sfrontatezza, come il "Vasco": era un emulo del cantante Vasco Rossi e girava per le spiagge di Marina di Carrara con le sue cassette e stordiva tutti con le sue ormai celebri stonature, le sue espressioni da mal di pancia e le cospicue richieste di denaro per risarcirlo dello sforzo fatto durante l'esibizione; oppure come l'"Omino Rosso" di Praia a Mare:

> Il suo spettacolo è fatto di ben poco: innanzi tutto lui, unico interprete, vestito con pantaloni rossi di panno, maglietta bianca e fazzoletto bianco in testa. E in terra, in un angolo, un vecchio giradischi che suona vecchi quarantacinque giri di canzoni melodiche. Su queste arie, l'omino, con un viso impassibile e con movimenti goffi e duri, muove le gambe accennando a passi di danza e agita le braccia sventolando bandierine di carta colorata. Non è un ballo il suo, è piuttosto un continuo girar in tondo, con movimenti sempre uguali. Il disco finisce, l'omino si ferma, lo cambia con un altro simile, dà uno sguardo al suo pubblico, riprende i suoi gesti. A metà disco interrompe la rappresentazione e invita i presenti con dei cenni, più che con le parole, a dare qualche soldo. Raccolta la piccola somma, ricomincia lo spettacolo[337].

Affini ai musicisti ambulanti, per la tecnica di elemosina "esibirsi e sperare nel *conquibus*" erano anche i madonnari:

> Molti giravano nei posti frequentati per raccogliere l'elemosina, come le "statue umane" o i madonnari la cui grande diffusione si è avuta in concomitanza dell'asfaltatura delle strade, data la difficoltà di dipingere su sterrato, lastricato e, soprattutto da noi, pavée[338].

«Le creazioni del madonnaro» – scrive Pippione – « nascevano effimere, vivevano qualche ora, poi sole, vento, pioggia le cancellavano, quando non erano i passi di viandanti frettolosi: disegni fragili come sogni, illusioni che, di volta in volta, faceva nascere»[339].

Ammetto che, apparentemente, le loro caratteristiche sono le più dissimili da quelle dei presunti fabulatori; eppure, molti anni fa, avevo 8 o 9 anni, ho incontrato al mercato di Luino un artista da marciapiede che, oltre ad affannarsi coi gessetti colorati sull'asfalto, commentava le immagini per lo più di carattere sacro con delle omelie improvvisate. Mi ricordo che disegnò il Cristo sofferente sulla croce e, con altrettanta sofferenza, fece un lungo discorso sul dolore, il pentimento, la redenzione. Dato che il volume di voce era esagerato, si creò un crocchio di persone attirate dallo sbraitare evangelico del madonnaro; al termine della predica, o piuttosto nel momento di maggiore calca, impugnò il cappello per ritirare le generose offerte dei molti peccatori toccati dal suo indice accusatore.

Come è stato già verificato «non mancavano, nei borghi più importanti, esibizioni di quarti di bue sanguinolenti fuor di bottega, andirivieni di carretti e bancarelle dei

---

337 Il Nuovo Canzoniere Italiano, *Dalla rappresentazione popolare al teatro politico*, Sapere Edizioni – Edizioni del Gallo, dicembre 1972, p. 40.

338 Intervista a P. Frigerio del 14/03/2002.

339 G Pippione, *Brezza di lago*, Luino, Francesco Nastro Editore, novembre 1987, p. 12.

venditori ambulanti e, nei giorni di mercato, le esibizioni dei giocolieri»[340]; e poiché «alla vita di ogni giorno saltimbanchi, prestigiatori e suonatori ambulanti conferivano nota di colore»[341], al visitatore delle fiere capitava di assistere a varie prove di forza, destrezza, equilibrismo, «prodezze [non] frutto d'improvvisazione [ma] costate lunghi anni di allenamento e di sacrificio di cui non sempre è possibile a un profano intendere l'asprezza»[342].

Una specie importante è quella degli ingoiatori, capaci di trangugiare coltelli, sassi, cucchiai, monete, pezzi di vetro, lamette da rasoio e altro ancora, come risultato di una grande costanza nell'affinare la tecnica e nell'addestrare il proprio stomaco come fosse un arto, per renderlo perfettamente controllabile. Molto noto è l'ingoiatore di spade, che deve costringere la propria gola ad accettare il contatto col metallo, rovesciando bene la testa all'indietro per formare un passaggio dritto allo stomaco. A Milano, nella piazzetta del Bottonuto, si esibiva il *pacciasass*, «il più misero dei saltimbanchi», che poteva persino diventare «*pacciaveder*», «*pacciafoeugh*», o «rompere catene e farsi spaccare una pietra sullo stomaco»[343]:

> Signore e Signori vi presento
> il pasto del fachiro!
> ecco gli spaghetti (stoppa)
> adesso un po' di fagioli (sassi)
> con contorno (vetri)
> ed ecco il formaggio (chiodi e lamette da barba)
> oh, adesso ci beviamo sopra qualche cosa (bevanda preparata con bicarbonato, cenere, dentifricio)[344].

L'immagine che si ricava ha i colori mesti di una vita stentata:

> Non masticava la sua ghiaietta, ma l'inghiottiva di colpo, o quasi, restando poi un po' con la bocca bavosa aperta, mezzo intontito. Forse questa fu una trovata per accattivarsi di più le simpatie del pubblico che gli faceva capannello. Il suo palcoscenico da piazza era alquanto misero: su un giornale appoggiava un bicchiere d'acqua, sassolini, sabbia, stoppa[345].

Simili al *pacciasass* erano il *Lencin*, goloso di naftalina, e il *Crappa*, «chiamato così per il cranio calvo che buttava all'indietro [...] quando inghiottiva la stoppa infuocata», esercizio che gli aveva bruciato le narici e l'aveva reso quasi cieco[346]. Altri di questi acrobati si specializzavano a inghiottire «le più inimmaginabili cose: tra le più appetibili vi sono pesci e ranocchi vivi che, dopo qualche istante, rigettano all'esterno più vivaci, saltellanti o guizzanti che mai»[347].

---

340 P. Frigerio, *Storia di Luino e delle sue valli* cit., p. 473.
341 P. Frigerio, *Luino un secolo 1885-1985* cit., p. 116.
342 A. Cervellati, *Gente delle fiere* in AA. VV., *La piazza* cit., p. 13.
343 A. Musi, *Voci e gridi della vecchia Milano* cit., p. 120.
344 C. Comoletti, *I mestee de Milan* cit., p. 180.
345 *Ibidem.*
346 Cfr. Ivi, p. 181.
347 Cfr A. Cervellati, *Gente delle fiere* cit., pp. 17 e sgg.

Non possiamo dimenticare i mangiafuoco:

> Per sputar fuoco è sufficiente mettere in bocca una capsula di acetilene avviluppata in una pillola di gelatina. La gelatina fonde sotto l'azione della saliva, lubrificando le mucose e non resta quindi che soffiare su un fiammifero acceso perché il gas contenuto in bocca e spruzzato fuori violentemente si infiammi senza generare catastrofi; inoltre assai spesso [...] lingua e palato [...] si ricoprono con un lieve stato di sostanze refrattarie al fuoco, cioè un impasto di polvere di amianto[348].

È documentata la presenza di un mangiafuoco a Luino, che si esibiva in qualunque piazza del paese:

> *'l Gatìnmangiafuoco u bufava fögh e fiamm dop 'na trincada de petròli: gran festa e gran bacàn pa' i fiöö. Pöö cund'ul stomegh biòtt 'mè 'n bìss, e ross 'mè 'n peverùn da la fatiga, u spacava d'un bòtt di cadenn ch'j eva strengiüü sul suo torace. In quand ch'u gh'eva finìi 'l so spetacul* [...] *u catava su ch'j quater palanch traj-là da la gent* [...] *e... u nava à bagnàa el caneròzz*[349].

Ecco ora la testimonianza di Piera Corsini che, a sua volta, ha assistito allo spettacolo del *Gatin*, «d'improvvisato mangiatore di fuoco»:

> Una volta sbagliò la miscela incandescente e finì senza barba per tutta la vita [...] per dare spettacolo, si avviluppò in catene e lo fece con tanta diligenza che non seppe più uscirne. Per liberarlo, il suo stesso pubblico lo caricò di peso su una carriola e lo depose, così com'era, dal fabbro di Piazza S. Francesco. Un suo divertimento, nelle sere festive in cui la banda suonava sotto gli alberi, l'aggirarsi furtivo tra la folla alzando d'improvviso davanti a un volto una grossa coda di marmotta, che faceva scivolare dalla mano lungo il suo braccio, come fosse un animale vivo ed era così abile e rapido nello scomparire ghignando, che non si capiva il trucco[350].

Un'altra fonte racconta di un certo *Tricamis*, un saltimbanco eclettico dotato di un repertorio vario anche se piuttosto sgangherato:

> Si esibiva con giochi alterni sulla piazza prospiciente l'Imbarcadero, specie il mercoledì, giorno di mercato. La maggiore attrazione del suo vasto repertorio consisteva nell'emettere vampate ignee dalla bocca, dove prima aveva introdotto, non si è mai saputo bene, alcool, benzina od altre segrete diavolerie. Ad onta della sua fragilità fisica, pretendeva spezzare una catena con cui saldamente si legava: più d'una volta fu giocoforza liberarlo per evitargli il rischio di soffocamento. Nel salto attraverso il cerchio infuocato, spesso restava intrappolato e strinato. Si dette anche il caso in cui lo si dovette ricoverare d'urgenza in ospedale: era davvero riuscito a ... ingoiare fuoco![351]

---

[348] Ivi, p. 21.

[349] T. Salvi, *Te sée regordet* cit., p. 62. Trad.: Il *Gatìn* mangiafuoco soffiava fuoco e fiamme dopo una bevuta di petrolio: gran festa e confusione per i bambini. Poi con la pancia nuda come un serpente, e rosso come un peperone per la fatica, rompeva di schianto le catene che erano strette al suo torace. Quando aveva finito lo spettacolo [...] raccoglieva i quattro soldi lanciatigli dalla gente [...] e andava a "bagnarsi" la gola.

[350] P. Corsini, *Lunario*, «Il Rondò», n. 7, cit., p. 101.

[351] G. Pippione, *Castelli d'acqua* cit., pp. 145-146.

È divertente un aneddoto che riguarda il *Tricamis* e che racconta di quando andò al ristorante, si sedette, e con calma mangiò da scoppiare ma, al momento di pagare il conto, il cameriere scoprì che non aveva abbastanza soldi. L'eccentrico cliente non si scompose dato che, appena entrato nel locale, aveva chiesto: «*Pùdi mangiaa cui mé danee?*» ricevendo una risposta affermativa. In un certo senso aveva ricevuto l'autorizzazione a mangiare "coi suoi soldi" a prescindere da quanti fossero![352]

A proposito del mangiafuoco, apro una parentesi piccola ma utile per le considerazioni future. Il ritratto scritto da Pippione riunisce gli elementi che compaiono in quelli di Salvi e Corsini; può darsi che ci si riferisca a due saltimbanchi diversi, ma è più realistico pensare che l'individuo di riferimento sia lo stesso. Perciò bisogna riflettere sulla facilità con cui lo stesso fatto o personaggio abbia colpito in modi magari diversi l'interesse di quanti ne hanno memoria… e bisogna pensare a chissà quanti anni sono passati da allora e a quanti "mediatori" è stato affidato il ricordo.

Immancabili nell'immaginario, «senza incomodare Ercole con le sue fatiche», sono anche «quegli uomini di forza italiani […] che nelle piazze e nelle Fiere esibiscono la forza della loro muscolatura in azione»:

> Il materiale degli Ercoli è noto: essi stendono un tappeto sull'acciottolato sul quale prendono posto manubri, palle di ghisa, sbarre, catene, seggiole, una tavola e l'immancabile tromba o tamburo per richiamare il pubblico; mercé la questua con il piattello[353].

A proposito, il Chiara ha scritto di un certo Maciste: è una testimonianza che questo genere di saltimbanchi si sia affacciato nella nostra zona. L'uomo dallo pseudonimo non molto originale sapeva vendersi così bene, da aver studiato «un'opportuna messa in scena»: già nel momento in cui approntava gli strumenti che avrebbe utilizzato durante le prove di forza, dava saggio di potenza notevole scaricando senza alcuna fatica «una bilancia a bilico del peso di almeno un quintale, con la piattaforma in lastra di ferro e un montante che sosteneva la sbarra graduata e i contrappesi». Lo spettacolo vero e proprio, invece, «consisteva nello spezzare con la dilatazione del torace una robusta catena […] e nel farsi passare sopra lo stomaco, stando disteso per terra, un carretto a due ruote caricato di alcune persone»[354]. Sempre nella stessa novella, compare al fianco del Maciste la Bella Teresina, un donnone di 130 kg con gambe come colonne, che risulta – casualmente o meno – molto simile all'omonima «Teresina Polsini, nata nel 1908 a Milano da padre italiano e madre ungherese, il cui peso raggiungeva, verso i 23 anni, i 267 Kg. Fu una delle attrazioni di maggior successo dei Luna Park dell'epoca»[355].

La Polsini era un donnone biondo i cui spettacoli, data la mole abnorme, non duravano più di un quarto d'ora: in pratica la donna si lasciava ammirare con calma e

---

352 Cfr. *Ibidem*.

353 A. Cervellati, *Gente delle fiere* cit., p. 39.

354 Cfr. *La vergogna di tutta la famiglia*, P. Chiara, *Le avventure di Pierino al mercato di Luino* cit., pp. 108-109. Cfr. anche cap. 2, nota 52.

355 A. Cervellati, *Gente delle fiere* cit., p. 55.

rispondeva alle domande che le venivano rivolte su sé e sulla sua famiglia; fino al *clou* – oggi ci farebbe sorridere – in cui scopriva una gamba poco più su del ginocchio[356].

Reputo interessante spendere due parole sulla somiglianza, a mio modesto avviso non casuale, della Teresina letteraria di Chiara con la vera Teresina Polsini. Premesso che non è impossibile che, solo casualmente, le due donne abbiano lo stesso nome e svolgano professioni simili, si palesano due ipotesi concettualmente analoghe, ma con due distinte sfumature: la prima suggerisce che l'autore luinese abbia preso spunto dal mestiere, dalla mole e dal nome di un personaggio esistente, Teresina Polsini appunto, per inventare un personaggio inesistente; oppure Chiara ha semplicemente modificato un personaggio esistente mediante una sostituzione di alcuni tratti distintivi. In entrambi i casi, il risultato è il medesimo. Ciò che cambia è il processo sottostante all'intervento dell'autore. Nel primo caso si ottiene un personaggio che deriva dalla libertà dell'artista di ri-creare la realtà a uso e consumo suo e della narrazione; nel secondo, come una "balla" da caffè, la verità rimbalza gradatamente nella finzione letteraria, quasi fosse il risultato di una catena di resoconti successivi: uno sente una storia, la racconta apponendo una piccola modifica, l'interlocutore la reperisce e la riporta a sua volta con una personale modifica, e così via. Nel primo caso l'autore è il solo responsabile; nel secondo è la dinamica dialogica stessa a generare il personaggio. Nel primo caso l'autore è un creatore attivo; nel secondo è un esecutore passivo. È lo stesso discorso del mangiafuoco Tricamis, di cui non sono chiare le caratteristiche precise, perché le descrizioni non collimano perfettamente.

Non è possibile affermare con certezza assoluta quale sia l'ipotesi più plausibile, ciò nondimeno la precedente analisi offre lo spunto per riflettere anche sull'arte di Fo. Forse anche lui è rimasto coinvolto in uno dei due processi di cui sopra: ad esempio sorgono molti dubbi riguardo soprattutto ai parallelismi tra il modello del fabulatore e i suoi "antenati"[357]: infatti, se svuotiamo il fabulatore della componente politico-sociale, non otteniamo un comico arguto e feroce che finge di essere un semplice istrione da piazza, ma un simpatico buffone senza virtù, la cui arte non conosce quella «pausa di riflessione», né si incontra «con un mondo antitetico alle dimensioni della piazza e del vagabondare»[358]:

> Il buffone è realmente buffone; ma il comico, che rappresenta la parte ridicola, finge il buffone [.] La commedia è tutta una finzione: taluno finge il vecchio e non avrà peli al mento e tal donna finge la fanciulla che avrà fatto quattro e sei figliuoli. Sono tutte burle. Il comico è una cosa e il buffone è un'altra: buffone è colui che non ha virtù e che, per avere una natura pronta e sfacciata, vuol viver col mezzo di quella, o alla diritta o alla storta, o, se pur ha qualche poca virtù, la converte in buffoneria, motteggiando i difetti noiosi oziando delle persone gravi, dando occasione che siano dal volgo derisi; buffone è colui che sta col cappello in capo avanti del suo principe, che dice parole ingiuriose a' cavalieri, che scorre con motti pungenti nell'onore, che racconta casi non molto onesti, che per danari si fa talvolta rader tutto il capo, che prende la coperta, che sopporta il corbello, il gatto, la cera di Spagna, il balestrino, che trangugia candele di sevi

---

[356] Cfr. *Ibidem.*

[357] Cfr. cap. 1.

[358] R. Tessari, *Commedia dell'Arte* cit., p. 43.

> intiere, che mangia sporcherie, che si giuoca fin a' denti e insomma che si fa vigliaccamente maltrattare per ingordigia d'aver denari[359].

In realtà i tipici frequentatori delle piazze di paese spesso sono così, siano essi abitanti grotteschi, stralunati venditori o altro. Essi non sono riconducibili né ai giullari, né agli attori comici dell'Arte, di cui non c'è traccia sul lago, ma sono per certi versi proprio dei buffoni, consapevolmente finalizzati al guadagno nel caso di ciarlatani e imbonitori; inconsapevoli, ossia *nature*, se ci riferiamo alle sagome di paese, che seguono solo il proprio istinto e la propria indole.

3.5. Conclusioni

Si è detto poc'anzi del progetto di "animare il mercato", mal riuscito ufficialmente per volere di Giove Pluvio. Eppure ritengo che, anche in condizioni ambientali ottimali, il fallimento di quell'iniziativa sarebbe stato inevitabile: non noto infatti lo stesso spirito di una volta, e sia la partecipazione, sia l'attenzione della gente sono oggi sostenute da meno stupore e interesse. Gli spettacoli sarebbero stati solo delle "vetrine", dei "siparietti", legati alla valenza strettamente consumistica che il mercato ha a poco a poco assunto negli ultimi decenni, ma non inseriti nel sostrato cultural-popolare. Non voglio essere tuttavia troppo critico, bensì rimarcare semplicemente la distanza che separa la nostra società da quella di allora: un giocoliere "mercenario" arruolato e pagato per intrattenere i passanti è figlio del turismo; un saltimbanco che mostra per convinzione (e bisogno fisiologico) la sua abilità, cioè "fa ciò che sa fare meglio", è figlio del folclore e della tradizione.

Nella schiettezza che accompagnava le esibizioni della gente delle fiere e che, come abbiamo visto, dominava nei nostri mercati, riscontriamo ciò che il poeta Théodore de Bainville espresse oltre un secolo fa:

> Che cos'è un saltimbanco se non un artista indipendente e libero che compie prodigi per guadagnare il pane quotidiano, che canta al sole e balla sotto le stelle senza la speranza di giungere fino a una qualche Accademia?[360]

Affine al pensiero di Chabot di Giroville, artista di fiera, trent'anni dopo il precedente:

> Dichiaro che i miei simili, i ciarlatani, i pagliacci, i saltimbanchi [...] sono tra gli uomini, i più liberi i più felici e anche i più nobili. Ogni uomo su questa terra, dipenda da un altro uomo o da un gruppo di persone, è schiavo di un interesse o di un capriccio [...] Vivendo di poco, noi disdegniamo di mendicare gli applausi e l'eccessivo guadagno, sempre soddisfatti di quello che ci si dona, poco o molto che sia. [...] noi non dipendiamo dal pubblico [...] e non è a lui che noi dobbiamo il nostro bene più caro: la libera vita errante[361].

---

359 N. Barbieri, *La Supplica*. Discorso famigliare a quelli che trattano di comici, a cura di F. Taviani, Milano, Il Polifilo, 1971, pp. 24-25.

360 T. de Bainville cit. in A. Cervellati, *Gente delle fiere* cit., p. 10.

361 C. di Giroville cit. ivi, p. 9.

Nei mercati, ormai sarà chiaro, si svolgeva un unico grande spettacolo. Gli abitanti dei paesi sul Lago Maggiore si compiacevano di una "sinfonia suonata da un'immensa orchestra", apprezzabile nella sua totalità, oppure godibile negli "accordi dei singoli strumenti". Ad esempio venditori e bancarellai potevano dar vita al loro *show* solo grazie alle semplici urla colorite; oppure si lanciavano nel racconto di storie, barzellette e aneddoti per allietare e attirare il pubblico a cui proporre in un secondo momento di fare acquisti; c'era chi inscenava dei veri e propri spettacoli teatrali. Oppure si assisteva alle prove d'abilità dei molti giocolieri, uomini forzuti, fachiri e suonatori; o ancora si notava la semplice presenza di mendicanti… Ma anche i clienti entravano come comparse, spesso involontarie, nello spettacolo.
Questa sinfonia, che oggi appare totalmente anacronistica, nei primi decenni del Novecento, era invece il cuore pulsante della comunità che oggi ode con nostalgia l'eco delle voci lontane tra le bancarelle.

A proposito, concludo citando Chiara che riflette sul significato assegnato alla vita quotidiana dal suo giovane alter ego letterario Pierino:

> Riesaminava le sue esperienze, che benché limitate alla famiglia, al paese e al mercato, gli sembravano più importanti di quel poco che imparava a scuola: specialmente quelle del mercato, una specie di rappresentanza del mondo intero che giungeva come un'ondata di piena fino alle soglie di casa sua ogni mercoledì, per poi ritirarsi e rifluire nel silenzio d'una lunga settimana[362].

Dopo la «scuola di vita» dei caffè, si scopre un altro tipo di scuola da cui apprendere i fondamenti di una cultura ricca di umanità, i cui insegnamenti poco hanno di accademico, ma al contrario nascono dal vivere quotidiano e dai sentimenti delle persone. Le strade e le piazze sono un'aula immensa, dove non c'è separazione netta tra alunni e professori, perché chiunque ha qualcosa di sé da condividere con gli altri. Come raccontato da Fo per esperienza diretta, esiste una cultura diversa da quella ufficiale, le cui nozioni compongono la sapienza popolare, di cui, ormai, solo alcuni *vécc'* sono custodi. Le tradizioni, i proverbi, la vita degli uomini insignificanti per la storiografia autorevole sono un patrimonio immenso che va recuperato. Così come l'amore e il rispetto per il proprio paese, che è e rimane il primo viatico per il mondo:

> Compiere i primi passi al proprio paese, fuori dalla porta di casa, è certamente una fortuna. Luino è stato il mio paese e la mia fortuna, perché fu il luogo dei miei primi incontri con le infinite apparenze del mondo, il palcoscenico allestito tra la Chiesa di San Giuseppe e la fontanella di San Bernardino per i miei occhi, quando uscii, infante, dalle scure case del borgo ad incontrare la vita. Delle immagini che prime mi apparvero ho conservato un ricordo che con gli anni si è fatto sostanza di cose, non perdute, ma anzi acquisite per sempre, o almeno finché duri lo sguardo gettato da un fanciullo intorno a sé[363].

---

[362] P. Chiara, *Le avventure di Pierino al mercato di Luino* cit., p. 77. Il mercato settimanale viene coerentemente definito un «immenso libro figurato» (vi, p. 38).
[363] P. Chiara, introduzione alla novella *La vergogna di tutta la famiglia*, «La Rotonda», n. 3, 1980, p. 104.

Questo è il clima che Fo ha trovato nascendo. Scrive la Valentini che riporta anche un'affermazione del Nobel

> "Nella mia vita, nel mio lavoro," dice Fo, "ho sempre cercato di riassumere le esperienze di tante altre persone, delle cose che avevo vissuto e che mi avevano modificato". Ed è [...] per questo [...] che la sua infanzia, gli anni della sua formazione non possono essere liquidati rapidamente, ma anzi sono una delle chiavi di spiegazione di molte delle cose che verranno dopo[364].

È giunta l'ora di analizzare il suo impatto con quella società contadina e il suo incontro con i componenti di quella comunità, comprese le categorie più estrose – vetrai, contrabbandieri e pescatori – e i membri stessi della sua famiglia.

---

364 C. Valentini, *La storia di Dario Fo* cit., p. 18.

PARTE II

UN'INFANZIA SUL LAGO

«Dalle nostre parti c'erano muratori, imbianchini, camerieri, albergatori, ecc, ma gente che andava in giro a fare il cantastorie *ghe n'era propri mia*»[I].
I continuatori dei giullari non sono dunque esistiti.

Tuttavia è innegabile che la vita del lago sia stata, almeno nella ricostruzione critica che l'attore ha effettuato, come una scuola di teatro; più precisamente una «scuola della narratività non-ufficiale» sorretta dai «racconti immaginari e paradossali, grotteschi e lunari della tradizione orale»[II], oltre che dall'incoraggiamento dei familiari e dalla sua particolare ricettività agli stimoli dell'ambiente.
Se la cosa più difficile è discernere i "debiti" che Fo ha contratto nella sua vita, poiché è evidente che sia stato influenzato in maniera determinante dai molti uomini di teatro incontrati nel suo percorso di studio e approfondimento, nonché dai molti libri scovati nelle biblioteche[III] e che hanno svolto un ruolo più incisivo di quanto possa trapelare dalle sue parole, comunque non bisogna dimenticare le persone e le situazioni reali conosciute sul lago: queste, pur senza l'aura della tradizione secolare che lui ha proposto, sono entrate nell'impasto da cui è nato l'artista Fo.
Con queste premesse, e accettando il mix di verità e fantasia sottolineato dalla Barsotti («la biografia di Fo [...] dev'essere affrontata [...] come un *pastiche* in cui realtà, ricordo, invenzione e deformazione che tende al fantastico si intrecciano così da riuscire impossibile separarli»[IV]), la sua infanzia può essere letta come un *Bildungsroman*, in cui sono descritte l'educazione e la formazione della personalità dell'individuo Fo.
In quest'ottica ci accingiamo ad affrontare i frammenti della sua infanzia come un romanzo che descrive l'educazione e la formazione della personalità del «giovane Gulliver»[V] che ha "depredato" il più possibile e ha estrapolato spunti dall'ambiente circostante e dalla gente.

I Intervista a P. Corsini del 02/05/2002.

II R. Nepoti – M. Cappa, *Dario Fo*, Roma, Gremese Editore, 1997, p. 19.

III «Nelle biblioteche di Milano ho trovato libri intonsi. Li ho tagliati io» (D. Fo cit. in Enzo Magrì, «Europeo», ottobre 1973, contenuto in D. Fo, *Fabulazzo* cit., p. 44). Oppure riferito a sé e agli amici artisti e intellettuali conosciuti a Milano e a Brera: «Venivamo fuori da un'ignoranza totale, non sapevamo niente, e allora cominciammo a leggere disperatamente tutto quel che ci capitava a tiro» (D. Fo cit. in C. Valentini, *La storia di Dario Fo* cit., p 26).

IV A. Barsotti, *Eduardo & Fo (Eduardo visto da Fo)*, in AA.VV., *Eduardo 2000*, Napoli, ESI, 2000, p. 52.

V G. Manin, *Fo: io giovane Gulliver, nella terra dei «mezzi topi»*, «Corriere della Sera», 4 ottobre 2002.

4. La famiglia

Il contatto con persone curiose e l'interesse per la l'arte e la lettura, vedremo, hanno avuto grande importanza nella crescita di Fo. Tuttavia, un merito speciale va dato certamente alla sua famiglia, che ha sempre assecondato le sue intuizioni e la sua predisposizione naturale.
In un'intervista, ricorda che furono i genitori i suoi primi narratori: «sì, c'era mia madre, una donna piena di fantasia e di ironia. Mio padre forse meno, perché faceva un lavoro durissimo e poi studiava, era un autodidatta. Da lui ho avuto i primi libri» (tra cui Rousseau, Rabelais, *Sussi e Biribissi* di Collodi nipote)[365]. Ma in realtà, tutte le persone a lui vicine sono state il supporto che ha consentito all'artista *in fieri* di trovare la sua strada.

4.1. La stalla e il recupero del nonno

Dario Fo ha di certo appreso in famiglia il sapore delle tradizioni popolari e contadine, così dense di sapori e profumi e di genuina semplicità, di cui oggi rimane solo il rimpianto a fronte del profondo *gap* tra cultura della tradizione e cultura ufficiale. Nanni Svampa dice che «è venuto a mancare l'anello di congiunzione tra le generazioni» e, al di là della retorica, non si può negare che i problemi del mantenimento delle tradizioni siano l'uniformazione culturale e le difficoltà comunicative e relazionali tra generazioni diverse. La soluzione sta nel «recupero del nonno che può supplire a quell'interruzione tra la cultura orale, la tradizione popolare tramandata e la mancanza del cortile, della cascina, del gioco, la tiritera, le favole, come patrimonio orale stimolo dell'intelligenza del bambino»[366].

I racconti dei *vecc'* si inserivano infatti nel vuoto di cultura e alfabetizzazione che, come abbiamo visto, erano molto meno diffuse rispetto a oggi e neppure erano sostituite o integrate dai mass media. Esattamente questo è il valore che aveva un "nonno verbanese", di cui è pervenuta la descrizione: «leggeva ed amava raccontare, e nel raccontare si raccontava. Nel senso che ogni fatto, capitato in Intra, aveva un antefatto che lui conosceva» e quando parlava della discordia e delle divisioni tra Intra e Pallanza, preludio all'ipotetica conciliazione in Verbania, «tutto prendeva un fascino da favola, di tempi remoti: c'era una volta»[367].

La madre e il nonno hanno trasmesso a Dario proprio quei valori della tradizione contadina che invitavano i membri della comunità a nutrire un profondo rispetto verso gli anziani, indispensabili per formare i più giovani e trasmettere loro quelle qualità e quelle conoscenze che costituivano il patrimonio della sapienza popolare.

Si è visto che c'erano luoghi e modi precisi deputati alla circolazione di notizie e informazioni: la trasmissione orale di storie rivolte alla comunità intera era un prodotto

---

365 D. Fo cit. in Nico Orengo, «Stampa Sera», giugno 1979, contenuto in D. Fo, *Fabulazzo* cit., p. 52.
366 N. Svampa cit. in *La barca dei comici* cit., p. 66.
367 Cfr. C. Mariani, *Verbania e il nonno*, «Verbanus», n. 10, 1989, p. 15.

delle dinamiche sociali e delle relazioni interpersonali che, davvero, nel panorama lacustre, si realizzavano prevalentemente nei caffè e nelle piazze, ma che si ritagliavano uno spazio significativo anche nelle stalle[368]:

> Narra la leggenda, che le nonne una volta raccontavano nelle stalle, dove specie nelle serate invernali si radunavano a riscaldarsi, al caldo naturale delle bestie; le donne a filare [...] gli uomini per raccontarsi le vicende del giorno, le avventure loro capitate ed anche delle favole o leggende. Il tutto alla luce di un tremolante lumicino ad olio appeso ad un filo di ferro che trasformava cose e persone in altrettante penombre semoventi[369].

Pina Rota, madre di Fo, sottolinea che l'ambiente contadino semplice e collettivo in cui è cresciuta, «aveva i suoi punti d'incontro nelle stalle, nelle veglie tutti assieme, d'inverno, adulti, bambini e buoi»[370]. La stalla, in pratica, era un luogo fondamentale per la civiltà agricola, la frequentazione della quale, oltre a far risparmiare legna, favoriva il passaggio di notizie e racconti che mutavano tono e dimensioni:

> La stalla era tutto in quei tempi per noi contadini, specie per le donne: era la chiesa, che lì si pregava, era il teatro, che ci venivano i contastorie a cantare e a raccontare per ore, era il posto dove i ragazzi sbarbati venivano a guardare a "lumare" e a sorridere alle ragazze più giovani curate a vista dalle madri[371].

Franca Rame sottolinea la funzione catalizzatrice delle stalle e rivendica la presenza attiva e indispensabile delle donne: «presso i contadini, fino a cinquant'anni fa, è sempre esistita la tradizione che vedeva le donne più prestigiose, la sera, nelle stalle, raccontare favole e moralità, e, appena i bambini s'erano addormentati, storie oscene»[372].

I ricoveri delle bestie erano veramente degli ambienti multifunzione, idonei ad ospitare la gente della comunità grazie alla capacità di adattarsi alle sue esigenze. Un'ulteriore conferma ci giunge dalla ricerca sul dialetto e il folclore di Cigole, un paese del Bergamasco:

> D'inverno, durante le veglie nelle stalle, si soleva fare il teatro di stalla. Si liberava lo spazio ammassando le vacche da una parte (o ai due lati della stalla) e si utilizzava il fienile come se fossero delle quinte, per prepararsi.

---

368 Le stalle non sono l'unico ritrovo possibile nel mondo contadino, ma in ogni caso «i punti di maggior attrazione della festa contadina tradizionale non coincidono con i luoghi di ritrovo ufficiali della comunità. Infatti il più alto numero di cerimonie si svolge nelle case e nelle cascine». Seguono la chiesa, le strade di paese e campestri, la campagna in generale e le cappelle agresti (cfr. Pietro Grimaldi, *Il calendario rituale contadino*, Milano, FrancoAngeli, 1993, p. 256 e riferito a Mongardino).

369 R. Corti, *Sentimento e fantasia* cit., p. 170.

370 C. Valentini, *La storia di Dario Fo* cit., p. 20.

371 P. Rota Fo, *Il paese delle rane* cit., p. 23.

372 F. Rame cit. in D. Fo, *Manuale minimo dell'attore* cit., p. 300.

> Nelle stalle si recitava soprattutto Santa Genoveffa (la *Genoveffa del Brabante*). Le parti, anche quelle femminili, erano sostenute da uomini. L'uomo che faceva la parte di Santa Genoveffa si metteva una parrucca fatta di capelli di granoturco[373].

Più avanti constateremo gli influssi di tale ambiente sul giovane Dario che, specialmente durante le vacanze in Lomellina, ebbe occasione di assaporarne da vicino lo spirito e di arricchire così il suo bagaglio culturale.

4.2. Pa' Fo

Felice Fo, nativo di Monvalle, «era bello, alto [con] gli occhi celesti chiari dietro gli occhiali. Non sorrideva quasi mai, aveva anzi quasi sempre l'aria preoccupata e stanca[374]». Questo perché sulle proprie spalle pesavano le esistenze dei suoi familiari; infatti «lavorava molto», dato che «far studiare tre figli, nutrirli e cercare di mandare avanti la baracca decorosamente non era cosa da poco»[375].
Lo stesso Dario ne ha spesso sottolineato l'impegno con cui svolgeva il suo mestiere di capostazione, determinato a far funzionare il servizio nel miglior modo possibile:

> Con l'arrivo di mio padre le cose alla stazione di San Giano sono cambiate all'istante. Felice Fo era uno che destava rispetto e soggezione. Quando si piazzava con il suo cappello rosso calcato fino agli occhi, ritto sulla rotaia, brandendo la bandiera da segnale, rossa anche quella, i treni si fermavano tutti[376].

Il ferroviere è un mestiere che già di per sé impone sovente dei trasferimenti da un luogo all'altro e che, perciò, esige capacità d'adattamento, flessibilità e disponibilità, tutte virtù che si rivelarono poi nella sua preziosa attività socio-politica.

Pa' Fo, infatti, era un «convinto socialista» e ricoprì «ruoli di primo piano durante la Resistenza»[377], come dimostrato dal profondo senso di giustizia e dall'avversione verso i soprusi che legarono il suo nome alle vicende che seguirono il crollo del Regime e la lotta di Liberazione:

> Fu proprio a Porto che i collaboratori della Resistenza, impegnati ad aiutare gli espatri clandestini di perseguitati politici ed ex prigionieri di guerra americani e inglesi, trovarono nel capostazione antifascista un punto d'appoggio per lo smistamento dei "convogli" provenienti soprattutto da Novara. Felice Fo provvedeva a mimetizzare lo sbarco dei fuggiaschi che poi raggiungevano il San Michele, il Sant'Antonio, crocevia dei traslochi oltre confine[378].

---

[373] G. Sanga, *Dialetto e folklore. Ricerca a Cigole*, in «Mondo popolare in Lombardia», n. 5, Silvana Editoriale, 1979, p. 84.
[374] B. Fo Garambois, *Io, da grande mi sposo un partigiano*, Torino, Einaudi, 1976, p. 6.
[375] *Ibidem*.
[376] D. Fo, *Il Paese dei Mezaràt*, Milano, Feltrinelli, 2002, p. 10.
[377] http://www.assoentilocali.it/fo.htm
[378] *Oggi commosso addio al papà di Dario Fo*, «La Prealpina», 02/01/1987 in http://www.archivio.francarame.it/scheda.aspx?IDScheda=9584&IDOpera=62

Una conferma mi è giunta dalla viva voce di Carluccio Calderoni, abitante di Porto Valtravaglia che ha conosciuto la famiglia Fo:

> Il padre si interessava di politica, è vero. Per me era un po' anarchico. Aiutava chi scappava sui treni. Poi una volta una macchina di SS gli ha chiesto se sapeva dove erano certi tizi e lui ha dirottato i nazisti in comune, e intanto è andato ad avvisare i ricercati e li ha nascosti nel solaio[379].

Del resto, continua, «un po' tutti noi ci siamo occupati di ebrei»:

> C'era una famiglia, madre, padre e figlia che erano ricoverati sopra casa mia. Il giorno che sono riusciti finalmente ad andare in Svizzera, sono venuti a cercarli perché sicuro qualcuno aveva fatto la soffiata... ho ancora nelle orecchie il calcio del fucile contro la porta... ci è andata bene[380].

Infatti, stando al racconto di Bianca, la famiglia Fo nella sua totalità diede il suo contributo per aiutare e medicare i partigiani feriti. I figli piccoli portavano loro da mangiare su per i monti; i genitori cercavano di nascondere o far nascondere chi aveva bisogno, ad esempio sotto il tetto della legnaia, dove portavano a un fuggitivo dei libri da leggere. Il padre venne messo in prigione per un mese. Gli ebrei cercavano di scappare in Svizzera per i boschi o in barca: pochi ci riuscivano[381].

Purtroppo era sempre più difficile aggirare i rigidi controlli dei soldati; perciò occorrevano un'astuzia e un coraggio fuori dall'ordinario per riuscirvi.
Dario descrive un pericoloso viaggio in treno[382] dalla Lomellina al confine con un carico di cinquanta persone di diversa nazionalità – scozzesi, sudafricani, indiani – truccati, imparruccati o bendati per nascondere le fattezze: i disperati riuscirono a passare il confine grazie alla complicità dei ferrovieri che tennero a bada i nazisti con una sceneggiata per impedire che salissero sul convoglio a controllare i passeggeri. Giunti nei pressi di una galleria tra Maccagno e Pino, i profughi vennero fatti scendere e accompagnati su per un dosso scosceso finché non incontrarono un nutrito gruppo di persone, tra cui alcuni contrabbandieri e il padre Felice, che era il «responsabile dell'organizzazione che si occupa[va] di far arrivare in Svizzera i perseguitati e i prigionieri in fuga».

> Chiedo a mio padre: "Chi è questa gente che hai portato con te?". "Ebrei," mi risponde, "è già il terzo gruppo che facciamo passare di là in questi giorni" [.] Prima di rimettersi in cammino, va a salutare gli ebrei in fuga: tutti lo abbracciano [,] gridano parole di saluto e ringraziamento [;] io sono molto orgoglioso di lui[383].

---

379 Intervista a C. Calderoni del 27/02/2003.

380 *Ibidem.*

381 Cfr. B. Fo Garambois, *Io, da grande mi sposo un partigiano* cit., pp. 31-50.

382 Cfr. D. Fo, *Il Paese dei Mezaràt* cit., pp. 142-148.

383 Ivi, pp. 147-148.

Ma nonostante l'aura seriosa e stanca da lavoratore impegnato, ci sono testimonianze di una *verve* da attore. Era «amante di teatro e recitava in una compagnia amatoriale»[384]. Ricorda a proposito Trento Salvi: «il padre Felice non era solo uno scrupoloso capostazione, ma era pure un buon attore del Circolo dei Ferrovieri, particolarmente dotato per interpretare farse e commedie… anche pesanti»[385].

Lo stesso Dario, a proposito, rammenta un aneddoto della sua infanzia. Quando arrivò in paese un circo, insieme al fratello Fulvio, aiutò i circensi a fare propaganda, ottenendo in cambio l'ingresso gratuito allo spettacolo[386]. Tuttavia la presenza di quei «ragazzini ingaggiati come pagliacci che battevano sul tamburo e invitavano il pubblico a non mancare alla serata» e le critiche pelose che ne seguirono spinsero il Felice a fare una bella ramanzina ai pargoli… in fondo «il capostazione allora era considerato un'autorità del paese come il farmacista, il parroco eccetera». Pensò la moglie a sistemare la faccenda:

> Per fortuna ad addolcire la paternale piuttosto vivace del padre capostazione, si era inserita la mamma che riusciva a smontare la severità della filippica ricordando al marito di averlo visto per la prima volta a teatro su un palcoscenico mentre, travestito con abiti femminili, recitava esibendo uno stupendo falsetto e due poppe regali nonché chiappette prosperose degne di una sciantosa napoletana.
> "Chi è senza patente da pagliaccio, getti la prima pietra, caro Pà Fo!" ha gridato con voce da soprano la mamma.
> A 'sto punto, tutti, compreso il babbo, siamo scoppiati in una gran risata liberatoria[387].

È probabile che sia andata così perché, stando al ricordo di un amico luinese di gioventù di Dario, l'avvocato Vincenzo Viazzo, non doveva essere un'impresa facile sgridare il piccolo Dario per le sue birichinate:

> Mi capitava spesso di incontrare il Felice per le vie di Luino e mi fermavo volentieri a parlare con lui. Mi disse: "Non sono mai riuscito una volta a picchiare Dario, e sì che di marachelle ne ha commesse. Perché ogni volta che io mi avvicinavo, lui tirava fuori una battuta delle sue, mi faceva morire dal ridere e tutto finiva in gloria"[388].

Felice Fo trascorse gli ultimi anni insieme alla moglie a Luino, dove, per integrare la pensione, «faceva "concorrenza alla banca" perché cambiava i franchi agli Svizzeri»[389]. Sul lago si ricordano ancora «il suo parlottare sommesso che da sempre distingueva il tratto da gentiluomo, la sua presenza al caffè delle chiacchiere e degli affari spiccioli, il

---

384 *Ibidem.*
385 Intervista a T. Salvi del 05/03/2002.
386 Cfr. D. Fo, *Il Paese dei Mezaràt* cit., pp. 54-55.
387 Questa conclusione alla vicenda del circo non compare nella versione definitiva de *Il paese dei Mezaràt*, ma solo in una prima bozza. Grazie a Silvia, una segretaria di Fo, ho potuto parlare con lui al telefono, esporgli il mio progetto di ricerca e chiedergli un incontro. Come risposta, Fo mi ha fatto spedire via email un file contenente circa un terzo del libro che sarebbe stato pubblicato sei mesi dopo, a fine 2002. Tutte le informazioni di cui potevo avere bisogno, a detta di Fo, le avrei trovate in quelle pagine; sarebbe perciò stata superflua un'intervista.
388 Intervista a V. Viazzo del 19/05/2002.
389 Intervista a G. Pippione del 17/05/2002.

frettoloso camminare che non pochi giovani gli invidiavano»[390]; nonché il profondo orgoglio per la notorietà e il successo del primogenito di cui immaginava da tempo i massimi traguardi[391].

In sostanza, si trattava di un personaggio veramente interessante, serio lavoratore dedito alla famiglia, ma con quel pizzico di eccentricità che si è poi riscontrato anche nel figlio attore; riferisce Viazzo a proposito:

> Mi dava del "lei" nonostante mi avesse visto fin da ragazzino. E quando Dario mi chiedeva se avevo letto le sue opere, gli rispondevo "Certo che le ho lette!", perché il Felice me le regalava con il suo autografo, non quello del figlio attore ("Quello di Dario te lo fai dare da lui. Io ti do il mio")[392].

Caso volle (ma forse non fu un caso) che perfino il suo funerale fosse originale. Innanzitutto il defunto, racconta il figlio Fulvio, si era da tempo preparato a quella «festa funebre»: regalava infatti ogni anno uno strumento alla banda musicale e «in cambio pretendeva che i suonatori imparassero e si allenassero ad eseguire i brani da lui scelti», che aveva avuto più volte il piacere di ascoltare in anteprima[393].

Il 2 gennaio del 1987, ricorda Dario, i rappresentanti di tutti i gruppi con cui aveva avuto a che fare Felice Fo, si diedero appuntamento a Luino: sindacati, socialisti, comunisti, ebrei, contrabbandieri, persino anarchici… E coi vari parenti e amici si incamminarono in corteo dimentichi «di trovarsi a un "mesto rito" e saltellavano accennando a passi di danza». Dario immaginava il padre «affacciato da non so dove, che si divertiva sghignazzando… felice».

A sottolineare l'impronta surreale che la funzione andava assumendo, sulla piazzetta davanti alla Chiesa c'era già altra gente che stava aspettando il feretro di Piero Chiara, che sarebbe stato seppellito lo stesso giorno e la cui salma doveva arrivare da Varese. «Ma ecco che quella folla, vedendo sopraggiungere un imponente corteo brulicante di bandiere rosse» – visto che il Chiara era un mangiapreti – si accodò «alla folla imbandierata che marcia a ritmo di fanfara». Intanto giunse da Varese la bara dello scrittore luinese, e allora l'autista del carro funebre insieme agli inservienti cercarono, non senza fatica, di riordinare i cortei: «giravolte, qualche imprecazione, molte risate. Di nuovo la gente che corre, si sbraccia e chiama»[394].

Questa è, in sintesi, la ricostruzione dell'evento. Se non c'è dubbio alcuno che il fatto sia realmente avvenuto, rimane il sospetto che Fo abbia infiorato la vicenda, che è stata sì frutto di una curiosa coincidenza, ma che non ha creato poi tutto quel parapiglia. Mio padre, presente quel giorno, ricorda un numero elevatissimo di persone, ma non le orde ansimanti alla disperata ricerca del funerale giusto. Dello stesso avviso è la giornalista luinese Eliana Frigerio:

---

[390] *Marce rigorose intercalate da «Oh bella ciao» hanno accompagnato Felice Fo all'ultima dimora*, «La Prealpina», 03/01/1987 in http://www.archivio.francarame.it/scheda.aspx?IDScheda=9584&IDOpera=62

[391] Confida Salvi: «il padre Felice mi disse che sentiva che suo figlio avrebbe vinto il Nobel» (Intervista all'avv. Salvi del 05/03/2002).

[392] Intervista a V. Viazzo del 19/05/2002.

[393] Cfr. F. Fo, *Pescatore di sogni*, Cagliari, Edispes, 2002, p. 124.

[394] Cfr. D. Fo, *Il Paese dei Mezaràt* cit., pp. 194-195.

> Se l'equivoco ci fu riguardò solo qualcuno dei presenti [...] In realtà i funerali non si incrociarono; la banda che aveva partecipato a quelli del capostazione Fo si fermò poi, davanti alla chiesa di S. Pietro, ad attendere il feretro di Chiara per "salutarlo" con l'esecuzione di una marcia funebre[395].

Comunque sia andata nel dettaglio, ha ragione Viazzo nel dire che «il malinteso è da imputare al fatto che il funerale di Pa' Fo non contemplava l'intervento del clero, e quindi il prete non era stato costretto a stabilire due orari diversi per le due funzioni». «Ad ogni modo» – ricorda Viazzo – « i due cortei si sono incrociati al cimitero e certi distratti, si sono poi trovati nella fila sbagliata»[396].
Una versione piuttosto attendibile è quella di Fulvio Fo:

> Avvenne dunque, che mentre il nostro corteo si preparava, sull'aria della baldanzosa marcetta partigiana: "*Se non ci ammazza i crucchi, se non ci ammazza i bricchi...*" ad affrontare la salita che portava al cimitero, proprio all'inizio del lungo viale alberato, confluì, dalla strada adiacente, l'altro corteo funebre, quello che accompagnava in religioso silenzio la salma del celebrato romanziere luinese Piero Chiara. Salma attesa in cima alla salita, sul rialzo terrazzato che fronteggiava la maestosa chiesa, nientemeno che dal vescovo [...] Fu così che sul ritmo cadenzato di "*Bella ciao, bella ciao, bella ciao ciao ciao!*", i due funerali si mischiarono[397].

Ma un corteo proseguì diretto verso il luogo della sepoltura («Da buon ferroviere rispettoso degli orari, il Felice non poteva arrivare in ritardo»[398]), mentre l'altro stipò la chiesa per la funzione religiosa.

Potrei interrogare tutti i luinesi senza venire a capo della faccenda con certezza matematica: emerge in aggiunta, purtroppo, un'altra versione "strisciante", molto meno gradevole, secondo la quale molti luinesi poco solidali con Chiara avrebbero scelto volontariamente di boicottare le sue esequie partecipando al rito del Felice... Ma come spesso accade nelle cronache di paese, menzogna e verità bollono nella stessa pentola senza possibilità di totale discernimento. Infatti, persino chi non era presente come l'avvocato Salvi («ero a Lerici quando è successo») e che, di conseguenza, presumibilmente riporta un fatto così come gli è stato raccontato, abbozza un resoconto («al cimitero c'era la musica per il Fo e fuori dalla chiesa c'era anche il Chiara... *'n bel rebelot... cur de chi, cur de là...* e il Chiara volava in cielo e se la rideva»[399]).
In fondo, questa incerta discussione non è forse altro che la firma di due uomini eccezionali nell'ultimo loro giorno?

---

395 E. Frigerio, *Dario Fo ritorna nel paese dei Mezaràt*, «La Prealpina», 29/01/2003.
396 Intervista a V. Viazzo del 19/05/2002.
397 F. Fo, *Pescatore di sogni* cit., pp. 124-125.
398 *Ibidem*.
399 Intervista a T. Salvi del 05/03/2002. Trad.: una bella confusione... corri di qui, corri di là.

4.3. La Pinín

> Mia mamma era per tutti la Pinín. Era una donnina non tanto alta con gli occhi castani, vivacissimi, e tanti bei capelli un po' castani e un po' rossi sempre in aria, per quanto si sforzasse di tenerli pettinati. Era di origine contadina, aveva fatto soltanto le elementari, ma era molto intelligente e con una grande volontà [...] estrosa, sensibile, attenta e curiosa d'imparare, nonostante avesse sempre molto da fare in casa trovava il tempo per leggere. Un po' cocciuta e testarda, ma tanto schietta e sincera: cercò di allevarci così, senza pregiudizi[400].

Con queste semplici parole Bianca Fo descrive la madre Pina Rota, nata in una famiglia contadina, a Sartirana in Lomellina, una donna di «accesa fantasia e di straordinaria vivacità intellettuale»[401] che dimostrò «un'autonoma identità artistica»[402] scrivendo una propria autobiografia della vita trascorsa in campagna; anzi, era in cantiere il progetto di scrivere un secondo libro. La decisione di redigere quelle pagine, scrive Fulvio, fu solo l'ultima di tante situazioni di esorbitante originalità:

> [Situazione] che ha visto la signora Pina Rota Fo, baldanzosa donnina settantacinquenne in possesso di sola pagella di quinta elementare compensata da una inesauribile scorta di idee, scendere da casa, acquistare due risme di carta *extra strong* seguite da un oggetto a lei assolutamente estraneo quale poteva essere una macchina da scrivere portatile, risalire a casa e ricominciare a pestare su quegli strani meccanismi che chiamano 'tasti'[403].

La mamma – ricorda la Valentini – fu importantissima per la carriera del suo «Teston»[404] che, «adorato dalla madre, era già considerato come un talento fuori dal comune, per cui valeva la pena di impegnarsi a far sacrifici»[405] innanzi tutto per farlo studiare a Brera e, in seguito, per appoggiare la sua decisione di balzare a 24 anni nel mondo teatrale della rivista:

> A spingerlo sulla strada del teatro è soprattutto la madre, Pina Rota, che ha conservato la vecchia passione di quando era ragazza per l'esibizione teatrale, per il raccontare e che sarebbe ben felice di vedere il figlio più dotato, Dario, tentare quello che a lei è stato sempre precluso[406].

E difatti, si impegnò in ogni modo per agevolare l'ascesa di Dario; Fulvio ricorda le energie profuse dalla madre durante la preparazione della rivista con Franco Parenti e Giustino Durano, *Il dito nell'occhio*:

---

400 B. Fo Garambois, *Io, da grande mi sposo un partigiano* cit., p. 8.
401 http://www.assoentilocali.it/fo.htm
402 *Morta la mamma di Dario Fo*, «Corriere del Verbano», 08/04/1987 in http://www.archivio.francarame.it/scheda.aspx?IDScheda=11537&IDOpera=62
403 F. Fo, *Pescatore di sogni* cit., p. 97.
404 «Teston – "testone" – era l'appellativo di tenerezza che la mamma mi rivolgeva in ogni occasione» (D. Fo, *Il Paese dei Mezaràt* cit., pp. 16-17).
405 C. Valentini, *La storia di Dario Fo* cit., p. 22.
406 Ivi, p. 33.

> La villetta affittata da mia madre è, più ancora che un luogo ospitale, un porto di mare dove la signora Pina Rota Fo [...] detta i tempi da dedicare alla scrittura dei testi, canticchia i primi motivi musicali eseguiti al vecchio pianoforte da Fiorenzo Carpi, dirige il traffico di attori e tecnici convocati per audizioni e contratti, tiene a bada Jacques Lecoq che è impaziente di incominciare con il suo gruppo di mimi, rincuora nei momenti di sconforto, fa da sprone, vivandiera, sarta, cuoca, madre e confidente di chiunque entri in quella casa a qualunque titolo[407].

Una donna controcorrente, quindi, estremamente moderna a dispetto delle sue radici contadine: così viene ricordata anche da chi ha conosciuto dalle nostre parti la sua originalità e la sua *verve* che le diedero l'impulso di incoraggiare sempre il figlio, invece di ostacolarlo come da consuetudine becera[408].

Bisogna comunque ammettere che Fo ricambiava completamente l'affetto di quell'«ex-contadina intelligentissima con una fantasia eccezionale», verso cui provava «una adorazione straordinaria»[409] e anche un'incredibile tenerezza:

> La mamma è fuori d'ogni paragone... il profumo di mia madre mi faceva venire l'acquolina, la voglia di ciucciare, di impastarmi contro e dentro ogni sua curva o piccola conca. Nelle sue braccia non c'era né vento, né calura. Il suo tepore scioglieva ogni paura: ero proprio nel ventre dell'universo![410]

Che fosse una donna meravigliosa e di una sensibilità particolare si deduce da un aneddoto che mette in luce addirittura dei poteri soprannaturali.
Il secondogenito Fulvio era ammalato e nessuno immaginava che la vera causa fosse una ferita alla testa rimediata tre giorni prima. Il clima era molto teso e serpeggiava la disperazione. Finché la madre si rivolse sorridente e serena al marito:

> "Stai tranquillo Felice, va tutto bene... Fra un attimo arriva qualcuno che lo salva!".
> "Chi arriva?"
> "Un medico molto bravo. In moto!"
> "In moto?"
> "Sì, me lo ha detto mia nonna. Era qui un attimo fa!"
> Mio padre l'accarezza sul viso. Di sicuro sua moglie sta andando via di testa per la disperazione[411].

In effetti si presentò un dottore molto in gamba che medicò il povero Fulvio... un dottore che era già stato "annunciato" a Pina Rota:

> "Ecco, qui su questa sedia c'ero io, invece mia nonna si era seduta lì, sul letto, vicino al bambino. Sorridendo mi ha detto: 'Pinin... Pinin, sono io... non ti preoccupare...

---

407 F. Fo, *Pescatore di sogni* cit., p. 27.
408 In questi termini si è espressa la professoressa Chicca Bianchi in un colloquio telefonico del 08/05/2002.
409 D. Fo cit. in Enzo Magrì, «Europeo», ottobre 1973, contenuto in D. Fo, *Fabulazzo* cit., p. 39.
410 D. Fo, *Il Paese dei Mezaràt* cit., p. 19.
411 Ivi, p. 42.

> smettila di piangere. Tra poco arriva un dottore che ha una gran testa, un professore chirurgo… arriva in moto e te lo tira fuori in quattro e quattr'otto il tuo fiulin!"'[412].

Il dottore conferma la descrizione fatta dalla defunta alla madre in *trance*, la quale ammette di non essere nuova a certe visioni: «"in verità m'è successo altre volte: prima che morisse mia nonna, veniva a darmi le avvisate una mia sorella morta da bambina e qualche volta anche un bisnonno che io non ho mai conosciuto"»[413].

Pina Rota, in sostanza, fu una donna gentile, stimolante, amante della gioia e dell'ironia – qualità che, vedremo tra breve, appartenevano già a suo padre – e soprattutto orgogliosa del carattere e delle virtù dei suoi figli.

4.4. I fratelli

I fratelli furono dei compagni nel percorso di formazione di Dario. Lo affiancarono e ne sollecitarono l'inventiva in quegli anni; lo assistettero nei primi spettacoli casereccci imbastiti per gli amici; fino all'esordio in teatro a Luino, in cui contribuirono attivamente all'allestimento e recitarono[414].

> Fulvio era il più bello e il più discolo di noi tre […] Aveva gli occhi celesti come il papà, ma grandi, ridenti e furbi […] era anche il più buono e il più generoso di noi, e quello che prendeva più botte e castighi. Si occupava di mille cose sempre nuove: costruiva pezzo a pezzo velieri con minutissimi marchingegni, veri capolavori. (ma anche francobolli e figurine) […] Si era costruito persino un paio di sci rossi[415].

Il suo intelletto fuori dal comune venne notato prestissimo da tutti:

> Eravamo nel '32: io avevo compiuto i sei anni e dovevo andare a scuola. Mio fratello Fulvio ne aveva due meno di me; a detta di tutti, dimostrava un'intelligenza esagerata: aveva quattro anni e leggeva e scriveva come un ragazzino della seconda elementare. Per di più, se ne usciva con battute e osservazioni da lasciare interdetti[416].

Tant'è che l'anno dopo «vista la sua particolare facilità nell'apprendere, la suora madre l'aveva accolto in classe»[417], sebbene troppo giovane per frequentare la scuola. Calderoni, che lo conobbe pochi anni dopo quando i Fo traslocarono a Porto Valtravaglia, lo ricorda con piacere: «ero più amico di Fulvio che di Dario perché eravamo più vicini di età… Era intelligente, un po' più tranquillo di Dario, non così eccentrico, ma sveglio»[418].

---

412 Ivi, p. 43.
413 Ivi, p. 44.
414 L'argomento verrà sviluppato nel cap. 8.
415 B. Fo Garambois, *Io, da grande mi sposo un partigiano* cit., p. 12.
416 D. Fo, *Il Paese dei Mezaràt* cit., p. 31.
417 Ivi, p. 39.
418 Intervista a C. Calderoni del 27/02/2003.

Anche la sorella Bianca ha un ottimo ricordo del più giovane dei fratelli, che provava curiosità ed entusiasmo per ogni tipo di attività: aiutava persino la sorella a «tagliare e a cucire per la bambola», salvo poi convincerla a fargli da *sparring partner* per affinare lo stile di combattimento, utile a farsi rispettare dagli altri ragazzini[419].

In ogni caso, il rapporto più stretto si instaurò tra Fulvio e Dario, entrambi maschietti, vicini d'età e amanti di giochi scatenati e rischiosi:

> Mio fratello Fulvio e io facevamo parte di una banda dove il cimento a rompicollo era un rito d'obbligo: i tuffi a testa in giù nel lago precipitando dalle rupi della cava di Caldé, le volate da suicidio sui carrelli che correvano sulle rotaie fino al caricamento dei forni abbandonati [,] la slizzata sulla teleferica per la calata delle fascine[420].

In realtà, tutti i giovani di Porto Valtravaglia si divertivano in maniera spericolata, ragion per cui «il povero medico "cuciva" ogni mercoledì»: tra gli altri passatempi, Fo rammenta che «si scendeva dalle scarpate con la bicicletta senza freni, non perché si voleva... ma perché non c'erano proprio dall'origine... perché la casa produttrice li produceva senza freni, per Porto Valtravaglia!»[421].

La bicicletta è protagonista anche di un aneddoto raccontatomi da Fulvio Fo, che sottolinea anche l'affiatamento col fratello maggiore:

> La domenica partivamo da Porto per andare a Luino, al cinema: io, Dario e un amico di Milano, Pino. Dario aveva forse 15 anni e io 13. Per fare il viaggio affittavamo una bicicletta con la canna mettendo assieme i risparmi di tutti e tre... ma non si andava in tre sulla bicicletta perché non si poteva. Quindi partiva Dario con Pino sulla canna, faceva circa 400 metri poi tornava indietro a prendere me che intanto avevo fatto i miei 50 metri a piedi, e mi portava avanti, oltre Pino sempre di 400 metri, poi scendeva, prendevo io la bici, andavo a prendere Pino, ecc... Quindi facevamo la spola[422].

Ma se la sorella, «una bella ragazza»[423] di otto anni circa più giovane[424], era esclusa a priori dalle pericolose birbonate dei fratelli maggiori, diede comunque prova di interessarsi alle attività dei due, e contribuì ad allestire lo spettacolo artigianale dei burattini.

---

419 Cfr. B. Fo Garambois, *Io da grande mi sposo un partigiano* cit., p. 12.

420 D. Fo, *Il Paese dei Mezaràt* cit., p. 81.

421 D. Fo alla presentazione de *Il paese dei Mezaràt* a Porto Valtravaglia, 02/02/2003.

422 Intervista telefonica a F. Fo del 15/05/2003.

423 Intervista a C. Calderoni del 27/02/2003.

424 «Ed era proprio un bambolotto quella mia sorella... Così delicata di lineamenti, con quegli occhi enormi e lustri! Me la lasciarono prendere in braccio per un po', ma ho dovuto mollarla quasi subito perché scalciava come un grillo ed era scoppiata in un pianto disperato» (D. Fo, *Il Paese dei Mezaràt* cit., p. 54).

4.4.1. Burattini

Il legame più importante, che per i due fratelli maschi si tramutò in una vera e propria passione, fu l'interesse per il teatro dei burattini, come ammette Dario: «io e mio fratello passavamo le giornate a seguire i burattinai nelle piazze, conoscevamo a memoria i loro testi»[425]. È interessante rimarcare ciò, perché fornisce un'idea dell'animo artistico non solo di Dario, ma appunto di tutti i fratelli i quali, in rapporto di collaborazione artistica, diedero vita al teatrino dei burattini.

Il teatro, quello vero, è ancora lontano dai pensieri di Fo, ma «il fascino delle forme di rappresentazione popolare» – e l'interesse per le arti figurative – «convince Dario a farsi burattinaio. Con il fratello Fulvio, il ragazzo intaglia nel legno burattini per rappresentazioni di cui è già, a sette-otto anni l'autore totale: inventa i canovacci, fa le scenografie e la "regia", presta le mani ai movimenti dei personaggi»[426]. E Dario amava particolarmente "tirar fuori" quelle sagome di legno, perché così sentiva «il piacere di creare degli oggetti dove la figura umana fosse trasposta, usata come simbolo»[427]. Ricorda la sorella Bianca:

> [Dario] una volta scolpì un burattino alto quanto il pezzo di legno tagliato per la stufa, lo dipinse e lo vestì con delle pezze colorate. Aveva occhi grandi e fissi e le braccia che si muovevano all'attaccatura delle spalle. Fu così soddisfatto che ne costruì subito un secondo e poi un altro ancora. Nacquero il guerriero, il principe, la dama e persino un cavallo con la gualdrappa[428].

Il teatrino ebbe un incredibile successo («c'erano moltissimi ragazzini, ragazzine e anche persone anziane che venivano a vedere i nostri spettacoli»[429]) anche perché, puntualizza Bianca, «la torretta della nostra casa aveva una finestra che dava sul giardino e sembrava fatta apposta per le rappresentazioni»[430]: e così la piccola si impegnò ad abbellire quel "palco" già strutturalmente ottimale: «avevo cucito un bel velario rosso» – ricorda – «e la sera della prima rappresentazione inghirlandai di ribes la finestra»[431].

La conferma giunge dalle parole di Fulvio:

> Quando Dario aveva 10 anni e io 8 facevamo lo spettacolo nel giardino di casa nostra, siccome che c'erano i figli dei villeggianti, noi facevamo pagare una cosa minima, il corrispettivo di 500 lire, per l'ingresso. Tutto era costruito da noi con grande impegno: i burattini intagliati e dipinti da noi, le scenografie dipinte da Dario, che già disegnava "da Padreterno"; e poi facevamo le varie voci e c'era anche la mia sorellina che ci dava una mano[432].

---

425 D. Fo cit. in C. Valentini, *La storia di Dario Fo* cit., p. 21.
426 R. Nepoti – M. Cappa, *Dario Fo* cit., p. 19.
427 D. Fo cit. in C. Valentini, *La storia di Dario Fo* cit., p. 21.
428 B. Fo Garambois, *Io, da grande mi sposo un partigiano* cit., p. 11.
429 D. Fo cit. in Nico Orengo, «Stampa Sera» cit., contenuto in D. Fo, *Fabulazzo* cit., p. 52.
430 B. Fo Garambois, *Io, da grande mi sposo un partigiano* cit., p. 11.
431 *Ibidem.*
432 Intervista telefonica a F. Fo del 15/05/2003.

4.4.2. *L'importanza dei burattini*

L'arte del burattinaio[433] è adatta alle sperimentazioni giovanili di un ragazzino poiché può essere esercitata da una persona sola, al limite con un solo aiutante non molto esperto, e ha un ampio margine di discrezionalità per quanto riguarda l'atteggiamento culturale verso il copione che è in forma di canovaccio memorizzato per lo spettacolo e su cui è lecito, anzi consigliabile, improvvisare. Inoltre l'allestimento degli spettacoli non risulta un'operazione estremamente complicata, visto che la struttura è di facile realizzazione, basta un sipario di stoffa che copre un "casotto" o "baracca" che è l'imitazione in miniatura di un teatro tradizionale, e sia l'apparato scenografico che le attrezzerie sono ridotte al minimo indispensabile.

Per quanto concerne la realizzazione materiale delle "teste",

> le capacità tecniche dello scultore [...] sono ovviamente determinanti nella loro realizzazione, e danno luogo a prodotti assai diversi come livello qualitativo: si va da piccolissime teste dai tratti appena abbozzati, magari ricavate da quei pomoli torniti con cui terminano le spalliere delle vecchie sedie impagliate [...] a vere e proprie sculture che [...] raggiungono una espressività notevolissima[434].

L'esito è ovviamente frutto della perizia dell'artigiano, ma occorre puntualizzare che l'intensità comunicativa dei burattini non è necessariamente data dalla precisione con cui sono intagliati, giacché intervengono le capacità del burattinaio di muoverli e farli parlare, ossia di farli "vivere"; non è solo una questione di manipolazione, dal momento che alle "teste" bisogna anche «prestare una voce»:

> Poiché il numero dei personaggi è maggiore di quello di coloro che li manovrano, è necessario che questi modifichino in vari modi la propria voce e la propria parlata, in modo da caratterizzare in maniera convincente e immediatamente riconoscibile tutte le figure che compaiono in scena [...] Agendo contemporaneamente su caratteristiche 'segmentali' (uso di forme linguistiche diverse) e 'soprasegmenetali' (uso di toni e di ritmi diversi) un buon burattinaio [...] è in grado di interpretare almeno un quindicina di personaggi diversi[435].

Quest'ultimo aspetto costituì un'ottima palestra per uno come Dario Fo che, in seguito, ha dimostrato di possedere doti vocali non comuni. Allo stesso modo fu importante imparare come rapportarsi al pubblico, cosa comunicare espressamente e a

---

433 In base ai pochi elementi in mio possesso, confrontati con le scarne testimonianze, ritengo si trattasse di burattini e non di marionette, due categorie appartenenti alla stessa sfera spettacolistica, ma con grandi differenze. La precisazione è doverosa poiché la confusione nasce dall'uso *passpartout* che viene fatto dei due termini. La Valentini, ad esempio, utilizza entrambi i vocaboli indiscriminatamente (cfr. C. Valentini, *La storia di Dario Fo* cit., p. 21). Per approfondire i tratti distintivi di marionette e burattini, rimando alla lettura di Italo Sordi, *Burattini, marionette, pupi: la tradizione italiana*, introduzione a P. G. Bogatyrëv, *Il teatro delle marionette*, Brescia, Grafo edizioni, 1980.

434 Italo Sordi, *La tradizione italiana* cit., p. 15.

435 Ivi, p. 31.

cosa alludere soltanto, perché il teatro dei burattini, dove gli elementi della realtà non sono assolutamente tutti «riprodotti e previsti», «lascia il massimo spazio all'immaginazione dello spettatore»[436]. Rapportarsi significa anche istituire un dialogo, un confronto col pubblico: magari sfruttando un piccolo foro nella tela del boccascena, che permette di controllare le reazioni della platea e di «indirizzare, per bocca di un burattino, qualche battuta scherzosa improvvisata, con un sicuro effetto di sorpresa»[437]. La conseguenza è la rottura della quarta parete di cui si è occupato molto Fo, e che, appunto, era già una realtà nella tradizione di burattinai e marionettisti, come si ricava dalla seguente osservazione di Bogatyrëv sulle marionette russe:

> In confronto agli spettacoli del teatro di attori, in quello delle marionette è più evidente la recitazione collettiva dell'attore col pubblico. Sia nel teatro popolare delle marionette, sia nei teatri di marionette diretti da pittori o artisti, un ruolo importante spetta alla collaborazione creativa tra sala e palcoscenico. Nel vero teatro delle marionette c'era la tradizione di far parlare al pubblico da Petruška, Kašpárek, Kasperle, ecc. Fra il pubblico e la marionetta si iniziava una conversazione, o una discussione[438].

Ritengo di poter affermare l'importanza di quelle esperienze anche per Fulvio e Bianca, questo alla luce delle loro future professioni: Fulvio si trovò a sperimentare i meccanismi che portano all'organizzazione di uno spettacolo, e che gli saranno utili in qualità di direttore dei teatri stabili, tra cui Torino, Bologna e Roma; così i motivi e le storie del teatro dei burattini stimoleranno l'inventiva di quella che sarà figurinista e scrittrice di libri per ragazzi.

4.4.3. Diffusione e tematiche

L'apprezzamento riservato ai burattini da parte dei fratelli Fo non è assolutamente un caso isolato, ma rispecchia anzi un atteggiamento comune verso quella forma di spettacolo diffuso da secoli in tutta la Lombardia…:

> Tra gli spettacoli "randagi" che nel pieno del Rinascimento giravano per i borghi della nostra regione vi erano […] "le baracche dei magattèi". I "magattèi" erano protagonisti di commediole, favole popolari recitate in pieno giorno in una lingua che era un insieme di dialetti e di volgare, una sorta di "gramelot" lombardo che tutti potevano capire[439].

… e che riscuoteva grandi successi sul lago:

> Massimo divertimento era l'assistere allo spettacolo dei burattini: legno, cartapesta, colori vivaci con l'ausilio della voce umana, costituivano mondi di favola, effimeri e

---

[436] Ivi, p. 18.
[437] Ivi, p. 17.
[438] P. G. Bogatyrëv, *Il teatro delle marionette* cit., p. 107.
[439] Magda Poli, *Le baracche dei magattèi*, «Il Corriere della Sera», 6 aprile 2002.

ingenui. A questi spettacoli ricchi di battute umoristiche, di situazioni inverosimili, non assistevano solo i bambini, ma anche molti adulti[440].

È interessante che sia attestata la presenza nel primo dopoguerra, proprio a Porto Valtravaglia, di una coppia di «burattinai di mestiere, marito e moglie che muovevano "da sotto" i burattini»[441].

La presa di quegli spettacoli sul pubblico dipendeva dalla condizione della zona, estremamente provinciale e piuttosto distante dai centri culturali, e perciò assetata di notizie e di occasioni per risvegliare la propria creatività. A differenza di oggi, «fra le due guerre mondiali, in mancanza di cinema, televisione e discoteche, c'erano attrazioni più modeste, ma non meno gradite»[442]; la televisione, specialmente, è stata un'acerrima avversaria del teatro dei burattini e del teatro popolare viaggiante in genere, perché ha riproposto gli stessi temi delle loro esibizioni. Osserva giustamente il professor Tosi:

> Dobbiamo pensare a un'epoca in cui era la parola a dominare come mezzo di comunicazione. Perciò non esisteva altro mezzo di diffusione di storie, né possibilità di creazione fantastica e immaginifica, eccetto i pettegolezzi e le falsificazioni nel riportare cose viste o sentite. Esistevano tuttavia – mia madre li aveva visti – le compagnie di burattinai girovaghi che *faseven balàa i giupìtt*[443] e che imitavano o reinterpretavano i personaggi della Commedia dell'Arte, raccontando molte storie[444].

L'opinione di Tosi deriva dall'esperienza personale; egli abita a Colmegna – una frazione appartenente al Comune di Luino situata sul lago procedendo verso nord – un paese che era tappa obbligata dei burattinai girovaghi:

> Il cuore del vecchio borgo era la *Cort di Matt* che, in particolari circostanze si animava chiamando a raccolta giovani e meno giovani. Al suono di un'allegra fisarmonica, si danzava spensierati, trascinati dal ritmo incalzante della musica, immersi in una sorta di rigenerante oblio nel quale venivano affogati preoccupazioni e dolori. [...] Talvolta nella stessa *Cort di Matt* compariva, come per incanto, il Luisin Mauri per *fa balàa i giupìtt*. La sua voce versatile, modulata secondo le circostanze della vicenda narrata, sapeva suscitare negli attoniti spettatori le più disparate emozioni o risate fragorose.

---

[440] *Teste di legno*, G. Pippione, *Castelli d'acqua* cit., p. 11. Un'altra testimonianza: «sicuri risultati garantivano gli spettacoli di burattini o, come si trova scritto, "gioppineschi" che del resto si tenevano anche in piazza» (S. Baroli – P. Frigerio, *La società operaia di Luino* cit., p. 77).

[441] Intervista a G. Reggiori, residente a Porto e appassionato di tutto ciò che riguardi la sua terra, del 20/06/2002. Anche C. Calderoni, intervistato il 27/02/2003, ricorda gli spettacoli dei burattini: «le compagnie venivano sempre con piacere. I burattini erano senz'altro a guanto».

[442] *Ibidem*.

[443] La rappresentazione per burattini si chiude normalmente con un ballo del protagonista maschile (la maschera) con la protagonista femminile [.] L'importanza di questo elemento nell'economia dello spettacolo è posta in luce dall'espressione che molti burattinai usano per 'dare una rappresentazione' o 'fare il burattinaio', e cioè appunto «far ballare i burattini» (Italo Sordi, *Burattini, marionette, pupi: la tradizione italiana* cit., pp. 19-20).

[444] Intervista a P. Tosi del 09/05/2002.

> Antesignano della moderna TV, aveva il pregio di sapersi adattare ai gusti del suo pubblico, improvvisando a soggetto come nella commedia dell'arte[445].

Per quanto riguarda i temi delle rappresentazioni, ci troviamo di fronte a una realtà varia; come già accennato, «grande rilievo vi hanno i temi derivati [...] dai canovacci della Commedia dell'arte»[446]. Ma erano presenti anche «argomenti fantastici e fiabeschi, con l'intervento di maghi, streghe, mostri e diavoli, i temi tratti dai cicli cavallereschi»[447]; quest'ultimi motivi di aspetto romantico fondavano le proprie risorse «su effetti fortemente chiaroscurati, infarciti di fatali amori, di lacrimevoli istorie, di infami tiranni, di donne indegne o martiri, di donzelle perseguitate, traditori, briganti, ladri, e laghi, grotte, foreste, castelli al chiaro di luna, e con risultati di lieto fine poiché l'innocenza delle vittime doveva sempre affermarsi e trionfare»[448].

Non si possono dimenticare le *pièces* in cui «i fatti storici appaiono rimodellati secondo i procedimenti tipici dell'ideologia popolare, che fa uso di particolari *clichés* ricorrenti applicabili a situazioni e personaggi visti come analoghi». Alle reali cause scatenanti grandi eventi storici, come la spedizione dei Mille, ad esempio, si fa coincidere la rivolta del protagonista per motivi personali di vendetta a seguito di un torto subito[449].

Oppure, venivano trasmessi fatti storici, magari romanzati, ma trascurati dalla cultura ufficiale: Fo descrive la diatriba nella basilica di San Vitale a Ravenna tra la moglie Franca Rame e una guida: oggetto del diverbio era Teodora Imperatrice di Bisanzio e consorte di Giustiniano. A dispetto del quadro di purezza e virtù offerto dal cicerone di turno, la Rame giudicava la sovrana «faccia da carogna» e «ballerina di terza fila», alludendo anche ai suoi facili costumi («faceva lo spogliarello»). La guida le chiese come faceva a sapere della tresca col generale e altri particolari un po' piccanti. «Questi fatti li ho visti rappresentare dalle marionette di mio padre» – rispose Franca – «a mio padre piacevano molto i drammi storici [...] mio padre aveva ragione» a dire che aveva la faccia da carogna ed era antipatica. «È inutile» – conclude – « le marionette non sbagliano mai»[450].

Naturalmente la diversità delle storie è dovuta anche al contesto geografico: ad esempio, i *magattèi* si sono da sempre discostati molto dalla tradizione diffusa nell'Italia meridionale che «traeva ispirazione dai grandi poemi eroici della Tavola Rotonda, si celebravano le gesta dei Paladini di Carlo Magno e di Orlando impazzito per amore»[451]. I burattini lombardi, invece, «attingevano le loro "gesta" dalle leggende popolari e dalla vita di tutti i giorni: meno eroismo e più intrighi, furberie, e perché no,

---

445 A. Petroli Piazza – E. Rossi, *Colmegna. Ripercorrendo gli antichi approdi*, Azzate-Varese, Macchione Editore, 2000, p. 80.

446 I. Sordi, *Burattini, marionette, pupi: la tradizione italiana* cit., p. 37. Cfr. ad esempio un volantino per la stagione 2001-2002 della compagnia "Il Teatro del Drago" di Ravenna che faceva spettacoli tratti da canovacci originali appartenenti alla famiglia Monticelli: «i dialoghi sono dinamici, basati su gag, lazzi e ritmi comici tipici della Commedia dell'Arte».

447 *Ibidem.*

448 Il Nuovo Canzoniere Italiano, *Dalla rappresentazione popolare al teatro politico* cit., p. 187.

449 Cfr. I. Sordi, *Burattini, marionette, pupi: la tradizione italiana* cit., p. 38.

450 Cfr. F. Rame cit. in D. Fo, «Le Ore», giugno 1960, contenuto in D. Fo, *Fabulazzo* cit., pp. 235-236.

451 M. Poli, *Le baracche dei magattèi* cit.

bastonate, felici di strappare con piccole trovate e semplici battute il riso di un pubblico che si aspettava solo quello»[452].

Gli spettatori hanno sempre amato molto le « brevi scene comiche, magari poco più di un pretesto per una robustissima bastonatura, che possono anche essere incatenate l'una all'altra»[453]; a Reggiori è rimasto impresso proprio questo particolare, l'unico che ricorda degli spettacoli a cui ha assistito da bambino a Porto Valtravaglia: «la trama era una gran sequenza di manganellate fragorose[454] che divertivano molto il pubblico, specie i bambini»[455].

Oggi effettivamente l'associazione tra burattini e bambini è immediata e naturale; eppure, storicamente quegli spettacoli erano «destinati non a un pubblico infantile, ma a un pubblico di adulti. Ciò spiega, in particolare, la frequente presenza, nel teatro dei burattini [...] di battute scopertamente oscene»[456]. Ne sono una prova i burattini bolognesi, che «non furono mai uno spettacolo specificatamente per i bambini, ma rappresentarono piuttosto una specie di teatro minore per il popolo e per il popolino»[457].

In quest'ottica, l'«espressionismo che non evita né la caricatura né la volgarità» e la «drastica semplificazione e convenzionalizzazione»[458] permettevano di rivolgersi in maniera diretta al pubblico per informarlo e cercare di influenzarne le opinioni:

> Anche i fatti di cronaca possono essere presi ad argomento [...] da burattinai itineranti, specializzati appunto nella messa in scena di episodi di cronaca, i quali soprattutto nei piccoli centri, assolvevano dunque una funzione in qualche modo simile a quella del cantastorie, e dovevano essere in grado di trasporre nel linguaggio tradizionale del loro teatro vicende assai diverse da quelle del repertorio fantastico o comunque della linea della commedia dell'arte[459].

Naturalmente alcune di queste trame si perdevano e sparivano, altre entravano nel repertorio. Ma c'era in ogni caso un contatto maggiore con la realtà quotidiana che trascendeva il semplice spunto da leggende e altre amenità locali: i burattini subirono un processo di politicizzazione perché l'interlocutore privilegiato di quelle tirate era il popolo; come avvenne durante la dominazione austro-ungarica, quando i *magattèi* non disdegnarono di «punzecchiare "lo straniero" dal piccolo boccascena dei loro

---

452 *Ibidem.*

453 I. Sordi, *Burattini, marionette, pupi: la tradizione italiana* cit., p. 37.

454 Un oggetto [...] che sembra quasi animato di una vita e di una personalità sua propria ed autonoma, e come tale merita di essere considerato a parte, è il bastone. Su quest'arma [...] si impernia lo scioglimento di moltissime commedie per burattini, quando l'intera vicenda non è addirittura basata su una serie di suoi interventi, magari anche gratuiti [. È detta] 'mitragliatrice a secco'. Essa consiste appunto di un robusto bastone, magari ancora con la corteccia, lungo una quarantina di centimetri: talvolta è spaccato in due per circa due terzi della lunghezza, in modo che a ogni botta le due parti battono insieme, producendo un rumore ancora più forte e secco (I. Sordi, *Burattini, marionette, pupi: la tradizione italiana* cit., p. 18).

455 Intervista a G. Reggiori del 20/06/2002.

456 I. Sordi, *Burattini, marionette, pupi: la tradizione italiana* cit., p. 12.

457 Il Nuovo Canzoniere Italiano, *Dalla rappresentazione popolare al teatro politico* cit., p. 186.

458 I. Sordi, *Burattini, marionette, pupi: la tradizione italiana* cit., p. 12.

459 Ivi, p. 38.

teatrini»[460]. Un coraggioso burattinaio, il Lampugnani, finì spesso in carcere per eccesso di amor patrio:

> La *baracca dei rômanitt* [...] pare diventare l'espressione stessa dei sentimenti milanesi nei confronti dello straniero spietato. Ogni recita è scuola di patriottismo spicciolo; le larvate allusioni tosto sono afferrate dall'orecchio sensibile che le attende, le botte fioccano costantemente sulle teste di legno tedesche. Il pubblico si entusiasma, è la sua vendetta, ed applaude; gli sbirri austriaci no[461].

Bogatyrëv ha scritto un simpatico aneddoto riguardante un vecchio marionettista popolare ceco che «sarebbe stato denunciato con l'accusa di aver sferrato attacchi politici dal palcoscenico del teatro delle marionette. Egli si recò in tribunale tenendo Kašpárek su una mano, e dichiarò di essere innocente, e che la colpa era tutta di Kašpárek»[462].

Fu certamente questo – lo spirito di denuncia sotteso alla rappresentazione per lo più divertente dei burattinai – l'elemento che ispirò maggiormente i fratelli Fo, nonostante fossero solo dei bambini; Dario ricorda che negli spettacoli di burattini a cui assisteva da ragazzino «c'erano sempre il boia, il carceriere, il demonio, la morte, gli spiriti, il fantasma, la botola dell'impiccato, la ruota della tortura, il terrore. Non mancava mai il processo coi giudici e la relativa condanna... c'era un delitto... veniva incolpato Gianduia... domani gli tagliano la testa... adesso lo torturano...»[463]. Ma il protagonista, pur nella semplicità di quei canovacci, mediante il rovesciamento, riusciva «ad essere immortale usando la follia, il paradosso, capovolgendo le situazioni»[464].

Fo ebbe modo in seguito di ispirarsi alla freschezza e libertà creativa del teatro dei burattini per realizzare allegorie politiche divertenti e di grande impatto – mi riferisco a *Grande pantomima con bandiere e pupazzi piccoli e medi* del '68 e la sua riproposizione *Morte e resurrezione di un pupazzo* del '71 – grazie all'allusività degli "attori-burattini viventi" che danno vita a feroci *sketches.*

Anche il collettivo Nuova Scena nel '72, quindi dopo la scissione da Fo e dagli altri membri che nel 1970 costituiranno il Collettivo Teatrale La Comune, si è interessato alla carica comunicativa dei burattini; realizzando uno spettacolo politico che

---

460 M. Poli, *Le baracche dei magattèi* cit.

461 A. Garobbio, *Milano canta e vive*, Milano, Baldini & Castoldi, 1964 p. 73.

462 P. G. Bogatyrëv, *Il teatro delle marionette* cit., p. 102. Per quanto paradossale, la vicenda focalizza l'attenzione sul rapporto uomo-attrezzo che assume una dimensione quasi viscerale: «questi marionettisti si erano a tal punto identificati con i loro attori di legno, che non solo cercavano di convincere il pubblico che le marionette erano "persone vive", ma essi stessi se ne erano per metà convinti» (Ivi, p. 101). L'umanizzazione dei burattini è anche il tema della novella *Teste di legno* che Pippione, come abbiamo già constatato, ha costruito sulla base di racconti orali. Due coniugi burattinai devono attraversare il lago in un giorno di nebbia; il loro traghettatore, detto *Bursa del legn*, un «furbone di tre cotte» pretende il pagamento a testa, conteggiando tuttavia anche le teste dei burattini. Il tribunale inviterà i coniugi a pagare 6 lire, due a testa compreso il barcaiolo (G. Pippione, *Castelli d'acqua* cit., pp. 11 e segg.).

463 D. Fo, *Dialogo provocatorio* cit., p. 113.

464 *Ibidem.*

utilizzava davvero i burattini, perché «il burattino vero è quello del popolo, quello che rappresenta il popolo»[465].

4.5. I nonni

Si è detto in precedenza che Dario entrò in contatto con la tradizione contadina, fatta di valori semplici e densi di significato, tanto utili alla luce della sua carriera futura. Egli è stato un catalizzatore incredibile di esperienze, doti, racconti; compresi gli spunti che i nonni, due persone estremamente eterogenee, gli fornirono e che lui accolse con piacere e gratitudine.

Il nonno paterno era «un vero gigante, di mestiere aveva sempre fatto il muratore, come suo padre e, prima di lui, suo nonno e il bisnonno. In paese lo chiamavano "Maìster", cioè maestro, nel senso di capomastro»[466]. Il padre Felice, che prima di approdare in ferrovia aveva fatto a sua volta il muratore, sottolineava quanto fosse insito nei geni dei Fo quel tipo di lavoro manuale:

> "Possiamo imboscarci dentro tutti i mestieri più strambi di 'sto mondo – diceva mio padre con orgoglio – ma gira e rigira restiamo sempre una razza di muratori..." anzi, lui diceva "comasin" che non vuol dire muratori di Como, ma viene da *faber cum macina*, cioè operai che agiscono servendosi di macchine: trabattelli, centine mobili, gru, argani e via dicendo[467].

La professione del nonno paterno, perciò, seguendo l'albero genealogico, fece sentire il suo influsso anche su Dario; anzi, possiamo affermare che essa sia stata la matrice da cui il futuro premio Nobel poté attingere la voglia di "fare" e gli stimoli per affrontare le difficoltà della sua arte... naturalmente in sinergia con l'istinto narrativo: «forse il pensare meccanico» – precisa a proposito Fo – «mi si è infilato nel Dna insieme al paradosso del contastorie, cosicché di continuo, mi ritrovo sbattuto fra un razionale rigore e il surreale più sbilenco»[468].

Il nonno materno, invece, incarnò al meglio l'altra anima del Fo attore. Fu un esempio, anzi un maestro, da cui imparare le tecniche di comunicare con sarcasmo e irriverenza; tanto da meritarsi l'appellativo di «fabulatore». il suo soprannome era «Bristìn», ossia «seme di peperone»[469], dato che «le battute e i commenti [...] bruciavano davvero la pelle come sferzate di frusta»[470].

---

[465] Il Nuovo Canzoniere Italiano, *Dalla rappresentazione popolare al teatro politico* cit., p. 117.
[466] D. Fo, *Il Paese dei Mezaràt* cit., p 44.
[467] *Ibidem.*
[468] *Ibidem.*
[469] Per la definizione della parola "Bristìn", mi rifaccio a quella apparsa in D. Fo, *Il Paese dei Mezaràt* cit., p. 45, benché la Valentini riporti una versione leggermente differente: «un bruscolo pepato che si metteva assieme alla cannella e al peperoncino rosso per rendere i cibi più piccanti (lo stesso soprannome fu dato anche a Pina Rota e poi allo stesso Dario)» (C. Valentini, *La storia di Dario Fo* cit., p. 20).
[470] Ivi, p. 45.

La migliore descrizione di questo personaggio straordinario ci giunge dalle righe di Pina Rota Fo, che consegnò le memorie delle vicende e dei personaggi della sua infanzia vissuta a Sartirana in Lomellina nel libro *Il paese delle rane*.
Fin dall'*incipit*, l'autrice introduce il personaggio principale così caro al figlio e ne fornisce al lettore un quadro sintomatico:

> Mio padre era un "perdapè". Perdipiedi. Così nella bassa Lomellina si chiamavano i piccoli fittavoli che lavorano la terra tante ore al giorno, perfino la domenica, con tale fatica da lasciarci i piedi consumati dentro la terra".
> […]
> si vantava di essere piemontese [e] aveva fatto sì e no la seconda elementare […] però sapeva leggere e scrivere. Aveva la passione e la curiosità di sapere.
> […]
> Lavorava in campagna come un dannato. Il primo a incominciare e l'ultimo a smettere. In estate, dalle stelle alle stelle. Nelle lunghe serate d'inverno si riposava.
> […]
> Mio padre aveva l'abitudine di fare bisboccia al sabato […] con i suoi amici discuteva di tutto, e, insieme, alzavano la voce e il gomito[471].

Il nonno era quindi un «fittavolo e coltivatore di verdure [e] aveva l'abitudine di girare col carretto per vendere gli ortaggi»[472]. Fo ebbe modo di sperimentare da vicino la creatività con cui operava gli innesti alle piante:

> Siamo capitati subito sotto un gran albero… era un susino, ma la cosa incredibile è che ad ogni ramo erano appese prugne diverse di forma e colore: gialle, rosse e blu. Mio nonno mi spiegava che quello era un "innesto plurimo". Era opera sua. Non avevo mai visto un portento simile! Sembrava come l'incantesimo di una favola […] Ho dato un morso ad una prugna scura, mi è schizzato sulla faccia un sugo rosso, profumatissimo; sono passato ad assaggiare le altre su diversi rami. La susina gialla era succosa e di un dolce delicato, quella rossa pareva immersa nel rosolio. Ce n'erano anche di grosse, gonfie, ma avevano un gusto amaro e aspro. Le più succulente erano quelle gialle a grappoli… piccole, con un nocciolo tenero che si poteva masticare[473].

Infatti era un esperto agrario, che aveva fatto dei veri e propri studi: «all'improvviso scoprivi che il suo orto era un'Accademia della scienza agraria. A parte gli innesti d'alberi, aveva realizzato matrimoni incredibili fra razze diverse di pomodori, peperoni e cetrioli»[474]. La sua competenza era nota persino negli atenei, tanto che la sua esperienza veniva sfruttata da un docente d'agraria che si presentava regolarmente con i propri allievi, «che seguivano incantati le lezioni pratiche che mio nonno impartiva infarcendole di variazioni comiche»[475].

La passione profonda per il lavoro e la terra assumono un valore ancora più grande se considerati in relazione al cambiamento di mentalità che andava imponendosi nella

---

[471] P. Rota Fo, *Il paese delle rane*, Torino, Einaudi, 1978, pp. 3-4.
[472] C. Valentini, *La storia di Dario Fo* cit., p. 20.
[473] D. Fo, *Il Paese dei Mezaràt* cit., p. 46.
[474] Ivi, p. 51.
[475] *Ibidem.*

gente nata in campagna. Sempre più persone si lasciavano alle spalle la vita agreste, con le sue fatiche e le sue privazioni, per dirigersi verso i centri urbani. Cosa inaccettabile per un uomo che credeva fermamente nella sua attività, e che vide il suo orgoglio ferito dai suoi stessi figli, presi anch'essi dal desiderio di "migrare"; Ad esempio il figlio Marcello, che voleva trasferirsi a Valenza per diventare un «raspaoro» contro la volontà del padre. Stesso discorso per Nino, il quale, giudicato dal suo maestro «sprecato per fare il contadino», ambiva a proseguire gli studi. Affermazione che scatenò l'ira del Bristìn:

> Mica ci vuole il cervello per fare il contadino… vi insegnano. Mica ci vuole una conoscenza… del sapere. Sugo di braccia e via. Saper leggere e scrivere e pensare, a che serve? Invece, sarà che io sono matto, ma la mia terra io sono bravo a farla fruttare, mica solo perché ci lavoro da bestia, ma perché ci faccio su il ragionamento, ci studio… e ci studiava anche mio padre e mio nonno… e ci studiano anche gli altri perdapè qui d'intorno[476].

Il suo, infatti, non era solo un mestiere «da sputarci sudore e sangue», anzi «a saperla lavorare bene, la terra, c'era da starci in piedi con dignità. Aveva un orgoglio quasi fanatico di essere contadino»:

> Chi ha inventato la ruota? Imbecilli! se non il contadino, lui che ne aveva bisogno? […] Lui è stato il primo fabbro [;] noi siamo stati tutto, e per primi: muratori, canalatori, barcaioli, cavatori, minatori [.] Chi ha imparato a leggere per primo le lune per le semine? Chi ha scoperto, per fame, che le rane e le lumache e i ricci si potevano mangiare? I signori? I preti? No, a loro gli facevano schifo[477].

Ma oltre allo spirito critico e polemico, il nonno dimostrava una capacità innata di raccontare storie paradossali e grottesche: era un intrattenitore eccezionale. Le descrizioni di Pina Rota ci consentono di avere un profilo piuttosto preciso di suo padre e del suo modo di comunicare vario e composito, in verità molto simile a quello che, decenni dopo avrebbe reso celebre il nipote:

> Quando mio padre raccontava della sua famiglia faceva la voce del cantastorie: solenne, faceva commenti da buffo. Noi si stava ad ascoltarlo allocchiti […] Mio padre approfittava d'ogni occasione per raccontare storie, storie vere e storie inventate. A tavola, in inverno, intorno alla grande stufa beveva e tirava fuori racconti che ci facevano spavento e poi ridere a sganasciarci quasi come liberazione[478].

Una storia, ad esempio, che veniva spesso ascoltata con piacere, era quella dei preti di un'abbazia del Monferrato e del loro rapporto conflittuale con i contadini locali:

> Questi preti di notte andavano sul campanile e piazzavano delle lanterne magiche così da proiettare delle spaventose ombre cinesi sui muri bianchi di calce delle case del

---

[476] P. Rota Fo, *Il paese delle rane* cit., p. 73.
[477] Ivi, p. 62.
[478] Ivi, p. 10.

> borgo. Facevano girare le lanterne: le ombre si agitavano come fantasmi. I contadini che uscivano dall'osteria urlavano per il terrore e se la davano a gambe, e non si arrischiavano più a uscire la notte. I preti, sul campanile, si facevano matte risate.
> Gli osti, che stavano andando in malora, scoprirono il trucco, riempirono la base del campanile con un carro di fascine e gli diedero fuoco. I preti, abbrustoliti lassù, suonarono le campane a martello. Furono salvati per miracolo. Le osterie ricominciarono a funzionare come prima: la gente a bere e a cantare, i preti a restare a cantare chiusi in abbazia[479].

Oppure si analizzi il seguente sproloquio al matrimonio della figlia Tina con un calzolaio di Vigevano, in cui il fabulatore va "a braccio", segue il flusso dei suoi pensieri contingenti grazie all'eccezionale agilità mentale – o forse solo perché era «ciucco-tradito» – e ribadisce il suo attaccamento, violato dai figli, alla terra e alle tradizioni:

> A Vigevano fanno le più belle scarpe del mondo, ma le più belle scarpe, a me, le ha fatte la mia figliola. Evviva mia figlia Tina, anzi Clementina… clemente come il tempo di giugno quando grandina da buttare in terra il grano! Evviva la sposa ciabattina, che lei ci ha gusto a picchiare col ferro sul cuoio, e sulla pelle… e anche sulle ossa. Io ci avevo speranza che sposasse un contadino, per farmi un regalo, e invece con un colpo di bacchetta quel contadino, così bravo, me l'ha trasformato in «bagatto»! Bagatto che poi sarebbe il ciabattino. Nel gioco dei tarocchi il «bagatto» è una carta pigliatutto. Perché bagatto è il matto, lo «stroligo». Il bagatto è anche il diavolo. E mia figlia è andata al diavolo! Ma mica ce l'ho mandata io al diavolo. Da sola c'è andata! Tutti i miei figli se ne vanno al diavolo… e io resto solo con Maria! Mia moglie si chiama Maria. Da ragazza la chiamavano la Bella Maria! E io la chiamo la Santa Maria! Santa Maria ha fatto i figli al diavolo![480]

È evidente che la sua loquela spassosa e originale si rivelasse vincente per i suoi commerci, specie quando «andava […] a vendere in paese e soprattutto nelle fattorie e nei cascinali della zona»[481]. I giorni di vacanza del piccolo Dario, ammesso ad assistere allo spettacolo straordinario della vendita che il nonno realizzava con toni da perfetto imbonitore, assumevano perciò la forma di una ineguagliabile lezione di teatro all'improvviso.

Il vecchio verduraio sapeva perfettamente come colpire la clientela, grazie ad anni di esperienza e alla confidenza che aveva ormai instaurato con quello che era il suo pubblico. Innanzi tutto, introduceva il commercio vero e proprio instaurando un contatto il più possibile diretto e confidenziale con le donne avvicinatesi al suo carretto:

> Lui le saluta tutte per nome e per ognuna ha una battuta complimentosa o ironica, sempre con uno sfondo di bonario sfottò. Le provoca chiedendo dei mariti, dei morosi e subito inventa lazzi sui loro rapporti, il tutto gettando in aria e riprendendo al volo da autentico giocoliere legumi e verdure. Io allora non afferravo certo la tempesta di

---

479 *Ibidem.*

480 Ivi, p. 70.

481 D. Fo, *Il Paese dei Mezaràt* cit., p. 47.

> allusioni sessuali, spesso oscene, che il nonno scaraventava intorno con il far trombolare zucchini, enormi carote e cetrioli tempestati di bernoccoli… il tutto provocando grasse risate con esplosioni in falsetto e vere e proprie crisi di ridarola[482].

Le clienti si spanciavano[483] letteralmente e, così ben disposte, potevano acquistare con calma le primizie in vendita a cui l'esperto commerciante «aggiungeva sempre qualcosa in più: una manciata di carote, del rosmarino, una grande zucca o un fiore, inventando spesso dichiarazioni d'amore paradossali, ma sempre con qualche tocco poetico»[484].

«Il rito della vendita con farsa si ripeteva per tutto il "percorso mercatale"», sempre in mezzo a una folla festante di massaie soddisfatte sia per i prodotti, sia per il sollazzo procurato dallo spettacolo.

Una delle grandi qualità fabulatorie del nonno era quella di saper approfittare delle situazioni per marcare ulteriormente i contenuti comici del discorso; in questo senso, la presenza del nipote, si tramutava nell'espediente ideale per improvvisare un racconto:

> Le donne chiedevano chi fosse quel ragazzino e lui faceva tutta una pantomima da stupito come se mi scoprisse lassù in quell'attimo: "Non so chi sia e da dove sia spuntato 'sto marmocchio!" sbottava. "Qualche ora fa una donna me l'ha ammollato dicendo che è sangue del mio sangue! Il padre è uno dei miei cinque figli maschi, la giovinotta non si ricorda quale. "Ma dove? Come? Quando è successo?, le chiedo io. E la ragazza mi fa: È capitato nei boschi sotto Po… stavo andando lungo l'argine a raccoglier funghi: pioppaioli e galletti. All'istante, oh tu guarda che fortuna!, scorgo un castolazzo ritto e sodo. Un porcinotto! Vado golosa per raccoglierlo, batto la fronte su un braccio di pioppo… un botto che mi fa piegare le ginocchia e cado seduta, infilzata dal fungo castolazzo. Mi becca una vampata dal basso fino al cervello. Dio che sbirola! Sono rimasta come imbesuita. Sento un gran gemito e davanti ai miei occhi, dall'erba fitta, spunta all'improvviso una faccia e poi le spalle col busto. Dietro alle mie natiche scopro due cosce con le gambe: 'Santo cielo, un fungo nato da un uomo!' Il ragazzo dal fungo-infilza-femmine respira e geme ripetendo: 'Grazie, grazie bella figliola!'. E io: 'Che ci fai qui tu, sotterrato in mezzo a 'sta verzura?'. 'Mi ero sguazzato nel fiume e mi ero coperto di foglie perché mi asciugassero… stavo dormendo e quando tu di schianto ti sei infilzata nel mio frullo, mi sono sentito svenire…'. 'E se mi hai messo incinta?' 'Vuol dire che lo chiameremo Porcino!' Io mi son distciuccata [*sic*] con rabbia da quel birolo, racconta la ragazza ho tirato fuori dalla mia sacca il falcetto e ho gridato: 'Va bene! Io ti regalo un figlio, ma mi porto via il fungo!' e così con una ranzata secca l'ho mozzato[485].

E a quel punto mostrava alla clientela «un füng feré ritto e rubizzo» la cui "funzione reale" era ormai palese a tutte: «"non lo vendo, ma ve lo posso affittare una settimana a testa. Piantatelo nel bosco e inciampateci sopra quando e come volete!"»[486].

---

482 Ivi, pp. 48-49.

483 «"Oh dio, basta Bristin!" supplicava un donnone tenendosi il ventre "Me la faccio addosso!" e così dicendo, afferrava le sottane sventolandole e scopriva sul selciato un lungo rivolo di pipì» (*Ibidem*).

484 *Ibidem*.

485 Ivi, pp. 49-50.

486 *Ibidem*.

Una *performance* da imbonitore navigato e competente, agile nel giocare tutte le carte per ottimizzare la vendita. Egli sapeva sempre come rivolgersi ai passanti e cosa raccontare loro e, soprattutto, era consapevole della propria carica umoristica, tanto apprezzata dalla clientela. In sostanza, il Bristìn concentrava in sé i caratteri degli ambulanti analizzati da Bogatyrëv[487]; in più, dimostrava qualità attoriali non comuni, non per niente era secondo cugino del grande Ruggero Ruggeri! Eppure, nonostante questa parentela illustre, Pina Rota lo descrive tutt'altro che tenero, addirittura sarcastico, nei confronti del celebre attore:

> Ma cos'è 'sto grande attore, uno che dice a memoria le parole che gli ha scritto un altro! Uno che fa un gran gridare, e poi lamentarsi e sbrodolarsi addosso parole, e viene dentro, e poi attraversa la stanza e poi dice: adesso vado fuori, e invece trova tutte le scuse per stare lì a contarla su. Poi va in bestia, ammazza un parente, dice che è colpa del «fato» [...] alla fine si becca una coltellata che gli spacca il cuore, ma vigliacco se muore subito [...] e fra un rantolo e l'altro te la rimena con tutta la storia della sua vita, che quando finalmente tira gli ultimi, batti le mani per la soddisfazione, ché speri che sia morto davvero![488]

E come per dare una motivazione al suo giudizio critico, il Bristìn annuncia di aver visto recitare Ruggeri ad Alessandria:

> Era vestito che pareva il vecchio cameriere della contessa qui al castello: tutto di nero con le calze da donna. Parlava tutto dentro il naso come ci avesse la carne crescente, andava su di testa come se cantasse, e poi di colpo parlava sottovoce che non si sentiva più. Poi tutto in fretta senza prender fiato un mucchio di parole strampalate da matto [...] entravano degli altri attori [,] andavano fuori di brutto e alla fine qualcuno ci restava accoppato. Venivano dentro le donne [,] se la prendevano una con l'altra e poi facevano la pace. [Poi tutti] s'accoppavano che neanche al macello del consorzio. Alla fine in piedi non ce ne restava più uno: credo che abbiano fatto fuori anche il suggeritore e quello che stava alla porta a stracciare i biglietti[489].

Ritengo che la presa di posizione nei confronti di un certo tipo di teatro, più che finalizzata a indispettire la moglie che appariva tutta lusingata, era il risultato dello scontro tra il suo animo fiero di contadino e il comportamento dei figli che, oltre ad abbandonare i campi, preferivano "coltivare" altri interessi. Per esempio i figli Nino e Amelio suonavano in una orchestrina di amici e il padre sghignazzava con soddisfazione: «ma dove sta andando il mondo!? Non c'è più religione: la gente non sta più al proprio posto! Se anche 'sti bifolchi rozzi si mettono a fare gli artisti musicanti... e credono di averci l'animo poetico come i signori, dove andremo a finire?»[490]. E per rimarcare il concetto: «ci abbiamo qui la casa piena di artisti, di geni. Tanto che, fra poco, io chiudo baracca qua alla cascina, metto su un bel carrozzone e

---

487 Cfr. cap. 3.5.1.

488 P. Rota Fo, *Il paese delle rane* cit., p. 80.

489 Ivi, pp. 81-82.

490 Ivi, p. 75.

vado in giro per le fiere a far vedere i miei figli fenomeni alla gente… e poi faccio il giro col piattino»[491].

C'è però un'altra chiave di lettura: il nonno manifesta l'avversione per il recitare affettato, di maniera, lo stesso che il Fo regista aborrisce:

> Un'altra cosa deleteria del fare regia è il ridurre a cantilena gli attori, per esempio come recitano gli attori di Luca Ronconi, con queste strascicate assurde e cantilene orrende […] Non si segue più il significato del discorso che va facendo l'attore, ma solo quello delle atmosfere, delle emozioni, dei suoni per se stessi[492].

«Non è da credere che tutti i grandi attori abbiano o avessero delle belle voci» – precisa – «basti pensare a Ricci, a Ruggero Ruggeri, non parliamo di Petrolini, che possedevano voci nasali, con pochissimi suoni gravi»[493]. Spesso erano vittime del "birignao",

> un termine gergale che indica quel recitare lagnoso, zeppo di saliscendi contratti e stucchevoli, classico di una buona mappata di attori e attrici del teatro fine. Quando da ragazzo ho debuttato in teatro, mi sono imbattuto in decine di attori caratterizzati da quelle cadenze in birignao. Le loro sdrucciolate mi si appiccicavano alle orecchie come carta moschicida[494].

Si vede qui un primo influsso ideologico sul nipote, che, stando alle descrizioni che ricaviamo, ha subito non poco l'ascendente del nonno, ben oltre le semplici tecniche di fabulazione.

Per cui se è vero che, nonostante non fosse particolarmente attirato da quella terra piatta e infestata da nugoli di insetti che era la Lomellina, Fo amava trascorrere dai nonni le vacanze e «passava le giornate a girare con il nonno per le aie, curiosissimo di ascoltare con le sue orecchie le gran tirate (in genere racconti fantastico-osceni) che facevano arrossire e ridere il crocchio delle contadine», allo stesso tempo si incuriosiva e apprendeva dalle «allusioni ai miti del ventennio, come il "posto al sole" da conquistarsi nella guerra d'Africa, che nella metafora del racconto era sempre il sedere»[495].

Anzi Dario è arrivato al punto di affermare che l'attività principale del nonno non fosse la produzione e vendita di ortaggi e affini, bensì il trasmettere agli altri le proprie convinzioni ideologiche[496]. La sua esuberante capacità espositiva, assieme alla genuina sincerità, lo rendevano capace di esprimere con coraggio e originalità il suo pensiero, condensato talvolta in vere e proprie massime:

---

491 Ivi, p. 79.

492 D. Fo, *Dialogo provocatorio* cit., p. 50.

493 D. Fo, *Manuale minimo* cit., p. 243.

494 Ivi, p. 245.

495 C. Valentini, *La storia di Dario Fo* cit., p. 20.

496 Il nonno «andava in giro a vendere la propria merce, ma non parlava mai che di sfuggita degli ortaggi… il trattare di un melograno o di un cocomero era solo un pretesto» (D. Fo cit. in L. Allegri. *Dialogo provocatorio* cit., p. 25).

> Le cose più inutili e stupide di questo mondo sono spalare la neve e uccidere la gente: la neve va via da sola, l'uomo muore da solo. La neve calpestata fa il pantano che è marcio sano, l'uomo se lo lasci campare può darsi che anche da vecchio faccia del buono, meglio di quando era giovane, se lo ammazzi prima del tempo fa solo strame[497].

Comunque, da eccelso comunicatore quale era, al di là degli scopi reclamistici o polemici, amava più di ogni altra cosa raccontare: esattamente ciò che succedeva durante le riunioni familiari con tutti i figli sposati e i nipotini che andavano in barca, facevano il bagno, si arrampicavano per raccogliere le frutta e, soprattutto, ascoltavano le sue favole strampalate, in apparenza "regolari", ma spesso profonde.

«C'era una volta un re che non aveva figli; la regina, sua moglie, era triste perché, per quanto ne facesse di tutti i colori non riusciva ad averne». Provarono di tutto per risolvere il problema; purtroppo, invece di far figli, la regina «vedeva gonfiarsi la pancia ogni giorno e poi andava di corpo di continuo», il che creava un estremo imbarazzo durante le visite ufficiali che rischiavano di tramutarsi in baruffe esagerate per via delle disgustose flatulenze. Il re propose allora al buffone di corte di intervenire in difesa della regina autoaccusandosi dei vari «prott-prott». Il buffone, tuttavia, ebbe un'idea migliore: procurarsi una scimmietta da legare al trono della regina e su cui scaricare tutte le colpe. Purtroppo «si sa che le scimmie hanno il vizio di copiare sempre gli uomini e le donne in tutto quello che fanno, così la prima volta che la regina fece prott-prott anche lei col sedere fece prott, prott… ma un prott-prott molto più piccolo di quelli che faceva la regina». Tutti si accorsero della differenza tra i due suoni e, nel tentativo di imitare il peto «grosso e rotondo» che avevano sentito, se la fecero addosso, e poi si misero a ridere, sempre di più, sempre di più «e giù cacca dappertutto, cacca di tutti i tipi e forme e colori che cresceva e cresceva nel salone…». La conclusione: «annegarono tutti ridendo a crepapelle. E da quel giorno vissero eternamente felici», i contadini naturalmente, dato che, morti i nobili, le guardie, e i prelati, «hanno cominciato a vivere eternamente felici, ché non dovevano più mantenerli a sbafo, quei pelandroni!»[498].

> Ma ai bambini 'ste storie strampalate non piacevano proprio per niente, e se ne andavano di corsa a lamentarsi dalle mamme che il nonno raccontava sempre delle favole che prima cominciavano da ridere ma che poi finivano sempre da piangere, tutti morti, senza neanche un principe che venisse a risvegliare il re, le regine e le principesse con un bacio… come nella bella addormentata. D'altra parte come si poteva pretendere che un principe baciasse della gente, se pur nobile, impanata nella cacca!?[499]

Furono racconti come il precedente, carichi di umorismo, magari un po' sconcio, ma contenente una critica decisa, a catturare l'attenzione del piccolo Dario. Ma è evidente che non furono solo la forma e le tecniche di quella fabulazione a plasmare lo spirito critico e artistico del nipote-discepolo; soprattutto la forte personalità, che stava dietro allo stile provocatorio e ai contenuti polemici, ebbe un ascendente importante.

---

[497] P. Rota Fo, *Il paese delle rane* cit., p. 52.
[498] Cfr. ivi, pp. 96-99.
[499] Ivi, p. 100.

Il nonno, nella sua originalità, incarnava gli ideali di cui Fo si sarebbe fatto portatore decenni dopo, specie l'ostilità verso le istituzioni laiche ed ecclesiastiche, sintetizzabile nella formula «capitalismo, vaticano e fascismo, ecco svelato il gran segreto della trinità»[500].
Bristìn dimostrava una tendenza animista («d'anima ce l'hanno perfino le carote»[501]), frutto del suo legame viscerale con la terra e del devoto rispetto che nutriva per la sua professione; ma era soprattutto un ateo convinto e feroce, contrario ai «preti con in testa i vescovi e i cardinali che rimettono tutto a posto come prima» e che esigono obbedienza, pena una «bella scomunica», da parte dei cristiani che «parlano di comunismo dei beni»:

> Dio è stato inventato dagli uomini a loro immagine e somiglianza. E siccome gli uomini sono sì le bestie più intelligenti del creato, ma sono anche le più montate e pazze... t'hanno inventato un dio montato e pazzo come loro... se non peggio: che infatti, 'sto dio, prima ti crea l'uomo e lo fa immortale, la donna non si sa, poi gli combina la trappola della mela proibita e lo sbatte fuori [...] e li fa diventare mortali... li riempie di malattie e gli crea il problema della fame. Poi si accorge di aver esagerato e manda giù suo figlio a rimediare un po' il disastro, [...] lo sbatte in croce [...] e manco si dà la pena di affacciarsi un attimo fra le nuvole a vedere come va[502].

Per trovare una motivazione del suo pensiero, non dobbiamo dimenticare la sua professione di perdapè, «d'ultimo livello, il più basso nella categoria dei contadini: sono i fittavoli che hanno diritto di ritirare quel che resta del raccolto solo dopo che il padrone s'è presa la sua parte fissa... e sa l'annata va a schifo, crepano»[503]. Proprio per questa ragione sosteneva che «il lavoro è una maledizione se è fatto per gli altri, chi lavora per conto suo, per lui diventa un gran contento»[504], e di conseguenza provava avversione verso la Chiesa e i potenti:

> La Bibbia e i preti mica ce l'hanno raccontata giusta la storia della cacciata: il fatto vero è che quando il padreterno ha scoperto Adamo e l'Eva che gli fregavano le mele proibite, come castigo, mica li ha scacciati soltanto, ma per giunta gli ha mandato giù i padroni. Quello è stato il vero gran castigo![505]

Reputo degna di menzione la precedente affermazione, considerato che propone due chiavi di lettura molto interessanti, tra cui è difficile stabilire quale sia l'ipotesi corretta: i riferimenti biblici possono essere intese come retaggio della tradizione popolare che rivisita le Sacre Scritture in chiave socio-politica; oppure come personale invenzione dell'estro vulcanico del nonno di Fo.

Persino la morte fu lucida e coerente, affrontata, nonostante la sofferenza, con quella punta di beffarda ironia che ne aveva caratterizzato il personaggio per tutta la

---

500 Ivi, p. 92.
501 Ivi., p. 90.
502 Ivi, pp. 91-92.
503 D. Fo, *Il Paese dei Mezaràt* cit., p. 179.
504 P. Rota Fo, *Il paese delle rane* cit., p. 58.
505 Ivi, p. 86.

vita e che, tramite la figlia Pina, si è trasferita al nipote-seguace, costruttore a sua volta di novelle e aneddoti eccezionali.
La figlia Tina, rifugiatasi nella religione dopo la morte del marito, insisteva affinché il padre ricevesse l'estrema unzione. Così convocò, contro la sua volontà e a sua insaputa, il prete.
Accortosi dell'inghippo, il genitore si fece dare il cappello («come un guerriero antico con l'elmo in testa, acquistava coraggio. Con quel gesto si era ripreso dalla commozione, se commozione era. Io lo ritenni un gesto di scherno»[506]). Si presentò così agli ospiti inattesi con «un'espressione viva; di ironia, quasi stesse recitando la finta parte del moribondo». Si mostrò stizzito col prete e lo intimò di non dargli del "tu", visto che non c'era mai stata molta confidenza. Iniziò ugualmente il rito sacro ma «alla parola "inferos" papà alzò svelto una mano come per arrestare l'aspergis, disse tutto d'un fiato senza che nessuno avesse il tempo di riprendersi. – La smetta… la smetta… non credo io! […] Loro lo fanno per mestiere, vendono quello che non hanno, vendono l'aria, agli ignoranti la vendono… imbrogli…»[507]. «Anche negli ultimi istanti di vita» – commenta Fulvio Fo – «fu un personaggio strepitoso, che non amava i preti e preferì andarsene senza di loro, canticchiando una canzoncina, come ha scritto mia madre»[508].

Certamente dalla nostra analisi emerge un provocatore straordinario, abilissimo nel suscitare le reazioni volute nell'uditorio: lo sghignazzo dei ragazzi, il pianto di rabbia della moglie, la gaudiosa propensione all'acquisto. Un uomo che sapeva giocare con le parole in modo accattivante ed efficace, mascherando il fine del discorso per sorprendere l'uditore, per poi palesarlo coerentemente con la sua linea di pensiero.

Bristìn dichiarava: «ci hanno abituati a guardare la verità capovolta come quello che guardava solo le stelle la luna e il sole dentro lo stagno e così credeva che i pesci stessero fra i rami degli alberi e gli uccelli sott'acqua»[509]. Suona come un grido d'allarme, un invito a reagire ai soprusi. Il vecchio contadino ha trasmesso questo messaggio, a volte scurrile, a volte blasfemo, al nipote che ne ha trasposto con successo il valore nella sua carriera teatrale.

4.6. *Le grand pastiche*

Una delle caratteristiche di Fo è l'imprevedibilità, nel senso che non è possibile individuare definitivamente il confine tra invenzione e realtà nelle sue dichiarazioni, che quindi devono essere accettate con un sano scetticismo e con un rigore non eccessivo.

Spesso, infatti, alcuni concetti sono imprecisi o espressi con sufficienza perché i particolari non li ritiene degni di grande interesse, a differenza del messaggio, il succo

---

506 Ivi, p. 123.
507 Ivi, pp. 124-125.
508 Intervista telefonica a F. Fo del 15/05/2003. La canzone faceva: "Faccia piano signor professore / con quei ferri da macellaio…" (cfr. P. Rota Fo, op. cit., p. 127).
509 Ivi, p. 92.

di ciò che vuole dire, la finalità con cui parla o scrive. E perciò la dinamica e gli elementi costitutivi della vicenda si piegano alle sue finalità. Durante la presentazione della sua autobiografia a Porto Valtravaglia, lui stesso ha ammesso di aver creato un po' di scalpore per aver assegnato ad un bar della sua infanzia un nome inventato; di fronte alle timide proteste, non ha argomentato le sue parole con la dimenticanza, o la confusione dovute alla lontananza nel tempo dei fatti descritti, semplicemente ha ribattuto: «mi è venuto fuori, chissà perché "Garibaldi", ma certo... era "Bar Milano"»[510]. «Chissà perché», tradotto, significa "non è fondamentale il nome del bar", perché Fo è un creativo, scrive quasi di getto. Non gli importa la documentazione rigorosa (es. "Garibaldi" invece di "Milano"). È la stessa ragione per cui, nel testo, riferendosi alla morte del padre, scrive che avvenne «nei primi mesi del 1987»[511], mentre accadde il 31 dicembre 1986[512].

Per districarsi nei meandri delle affermazioni di Fo è necessario aver presente il corretto suggerimento di Anna Barsotti, secondo cui «la biografia [...] dev'essere affrontata [...] come un *pastiche* in cui realtà, ricordo, invenzione e deformazione che tende al fantastico si intrecciano così da riuscire impossibile separarli»[513].

Ad ulteriore corredo della tesi appena esposta, propongo due casi.

Il primo si riferisce alla presunta chiaroveggenza della madre, descritta da Fo in *Il paese dei Mezaràt* e riportata testé avanti:

> "Ecco, qui su questa sedia c'ero io, invece mia nonna si era seduta lì, sul letto, vicino al bambino. Sorridendo mi ha detto: 'Pinin... Pinin, sono io... non ti preoccupare... smettila di piangere. Tra poco arriva un dottore che ha una gran testa, un professore chirurgo... arriva in moto e te lo tira fuori in quattro e quattr'otto il tuo fiulin!'"[514].

Ebbene, poiché ho avuto modo di visionare una bozza del libro[515], ho notato che, nella prima versione del testo, tutto coincideva eccetto la previsione dall'aldilà che non proveniva dalla nonna di Pina Rota, ma dalla madre! Perciò, o Fo ha semplicemente corretto nella trascrizione definitiva un particolare errato della sua memoria, oppure, in quanto invenzione letteraria, ha potuto rimaneggiarla a piacere. La seconda possibilità ci suggerisce come debbano essere interpretate le "storie dei fabulatori" che, come vedremo, compaiono sulla bocca di Fo con diverse varianti.

Ma se in questo caso la nascita dei sospetti era definita dalla stessa materia – si converrà che l'esistenza di fenomeni paranormali sia sempre opinabile – il secondo esempio è più esplicativo. Si considerino le seguenti parole pronunciate dal nonno Bristìn:

> La terra è del padrone, ma non da sempre. Lui, il padrone, si è inventato da solo, e poi s'è fatto benedire dai preti. Il primo padrone è stato uno che si era svegliato presto al mattino quando la terra era ancora di nessuno, è andato a piantare i paletti-

---

510 D. Fo alla presentazione de *Il paese dei Mezaràt* a Porto Valtravaglia, 02/02/2003.
511 D. Fo, *Il paese dei Mezaràt* cit., p. 193.
512 Cfr. F. Fo, *Pescatore di sogni* cit., p. 123.
513 A. Barsotti, *Eduardo & Fo (Eduardo visto da Fo)* cit., p. 52.
514 D. Fo, *Il Paese dei Mezaràt* cit., p. 43.
515 Cfr. cap. 4.2., nota 23.

> segnapertiche: "Da qui a qui è mio, da là a qua è ancora tutto mio: Dio me l'ha data guai a chi me la tocca, ci ho il contratto firmato proprio da Dio, con la croce! Guarda qui! E se tu vuoi campare lavora la mia terra, per Dio"[516].

Concetto e parole, «la terra è di chi la lavora», sono molto simili a quelle pronunciate nel Medioevo da un certo Segalello (o Segarello) da Parma, un frate che predicava la povertà della Chiesa e provocava i contadini, di cui Fo si è occupato nel suo *Mistero buffo*:

> Segarello era un grandissimo predicatore e un provocatore straordinario, pieno d'umorismo e di fantasia [:] "Contadino, stai sotto il sole dall'alba, la tua gioia è grande e la soddisfazione di essere la prima rugiada per la terra che tu fai generare! Tu sei la nostra vita! Ma adesso smettila di lavorare [...] che c'è il sole a picco, vai sotto un albero, riposati, se no ti viene il coccolone"[517].

Ma il contadino, sebbene il frate giudichi sufficiente la terra per sfamare lui, la famiglia e gli amici, dice che deve lavorare per il padrone:

> "Quale padrone – risponde Segarello – ho letto il Vangelo e la Bibbia e non ho mai sentito dire che Gesù Cristo e il Padreterno abbiano distribuito mai un pezzo di terra a qualcuno piuttosto che a un altro [.] Coglione di un contadino! Ma non hai ancora capito, il padrone è furbo e veloce... è arrivato lui per primo, ha segnato [...] Tutto è mio: Dio me l'ha dato... Guai a chi me lo tocca! Ho il contratto firmato da Dio... sai leggere tu? E allora cosa vieni a cercare!?"[518].

È sospetto che la stessa ideologia, per giunta con le medesime parole, sia frutto dell'ingegno del frate Segarello e del nonno di Fo. Michele Straniero, che in *Giullari & Fo* ha prestato attenzione alle «impuntature del teorico» Fo, mostra inoltre un'imperfezione:

> Gherardo Segarelli, respinto dall'ordine francescano, fondò una confraternita evangelica detta dei "fratelli (e sorelle) apostolici". Questo nome [...] non dice molto a Fo, il quale preferisce il più focoso (ma non attestato) "comunitardi", un ingegnoso ibrido – teatralmente efficace – di "comunitari" e "comunardi", che gli consente di assumere il gruppo pauperistico di Segarello e Dolcino nell'empireo del mito marxista-leninista-maoista[519].

---

516 P. Rota Fo, *Il paese delle rane* cit., p. 57.
517 Ediz. TV del 1977, cit.
518 *Ibidem*. Nel testo scritto la versione è leggermente più sintetica: «"Vangate la terra? Lavorate! E di chi è la terra? Vostra, immagino! No? Non è vostra? Ma come! Voi lavorate la terra e... Ma ne avete un profitto?! Che profitto? Ah... una percentuale così bassa? E come, tutto il resto se lo tiene il padrone? Il padrone di che cosa! Della terra? Ah ah ah! C'è un padrone della terra? Voi credete davvero che sulla Bibbia il tal appezzamento di terra sia assegnato al tal dei tali... Cretini! Deficienti! La terra è vostra: loro se la sono fregata, e poi l'han data da lavorare a voi. La terra è di chi la lavora: chiaro?!"» (D. Fo, *Mistero buffo* cit., pp. 107-108).
519 M. L. Straniero, *Giullari & Fo* cit., p. 138. Nelle enciclopedie «UTET» del 1972 e «Treccani» del 1993 ho trovato lo stesso riscontro.

In sintesi, valutando la questione, emerge che gli stessi concetti presenti in *Mistero buffo*, la cui prima edizione è dell'autunno 1969, e nell'edizione televisiva del 1977, appaiono, un anno dopo nel libro della madre.
Cosa se ne deduce?
Questo è il «*pastiche*»!

A parte le giuste perplessità, nulla toglie che i membri della famiglia abbiano svolto tutti un ruolo fondamentale per la carriera di Dario Fo. L'esempio del padre, le esortazioni della madre, il contributo artistico dei fratelli e il diverso, ma complementare, apporto dei nonni[520], sono stati metabolizzati con successo e trasfusi nella passione per il teatro.

---

[520] Gli insegnamenti dei nonni hanno ispirato Dario in modo diverso, ma ugualmente significativo. Se accostiamo metaforicamente l'influsso dei due avi all'interesse per il teatrino dei burattini della sua infanzia, diciamo che dal nonno paterno ha colto la capacità di intagliare i burattini; da quello materno la capacità di farli recitare: sono le due anime, pratica e teorica, che convergono nelle manifestazioni artistiche del nipote.

5. Le prime stazioni

> Io sono nato a Sangiano, però ho vissuto fra Luino, Porto Valtravaglia, Pino, Tronzano; Zenna... conosco quindi tutta la costa settentrionale del lago... È logico che a Pino vi fossero pescatori e contrabbandieri, come del resto a Luino... a Porto Valtravaglia, c'erano molti pescatori, soffiatori di vetro, poi ancora contrabbandieri (da Muceno, Musadino, Bedero Valtravaglia...)[521].

L'infanzia di Fo è stata un continuo peregrinare lungo la strada ferrata che corre parallela al Lago Maggiore, a causa dei trasferimenti per motivi di lavoro del padre. Fo ricorda quegli anni come una continua «fuga in Egitto». Il giovane Dario, perciò, è stato da subito a contatto con entità eterogee e ugualmente significative per la sua esperienza, «luoghi diversi, ma un medesimo ambiente culturale»[522]. Commenta la Valentini:

> In tutti questi paesi, lontani fra di loro pochi chilometri, l'ambiente era sempre lo stesso: famiglie senza uomini per la grande emigrazione (anche il padre di Fo, da giovane, aveva fatto il muratore in Francia e in Germania), gran traffici legati al contrabbando, velate complicità, arricchimenti, improvvise sparizioni e soggiorni in galera[523].

Grazie all'innata espansività e alla vivace curiosità che lo portava a interrogarsi sul mondo che lo circondava, gli ambienti stimolanti e la movimentata vita di quei primi anni sono serviti, come lui stesso ha dichiarato più volte, a costruire l'artista Fo. Con la complicità della sorte che l'ha marchiato fin dalla nascita, come ha raccontato lui stesso: «sono nato con la camicia [,] cioè sono uscito tutto avvolto nella placenta di mia madre. Un segnale che nelle antiche tradizioni lacustri è di ottimo auspicio»[524].

---

521 *Intervista a Dario Fo e Franca Rame, Paolo Sciotto, Carlo Barsotti*, a cura di B. Campagnani – F. Salvi, «Nisba», Numero unico di cultura locale, dicembre 1977, p. 2.

522 R. Nepoti – M. Cappa, *Dario Fo*, Roma, Gremese Editore, 1997, p. 19.

523 C. Valentini, *La storia di Dario Fo* cit., p. 19. Al lei si deve anche la definizione "fuga in Egitto".

524 D. Fo, *Il Paese dei Mezaràt* cit., p. 11. In realtà, non si tratterebbe in questo caso di una tradizione tipica della zona, anzi, è un detto diffusissimo. C'è un altro aneddoto che riguarda Fo e i nati con la camicia, raccontato dalla madre Pina Rota e riguardante il carnevale in Lomellina: «Mio padre ci raccontava che ai suoi tempi, in testa alla mascherata [...] c'era sempre un ragazzo con dei pezzi di stoffa azzurri a fargli da mantello e con in mano una canna lunga e sottile. Quello era il "nato con la camicia" che apriva la festa. Si chiamavano così quelli che erano venuti fuori dal ventre delle loro madri ancora avvolti nella placenta. La placenta era la camicia. Si diceva che quei "nati" portavano gran fortuna alla famiglia e a tutto il cascinale». Essi davano vita ai propri doppi, i "beneandanti" che «urlando col rumore del vento per i campi e agitando stoppie accese di finocchio selvatico [...] saltavano addosso ai "malandanti" («spiriti maligni che scendevano dalla luna piena a gelare i germogli sugli alberi e i primuli appena spuntati nei campi e a portar micragna»") che percossi dal fuoco si scioglievano in una gran nebbia» (P. Rota Fo, *Il paese delle rane* cit., p. 47). È quindi probabile che Fo abbia estrapolato un elemento della tradizione contadina e l'abbia impiantato nel luogo della sua infanzia, secondo uno schema che, vedremo, è piuttosto consueto.

5.1. Sangiano

> Tanto per cominciare, io devo dire grazie a mia madre, che ha scelto di partorirmi a San Giano, quasi a ridosso del Lago Maggiore. Sotto la rocca si son scoperti reperti di un tempio romano dedicato a Giano bifronte, dio della guerra, ma guarda caso grande protettore dei fabulatores comicos[525]. In verità non è stata mia madre a scegliere, ma le Ferrovie dello Stato che hanno deciso di spedire mio padre a prestare servizio in quella stazione. Sì, mio padre era un capostazione, se pure avventizio. La fermata di San Giano era così poco importante che spesso i macchinisti la sorpassavano senza manco accorgersene[526].

Fu un caso. Sangiano – così il nome appare scritto nelle cronache più recenti – ha dato i natali a uno dei più grandi uomini di teatro italiani solo in virtù di una decisione del fato. Egli sarebbe potuto nascere in uno qualunque degli altri paesi situati sulla linea Gallarate-Luino-Confine Elvetico, invece vide i primi giorni in un «paesino che conta poco più di milleduecento abitanti, situato ad una ventina di chilometri da Varese, sovrastato da un monte da cui «è possibile godere di uno spettacolare panorama che spazia sul bacino centrale del Lago Maggiore» [527].

Fo deriva senza esitazione il nome di quel piccolo paese dal dio romano del passaggio, della soglia e dell'inizio di ogni cosa: Giano. In realtà, ad un'analisi meno superficiale, l'etimologia è molto più controversa e il toponimo presenta due possibili origini: «quella meno probabile lo farebbe risalire alla divinità romana Giano Bifronte, mentre quella più accreditata, confermata anche dalle testimonianze più antiche dove il paese è conosciuto come "Sangiuan", farebbe riferimento alla presenza di un antico edificio dedicato a San Giovanni»[528].

Ma nel novero delle possibilità trova spazio anche la leggenda: «si narra infatti che diversi secoli fa, sull'altura che sovrasta Laveno, sorgesse un maniero abitato da una dama (che altri non era che una strega). Molti cavalieri, recandosi là per porgere omaggio alla splendida signora, non facevano più ritorno».
L'ardimentoso cavaliere Giano di Cannero decise di intervenire per fermare i turpi delitti che si celavano dietro a misteriose sparizioni. L'affascinante castellana, difatti, attirava gli uomini coi malefizi della seduzione, sicché gli «ammaliati», ormai succubi, venivano utilizzati per compiere dei sacrifici umani[529].

---

525 È un esempio classico dell'erudizione verosimile di Fo. «Giano (Ianus) è il dio del passaggio (che si compie, in origine, attraverso una porta, in latino *ianua*); in particolare è il dio degli inizi di un'attività umana o naturale, oppure di un periodo. Non a caso era rappresentato come un busto con due volti (erma bifronte) che guardano in direzioni opposte: l'inizio e la fine, l'entrata e l'uscita, l'interno e l'esterno. Per i Romani, pertanto, la chiusura delle porte del Tempio di Giano aveva un valore simbolico: iniziava una nuova età di pace» (https://www.treccani.it/enciclopedia/giano_%28Enciclopedia-dei-ragazzi%29/). Nessuna ricerca su enciclopedie UTET o Multimediale Rizzoli, né su Internet, ha messo in luce Giano quale protettore dei comici; ma solo, ribadisco, degli inizi, delle case, dei viaggiatori, dell'Urbe, delle navi e delle monete.

526 D. Fo, *Il Paese dei Mezaràt* cit., p. 9.

527 http://www.lagomaggiore.net/sangiano.htm

528 *Ibidem.*

529 Cfr. *Bella e malvagia*, «Sillabario Prealpino» a cura dell'Amministrazione Provinciale di Varese, n. II, Varese, Editrice Promedit, 1992, pp. 123-126.

Il nobile Giano, dopo aver nascosto la sua scorta armata nei pressi del castello, fu invitato dalla dama a trascorrere la notte con lei. Ma all'ora stabilita, prima che il cavaliere venisse sacrificato, i suoi sodali fecero irruzione appiccando il fuoco: «la malvagia castellana preferì ardere gettandosi nelle fiamme piuttosto che lasciarsi catturare»[530].
E se oggi non rimane alcuna traccia della rocca teatro delle efferatezze, fu merito proprio di Giano che la sgretolò e la diede alle fiamme[531]:

> Il fuoco purificatore ridiede pace al luogo maledetto e le genti liberate dal tragico incanto vollero che in onore e per ricordo del giovane e prode Giano, divenuto santo nella leggenda, il borgo venisse chiamato col nome di lui: Sangiano[532].

Qualunque sia la versione corretta dell'origine del nome, Fo ha vissuto poco a Sangiano. Il trasferimento del padre capostazione ha impedito che il figlio, nel suo luminoso futuro artistico, potesse avvalersi delle qualità umane del paese. Cosa che avvenne nelle successive tappe della sua peregrinazione:

> In verità, per quanto mi riguarda sono venuto al mondo e ho preso coscienza a 30-40 chilometri un po' più in su, lungo la costa del Lago, a Pino Tronzano e qualche anno dopo a Porto Valtravaglia, sulla sponda magra del Lago Maggiore. Entrambi sono stati i miei "paesi delle meraviglie". I luoghi che mi hanno scatenato le fantasie più pazze e hanno determinato ogni mia scelta futura[533].

5.2. Pino-Tronzano

Pino sulla sponda del Lago Maggiore[534], confluito nel 2014 con Maccagno e Veddasca nel congiunto Comune "Maccagno con Pino e Veddasca", è il Comune più settentrionale della sponda lombarda: «arroccato sul promontorio roccioso Sasso di Pino che domina gran parte del Lago Maggiore, il paese si è sviluppato ai lati della tortuosa strada principale ed è caratterizzato da un'architettura spontanea tipica di queste vallate»[535]. È vicinissimo al confine, infatti nella frazione costiera di Zenna, oltre alla spiaggia e al porticciolo, c'è la sede della dogana di stato. Confina anche col comune di Tronzano, col quale condivide la stazione ferroviaria denominata appunto "Pino-Tronzano".

Dario Fo ha vissuto nell'edificio della stazione che si trova a Pino in posizione completamente isolata, poche decine di metri sopra la strada, con una stupenda vista

---

530 Cfr. http://www.lagomaggiore.net/sangiano.htm

531 Cfr. *Bella e malvagia*, «Sillabario Prealpino» a cura dell'Amministrazione Provinciale di Varese, n. II, Varese, Editrice Promedit, 1992, pp. 123-126.

532 R. Corti, *Sentimento e fantasia: favole del Varesotto* cit., p. 172.

533 D. Fo, *Il Paese dei Mezaràt* cit., p. 10.

534 "Pino sulla Sponda del Lago Maggiore", con i suoi 35 caratteri spazi inclusi, risultava essere il comune italiano con il nome più lungo. Ora il primato è passato a "San Valentino in Abruzzo Citeriore" (34 caratteri).

535 http://www.lagomaggiore.net/pino-sulla-sponda-del-lago-maggiore.htm

sul lago, un pollaio ben fornito e i gabbiotti per i conigli (oggi impoeticamente sostituiti dai bagni pubblici):

> Io ero letteralmente affascinato da quel posto: la stazione era più grande di quella dov'ero nato. Noi si abitava sopra, al primo piano. Un centinaio di metri più sotto, a picco, c'era il lago. Alle spalle montava una parete rocciosa, dentro la quale era scavata una strada che, disegnando un gran numero di tourniquet, saliva fino al paese: una cinquantina di case abbarbicate quasi una sull'altra come in un bassorilievo della Colonna Traiana. C'era una torre antica [del 943 a. D., che fu sede del comune e oggi ospita l'ufficio postale, NdA] un campanile con sotto la pieve e un gran palazzo che ospitava il Municipio, la scuola e pure il pronto soccorso[536].

L'abitato di Pino si trova quindi sopra alla stazione, quasi a metà strada tra il lago e i boschi.
Tronzano, invece, si trova poco distante, con un borgo antico in una zona collinare, «un vero e proprio balcone sul Lago»[537].

Entrambi i nuclei abitativi, molto piccoli e con pochi abitanti, hanno appunto un'economia che si basa prevalentemente su attività artigianali e commerciali legate al turismo e non più sull'agricoltura, l'allevamento, lo sfruttamento dei boschi e la pesca. Queste attività furono in passato, assieme al contrabbando favorito dall'ideale posizione geografica, il motore della comunità.

Basti pensare che Tronzano è nota per la piaga del «contrabbando di trovatelli, dovuto all'esistenza, nel milanese, di un istituto che provvedeva al loro allevamento»[538]. I neonati venivano abbandonati presso la porta del campanile o della casa parrocchiale, o ancora sulla spiaggia dei Canovi; un esempio di malsano traffico di «involtini piangenti [...] nascosti nelle gerle», dei quali molti non sopravvissero, ma altri vennero allevati e addirittura si accasarono a Pino[539].
Comunque, a prescindere da questi episodi sgradevoli, i contrabbandieri erano una parte importante della società: la loro attività era assolutamente naturale, congenita quasi e, come sottolinea Fo, perfettamente integrata nella quotidianità dei paesi:

> I contrabbandieri [...] non avevano come unica professione quella legata al contrabbando. Quasi tutti allevavano capre e pecore, facevano gli spaccalegna e si occupavano di tirar su i muriccioli a secco per trattenere le balze dei campi e dei boschi che altrimenti ad ogni acquazzone sarebbero franati a valle[540].

Proprio a Pino Tronzano[541], Dario Fo ebbe modo di conoscere a fondo quell'attività diffusissima nelle zone lacustri prossime al confine (dalla stazione poteva vedere «al

---

[536] D. Fo, *Il Paese dei Mezaràt* cit., p. 12.
[537] http://www.lagomaggiore.net/tronzano-lago-maggiore.htm
[538] *I 141 Comuni della Provincia di Varese*, CD-ROM a cura del settimanale d'informazione locale «L'eco del Varesotto», 2000.
[539] Cfr. P. Frigerio, *Luino un secolo 1885-1985* cit., p. 114.
[540] D. Fo, *Il Paese dei Mezaràt* cit., p. 15.
[541] Pino e Tronzano, ribadisco, sono due comuni distinti. Tuttavia i nomi vengono accorpati perché è unica la stazione ferroviaria e, infatti, Dario Fo nella sua più volte citata autobiografia, utilizza sia la denominazione "Pino" che "Pino Tronzano".

fondo della scarpata, di fronte alla scogliera che si inzuppava nel lago profondo, [...] la caserma della Finanza con l'attracco per una motovedetta e una piccola nave-faro chiamata *Torpedine*»[542]). E contemporaneamente poté approfondire sia le motivazioni che spingevano gli uomini ad affrontare i rischi dello "sfroso", sia la fantasia che dimostravano per vincere l'opposizione delle guardie. Del resto, i ragazzini piuttosto "selvatici" che Dario frequentava erano quasi tutti figli di contrabbandieri...

5.3. Contrabbando

In una guida turistica inglese del primo novecento si leggono aspre critiche sul sistema protezionistico italiano che riguarda non solo i beni di lusso, ma anche quelli indispensabili che, coperti da monopolio, divengono anch'essi proibitivi per le classi povere:

> La tassazione è tale da costringere i paesani a un'economia di mera sussistenza... In molti paesi, in inverno, la gente va a letto al calar del sole perché non può concedersi il lusso di una lampada a petrolio... Il risultato è che i giovani, uomini e donne, sono forzati nel contrabbando[543].

La professione del contrabbandiere si sviluppò specialmente nella fascia prealpina di Varese e Como. Le centinaia di chilometri di boschi e i praticabili percorsi lacustri favorirono il traffico illegale delle merci tra l'Italia e la Svizzera, che crebbe a dispetto del pericolo di essere arrestati e, addirittura, uccisi. Ancora oggi c'è un acceso dibattito tra chi lo considerava una necessità inevitabile e chi, al contrario, lo giudicava solo una scusante per arricchirsi in maniera veloce.

L'origine latina del termine "contrabbando" chiarisce da sé il suo significato: attività contra bannum, vale a dire contro la legge:

> L'infrazione della legge può dirsi una deprecabile abitudine antica quanto la legge stessa, ma nel suo significato corrente il contrabbando può ritenersi nato in seguito alla creazione delle frontiere, ossia con la nascita degli Stati e la conseguente introduzione di dazi e monopoli gravanti sulle merci in entrata e in uscita: le differenze di prezzo createsi così fra gli stessi prodotti in paesi confinanti offrirono ai residenti nelle zone di frontiera la possibilità di guadagnare illecitamente cospicue somme di denaro, acquistando le merci laddove queste erano vendute a basso prezzo per poi rivenderle oltre confine[544].

---

542 Ivi, p. 13. Un finanziere mi ha detto di non sapere nulla della caserma della finanza sotto alla stazione, dato che poco distante, nella frazione Zenna, c'è la dogana che, ovviamente da sempre, è il posto più logico per ospitare una caserma.

543 Cfr. E. Grimaldi, *Annotazioni da una illustratissima guida inglese ai laghi italiani del primo novecento*, «Verbanus» n. 8, 1987, p. 273.

544 R. Lucato, *Contrabbandiere mi voglio fare*, Azzate-Varese, Macchione Editore, 1998, p. 7. L'autrice descrive con estrema precisione la storia del contrabbando nell'arco del XIX secolo, analizzando soprattutto l'evoluzione delle normative in materia e il rapporto tra autorità italiane e ticinesi. Purtroppo, questa non è la sede appropriata per analizzare il complesso intreccio politico-doganale che si è consumato sul confine italo-svizzero; rimando perciò alla lettura del testo alle pagine 13-57.

Esso veniva perpetrato dai cosiddetti "spalloni", corrieri coraggiosi e insensibili alla fatica che caricavano sulle spalle delle pesanti "bricolle" per attraversare, specialmente di notte, il confine italo-svizzero «col rischio di dover abbandonare la merce se inseguiti dalle guardie o, peggio, di essere arrestati e condannati alle dure pene carcerarie o pecuniarie»[545].

La "bricolla", che poteva pesare fin oltre i quaranta chili, era un «sacco di juta, rettangolare o quadrato a seconda del carico che gli era destinato, da reggere con rudimentali spallacci confezionati artigianalmente»[546]. Le corde, tuttavia, si dimostrarono per lo più scomode e dannose per il portatore, come raccontatomi da un ex contrabbandiere, Roberto Micotti:

> I giovani si erano lamentati delle piaghe causate alle spalle dallo sfregamento delle corde, anche perché, alla visita di leva, si capiva subito che provenivano da una zona di confine... Così, dato che lavoravo in ferramenta, vendevamo molti rotoli da 50 metri di cinghie per tapparelle, da cucire poi con successo alla iuta della bricolla[547].

Questo rudimentale zaino non era però l'unica dotazione del contrabbandiere, altrimenti detto *sfrusadúú* da *sfròs* che era appunto l'atto di frodare il dazio:

> Tutti quelli che partivano, e certe squadre erano composte da 14/15 individui, dovevano avere questo equipaggiamento: la Tessera di Frontiera, un fazzoletto e un coltellino di 3 cm. La tessera, rilasciata dalla Confederazione Elvetica, era ovviamente indispensabile per entrare in Svizzera; il coltellino, della misura massima consentita, serviva, nel caso si fosse stati scoperti, a tagliare la corda della bricolla per darsi rapidamente alla fuga perché, piuttosto che farsi prendere, era conveniente abbandonare il carico: così il finanziere era contento della merce recuperata e non si buttava neppure all'inseguimento. Va anche detto che, nel caso i finanzieri avessero recuperato cinque bricolle, tre le rivendevano loro!
>
> Il fazzoletto bianco invece era utile perché si vede di notte e, se c'era un pericolo, serviva per fare delle segnalazioni. Ad esempio, sopra le gallerie di Cremenaga, si apre un tratto scoperto senza vegetazione e perciò rischioso da percorrere. Lì passavamo una corda con attaccata una carrucola: se passava la Lambretta della guardia di finanza, il fazzoletto bianco aperto serviva a comunicare di attendere[548].

I contrabbandieri agivano in gruppo. C'erano numerose squadre composte da amici affiatati che si adoperavano affinché il trasporto avvenisse nel modo più efficiente e con la percentuale minore di rischi. E naturalmente si faceva affidamento sulla tradizione che imponeva di non essere denunciati, neppure tra bande rivali, perché generalmente c'era, se non proprio aiuto reciproco, almeno sopportazione tra le varie squadre, finalizzato in fin dei conti all'interesse comune della popolazione.

---

[545] Ivi, p. 58.

[546] P. Corsini, *Qui lo dico e qui lo nego: storie di bricolle*, «Il Rondò» n. 1, 1989, p. 37.

[547] Intervista a R. Micotti del 10/07/02.

[548] *Ibidem.*

Puntualizza Micotti che «c'era chi sapeva tutto l'anno quando c'erano la luna nuova e quella piena per calcolare se esisteva il rischio di venire scoperti; oppure ci si organizzava a dovere quando c'era l'alba per potersi muovere col canotto»[549]. Eppure, «le zone di passaggio favorevole non erano molte e così capitava di incrociare, sugli stretti sentieri, la concorrenza [...] ma spudoratamente ci si ignorava. Fu un proficuo banco di scuola che ci insegnò la disciplina del lavoro e il rispetto delle precedenze»[550]: ad esempio, quando ti accovacciavi a Voldomino, vicino alle gallerie della linea Cadorna, aspettavi che venisse buona per fare 300 metri; così capitava di incontrarsi con squadre diverse, e si usava dare la precedenza a quelli che erano arrivati prima»[551] in un misto di competizione e solidarietà, in cui a dominare era spesso il rispetto dei concorrenti, considerati più come dei colleghi.

Naturalmente, ammette Suira, in certi casi l'atteggiamento risultava più egoistico, quasi imprenditoriale, suggerito dalle inimicizie:

> Qualcuno, che già aveva frequentato corsi di management, arrivato in prossimità della 'Mina', urlava : "Finanza Finanza!". Ciò dava la possibilità di tornare a recuperare un altro cartone abbandonato dal terrorizzato e raddoppiare il profitto [.] Il presidente Einaudi ebbe a dire degli imprenditori (noi lo eravamo e come!): "Siete una forza viva e pulsante nonostante gli ostacoli burocratici che noi del governo purtroppo poniamo….." il senso era circa così e lasciava intendere il suo apprezzamento per la creatività dei piccoli imprenditori[552].

5.3.1. Le ragioni dello sfroso

Il contrabbando era quindi molto diffuso, praticato da persone oggi assolutamente insospettabili. Si potevano quindi distinguere due tipi di contrabbando:

> Quello in grande stile, organizzato, le cui redini erano tenute da uomini senza scrupoli che si nascondevano nelle città lontane dai confini, e quello strettamente locale, ai margini della linea doganale, che serviva a soddisfare le esigenze delle famiglie, o al massimo le richieste di qualche esercente o albergatore locale[553].

Infatti, continua la Lucato:

> Accanto agli spalloni assoldati dalle grosse organizzazioni di contrabbandieri, esisteva tutto un mondo sotterraneo di "pesci piccoli", cioè coloro che "lavoravano in proprio" accontentandosi di piccole frodi, organizzando da sé i colpi servendosi di sprovveduti contadini bisognosi» – povera gente, senza lavoro, che trovava nel contrabbando quotidiano l'unica fonte possibile di guadagno – «solo per i passaggi più delicati e rischiosi dell'operazione»[554].

---

549 *Ibidem.*

550 L. Suira, *Luino un luogo ameno* cit., p. 27.

551 Intervista a R. Micotti del 10/07/02.

552 Cfr. L. Suira, *Luino un luogo ameno* cit., pp. 27-28.

553 Ivi, p. 22.

554 R. Lucato, *Contrabbandiere mi voglio fare* cit., p. 58.

Proprio questo secondo tipo di "sfroso", quello di sopravvivenza, «praticato da persone fondamentalmente oneste, spinte a quell'attività dalla mancanza di lavoro, dalla povertà, dalla fame»[555], è stato tramandato ai posteri come un periodo romantico, quasi fanciullesco.
Il concetto del «contrabbando di sopravvivenza» viene ribadito dal Micotti:

> Eravamo giovani e avevamo bisogno di soldi; e poi, come bricollisti, guadagnavamo poco, faceva veramente i soldi solo chi organizzava i viaggi. Comunque era bello, perché si faceva allo Stato, non si nuoceva a nessuno direttamente. Pensa che una volta io e miei amici fummo avvicinati da membri di una grande organizzazione che gestiva il contrabbando e fummo invitati ad accettare la pistola che offrivano, dicendo che essa avrebbe dovuto agevolarci nel nostro compito... La prendemmo e la buttammo nel fiume Tresa, dicendo che mai e poi mai ne avremmo fatto uso[556].

Col tempo tutto è cambiato: al contrabbando si è sostituito il traffico illecito di prodotti certamente peggiori dello zucchero e del caffè; le bricolle, il cui trasporto era pericoloso, faticoso e di poca resa, sono state rimpiazzate da «macchinone nere o blu, con strane targhe di province a noi lontane»[557]; il contrabbandiere «picaresco, misterioso ed elusivo [...] non esiste più»[558], al suo posto ora agisce il delinquente armato di pistola. Con ciò non intendo assolutamente affermare che il trasporto illegale di merci, nel primo '900, fosse solo un gioco temerario per dimostrare il proprio coraggio e ricavare qualche lira. Le grandi organizzazioni avevano un grosso giro d'affari nel Varesotto e nel Comasco, è innegabile. Tuttavia una grande percentuale dei bricollisti erano giovani, spesso minorenni, audaci e incoscienti come possono esserlo solo i ragazzi di quella età. E avevano bisogno di soldi, magari per le spesucce, i capricci... Perché lavorare duramente come cameriere stagionale, quando, con un paio di viaggi, ottieni l'equivalente di uno stipendio settimanale? Il richiamo divenne irresistibile soprattutto quando, ricorda con sincerità e ironia Luciano Suira, «arrivò la Vespa 98 cm^3»:

> Eravamo minorenni [e] occorrevano 4 mensilità per l'acquisto di quello scooter [.] Il serpente tentatore arrivo di notte dalla Svizzera, portandoci la soluzione a tutti i nostri problemi esistenziali [.] Avevamo, insomma, costruito tutte le ragioni per collaborare col signor Knorr produttore di dadi per brodo. Lui, l'Uomo del Monte elvetico, desiderava tanto che i suoi dadi arrivassero in zona "levante" su a Creva [frazione di Luino, NdA], ma i "Burlanda"[559] non erano d'accordo per divergenze culinarie e fedeltà alla Liebig Italy [.] La corda da pacco diametro 3 teneva insieme gli scatoloni da 25 Kg, segava i trapezi delle spalle, ma il breve tragitto rendeva sopportabile il dolore. Uno scatolone di

---

555 L. Suira, *Luino un luogo ameno* cit., p. 22.
556 Intervista a R. Micotti del 10/07/02.
557 P. Corsini, *Qui lo dico e qui lo nego: storie di bricolle* cit., p. 38.
558 Intervista a P. Corsini del 02/05/02. Durante la nostra chiacchierata, lei mi ha raccontato delle storie che erano già contenute in articoli de «Il Rondò»: in questi casi, cito in nota solo la fonte scritta.
559 Finanzieri. In dialetto la "burlanda" è una minestra scipita, ma il termine probabilmente proviene dal francese *brelander* che significa "vagare", "vagabondare".

dadi portato a buon fine fruttava 5.000 lire; la paga di una settimana di un metalmeccanico[560].

Per cui, ribadisce Micotti, l'attività illegale consumata nei boschi non era finalizzata a concretizzare chissà quali truffe ai danni dello Stato, ma «*l'era 'n giügàa* (era un gioco), perché era suggestivo attraversare i boschi di notte e a volte, mentre si aspettava di poter passare un punto critico, era bellissimo vedere l'alba»[561]. Piera Corsini, che in gioventù, come da sua ammissione, aveva partecipato a qualche missione, conferma *in toto*:

> Il contrabbando era una cosa assolutamente caratteristica e non nego di avervi preso parte da ragazza per "tirare su qualche soldino", così come tanti altri ragazzi di allora che oggi, per una questione di riserbo e prestigio – perché alcuni hanno fatto carriera – non si sbottonano. Ma noi non abbiamo mai fatto grandi affari: ci piaceva lo spirito che c'era[562].

Ecco il suo giudizio sereno su quelle "missioni", il quale riassume con efficacia il senso di quanto scoperto:

> Storie pittoresche, caratteristiche, rivissute in chiave nostalgica a evocare tempi che oggi appaiono di un'ingenuità quasi infantile. Piccole guasconate, perché alla base di ogni bricolla c'erano pur sempre un bisogno e una sfida. Con questo non si intende certo giustificare l'inosservanza alla legge – ma alla fin fine – alzi la mano quel luinese che attraversando la dogana per fare il pieno di benzina e comprare i dadi e le minestrine non si sia sentito un po' contrabbandiere[563].

L'immagine degli sfrosatori che emerge dal quadro precedente, indubbiamente positiva, manca ancora di un tassello fondamentale, appunto quell'elemento che ha contribuito in massima parte a ritagliare un posto di tutto rispetto nelle tradizioni dei nostri luoghi. Pur nell'illegalità, i contrabbandieri sapevano applicare un rigoroso codice di comportamento, basato innanzi tutto sul rispetto verso le persone: se erano inseguiti dai finanzieri, e per sfuggire alla cattura «si dovevano buttare nel campo da fieno di una contadina, il giorno dopo le mandavano anonimamente mille lire – un piccolo capitale – per risarcirla del danno»[564]. A mio avviso, in questo caso, l'anonimato aveva un duplice scopo: non essere identificati per salvaguardare l'attività vietata, e soprattutto compiere un gesto onesto e spontaneo senza peraltro ostentare la propria magnanimità.

Ecco un'altra dimostrazione del codice etico dei contrabbandieri: una donna sola stava tornando a casa quando venne fermata da un finanziere e il suo bagaglio venne perquisito; poiché esso era pieno di merce di contrabbando, il finanziere decise immediatamente di arrestarla. Per sua fortuna intervennero tre compagni che le

560 L. Suira, *se nascevi a Luino…*, Luino, Eurostampa Di Castri, 1998, p. 55.
561 Intervista a R. Micotti del 10/07/02.
562 Intervista a P. Corsini del 02/05/02.
563 P. Corsini, *Lunario*, «Il Rondò», n. 15, 2002, p. 100.
564 P. Corsini, *Qui lo dice e qui lo nega: storie di bricolle* cit., p. 39.

permisero di fuggire col malloppo, compreso un pacchetto di carne che la guardia aveva aggiunto con scherno al già pesante fardello. Ma il giorno stesso un ragazzo consegnò in caserma la carne involontariamente sottratta: «fu un atto generoso, un gesto d'onestà dei contrabbandieri nei confronti dei finanzieri»[565].

Un'ulteriore conferma della lealtà dei contrabbandieri proviene da un racconto autobiografico dell'ormai nota Corsini, che narra di come essi avessero occupato un'abitazione sul lago utilizzandola come punto d'appoggio. La casa era adatta allo scopo, poiché era isolata e disabitata, dato che era stata negata l'agibilità per via di «un probabile pericoloso evento naturale a monte»[566].
I proprietari, durante gli sporadici sopralluoghi, si erano accorti che qualcuno era stato lì. «Ma che ladri erano?», si chiedevano tutti, che lasciavano tutto intatto e non portavano via niente.
Finalmente una mattina, ebbero la soluzione dell'arcano:

> Nel baluginare delle prime luci, un'imbarcazione si staccò rapida e furtiva dall'approdo e scivolò via. A governarla due uomini immobili come statue. Ignorandoci ostentatamente, volte le spalle, mai alzarono il capo né girarono il viso [.] Improvvisa l'intuizione, e non fu un azzardo pensare al luogo solitario e disabitato come a un punto d'appoggio e di riferimento per i contrabbandieri […] secondo il nocciolo e l'umore dei nostri luoghi [.] I ladri comuni non ne avrebbero avuto tanto rispetto. I nostri contrabbandieri che da sempre praticano un codice cavalleresco di comportamento, sì[567].

È dagli esempi proposti che si evince la particolare condizione vissuta, con le dovute eccezioni, da quegli uomini (e donne) che andavano contro la legge per pura necessità: "l'onestà nella disonestà". Poiché la colpa dovuta alla condotta disdicevole veniva espiata dalla solidarietà verso la povera gente, per la quale erano uno strumento indispensabile di sopravvivenza, essi erano considerati «eroi popolari»[568] che provvedevano ad appianare le ingiustizie di una vita avara di soddisfazioni e ricca di difficoltà.

Un'altra nota dolce di un mestiere, seppur illegale, carico di umanità, di solidarietà, di romanticismo era l'esistenza di «"depositi" dove veniva nascosta ed immagazzinata la merce trafugata dalle grosse organizzazioni di contrabbandieri»[569], presso cui gli abitanti del luogo e anche i poveri contadini avevano accesso per approvvigionarsi.

---

565 Cfr. *La beffa* in M.G. Baiocchi, *Cronache della sponda magra* cit., p. 7-10.
566 P. Corsini, *Una casa, la vita*, «Il Rondò» n. 5, 1992, p. 55.
567 Ivi, p. 56.
568 «L'eroe popolare è il contrabbandiere, protetto da sant'Elmo coi suoi fuochi: è lui che vendica il villano dai suoi nemici più insidiosi e incomprensibili: il dazio e il fisco» (I. Calvino, *Le parità e le storie morali dei nostri villani* di Serafino Amabile Guastella (1819-99) in *Sulla fiaba* cit., p. 77).
569 R. Lucato, *Contrabbandiere mi voglio fare* cit., p. 108.

5.3.2. Il coraggio e la fantasia

Il museo doganale alle Cantine di Mandria (Canton Ticino) offre una panoramica ricca di mezzi, ingegnosissimi, studiati dai contrabbandieri per nascondere la merce durante l'attraversamento della zona doganale:

> Venivano utilizzati i tronchi degli alberi, all'interno dei quali si scavavano ricettacoli dove inserire tabacco e caffè; questo espediente fu utilizzato per molti anni, fino a quando una guardia doganale adoperò uno di questi tronchi da ardere nel suo camino [;] oppure le canne delle biciclette, i busti femminili o i reggiseni confezionati con apposite tasche interne che rendevano la contrabbandiera particolarmente prosperosa. Si ricavavano ricettacoli persino nei tacchi delle scarpe per trasportare merci preziose come collane, orologi d'oro ed anelli[570].

Oppure, per passare inosservati agli occhi delle guardie «si truccavano da mendicanti, carrettieri, lattivendoli etc., servendosi di gambali, avambracci, schienali di latta, vesciche di maiale, organetti, secchi da latte con doppio fondo»[571].

Nascondere la merce sotto giacche e camicie era anche, logicamente, un sistema praticato, così come era frequente utilizzare oggetti appositamente manipolati per accogliere magari piccole quantità di materiale: una borraccia truccata, una suola cava e un libro cavo[572]. Un altro esempio è quello dei grossi pani, «che all'apparenza non avevano nulla di diverso da quelli che tutti i giorni vediamo… e mangiamo. Invece essi erano stati abilmente svuotati e riempiti di caffè – un chilogrammo circa per ognuno»[573].

Ci sono stati tramandati altri esempi della sfrontatezza e dell'originalità dei contrabbandieri, che resteranno per sempre nei ricordi degli abitanti del lago: «un tipo originale, solitario, che amava avventure inusuali» fece passare a notte fonda uno stallone imbottendo gli zoccoli per evitare il rumore, lo legò a un albero come pattuito in accordi precedenti e ritornò tranquillamente a piedi; un altro passava la frontiera su una bicicletta, carica con un «insospettabile sacchetto di sabbia, sempre controllato scrupolosamente e invano», poiché l'oggetto del contrabbando era «giornalmente una bicicletta nuova», che utilizzava come mezzo di trasporto per attraversare il confine; oppure quel pescatore che pescava in mezzo al lago di Lugano – «davanti alla caserma dei finanzieri a Ponte Tresa» – «mentre un compagno, esperto subacqueo, gli attaccava il carico al fondo della barca»[574]. Indimenticabile è lo Sberzi:

> La professione ufficiale era il muratore, ma si dedicava al contrabbando con passione e ironia. Godeva nel prendere in giro i burlanda. Mi ricordo che un giorno girava con una carriola proprio davanti alla caserma e la finanza lo fermò – "Alt, che ti conosciamo Sberzi" – e controllò il contenuto: mattoni. Non del tutto convinti lo lasciarono andare. Dopo qualche ora ripassò con la stessa carriola che di nuovo fu perquisita: cemento.

---

570 Ivi, p. 26.

571 C. Comoletti, *I mestee de Milan* cit., p. 265.

572 V. fotografie in R. Lucato, *Contrabbandiere mi voglio fare* cit., p. 28.

573 «Araldo» di Como alcuni giorni dopo il 27 febbraio 1882 (cit. ivi, p. 38).

574 Cfr. P. Corsini, *Qui lo dico e qui lo nego: storie di bricolle* cit., pp. 38-39.

> Scornati lo invitarono a togliersi dai piedi. Non era finita. Si ripresentò tutto sorridente con la carriola, ma stavolta gli dissero solo – "Ciao Sberzi!": *pien de sigarett*[575].

Piera Corsini ricorda un altro aneddoto che stavolta la riguarda indirettamente:

> Mio nonno coi fratelli aveva un'impresa di costruzioni e si serviva della cava di pietra a Creva. I muratori di notte facevano i contrabbandieri più per passione che per guadagno e mio nonno si arrabbiava perché la mattina presto vedeva sul *balanzìn* – il sedile composto da un'assicella retta da due funi di cui si serviva il picchia-sassi – la bricolla, messa lì apposta per tenerla al sicuro; e per poi recuperarla al momento giusto[576].

Non c'erano, inoltre, ostacoli inaffrontabili. Il binomio astuzia/coraggio spingeva a sfidare – e a vincere – persino le intemperie. Fo ricorda un'abbondante nevicata nel '32, così abbondante da bloccare completamente la navigazione e la percorribilità stradale… ma non i contrabbandieri, che, al contrario, si giovavano della neve per battere le guardie sul tempo:

> I finanzieri di stanza sul confine infatti non erano in grado di muoversi con sufficiente agilità su quei bricchi tanto innevati e solo gli spalloni coi loro sci fatti in casa potevano rischiare il transito scivolando su quelle scoscese eseguendo veri e propri numeri da circo, per di più carichi di bricolle ricolme di sigarette e altre merci di contrabbando[577].

L'astuzia degli sfrosatori che, ormai è assodato, non conosceva limiti, portò all'utilizzo dei cani-contrabbandieri, più rapidi e meno facili da catturare, che erano

> addestrati a trasportare oltre confine grandi quantitativi di merce attraverso la fitta boscaglia al posto dei loro padroni. L'efficacia di questo stratagemma è dimostrata dal forte calo dei processi [.] Maltrattate per mesi da estranei in divisa, le povere bestie imparavano ben presto a stare alla larga dalle guardie doganali. Una volta ottenuto questo primo risultato, i cani erano pronti per la fase successiva: accompagnati dal padrone, percorrevano ripetutamente il sentiero che andava al confine, andata e ritorno. Imparata la via da seguire, venivano portati in Svizzera e dopo un lungo digiuno caricati di una "bastina" contenete la merce di contrabbando; lasciati liberi durante la notte, spinti dalla fame, attraversavano di corsa il confine per raggiungere il padrone che li aspettava […] con un "lauto pasto". Una volta scoperto il trucco, le guardie doganali "disseminarono di "tagliole e trappole di ogni genere" il confine, riuscendo a confiscare una gran quantità di merce, ma lasciando impuniti i veri colpevoli. Misero poi reti con campanelli sensibili e abbatterono i cani fermati[578].

Il sistema di sbarramento a protezione del confine, fu un sistema introdotto appunto per cercare di eliminare il problema alla radice, cioè impedendo il passaggio, dato che era fin frustrante per le guardie non riuscire mai a cogliere i malviventi in flagrante. I finanzieri infatti, dato che in maggioranza non erano nativi dei luoghi, non

---

575 Intervista a T. Salvi del 20/05/2002

576 Intervista a P. Corsini del 02/05/02.

577 D. Fo, *Il Paese dei Mezaràt* cit., pp. 33-34.

578 R. Lucato, *Contrabbandiere mi voglio fare* cit., p. 28.

conoscevano accuratamente i boschi e i sentieri percorsi dai contrabbandieri, col risultato di "girare spesso a vuoto" senza possibilità di cattura e persino di farsi deridere dagli astuti avversari. Racconta a proposito Salvi:

> Ricordo un certo Strada che era stato accusato in più occasioni di fare il contrabbando e quindi gli dettero la caccia la guardia di finanza di Luino, Varese e Milano... Tutte per lui! Ma lo Strada, che conosceva bene i posti, per 5 giorni non si faceva scovare e continuava a prenderli in giro: «*A sun chì!*», diceva nascosto sulle alture o tra i rami. Fu un grosso smacco per il maresciallo Tozzi e per la sua pancetta che gli impediva di andare sulle montagne![579]

Con la rete – «che ancora, arrugginita e lacerata, si conserva qui e là» [580] – invece si pensava che le cose sarebbero migliorate. Questa era fatta di metallo a maglie fitte, munita di campanellini che tintinnavano non appena veniva toccata. «Nella candida supposizione dell'ignoto inventore, avrebbe permesso alle guardie – ricoverate nelle garitte collocate a intervalli regolari – di accorrere al richiamo»[581]; il risultato non fu invece quello sperato, dato che i contrabbandieri attuarono delle contromosse ancora più irridenti. I campanelli infatti creavano più che altro confusione e servivano solo a distrarre le guardie indirizzandole dove volevano i contrabbandieri, pronti invece a rompere la rete in un altro punto.
Esistevano anche, come spiega Micotti, delle doppie recinzioni, formate da «due reti distanziate di 60 cm. Quindi, oltre a forarle, si poteva mettere un asse appoggiato in cima alle due e si passava sopra»[582].

I problemi per i delinquenti crebbero nel momento in cui la guardia di finanza addestrò dei cani ferocissimi a sua volta: «quando arrivarono i cani, allora ci si prese paura»[583] è il commento del Micotti.
Sembrava profilarsi un periodo di vacche magre, finché qualcuno più lucido dei compagni fece pressappoco la seguente osservazione riportata dal Salvi: «il cane ci trova solo se riesce a sentire il nostro odore. Se annulliamo l'olfatto dell'animale siamo a cavallo!». Venne perciò introdotto un nuovo elemento alla dotazione base: «gli odori da spargere per sviare i cani»[584].

Si consideri infine che, a salvaguardia delle operazioni, i contrabbandieri utilizzavano un vocabolario apposito, «*j gh'eva di paroll in gergo 'me la mafia*»: si trattava di frasi di senso compiuto che nulla avevano a che fare con l'illegalità, preferibilmente pronunciate in dialetto, soprattutto per svantaggiare i molti finanzieri provenienti dal sud Italia. Alcuni esempi:

> *j gh'è anmò di fràa ch'j spasegna* o *a gh'è in gíir roba verda*: attenzione: finanzieri!
> *a l'è roba de la lüna*: è contrabbando
> *a gh'è da menà ul fegn in cassina*: bisogna portare la merce a destinazione

579 Intervista a T. Salvi del 20/05/2002
580 Circolo Felice Cavallotti, Creva di Luino, *Creva di ieri*, Luino, Eurostampa, 1985, p. 63.
581 B. Cadoni, *La Tresa, il Masotti e le radici quadrate*, «Il Rondò» n. 1, 1988, p. 29.
582 Intervista a R. Micotti del 10/07/02.
583 *Ibidem*.
584 Intervista al T. Salvi del 20/05/2002

> *zulàa*: abbandonare il malloppo, derivando – chissà perché – da *zoll* dogana[585]

In generale la loro attività era denominata "andare a rete". Anche se qualcuno la indicava, racconta Suira, «senza proferir parola con un semplice spiegamento del capo come fanno i Siciliani quando comunicano da un monte all'altro»[586].

L'utilizzo di un linguaggio convenzionale, composto da espressioni allusive e originalissime, considerato in simbiosi con la creatività dimostrata nello scegliere nuovi e inconsueti metodi di trasporto, consente di comprendere a pieno il giudizio espresso da Dario Fo sulla professione del contrabbandiere (e del pescatore «più o meno di frodo») e declama le qualità fondamentali degli sfrosatori: l'ardimento e, soprattutto, l'inventiva. Per questo motivo gli sfrosatori sono da iscrivere alla categoria di "fabulatori non ufficiali", perché «è risaputo che chi usa la fantasia per trasgredire la legge, ne preserva sempre una certa quantità per il piacere proprio e degli amici più intimi»[587]. Erano proprio il rischio, le avventure nei boschi e le burle alle guardie a costruire un *background* di aneddoti che, oltre a istruire le nuove leve, servivano ad allietare gli attimi di relax, gli incontri nelle osterie. Momenti in cui i sentieri bui e il respiro affannoso dei cani restavano fuori dalla porta.

5.3.3. Contrabbando via lago

Nulla è stato ancora detto su un altro tipo di contrabbando, molto diffuso, che si appoggiava alla navigabilità del Lago Maggiore, oltre che di quello di Como e quello di Lugano.

«La leggenda metropolitana parla anche di sommergibili» – scrive Frigerio – «in effetti nel 1948 venne sequestrato a Porto Ceresio un incredibile natante subacqueo a pedali, costruito da un intraprendente geometra»[588]. Ecco un'altra testimonianza dell'avveniristico mezzo subacqueo:

> L'inventiva dei contrabbandieri mise sempre in difficoltà i tutori della legge: ricordo di un artigiano che – non troppi decenni fa – ebbe a costruirsi una sorta di sommergibile "tascabile" in legno e metallo; viaggiando in semi-immersione esso avrebbe potuto eludere i controlli della Finanza sul braccio di lago tra Zenna e Piaggio Valmara[589].

Fantascienza a parte, i rischi erano elevatissimi, sia per le difficoltà effettive del trasporto su piccole imbarcazioni, sia per l'accanimento dei finanzieri che erano stati dotati di natanti adatti alla perlustrazione accurata delle acque. Era frequente, ricorda la Baiocchi, che quattro amici stivassero un carico su una piccola barca con l'intento di portarlo a destinazione e che successivamente, sorpresi dalla guardia di finanza,

---

[585] Cfr. T. Salvi, *Te sée regordet* cit., p. 96; cfr. T. Salvi, *'na gerla de paroll* cit., p. 71.
[586] L. Suira, *se nascevi a Luino*...cit., p. 56.
[587] Cfr. cap. 2.3.
[588] P. Frigerio, *Storia di Luino e delle sue valli* cit., p. 199.
[589] C. A. Pisoni, *Note per una storia della navigazione verbanese* cit., nota n. 92 a p. 120.

fossero costretti a gettare la merce in acqua: nonostante la perdita economica, liberarsi del carico significava eliminare le prove del misfatto[590].
Capitava così «che le bricolle abbandonate si ritrovassero sulla riva, anche lontano dal confine, come a Porto Valtravaglia»; in esse si poteva trovare caffè, zucchero, tabacco, petrolio, sale, ma anche orologi, pecore e montoni[591].

La grande minaccia per il contrabbando via lago, si è accennato, era costituita dalla presenza delle cosiddette torpediniere, navi veloci dotate di un faro molto potente che sventagliava il lago illuminandolo a giorno. Il poeta Vittorio Sereni ha certamente subito il fascino di quello spettacolo innaturale, tant'è che l'ha cantato in una sua poesia, *Terrazza*:

> Improvvisa ci coglie la sera.
> Più non sai
> dove il lago finisca;
> un murmure soltanto
> sfiora la nostra vita
> sotto una pensile terrazza.
>
> Siamo tutti sospesi
> a un tacito evento questa sera
> entro quel raggio di torpediniera
> che ci scruta poi gira e se ne va[592].

Anche Fo ricorda con precisione i fasci luminosi che sondavano le notti di tanti anni fa: «posso ben dire d'esser cresciuto con lo sferragliare delle ruote dei vagoni in testa, con il cigolio delle frenate e nella memoria degli occhi i segnali di luce della *Torpedine*, che sciabolavano su acqua, cielo e montagne, infilandosi poi fra le persiane»[593].

Bisogna dire che le torpediniere, entrate in servizio nel 1892, non sono state le prime imbarcazioni in dotazione alle guardie, che comparvero invece nel periodo della prima Repubblica Cisalpina:

> Non poteva mancare il dispiegamento da parte francese di una flottiglia di scafi armati sui maggiori laghi della Lombardia; le motivazioni addotte per la costruzione della forza navale erano varie, comprendendo la salvaguardia degli interessi daziari, l'arresto di disertori e prigionieri fuggitivi diretti nei baliaggi ticinesi, il controllo militare del territorio di frontiera. Si cominciò (novembre 1796) coll'organizzare una pattuglia di due barche armate per lago (Lario, Ceresio, Verbano)[594].

L'aumento delle imbarcazioni per la vigilanza delle acque rese dura la vita agli illeciti ma, purtroppo, coincise anche con l'aumento delle disgrazie: la navigazione via lago, specie nella stagione invernale, risultava oltremodo pericolosa, sia per i contrabbandieri, sia per le guardie, senza distinzioni:

---

590 Cfr. *Il carico* in M.G. Baiocchi, *Cronache della sponda magra* cit., pp. 61-63.
591 Cfr. P. Frigerio, *Luino un secolo 1885-1985* cit., pp. 46-47.
592 V. Sereni, *Poesie* cit., p. 32.
593 D. Fo, *Il Paese dei Mezaràt* cit., p. 14.
594 C. A. Pisoni, *Note per una storia della navigazione verbanese* cit., p. 89.

> Il naufragio e l'annegamento richiesero il loro tributo imparzialmente a barcaioli, pescatori, sfrosatori, passeggeri, operai pendolari tra l'una e l'altra riva. Quando non autoprocuratesi da poveri disperati, le tragedie erano sovente risultato di rischi corsi alla leggera, allorché si sottovalutava la pericolosità dell'elemento liquido[595].

Fo rammenta, a proposito, un episodio accaduto nel rigido inverno del 1932, quando «neanche per via lago si poteva raggiungere la costa svizzera o quella di Luino: tirava un vento di maestrale che sollevava onde da marenca tanto che la notte avanti il motoscafo della finanza aveva divelto gli ormeggi e, andando a sbattere contro gli scogli, s'era inabissato»[596].
Ma non è, dicevamo, un caso isolato:

> Venne attribuito al peso eccessivo di un riflettore, montato a prua per illuminare il lago alla ricerca di sfrosatori, il notissimo caso del naufragio della torpediniera White, di stanza a Cannobio, che nella notte tra l'otto e il nove gennaio del 1896 provocò la morte dei dodici uomini di equipaggio[597].

Di qualche anno anteriore fu un altro affondamento di una cannoniera: la notte tra il 20 e il 21 dicembre del 1848, una gran bufera «strappò agli ormeggi, sulla riva piemontese, probabilmente ad Intra, nientemeno che una barca cannoniera. Lo scafo non doveva essere gran cosa: [...] un *barcone* (probabilmente a fondo piatto, tipo burchiello da carico), su cui era stato adattato un affusto con cannoncino di bronzo, di calibro incerto (tra l'8 e il 16); completavano la dotazione due casse di munizioni. La buzza di lago [...] per qualche gioco di corrente fece arenare l'imbarcazione in prossimità di Porto»[598].

In verità, mettendo da parte i tragici destini di quelle vicende, si ironizzava anche sulle disgrazie occorse ai finanzieri, come quella capitata a un vaporetto:

> È il divertimento del popolino: pochi giorni sono, volendo partire dal porto, essendoci un po' di vento, non poté vincere la resistenza. È della forza dinamica di soli sei asini! Altra volta venne gettato in secco e, se non fosse passato un piroscafo a trarlo d'impiccio, aiutandolo con corde, avrebbe fatto la fine di Giona[599].

Niente a che vedere con le motovedette di Sereni che complicarono non poco le missioni dei coraggiosi contrabbandieri.

---

595 Ivi, pp. 119-120.
596 D. Fo, *Il Paese dei Mezaràt* cit., p. 33.
597 C. A. Pisoni, *Note per una storia della navigazione verbanese* cit., nota n. 92 a p. 120.
598 Ivi, pp. 97-98.
599 Una notizia tratta dal «Il Corriere del Verbano» del 29/01/1879 n. 4 cit. da P. Frigerio, *Luino un secolo 1885-1985* cit., p. 48.

5.3.4. Finanzieri vs contrabbandieri

I finanzieri erano molto tolleranti: sapevano bene che quel faticare degli spalloni non portava loro gran ricchezza. Di quando in quando però arrivava l'ordine di strizzarne qualcuno, per dimostrare che stavano vispi, attenti, che si meritavano quella paga da fame. Così ogni tanto ne beccavano un paio. A me sembrava che giocassero. Vedevo scendere giù alla stazione gli spalloni catturati… non avevano ai polsi manco una catena, chiacchieravano con i finanzieri o coi carabinieri come stessero andando a bersi insieme un gotto[600].

La precedente descrizione del premio Nobel, leggermente sdolcinata, coglie comunque un aspetto fondamentale della questione: il rapporto tra chi praticava il contrabbando e chi voleva impedirlo era sempre stato piuttosto controverso, sebbene il dilagare della corruzione l'avesse impostato su un piano di redditizia collaborazione. La lucida analisi della Lucato evidenzia gli elementi salienti:

La pratica del contrabbando era tollerata dalle stesse autorità dei paesi di confine, spesso conniventi con le organizzazioni locali; per questo motivo, oltre che per l'omertà degli abitanti, nessuno veniva mai denunciato (in realtà c'erano sì le denunce, ma spesso i giudici, a fronte della miseria degli imputati o desistevano dal condannarli, o assegnavano pene pecuniarie troppo elevate per i soggetti che ovviamente non le pagavano, scontando magari solo qualche giorno di carcere). Inoltre i proventi del contrabbando erano talmente elevati che anche le semplici guardie doganali vi si dedicavano attivamente spinte dallo scarso stipendio, spesso insufficiente a soddisfare le necessità di una famiglia, motivo che spiega, anche se non scusa, il dilagante fenomeno della corruzione[601].

L'implicazione con la "sporca faccenda" che avrebbero, invece, dovuto combattere non era certamente imputabile a tutte le guardie di finanza; eppure molte di loro, con maggiore o minore sollecitudine, cioè partecipando effettivamente alle frodi o solo assicurando il silenzio, ebbero contatti col nemico. Ad esempio Micotti rammenta i doganieri svizzeri:

In Svizzera si entrava con una Tessera di Frontiera. Nell'uscire con la bricolla, magari piena di sigarette, assolutamente non bisognava farsi vedere dai doganieri italiani, dato che, al contrario, quelli svizzeri sembravano approvare il passaggio di merce dal loro paese all'Italia, al punto di accompagnare gli spalloni. Per loro era l'ideale "esportare" sigarette[602].

In generale, le grandi organizzazioni – ma anche i piccoli contrabbandieri – erano di sicuro interessate a tentare i finanzieri con adeguate tangenti, *tocc* in dialetto varesino: questo era un sistema per «"eliminarli" senza spargimento di sangue: una guardia compiacente, se non proprio complice, in Dogana poteva significare benessere

---

600 D. Fo, *Il Paese dei Mezaràt* cit., p. 15.
601 R. Lucato, *Contrabbandiere mi voglio fare* cit., pp. 22-23.
602 Intervista a R. Micotti del 10/07/02.

e prosperità per chi sapeva approfittarne»[603]. Quando il progetto di conquistare la compiacenza delle guardie falliva, a causa del loro spirito ligio al dovere, la soluzione più semplice era invece quella di accusarle, «cucire addosso infamie [...] di ogni tipo»[604], col solo scopo di ottenerne il trasferimento. Purtroppo si contarono anche molte vittime sull'uno e sull'altro fronte. Spesso capitava anche che si creassero frizioni tra finanzieri e contrabbandieri che erano stati in precedenza in combutta. Il Salvi ricorda un caso simile: «tra Dumenza e Agra venne ammazzato un finanziere, corrotto, che un giorno aveva fregato dei contrabbandieri coi quali era solito fare ottimi affari... Quanti soldi aveva fatto! Bèh, gliela fecero pagare a caro prezzo, ci scappò la coltellata»[605].

Ma quello era solo un episodio, se non unico, almeno isolato, dato che gli sfrosatori impugnavano ben altre armi per convincere i finanzieri a collaborare.
L'autrice riporta il pensiero dello studioso Giuseppe Ganna tratto da *La criminalità nel circondario di Varese*, del 1892:

> Non tornerà inutile l'osservazione che gran parte del contrabbando viene esercitato da donne, ciò che viene ancora a confermare la nostra opinione, che, cioè, l'arma del contrabbandiere è l'astuzia, non la resistenza; e che se a quest'ultima talvolta ricorre, lo fa per sfuggire all'arresto[606].

Le motivazioni a spingere le donne a compiere delle imprese apparentemente riservate a rudi omacci, erano le solite: la miseria in cui versava gran parte della popolazione, il desiderio di arrotondare i guadagni o ancora «d'illusione di facili ricchezze».
Sempre il Ganna:

> Notisi che la corruzione è di due specie: di denaro, cioè, e di corpo. Il doganiere che è obbligato a stare in fazione per lunghe, eterne ore, difficilmente resiste alla seduzione di femmine bellocce, astute e corrotte. Un abbraccio, un bacio, possono e potranno sempre più del dovere, specie quando al bacio si accoppia una mercede che pei giovani pieni di bisogni e malissimo retribuiti diventa un'esca irresistibile[607].

Perciò la furbizia, il fascino e gli ammiccamenti servivano a distrarre i doganieri, certamente sensibili a certi argomenti e propensi a fornire la loro complicità passiva («gli agenti appostati per lunghe ore nelle più sperdute e impervie località di confine si lasciavano corrompere non solo dal denaro, ma anche da un sorriso, una parola amichevole»[608]); nel frattempo i compagni completavano il piano con il passaggio della merce oltre confine. In alcuni casi addirittura, le stesse tecniche venivano impiegate per persuadere del tutto la guardia a chiudere un occhio, convincendola che avrebbe ricevuto la sua personale e intima ricompensa. Passato il carico, la fanciulla si eclissava e lasciava scornato il doganiere.

---

603 Ivi, p. 68.
604 *Ibidem.*
605 Intervista a T. Salvi del 20/05/2002.
606 G. Ganna cit. in R. Lucato, *Contrabbandiere mi voglio fare* cit., p. 88.
607 *Ibidem.*
608 R. Lucato, *Contrabbandiere mi voglio fare* cit., p. 103.

C'era, infine, un ultimo caso in cui conveniva affidare le bricolle a donne – ma anche a bambini: «per godere di alcuni vantaggi offerti dalla legge che prevedeva pene più lievi». Per capire perché tale norma fosse applicata alle donne, occorre sottolineare il convinto maschilismo della società di allora, tanto forte da emergere anche da testi normativi: la donna non aveva la robustezza, il carisma, l'autorità dell'uomo, neppure «sufficiente intelligenza per discernere, al pari dell'uomo, il bene dal male». I reati commessi dal gentil sesso avevano un alone di spontanea ingenuità. Solo nel 1891 i legislatori presero atto di questa assurdità aggravando le pene per i reati femminili[609].

Si è gia detto dell'originalità dei nascondigli, tra cui quelli utilizzati prevalentemente da sfrosatori in gonnella: «i tacchi scavati delle scarpe per le oreficerie, i busti rigidi imbottiti per il caffè e lo zucchero». Non sempre, però, il trasporto si concludeva senza intoppi. Anche una volta scoperti, quindi, occorreva prontezza per sbarazzarsi del carico, lasciato possibilmente in un luogo sicuro da cui riprenderlo successivamente, e fantasia per dissimulare la propria colpevolezza: la soluzione migliore era fingere di essere impegnati in qualche faccenda, dichiarare di essere là per «dedicarsi alla ricerca di funghi o alla raccolta di rami secchi»[610].
Le contrabbandiere davano il meglio in queste circostanze:

> Se portata a forza in Dogana per una perquisizione, la contrabbandiera "esperta" sapeva raccontare storie incredibili di sconosciuti che le avevano affidato un misero pacchetto, di cui giuravano di ignorare il contenuto, da consegnare in Italia ad un lontano parente. Queste storie, complesse, animate da infiniti personaggi senza nome, riuscivano spesso a confondere gli esaminatori [;] l'interrogatorio di un contrabbandiere uomo era scarno, essenziale, privo di tutti quei particolari e di quei falsi personaggi che invece infarcivano e complicavano le bugie raccontate dalle contrabbandiere.
> Le donne varesine non solo erano dotate di maggiore fantasia, ma il fatto che fossero assai scaltre è testimoniato dall'elevato numero di procedimenti penali istruiti contro "ignote" [...] esili figure di donne dagli abiti scuri, con un fazzoletto in testa, che sapevano abilmente confondersi fra la gente all'uscita dalla Messa o perdersi nella confusione che animava il mercato[611].

Riassumendo, la funzione delle donne dedite al contrabbando era per lo più quella di convincere le guardie a soprassedere o soltanto di distogliere l'attenzione. Solo in un secondo momento esse vennero impiegate in prima persona nel trasporto di piccoli quantitativi mediante bricolle più leggere o altri ingegnosi sistemi. Finché arrivarono ad organizzarsi in gruppo per trasportare tutte insieme dei grossi quantitativi.

5.3.5. "Altro" contrabbando

Abbiamo visto che le merci erano in prevalenza caffè, sale, zucchero e tabacco e preziosi. Tuttavia, grazie al loro intervento, altre merci passarono la frontiera. Per esempio alcuni medicinali:

---

609 Cfr. ivi, pp. 88-89.
610 Ivi, p. 90.
611 *Ibidem.*

> È comunque da questi personaggi, a modo loro leggendari, che qualche indimenticabile buon medico luinese riuscì ad avere la prima penicillina, con più di un anno d'anticipo sulla distribuzione legittima, e non furono pochi a beneficiarne anzitempo[612].

Oppure si assistette allo sfroso di radioline e transistor, portate su bricolle leggere da donna, e travasate immediatamente «su una lussuosa automobile in attesa. Alla guida un pretino e sul sedile posteriore un austero porporato»[613]. In realtà non si sa se l'implicazione del prelato fosse vera o soltanto una mascherata: sta di fatto che la vicenda – spunto perfetto per una *piéce* di Fo – fece nascere «interminabili discussioni intorno ai tavolini del bar, luogo deputato alle voci, ai commenti, alle informazioni»[614]. L'esito di quelle discussioni fu più propenso ad avallare l'ipotesi del coinvolgimento del Clero: come sostiene Micotti, «verso il '45-'46, ci fu un gran traffico verso il Vaticano di registratori di cassa e altro materiale tecnologico che gli Svizzeri regalavano alla Curia di Milano, e che non poteva essere espatriato»[615].

Ma il traffico più importante e significativo per la fama dei contrabbandieri è completamente diverso dai precedenti, molto più pericoloso e più nobile: vide protagonisti «schiere di fuggiaschi: prigionieri alleati evasi dai campi di concentramento, ebrei, perseguitati politici»:

> Passavano i convogli silenziosi di quelle anime spaurite nei boschi fra Voldomino e Biviglione, per attraversare la Tresa alla passerella sotto alla diga o al ponte della linea ferroviaria Luino-Ponte Tresa. I treni erano sospesi e il ponte sorvegliato: da quelle parti passò, nel gennaio '44, anche Piero Chiara. Di mille episodi, drammatici o soltanto curiosi e persino comici, è ricca la leggenda di quelle eccezionali carovane. Si arrivò persino ad escogitare una teleferica attraverso la Tresa, sopra la galleria ferroviaria. Esperti boscaioli, oltre che contrabbandieri, passavano il filo in un momento da una all'altra riva e lo vincolavano ad alberi o rocce; per mezzo di un seggiolino con carrucola [...] si spedivano uomini e donne in terra elvetica[616].

Questo frammento è la massima testimonianza del buon cuore dei contrabbandieri e del loro codice d'onore, già messo in evidenza altrove. Quindi la «fantasia nel truffare lo Stato e frodare la legge», si dimostrava utilissima per aiutare i fuggiaschi disperati che «una ideologia mostruosa tentava di travolgere»[617].
Sullo stesso tema riporto anche la testimonianza di Piera Corsini:

> Nella nostra zona erano molte le opportunità di espatriare clandestinamente, infatti attraverso il fiume Tresa sono passati tanti ebrei... Ma anche da Campagnano, Musignano, Curiglia, Monteviasco... perché si approfittava del fatto che la sola rete coi campanelli non bastava a sorvegliare bene i confini[618].

---

[612] P. Corsini, *Qui lo dico e qui lo nego: storie di bricolle* cit., p. 39.
[613] Ivi, p. 40.
[614] *Ibidem.*
[615] Intervista a R. Micotti del 10/07/02.
[616] Circolo Felice Cavallotti, *Creva di ieri* cit., p. 64.
[617] *Ibidem.*
[618] Intervista a P. Corsini del 02/05/02.

Non bisogna comunque sottovalutare le difficoltà e i rischi corsi dai fuggiaschi, e ancora di più da tutti coloro che si adoperarono per soccorrerli: perché, se è vero che «le condizioni geografiche della nostra zona favorirono l'afflusso di un gran numero di profughi, qui in genere istradati da organizzazioni attive nelle città ma altre volte isolatamente vaganti alla ricerca di un valico purchessia lungo la frontiera», è d'uopo riconoscere che «è titolo d'onore per la nostra gente aver offerto aiuto ai fuggiaschi»[619].

Molti, infatti, offrirono sostegno in modi diversi ma ugualmente fondamentali: combattendo, dando asilo, organizzando le fughe, oppure semplicemente tacendo. Nel piccolo saggio *Testimonianze sul movimento di liberazione nel Luinese* vengono descritti dei casi specifici in cui l'umanità della popolazione e anche della Chiesa, nella figura di Don Folli, agevolarono il nuovo traffico che portava i profughi in Svizzera[620]. E gran parte del merito venne assegnato a quella categoria spesso accusata di nuocere alla società, che, col suo intervento, prima alleviò le sofferenze di una vita stentata a tutta la popolazione, poi si consegnò alla leggenda: «una pagina del tutto particolare fu scritta, lungo i sentieri nascosti della frontiera, da uomini adusi a carichi ben diversi da quelli di vite umane che fu loro affidato in quei giorni»[621].

Come è già stato sottolineato, la famiglia Fo diede un enorme contributo con impegno ed entusiasmo per favorire l'espatrio di coloro che, negli anni '30, erano perseguitati dal regime fascista. Dario visse con grande partecipazione quegli eventi e, nonostante l'età giovanissima – si trattava di un bambino di 4 anni o poco più – restò colpito da quelle tristi "processioni notturne" che ebbe occasione di vivere da molto vicino. Così ricorda quel periodo:

> Essendo noi proprio sulla frontiera c'era sempre il problema dei contrabbandieri o dei disperati che tentavano di transitare nascosti nei vagoni-merce. Ogni convoglio in sosta veniva perquisito dalle guardie di finanza e dai carabinieri. Spesso mi svegliavano i segnali dati con fischietti e le grida dei reparti di servizio. Mi arrivavano insopportabili botti sferrati sulle fiancate dei vagoni, lo scorrere delle portiere e gli ordini di controllare meglio quel vagone o l'altro appresso. Poi un segnale gridato: "Tutto a posto!", ero rimasto teso per tutta l'ispezione e adesso tiravo un gran fiato. Mi immaginavo sempre un uomo o un ragazzo appesi sotto un vagone che finalmente riuscivano a farla franca e passare di là. Mi riaddormentavo con un gran sospiro sorridendo[622].

L'identikit del padre di Fo, tracciato nel capitolo precedente, dimostra che, anche in questo caso, ci fosse il suo "zampino". Il capostazione diede prova di grande coraggio, in quanto agiva costantemente nell'illegalità; del resto era assolutamente vietato proteggere i semplici contrabbandieri di merci, anche solo tenendoli alle proprie dipendenze, o consentire i traffici all'interno di una struttura pubblica come una

---

[619] *Testimonianze sul movimento di liberazione nel Luinese* in AA.VV., *Travalia. Studi su Luino e "gli immediati dintorni"*, Luino, Biblioteca Civica, p.27.
[620] Cfr. ivi, pp. 27-69.
[621] Ivi, p. 28.
[622] D. Fo, *Il Paese dei Mezaràt* cit., p. 14.

stazione ferroviaria[623]. Nel caso di contrabbandieri di uomini e fuggitivi, la questione si aggravava esponenzialmente.

Inoltre il rischio dipendeva anche da un altro fattore: la popolazione non era unanimemente solidale con i fuggitivi e i loro difensori, e così capitava che, per interessi personali o solo per sfregio, venissero rivolte accuse a coloro che si impegnavano per aiutare i fuoriusciti. Fo riporta un episodio significativo:

> È circolata la voce che il maresciallo che comandava il presidio dei carabinieri aveva ricevuto l'ordine di lasciare il comando e di trasferirsi in "altra località". Qualcuno gli aveva tirato il roccolo, come si dice. In poche parole, aveva mandato una lettera al comando di Luino, accusando il povero maresciallo di essere addirittura in combutta con i contrabbandieri e di chiudere un occhio davanti al continuo espatrio di sovversivi e delinquenti comuni braccati dalla giustizia. Una carognata ignobile. In paese tutti erano convinti che la frappata zozza gliel'avesse tirata il tenente dei finanzieri. Altri erano certi che la spiata fosse partita dal vice capostazione che veniva da Maccagno tutti i giorni a dare il cambio a mio padre[624]

Mi auguro che, pur in maniera sintetica, si sia fornito al lettore un quadro generale sulla pratica del contrabbando. Ma dato che si è preferito sottolinearne in queste pagine il volto sorridente e ammiccante, concludo dicendo che, purtroppo, non si è sempre trattato di un affare romantico e pittoresco; per molti l'angoscia provata lungo quei sentieri notturni, per ricavare di che sfamare la propria famiglia, è un brutto ricordo che si spera solo di cancellare.

Il cantautore lariano Davide Bernasconi, il cui nome d'arte è non a caso "Van De Sfroos", ci invita alla riflessione facendoci scoprire un traffico cupo e triste. Nulla a che vedere col giocoso contrabbando per racimolare qualche soldo extra. Piuttosto sofferenza per gli alti rischi, la fatica fisica, la paura della notte.

Ninna Nanna del Contrabbandiere

Ninna nanna, dorma fiöö…
El tö pà el g'ha un sàcch in spàla
e'l rampèga in sö la nöcc…
Prega la löena de mea fäll ciapà,
prega la stèla de vardà in duvè che'l va,
prega el sente de purtàmel a cà…
[…]
El tö pà el g'ha un sàcch in spala,
che l'è piee de tanti ròpp:

---

623 Dall'art. 11 del Regio Decreto n° 3020 del 28 giugno 1866: «Nel contrabbando e nei reati parificati […] che si commettano nelle stazioni delle ferrovie, nei battelli a vapore, nelle vetture pubbliche, negli alberghi, nelle osterie, nei caffè od altri luoghi pubblici, gl'impresari, i capitani, i conduttori, i padroni o capi degli stabilimenti saranno, come civilmente responsabili, obbligati al pagamenti delle somme per le multe nelle quali fossero incorsi i loro dipendenti o commessi non solventi» (R. Lucato, *Contrabbandiere mi voglio fare* cit., p. 26).

624 D. Fo, *Il Paese dei Mezaràt* cit., p. 34.

el g'ha deent el sö curàgg,
el g'ha deent la sua pagüra
e i pàroll che'l po' mea dì...[625]

De Sfroos

I henn sir che la löena la fàa pagüra
I henn sir de menga tant fiadàa
De drèe i nost fenestri queivedünn el ghe veed
De drèe i nost fenestri queivedünn el piàanc....
L'è sempru püsse dür el sacch in söe la spala
L'è sempru püsse scür de nocc el sentèe
Sarà mej mia vusàa per nüm
Sarà mej sbassas per nüm
Sarà mej pregàa per nüm, per nüm, per nüm... [626]

5.4. Un ometto

Il Dario vissuto a Pino Tronzano era solo un bambino, perciò gli episodi di vita che ha narrato non sono verificabili. Silvio Fiorini, Sindaco di Pino e Presidente della Comunità Montana Valli del Luinese, è stato molto schietto a proposito: «Fo a Pino, purtroppo, non ha lasciato tracce nella memoria degli abitanti, era troppo piccolo... i pochi in vita che l'hanno visto da bambino hanno ricordi molto sfocati. Erano proprio troppo giovani»[627].

Al contrario i ricordi dell'attore legati a quel periodo sono ricchi di dettagli e particolari interessanti, da cui traspare un bambino molto vivace, affascinato dalla natura: «ho avuto la fortuna» – ha scritto – «di vivere in un posto splendido, sul Lago Maggiore. Andavo a scuola sciando, pensi un po' che gioia. E in primavera attraversando i prati fioriti. Una delle cose più belle che ci possano essere»[628]. Proprio le abbondanti nevicate avevano costretto Dario e Fulvio, per raggiungere la scuola, ad assimilare le competenze sciistiche che erano patrimonio comune di tutti gli abitanti:

---

[625] Trad.: Ninna nanna, dormi figliolo / Tuo padre ha un sacco in spalla / si arrampica nella notte / Prega la luna di non farlo prendere / prega la stella di guardare dove va / prega il sentiero di portarmelo a casa [...] Tuo padre ha un sacco in spalla / che è pieno di tante cose / ha dentro il suo coraggio / ha dentro la sua paura / e le parole che non può dire (Davide Van De Sfroos, *Ninna Nanna del Contrabbandiere*: http://www.testietraduzioni.com/cantanti/d/davide-van-de-sfroos/ninna-nanna-del-contrabbandiere.html).

[626] Trad.: Ci sono sere in cui la luna fa paura / Ci sono sere in cui è meglio non respirare troppo / Dietro le nostre finestre qualcuno ci vede / Dietro le nostre finestre qualcuno piange.... / È sempre più pesante il sacco sulla spalla / È sempre più scuro di notte il sentiero / Per noi sarà meglio non gridare / Per noi sarà meglio stare bassi / Sarà meglio pregare per noi, per noi, per noi... (Davide Van De Sfroos, *De Sfroos*: http://www.testietraduzioni.com/cantanti/d/davide-van-de-sfroos/de-sfroos.html).

[627] Colloquio telefonico con Silvio Fiorini del 16/03/2003.

[628] D. Fo intervistato da Aldo Congiu, «Annabella», 1963 cit. in D. Fo, *Fabulazzo* cit., p. 27.

> Non si trattava certo di sci come li intendiamo oggi: erano “tappelle”, cioè tavole di legno scolpite alla bella e meglio che si affrancavano agli scarponi con molle molto rudimentali. Non servivano a fare dello sport, ma soltanto a spostarci evitando di affondare nella neve. Le racchette erano bastoni di frassino con due cerchietti di vimini infilati sul fondo. Per riuscire a muoversi con quelle tappelle, bisognava possedere un bel talento: noi tutti in quella valle, dovevamo averne a dismisura giacché riuscivamo a lanciarci giù per certe scarpate da far mancare il fiato[629].

Ma in generale, il paese circondato da boschi e prati era l’ambiente ideale in cui una piccola peste poteva sfogarsi:

> Mi piaceva tanto andare intorno per i bricchi (così si chiamavano i crinali scoscesi), risalire i torrenti che, precipitando verso la valle, avevano scavato canali fondi arrivando spesso a traforare la roccia nel profondo così da bucare la montagna con orridi, solchi e calanchi. Certo, non ci andavo da solo… zampettavo dietro ai ragazzini di Pino di due o tre anni più grandi di me. Il figlio del carabiniere aveva nove anni e per questo era capo e guida. A sentir lui conosceva ogni canalone, ogni anfratto di quel labirinto… infatti, regolarmente ci perdevamo![630]

A volte la sua esuberanza raggiungeva l’eccesso: «Forse avevo poco più di tre anni. Quel giorno, con mio cugino, ero andato a tirare sassi contro un treno svizzero»[631]. La madre capì però come limitare, o meglio incanalare, la sua “carica distruttiva”. Lo spinse a dare sfogo alla sua personalità irruente nel disegno:

> Quando intuiva che di lì a qualche ora avrei cominciato a scalpitare per l’inevitabile “richiamo della foresta”, stendeva sul tavolo di cucina una mazzetta di fogli bianchi, rovesciava una quantità di pastelli, matite colorate e, invitandomi all’orgia, esclamava: “Vai bel teston, spantegami una frappata di belle figure!”. E io, via che mi buttavo a stendere colori sul foglio bianco, a rincorrere con giravolte di righe, immagini che montavano una dietro l’altra come le avessi stampate nella memoria. Man mano che entravo nel gioco degli incastri e stendevo spazi, piani di colori, mi prendeva uno sballo d’incanto[632].

Forse fu proprio così che esplose l’innata propensione per l’arte. E già nei primi disegni il piccolo mostrava doti creative non comuni, suffragate dagli elogi sinceri di parenti e amici («È un artista! Mai visto un mostro simile!») e, una dozzina di anni dopo, dall’illustre parere dello stesso Fo divenuto studente presso l’Accademia di Brera («mi è capitato di rivedere quel dipinto appeso su un muro, addirittura incorniciato. In quel momento mi sono reso conto che era davvero bellissimo: pareva un Kandinsky!»)[633].

Purtroppo, a parte questi episodi lieti, si è detto che Dario venne a conoscenza molto presto delle spiacevoli persecuzioni fasciste che costringevano i detrattori del

---

629 D. Fo, *Il Paese dei Mezaràt* cit., p. 33.
630 Ivi, p. 16.
631 D. Fo intervistato da Aldo Congiu, «Annabella», 1963 cit. in D. Fo, *Fabulazzo* cit., p. 23.
632 D. Fo, *Il Paese dei Mezaràt* cit., p. 17.
633 Cfr. ivi, p. 26.

regime a cercare rifugio all'estero. La violenza di certe situazioni, come la cattura di un clandestino poi condotto in carcere, ha certamente lasciato ricordi amari in un bambino così piccolo («quella scena m'è rimasta nella memoria indelebile come un tampone scuro»[634]).

5.5. Oleggio

«I numerosi trasferimenti a cui era costretto mio padre ci hanno poi portati a Oleggio, presso Novara»[635], paese dove visse tra il 1935 e il 1936, stavolta più lontano dal Verbano, e che gli consegnò la cittadinanza onoraria il 18/11/2007. «Allora aveva 9 anni» – si legge in un articolo commemorativo – e qualcuno «ormai con i capelli bianchi, ne ricorda le marachelle, la grande intelligenza, la creatività e l'arguzia che già allora lo contraddistinguevano». [636]

Nonostante il breve periodo di residenza in quel luogo, Fo ha dichiarato di conservarne «una memoria pari a cinque anni di vita»[637], e l'ha definito «un punto chiave della mia vita»[638]; soprattutto grazie ad alcuni tasselli che hanno influenzato l'animo artistico ancora in nuce del giovane Dario, a cominciare dall'«incappare in una fornace e aver visto cuocere gli oggetti»[639], esperienza che gli sarebbe poi servita studiando scultura a Brera:

> Vicino alla casa dove abitavamo c'era una fornace con relativa fabbrica di mattoni e laterizi in genere. Io e mio fratello Fulvio ci trascorrevamo gran parte della giornata. Eravamo entrati nella manica del padrone, che ci insegnava la tecnica dell'impasto e della cottura. Inoltre ci aveva messi al tornio, quello per plasmare i vasi. Era un gioco davvero magico: il tornio non serviva solo per foggiar vasi, otri e ciotole, ma, modificando sapientemente la tecnica della manipolazione, si riusciva a ottenere forme più complesse una testa e perfino un busto con tanto di petto, ventre e glutei[640].

Continuando poi con l'influenza della maestra Rina Palestrini, la quale, pur non essendo la sua insegnante ma solo una vicina di casa, stimolò l'amore del Dario bambino per l'arte e il disegno[641]. Fo la descrive come una «donna dolcissima», con una «personalità unica», «un'entusiasta»:

> Andavo a trovarla quasi ogni giorno. Lei era lì, con le sue tele, intenta a dipingere. In quel periodo, mi capitò sicuramente di disegnare accanto a lei che, ogni tanto, mi sbirciava con sorrisi di incoraggiamento. Io ricambiavo, fermandomi ad osservarla

---

634 Cfr. ivi, p. 14.
635 D. Fo, *Il paese dei Mezarat* cit., p. 45.
636 *Oleggio, è qui la festa per il concittadino Fo*, La Stampa ed. Alessandria, 17/11/2007 in http://www.archivio.francarame.it/scheda.aspx?IDScheda=28152&IDOpera=138
637 *Dario Fo: "Grazie Oleggio sei il posto dei miracoli"*, La Stampa ed. Novara, 19/11/2007, ivi.
638 *"Oleggio punto chiave della mia vita"*, Corriere di Novara, 22/11/2007, ivi.
639 *Dario Fo: "Grazie Oleggio sei il posto dei miracoli"*, La Stampa ed. Novara, 19/11/2007, ivi.
640 D. Fo, *Il paese dei Mezarat* cit., p. 45.
641 Cfr. (https://www.lastampa.it/novara/2016/10/14/news/morto-dario-fo-a-oleggio-l-infanzia-con-il-padre-capostazione-era-cittadino-onorario-1.34787369/

> mentre dipingeva: era eccezionale, bravissima. Siccome ero un fanatico dei disegni, cercavo di approfittare di quei momenti per imparare, per capire [.] Rina Palestrini è stata involontariamente la mia musa[642].

Un amico d'infanzia, Umberto Nobile, classe 1931, figlio come Dario di un capostazione, lo ricorda così:

> Un pomeriggio il Dario arrivò di corsa, tutto vestito di chiaro. Lo aspettavamo per giocare, dietro casa Mainelli, vicino al teatro in costruzione. C'erano tubi e buche per i lavori. Lui cadde in uno di quei tubi fangosi. Si rialzò metà nero metà bianco. Come a dire "va' che cosa ho combinato", gli scappò quell'espressione da giullare, rimasta la stessa negli anni. Mia madre gli lavò gli abiti. Se fosse rincasato così, guai. Quando l'ho rivisto poche settimane fa, in tivù, aveva quel sorriso lì. Uguale. Il suo bello. L'è lü![643]

Infine, il paese è rimasto nel cuore di Dario grazie al circo a cui assistette gratis con Fulvio, perché avevano aiutato il figlio del padrone ad incollare i manifesti, aneddoto già citato al capitolo 4.2. e che si riferiva proprio a Oleggio. Là Fo vide per la prima volta i leoni e gli elefanti e scoprì quel mondo che sarebbe ritornato più volte nella sua vita d'artista:

> Quel nostro primo impatto col circo è stato davvero sconvolgente: leoni che zompavano con ruggiti da strangolarti le budella. Esibizioni di elefanti che, a tratti, apparivano così leggeri nei loro movimenti da sembrar pompati d'aria calda come mongolfiere. Ma lo spettacolo che ci ha tenuto con il fiato sospeso per tutto il tempo, s'è rivelato senz'altro quello degli acrobati [644].

5.6. Ancora dubbi

Dallo studio delle prime tappe della sua formazione e crescita emergono, come già è accaduto nella nostra analisi, alcune forzature, alcune incongruenze. Ciò che discuto non è che certi fatti siano avvenuti o meno, anche perché non ho la controprova. Però mi stupiscono l'incredibile maturità e senso critico, che Fo assegna a sé stesso da piccolo.

Nasce di conseguenza il sospetto che la nitidezza delle immagini del passato sia piuttosto artefatta. Passi la precoce vocazione di donnaiolo[645], ma come è possibile accettare senza dubbi che Fo manifestasse segni di blasfemia, anche se scherzosa: «Mi

---

642 https://www.lastampa.it/novara/2016/10/14/news/dario-fo-e-la-sua-musa-d-arte-fu-la-maestra-di-oleggio-voi-avete-i-primi-scarabocchi-della-mia-carriera-pittorica-1.34787453/

643 *Ibidem.*

644 D. Fo, *Il paese dei Mezarat* cit., p. 55.

645 «Mi piaceva da impazzire con quel collo lungo, le mani morbide e le dita da Madonna e soprattutto quelle poppe tonde! Quando mi accoccolavo sulle sue ginocchia, mi sentivo tutto slanguire, le gote mi sparavano di rosso. Sì, lo ammetto: a me le donne, fin da quando sono venuto al mondo, mi sono subito piaciute da frullar via di testa! Se poi mi ritrovavo con una donna luminosa come Bedelià, con quell'odore di fiori e frutta che spantegava dalla pelle… Dio, che sbirolate! Fra le sue braccia io la annusavo con una golosia da drogato» (Ivi, p. 19).

pareva di essere la riproduzione vivente dell'affresco sulla facciata della chiesetta di Tronzano, dove il santo gigante traghetta il piccolo Gesù al di là del fiume. Il bambino benedice. Velocissimo, a mia volta, ho abbozzato una piccola benedizione… ridendo. Già blasfemo a quell'età!»[646]. Ma anche ammettendo che lui abbia compiuto quel gesto come per gioco, senza intenti polemici (fosse il contrario sarebbe il colmo!), ciò che maggiormente mi lascia perplesso è il commento che avrebbe fatto sulla rievocazione della storia di Guglielmo Tell durante una festa in Svizzera:

> È davvero una schifezza! […] Sempre noi piccoli ci dobbiamo andare di mezzo! Gesù bambino che nasce in una stalla puzzolente, con il tetto sfondato, senza stufa né scaldino… il fiato di un asino e una mucca e basta così. Erode, chissà perché, lo vuol morto e allora fa sgozzare tutti i bambini del paese manco fossero capretti. Il Padreterno, tanto per far prendere uno spavento al povero Isacco, ordina al padre di mozzargli la testa con una scure. Cosa me ne frega se poi ci ripensa: 'Alt! Fermi tutti, è stato uno scherzo'… uno scherzo da Dio! E adesso pure la mela su 'sto povero ragazzino svizzero, che se Tell sbaglia, gli sforacchia la testa. Lui, il piccolo è il vero eroe, ma nessuno si ricorda nemmeno come si chiami. Tutta la festa è solo per suo padre, 'sto incosciente che ha accettato la scommessa![647].

Pur nel rispetto della narrazione di Fo, è impossibile che un bambino dell'asilo, per quanto acuto, faccia osservazioni del genere. In base alla mia esperienza coi bimbi della scuola materna, neppure il più intelligente e informato si permetterebbe di giudicare severamente la condotta ambigua di Biancaneve che condivide l'alloggio con sette individui rozzi, a cui fa praticamente da serva…

Lo stesso dicasi per quanto riguarda gli incontri con anarchici e sovversivi, svoltisi in quegli stessi anni, e che sollevano alcune perplessità: primo, l'effettiva partecipazione materiale ed emotiva di un bambino; secondo, il modo in cui gli adulti si rivolgevano a Dario utilizzando con leggerezza i termini "anarchici" e "sovversivi", come se si trattasse di concetti usuali per il piccolo[648].

La spiegazione è semplice e inesorabile: l'allora settantaseienne autore, attore e regista teatrale Dario Fo, sarcastico, caustico e feroce nella sua analisi delle vicende storico-letterarie ha presentato al pubblico il suo perfetto *alter ego* di una settantina d'anni più giovane. Il Fo *agens* non è il frutto di semplici ricordi, bensì dell'esperienza di vita, artistica, politica, comunicativa del Fo *auctor*.

Evidenziare le forzature autobiografiche non è così banale come potrebbe sembrare di primo acchito. Questa considerazione, infatti, ha un valore fondamentale per tutto il nostro lavoro, poiché la rivisitazione a posteriori del vissuto costituisce l'intelaiatura della maggior parte dei racconti riguardanti la vita sul lago.

Tra realtà e fantasia, tra i giochi di un bambino e la predestinazione (enfatica) di una coscienza sociale e politica, cosa emerge del bimbo Dario di quegli anni a Pino?

Banalmente ritengo fosse vivace e scavezzacollo come tanti altri coetanei, con in più la vocazione per il disegno. Ancora non si era manifestata la sua inclinazione

---

646 Ivi, p. 16.
647 Ivi, p. 27.
648 Cfr. ivi, pp. 29-30 e 35-36.

fabulatoria, sebbene ci sia un aneddoto, la visita al *Kinderheim* svizzero, che ricorda l'uso magistrale del cosiddetto *grammelot*, suo pezzo forte alcuni decenni dopo:

> I bambini in coro hanno intonato un inno maestoso, la cui aria si ripeteva a crescere con piccole varianti. Intuito l'andamento, mi sono inserito nel coro a mia volta… dapprima sottovoce, poi, preso coraggio, a piena voce. Scimmiottavo anche le parole, fingendo di conoscerle a menadito: "Antzen üt Schivvel mit nem lauben troi wirt…". Chissà che bella storia stavo raccontando[649].

Chissà, magari nacque così quel «gioco onomatopeico di un discorso, articolato arbitrariamente, ma che è in grado di trasmettere, con l'apporto di gesti, ritmi e sonorità particolari, un intero discorso compiuto»[650] che Fo dice di aver tratto dalla Commedia dell'Arte[651].

Per quanto riguarda l'ideologia, ribadisco di nuovo, certamente avrà recepito informazioni sulla problematica situazione politica del secondo anteguerra, ma escludo avesse un grado di consapevolezza superiore a quanto la sua età consentisse.

Fu dunque a Pino Tronzano che Dario incontrò per la prima volta i contrabbandieri: si era divertito a giocare coi loro figli e a frequentare le loro case, probabilmente aveva avuto modo di apprezzare il fascino e la fantasia di quella illecita professione. Dai suoi ricordi si comprende l'importanza e la valenza positiva che ha sempre assegnato a quei fuorilegge. Tuttavia, in nessuno di loro, si riscontra una precisa e organica attività fabulatoria; forse perché Fo era troppo giovane per comprendere certe tematiche o solo per conoscere certe storie.

Fu invece a Oleggio che scoprì la manipolazione della creta, approfondì la predisposizione al disegno e conobbe per la prima volta il mondo sfavillate del circo.

Ma ancora non si era calato nella realtà variopinta di Porto Valtravaglia, il suo secondo «paese delle meraviglie»...

---

649 Ivi, p. 28.

650 D. Fo, *Manuale minimo* cit., p. 81.

651 La parola *grammelot* […] è una reinvenzione (secondo Taviani) del termine *grommelots*, coniato nella cerchia degli attori di Copeau per indicare certi esercizi fisici preverbali fatti di borbottii (*grommeler*, borbottare) (A. Barsotti, *Eduardo visto da Fo* cit., p. 58, nota 52).

6. "La Piccola Parigi"

> Un paese davvero incredibile questo Porto Valtravaglia: piazzato in riva al lago segnato ai lati da due torrenti. Su un fianco, la rocca irta e maestosa come la piramide di Cheope. Una fornace di calce sotto la rocca. Il porto con le barche dei pescatori, un'antica filanda, due officine di meccanica e, per finire, la presenza di un'enorme vetreria con ben cinque forni[652].

Si presenta oggi come un tranquillo paese bagnato dal lago, meta privilegiata per i turisti attirati dall'ambiente rilassante e dall'aria salubre; per coloro che non hanno avuta la fortuna di viverlo in prima persona, è arduo immaginare il fermento che ha pervaso la cittadina all'incirca fino alla Seconda Guerra Mondiale.

Ora Porto dorme sonnacchiosa, esposta al riverbero del sole sull'acqua, ma serba nel profondo le vestigia della sua età aurea. Nei suoi abitanti è vivo e presente il ricordo delle vie brulicanti di vita e tutti sono concordi nell'affermare l'eccezionalità del loro paese soprattutto nei primi decenni del XX secolo.

Dario Fo, con lo spirito didascalico che lo contraddistingue, ha tracciato un identikit completo del paese, inserendo spunti estremamente interessanti – alcuni speciosi e non sempre perfettamente documentabili – che, a prescindere dalle imperfezioni, danno un'idea dell'ambiente negli anni '30:

> In piazza c'era sempre gente, i negozi erano sempre aperti, le compagnie dei comici di giro preferivano venire lì che a Luino, anche perché in vetreria pagavano bene e la gente era ricca. Non a caso era la piazza prediletta dei contrabbandieri, mercanti, magliari che arrivavano da tutta la Lombardia. Tutta questa gente, con i pescatori, i montanari e i contadini locali si ritrovava all'osteria. Lì, tra molte bevute di vino, si giocava al biliardo, a carte, e si chiacchierava. Venivano fuori storie in quantità: aneddoti locali, fiabe polacche, tedesche, saghe del nord Europa magari volgarizzate in forma di beffa, di barzelletta dai vari contastorie[653].

Nonostante sia credibile ciò che Fo sostiene, appare gratuito considerare Porto la piazza preferita di contrabbandieri (che comunque c'erano; Calderoni ne ricorda uno che «dopo molto tempo era stato preso e "battuto" dai finanzieri; ma una volta guarito, si era vendicato sollevando la garitta dei finanzieri e buttandola nel fiume»[654]) – il paese dista almeno 10 km dal confine – e mercanti – il mercato per eccellenza, si è visto, si teneva a Luino. Tuttavia è verissimo che i rappresentanti delle diverse categorie lavorative, frequentassero i caffè e le osterie; che i negozi fossero numerosi e forniti; che arrivassero le compagnie teatrali.

---

652 D. Fo, *Il Paese dei Mezaràt* cit., p 56.

653 D. Fo intervistato da Anna Bandettini, «La Repubblica» cit. in P. Macchione – A. Bretoni, *La sponda operosa*, Varese, Macchione Editore, 1996, pp. 155-156.

654 Intervista a C. Calderoni del 27/02/2003.

«Il paese era chiamato "la Piccola Parigi"»: con queste parole, un'anziana signora[655] di Porto Valtravaglia mi ha voluto descrivere il suo paese 80 anni fa. Le brilla lo sguardo mentre cerca di rievocare nella memoria le immagini di una realtà – parola del sindaco – «talmente strana da sembrare impossibile»: «c'erano tanti negozi, via Roma era tutta piena, anche tre o quattro macellerie... Adesso invece, *ghè pü nagott*... E quante trattorie e posti per bere!»[656] e inizia a nominarli tutti in un elenco che pare interminabile. Come abbiamo già avuto modo di notare[657], il numero dei locali pubblici in cui mangiare, bere, divertirsi o pernottare, era spropositato rispetto agli standard odierni.

Una delle ragioni della situazione era certamente un lascito della tradizione contadina, nella quale lo svago e il divertimento si sostanziavano nello stare assieme, favorito anche dai giochi geneticamente collettivi e che, o si prestavano all'azzardo, o erano «cagione di rissa» come le carte, i dadi e la morra. In aggiunta, «le osterie foresi si dotarono presto di campi per le bocce» e naturalmente «i caffè di città si munirono di bigliardi»[658].

La popolazione era tutta concentrata nei vari luoghi di incontro, dove si trovava a parlare, e spesso capitava che una fiumana di persone occupasse un osteria non molto capiente, così la densità favoriva i racconti; c'erano inoltre degli spazi particolari, oggi decaduti, dove «si incontravano quotidianamente le comari, per i rituali pettegolezzi»[659], come la bottega del fornaio e il lavatoio: «*in di lavatoi i don intant che i lavava i faseva un gran ganasà e inscì a vegniva fö de tut e de tuc, e ogni tant capitava chi se ciapava pei cavei e poo a vulava anca un quai sganasun*»[660]. Poi «non c'erano le macchine e la stazione aveva molto più importanza di adesso; e da non sottovalutare, i pochi che andavano a vivere fuori, tornando, chissà che storie mirabolanti raccontavano»[661]; una conferma aggiuntiva dell'incidenza dei racconti provenienti da esperienze vissute in paesi esteri da emigranti come quelli descritti da Piero Chiara[662].

Accanto alla tradizione influì la massiccia industrializzazione, che scatenò un fenomeno molto semplice e lineare: l'industria, creando nuovi posti di lavoro e migliorando i redditi degli abitanti, realizzava anche i presupposti per spendere quel denaro e rinfrancarsi dalle fatiche lavorative. Il risultato finale era il vivace scambio di esperienze tra la massa eterogenea degli avventori.

Ciò avvenne ovunque indistintamente, con la differenza, vedremo tra breve, che a Porto Valtravaglia la vetreria ebbe un influsso abnorme sulla socialità del paese a causa dei ritmi di lavoro e della qualità e tipologia degli operai, cosa che non avvenne, ad

---

655 Ho parlato con questa signora in estate presso il Centro Ricreativo di Porto Valtravaglia. Non riporto il nome perché la signora non ha voluto rivelarmelo. In seguito, quando farò riferimento a questa persona, userò solo il generico termine dialettale *Sciüra*.

656 Intervista alla *Sciüra* del 05/06/2002.

657 Cfr. cap. 3.1.

658 Cfr. P. Frigerio, *Storia di Luino e delle sue valli* cit., p. 158.

659 Ivi, p. 473.

660 Trad.: Nei lavatoi le donne intanto che lavavano chiacchieravano molto e così si parlava di tutto e di tutti, e ogni tanto capitava che si prendessero per i capelli e che poi volasse pure qualche sberla (*El lavatoi*, G. Reggiori, *Racconti dialettali della mia Valtravaglia*, 1993, p. 31).

661 Intervista a C. Calderoni del 01/06/2002.

662 Cfr. cap. 3.1.

esempio, negli altri centri come Maccagno, Germignaga e soprattutto Luino, dove pure, si è visto, l'ambiente era molto vivace.

In seguito i tempi sono cambiati con la fine dell'epoca fiorente delle industrie e della grande occupazione, concentratasi in altre zone della provincia di Varese e di Milano, e con lo stravolgimento dei microcosmi locali sfaldatisi per inseguire il lavoro che aveva lasciato il paese e poi uniformati dalla televisione. Per questo, occorre precisare che la popolazione non è diminuita numericamente, semplicemente c'è stato un cambio generazionale e, tra virgolette, culturale.

È mutata soprattutto l'inclinazione verso il paese, nel senso che ora si avverte estraneità rispetto al luogo in cui si vive, mentre una volta la dimensione paesana che era alla base dei rapporti interpersonali instaurava una maggiore sintonia con l'ambiente; questa è opinione comune di tutte le persone non più giovanissime. Ma attenzione! Non si tratta di rivolgere lo sguardo nostalgico verso il passato, bensì di constatare come un mondo fatto di suoni, gesti, professioni che al centro avevano sempre l'uomo, sia sparito. Sono emblematiche le parole di un abitante di Porto, Giorgio Reggiori, che ricorda sua nonna Carolina (*Carulò*), la quale «gestiva un locale qui in paese: metteva a disposizione un locale grande col camino e sabato e domenica facevano la tombola»[663], e ne fa un modello di riferimento dei tempi passati. «*Lee la me diseva*» – scrive Reggiori – «*che in paes quand el piuveva gheva mia bisogn del'umbrela perché te pudevet viagià semper sota i grund di tec*»[664]. Questo particolare apparentemente insignificante è invece il sintomo di un modo di vivere il paese, di calarsi nella sua realtà, di sentirlo quasi come una cosa viva, di ascoltarne i battiti e i rumori. Tutto, ora, è diverso; Reggiori segnala molte cose che sono cambiate rispetto a una volta: le case sono sprangate, non ci sono le voci dei bambini che giocano, il selciato è stato coperto col catrame, tace il rumore del martello dei calzolai, la donna che lavorava la lana sotto il portico di casa col portone aperto così da chiacchierare coi passanti è solo un ricordo, così come gli agoni in salamoia appesi a seccare. Ora ci sono le auto che occupano tutta la strada e, quando piove, «*in pù a chela de sora dei grund rot te ciapet anca chela de sota*»[665].

6.1. I grandi divertimenti

Nel recente passato, invece, a Porto regnava uno spirito diverso, decisamente godereccio: «d'estate ballavano tutti… c'erano i tavolini dei bar dove oggi c'è la strada» – sostiene il Carluccio; è d'accordo la *Sciúra* secondo cui «d'estate al bar Milano c'erano tanti tavolini fuori da cui vedere i fuochi artificiali; lo stesso in altri locali, poi hanno cominciato a chiudere pian piano quasi tutti e la situazione è lentamente degradata»[666].

---

663 Intervista a G. Reggiori del 21/06/2002.

664 Trad.: Lei mi diceva che in paese quando pioveva non serviva l'ombrello perché potevi camminare sempre sotto le grondaie dei tetti (*I grund che gota*, G. Reggiori, *Racconti dialettali della mia Valtravaglia* cit., p. 23).

665 Trad.: oltre a quella [l'acqua] dalle grondaie rotte, prendi anche quella di sotto (G. Reggiori, *Racconti dialettali della mia Valtravaglia* cit., p. 24).

666 Intervista alla *Sciúra* del 05/06/2002.

E se è noto che «in un mondo afflitto continuamente dalla povertà e dalla disgrazia, una valvola di sfogo era costituita dalle feste popolari»[667], in Valtravaglia le sagre di paese avevano un valore e una partecipazione ancora più calorosa, forse perché offrivano attrazioni esclusive, tra cui primeggiava «*el toboga tiraa cui cavai e sul vagunin la gent, sciori e pover, setagiò tuc insema a tras dent in del lag ben vestii, e chialt lì in riva a vardaa e ghignaa*»[668]. Specialmente in occasione della festa di S. Maria Assunta, la più importante a Porto, c'erano balli, canti, grandi abbuffate, bancarelle degli ambulanti che vendevano dolciumi; il tiro all'anatra, l'albero della cuccagna (in verticale o in orizzontale proteso sul lago), e appunto il già menzionato toboga (o taboga), un carrello slittante su apposite guide fortemente inclinate, l'antenato sia di montagne russe e ottovolante, che degli scivoli sull'acqua[669]. Il sindaco Colombo, a proposito, racconta di aver trovato delle «locandine del 1914 di una festa popolare che raffigurano il toboga, il palo della cuccagna orizzontale, e la pesca delle anatre»[670]. «Mi piaceva molto» – ricorda Reggiori – «il palo della cuccagna con su il grasso, sia in verticale che in orizzontale sul lago... ancora meglio, dato che non tutti hanno la fortuna di avere il lago. In pratica si andava sul muricciolo in cemento dell'imbarcadero e uno alla volta si saliva, e chi prendeva la bandierina riceveva un premio»[671].

La *Sciúra* ricorda con piacere che i festeggiamenti erano diventati un vanto per il paese:

> In quelle sagre di paese c'erano il toboga, il calcinculo, tutte attrazioni che richiamavano tanta gente... Era un paese davvero pieno di vita! Mi ricordo che, quand'ero ragazza, venivano i giovanotti da Luino, da Laveno: perché c'erano cose a Porto che negli altri posti non c'erano. Era bellissimo vedere tutti questi ragazzi e ragazze in paese... c'era molta allegria![672]

Anche Dario Fo amava queste feste e nel periodo di Ferragosto partecipava alla corsa nei sacchi, e alla corsa a piedi: «aveva vinto la gara di tre giri del paese perché era alto, longilineo. Vabbè, non erano corse professionali... ma magari lui poteva diventare un buon podista»[673]. Egli ricorda inoltre un'incredibile festa che aveva luogo nel mese di maggio quando «in ogni paese si piantava un albero, e gli abitanti degli altri paesi dovevano riuscire a rubarlo... erano incursioni incredibili, straordinarie. Alla fine, il paese che aveva rubato più alberi aveva vinto la disfida... Era una festa lunghissima»; secondo l'attore, quella festività era un rito originariamente finalizzato «a tenere in allenamento, a tener desta la popolazione in previsione di attacchi dall'esterno»[674].

---

[667] P. Frigerio, *Storia di Luino e delle sue valli* cit., p. 155.

[668] Trad.: Il toboga tirato coi cavalli, e sul carrellino erano seduti insieme poveri e signori, che si buttavano insieme nel lago vestiti, e gli altri a riva guardavano e ridevano (G. Reggiori, *Racconti dialettali della mia Valtravaglia*, 1993 p. 11).

[669] Cfr. Scuola media statale "Giovanni XXIII", *La Valtravaglia*, Castelveccana, 1977-'78, p. 25.

[670] Intervista a F. Colombo del 25/02/2003.

[671] Intervista a G. Reggiori del 21/06/2002.

[672] Intervista alla *Sciúra* del 05/06/2002.

[673] Intervista a G. Reggiori del 21/06/2002.

[674] Cfr. *Intervista a Dario Fo e Franca Rame...*, «Nisba» cit., p. 2.

Questo è almeno quanto hanno colto la sua sensibilità e la sua cultura speciali, tuttavia, in un'altra descrizione della Festa di Maggio, il clima pare più burlesco:

> Si usava piantare nelle piazze di Nasca, Ligurno, Sarigo un palo detto "Maggio" su cui, a turno, ogni anno, gli abitanti delle tre frazioni appendevano un pupazzo chiamato "la matta". Chi aveva il fantoccio doveva impedire che quelli degli altri paesi lo rubassero perché ciò sarebbe stata una beffa. A questo scopo, pare che venisse impiegato un particolare sistema di allarme: dei campanelli che svegliavano gli abitanti in caso di visita notturna degli avversari. Alla fine del mese, "la matta" veniva bruciata nel paese dove si trovava e la gente intorno cantava e ballava a suon di musica. Si racconta che un anno alcune donne di Nasca [...] arrivarono a Sarigo e andarono da una signora a chiederle una sega [.] Quando però si accorse che era per tagliare il "Maggio", diede l'allarme a tutte le donne del paese che accorsero con secchi pieni d'acqua e bagnarono le avversarie costringendole alla fuga. Un altro anno quelli di Nasca riuscirono a rubare il pupazzo di Sarigo. Allora un signore andò a Nasca (detto il paese degli asini) e, per dispetto, depose ai piedi del "Maggio" un cartello raffigurante un asino[675].

Il medesimo spirito, competitivo e aggregativo allo stesso tempo, regnava anche in occasione delle festività carnevalesche: il cosiddetto "Carnevale dei Matti", coinvolgeva infatti tutti i paesi della Valtravaglia. C'era la sfilata delle rappresentazioni in maschera e dei carri, che si riunivano nelle più capienti piazze dei paesi; a Sarigo i giovani passavano di casa in casa a ritirare dolciumi e soprattutto aveva luogo il passaggio per le vie di due fantocci, "Matta" e "Tarocco" [676].
Genesio Giovanelli, originario del luogo, ricorda soprattutto la sfilata dei carri:

> Carnevale dei Matti: si chiamava così per la sua stravaganza. Tutta la Valtravaglia era in subbuglio e ogni paese partecipava alla sfilata col proprio carro rappresentativo. In particolare ricordo il carro di Sarigo, il mio paese, che era incredibile: era un vero carro trainato da buoi, costruito da un certo Scheber, e sopra c'erano dei manichini di gesso che rappresentavano con aria canzonatoria gli altri paesi[677].

Era un momento molto sentito da tutti i nuclei abitativi che avevano la licenza di manifestare liberamente le forti rivalità reciproche, le quali, oltre che negli appellativi campanilistici, negli scherni e, perché no, negli scontri violenti, si rivelavano negli stornelli che accompagnavano il Carnevale, di cui propongo due esempi. Il primo fa riferimento alla rivalità tra gli abitanti di Nasca, detti "asini", e quelli di Sarigo, i "matti"; invece il secondo cita i "ratti" di Saltirana:

> Agli asini di Nasca
> i matti vanno in groppa:
> il matto picchia e frusta
> e l'asino galoppa.
> dan, don, din,

---

[675] Scuola media statale "Giovanni XXIII", *La Valtravaglia* cit., pp. 19-20.
[676] Cfr. Scuola media statale "Giovanni XXIII", *La Valtravaglia* cit., p. 15.
[677] Intervista a G. Giovanelli del 30/04/2003.

il Matto è un buon fantin[678].

Riccardo, a Saltirana,
ai topi dà lezioni,
rosicchia nella legna
e fabbrica milioni.
din, don, dan,
i Ratt de Saltiran[679].

Porto Valtravaglia era davvero un posto unico, basti pensare che ci fu addirittura un casinò, una vera rarità per la zona. Esso si trovava sul terreno, situato a sud del porticciolo, che ospitava la vecchia sede della vetreria; nel 1914, «la vetreria si spostò al di là del torrente Roné, più vicino alla ferrovia, l'area lasciata libera fu sistemata a parco intorno alla villa *Hermitage* dei Lucchini»[680]. Trento Salvi la ricorda come «una bellissima villa in stile *Liberty*, lunghissima e con un ampio parco», proprio l'edificio in cui «per circa sei mesi nel '48 avevano aperto un casinò, prima che venisse chiuso con la nuova legge»[681]. Successivamente «il villone dei signori Lucchini, l'hanno buttato giù tutto e hanno fatto *'ste quater baracch*»[682], ossia il complesso residenziale che oggigiorno occupa parzialmente l'area precedente.

Per quanto riguarda, infine, un'autonoma attività teatrale, pare che esistesse «un tempo un teatro le cui rappresentazioni esercitavano un notevole richiamo turistico». Non solo, «ogni tanto arrivavano anche delle compagnie di commedianti che facevano i loro spettacoli all'aperto»[683], ricordate anche dal Calderoni:

> Queste compagnie arrivavano coi carrozzoni trainati da cavalli, perché le macchine non c'erano ancora: c'era solo il treno arrivato a fine Ottocento [1882, NdA]. E d'estate, specie nella settimana delle ferie ad agosto, nei nostri alberghi non c'era più posto e allora i commedianti dormivano nelle barche al porto… Io avevo una barca e spesso mi capitava di trovarci qualcuno dentro ![684]

Per Fo era naturale che fosse così considerata l'intensa vita notturna del paese: «ogni settimana arrivava una diversa compagnia di giro. C'era un teatro in Porto Valtravaglia, e altri tre nei borghi limitrofi (Caldé, Muceno, Musadino), d'estate arrivavano anche saltimbanchi e le marionette»[685].

In sintesi, si trattava di un ambiente estremamente originale e propenso al gioco e al divertimento. Comunque, ribadisco che il motore principale fu l'industria, con in testa la lavorazione e la produzione del vetro, che ebbe per Porto Valtravaglia un'importanza non solo economica, ma anche culturale e sociale:

---

678 Scuola media statale "Giovanni XXIII", *La Valtravaglia* cit., p. 41.
679 Ivi, p. 40.
680 P. Frigerio, *Storia di Luino e delle sue valli* cit., p. 480.
681 Intervista a T. Salvi del 20/05/2002.
682 Trad.: Queste quattro baracche (Intervista alla *Sciúra* del 05/06/2002).
683 Scuola media statale "Giovanni XXIII", *La Valtravaglia* cit., p. 30.
684 Intervista a C. Calderoni del 27/02/2003.
685 D. Fo, *Il paese dei Mezaràt*, p. 69.

La situazione che si venne a creare, probabilmente fin dal secolo scorso e sicuramente nei primi quarant'anni del Novecento, fu davvero particolare per non dire unica. La vita che si svolgeva a Porto Valtravaglia era totalmente differente da quella degli altri paesi ed era fortemente legata ai ritmi lavorativi della vetreria[686].

È perciò giunto il momento di concentrare l'attenzione su quel fenomeno, descrivendo le dinamiche politiche ed economiche che l'hanno generato e, in un secondo tempo, i suoi protagonisti, ossia gli incredibili soffiatori, a cui Fo ha fatto specifico riferimento nel "Discorso del Nobel":

> E a proposito di contastorie non posso dimenticare i fabulatori del mio paese sul Lago Maggiore, dove sono nato e cresciuto e dove c'è una grande tradizione di fabulatori; loro, i vecchi fabulatori, maestri soffiatori di vetro, che hanno insegnato a me e ad altri ragazzi il mestiere, l'arte, di raccontare assurde favole, che noi ascoltavamo commentandole con sghignazzi e silenzi improvvisi a strozzagola per la tragica allegoria che di colpo sormontava ogni sarcasmo[687].

6.2. Vetreria

Le prime notizie ufficiali dell'attività che «ha caratterizzato storia e costume del [...] paese»[688] risalgono al 1757, e abbracciano un periodo lungo circa due secoli, fino al 1959, anno della chiusura definitiva.

Fondatore fu Ambrogio Minetti, di uno dei casati più antichi di Porto Valtravaglia. Quel paese del lago si dimostrò adattissimo a ospitare l'industria del vetro, dato che, come confermò un cronista, «il quarzo, la calce, il marmo sono forniti in abbondanza dal paese, e dalla sua Rocca»[689]; inoltre influì «la buona posizione geografica che permetteva lo sbocco commerciale dei prodotti finiti lungo le vie d'acqua del sistema idrico lombardo, principalmente in direzione di Milano»[690].

A ciò occorre aggiungere che il governo austriaco sostenne fortemente l'insediamento industriale e favorì il trasferimento dei maestri vetrai dalla Boemia; impose persino pesanti dazi sui prodotti boemi per influenzare le scelte degli acquirenti, disposizione che scatenò le lamentele dei rivenditori di vetro boemo che, dal canto loro, si vendicarono accusando la vetreria di Porto «di produrre poca merce e di qualità scadente, a 'prezzo incarito'», e di rifiutarsi «di ritirare i pezzi di rifiuto de' quali abbonda»[691].

In sostanza, tale patriottismo governativo ne fece «la migliore fabbrica del settore in Lombardia» a dispetto delle rimostranze boeme, in quanto, sebbene mancassero le

---

686 P. Macchione – A. Bretoni, *La sponda operosa* cit., 155.

687 D. Fo, *Contra jogulatores obloquentes*, Discorso del Nobel 1997 (https://www.nobelprize.org/prizes/literature/1997/fo/25808-dario-fo-discorso-del-nobel/).

688 B. Campagnani, *Duecento anni di vetreria a Porto Valtravaglia*, «Loci Travaliae» n. IV, 1995, p. 43. Nonostante abbia incontrato, il giorno 27/08/2002, Bruno Campagnani, che mi ha fornito delucidazioni sul suo scritto, ho preferito inserire in nota solo i riferimenti specifici all'articolo.

689 Ivi, p. 45.

690 Ivi, p. 46.

691 Ivi, pp. 61-62.

«macchine e altri comodi», le fabbriche fondate successivamente sui laghi di Lugano e Como «non agguagliavano» quella di Porto: «favorita dal punto di vista fiscale, protetta dalla concorrenza estera, rafforzata dal lento accumulo di esperienza produttiva» si dimostrò «in grado di competere alla pari con le vetrerie di Venezia, Pisa, Livorno»[692].

Il passaggio di proprietà che portò la fabbrica dai Minetti alla famiglia Lucchini, intorno alla metà dell'800, coincise con la nascita del Regno d'Italia, evento che cambiò radicalmente il mercato poiché espose «l'industria a una vera e propria invasione di manufatti esteri, non di rado di migliore qualità e meno costosi di quelli indigeni»[693].

Malgrado l'aumento della concorrenza, il trentennio che va dal 1880 al 1910 segnò un notevole balzo in avanti del paese che progredì a livello economico, sociale e demografico. Questo sviluppo fu dovuto soprattutto alla nascita di numerose altre imprese e industrie a Porto Valtravaglia e nei dintorni, tra cui gli opifici tessili a Luino e Germignaga. Ma allo stesso tempo si avvertirono le prime lamentele della cittadinanza a causa delle operazioni di carico e scarico dei barconi, sintomo dell'importanza e dell'intrusività che stava assumendo la vetreria:

> La polvere penetra negli appartamenti e nelle botteghe, si deposita sulle pareti, sui mobili, sui vetri [;] e non di rado succede che mentre i villeggianti stanno mangiando sul terrazzo oppure nelle sale interne della Osteria del Sole vengono assaliti da tali nubi di polvere al punto di dover fuggire[694].

Proprio pensando all'immagine turistica di Porto e alle lamentele dei residenti, il piazzale antistante il municipio e le strade principali vennero sistemate.

La vetreria visse il "periodo aureo" dal 1880 al 1920 circa, sotto la direzione di Angelo Lucchini, con un considerevole incremento del giro d'affari e un aumento degli impiegati che da 60 passò a 200.

Tuttavia iniziavano a profilarsi i sintomi «di una bufera che, in pochi anni, avrebbe travolto il sistema vetraio italiano – invecchiato e poco flessibile – che si trovò impreparato alle novità tecnologiche e produttive che il nuovo secolo avrebbe proposto»[695]: oltre alla chiusura delle vetrerie di Porlezza, si registrò soprattutto l'ingresso nel mercato italiano della Saint Gobain, già dominatrice del mercato francese grazie alle grandi innovazioni tecniche di cui disponeva[696].

Il risultato fu la progressiva eliminazione non solo dei soffiatori, ma anche dei levavetro, dei tagliacalotte, degli spianatori. «Ora, davvero, si profilava la fine di un'era. Di questa svolta radicale non ebbero per lungo tempo coscienza gli operai vetrai [...] e

---

692 *Ibidem.*

693 Ivi, p. 67.

694 Ivi, pp. 89-90.

695 Ivi, p. 99.

696 La soffiatrice semiautomatica ad aria compressa che in pratica eliminava la funzione del soffiatore nella bottiglieria; i forni a bacino a ciclo continuo con recuperatori di calore; la produzione di cilindri per lastre con soffiatura meccanica di Lubbers per 65 mq contro 1,5 mq umani; il sistema belga Forcault per la tiratura delle lastre direttamente dal forno che forniva «un prodotto omogeneo, di buona qualità, della dimensione e dello spessore voluto. E tutto ciò con un ritmo produttivo decisamente notevole» (cfr. ivi, p. 104).

neppure molti industriali, cresciuti nell'epoca d'oro della soffiatura e legati a un mondo imprenditoriale ormai superato»[697].

Nel 1914 la vetreria venne trasferita dalla sede ottocentesca – il cui terreno è oggi occupato dal complesso residenziale "Hermitage" – a un'area a ridosso della stazione ferroviaria, cui era collegata direttamente da un raccordo:

> La nuova fabbrica aveva capannoni più vasti e razionali e [...] tre forni a bacino Siemens [,] ma il procedimento produttivo rimase quello [...] della soffiatura umana. All'enorme investimento immobiliare non aveva fatto seguito un altrettanto consistente investimento tecnologico e quando aprì i battenti la nuova vetreria nasceva già vecchia[698].

Un Angelo Lucchini settantenne lasciò in gestione ai figli «una vetreria superata, che vivacchiò stancamente fino alla primavera del 1927, quando – in maggio – i forni si spensero per sempre. Fu un duro colpo [...] per i bilanci familiari di molti vetrai [...] specializzatissimi nel loro mestiere, erano del tutto inadatti a svolgere altre mansioni perlopiù meno qualificate e sicuramente peggio retribuite»[699]. Alcuni di loro si impiegarono come scalpellini, spaccapietre e manovali nei lavori dell'erigenda strada litoranea che avrebbe collegato Porto a Laveno.

Era la fine dell'impresa familiare, ormai incapace di assecondare i repentini mutamenti tecnologici sempre più innovativi e costosi e inadatta a reinventare un *business* che, svolto tradizionalmente sempre con gli stessi criteri, ormai non sembrava più controllabile. Iniziava, al contrario, la stagione delle grandi imprese e multinazionali, dotate di enormi capitali e gestite scientificamente, capaci di monopolizzare il mercato anche a livello continentale, come fece la Saint Gobain.

Siamo nel '27. Fo è nato nel '26 e, presumibilmente si trasferì a Porto nel '33 o nel '34, periodo in cui la vetreria era chiusa. Perciò i contatti coi soffiatori si concretizzarono solo in quanto «la chiusura dello stabilimento di Porto Valtravaglia non interruppe [...] i legami e le tradizioni che oramai facevano dei vetrai una colonia perfettamente integrata con il paese»[700]; Osvaldo Bianchini, ex sindaco di Porto Valtravaglia, conferma che, anche durante la chiusura dello stabilimento, «i vetrai vivevano comunque a Porto e si erano "sparpagliati" nei lavori più vari»[701]. Solo qualcuno si trasferì invece nella sede milanese.

Ciò che dice Fo sui turni dei vetrai è vero, ma allo stesso tempo anacronistico, perché lui non può averlo constatato di persona, almeno fino allo scoppio della seconda guerra mondiale che, paradossalmente, rimise in funzione la vetreria di Porto, dato che i bombardamenti avevano colpito le fabbriche milanesi e la pisana della Saint Gobain, bloccandone l'attività fino alla fine della guerra.

---

697 Ivi, p. 105.
698 Ivi, p. 106.
699 *Ibidem*.
700 Ivi, p. 109.
701 Intervista a O. Bianchini del 19/06/2002.

Così si verificò un inatteso decentramento produttivo. A Porto Valtravaglia, la produzione vera e propria iniziò nell'aprile del 1944 con 180 operai e (pochi) nuovi macchinari per la soffiatura; certamente «la parte spettacolare e caratteristica dell'industria del vetro era finita, ma ne guadagnavano indubbiamente la produzione [...] e la salute degli operai». Tuttavia tale meccanizzazione arrivava in ritardo, «sia rispetto alle innovazioni tecnologiche [...] sia rispetto alle richieste di mercato».[702]

Ma negli anni '50, la Saint Gobain prese il controllo della "Vetreria Milanese Lucchini e Perego", mostrando scarsissima attenzione alla fabbrica situata sul lago; ragion per cui non solo non vennero fatti investimenti per invertire il processo di obsolescenza, ma si decise di chiudere il complesso.

Il 24 aprile del '59 vennero spedite le prime lettere di licenziamento, per cui la fabbrica venne occupata: «iniziava così il lungo tentativo da parte delle organizzazioni sindacali provinciali e di categoria, dell'Amministrazione Comunale di Porto, delle autorità provinciali, di trovare una soluzione [...] che garantisse [...] la salvaguardia dei posti di lavoro»[703].

Sia la giunta comunale che quella provinciale votarono un ordine del giorno per esprimere solidarietà ai lavoratori colpiti, vennero realizzate altre iniziative di protesta, ma invano. Il 20 maggio dello stesso anno vennero inviate nuove lettere di licenziamento, cosa che portò a una seconda occupazione della fabbrica. I sindacati, allora, consigliarono «alle maestranze di abbandonare l'occupazione della fabbrica per non turbare la serenità delle trattative»[704] con i rappresentanti della Saint Gobain; si era in un momento sindacalmente e politicamente non facile a causa degli scioperi nazionali del settore del vetro che comunque avevano evidenziato una minore combattività operaia a cui aggiungere alcuni problemi di tenuta sindacale.

La realtà era molto amara: per quanti sforzi si facessero, la Saint Gobain era un colosso economico troppo potente da combattere. La multinazionale aveva già pianificato degli investimenti in altri stabilimenti di sua proprietà, con l'introduzione del nuovo sistema produttivo, il "Float Glass"[705], che riduceva l'impiego di manodopera aumentando notevolmente quantità e qualità della produzione.

Gli operai ottennero solo dei contributi da aggiungere alle indennità contrattuali, oltre a somme extra per gli operai non pensionati che avessero superato i 57 anni d'età. Per la verità anche l'anno dopo, il 1960, con sempre minor entusiasmo, ci furono tentativi di revocare i licenziamenti e riaprire la fabbrica:

> Si concludeva così, amaramente, una parabola produttiva che aveva fortemente segnato di sé la Valtravaglia. Con la vetreria non si chiudeva uno stabilimento qualunque: era un pezzo di storia operaia, un mondo del tutto particolare, fatto di tradizioni culturali e artigianali, che veniva strappato alla realtà e consegnato, per sempre, alla polvere degli archivi e al ricordo[706].

---

[702] B. Campagnani, *Duecento anni di vetreria a Porto Valtravaglia* cit., p. 110.
[703] Ivi, pp. 111-112.
[704] Ivi, p. 117.
[705] «Consiste nel colare il vetro su un metallo fuso, ottenendo un prodotto già lucidato [...] che possiede le qualità del cristallo [...] senza subire le lavorazioni meccaniche di spianatura e lustratura» (cfr. ivi, p. 118).
[706] Ivi, p. 121.

6.2.1. I vedriée

A considerazione della contestualizzazione storica appena accennata, la vetreria di Porto Valtravaglia fu una realtà imprenditoriale ed economica di grande spessore per la società lacustre, al pari di altre iniziative imprenditoriali svizzere e tedesche cresciute nell'Ottocento sulle sponde del Verbano, proprio grazie all'iniziativa di coraggiosi imprenditori stranieri: anche la vetreria fu caratterizzata dalle presenza di stranieri, in genere di origine boema e franco-belga, ma con mansioni da operaio, sia pure specializzato.
All'anagrafe, sulla guida telefonica e, fondamentale, al camposanto, troviamo tracce indelebili dell'immigrazione: Epesteiner, Schampleiner, Rapp, Heffler, Valder, Klingy, Vable, Gutierrez, Wiquel, Schumacher, Filius. Alcune di queste famiglie sono ancora presenti in paese, altre sono estinte o nuovamente emigrate.

Proprio la particolare e variegata presenza di stranieri fu il *quid* che ha consegnato lo stabilimento alla memoria, poiché i vetrai, con le loro origini e le loro tradizioni, costituirono in assoluto un "valore aggiunto" all'antropologia e alla comunità di Porto:

> La necessità di usufruire di manodopera specializzata proveniente dall'estero non causò esclusivamente un fenomeno di immigrazione, ma determinò anche un'importazione ed una divulgazione di differenti culture popolari, dai racconti alle fiabe, addirittura alla creazione di un linguaggio particolare, un dialetto fortemente influenzato dalle lingue straniere, in uso esclusivamente a Porto Valtravaglia[707].

Fo, come vedremo trattando più approfonditamente quelle narrazioni, afferma di essere rimasto affascinato dallo sbarco sul lago di storie originarie di altre nazioni e il *pidgin* che, anche grazie alla divulgazione di queste, stava imponendosi come linguaggio comunicativo: «in seno ad ogni gruppo etnico, è ovvio» – precisa Fo – «ci si esprimeva nella lingua d'origine, ma sul lavoro, in vetreria, nelle osterie e per strada si comunicava non in italiano, ma in uno strambo lombardo. Una parlata che, continuamente arricchita da nuovi inserti lessicali, si era trasformata in pochi anni in un idioma unico al mondo»[708].

Agli usi e ai costumi caratteristici dei paesi natii, si sommavano gli elementi peculiari della loro professione: i privilegi della corporazione vetraia medievale e la difficoltà di amalgamare i diversi gruppi etnici di provenienza, e il rapporto tra questi stessi gruppi di lavoratori e il mondo esterno. A proposito parlava così Ludovico D'aragona al IV Congresso della CGdL (Confederazione Generale del Lavoro) nel 1914:

---

[707] P. Macchione – A. Bretoni, *La sponda operosa* cit., p. 155.
[708] D. Fo, *Il paese dei Mezaràt* cit., p. 58.

> Quei lavoratori anche per effetto del contratto di lavoro, vivono in case abitate quasi esclusivamente da loro; i rispettivi figli non sposano che figlie di altri vetrai e rarissime sono le eccezioni a questa regola. Essi hanno un mondo a sé[709].

In sostanza la categoria dei vetrai fu sempre molto particolare, caratterizzata fino agli inizi del XX secolo da alcuni elementi inconfondibili; il mestiere, infatti, per tipologia ed esigenze lavorative, imponeva determinate condizioni. Innanzi tutto, il periodo di lavoro era scandito dalle cosiddette "campagne di vetro", che duravano mediamente 8-9 mesi nelle grosse vetrerie. Da ciò scaturiva l'inevitabilità di una vita nomade:

> Nel periodo estivo il lavoro produttivo vero e proprio veniva interrotto, per permettere la manutenzione e la riparazione dei forni [.] L'alta mobilità dei vetrai, costretti com'erano a spostarsi tra le varie fabbriche (che spesso concordavano il ciclo produttivo in modo da eliminare o ridurre i tempi morti, ed utilizzare al massimo le straordinarie capacità di questi operai artigiani) non permetteva loro di vivere in case proprie, cosicché abitavano per lo più in abitazioni di proprietà della vetreria che di volta in volta li assumeva[710].

Il mercato instabile e fluttuante costringeva quindi il vetraio a spostarsi da una fabbrica all'altra con le proprie cose e, spesso, con la propria famiglia, cosicché il trasferimento continuo, se da un lato determinava la condizione di sradicamento e precarietà non solo del vetraio, ma anche della sua famiglia, dall'altro donava «la sensazione di appartenere ad una collettività più ampia, una vera e propria *élite* del lavoro», anche perché spesso si ritrovavano conoscenti e parenti[711].

Ma questo forte spirito di casta aveva origini molto più antiche, legate all'alone di mistero risalente al periodo medievale e rinascimentale: «la ragione di tanto segreto era giustificata dalla grande difficoltà che si incontrava nel produrre vetro»[712]. In genere, perciò, la nobile professione dell'artigiano del vetro si tramandava gelosamente di generazione in generazione all'interno dello stesso nucleo familiare, poiché

> la impossibilità di conoscere scientificamente i mutamenti interni della massa vetrosa sottoposta a fusione faceva sì che la formula di produzione e di miscelazione delle materie prime venisse trasmessa di padre in figlio, e mantenuta come un tesoro di famiglia[713].

La segretezza era appunto la caratteristica principale dell'industria veneziana del vetro, regolata da leggi severissime che proibivano la trasmissione di notizie ai forestieri in cambio di privilegi speciali. La trasgressione a queste leggi perpetrata da un soffiatore veneziano, secondo la tradizione, portò alla fondazione della "Compagnia Reale di Saint Gobain", proprio l'azienda che secoli dopo immolerà la vetreria di Porto assecondando altre esigenze di marketing.

---

709 B. Campagnani, *Duecento anni di vetreria a Porto Valtravaglia* cit., p. 69.
710 Ivi, p. 71.
711 Cfr. Ivi, pp. 71-72.
712 *Ibidem.*
713 C.A. Gagliardi, *Conoscere il vetro*, Milano 1945, p. 14.

Nei secoli, tuttavia, svanì «con il progredire delle cognizioni tecnico-scientifiche e con l'allargamento del mercato» l'aura di magia attorno alle meraviglie del vetro; «restavano però i privilegi salariali e normativi dei vetrai, e soprattutto [...] l'organizzazione chiusa di casta, eredità medievale che solo la meccanizzazione della produzione avrebbe intaccato e definitivamente distrutto».

La prassi di tramandare le tecniche e le metodologie specifiche di lavorazione, che era in fondo la base dei rapporti all'interno del settore, con l'avvento dell'industria moderna cedette il testimone al solidaristico spirito di consorteria, imprescindibile – come notato nel nostro *excursus* storico – nell'interesse di tutti i lavoratori. Testimonia Frigerio:

> Nei miei studi ho incontrato un esempio di questo fatto, riguardante 9 vetrai di Laveno che si spostavano a Porto Valtravaglia o a Porlezza. Nel 1847 fecero un patto di solidarietà che sanciva l'impossibilità di accettare lavori che escludessero qualcuno di loro; in caso contrario, coloro che avevano lavorato, automaticamente si autotassavano per contribuire al sostentamento degli esclusi. Il che era normale per le società di mutuo soccorso, che garantivano assistenza in caso di malattia grazie al versamento di una tassa[714].

Il corporativismo «fatto di chiusura agli estranei, di orgoglio professionale e di una forte solidarietà di gruppo» oltre a caratterizzare il rapporto tra gli operai del vetro e gli altri lavoratori, influì anche su una vera e propria struttura gerarchica del mestiere, accettata con rispetto da tutti gli operai[715].

6.2.2. Il divertimento

L'analisi storica e sociologica condotta da Campagnani tocca con estrema precisione e puntualità tutti gli aspetti riguardanti la vetreria di Porto Valtravaglia e i suoi operai. Per quanto concerne la questione inerente alla *vis comica* e polemica[716] dei soffiatori, tutte le mie fonti si sono dimostrate concordi.

---

714 Intervista a P. Frigerio del 7/05/02.

715 Innanzi tutto va sottolineata la grande divisione delle mansioni, in base alla quale, venivano considerati vetrai in senso stretto solo gli addetti alla "piazza" (operai specializzati: soffiatori, levavetro, tagliacalotte, ecc.) «subordinati al maestro soffiatore da complesse norme interne, dalla tradizionale rigidità delle mansioni e dall'impossibilità, o quasi, di passare da una categoria all'altra». Infatti, «un giovane che non avesse avuto in fabbrica parenti stretti era praticamente impossibilitato ad entrare in "piazza"», a differenza dei figli di vetrai che apprendevano l'arte dal padre e che godevano del diritto di precedenza nelle assunzioni. Questa condizione veniva ulteriormente accentuata dalle numerose leghe corporative, tanto numerose quanto lo erano le specializzazioni; sintomo evidente di una categorizzazione dei mestieri così rigida da ammettere l'esistenza di interessi particolari tutelati da apposite federazioni (cfr. B. Campagnani, *Duecento anni di vetreria a Porto Valtravaglia* cit., pp. 76-77).

716 «Il Corriere del Verbano» del 15/05/1901 racconta che il proprietario della vetreria Angelo Lucchini ogni anno faceva un pranzo aziendale di fine campagna, e «i discorsi di circostanza [...] spettavano [...] agli operai: sono i soffiatori e i levavetro a celebrare – spesso con osservazioni acute e critiche salaci – un anno di attività» (ivi, pp. 105-106).

I vetrai erano conosciuti come *Tiratard*: «a Porto c'erano operai molto ben retribuiti che venivano da tutta Europa. In paese i bar restavano aperti fino a tardi e giravano perciò molte chiacchiere»[717]. Frigerio concorda, dato che «era un lavoro specializzato in cui veramente c'era spirito di consorteria, cosa che porta a credere che fossero effettivamente divertenti i loro incontri da osteria»[718].
Il profondo legame tra i colleghi soffiatori, dunque, era visibile soprattutto al di fuori dell'attività lavorativa, nei momenti in cui potevano veramente rilassarsi e dare sfogo alla loro voglia di divertirsi. Il che, come abbiamo visto, significava stare in compagnia, raccontare e fare degli scherzi. Afferma Fo:

> Questi vetrai un po' folli, gran bevitori, erano una specie di banda che animava il paese con i suoi scherzi paradossali, con cui cercavano sempre di colpire chi in qualche modo prevaricava sugli altri: il giocatore invincibile di tre sette, il fanatico della motocicletta, il dongiovanni che riusciva a farsele tutte, e che veniva umiliato da tre bellissime ragazze fatte venire apposta dalla città con l'incarico di farlo innamorare, di respingere la sua corte e di fingersi invaghite di un certo Bigula, piccolo, tracagnotto e sempre senza donne[719].

La vita di Porto Valtravaglia era il prodotto di una sinergia tra il proliferare degli esercizi in cui bere, e l'identità forte e originale delle categorie lavorative: solo la compresenza di questi due fattori poté generare un fenomeno di tali proporzioni. Un ingrediente determinante furono appunto gli addetti alla soffiatura: secondo Micotti fu così perché «erano abituati a spendere quanto guadagnavano, infatti nessuno ha lasciato impronte con fortune, salvo qualcuno che ha messo su l'aziendina. E, anche se non c'era una vera e propria "tradizione di cantastorie", erano degli individui molto particolari»[720]. Proprio gli alti guadagni costituivano un incentivo a coltivare la vena godereccia, anche se, occorre precisarlo, solo gli addetti alla "piazza" avevano uno stipendio elevato, se paragonato agli operai di altri settori industriali o agli stessi colleghi in vetreria che svolgevano altre mansioni. Per rendersi conto della faccenda, basta dare un'occhiata agli stipendi, a metà dell'800 circa: i maestri soffiatori guadagnavano 10 lire al giorno (tagliacalotte e spianatori massimo 3 lire, operai generici 1,20) contro le 2,50 lire della filatura del cotone, 1,50 dei filatori serici (uomini), mentre donne e fanciulli rispettivamente 70 e 35 centesimi circa (ed erano la quasi totalità degli addetti all'industria tessile) [721]. È evidente perciò la grande discrepanza salariale tra gli altri operai e i vetrai che, parola del sindaco Colombo, «mica spendevano i soldi al mare, ma li spendevano qui in paese»[722].

Era quindi facilissimo incontrare i soffiatori nei locali a qualunque ora del giorno e della notte. Essi offrivano al paese, non solo la grande perizia nella produzione di artefatti vetrari, ma anche la voglia di vivere e di divertirsi. E poiché, si è detto, la

---

[717] Intervista telefonica a C. Bianchi del 9/05/02.
[718] Intervista a P. Frigerio del 14/03/2002.
[719] C. Valentini, *La storia di Dario Fo* cit., p. 21.
[720] Intervista a R. Micotti del 10/07/2002.
[721] Cfr. B. Campagnani, *Duecento anni di vetreria a Porto Valtravaglia* cit., pp. 65-66.
[722] Intervista a F. Colombo del 25/02/2003.

maggior parte erano «foresti»[723], stimolavano ancora di più l'interesse e la curiosità della popolazione che apprezzava il racconto delle loro esperienze all'estero e, di certo, amava anche le diverse sonorità linguistiche affluenti nel dialetto locale, grazie anche all'apporto dei bambini («I loro figli venivano a scuola con noi, tant'è che si parlava una strana lingua passepartout, un misto di dialetto lombardo con inserti di altre lingue: sì, una specie di grammelot che era in uso solo lì»[724]).

Oltre che per le loro arti affabulatorie, i *vedriée* spiccavano per i comportamenti eccentrici che hanno veramente caratterizzato un'epoca e che hanno alimentato il serbatoio di stranezze al limite dell'impossibile, di cui è tempestata la storia folcloristica della Valtravaglia. Trattando questa materia, si sfocia immancabilmente nella leggenda, perché la fonte originaria sfuma gradualmente e non è possibile ricostruirla. L'aneddoto che mi appresto a esporre mi è stato raccontato dall'amico Gian il quale, a sua volta, l'ha sentito da sua padre. Ebbene, anche se ognuno di noi è convinto di riportare i fatti come gli sono stati narrati, ognuno avrà operato un rimaneggiamento, cioè avrà omesso o variato un elemento, magari inconsciamente, poiché le nostre capacità cognitive e i nostri interessi tendono a focalizzarsi solo su certi aspetti. Per questa ragione bisogna accogliere le storie che arrivano da molto lontano, consapevoli della possibilità che siano un'invenzione, o quantomeno che abbiano ricevuto diversi *restyling*: rispondono a questi requisiti, come vedremo, le storie dei fabulatori riportate da Fo, che si presentano continuamente "rimpastate". Fatta questa doverosa puntualizzazione, ecco il piccolo episodio:

> Un giorno uno degli ultimi soffiatori [Remo Bassi, NdA], vestito da gran signore, noleggiò una carrozza e con essa percorse la strada tra l'edificio sede del Comune e il "Caffè Milano" [cosa curiosa, dato che ho stimato una distanza di massimo 50 metri tra i due edifici, NdA] Naturalmente tutta la gente in strada, che l'aveva riconosciuto, si chiedeva perché si comportasse così; allora molti andarono al caffè per vedere cosa succedeva. Il soffiatore entrò con eleganza nel bar e ordinò una bottiglia di Champagne.. Ma invece di berla, ci si fece lavare i piedi![725]

Tuttavia, quella non fu una sbruffonata o una provocazione: «l'assurdo fu che si comportò con estrema naturalezza, come se per lui quella lavanda dei piedi fosse una procedura normale»; anzi, precisa Gian, «sembrava uno che di solito usa così lo Champagne anche a casa sua, ma avendolo finito, doveva per forza andare a recuperarlo in fretta al bar»[726]. La scena fu certamente divertente, soprattutto per via della *nonchalance* del soffiatore, assolutamente impassibile di fronte allo scalpore che aveva suscitato.

---

[723] Fo scrive: «è curioso che, ancor oggi, a sessant'anni di distanza, sfogliando la guida telefonica, nelle pagine che interessano la Valtravaglia, ci si ritrovi una quantità incredibile di cognomi stranieri (i "foresti")» (D. Fo, *Il paese dei Mezaràt* cit., p. 57). In realtà, l'elenco telefonico non è lo specchio fedele dell'immigrazione che ha interessato il paese un secolo fa, dato che i nomi di molti stranieri sono di persone giunte in Italia negli ultimi anni per turismo e villeggiatura. Molto più utile è passeggiare al cimitero e dare un'occhiata a nomi e date scritti sulle lapidi.

[724] D. Fo cit. in P. Macchione – A. Bretoni, *La sponda operosa* cit., p. 155.

[725] Intervista a G. Miglio del 18/04/2002.

[726] *Ibidem*.

C'erano altri che «andavano a Varese o a Milano per farsi tagliare la barba o i capelli... e spendevano così tanto che poi magari erano senza soldi e allora elemosinavano un lavoro. Più di uno ce n'era, forse perché, oltre a guadagnare, sapevano che la loro vita – dei soffiatori – non sarebbe stata poi così lunga»[727]. Infatti, al sindaco Colombo i nonni raccontavano di gente che, per fare la bravata, si accendeva il sigaro con biglietto da 50 o 100 lire; tant'è che la gente si era abituata a quello sfoggio ed era nato il detto "quello ha fatto i soldi in vetreria", che si usa ancora oggi»[728].

Reggiori ricorda invece «uno che lavorava in vetreria, un certo Boni Andrea "Grei" che era un gran burlone: diceva di vedere distintamente la gente dall'altra sponda del lago... Allora la gente gli chiedeva cosa c'era da vedere e lui si soffermava a raccontare di quello che facevano, se cioè camminavano, parlavano tra loro, pescavano, ecc»[729].

Oggi è ancora visibile la struttura della "nuova" vetreria vicino alla stazione ferroviaria e prospiciente il lago. Nell'aprile del 2002[730], ho fatto un sopralluogo sulla spiaggetta sotto lo stabilimento e ho raccolto alcuni autentici campioni di vetro, scarti di produzione e rocce vetrificate: tenendoli in mano, sono rimasto quasi ipnotizzato: chissà quante storie, quanti aneddoti mi racconterebbero quegli oggetti inanimati se potessero comunicare. Invece non sono altro che i residui incancellabili di un passato recente. Ci ha pensato la fantasia estrosa di Dario Fo, nel già citato discorso del Nobel, a rivivificare quel posto ormai disabitato e inutilizzato:

> Al mio paese giurano che la notte in cui si è saputo del Nobel a un loro concittadino fabulatore, si è sentito un tremendo botto! Dal grande forno della vetreria spenta da cinquant'anni, è esplosa una bordata di lava infuocata e una miriade di schegge di vetro fuso colorato s'è proiettata altissima in aria come in un finale di fuochi d'artificio... ed è ricaduta rovente nel lago, sparando gran vapore.

Illusione o suggestione? Ma così mi sento legittimato a credere che i soffiatori si divertissero a fare composizioni con rocce e vetri di scarto; e che le bottiglie Mignon, che presentano segni di degrado al pari dei frammenti vetrosi giacenti sulla spiaggia ciottolosa, siano là da più di cinquant'anni e siano state il conforto a un mestiere spesso disumano... lo stimolo a partorire qualche nuovo scherzo o storia.

6.3. I matti

A dispetto di quanto sembri dagli stipendi, i vetrai non erano dei lavoratori privilegiati, anzi questa definizione è solo un luogo comune: si può infatti ben dire che «nelle

---

727 Intervista a C. Calderoni del 27/02/2003.
728 Intervista a F. Colombo del 25/02/2003.
729 Intervista a G. Reggiori del 21/06/2002.
730 L'amico G. Miglio è stato il mio Virgilio.

forme vermiglie, nei contorni sapientemente delineati, il vetraio soffiasse anche la propria vita e il proprio sangue»[731].
L'operaio, inoltre, percepiva lo stipendio solo per la durata della "campagna" e cioè 220 giorni circa all'anno, dovendosi arrangiare il resto dei giorni con un'integrazione salariale molto ridotta.
Ricorda Campagnani:

> È anche vero che [...] i vetrai avevano diritto all'alloggio ammobiliato [;] che ricevevano gratuitamente (o a prezzo simbolico) legna e carbone per il riscaldamento; che un apposito dipendente, il "chiamatore", si preoccupava di svegliare per tempo gli addetti ai vari turni girando di casa in casa... ma a tutte queste condizioni di favore facevano riscontro gli aspetti peggiori, insalubri, a volte disumani, del loro lavoro[732].

In primo luogo, i vetrai dovevano recarsi al lavoro almeno 20 minuti prima dell'orario di inizio, pena decurtazioni del salario. Si aggiunga che venivano pagati a cottimo, anche in base alla qualità del prodotto ottenuto – 1°, 2°, 3° scelta: le organizzazioni sindacali dei vetrai chiamavano «corsa alla morte» la rincorsa a cottimi sempre più alti. E non dimentichiamo «l'organizzazione a bacino, con tre turni continui di 8 ore ciascuno» che spesso rendevano «la domenica libera [...] una faticosa [...] conquista, mentre il lavoro notturno aumentava rischi e fatiche»[733].
Secondo la testimonianza di un operaio delle vetrerie di Porlezza, così si presentava l'ambiente di lavoro:

> Pare d'entrare in un inferno, e fa una specie di orrore veder quegli operaj, appena appena vestiti – per quanto faccia fuori il più crudele dei freddi – maneggiare il vetro bollente, soffiar nelle lunghe canne, modellarlo[734].

Tra le malattie frequenti nel settore, c'erano innanzitutto quelle alle vie respiratorie: bronchiti croniche, forme tubercolari, silicosi dovute allo sforzo polmonare e alla respirazione di polveri, gas e aria calda; poi forme reumatiche e artritiche, a volte vere deformazioni a causa di sbalzi di temperatura e sforzi per impugnare la canna; danni alla vista causati dalla luce dei forni; sifilide, trasmessa per bocca, attraverso la canna da soffio.

> In questo inferno regnavano le esalazioni nocive dei gas e il pulviscolo sabbioso delle materie prime, la temperatura altissima e l'umidità: quella dei [...] soffiatori era una parabola produttiva rapida, non di rado conclusa da una precoce invalidità o addirittura dalla morte[735].

Per i gravi rischi per l'incolumità e la salute di quella affascinante e terribile professione, Fo ha definito Porto «il paese [con] la più alta percentuale di pazzi d'Italia,

---

731 B. Campagnani, *Duecento anni di vetreria a Porto Valtravaglia* cit., p. 82.
732 Ivi, p. 78.
733 Cfr. ivi, p. 79.
734 G. Uberti, *Guida ai Laghi Subalpini e alla Brianza*, Milano 1890, p. 157.
735 B. Campagnani, *Duecento anni di vetreria a Porto Valtravaglia* cit., p. 79.

al punto che il Comune aveva un'automobile apposta, sempre a disposizione, per portarli al manicomio di Varese»[736]. Il premio Nobel ha molto insistito su questo punto e ha più volte ribadito l'esistenza dell'apposita «macchina dei matti con l'interno tutto imbottito»[737] e ha sempre imputato la follia agli effetti della silicosi, sebbene la quantificazione dei pazzi non vada presa alla lettera[738].

Ho cercato di verificare i fondamenti della faccenda e, ovviamente, ho ottenuto pareri contrastanti. Sull'esistenza della fantasmagorica automobile il Colombo è stato possibilista, adducendo che «Fo non è l'unico che l'ha nominata» e che «la presenza della macchina risalirebbe al periodo in cui Lucchini, padrone della vetreria e presidente della Banca popolare, era sindaco… tutto era possibile per un uomo così»[739]. L'ex sindaco di Porto Bianchini, invece, giudica le parole di Fo «un po' esagerate», in accordo con quanto dice Reggiori:

> Non ho mai sentito di questa macchina, anzi mi sembra molto strano che sia esistita. Me la sarei ricordata dato che c'erano poche macchine… così poche che infatti noi avevamo le capre e le lasciavamo pascolare liberamente… al massimo alcune finivano sotto il treno, o tornavano a casa da sole[740].

In effetti, lo stesso Fo, pur ribadendo la veridicità della macchina, ha riportato i dubbi che le sue parole stimolano:

> Soffiare il vetro causava la silicosi e si impazziva: quando l'ho raccontato nel libro [*Il paese dei Mezaràt*, NdA] molti amici miei scrittori hanno detto che era roba inventata… lo strano taxi foderato per evitare che si spaccassero la testa per portare i matti a Varese, dovreste rintracciarlo e metterlo in un museo, perché era reale, ogni tanto qualcuno dava fuori di matto, era la silicosi[741].

Perplessità sorgono anche riguardo al trattamento riservato dalla cultura popolare locale a quei casi eccezionali di pazzia. Fo, per l'appunto, riferendosi ai racconti che

---

736 D. Fo cit. in C. Valentini, *La storia di Dario Fo* cit., p. 21.

737 D. Fo, *Il paese dei Mezaràt* cit., p. 62.

738 Ad esempio ne *Il paese dei Mezaràt* l'autore dichiara: «Il mestiere del soffiatore, è risaputo, causa immancabilmente la silicosi che si manifesta spesso con crisi di follia. Ecco perché la Valtravaglia poteva vantare *la maggior produzione di pazzi di tutto il lago* [corsivo nostro, NdA]» (D. Fo op. cit., p. 62). In C. Meldolesi, *Su un comico in rivolta* cit., p. 61, Porto è «il paese che ha l'onore di stare *in cima alla classifica* per la produzione di "pazzi" in Italia, in Europa, e forse anche di più». Oppure in *Dialogo provocatorio*, ha accennato alla macchina «che il Comune metteva a disposizione espressamente per questi servizi»; e naturalmente che, per via della silicosi, «c'erano un sacco di soffiatori ai quali ogni tanto partiva il cervello» (D. Fo cit. in op. cit., p. 24).

739 Intervista al sindaco di Porto Valtravaglia Filippo Colombo del 25/02/2003. Posso aggiungere a sostegno un'ottima osservazione di Frigerio che annota l'insofferenza verso i vari disadattati: «Nel secolo scorso (XIX NdA), e ancora nel nostro (XX), il perbenismo borghese invocava a piè sospinto l'internamento in ospizi e manicomi di barboni, accattoni, dementi [.] Mal si tollerava la presenza del povero e del deforme, che il medioevo aveva invece accettato con naturalezza» (P. Frigerio *Storia di Luino e delle sue valli* cit., p. 122).

740 Intervista a G. Reggiori del 21/06/2002.

741 D. Fo alla presentazione de *Il paese dei Mezaràt* a Porto Valtravaglia, 02/02/2003

circolavano, dice che «molte di queste storie erano storie di pazzi»[742], talmente frequenti da influenzare pesantemente la cronaca del paese:

> Ricordo la storia di un tale che s'era messo in testa di poter volare. Di un altro che andava in giro nudo con l'abito dipinto sulla pelle. La storia di un altro ancora che si era gettato giù dal ponte o che aveva bruciato la casa, dopo aver impiccato tutte le galline[743].

Bianchini, che oltre ad essere stato per parecchi anni sindaco di Porto, ha sempre seguito con interesse le vicende accadute sul territorio, liquida laconicamente l'argomento: «mi sembra strano: un uomo nudo, che ha impiccato le galline e poi si è gettato dal ponte? Se questi episodi fossero accaduti in Valtravaglia, figuriamoci se non ne sarei venuto a conoscenza»[744]. Reggiori, viceversa, non è così radicale e fa una piccola ammissione:

> Sì, qualcuno dal ponte si è gettato; Poi hanno messo delle reti sopra la zona delle rotaie, anche per evitare che vengano buttati sassi, cosa che facevamo anche noi per vedere di centrare il vagone del carbone del treno merci... Di galline impiccate invece non so niente. Al massimo ricordo una capra che si è impiccata perché è scivolata da un pendio ed è così rimasta appesa con la corda che aveva attorno al collo[745].

È pregevole il contributo di Giovanni Geraci[746] che mi ha riportato un pensiero del padre, carabiniere comandante di stazione, secondo cui, specie nel periodo '58-'59 e non solo, i suicidi erano numerosissimi, segno evidente di squilibrio mentale piuttosto grave e generalizzato.

Questa informazione potrebbe avere una correlazione col fatto che, come già scoperto, esiste «una frazione del Comune di Castelveccana, Sarigo, in cui era notorio che parecchia gente molti anni fa era impazzita, tant'è che il soprannome degli abitanti è ancora "*matt' de Sarigh*"»[747]. Giovanelli, tuttavia, dissente: «il soprannome di "matti" non c'entra con i casi psichiatrici, ma deriva dalla tradizione folcloristica molto sentita del Carnevale, appunto per le sue stramberie»[748].

Anche Reggiori ritiene che il nomignolo dei residenti di Sarigo non sia un indizio sufficiente per sostenere che la Valtravaglia fosse ad alta densità di picchiatelli, in quanto «di sicuro in tutti i paesi ci sono o ci sono stati dei matti. È tutto da verificare se proprio Porto fosse la zona»[749].

L'ultima osservazione, che ad una prima analisi può apparire banale e generica, contiene una verità importante che rimanda a quanto già affermato da Cadoni («certamente, se prendiamo un posto a caso in Italia, troviamo qualcuno che sa

742 D. Fo, *Dialogo provocatorio* cit., p. 24.
743 D. Fo, *Il paese dei Mezaràt* cit., p. 63. Ma le stesse parole sono reperibili anche in L. Allegri, *Dialogo provocatorio* cit., p. 24; e nell'intervista rilasciata a Lina Coletti dell'«Europeo» nel marzo 1990, contenuta in D. Fo, *Fabulazzo* cit., p 134.
744 Intervista a O. Bianchini del 19/06/2002.
745 Intervista a G. Reggiori del 21/06/2002.
746 Intervista telefonica a G. Geraci del 17/06/2002.
747 Il parere è di Bianchini, ma incontra in pieno il consenso di Reggiori.
748 Intervista a G. Giovanelli del 30/04/2003.
749 Intervista a G. Reggiori del 21/06/2002.

raccontare bene»). Orbene, la medesima constatazione dell'uniformità culturale popolare, è applicabile al fenomeno dei matti.

Di questo fatto ho potuto rendermi conto di persona, avendo avuto la fortuna di frequentare un piccolo paese dell'entroterra taggiasco, Badalucco, che è tuttora zeppo di gente folle. Tanto è vero che là è impossibile utilizzare in una conversazione un epiteto come "il matto del paese", perché l'interlocutore occasionale risponde immediatamente – «A quale ti riferisci?».

Franco il matto[750], matto lo è davvero. Tarchiato, gonfio, con un sorriso cordiale ed ebete allo stesso tempo. Lo si può trovare ovunque in paese, può sbucare da ogni *carruggio*, poiché è sempre in movimento; con una lentezza ipnotica struscia i piedi sull'acciottolato... Si dice che i commenti farfugliati a mezza voce tra sé e sé, riguardino il "film" che si snoda nella sua testa, di cui è contemporaneamente regista e critico.

Un altro matto cronico è *Pino di Armandina*[751]. È un gran chiacchierone, peccato che parli sempre da solo. Le poche volte che l'ho visto colloquiare con un altro essere umano che non fosse sé stesso, era per discutere o addirittura litigare. Sempre con un cappellino in testa, la sua *performance* più apprezzata consiste nell'avvicinarsi alla gente con fare deciso per poi estrarre dal taschino della camicia un cartellino, giallo o rosso, a seconda della "gravità del fallo".

Diversa è la situazione del minuscolo *Cicin Mezzuomo*. Il fatto che viva senza riscaldamento e passi le giornate d'inverno con la porta d'ingresso aperta; e che veda ovunque manovre e complotti filo-nazisti lo etichetta come pazzo. In realtà la sua mente si trova sul filo tra insania e originalità. Ciò che fa pendere l'ago sulla prima è quel vinaccio sulfureo locale che beve ormai da decenni: se da una parte ne condiziona l'umore e la lucidità, dall'altro lo giustifica per eventuali comportamenti eccentrici.

L'ultimo e più misterioso, si chiama *Gianni Naso* a causa di una vistosa protuberanza che gli segna il viso. L'ho visto lavorare nei cantieri, sui tetti e pareva "normale": quando passava qualcuno sotto l'impalcatura cessava momentaneamente l'attività in corso che avrebbe potuto sporcare il passante, salutava, aveva un'espressione regolare.

Ma in giro per il paese sembra in preda a un demone: si contorce in smorfie grottesche, accentuate dall'enormità tra gli occhi; emette con la bocca pigolii, squittii e cigolii sinistri; accenna passi di danza, poi si blocca e resta immobile. Nessuno mi ha saputo dire con certezza quale sia la sua vera natura: in fondo chi fa il pazzo, tanto sano non è. Ma poi, cos'è la sanità mentale?

Le strade, le piazze, i bar sono il loro palcoscenico, ma alla base dei loro spettacoli c'è un grado diverso di volontarietà, perché diversa è la loro condizione: c'è la vera pazzia clinica che sfocia in atteggiamenti irrazionali; c'è la bislaccheria sfrenata; c'è poi la sospetta finta irregolarità di chi gioca ad assumere un ruolo.

---

[750] Ribadisco che questo Franco non è il matto esclusivo del paese, infatti qui l'attributo "matto" serve solo a caratterizzare l'altrimenti comune nome Franco; così come Franco "Senzabraccio" (per ragioni fisiche), Franco "Bollo" (il postino), Franco "Roi" (il frantoiano col nome dell'azienda). I personaggi Badalucchesi mi sono stati presentati da Beppe Bestagno e Ingo Ramisch.

[751] C.s. "di Armandina" denota in sintesi la sua condizione di "figlio della giornalaia Armandina".

Ma è proprio qui che entra in scena l'artista: egli sfrutta gli elementi che l'ambiente mette a sua disposizione e li plasma in *unicum*: ossia prende i vari casi strani originariamente dissimili, ne livella le specificità e li inserisce in una categoria generica. Fo, nella sua "ricostruzione" del folclore di Porto, sottolinea la figura del pazzo, così come avrebbe fatto, credo, se fosse vissuto in un'altra cittadina. Basandosi su alcuni elementi effettivamente riscontrabili, ma non necessariamente correlati come il rito carnevalesco, la definizione campanilistica degli abitanti di un paese limitrofo e i casi sospetti di suicidio, costruisce una sorta di mosaico funzionale alla sua arte e conferisce dignità al personaggio del pazzo (anzi, a un numero volutamente amplificato di pazzi). E fa questo per le sue finalità comunicative in base alle conoscenze teatrali acquisite in anni di studio e carriera: il pazzo può dire la verità con sincerità, senza conformismi, per colpire il potere, le ingiustizie. Sostiene Fo: «È proprio a Porto Valtravaglia [...] che ho cominciato a vedere la figura del matto come qualcosa di familiare. È un'intuizione che ho poi ritrovato in pieno nel teatro popolare, dove il matto è un personaggio fondamentale»[752].
Un'affermazione come la precedente, è quindi da interpretare con attenzione: Fo ha veramente incontrato sul lago la figura del matto, ma l'ha poi riempita di significato grazie al suo ingresso nel teatro borghese prima e in quello politico poi, impiegando in più occasioni le caratteristiche espressive del matto. Ritorneremo nuovamente sull'argomento.

In conclusione, riprendendo il discorso sui pazzi di Porto Valtravaglia, cosa dobbiamo dunque credere? Reputo che i tempi siano maturi per cominciare ad affermare che Fo abbia gonfiato il significato teatrale del suo vissuto sul lago, perché le esperienze di vita che ha spesso descritto appartengono a una dimensione più quotidiana che artistica; che, infine, siano imprescindibili le testimonianze orali di "chi c'era", non per criticare le parole di Fo, ma solo per conferire la giusta dimensione a un fenomeno così sfuggente, sia perché riguardano cose successe oltre ottant'anni fa, che ognuno ha vissuto in maniera soggettiva, sia perché i ricordi sono purtroppo un elemento "fluttuante e gassoso". Serve realismo, quello che Calderoni consegna alla nostra analisi perché, se da un lato giustifica Fo sulla follia del luogo, dall'altro lo smentisce sul particolare della macchina della neuro; inoltre riesce a mediare le dichiarazioni di Bianchini, Reggiori e Fo:

> È fantasioso dire che c'era una specie di autoambulanza apposta per un paese piccolo come il nostro. C'era però una macchina... una vecchia Alfa, e il proprietario faceva un servizio taxi ed era lui ad essere un po' matto, mentre trasportava gente normale... beh, se poi trasportava anche passeggeri un po' pazzi, è un altro discorso! Comunque, una volta aveva caricato il vecchio sindaco di Porto su questa specie di "carrozzone" e stavano andando al mercato di Luino, quando disse: "*Oh chi l'è chel stupid che ha perdüü la röda*?" – perché aveva visto nello specchietto una ruota che se ne andava – "*Chel stüpid te sée tì, te vedet mia che la röda l'è la tua*!?" – gli ha risposto il sindaco... l'altro non si era accorto che si era staccata! Eh sì, c'erano dei tipi abbastanza strani... magari era l'aria del lago...[753]

[752] D. Fo cit. in C. Valentini, *La storia di Dario Fo* cit., p. 21.
[753] Trad.: Oh, chi è quello stupido che ha perso la ruota? / Quello stupido sei tu, non vedi che la ruota è la tua!? Intervista a C. Calderoni del 27/02/2003.

Le sue parole sono estremamente interessanti: la macchina è dunque una reinvenzione di Fo e l'ambiente era strano, sebbene avulso dagli intenti polemici e provocatori che, mi si passi il neologismo, il "FObulatore" ha inteso affibbiargli. «Quindi, in fin dei conti,» – conclude salomonicamente Calderoni – «non è sbagliato dire che c'erano dei tipi strani, ma lui l'ha calcata un po'»[754].

La questione non è dunque quella di valutare se ci fossero i personaggi, che esistevano sicuramente, ma capire se circolassero racconti di cui erano protagonisti con tutta la loro follia. Ma poiché, come si è dedotto chiaramente, Fo non riferisce vicende complete e articolate, bensì spunti che, peraltro, confrontati con le mie fonti, si sono dimostrati alquanto discutibili e fantasiosi, non resta che prendere atto della presenza del suo genio a dirigere le memorie.

6.4. I Mezaràt

Qualora accettassimo l'effettiva presenza della pazzia, intesa come malattia, quale ingrediente fondamentale dell'anima di Porto Valtravaglia, dedurremmo che, se da un lato colpiva i lavoratori dello stabilimento per la produzione del vetro e accorciava la loro vita, viceversa dall'altro ha perpetuato nel tempo il ricordo della loro eccentrica presenza. Magari era proprio quella la molla che scatenava nei vetrai l'abilità discorsiva, tanto suggestiva per l'artista Fo. Ma se consideriamo i tanti personaggi provenienti da attività diverse che popolavano il paese in quegli anni, dobbiamo valutare la pazzia più come la «rama di dolce follia» sussurrata da Svampa, piuttosto che come una sindrome patologica.

C'era però in quel «paese assurdo, paradossale» un'altra caratteristica che interagiva con lo squilibrio di gran parte degli abitanti... la gente «viveva soprattutto di notte»[755]:

> I forni della vetreria dovevano rimanere in funzione 24 ore su 24 poiché, è risaputo, spegnere e accendere un forno impone uno stallo lavorativo che supera la settimana. Oltretutto, per sfruttare in pieno la fusione e quindi la soffiatura dell'amalgama vetrosa, si è costretti a turni di lavoro continui.
> Lo stesso succedeva per i forni della calce, per i pescatori che, come è noto, hanno la 'calata' delle reti prima dell'alba e soprattutto per la piccola comunità quasi storica dei contrabbandieri che anche qui come a Pino agivano preferibilmente col buio[756].

Da ciò è derivato lo pseudonimo degli abitanti di Porto, reso oggi ancora più celebre dal titolo del libro di Fo: "Mezaràt", mezzo topo, cioè pipistrello[757]. È perfettamente

---

[754] *Ibidem.*

[755] Nico Orengo, "Stampa Sera", giugno 1979, p. 52.

[756] D. Fo, *Il paese dei Mezaràt* cit., p. 57.

[757] L'origine del soprannome è attendibilissima perché tutte le fonti sono state concordi: Reggiori, Calderoni, Colombo, *Sciúra*, *La Valtravaglia*, Scuola media statale "Giovanni XXIII" cit., p. 31. Fo, inoltre ne ha spesso fatto accenno; Si considerino ad esempio questi riferimenti: D. Fo intervistato da Anna Bandettini, «La Repubblica» cit. in P. Macchione – A. Bretoni, *La sponda operosa* cit., pp. 155-156, in cui il

comprensibile, quindi, il motivo per cui «le osterie, le trattorie, i bar e gli alberghi non chiudevano mai i battenti:

> Al bar Garibaldi [bar Milano, NdA] sul porto, avevano staccato di netto le serrande, tanto non servivano. In quei locali c'era sempre un gran movimento: i maestri di fornace in attesa dei loro turni in compagnia degli altri nottambuli, tra i quali, ornamento indispensabile, si notavano giocatori d'azzardo e sfaccendati d'ogni risma. Qua e là, collocate in bell'ordine, prostitute di vario livello, leggiadria e prezzo[758].

Molto pragmaticamente, il Sindaco Colombo stima che «tutto il merito fosse della zona industriale che richiamava tanta gente a lavorare e di conseguenza a bere e a spendere. E poi si sa cosa succede a chi frequenta abitualmente un'osteria: passare da cliente a macchietta il passo è breve»[759]. Il senso è chiaro: la socializzazione con gli altri avventori, magari annebbiata dai fumi dell'alcool, scioglie la lingua, abbatte le inibizioni e quindi produce effetti sempre sorprendenti. Si autogenera in questa maniera il serbatoio ideale da cui fuoriescono i "sacri miti locali": sagome, storie, balle. E tutta la cittadinanza è coinvolta, non solo i lavoratori. Sfaccendati e perdigiorno fanno egregiamente la loro parte.

Il soprannome di pipistrelli era perciò un "ombrello" che accorpava la fauna variegata del paese: lavoratori figli dell'industrializzazione, ma anche simpatici imbroglioni, venditori di orologi e cianfrusaglie, allegri e fantasiosi balordi. Erano compresi quindi anche i contrabbandieri, della cui vita avventurosa sempre sul filo del rasoio abbiamo parlato; e, naturalmente, gl'immancabili pescatori.

6.5. Pescatori

Jony l'eva un pescaduu
E 'l levava sö prima lü del suu
[...]
Hei Jony 'dess in duè set 'ndàa in duè
Per tutt el lach t'hann cercà
[...]
La barca taja l'acqua e la va doss al suu
Rema Jony el pescaduu
Sun rüssì a scapà e nissön m'haa piö vedüü
Scàpa Jony il pescaduu
[...]
Giò in sö la riva una dona varda el suu
Spècia Jony el pescaduu[760]

nome era "meserat"; Nico Orengo, «Stampa Sera», giugno 1979, in D. Fo, *Fabulazzo* cit., p. 52, in cui c'era "mez rat".

758 D. Fo, *Il paese dei Mezaràt* cit., pp. 56-57.

759 Intervista a F. Colombo del 25/02/2003.

760 Trad.: Jony era un pescatore / Si alzava prima lui del sole / Ehi Jony dove sei andato adesso / Ti hanno cercato per tutto il lago / La barca taglia l'acqua e va incontro al sole / Rema Jony il pescatore /

6.5.1. La pesca come risorsa

È scontato rimarcare l'enorme importanza che l'esercizio della pesca ha sempre avuto per le genti sia del Lago Maggiore, sia degli altri bacini idrografici, dato che «la pesca, per sua natura è un giacimento di ritualità ancestrali»[761] e «l'acque sono il miracolo maggiore degli elementi»[762].
Ma nonostante l'ineluttabilità di questo legame tra l'uomo e le acque «la pesca fu sempre oggetto di regalia e quindi di concessione feudale»[763] che costava il pagamento di esose gabelle. Scrive Pisoni:

> La pesca era libera solo in alcune zone (l'alto lago divenuto svizzero; presso Angera, dove vigevano antichi privilegi) o per particolari categorie professionali a particolari condizioni (i pescatori delle *Iselle*, l'Isola Bella e l'Isola Pescatori[764], fornitori delle mense ducali durante i periodi di quaresima – in cui chiaramente il pesce sostituiva la carne – esentati in tali casi dal pagamento dei dazi) altrove vigeva il massimo rispetto dei diritti di pesca, generalmente proprietà di famiglie nobili[765].

Lo sfruttamento della pescosità delle acque sottoposto a restrizioni causò inevitabilmente la pratica della pesca di frodo, unico sistema per riappropriarsi di un diritto naturale. Si veda il seguente passaggio riferito al caso di un altro bacino del Varesotto, il lago di Varese:

> La vendita del lago è vissuta dai rivieraschi come usurpazione di un diritto atavico, anzi primordiale; ed ha un riflesso psicologico (per non dire antropologico) molto preciso, che si può ricondurre all'istinto della pesca o addirittura [...] a una sacralità di antichissime origini, quando l'acqua era per i nativi la "grande madre" e i pesci i suoi doni. Il divieto di trarre dal lago il nutrimento, per sé e per i figli, è dunque una violenza alla persona[766].

Come per i contrabbandieri, sono l'estrema povertà e l'istinto di sopravvivenza le molle che spingono gli abitanti a sfidare il potere per riappropriarsi della propria dignità per ricongiungersi con il liquido elemento che è parte di loro:

Son riuscito a scappare e nessuno mi ha più visto / Scappa Jony il pescatore / Giù sulla riva una donna guarda il sole / aspetta Jony il pescatore (Davide Van De Sfroos, *Jony*: http://www.testietraduzioni.com/cantanti/d/davide-van-de-sfroos/jony.html).

761 L. Stadera, *Sacralità delle acque e santi del lago*, «Tracce» n. 29, aprile 1999, p. 5.

762 G. G. Vagliano, *Le rive del Verbano* cit., p. 1.

763 P. Frigerio, *Storia di Luino e delle sue valli* cit., p. 177.

764 Frequente nei documenti del '600 l'accenno alle peschiere e alla pesca, il cui «esercizio [...] era appaltato a pescatori di professione, spesso delle *Iselle*»; essi ricavavano dalla loro attività «tenche, lucci, scavarde, anguillette» per mantenere «fitta la trama dei commerci con la città: pesce fresco per i ricchi e salato per i poveri» (cfr. P. Frigerio, *La pieve di Travaglia tra medioevo ed età moderna (sec. XV-XVIII)*, «Loci Travaliae» n. 3, 1994, p. 115).

765 C. A. Pisoni, *Note per una storia della navigazione verbanese* cit., p. 109.

766 L. Stadera, *Le parole dei pescatori*, Varese, Lativa, 1998, p. 40.

> La pesca di frodo, che prende piede nel lago dopo il 1652, è una "frode" soltanto per i potenti (i prepotenti) che con la forza hanno cancellato un privilegio naturale; per la gente del luogo rimane un'attività legittima, imposta per di più dalla miseria e dalla fame, che inducono a sfidare le guardie del "padrone del lago" e le pene severissime che egli ha il potere di infliggere: pecuniarie, corporali, detentive[767].

Il sistema delle concessioni permase fino a fine Ottocento e continuò a complicare l'attività naturale della pesca:

> La pesca era da sempre una vitale risorsa per le popolazioni verbanesi ma veniva esercitata da gruppi ristretti, essendo legata alla concessione di chi deteneva l'antico diritto regale. [...] Le nuove leggi che vietavano la pesca in periodi o zone determinate, cagionarono lacerazioni e contrasti, coi frequenti sequestri delle reti e del pescato[768].

Al di là di queste semplici osservazioni sulla pesca e sulla sua importanza per il sostentamento della popolazione, la figura del pescatore in senso stretto è avvolta da una nebbia più fitta di quella che spesso avvolge il lago. Questo a causa dell'attenzione che è stata riservata prevalentemente alle tecniche e alle prede da parte della letteratura specialistica.

Per trovare delle notizie sugli uomini della pesca bisogna rivolgersi alla narrativa e novellistica indigena, spulciare quelli che Stadera definisce a ragion veduta «i pochi libri di leggende locali [...] di scarsa utilità, perché quasi sempre estranei all'impegno etnografico e inclini piuttosto al vezzo narrativo»[769], e guardare con attenzione alla favolistica che, essendo da sempre un ottimo veicolo per trasmettere precetti morali in modo semplice e divertente, annovera molti pescatori tra i protagonisti: ad esempio nell'opera di Esopo, che risale al VI secolo ma riflette la cultura di tempi anteriori, «essi fanno parte del mondo degli umili, ed il loro comportamento propone come ammaestramento morale il sapersi accontentare»[770]. Il pescatore viene spesso dipinto tonto e credulone, ma puro e onesto, amante del lavoro e della fatica, coerente con ciò che la natura ha disposto per lui e perciò meritevole di ricompensa[771].

---

767 Ivi., p. 41.

768 P. Frigerio, *Luino un secolo 1885-1985* cit., p. 24.

769 L. Stadera, *Sacralità delle acque e santi del lago* cit., p. 5.

770 P. Donati Giacomini in *Pesca e pescatori nell'antichità*, a cura di A. Donati e P. Pasini, Milano, Leonardo Arte, 1997, p. 81.

771 Tale è il protagonista di una leggenda del lago di Varese. *Martìn del Pizz* aveva fatto un sogno, in cui veniva preso in disparte da un santo con l'aureola che gli aveva bisbigliato all'orecchio: «"Domani è la giornata propizia. L'unico giorno dell'anno in cui si può pescare il Pesce d'Aprile. Carni pregiate, quasi senza prezzo. Te lo pagheranno a peso d'oro. Siccome è un pesce magico solo santi e maghi sanno dov'è la sua tana"». Così, con un «misto di superstizione e di fiducia religiosa» si mise a pescare vicino all'isolotto che il santo onirico gli aveva indicato. Durante la faticosa giornata, il pescatore incontrò tre colleghi che, venuti a conoscenza del sogno, si fecero beffe di lui. Solo verso sera si compì il prodigio:

> il sole basso fece brillare un bulbo lucente che si intravedeva in quel sozzo garbuglio che era la rete [;] una cipolla metallica, uno di quegli orologi da taschino con la catenella dimezzata. Lo ripulì per bene e gli parve proprio d'oro [;] nella parte interna della cassa metallica portava inciso il segno zodiacale dei pesci.

Pur tuttavia, i pescatori sono stati soprattutto descritti in condizione di miseria; ad esempio dal greco Teocrito (III sec. a.C.) e specialmente da Plauto (tra III e II sec. a.C.) che, nel *Rudens* e nei *Captivi*, descrive i pescatori come «popolo di morti di fame» costretti a lavorare con fatica anche nelle condizioni meteorologiche avverse, e lamenta «il fastidio che arrecano a tutti con la diffusione per tutta la città del cattivo odore che emana dalle loro ceste»[772].

I pescatori sono anche protagonisti narranti dell'epistolario di Alcifrone[773] (II sec. d.C.) in cui «essi ci mettono davanti agli occhi gli alti rischi dell'andar per mare, l'incertezza del domani, la miseria e la fame quotidiane, tutti elementi che rendevano irresistibilmente attraente per loro la vita cittadina»[774]. Nonostante nella maggior parte dei casi considerati, il luogo di pesca non sia il lago, ma il mare, le difficili condizioni di vita dei pescatori e il sentimento di estraneità dalla comunità regolare appaiono simili. Si confrontino i due stralci seguenti: nel primo, un pescatore di lago non riesce assolutamente a risparmiare e vive in maniera indecente; nel secondo, i pescatori di mare gridano tutta la loro sofferenza:

I. Povera la vita del pescatore! distinto fra gli altri abitanti per sudiceria e vestir strambellato, la sua sussistenza dipende dal vento e dal tempo, senza che mai proveda a riporre un soldo allorché la fortuna gli dà da guadagnarne due. Al più, quella volta pagherà il debito che avrà contratto col forbaio, col pizzicagnolo, coll'oste. Per molti giorni di seguito neppur può uscire colla barca, tempestando il lago; in altri non coglie tampoco un pesciolino. Quando la fortuna lo arride, quel povero prodotto non è tutto suo, ma ne deve un terzo a chi gli prestò la barca, un terzo a chi gli prestò le reti, le quali essendo di filo o anche di seta, come quelle per gli agoni, importano grossa somma. Restagli dunque solo il residuo; perocché il vero e pretto pescatore non ha di suo che le braccia e la famiglia, che dal lurido tetto gli chiede pane[775].

II. Noi, che lavoriamo per mare, siamo tanto diversi da chi vive in città quanto il mare è lontano dalla terra. Quelli se ne stanno comodi, pensando alla politica o dedicandosi ai campi, in attesa che i frutti della terra provvedano al loro sostentamento, mentre noi, che trascorriamo la vita sull'acqua, la terra significa solo morte, come per i pesci[776].

Così ci appare la categoria dei pescatori, «autorelegata in condizione di consapevole e quasi voluta marginalità rispetto alla collettività sociale»[777].

Nel suo estremo candore, non pensò che l'orologio fosse stato smarrito da qualcuno, perché riteneva normale «quello che era accaduto, avendo egli seguito i comandi di Dio per interposta Persona» (Cfr. P. Costa – R. Fassi – R. Prando, «Sillabario Prealpino», Varese, Nicolini, 1989, pp. 113-123).

[772] Cfr. P. Donati Giacomini in *Pesca e pescatori nell'antichità* cit., p. 83.

[773] Retore greco del II (o III?) d. C. autore di 122 lettere che si fingono scritte da pescatori, contadini, parassiti ed etère, e dirette a personaggi fittizi; esse trattano di cose familiari, di usi e costumi, di amore e di studi, e sono perciò preziose per conoscere l'ambiente ellenistico (UTET 1967).

[774] *Ibidem.*

[775] C. Cantù, *Storia di Varese e sua Provincia* cit., p. 766-767.

[776] Epistolario di Alcifrone (I, 4, 1-2) (cit. da P. Donati Giacomini in *Pesca e pescatori nell'antichità* cit., p. 83).

[777] *Ibidem.*

Viceversa, in tutte le *Sacre Scritture*, il pesce è costante simbolo di abbondanza e, di conseguenza, la figura del pescatore viene spesso dipinta, accostandola a prede copiose[778], quasi ci sia una compensazione alla sfortuna e alla delusione che spesso hanno il sopravvento sulla buona sorte.

Le stesse caratteristiche, l'estrema povertà in cui versano i pescatori, sono delle costanti anche nella raccolta di leggende *Gente di mare*[779], utile a delineare in maniera più chiara la categoria, benché non compaiano leggende lacustri. Fornisco alcuni esempi[780]:

1. *Il pescatore e sua moglie* abitano in una squallida catapecchia;
2. *La nuvolaccia*: un pescatore sposato e con tanti figli non riesce più a catturare nulla e perciò non sa come sfamare la famiglia;
3. *Liunfrù*, molto simile alla *Liombruno*[781] di Calvino, ha anch'egli una famiglia numerosa che non riesce a sfamare;
4. *Il figlio del pescatore*: il pescatore è così sfortunato che non riesce a prendere neanche un pesciolino: «Quando buttava le reti, i pesci scappavano. Il poveretto, sempre più depresso, cominciava a pensare di cambiare mestiere»;
5. *Il pescatore sfortunato* la cui pesca è naturalmente scarsa, e di conseguenza la moglie e i suoi due figli stanno morendo di fame;
6. *Due figli di pescatore a palazzo reale*: il pescatore rimane tutto il giorno in riva al mare, ma con scarso successo.

Nella maggior parte dei casi, l'evento risolutivo cha dà un impulso alla vicenda coincide con la pesca miracolosa di un magico pesce parlante. Le modalità effettive d'aiuto di quest'ultimo, in realtà, variano molto nella forma, ma non nella sostanza: consentono al pescatore una rivincita nei in confronti di una vita fino a quel punto avara di soddisfazioni, e poco cambia se il pesce miracoloso compie direttamente dei prodigi [1], oppure se occorre seppellirne alcune membra per ottenere effetti magici [2].

È interessante notare che l'aiutante magico è quasi sempre una delle possibili prede del pescatore e che, di conseguenza, sarebbe più logico attendersi un atteggiamento ostile alla cattura. Si sviluppa invece un caso particolare del rapporto attante-aiutante, appunto perché la "collaborazione" è la risultante dell'incontro di prospettive opposte. Ciò è certamente dovuto alla grande sinergia che notoriamente si crea tra l'elemento liquido – qualunque esso sia – e il pescatore, che in virtù di una sorta di codice

---

778 Così appare il pescatore dell'isola di Thera, l'odierna Santorini, soggetto di una pittura rurale conservata al Museo Archeologico Nazionale di Atene. Esso porta, in ogni mano, una cordicella a cui sono attaccati più di una dozzina di pesci della lunghezza approssimativa di 50 centimetri (cfr. A. Sartori in *Pesca e pescatori nell'antichità* cit., pp. 87-88).

779 L. Ferrari Trecate, *Gente di mare*, Vimercate (MI), Libreria Meravigli Editrice, 1992.

780 Cfr. L. Ferrari Trecate, *Gente di mare* cit.: *Il pescatore e sua moglie*, p. 9; *La nuvolaccia*, p. 27; *Liunfrù*, p. 101; *Il figlio del pescatore*, p. 107; *Il pescatore sfortunato*, p. 117; *Due figli di pescatore a palazzo reale*, p. 126.

781 *Liombruno*, fiaba della provincia di Potenza, narra di un «pescatore disgraziato» che «da tre anni non riusciva a pescare neanche un'acciuga» ed «era all'elemosina». È perciò costretto a fare un patto col Nemico, altro tratto comune nelle fiabe (cfr. I. Calvino, *Fiabe italiane*, Milano, Mondadori, 1980 (1956), p. 469).

d'onore, pesca solo per estremo bisogno ed è disponibile, nonostante lo stato di indigenza, a rinunciare a certe catture.

C'è infine un altro elemento, che in parte si ricollega all'osservazione fatta testé avanti. Per comprenderlo si valutino le seguenti fiabe.

«C'era una volta un pescatore poverissimo che viveva solo su una capannuccia sulla riva del mare. Ogni giorno andava a pescare e la sera tornava a casa, friggeva qualche pesce, si sedeva a mangiare fuori dalla capanna e cantava»[782]. Non avendo famiglia, non doveva preoccuparsi di nessuno, finché un signore ricco e infelice non lo incuriosì parlando della vita e dei lussi della città, cose che lo avevano reso infelice. Arrivato in città, il pescatore rimase affascinato e a sua volta si rese conto di tutte le privazioni che aveva patito. Allora un tale – lo stesso che aveva invitato il ricco signore a girare per tre giorni a vedere se la gente era o no infelice come lui – gli donò magicamente villa, servi e bastimenti coi quali il pescatore naufragò. L'uomo misterioso si rivolse così al signore scontento: «Vedi? Quest'uomo era povero, ma se restava qui contento nella sua capanna non gli mancava niente. Voleva diventare ricco e c'è riuscito: ma a cosa gli è servita la sua ricchezza?»[783].

Meglio accontentarsi di ciò che si ha e vivere più tranquilli.

Questa fiaba è simile a *La vasca segreta*[784]: Paolo, un vecchio lupo di mare, si ritirò in un vigneto di sua proprietà di fronte al mare. Ormai viveva di ricordi e sognava di diventare ricco. Questo si avverò quando pescò un pesce piccolissimo, pesantissimo coloratissimo e dai riflessi d'oro. Il pesce venne rinchiuso in una vasca preziosa, ma era infelice. Un giorno dei soldati occuparono il palazzo, uccisero tutti e cacciarono via Paolo. Egli però ritornò a palazzo attraverso un passaggio segreto per salvare il pesciolino.

«"Prima di andare, desideri altri regali da me, per trascorrere nella ricchezza il resto della tua vita?". Paolo scosse il capo negativamente e senza dire una parola gettò tra le onde il pesciolino. Poi si sedette sulla sabbia e rimase lì a godersi il calore del sole, con la pace nel cuore»[785].

Il punto è questo: la povertà è un elemento inscindibile, quasi viscerale dell'essenza del pescatore. Tanto che spesso, paradossalmente, è l'unica condizione in cui egli può sentirsi soddisfatto e in pace col mondo, poiché la moralità del pescatore risiede nel sapersi accontentare. La libertà è più importante della ricchezza; il rispetto per la natura è più importante del proprio tornaconto. Per questo la dialettica tra uomo e animale viene giocata su un piano più elevato, in cui i contendenti provano le stesse paure e la stessa voglia di libertà: e se pure dalla loro affinità nascono i presupposti per una grande sfida, come ammette un pescatore, ciò avviene nel rispetto di un tacito codice d'onore:

> Sono sempre solo quando pesco sul serio. Non voglio che la morte sia spettacolo, non voglio che altri possano credere che mi piaccia uccidere. Anche i grandi pesci predatori

---

[782] *Il pescatore*, L. Ferrari Trecate, *Gente di mare* cit., p. 36.
[783] Ivi, p. 38.
[784] *La vasca segreta*, ivi, p. 119.
[785] Ivi, p. 125.

> sono soli quando cacciano. E sono forti. Senza nessuno che regga il timone durante il combattimento, la lotta, diventa ad armi pari. Sono pochi quelli che vi riescono[786].

Ma oltre alla sfida e alla libertà, la pesca ha dei contenuti simbolici, la cui origine deriva dalla leggenda. Tale è quella che narra di un prezioso dipinto sacro che sgorgava sangue e che, perciò, si temeva potesse essere trafugato. Così, per proteggerlo, venne chiuso in un forziere le cui chiavi finirono in fondo al lago. Ma un giorno che San Carlo Borromeo viaggiava sull'acqua, vide un grosso luccio che gli si presentò con in bocca le chiavi per consegnargliele. Fu così che, grazie a quel pesce portentoso, il miracolo divenne di dominio pubblico. Ora, «a ricordo del prodigio i pescatori del luogo son soliti ributtare nel lago i lucci più grossi che s'impigliano nelle loro reti»[787].

6.5.2. Ritualità e simbologia della pesca

Quando il pescatore ha compiuto i gesti preparatori e si trova con la canna pronta in mano «per incanto il dispersivo anarchico mondo gli si chiarifica e dispone secondo un ordine egregio [,] come se il sughero leggero [...] fosse per sortilegio diventato centro e perno dell'universo»[788].
L'anima «si espande generosamente nell'universo [...] si fa lieve e volante, ape o poeta: sgombrandosi dai fastidi e dai meschini pensieri che nella vita terrestre lo costringono a un volo basso e faticoso»[789].

Tutto ciò che riguarda la pesca, l'ambiente, le tecniche e la figura del pescatore riveste una notevolissima carica simbolica:

> Pescare ha a che fare con la profondità, ha a che fare con l'esito determinato dalla sorte, ha a che fare con elementi sconosciuti e in qualche modo attraenti e, a volte, infidi [.] L'uomo si misura con una profondità spesso aliena, un magma ondeggiante e misterioso dove vivono esseri altrettanto incomprensibili. Non è un caso [...] che venga attribuita all'Acqua una potenza creatrice impressionante e inconoscibile[790].

Per la scienza la vita è uscita dall'acqua, così come per le mitologie e le religioni antiche, l'acqua è il luogo delle origini: «il mare [,] il lago, l'abisso, se con i loro segreti restano la metafora del Caos primordiale, sono anche fonte inesauribile e simbolo di fecondità». Le acque dissetano, purificano, fecondano i campi, danno i pesci e sono navigabili; ma ci sono anche degli aspetti negativi: «la siccità, le inondazioni, le tempeste, i naufragi, gli annegamenti, l'insondabilità delle acque profonde. Ed ecco i mari e i laghi popolarsi di mostri, le serpi e i draghi abitare le sorgenti, i paesi sommersi

---

[786] http://utenti.lycos.it/pescare/racconto_001.htm
[787] Cfr. *Il luccio di Cannobio e San Carlo*, M. Merlo, *Leggende Lombarde*, Milano, Longanesi & C., 1979, p. 228.
[788] P. Bianconi, *Croci e rascane*, Lugano, Mazzuconi, 1955 cit. in D. Isella, *Piero Bianconi*, *Verbanus*, n.3, 1981-1982, p. 12.
[789] Ivi, p. 13.
[790] P. Pasini in *Pesca e pescatori nell'antichità* cit., p. 142.

per castigo divino»[791]. Il mestiere, del resto, è stressante e pericoloso e pone l'essere umano finito e mortale a contatto con forze superiori alla propria comprensione:

> Dunque non è casuale quel senso di incertezza che pervade l'esito della pesca, la percezione di duro e amatissimo lavoro a contatto con gli elementi primordiali, l'aria e l'acqua, quel senso di insondabilità, di profondità e di potenza [,] di dipendenza e di speranza che permea l'uomo che getta le reti[792].

È breve in fondo il passaggio che lega la ricchezza delle acque, fonte di vita e di sostentamento per le popolazioni, che ad esse possono attingere perché ne colgono l'immenso valore ma non riescono a comprenderlo a pieno, all'esistenza di mostruosi abitatori dei fondali: «Dunque alla Profondità si associa l'Inconoscibilità e la Potenza, potenza in ogni caso non solo di vigoria e di forza, ma potenza in fecondità e facoltà creative»[793].

Gli esempi potrebbero essere molti, dal celebre mostro di Loch Ness ai serpenti marini che, in ogni secolo, avrebbero minacciato le imbarcazioni per mare. Il fascino della questione risiede proprio nella mancanza assoluta di certezze che, malgrado il predominio della razionalità, non consentono di avere risposte definitive sull'esistenza o meno di esseri incredibili.

Una leggenda del lago di Varese narra che i pescatori si perderebbero nella nebbia del lago senza i richiami delle campane o delle mogli a riva; e assicura che a Cazzago, «in una nebbiosissima sera del secolo scorso, al lungo "uuuh!" di una donna risponde dal lago un altro "uuuh!", ma talmente gutturale e minaccioso che la malcapitata si dà alla fuga e fa appena in tempo a chiudersi in casa che gli unghioni del lupo si conficcano nella porta [;] questo "lupo del lago" non può non rinviare ai "mostri" che hanno sempre popolato le acque»[794].

Il margine tra realtà e immaginazione è comunque estremamente labile. Come descrive il lariano Davide Van De Sfroos nella sua canzone dal titolo sintomatico *El mustru*[795]: protagonista è il «*re di pescaduu*», ora all'ospizio, che descrive un fatto eccezionale capitatogli:

> *ho vedüü sguaràss el laagh, ho vedüü quatàss el cieel*
> *e la loena burlà giò,*
> *l'era faa cumè un'anguila, l'era gross cume un batèll*
> *e'l majava tücc i stell,*
> *una bissa incatramada, cun la buca sbaratada*
> *e cui öcc dell'oltrumuund...*[796]

---

[791] L. Stadera, *Sacralità delle acque e santi del lago* cit., p. 5.

[792] P. Pasini in *Pesca e pescatori nell'antichità* cit., p. 145.

[793] *Ibidem.*

[794] L. Stadera, *Sacralità delle acque e santi del lago* cit., p. 9.

[795] Davide Van De Sfroos, *El mustru*: http://www.testietraduzioni.com/cantanti/d/davide-van-de-sfroos/el-mustru.html

[796] Trad.: ho visto squarciarsi il lago, ho visto coprirsi il cielo / e la luna cadere giù / era fatto come un'anguilla, era grosso come un battello / e mangiava tutte le stelle / una biscia incatramata, con la bocca spalancata / e con gli occhi dell'altro mondo.

Una creatura orribile, venuta «*de un teemp che l'era piö el so*»; un essere preistorico quindi, che ci riporta al plesiosauro "Nessie", presunto inquilino del celebre lago scozzese. Purtroppo il pescatore viene trovato sconvolto nella sua barca («*luungh e tiraa cunt i öcc de indemuniaa e che parlavi de par me*»), non viene creduto neppure dai bambini («*gnanca i fiöö m'hann mai credüü e seri el re di rembambii*») e la sua visione, che solo i pesci e i sassi potrebbero smentire («*dumanda ai pèss, dumanda ai sàss, che luur la sànn quel che ho vedüü*»), viene imputata alle malattie[797]. Ma il vecchio crede nei propri sensi e, novello capitano Achab, si presenta sul pontile con una fiocina per sfidare la sua Moby Dick:

Adess g'ha sü el pigiama ma sun che sura un puntil
a sperià che 't solta fö,
sunn piee de medesèn, me parlen tücc de arterio,
ma sun che per fala fö,
te speci setaa giò cunt'in man dumà una frosna
e sun propi mea stremii,
facch vede a 'sti tòcc de merda se te seet deent in del laagh
o nel coo de un rembambii... [798]

Ma la vera sfida è, forse, contro sé stesso, contro l'arteriosclerosi e il diabete che hanno creato il mostro nella sua mente. Ognuno può interpretare liberamente...

Un altro caso degno di attenzione è *Il principe granchio*[799], fiaba veneziana ripresa da Calvino. La trama non è particolarmente originale rispetto alle altre fiabe di cui abbiamo brevemente accennato: un pescatore faticava assai a pescare il necessario per nutrire di polenta la sua famiglia. Finché un giorno pescò «un granchio così grosso che non bastavano due occhi per guardarlo tutto» e che nascondeva al suo interno un principe di cui si innamorerà la figlia del re. Ritengo molto più significativo il motivo del granchio gigante che, se da una parte ricorda sia la rabelaisiana abbondanza, sia la cristiana pesca miracolosa, dall'altra fa pensare a un celeberrimo luogo comune che riguarda i pescatori: la vera o presunta mole delle loro prede, a cavallo tra realtà e immaginazione; capace – perché no – di partorire un essere grande e per giunta magico.

Legata al discorso precedente è una storia riportata da Eliano [erudito e filosofo romano del 175-235 d. C.] nel suo libro sugli animali: narra di un polpo gigantesco davanti alle coste di Dicearchia che si procurava il cibo risalendo lungo il canale delle fogne fino ad un magazzino dove, grazie ai lunghi tentacoli, svuotava giare e contenitori di terracotta. Curioso che i testimoni raccontino questi fatti esagerando

---

[797] Trad.: da un tempo che non era più il suo / lungo e disteso con gli occhi da indemoniato che parlavo da solo / neanche i bambini m'hanno mai creduto ed ero il re dei rimbambiti / domanda ai pesci, domanda ai sassi che loro sanno cosa ho visto.

[798] Trad.: adesso ho su il pigiama ma sono qui sopra ad un pontile / ad aspettare che salti fuori / sono pieno di medicine, mi parlano tutti di arteriosclerosi / ma sono qui per sfidarti / ti aspetto qui seduto con in mano solo una fiocina / e non sono affatto spaventato / fagli vedere a questi pezzi di merda se sei dentro nel lago / o nella testa di un rimbambito.

[799] Cfr. I. Calvino, *Fiabe italiane* cit., pp. 161-166.

sulle dimensioni che erano giunte a «una botte della capacità di quindici anfore» la sola testa e «ogni ventosa era grande come un catino»[800].

Tutto ciò, anche mettendo da parte le iperboliche dichiarazioni sulle proprie prede, è tipico della trasmissione orale dei fatti, secondo cui, chiunque svolga il ruolo del narratore rivendicherà, coscientemente o meno, una funzione creativa che lo porterà a modificare inevitabilmente almeno un particolare della vicenda. Racconto a questo proposito una storia che mi era stata narrata una dozzina d'anni fa da qualcuno conosciuto nell'ambito di una battuta di pesca: protagonista era un anziano pescatore molto abile che amava dare la caccia ai pesci grossi stando sulla sua barca. Un giorno, riuscì ad agganciare con la canna qualcosa di veramente enorme... un pesce talmente grande che riusciva a trascinare senza sforzo la barca a grande velocità. Il vecchio scoprì che si trattava di un esemplare mostruoso di siluro, un pesce voracissimo originario dei bacini idrografici di molte regioni del nord-est europeo e dell'Asia occidentale, comparso nei fiumi e laghi italiani in seguito all'inserimento di avannotti di altre specie tra cui se ne trovavano anche alcuni di siluro. In genere, tale pesce misura fino a tre metri, ma il vecchio pescatore si trovava a fronteggiare un avversario di dimensioni ancora maggiori. Sfortunatamente il pesce lo trainò per molto tempo senza che l'uomo potesse opporsi, finché la barca si infranse contro uno scoglio semiaffiorante causando la morte del pescatore per trauma cranico.

Questo è quanto ricordo oggi, ciò che si è sedimentato nella mia memoria. Non significa che fosse esattamente ciò che mi era stato detto in origine, anzi. Basti pensare che non rammento nemmeno l'identità della fonte. Di certo esisteranno molte versioni diverse di questa vicenda, magari ad alcune ho dato origine io stesso raccontando a qualcuno la storia... Giacomo Piccini, pescatore luinese, giudica il mio racconto «fantascientifico»:

> Mmh... un fatto del genere non potrebbe mai succedere a un pescatore esperto, anche ammesso che esista un mostro del genere... Per esempio, una volta che un luccio di grosse dimensioni ha abboccato, può capitare di doverlo seguire col filo in tensione per stancarlo per due ore. Specie se lo agganci a riva è meglio spingerlo verso il largo dove c'è più fondo e quindi meno possibilità per il pesce di avvantaggiarsi di pietre, tronchi, alghe che sostano normalmente nei bassi fondali per rompere o tagliare la lenza. Non è che trascinano la barca, semplicemente segui il pesce per paura che rompa[801].

Chiedo a questo punto se abbia senso discutere dell'esistenza di "mostri", almeno nel nostro lago. Il mio interlocutore risponde:

> Dicevano che c'erano, ma è vero che esistono ancora oggi... Bisogna però intendersi. Si parla di lucci o altri pesci di grosse dimensioni, ma comunque proporzionati con le loro possibilità di crescita. Ho visto una trota di 18/20 kg che ha spaccato un sacco di reti a Maccagno... han provato anche con ancorotti, ma lei ha sempre spaccato e se ne è andata. Penso sia morta di vecchiaia. Stanziava davanti alla Madonnina di Maccagno. Quando arrivavano i pescatori delle isole che mettevano le bedine [speciali reti per pescare le alborelle, NdA], arrivava la trota, mangiava le alborelle e distruggeva le reti:

---

800 Cfr. A. Calbi in *Pesca e pescatori nell'antichità* cit., p. 162.
801 Intervista a G. Piccini del 20/09/2002.

> era mostruosa. . Parliamoci chiaro: prendere un pesce di 16/18/20 kg è già come prendere un mostro del lago. E magari ce ne sono anche di più grossi![802].

Una conferma giunge dalle parole di Frigerio, il quale afferma che «la mitologia della pesca verbanese vanta trote enormi [:] in tempi recenti ne fu pescata una, ad Ascona, lunga 1,50 e di 22 kg [;] secoli prima pare che ci arrivasse anche lo storione, poi evidentemente falcidiato dalla pesca lungo i fiumi»[803].

Di certo non è semplice mettere ordine nelle sbruffonate da pescatore che circolano in ogni porto e in ogni bar che su esso si affaccia. Del resto l'esagerazione e l'iperbole sono una caratteristica ineliminabile, se non di tutti i pescatori, almeno di molti di loro:

> Nei racconti dei pescatori "della domenica" il peso del pesce catturato è sempre abbondante, essi non tornano mai a casa col cesto vuoto, ma sono noti a tutti i dubbi che si insinuano e il sospetto che qualche volta il pesce provenga dalla pescheria dove il pescatore ha fatto sosta prima di rientrare. Da sempre chi si è dedicato a questo svago si è sentito punto nell'amor proprio quando non raggiungeva risultati soddisfacenti[804].

C'è infatti un detto in dialetto bresciano sul raccontar bugie: "*Cashadùr e pescadùr i cöntô bàle de shaùr*", proprio perché è proverbialmente vasto il repertorio di bugie dei cacciatori che devono reggere la concorrenza di quello dei pescatori[805].

A questo proposito, Plutarco narra un episodio che riguarda Antonio e Cleopatra: poiché il pesce non abboccava, Antonio ordinò a dei pescatori di immergersi per attaccare al suo amo del pesce già pescato. Così credette di fare bella figura agli occhi della Regina la quale, invece, accortasi della truffa, la volta successiva fece attaccare all'amo del Romano un pesce salato. Questo provocò delle gran risate[806].

Tali esempi di esagerazioni evidenziano che suggestione, rischio, sbruffoneria, valenza dell'oralità sono componenti che fanno nascere leggende. A patto che siano condite da una spiccata fantasia. Ma davvero la creatività del pescatore si esaurisce nella millanteria?

6.5.3. Parlare ai pesci

Quanto detto sul comportamento autoincensatorio di alcuni individui, perennemente presenti al caffè per decantare agli astanti la propria abilità o le proprie prede, magari in assenza di altri colleghi, contrasta nettamente con il carattere che il Piccini attribuisce ai "veri" pescatori, siano essi di mare o di lago:

> No, assolutamente non mi è mai capitato di vedere un pescatore comportarsi così, anche se hanno fama di raccontare delle gran frottole – infatti il metro del pescatore

---

802 *Ibidem.*
803 P. Frigerio, *Storia di Luino e delle sue valli* cit., p. 177.
804 A. Calbi in *Pesca e pescatori nell'antichità* cit., p. 154.
805 Trad.: Cacciatori e pescatori raccontan balle saporite (http://web.tiscali.it/cumpustela/sent-var.htm)
806 Cfr. https://traduciversioni.it/details/cleopatra-si-prende-gioco-di-antonio

> andrebbe diviso sempre a metà. Comunque ho visto dei vecchi pescatori prendere dei pesci stupendi e mai andare a raccontarlo a nessuno. Anzi, sottolineo che i pescatori erano persone molto chiuse, restie a dare confidenza agli altri... Se poi parliamo di pescatori morti 30 anni fa a 80 anni, pensa un po' come erano chiusi[807].

Questi, giura Piccini, custodivano i propri segreti ed erano «gelosi della propria specifica tecnica di pesca (ad es. alla trota in profondità), e avevano i loro attrezzi»:

> Proprio i pescatori, ai tempi, amavano costruirsi da soli delle "macchine" fatte coi fili di rame... O fabbricavano delle esche speciali, ad esempio dei pesci finti fatti con pelle di anguille seccate e lavorate, adatte alla propria personale strategia di pesca.
> Solo ed esclusivamente su questo piano, ribadisco, si giocava lo "scontro" tra i pescatori: l'astio, se tale si può definire, era nelle differenze di tecniche e non nelle dimensioni delle prede[808].

I veri pescatori, inoltre, sono quelli che sentono intimamente l'empatia con l'elemento che si apprestano a profanare; che in sostanza, spiega Stadera, penetrano l'abisso – *crös* in gallico – ma rispettano la sacralità e il mistero che avvolgono le acque:

> Ai segreti del crös corrisponde il silenzio dei pescatori, che non parlano quasi mai fra di loro e tanto meno con i profani, né delle modalità della pesca né dei suoi risultati: *l'è 'n miste gelùus* (è un mestiere geloso) è la formula che consacra una tradizionale riservatezza. Il silenzio, condiviso con i pesci, è funzionale all'arte piscatoria e le conferisce uno spessore magico, riproposto da attrezzi e metodi che si tramandano dalla più lontana preistoria[809].

Il pescatore, nell'atto di compiere i gesti rituali che lo congiungono all'abisso, lascia che si dipani la «matassa d'oro dei suoi tranquilli pensamenti». Volge il suo sguardo, vigile e sognatore allo stesso tempo, sull'ambiente che lo circonda, soffermandosi sugli aspetti più minuti del paesaggio. Si distacca dalla realtà contingente e consegna sé stesso inerme «nelle mani della contemplativa immobilità, nelle mani della capziosa pace, del nirvana»[810]. Per questa ragione nessuno immagina neanche lontanamente – si giustifica un vero amante della pesca – che «il tempo che dedichiamo alla pesca altro non è che tempo dedicato a noi stessi»:

> Ogni volta che vado a pesca è come uscire da un mondo in cui tutto è importante ed entrare in un altro dove non è importante chi sei, come ti chiami, se hai una bella macchina, se sei colto o ignorante, se sei bello o brutto, madre Natura ti accetta come sei e fra le sue braccia ti senti un essere vivente come tanti altri intorno a te che chiedono solo di vivere la loro vita serenamente. Quante volte in riva ad un lago o ad un fiume mi sono distratto dalla pesca vera e propria e, quasi senza rendermene conto, mi sono ritrovato ad ammirare la bellezza dell'azzurro del cielo e delle bizzarre nuvole bianche; del verde cupo dell'acqua limpida e profonda; ad osservare le foglie tremule dei

---

807 Intervista a G. Piccini del 20/09/2002.
808 *Ibidem.*
809 L. Stadera, *Sacralità delle acque e santi del lago* cit., p. 6.
810 P. Bianconi, *Croci e rascane* cit. in Dante Isella, *Piero Bianconi* cit., p. 13.

> pioppi ad assaporare con le narici l'odore dell'erba tagliata di fresco e mi sono sorpreso a pensare a quanto sia bella la vita. Forse la pesca aiuta a risvegliare il bambino che è dentro di noi, o meglio a non farlo assopire. Aiuta a fuggire dalla finta realtà che ci procura solo danni, frustrazioni, ansie, infelicità, alienazione[811].

È un'immagine lontana da quella del pescatore *casciaball*: il nostro «non è fatto per pigliar pesci», ma per «abboccare lui stesso all'amo della più svaporata e ipnotica contemplazione»; così come il suo è un «metafisico incomunicabile pesce iridescente» non adatto all'«olio puzzolente»[812].
Questo stato di "*trance* ipnotica" che colpisce il pescatore è appunto una delle cause dell'estraneità rispetto alla collettività, in quanto è un'esperienza che solo pochi hanno la fortuna di vivere. Perciò i profani lo considerano solo un «volgare cacciatore», a cui chiedere con ironica banalità se i pesci abboccano (*Bochen?*), incapaci di cogliere l'immobile godimento che lo pervade; allo stesso modo i familiari interpretano la sua aria «rimminchionita» quale spia di una delusione che necessita conforto, quando invece essa è dovuta «all'eccesso di una singolare felicità»[813].

Così ritorniamo a un concetto fondamentale già espresso: «il silenzio condiviso con i pesci» rappresenta l'unico linguaggio che appartiene veramente al pescatore, e l'unica comunicazione che gli interessa è quella quasi "telepatica" con gli abitatori delle acque, i soli esseri in grado di capire il suo stato d'animo, perché sono fatti della stessa materia.
Bianconi, riferendosi appunto ai pesci, invita semplicemente a «pensare quanto ci potrebbero tornar utili e che belle cose insegnare, li ascoltassimo»[814]. Infatti non è casuale che, come abbiamo visto, nella favolistica si instauri spesso un rapporto molto profondo tra il pescatore in difficoltà e il pesce che rappresenta la salvezza, la soluzione dei problemi. Quest'ultimo istruisce l'uomo, mette la propria saggezza a sua disposizione, addirittura comunica nel suo linguaggio naturale. Ebbene, pur nell'immaginazione fiabesca, c'è un elemento di verità, poiché, se è inverosimile un dialogo uomo-pesce nella lingua madre, questo si realizza su un piano diverso, meno comprensibile e più elevato, scritto nel linguaggio della natura.

Quanto detto, tuttavia, non induca a credere che tutti i pescatori provino le stesse emozioni, anzi… Quelli che Bianconi definisce «pescatori di città» sono l'antitesi assoluta: «stanno rannicchiati», il «sole non li illumina». Non hanno «l'ombra di un sorriso» neppure quando catturano uno «snello pesce». Sono «impassibili, distanti» nella loro azione: «hanno perduto ogni capacità di gioia puerile», non guardano il cielo, l'acqua o gli alberi, «non conoscono la lieta solitudine della riva, la sonnacchiosa beatitudine del sughero rosso che si dondola»[815].

---

811 www.spinningclub2001.com/archivio%20rubriche/lucio1.htm
812 P. Bianconi, *Croci e rascane* cit. in Dante Isella, *Piero Bianconi* cit., p. 13.
813 Cfr. ivi, p. 14.
814 Ivi, p. 16.
815 Cfr. ivi, p. 15.

Possiamo ora rispondere al quesito sulla creatività del pescatore posto al termine del paragrafo precedente, in quanto possediamo un realistico e fondato ritratto di pescatore, scevro dai luoghi comuni e dalle banalità.

Coloro che si autoincensano ed esaltano le proprie gesta e catture per assecondare i profani, non sono degni di essere definiti pescatori. Essi barattano il frutto più puro della pesca – la contemplativa immobilità, il colloquio medianico coi pesci, il nirvana – con il piacere e l'ammirazione che suscitano negli ascoltatori.

Al contrario, il vero pescatore preferisce tacere, conservare e preservare gelosamente le proprie storie. Ogni parola superflua rischia di rompere il magico abbandono che l'ha pervaso. Egli è disposto a comunicare con altri uomini, purché siano come lui; solo in quel caso può condividere la dimensione privata della pesca e la felicità che serba nel proprio intimo senza romperne l'incantesimo; e la discussione non è focalizzata sulle prede, ma sulle tecniche, le azioni, le strategie.

La fantasia, l'originalità, se sussistono, difficilmente hanno come argomento il proprio pescato. I veri pescatori divertenti, non sono degli sbruffoni. Tuttavia, non è da escludere la loro piacevole presenza negli abituali ritrovi della popolazione: stare in compagnia e provare rispetto per la propria attività sono due stati che possono tranquillamente convivere, esattamente come divertimento in gruppo e solitudine nella pesca. Ma in linea di massima, a differenza del mondo dei vetrai, non si tratta di una categoria esclusiva composta da membri affiatati e legati all'interno. E neppure c'è similitudine con i contrabbandieri che agiscono prevalentemente in gruppo con una finalità pratica, dividono i rischi e hanno una regia e un codice linguistico. I pescatori sono per lo più individualisti, al limite sono accomunati dai gesti e dalle tecniche, ma agiscono prevalentemente da soli.

C'è un'altra possibilità: a diffondere storie esagerate non sarebbero i protagonisti, ma coloro che hanno semplicemente assistito ad un'azione di pesca e che poi hanno ingigantito e magnificato; sia per il gusto di raccontare una frottola e magari prendere in giro l'uditorio; sia perché, nella loro ignoranza, non hanno carpito l'essere profondo del pescatore e hanno di conseguenza travisato il senso dei suoi gesti e la risoluzione della "battuta".

In ogni modo, la creatività e l'originalità nel riadattare le storie o nel crearle danno ugualmente nuovi impulsi: la fantasia è la "pastura delle storie".

6.5.4. Pescatori di casa nostra

> Il mondo della pesca e dei pescatori da noi è chiuso, quasi ermetico. Di pesce buono se ne mangia di rado. Pochi iniziati si scambiano con circospezione gli indirizzi di quei tali che, ancora oggi, sanno procurare la trota, l'agone o il pesce persico[816].

La gente del lago è, in effetti, un po' chiusa e diffidente verso gli estranei; i pescatori accentuano addirittura tale caratteristica, stando al precedente giudizio del Piccini, e a

[816] *Negli anni di Luino*, «La Rotonda», n. 3, 1981, p. 97.

quello di Piera Corsini sui pochi pescatori di professione del luinese: «cipiglio scontroso, parola avara, riservatezza un po' rude»[817].

Oggi la faccenda non è più così evidente, dato che l'esercizio della pesca si è modificato, a causa dell'aumento della popolazione e dell'inquinamento e quindi della diminuzione dei pesci. Da decenni la pesca è diventata, per la stragrande maggioranza degli adepti, un puro passatempo, finalizzato al superamento di record o alla sfida contro altri pescatori.

Tutto diverso rispetto a quarant'anni fa, quando «si usciva a remi: Luino, Colmegna, castelli di Cannero, poi verso Porto. Allora si poteva pescare di notte e si prendevano prede favolose»[818].

All'epoca c'era una diversa considerazione per i pescatori, addirittura «c'erano quelli dei ristoranti che si contendevano le catture migliori della mattinata»:

> Erano proprio i proprietari che si rivolgevano ai pescatori per comprare i pesci... a volte si improvvisava una piccola asta. Ora non succede più, infatti, anche se le acque sembrano limpide, il tasso di inquinamento è molto elevato. Ad esempio non si riesce a capire come mai a volte non si trovano alborelle, che sono l'alimento base per la maggior parte degli altri pesci, quando una volta vedevamo veramente le alborelle "bollire" sul lago[819].

Calderoni è perfettamente concorde nel rammentare una realtà oggi stravolta:

> Mi ricordo che andavo spesso da mio nonno che abitava vicinissimo al lago. Quando c'era la frega, si sentiva il rumore dello struscìo del pesce: prima i maschi passano a pulire il fondale, poi le femmine a deporre le uova e poi ancora i maschi a fecondarle. Fo ha un po' esagerato nel libro[820], ma davvero in tempo di guerra si andava col quadrato, e per prendere 1 o 2 quintali non si faceva fatica; poi si salava il pesce, dato che non c'erano frigoriferi. Eravamo tutti un po' pescatori, si viveva di quello che il lago dava, anche perché, anche se c'erano le bestie, la campagna qui era quel che era. Adesso non ci sono più i pescatori di una volta e infatti non c'è più neanche la pescheria[821].

Quando Fo era un ragazzo, il pescatore era una professione, così come il contrabbandiere: «Gente di lago e di frontiera siamo tutti uno strano impasto» – ha scritto la Corsini – «ma pescatori e contrabbandieri erano figure speciali, modellate in una singolare materia che non sai se d'acqua o di vento o di montagne incombenti»[822].

---

817 P. Corsini, *Qui lo dico e qui lo nego: storie di bricolle*, «Il Rondò», n. 1, 1988, p. 37.
818 Intervista a G. Piccini del 20/09/2002.
819 *Ibidem.*
820 «I vecchi fabulatori raccontavano che quello di partecipare alla sferzola dei pesci era un rito antico, che risaliva al tempo delle prime comunità matriarcali del Verbano». Così i ragazzi del paese partecipano alla cattura dei pesci con così grande trasporto da finire in acqua a loro volta e senza vestiti per giunta, tanto da sembrare a loro volta «una "fregolata" di pesci in festa!» (cfr. D. Fo, *Il paese dei Mezaràt* cit., pp. 100-103).
821 Intervista a C. Calderoni del 27/02/2003.
822 P. Corsini, *Qui lo dico e qui lo nego: storie di bricolle* cit., p. 37.

> Oggi come oggi sono forse un po' decadute: sia per l'inquinamento del lago, sia per il fatto che non sono più redditizie... Ci sono ormai grandi allevamenti: si alleva anche il lavarello ormai – cosa che prima non si faceva –, persino il pesce persico... Altri pesci, come il cavedano, il cavezzale, ecc. sono pesci di terza categoria... che solo i raffinati amano, quindi...[823]

Con la fine di "quella" pesca, sono scomparsi anche i pescatori famosi: «i Taccolini, il *Bergom*, il *Petilö*... ce n'erano tantissimi, ma tutti così: gelosi delle loro cose e tecniche, riservati, poco loquaci»[824]. Ad essi si sono davvero sostituiti tanti anonimi «pescatori di città» secondo la descrizione di Bianconi, ma fortunatamente, anche dei pescatori tradizionali. Ho appunto parlato con alcuni di loro a Porto Valtravaglia e Luino per indagare sulle loro sensazioni; tuttavia si sono dimostrati infastiditi già dalla mia presenza e poi dalle mie domande; innanzi tutto non hanno voluto essere nominati, e hanno ammesso di pescare soprattutto per piacere e diletto: «Pescare non è una gara» – disse uno di loro – «non mi interessa quanto sono grossi i pesci degli altri. E lo stesso vale per tutti gli altri pescatori. Solo gli stupidi vanno al bar a dire scemenze».

Ecco un'altra caratteristica dei veri pescatori: poiché la timidezza e il riserbo sono importanti, l'agonismo va demonizzato in quanto contrario a quei valori:

> I "nemici" e "compagni" del pescatore sono sempre stati e devono restare solo il pesce ed il suo ambiente. La pesca intesa come auto affermazione nei confronti degli altri o come strumento di rivalsa, e di supremazia è un cancro e porta a perdere di vista i bisogni e i problemi che sia le nostre acque che i nostri pesci hanno. Purtroppo sia i giornali specializzati, che le comunicazioni di massa, che molti rivenditori, hanno portato ad esasperare e promuovere alcuni valori rispetto ad altri. La mia paura è che l'enfasi che si attribuisce alla grandezza e alla quantità del pescato porti a soppiantare e spesso ad umiliare valori come la "qualità della pescata" "la bellezza dei posti" "gli odori" "i sapori", e una quantità infinita di altre sensazioni che forse ci sfuggono, ma che rimpiangeremmo in caso ci venissero a mancare[825].

6.5.5. Con la canna in mano

Presento una rapida carrellata di pescatori del lago che hanno lasciato un segno profondo nei ricordi della gente del lago.
Il *Randulìn* era un ottimo pescatore spinto dalla passione e dal coraggio:

> *'l Randulìn a l'eva* "noto" *par vèss 'n pescadùù* di gran talento ed esperienza, *ma anca par la soa barca. A l'eva tanta sgangherada che tücc' j gh'eva fifa a saltágh dent [;] anca cun l'inverna e cund'ul temp brütt [...] u nava par lagh a pescàà. U remava cund'un rem sol, a la veneziana, cum'è se fudèss in gundula e inscì us stracava mìia tropp*[826].

---

[823] *Intervista a Dario Fo e Franca Rame...*, *Nisba* cit., p. 2.
[824] Intervista a G. Piccini del 20/09/2002.
[825] http://utenti.lycos.it/pescare/racconto_003.htm
[826] Trad.: il Randulìn era noto per essere un pescatore di grande talento ed esperienza, ma anche per la sua barca. Era così sgangherata che tutti avevano paura a saltarci dentro [;] anche con l'Inverna e il brutto

Molto celebre era pure il *Petilö* (o *Pitilöö*) di Voldomino, «un pescatore tradizionale proprietario di un barcone che veniva preso in giro da tutti»[827], rimasto nella memoria soprattutto perché, ricorda Salvi, «*lù a l'eva chéll ch'u ciapava püsèe inguill de tücc'*, con il colpo segreto!»[828]. Per Suira era un «pescatore di rilievo, uomo di lago, poche parole («*u tamugnava sempur in quand ch'u pescava*»[829]), sostenitore del principio "ciò che è mio è mio"»[830]. Era in sostanza un individuo tutt'altro che ciarliero, certamente abilissimo e chiuso in sé stesso.

Simile in ciò al protagonista della novella di Piero Chiara, *Ti sento, Giuditta*, una delle migliori, se non la migliore in assoluto. Amedeo Brovelli è un pescatore piuttosto schivo – per nulla fabulatore – che incuriosisce un ragazzino, forse proprio il piccolo Chiara, poiché spesso sta in piedi sul molo, senza espressione in volto e con lo sguardo rivolto verso il paese. Così come Fo veniva a conoscenza di storie incredibili, il ragazzo conquista la fiducia e la simpatia dell'eccentrico pescatore al punto di scoprirne l'incredibile segreto, ossia che, nei giorni di vento, sono altre le prede che gli interessano, non i pesci, bensì gli odori:

> Mettendosi con le spalle al vento, l'aria si divide dietro la nuca e si riunisce sotto il naso. Sapendola aspirare delicatamente si possono sentire gli odori che porta con sé da lontano. Il lago […] non ha odore sotto il vento e non turba quelli che gli passano sopra. Stando sul molo, dove arrivano le raffiche, si possono distinguere tutti i sentori che il vento, scendendo dalla Svizzera, raccoglie lungo le valli dell'altra sponda [.] Sentimmo le vacche, le capre, il pane, il tabacco e perfino la polenta[831].

Oltre a questo creativo cacciatore di profumi, sempre lo stesso autore, regala un'altra particolare figura di pescatore, il maestro Bordigoni, chiamato da tutti Bordíga, personaggio principale del romanzo *Il balordo*:

> Usciva di casa con una canna lunga circa dodici metri: un enorme bambù che solo lui poteva maneggiare tanto era grosso alla base. All'apice di quei dodici metri la canna si assottigliava fino alla dimensione di un lapis, compiendo un'ampia traiettoria e prendendo un'elasticità che consentiva di lanciare la lenza a grande distanza, oltre i margini subacquei dove il fondo precipita negli abissi[832].

Era un uomo introverso e amante della solitudine, che dimostrava una genuina attrazione per la pesca e la praticava con estrema concentrazione e abbandono:

---

tempo […] andava per il lago a pescare. Remava con un solo remo, alla veneziana, come se fosse in gondola e così non si stancava troppo (T. Salvi, *Te sée regordet* cit., p. 69).

827 Intervista a R. Micotti del 10/07/2002.

828 Trad.: Lui era quello che catturava più anguille di tutti, con il colpo segreto! (T. Salvi, *Te sée regordet* cit., p. 69).

829 Trad.: brontolava sempre quando pescava (*Ibidem*).

830 L. Suira, *se nascevi a Luino*…cit., p. 19.

831 *Ti sento, Giuditta* in P. Chiara, *L'uovo al cianuro e altre storie* cit., pp. 28-29.

832 P. Chiara, *Il balordo* cit., pp. 19-20.

> Si muoveva poco, non parlava con nessuno che lo accostasse e tirava avanti delle ore a gettare la lenza e a ritirarla [.] La pesca per lui era forse più un riposo e un capriccio che un espediente per integrare il suo salario di maestro elementare. Gli rendeva sì e no in un anno una cinquantina di pasti a base di agoni, persici e alborelle[833].

Nello stesso libro appare anche il Severino, «esperto nella cattura del cavedano, un pesce quasi immangiabile e simile a un topo, che frequenta le vicinanze delle fogne»:

> Fin dall'infanzia, avendo osservato in tutto il mondo creato solo il cavedano, era riuscito a stabilire che la sua bestia, vivendo davanti ai paesi e quasi a contatto con la gente, conosceva perfettamente le abitudini e le astuzie degli uomini. Fu lui il primo, in quel tratto di lago, ad applicare il sistema della pasturazione disorientativa, che consiste nel buttare in acqua una ventina di bocconi liberi insieme al boccone con l'amo. A questa tattica, che impiegava usando grande varietà di esche, il Severino aggiungeva quella della dissimulazione attiva. Gettava l'amo in acqua senza apparire al parapetto e tenendosi coperto da un tronco d'albero della piazza; poi stendeva la canna per terra e si avvicinava lentamente al bordo del terrapieno con davanti un giornale spiegato. Convinto che i cavedani lo conoscessero personalmente, si guardava dal mostrar loro la faccia; e per poter sorvegliare il boccone praticava un buco nel mezzo del giornale. Appena il cavedano abboccava, gettava via il giornale e si precipitava alla canna per dare lo strappo. Arrivò a travestirsi per non farsi riconoscere dai cavedani[834].

Il Bordiga e il Severino, sono due personaggi verosimilmente reali, plausibili, ma comunque letterari; sottoposti all'estro dell'autore che li ha estrapolati dalla realtà lacustre, successivamente sono stati rivisitati e infine riconsegnati su carta alla gente del lago e a tutti i lettori.
Uno scritto dell'avvocato Salvi racconta di due pescatori, il secondo dei quali corrisponde al Bordigoni: «*'l Gira a l'eva 'l püsèe aleghèr e u ciapava in gìr tütt. Lù 'nava par i agùn e par i trütt e a l'eva l'amìs du Pansciùn, maester e pescadùù e pianista de nocc'*». I due chiacchieravano molto tra loro e c'era un certo antagonismo nella pesca.[835]

La maggior parte dei pescatori locali di cui è vivo il ricordo, in ogni caso, sapeva divertire ed essere di compagnia, come *el pescadur* Attilio dotato di senso dell'umorismo, già comparso nel capitolo 3; e soprattutto il Pasquale ricordato dalla Corsini, la cui descrizione racchiude sinteticamente l'essenza del pescatore: «Pasquale, dal carattere schivo, per i felici abitanti della casa nutriva il gusto di stupirli con mille curiose trovate, corredo del suo lavoro di pescatore»[836]. Nonostante la naturale inclinazione per la riservatezza, traeva dalla sua attività gli strumenti per rendere frizzante e piacevole la sua compagnia.

'l Tarèla era un altro famoso personaggio del luinese: «*Pescadùù e cögh: in tücc' i düü i mistée a l'eva un chècco. Omm de cumpagnìa, cun lù us pativa mai malinconìa o tristezza*». La gente si ricorda ancora di un episodio che lo vide protagonista involontario, poiché gli fecero uno scherzo: gli servirono da mangiare, a lui che era cuoco, «*'n piatt de gnòcch bèj*

---

[833] Ivi, pp. 20-21.
[834] Ivi, pp. 20-21.
[835] Trad.: Il *Gira* era il più allegro e prendeva in giro tutti. Pescava agoni e trote ed era amico del *Pansciùn* (pancione), maestro e pescatore e pianista di notte (T. Salvi, *Te sée regordet* cit., p. 70).
[836] P. Corsini, *Storie minime* cit., p. 51.

sbrujént cund'un sughétt ch'u fava risuscitàa anca i mort»[837]. Li infilzò, ma erano duri, di gesso, con grandi risate dei presenti Le stesse che echeggiarono all'udire la vicenda di un altro personaggio divertente suo malgrado, il Gin Bevilacqua, così descritto dal Salvi:

> Una volta andò in barca con l'Andrea Ratti [contitolare della ditta Ratti produttrice di macchine tessili, NdA] fra Luino, Cannero e Cannobio. Disse: "Io ho fatto tanti mestieri… pompiere… *pescatore*, ma non ho studiato. Quindi rispetto a te sono uno stupido, ma perché ad andare in là, che è in salita, ho remato io, e a tornare in discesa remi tu?" Ma convinto, serio[838].

6.6. I pescatori di Fo

Si è detto che i pescatori sono schivi per tradizione, molto diversi dai vetrai e dai contrabbandieri. Però si è capito che esiste la possibilità di incontrare sul lago dei soggetti buontemponi e di compagnia. Caso mai le perplessità riguardano il loro statuto di "fabulatori non ufficiali".

L'artista ternario cita in verità solo due pescatori: il Galli e il *Dighelnò* ("Non dirglielo")[839].Il primo, «che raccontava in modo abbastanza "teatrale"»[840], era un «pescatore di frodo» che «presentava storie tragiche con l'aria sprovveduta di chi analizza i particolari di un disastro senza rendersi conto che sta narrando del disastro stesso»[841].

L'altro, invece, «recitava sommesso, quasi sottogamba, mentre pescava»: «si sistemava lì sul molo con le sue canne a pescare e noi ragazzi tutt'intorno lo si provocava perché si decidesse a tirar fuori una delle sue conte assurde, ma lui assente se ne stava a osservare i sugheri delle lenze che galleggiavano sull'acqua, senza proferir parola»[842]. Era dunque necessario pregarlo affinché raccontasse e, in ogni caso, sembrava sempre che il racconto avesse un'importanza secondaria alla pesca[843].

A parte questi due casi, Fo è generalmente rimasto sul vago, riferendosi a pescatori senza nominarli: «sul Lago Maggiore, c'erano quattro o cinque fabulatori che ascoltavo all'osteria quando era sera. A volte accompagnavo uno di loro a pescare. Gente incredibile. Mentre si pescava raccontava»[844]. O ancora, la sorella Bianca ricorda l'amore del fratello per la pesca che lo aveva avvicinato ai veri pescatori:

---

837 Trad.: Pescatore e cuoco: in entrambi i mestieri era abilissimo. Uomo di compagnia, con lui non si pativa mai malinconia o tristezza / un piatto di gnocchi belli bollenti con un sughetto che faceva resuscitare i morti (T. Salvi, *Te sée regordet* cit., p. 70).

838 Intervista a T. Salvi del 20/05/2002. Corsivo nostro.

839 «Lo chiamavano così perché nel suo lessico aveva immesso una forma che non era lacustre, del Verbano, ma milanese (lì si dice *dighel mìa*): per questa espressione straniera fu marchiato a vita» (*Intervista a Dario Fo e Franca Rame* .., *Nisba* cit., p. 2); e secondo Fulvio Fo, era così chiamato «per via delle raccomandazioni impartite a chiunque di non dire niente alla moglie dei suoi ricorrenti tradimenti» (F. Fo, *Pescatore di sogni* cit. p. 2).

840 D. Fo, *Dialogo provocatorio* cit., p. 23.

841 D. Fo, *Il paese dei Mezaràt* cit., p. 60.

842 Ivi, p. 61.

843 Cfr. D. Fo, *Dialogo provocatorio* cit., p. 23.

844 D. Fo intervistato da Enzo Magrì, «Europeo», ottobre 1973 (cit. in D. Fo, *Fabulazzo* cit., p. 40).

> Una pesca quasi di sua invenzione: se ne stava a riva coi piedi nell'acqua, immobile, con una fiocina fatta con un bastone e una forchetta; aspettava paziente il pesciolino e, zàcchete, lo prendeva. Aveva imparato i trucchi dai pescatori; infatti stava spesso seduto sulle gradinate del porticciolo, dove aggiustavano le reti, e si faceva raccontare le leggende del lago[845].

In un'altra circostanza, Fo ha scritto che «i pescatori eleggevano a loro spazio il portico della darsena [cosa che nessun abitante di Porto mi ha confermato, NdA]. Noi ragazzini eravamo il loro pubblico più appassionato»[846]

La realtà era un po' diversa, innanzi tutto «Porto Valtravaglia non era un gran porto di pesca; nel '60 c'era un solo pescatore, non molto socievole in realtà»[847], ma anche prima c'erano solo sette o otto pescatori con le reti, quindi due o tre famiglie, di cui una sola effettivamente professionale. Per l'appunto quella del Galli, che «non era un pescatore di frodo, magari lo faceva, ma era un pescatore locale essenzialmente regolare che usciva con la sua barca… Insomma, *se dava de fàa*»[848].

Il ricordo di quei pescatori, chiamati «*Frisa* (fettuccia), perché oltre a pescare facevano il mercato e vendevano fettucce e affini»[849], è rimasto persino in uno stornello per il Carnevale dei Matti:

> L'intero lago i Frisa
> han monopolizzato,
> e han messo a peso d'oro
> i pesci sul mercato.
> Din, dan, don,
> agoni e coregon[850].

Comunque ii Galli non era un personaggio particolarmente teatrale, o almeno nessuno lo ricorda in questa veste.

Per quanto riguarda il *Dighelnò* poi, sono riuscito a contattare il figlio, il falegname Galdino Carpanetti proprietario di una segheria, il quale mi ha detto che il padre era sì una persona divertente, ma assolutamente non pescava[851]. Reggiori afferma che «benché fosse nativo di Porto Valtravaglia, abitava dopo sposato nella frazione Musadino e davvero non era un pescatore»[852]. Calderoni lo ricorda così:

---

845 B. Fo Garambois, *Io, da grande mi sposo un partigiano* cit., p. 10.
846 D. Fo, *Il paese dei Mezaràt* cit., p. 59.
847 Intervista telefonica a G. Geraci del 17/06/2002.
848 Trad.: si dava da fare. Intervista a Carlo Calderoni. Anche Bianchini, Reggiori e Colombo hanno confermato che il Galli, anzi, i Galli erano pescatori di mestiere.
849 *Ibidem.*
850 *La Valtravaglia*, Scuola media statale "Giovanni XXIII" cit., p. 40. La data dello stornello è febbraio 1947, ma l'origine è anteriore: presumibilmente gli anni '20, massimo '30, ossia il periodo aureo.
851 Ho tentato di convincerlo a raccontarmi qualche particolare su suo padre, ma ha gentilmente rifiutato, perché, a suo avviso, non c'era «niente di particolare da dire».
852 Intervista a G. Reggiori del 21/06/2002.

> Non corrisponde a ciò che dice Fo, ma era un burlone anche lui… Era a militare a Taranto e, una volta che aveva preso la licenza, gli avevano fatto il biglietto fino a Luino e lui aveva pensato "cià che mi faccio una bella trenata!", e così era arrivato col treno proprio fino a Luino, senza scendere a Porto che era più comodo, appunto perché il biglietto era valido fino a Luino… poi fino a Musadino l'aveva fatta a piedi. In quanto a raccontare storie si difendeva: soprattutto raccontava le balle[853].

Bianchini, che con lui aveva lavorato trent'anni come operaio, ricorda che «specialmente sul lavoro, raccontava le barzellette, ma comuni»[854]. L'attore invece, nel suo libro, assegna a quell'uomo la paternità, o quanto meno la fonte, di un'incredibile storia di una pesca grandiosa. Reggiori, uno dei più convinti che «effettivamente qualche storia strana circolava», afferma che «l'origine non era il *Dighelnò*, che pure era simpatico, in quanto raccontava soprattutto barzellette»[855].

Probabilmente il Fo ha fatto uso di quel soprannome interessante, senza curarsi che corrispondesse ad una persona ben definita; magari ha semplicemente abbinato due elementi della sua memoria, un nome e una persona fisica, in maniera piuttosto casuale; oppure, ipotesi più plausibile, ha creato un personaggio carismatico e particolare mediante l'accentuazione o la sostituzione di alcuni caratteri reali della personalità di uno esistente, l'ha dotato di un nome che colpisce, e ha infine aggiunto la storia della canna da pesca che era frutto magari di qualche altra persona.

Se confrontiamo le precedenti dichiarazioni con quanto scritto dal fratello di Dario Fo, Fulvio, notiamo che il ricordo di quest'ultimo sintetizza in un certo modo quanto già riportato. Egli cita un certo *Müscinìn* che era molto noto per le storie che raccontava: «è venuto giù da Muceno, ha scelto di vivere a Porto Valtravaglia per essere più vicino al suo lago, l'unica cosa che gli è amica, che mai l'ha tradito, di cui conosce tutte le voglie e i segreti»[856]. Frequentava i pescatori, nel senso che questi si rivolgevano a lui, in qualità di oracolo, per conoscere le previsioni del tempo, ma non era un pescatore. Si trattava semplicemente di un vecchio brontolone che amava la solitudine e il rapporto intimistico col lago, ma che raccontava delle storie con un modo di fare molto simile a quello evidenziato da Dario Fo:

> Ai ragazzini che gli stanno intorno nella speranza di poter ascoltare una delle sue sgangherate fantasticherie, si concede sempre con fatica. Non perché gli sia di fastidio parlare con loro, ma perché ci tiene al rituale, dato che le sue storie sono un po' come i funghi: han bisogno, per nascere, della giusta combinazione di temperatura, di umidità, di ombra e di sole. E per questo ci vuole tempo e pazienza[857].

Morì a causa di una bomba che gli scoppiò in mano, dato che cercava sul greto dei torrenti degli oggetti metallici.

---

853 Intervista a C. Calderoni del 27/02/03.

854 Intervista a O. Bianchini del 19/06/2002. Ho chiesto se se ne ricordasse qualcuna, ma purtroppo è passato troppo tempo. Si sarebbe comunque trattato di storielle semplici.

855 Intervista a G. Reggiori del 21/06/2002.

856 F. Fo, *Pescatore di sogni* cit. p. 1. Sebbene il nomignolo scritto dall'autore sia "Muscinin", ho preferito utilizzare la forma "Müscinìn", come nel cap. 7.

857 *Ibidem.* Su quelle storie torneremo nel capitolo successivo.

In conclusione, è palese che siamo nell'ambito delle speculazioni, poiché le dichiarazioni di Fo presentano il fianco agli scetticismi e neppure chi l'ha conosciuto e ha vissuto nel suo stesso ambiente riesce a districarsi nel labirinto di verità e finzione.
Sta dunque prendendo forma lentamente ma in modo inequivocabile una certezza: i pescatori-fabulatori, come lui li intende, non c'erano. Le descrizioni non corrispondono e, come vedremo nel capitolo 7, anche le cosiddette storie, che i fabulatori avrebbero raccontato ai ragazzi mentre rammendavano le reti, presentano dei punti oscuri.
La chiave non è nelle storie; piuttosto nelle voci, nelle usanze, nella genuina vitalità di Porto Valtravaglia. Il commento di Reggiori è chiarissimo:

> Al di là della natura del Dario di essere un osservatore scherzoso e vivace, c'erano davvero personaggi che avevano l'abitudine di chiacchierare. A Porto – mentre forse in valle erano più impegnati in lavori di campagna – erano fannulloni, magari lavoravano di notte o alcuni non lavoravano. Spesso sostavano sulle panchine, oppure i pescatori uscivano la sera per prendere le trote e c'era tutta la gente che aspettava il rientro per vedere le dimensioni, io stesso andavo da ragazzino[858].

[858] Intervista a G. Reggiori del 21/06/2002.

6/bis. I pipistrelli
(Appendice)

Contrabbandieri, vetrai e pescatori erano dunque "pipistrelli". In fondo avrebbero potuto essere chiamati anche "gufi" o "civette", animali comunque notturni. Ma il pipistrello, secondo Bianchini, «ama star vicino all'acqua e andare verso riva»[859], a differenza dei "colleghi" volatili.
Inoltre, a mio avviso, il pipistrello è di per sé un animale originale, una specie di incrocio, uno scherzo della natura... e ha un volo caotico, irregolare... e sensi sviluppati: è creativo.

La definizione non comprende solo le ormai famose tre categorie, ma va estesa a tutti gli abitanti di Porto Valtravaglia, poiché, come ha spiegato Fo, «ogni uomo è un personaggio». E se anche non è del tutto vero che «ogni personaggio cerca di costruirsi una storia da raccontare»[860], visto che la maggior parte di loro agisce inconsapevolmente, e non ha le doti per fissare e interpretare gli avvenimenti, c'è qualcuno che lo fa al posto loro: proprio Fo.

> Fra tutta 'sta caterva di fantasisti sbilenchi, i personaggi che raccoglievano maggior attenzione e rispetto, erano senz'altro i contastorie e i frottolanti.
> Quella di fabulatore però non era una professione a sé stante, infatti i ciarlatori provenivano da quasi tutte le categorie di mestiere della Valtravaglia. Senz'altro [...] il maggior numero di essi aveva però origine fra i soffiatori di vetro.
> I fabulatori erano la gloria e il vanto di questo mio nuovo paese. Li ritrovavi nelle osterie, in piazza, sul sagrato della chiesa, sull'imbarcadero, sulle banchine del porto. Spesso raccontavano di fatti accaduti secoli e secoli fa... ma era una ribalderia, cioè prendevano a prestito storie mitiche per trattare della realtà quotidiana e degli avvenimenti della cronaca più recente giocando di satira e di grottesco[861].

In base a quanto detto fin qui sulla vita e la gente di Porto Valtravaglia, siamo in grado di interpretare con sufficiente correttezza la precedente affermazione di Fo che, se da un lato riprende concetti già individuati, dall'altro conferma la tendenza a ingigantire la realtà[862].

Occorre però fare una precisazione: non ci sono dubbi che l'ambiente fosse vivace e fecondo di spunti comici, come ha espresso il sindaco Colombo:

> Fo dice cose talmente strane che sembreranno impossibili, perché la realtà di Porto degli anni '30 era quella: c'erano personaggi molto scherzosi. Io ho cercato di raccogliere dalla viva voce degli abitanti il ricordo di quei personaggi, ma purtroppo le testimonianze diventano sempre più risicate... si sfocia nella leggenda. Questo perché la matrice di quegli aneddoti risale a molti anni fa e quindi, supponiamo, chi ha sentito una cosa dalla nonna, la riporta magari in modo diverso da come gli è stata raccontata.

---

859 Intervista a O. Bianchini del 19/06/2002.
860 D. Fo cit. in L. Binni, *Attento te!* cit., p.193.
861 D. Fo, *Il paese dei Mezaràt* cit., p. 57.
862 Cfr., ad esempio, cap. 6, pp. 174-175 sulla figura del *Dighelnò*.

> Detto questo, i ricordi di Fo sembrano tirati un po' per i capelli... di certo ci ha messo del suo[863].

La verità è che quelli erano personaggi *sui generis*, ma non per questo degni di essere definiti "fabulatori" appartenenti ad una sorta di *élite* del racconto e della frottola.

È inoltre sensato sostenere che provenissero «da quasi tutte le categorie di mestiere della Valtravaglia», ma tale informazione non ha nessuna valenza particolare, in quanto è consueto che i chiacchieroni che frequentano i bar svolgano varie professioni; come è normale, in fondo, sulle sponde del lago e negli ambienti paesani in genere, che ci siano persone propense a scherzare e deridere gli altri, in una parola a divertirsi. E questa affermazione mette anche fine, di fatto, alla distinzione ventilata in precedenza tra fabulatori ufficiali e non ufficiali[864].

Il livello della nostra consapevolezza è cresciuto rispetto all'inizio del nostro viaggio nella terra dei contastorie del lago, in cui abbiamo visto Fo dipingere i fabulatori itineranti per le piazze. La soluzione è vicina e lo scarto con la visione della realtà di cui si è fatto portatore il premio Nobel risiede nello "scopo" della fabulazione – «prendevano a prestito storie mitiche per trattare della realtà quotidiana e degli avvenimenti della cronaca più recente giocando di satira e di grottesco» – aspetto che si potrà archiviare definitivamente solo dopo aver analizzato le storie.
Nel frattempo, per capire fin dove si sia spinto l'intervento di Fo riguardo agli attori delle fabulazioni, presento altri individui citati nelle varie interviste e biografie.

6/bis.1. Altri "fabulatori"

Nel capitolo precedente ho riportato una testimonianza di Bianca Fo che annotava l'affetto che il fratello nutriva per i pescatori, che lo premiavano coi racconti delle storie del lago; quelle parole, collegate ai vari resoconti dei miei testimoni, sostengono la tesi secondo cui le balle che giravano, trovavano in Fo il terminale ideale per alimentare le chiacchiere:

> La sera a letto le ripeteva a me e a Fulvio, *ricostruendole a modo suo, facendole passare per vere.* Storie di paesi incantati, verdi di muschio, sepolti sotto le acque del lago, abitati da giganteschi pesci d'argento con la testa d'uomo[865].

A detta di Bianca, il fratello avrebbe lavorato molto con l'immaginazione, per farcire le storie e renderle più avvincenti e accattivanti... la stessa procedura che, a quanto è facile constatare, ha utilizzato nel descrivere i suoi "maestri"; le stesse osservazioni sviluppate al termine del capitolo precedente sul Galli e il *Dighelnò*, infatti, hanno valore anche per altri individui definiti "fabulatori". Tra questi «il vero maestro dei "fabulazzanti"», il *Ravanèl*:

---

[863] Intervista a F. Colombo del 25/02/2003.

[864] Cfr. cap. 2.3.

[865] B. Fo Garambois, *Io, da grande mi sposo un partigiano* cit., pp. 10-11. Corsivo nostro.

> Il suo soprannome gli veniva dall'aver in capo una specie di mazzotto di capelli di un rosso acceso che lo facevano assomigliare proprio ad un ravanello. Le storie che raccontava erano quasi sempre la teatralizzazione di un fatto di cronaca veramente avvenuto, magari anche recente e che quindi stava ancora nella memoria di tutti[866].

Peccato che nessuno abbia mai né sentito tale soprannome, né visto un tipo che corrispondesse alla descrizione[867]. Inoltre, cosa strana e sibillina, la sua modalità narrativa coincide perfettamente con quella assegnata altrove[868] al *Dighelnò*.

Un altro narratore era il *Bratel* un accanito giocatore di biliardo, «un tipo alto magro, con due vistose fasce elastiche rosse che gli reggevano le braghe. Lo chiamavano anche *Scusà Bretela* per il fatto che sempre, prima di ogni partita, indossava un grembiule per non slisare i pantaloni con lo sfregare sulla cornice del biliardo.

> Il biliardo era il suo spazio, la sua macchina scenica. A un certo punto, sul pretesto di una frase lanciata da un avversario, interrompeva per un attimo il gioco... e introduceva un fatto, una storia. Girava attorno al biliardo, osservava le biglie e raccontava nello stesso tempo, riprendendo la pantomima che prepara la steccata. La partita non esisteva più, esisteva la sua storia. Giocava imperterrito scrutando il tappeto verde e non lasciava mai la stecca, che mentre raccontava diventava la spada, la lancia, il bastone, era la donna, il violino: diventava tutto[869].

I teste, pur non conoscendo il soggetto in questione, sono stati possibilisti, per il semplice fatto che il palcoscenico era il caffè, e il caffè ospitava il biliardo; e a biliardo, dice Calderoni, «giocavano quei tipi lì, quelli che frequentavano il bar Milano»[870]. Ad ogni modo non esiste il riferimento ad una persona precisa. L'unico che, con mille dubbi, prova ad identificare quel biliardista è il Bianchini:

> C'era uno simile al racconto del Fo: giocava molto a biliardo, spesso con un amico, e insieme sembravano quasi due barboni… ed era chiamato Comba, o probabilmente era addirittura il cognome. Io l'ho conosciuto più che altro da giocatore ma non era un tipo molto loquace, più che altro giocava volentieri[871].

E non si tratta solo di travisare o confondere i nomi, Fo ha preso dei caratteri che gli interessavano, compreso lo stile di racconto e l'ha abbinato o a persone inventate, o a persone di cui ricordava vagamente il nome/soprannome, o ancora a persone che effettivamente raccontavano qualcosa, ma barzellette, frottole da bar, non storie paradossali su argomenti mirati come la contestazione ai ricchi e l'amarezza per la propria condizione. Fo ha creato degli stereotipi su cui ha proseguito la narrazione.

---

866 D. Fo, *Il paese dei Mezaràt* cit., p. 62.

867 Parola del Bianchini: «mi sfugge, non lo ricordo. Ma penso che non sia esistito, altrimenti mi verrebbe in mente». Lo stesso vale anche per Calderoni, Reggiori, ecc.

868 Cfr. D. Fo, *Dialogo provocatorio* cit , p. 23.

869 D. Fo, *Il paese dei Mezaràt* cit., p. 63. Cfr. anche D. Fo, *Dialogo provocatorio* cit., p. 25.

870 Intervista a C. Calderoni del 11/05/2002.

871 Intervista a O. Bianchini del 19/06/2002.

A conferma di ciò, analizzo un altro personaggio, molto simile a nonno Bristìn[872], il *Caldera-Magnàn*:

> Vendeva pentole e padelle, le zincava, le rattoppava, le ribatteva le argentava. Viaggiava su un grosso carro, enorme, con dentro appoggiato tutto, dalla scopa, all'ammoniaca, al Sidol, centinaia di caldaie, casseruole, pignatte e bacili di zinco e di rame.
> Quando arrivava, pareva un monumento inventato da Savinio... una costruzione gigantesca, a due piani: il bottino derivato dalla distruzione di un esercito medievale[873].

Questo venditore ambulante, oltre alla presenza ingombrante del suo armamentario, attirò lo sguardo del giovane Fo per l'abilità di saltimbanco e imbonitore; del resto alla professione del calderaio (*magnan*) – «bruno di carnagione, nera la capigliatura, abito di fustagno, ampia giacca e ampi pantaloni stretti alla caviglia, cappellaccio in testa» – venivano notoriamente associate la scaltrezza e l'abilità[874]:

> Intanto che offriva la merce, discuteva con i clienti e inventava storie, proverbi, massime e tirava fuori aneddoti straordinari. Ma non diceva mai "comprate". Lui sul problema del comprare non metteva parola, mostrava una pentola, ne afferrava un'altra, ci batteva sopra con le sue dita di quercia facendone scaturire suoni da concerto giapponese: din, ton… ting tong, e accompagnandosi con quel ritmo inventava filastrocche e solfeggiava[875].

E la lezione che scaturì da quelle occasioni di vendita – a detta di Fo – fu talmente coinvolgente da stimolare il tipo di teatro dinamico, in cui il corpo agisce con frenesia, che l'attore avrebbe poi impiegato nei suoi spettacoli:

> Non faceva che muoversi. Il suo racconto era come su di un palcoscenico, e col suo racconto la piazza davanti alla chiesa, oppure l'altra piazzuola dove faceva mercato, diventavano teatro. Tutte le finestre si aprivano e la gente guardava come a teatro. E quel suo movimento su, giù, verso le persone, quel tirarsi su, saltare, giocare, muovere le braccia, le mani, erano supporto fondamentale del racconto[876].

Calderoni è l'unico[877] che ha dei ricordi specifici della questione:

> Ma sì c'era uno che faceva una specie di spettacolo… oltre ai *magnan* che vendevano pentole e pignatte, ricordo i *baslutée* [o *baslotée*: fabbricanti di ciotole, catini, secchi, NdA]. Spesso venivano da Brescia, per richiamare la gente e imbonirla. C'erano altri sempre dal bresciano per vendere tappeti e coperte… Arrivavano col carro e poi coi primi

---

872 Cfr. cap. 4.5.
873 D. Fo, *Il paese dei Mezaràt* cit., p. 64. Cfr. anche D. Fo, *Dialogo provocatorio* cit., p. 25.
874 Esistono dei modi di dire molto esplicativi: *Falla de magnan* = farla da furbo; *Quell l'è magnan* = è un furbo di tre cotte; *Giustalla nanca el magnan* = cosa irreparabile (cfr. C. Comoletti, *I mestee de Milan* cit., p. 144.
875 *Ibidem*.
876 D. Fo, *Dialogo provocatorio* cit., p. 48.
877 Reggiori, Bianchini e Colombo non conoscono o non ricordano la persona specifica e si limitano ad informarmi dell'effettiva esistenza nei primi anni del Novecento di bancarellai e imbonitori simili a quelli descritti da Piero Chiara (cfr. a proposito cap. 3).

camion e si mettevano in piazza, urlavano e facevano un po' di spettacolo, magari musica con grammofono scassato… Fo ci mette un po' di suo[878].

6/bis.2. *Quaj maget*

Abbiamo avuto un'ulteriore conferma che gli individui identificati da Fo come fabulatori sono inconsistenti, hanno un fondamento solo vagamente reale, legato a un nome e a una descrizione sommari.

L'unica certezza, su cui davvero tutti gli abitanti di Porto Valtravaglia che ho contattato sono inequivocabilmente concordi, è che c'erano degli "irregolari" e che le vicende di cui sono stati protagonisti, per gli osservatori che hanno avuto la sensibilità di coglierle, hanno assunto il sapore dell'aneddoto, della storiella semplice[879].

L'ironia e il gusto per lo sberleffo erano innati, quindi contagiavano anche i ragazzi più giovani:

> Nei sabati estivi, specie ad agosto, il divertimento di noi bambini era quello di andare alla stazione a vedere arrivare il treno, che non era un treno qualunque: sopra c'erano quelli che lavoravano a Milano e che lasciavano qui le mogli…[ride] durante la settimana. Noi ragazzini non volevamo perderci la scena e i vecchi che ci vedevano arrivare puntuali alla stessa ora dicevano: "Và che vanno alla stazione perché arriva il treno dei cornuti!"[880].

Detto ciò, si caricano di senso le parole pronunciate da Dario Fo nel "covo dei Mezaràt"[881], che hanno scatenato sincere risa di approvazione: «I miei coetanei, diciamolo, erano dei manigoldi, in un paese di assassini, delinquenti, criminali… sul piano della follia, intendo». La gente di Porto ha così confermato la sregolatezza che si era incarnata in *magèt* (sagome) inconfondibili, «*fai un poo cume se dis a na quai manera*»[882]. E su questi individui, vero nucleo della comicità del lago, vorrei ancora spendere qualche parola prima di dedicarmi completamente ad analizzare le storie che sono apparse spesso nelle interviste, nelle biografie e negli articoli riguardanti l'attore, e valutarne i presupposti.

---

878 Intervista a C. Calderoni del 27/02/2003.

879 Ecco un esempio: «*Un dì, ul Cecc l'è nai cun un so amis a Port e l'amis dis: "cià che te cumpagni fin a Ligor" e inscì dopo ur Cecc dis: "cià che te cumpagni fin a Port" e inscì da Port a Ligor i a cuntinuà a 'naa. Dopo un poeu, ciocc cume iera iè nai a finii in del lag tucc duu*». Trad.: Un giorno, il Cecco (Francesco) è andato a Portovaltravaglia con un suo amico e l'amico dice: "Dai che ti accompagno fino a Ligurno" e così dopo il Cecco dice: "Dai che ti accompagno fino a Porto" e così hanno continuato ad andare da un paese all'altro. Dopo un po', ubriachi come erano, sono finiti entrambi nel lago (Scuola media statale "Giovanni XXIII", *La Valtravaglia* cit., p. 43).

880 Intervista alla *Sciúra* del 15/05/2002.

881 D. Fo alla presentazione de *Il paese dei Mezaràt* a Portovaltravaglia, 02/02/2003.

882 Trad.: fatte un po' come si dice, in qualche modo (G. Reggiori, *Racconti dialettali della mia Valtravaglia* cit., p. 43).

Uno "fatto a modo suo" era il *Piero Matt*[883], un bonaccione ingenuo e sincero, incaricato di portare in spalla il tamburo quando suonava la banda musicale. Reggiori ricorda che era famoso per il pantagruelico appetito:

> *Quand a capitava de faa un quai banchet el se racumandava a chi el gheva visin de dighel quand che l'eva pien perché luu else nacurgeva mia e aleva già capitaa una volta cheià duvù taiac la cinghia di calzun e a chela manera lì el pudeva anca sciupà*[884].

Lo stesso autore descrive un altro tipo *uriginal*, il *Ducio*, «*che de mestee el faseva el bagat, e i diseva che aleva brav a lavurà ma el faseva i scarp cume el vureva luu*»[885]. Calderoni racconta che, consapevole della propria perizia, si fosse offeso perché la contessa Lucchini – la cui famiglia era praticamente proprietaria di tutto il paese – si faceva fare le scarpe a Milano. «Un giorno gli sono girate le scatole: "Lei viene qui solo a farsi fare le riparazioni. Ma siamo capaci anche noi di fare le scarpe" – le ha detto. Così l'ha convinta a commissionargliene un paio. Ma al momento della consegna gliene ha data una sola, con questo invito: "Vada a farsi fare l'altra uguale a Milano… se ne sono capaci!"»[886]. Quando smise di lavorare si ridusse a fare il *clochard* e soprattutto si consacrò al bere: «lasciava le bottiglie di vino nei buchi del muro, così che ragazzi e altri burloni, potevano nascondergliele, nel senso che bastava cambiarle di posto che non le trovava più… Gli facevano prendere "un bello stremizzio" [italianizzazione di *stremízi* = spavento, NdA]»[887].

Gloriosa era anche una russa «che aveva fatto la bella vita ed era giunta non si sa come in Italia per poi cadere in disgrazia»[888]. Anche Fo ne ha fatto, alla sua maniera, un breve accenno: l'ha definita «una specie di strega simpaticissima»[889], dimostrando ancora una volta la propensione ad esagerare. Poiché nessuno conosceva il nome, la sovietica era stata battezzata *Pizicantù*, in quanto, appena giunta in Italia, vestiva abiti eleganti confezionati col pizzo prodotto a Cantù. Reggiori l'ha descritta in modo esaustivo:

> *Alè staia* "una dama di corte" *dei Zar de Russia, che in del darset ch'el an dela rivuluziun, alè scapada da chel paes là e alè poo rivada chi a Port, inscì 'na volta fai fò chi poc danee che la gheva la poo finì de viv cume se dis de barbona. La gheva el vizi de na in gir per i strà del paes cun vuna o anca do bors de chi gros pien de pec e anca padel e padelit che la duprava per fa da mangiaa. Tanti volt la*

---

883 D. Fo lo ha citato in un'occasione: *Intervista a Dario Fo e Franca Rame…*, «Nisba» cit., p. 2.

884 Trad.: Quando capitava di fare un banchetto, si raccomandava a chi gli era seduto accanto di dirgli quando era sazio, perché lui non se ne accorgeva ed era già capitata una volta che gli avevano dovuto tagliare la cintura, dato che c'era il rischio che scoppiasse (G. Reggiori, *Racconti dialettali della mia Valtravaglia* cit., p. 43).

885 Trad.: che di mestiere faceva il calzolaio, e dicevano che era bravo a lavorare ma faceva le scarpe come voleva lui (*Ibidem*).

886 Intervista a C. Calderoni del 11/05/2002.

887 *Ibidem.*

888 *Ibidem.*

889 *Intervista a Dario Fo e Franca Rame…*, «Nisba» cit., p. 2.

> *pasava cà per cà a catasù queicos e la cercava de vend anca un quai limun che la purtava semper in dela borsa. I fioo quand che ila incuntrava i ghe faseva anca di scherz e ilà tirava in gir*[890].

C'era poi il *Bigino*, simile al *Ducio* in quanto a bislaccheria:

> Magari per un mese, ogni giorno, si tagliava solo la barba da una parte e i capelli dall'altra e si faceva vedere in giro come se niente fosse. Era un uomo tutto d'un pezzo: c'era una ragazza... una donna... lui le piaceva. Così lei gli scriveva frasi tenere, "ti amo" e cose del genere. Lui, come risposta, una volta disse: "Con l'*amo* si prendono i pesci, ma non si prende il Bigino!"[891]

Fo ha nominato, pur senza fornirne una descrizione[892], anche un altro personaggio caratteristico, un certo *Mangina*; «era un po' discolo» – ricorda Calderoni – «ne aveva fatte di tutti i colori, anche il contrabbando»[893].

Ma ce n'erano anche di più, Fo non ha incluso nel libro tutti i personaggi tipici che bazzicavano i ritrovi di Porto Valtravaglia. La conferma è arrivata durante la già citata giornata a Porto, per la precisione, durante il pranzo:

> E tra un boccone e l'altro, sgorga un fiume di ricordi, di nomi, di storielle tanto incredibili da non sembrare neppur vere. E poi quasi un duetto tra Carlo Calderoni e Dario Fo: gli aneddoti ed i personaggi affiorano con tale evidenza e nitidezza che sembrano accaduti solo ieri[894].

Il Carluccio (Calderoni) ricorda così quel pasto surreale:

> A un certo punto parlavamo solo noi due. Era un continuo: "Ti ricordi di quello lì? E di quell'altro?". Gli altri ascoltavano e ridevano. Mi sa che se il Dario avesse inserito nel libro anche altri tipi che son saltati fuori a tavola, davvero non finiva più... Pure lui ha ammesso di non aver messo tutto su Porto Valtravaglia[895].

Per questa ragione non è possibile liquidare con leggerezza alcuna affermazione di Fo, persino quelle apparentemente più astruse e artificiose! Il criterio migliore per soppesare le sue parole è quello di cercare quanto meno una giustificazione o un appiglio concreto da cui abbia preso spunto la sua vena immaginifica.

---

890 Trad.: È stata una dama di corte dello Zar di Russia, che nel '17, quell'anno della rivoluzione, è scappata da quel paese là ed è poi arrivata qui a Porto; così, una volta fatti fuori i pochi soldi che aveva, è poi finita a vivere, come si dice, da barbona. Aveva il vizio di andare in giro per le strade del paese con una o anche due borse di quelle grosse, piene di cianfrusaglie e anche padelle e padellini che usava per cucinare. Tante volte passava casa per casa per raccattare qualcosa e cercava di vendere anche qualche limone che portava sempre nella borsa. I ragazzi quando la incontravano le facevano i dispetti e la prendevano in giro (G. Reggiori, *Racconti dialettali della mia Valtravaglia* cit., pp. 43-44).

891 Intervista a C. Calderoni del 27/02/2003.

892 *Intervista a Dario Fo e Franca Rame...*, «Nisba» cit., p. 2.

893 Intervista a C. Calderoni del 27/02/2003.

894 F. Colombo, *Dario Fo nel paese dei Mezaràt*, «Portonotizie» n. 15, giugno 2003.

895 Intervista a C. Calderoni del 27/02/2003.

Ma tornando a spiare i veri interpreti della vita di Porto Valtravaglia, non posso sorvolare su Secondo Boldrini, «*un tipo stravagant*» che si faceva chiamare *Gabalero* e amava il vino e gli scherzi:

> *Mia che ghe mancava la voia de lavurà, però el faseva chel che vureva, el sopurtava mia de ves cumandaa [;] ghe piaseva bev, e mia gnanca poc, e insci el ciapava de chi cioc che i durava dì e dì. Ogni tant aghe piaseva faa i scherz ai gent che el cunuseva e anca ai so amis, e quant che l'eva un po bevù elne cumbinava semper na quai vuna*[896].

Una volta legò il batacchio alla campana per non farla suonare, così, di fronte alle accuse del prete e dei carabinieri, dichiarò di non aver agito da solo, ma erano in tre: «*luu, el barbera e el squinzano*». «*El Gabalero elgheva anca un cert ingegn, ma sopratut nemis dela fatiga*»: infatti una volta il Reggiori andò a trovarlo a casa sua e lo trovò intento a bruciare un vecchio palo della luce di legno nel camino… ma intero, tanto che usciva dalla porta. Quando gli chiese perché non lo avesse tagliato a pezzi, disse che «*l'eva fatiga traia via, perché man man che el brusava l'a puntava avanti sul foc*»[897].

Emilio Gentilini infine, chiamato *Rosmagun* (pettirosso) era «*un poo divers di alter, propi cume chel uselin dala bauscina rosa, quasi semper sulitari ma anca tant de cumpagnia*»[898] che viveva alla buona e in mezzo alla natura e assecondava la passione per i funghi e la caccia. In paese lo conoscevano tutti:

> *Quand che l'ultim bicer bevù aleva chel de trop l'eva na màgia, el nava ingir per i straa de Muscin a cantà e predicà. El faseva i discors cun di parol in frances e inscì el pasava i or dela noc a tegni disedaa i gent. Quand el pasava davanti ala capeleta che el vegniva d'albergo bela pien, else fermava a parlaa cun la madona, el diseva*: "Ti parla il piccolo Codirosso". *Luu el faseva la vos grosa e fina, luu elghe parlava e le la ghe rispundeva, el faseva come se dis bota e risposta*[899].

Il Rosmagun era davvero interessante e, per certi versi "teatrale": mi riferisco al monologo a due voci di fronte alla cappelletta e all'uso, di certo inconsapevole, di una sorta di *grammelot*, dovuto forse all'elevata presenza di stranieri a Porto. Ciò che rende differente la sua *performance* dal *Mistero buffo* di Fo è, neanche a dirlo, la motivazione intrinseca: politica per Fo, "alcolica" per l'Emilio.

---

896 Trad.: Non che gli mancasse la voglia di lavorare, però faceva quel che voleva, e non sopportava di essere comandato [;] gli piaceva bere, non poco, e così prendeva delle sbornie che duravano giorni. Ogni tanto gli piaceva fare gli scherzi alla gente che conosceva e anche agli amici, e quando era un po' ubriaco ne combinava sempre qualcuna (G. *Reggiori, Racconti dialettali della mia Valtravaglia* cit., pp. 15-16).

897 Trad.: lui, il Barbera e lo Squinzano / Il Gabalero aveva anche un certo ingegno, ma soprattutto [era] nemico della fatica / era fatica sprecata, perché man mano che bruciava lo spingeva avanti sul fuoco (cfr. *Ibidem*).

898 Trad.: un po' diverso dagli altri, proprio come quell'uccellino dal bavaglino rosso, quasi sempre solitario ma anche tanto di compagnia (ivi, p. 20).

899 Trad.: Quando l'ultimo bicchiere bevuto era quello di troppo era una macchietta, andava in giro per le strade di Muceno a cantare e predicare. Faceva i discorsi con le parole in francese e così passava le ore della notte a tener sveglia la gente. Quando proveniva dall'albergo ubriaco, passava davanti alla cappelletta e si fermava a parlare con la Madonna, le diceva: "Ti parla il piccolo Codirosso (pettirosso)". Lui faceva [sia] la voce grossa, [sia] la voce fine, lui le parlava e lei gli rispondeva, faceva come si dice botta e risposta (ivi, p. 19).

6/bis.3. Malati di originalità

Ci sono piante che si dicono matte «mica perché non facciano frutti, anzi a volte succede che siano più generose delle piante normali, il fatto è che non sai mai come prenderle, sono sempre una sorpresa, sembra che ti vogliano prendere in giro, a sfotterti: vanno in fiore alla luna contraria, fanno i frutti con ancora su i fiori... e via»[900].

La dissertazione botanica di nonno Bristìn sembra quasi una metafora della figura del pazzo, a suo modo imprevedibile e geniale, così cara al Fo commediografo[901]. Ritengo davvero probabile che Fo abbia incontrato a Porto figure strambe, ma dubito che la maggior parte avesse a che fare con la silicosi e la pazzia clinicamente accertata.

Semplicemente, era questa la vera caratteristica dei Mezaràt. Non erano fabulatori e la carrellata di personaggi appena sviluppata lo ha evidenziato senza ombra di dubbio: in quelli citati c'era una traccia di pazzia, che non era imputabile alle malattie contratte dagli operai della vetreria; si tratta invece di una forma più sottile di pazzia: l'originalità, la «dolce follia».

Fo rimase certamente colpito da questo aspetto del paese in cui viveva; credo non tanto, dunque, dagli episodi eclatanti di suicidi e scenate di follia (ammesso che ci fossero), quanto dal meccanismo di circolazione delle voci che si condensavano nei racconti ricorrenti nelle osterie e, in seconda battuta, dalla collocazione che gli originali avevano nella comunità; collocazione assolutamente estranea alla protesta e alla ribellione. Semplicemente i loro comportamenti facevano colore ed erano, a modo loro, delle interpretazioni d'arte, frutto sì di una "pazzia", ma positiva, creativa.

Penso infatti che abbia ragione Chiara quando scrive che «il matto, quando c'è, e c'è di spesso nelle famiglie, se non è pericoloso e vive fra la gente, ravviva il tono di interi paesi, porta idee nuove in giro e qualche volta dimostra, quasi innaturalmente, di avere più buon senso e ponderazione dei sani»[902]. Ci sono infatti casi in cui a nutrire le proprie manie e stranezze, si produce davvero arte. Così, osserva la Corsini, accadde ad Amleto Del Grosso che pare «non si sottraesse agli assilli segreti della sua psiche e, con mestiere e arrendevolezza, li assecondasse, traducendoli in pittura. È questo che lo rende grande, autentico»[903]. Era un artista di lago che amava immensamente dipingere, specialmente di notte; «non era figurativo e neppure un astratto, ma forse uno sfigurativo»[904], ma nonostante queste peculiarità restò sempre un personaggio di paese; e anche se «divenne strano, bizzarro e testardo come tutti gli artisti senza successo [,] si contentò d'una ammirazione ristretta al paese e a poche persone di fuori»[905] senza una collocazione in una grande città.

---

900 P. Rota Fo, *Il paese delle rane* cit., p. 87.

901 Cfr. cap. 9.3.8.

902 Si riferisce all'Oreste, protagonista di *Il fungo trifola*, «matto» o «fantasioso fuori misura, che era lo stesso ai fini del suo lavoro» alla tessitura. (cfr. P. Chiara, *L'uovo al cianuro e altre storie* cit., p. 41).

903 P. Corsini, *Lunario*, «Il Rondò», n. 15, 2003, p. 110.

904 *Che cosa può essere un pittore al suo paese*, P. Chiara, Gli anni e i giorni cit., p. 258.

905 Ivi, p. 259.

> Fissazioni ne aveva più d'una. Non poteva soffrire il fumo, al punto che cambiò casa perché attraverso i muri sentiva l'odore della sigaretta d'un vicino. Oppure era convinto che l'esercizio del nuoto fosse indispensabile all'uomo. Per anni, tutti i giorni, estate e inverno, si dirigeva con sotto il braccio un asciugamano verso Colmegna, si spogliava sulla riva del lago, poi si gettava a nuoto con una furia tale che pareva diretto all'altra sponda. Faceva invece dietrofront dopo cento metri, usciva, si asciugava e andava a casa. Certe volte, d'inverno, mentre si asciugava, l'acqua gli gelava tra le dita dei piedi[906].

Questi personaggi avevano un loro ruolo fondamentale nella comunità. Infatti, scrive Frigerio a proposito dello stesso fenomeno radicato però a Luino, i molti tipi che sono stati cantati dai poeti o raffigurati dagli artisti, come due che abbiamo già incontrato, il *Maséra* e il *Matto di Bedero* (che si era rifugiato nella pazzia, si diceva, dopo le botte per un garofano rosso tenuto all'occhiello), erano «relitti umani cui il popolo guardava con riguardo, come se il fondo oscuro della pazzia li avvicinasse all'insondabile mistero dell'universo»[907].

Trovo però che a Porto Valtravaglia la situazione fosse ancora differente, perché gli eccentrici erano integrati nella vita del paese, non erano ai margini; di conseguenza, nelle loro follie quotidiane non dovevano sottostare al giudizio della gente "normale", non erano considerati né con riguardo, né con disprezzo. Giustamente, la qualità principale della pazzia è la sua indefinibilità, perché, sfuggendo alla logica corrente, non permette di essere classificata con sicurezza e dà sempre adito a dubbi, come dice il proverbio:

De matt a gh'n'è de trìi sort:
Matt propi matt
Matt ch'j fà de matt
Matt ch'j fa diventà matt! [908]

[906] Ivi, pp. 259-260.
[907] P. Frigerio, *Storia di Luino e delle sue valli* cit., p. 122.
[908] Trad.: Ci sono tre tipi di matti: / matti proprio matti / matti che fanno i matti / matti che fanno diventare matti! (T. Salvi, Te sée regordet… cit., pag. 98).

7. Le storie dei fabulatori

> Il narratore ha potuto contare sempre e dappertutto su un uditorio avido e attento. Che egli riferisse fatti d'attualità, o raccontasse leggende di tempi lontani, o ricamasse elaborate finzioni, le sue parole hanno tenuto avvinti uomini e donne, che in esse hanno trovato soddisfazione al loro bisogno d'informazione, o di piacere, o di incitamento ad eroiche imprese, o di edificazione religiosa, o di svago dalla monotonia della vita[909].

La difficoltà nell'analizzare le cosiddette storie dei fabulatori, a dispetto della diffusione di narratori e uditori di cui scrive Thompson, sta nel fatto che i fabulatori, in quanto tali, non sono esistiti

Non mi è stato infatti possibile rivolgere alla gente di Porto Valtravaglia domande come "Quali storie giravano per il paese?", senza che la prima risposta fosse «"*Mah, 'na quaj bala*!"»[910]. Ho cercato di confrontare coi testimoni le parole di Fo, di stimolare la loro memoria suggerendo aneddoti e raramente ho ottenuto conferme chiare ed esplicite che andassero oltre le generiche espressioni «sì, c'erano cose strane» o «io non so, magari…».

A Dario Fo, invece, è stato chiesto se, le leggende ricavate dai "fabulatori del lago" da lui conservate gelosamente, sarebbero diventate un'appendice alle *Fiabe italiane* di Italo Calvino. La risposta:

> Può darsi che succeda. Fanno tutte parte di una ricerca che ho allargato con gli anni. Credo di essere… non un ricercatore, ma un discreto ladro, una sorta di "tombarolo" di documenti e storie. Tutte queste storie che sono ormai nella mia mente o trascritte nel mio lavoro, si sono aperte e scomposte: ho spaccato l'uovo, ho fatto crescere l'animale che c'era dentro, si è riprodotto, ha fatto altre uova… Oggi non saprei più nemmeno ricomporre il tessuto[911].

Meldolesi ha avanzato la supposizione che Fo non abbia ancora pubblicato «le sue storie, i suoi apologhi moderni ricavati dalle "leggende dei fabulatori del lago"», magari scrivendo un'appendice alla raccolta di Calvino, perché si tratterebbe di «materia gelosa», a cui lui «da bravo comico» tiene particolarmente[912].

A una prima analisi, confrontando le fiabe di Calvino e i racconti assurdi di Fo, ritengo non sia giustificato l'accostamento; sia per le differenze di trame, sia perché, finora, le scarne descrizioni di Fo non sono abbastanza ricche e precise da dare un'idea del tenore e delle caratteristiche delle storie dei fabulatori. Sarebbe tuttavia possibile esprimere un giudizio definitivo, solo avendo a disposizione le storie complete e non gli accenni che mi appresto a commentare.

---

909 S. Thompson, *La fiaba nella tradizione popolare*, Milano, Il Saggiatore, 1967, p. 17.
910 Trad.: "Mah, qualche balla" (Intervista alla *sciüra* del 05/06/2002).
911 D. Fo cit. in Catherine Spaak, «Moda», settembre 1985 (cit. in D. Fo, Fabulazzo cit., p. 59-60).
912 Cfr. C. Meldolesi, *Su un comico in rivolta* cit., p. 26.

7.1. Pesca del campanile e pesca del lanternino

Dario Fo aveva dichiarato a Cesare Furnari che i fabulatori «raccontavano, sempre in prima persona, di strani pescatori che, dando troppa forza al lancio della lenza, pescavano dall'altra parte del lago intieri campanili. Lo stesso risultato si aveva con il pescatore pigro che vuol guadagnare tempo e si costruisce una lenza enorme per tirar su tutto il pesce in un sol colpo»[913]. Oggetto del racconto era dunque una surreale battuta di pesca il cui esito era l'assurda cattura di un campanile. Cambiava però la procedura: nel primo caso la colpa (o il merito, a seconda) era di un lancio esagerato con una canna, si suppone, di dimensioni regolari; nel secondo, la preda insolita era la conseguenza dell'avidità del pescatore e dell'utilizzo di uno strumento sproporzionato.

Ho trovato in due occasioni una narrazione più esaustiva in cui è evidente il ricorso ad immagini iperboliche. Nell'ultima versione, Fo nomina il *Dighelnò* quale narratore o depositario il quale, mentre pescava, si rivolgeva ai presenti e raccontava di essere stato protagonista di quella pesca favolosa:

> È successo all'alba qui sull'imbarcadero. Ero solo con le mie canne e le lenze. Per tutta la notte avevo lavorato a metterle insieme, avevo raccolto dieci canne e ce n'erano quattro o cinque di sette braccia e più. Alla base ne avevo unite tre più grosse, imbragate a mazzo, poi ne ho infilate in cima a 'sto primo mazzo altre due e così di seguito fino a ritrovarmi con un pirlunzone di almeno trenta metri. Il difficile era lanciare la lenza con 'sto cannaccione! Una lenza lunga almeno un paio di chilometri con duemila ami e più. Ma come lanciare una simile lenza? Mi era venuta un'idea: ho disteso tutto il filo di refe lungo la strada che dalla pieve quasi precipita dritta al lago. Ho tirato fuori il camion di mio fratello e gli ho ficcato ben in centro la grande canna bloccandola con una decina di pali messi a piramide. Appena sistemato l'intraken sono salito col camion lassù, in cima alla strada che scende e... via!, a tutta birra verso la riva, trascinandomi appresso la lenza che si sollevava come la fune di un aquilone. Il camion ha raggiunto l'imbarcadero: frenata da spacca gomme e vuomm!, la gran canna fa la frustata e scaraventa tutta la lenza ben distesa verso il centro del lago, distribuendo con gran precisione gli ami innescati e i sugheri a galleggiare[914].

Ma al momento di recuperare la lenza mostruosa, con la convinzione che fossero agganciate frotte di pesci, di questi non c'era neppure l'ombra. Ciononostante qualcosa aveva abboccato, perché la lenza era in tensione; finalmente «eccolo, spunta... spuntano... suonano. Cristo, ho pescato le campane del campanile di Cannero... dall'altra parte del lago!»[915].

In un'altra esposizione, invece, Fo è più vago, non identifica un narratore specifico; inoltre alcuni dettagli strutturali del racconto sono diversi:

---

[913] Da un'intervista rilasciata a Cesare Furnari per la sua tesi *Il teatro politico di Dario Fo*, Verona 1969 cit. in C. Meldolesi, *Su un comico in rivolta* cit., p. 28. La stessa intervista era comparsa già nel 1975 in L. Binni, *Attento te...!* cit., pp. 194-195, dove però compariva solo la prima parte («raccontavano, sempre in prima persona, di strani pescatori che, dando troppa forza al lancio della lenza, pescavano dall'altra parte campanili»).

[914] D. Fo, *Il paese dei Mezaràt* cit., pp. 61-62.

[915] *Ibidem.*

> un pescatore [...] decide di fabbricarsi una canna di grandi dimensioni. E allora si compra spago e ami in quantità... taglia un intero bosco di canne di bambù e ne monta una mezza dozzina. Monta in groppa ad un cavallo e tenendo issata la canna come l'asta di una bandiera si lancia verso la riva del lago [;] come turacciolo ha impiegato una botte. Ci ha messo duecento anni[916].

Al camion si è sostituito il cavallo, al *collage* di canne da pesca, quello di bambù. Il riferimento temporale, gli inumani duecento anni necessari per fabbricare il tutto, mostrano come qui ci sia un'atmosfera più fantastica e fiabesca rispetto all'altra versione, in cui il fatto veniva quasi spacciato per realmente accaduto.
La conclusione è identica, salvo per la collaborazione di tre o quattro muli e di tutti gli abitanti (al posto del camion) che aiutano il pescatore a raddrizzare la canna scoprendo che ha abboccato un campanile.

Ho chiesto ai miei testimoni se avessero mai sentito questa storia. Calderoni è stato l'unico a restare colpito dalla sintesi della vicenda e, sebbene non la ricordi in dettaglio, ha giurato di averla sentita. Ha poi specificato: «Di sicuro, non era una storia del *Dighelnò*» – che come abbiamo già detto non pescava – «ma di un certo *Müscinìn*, un altro che si vedeva spesso in paese e che si fermava spesso appoggiato al parapetto vicino all'imbarcadero e parlava col lago... Girava poi un'altra storia sul mondo della pesca: era una presa in giro delle bugie che i pescatori dicono spesso per vantarsi»[917].

Si tratta della faccenda dell'anguilla e del lanternino, un aneddoto che davvero è conosciuto dovunque sul lago. Propongo qui la rievocazione scritta da Salvi che vede protagonisti il *Gira* e il *Pansciùn*, la coppia di pescatori già citata nel capitolo precedente; essendo però una storiella tradizionale, escludo categoricamente che appartenesse in esclusiva ai due personaggi raccontati da Salvi:

> *J cunta sü anmò dèss che 'na sira alla Trattoria dei Pescatori ul Gira a ghe dìis al Pansciùn*: "*Sent, maèstèe, cus'è ch'a mè sucèss l'alt dì. Mi a sevi al mè solit post, al sasùn, in quand ch'a gh'ho sentìi 'n gran strèpùn: tiri sü dasi dasi e... a l'eva 'n lanternìn!*".
> "Bèh! Che c'è di strano?" *a ghe rispund 'l maèstèr*, che parla solo nella lingua madre.
> "*Tu sée ch'a l'eva pìzz?* ».
> *Tücc' j rìid.*
> *Ma 'l Pansciùn e tâs. Remúga 'n pöö e, dop 'n quaj minut u ghe dìis al Gira*: "Io l'altro giorno ho catturato un'anguilla enorme; ho impiegato tre ore, pareva una boa. Pesava 12 chili".
> *Vün du publich:* "*Mai vista 'na roba cumpagna!*".
> *Ma ul Gira:* "*Dà a tràa, maèstèr, a femm 'na bèla roba: ti tu scùrtet l'inguìla e mi a smorzi 'l lanternìn*"[918].

---

[916] D. Fo, *Dialogo provocatorio* cit., pp. 125-126.
[917] Intervista a C. Calderoni del 27/02/2003.
[918] Trad.: Si racconta ancora oggi che una sera alla trattoria dei pescatori il *Gira* ha detto al *Pansciùn*: "Senti, maestro, cosa mi è successo l'altro giorno. Ero al solito posto, al sassone, quando ho sentito un gran strappo: tiro su adagio adagio e... era un lanternino!" [...] gli risponde il maestro [...] "Sai che era acceso?". Tutti ridono. Ma il *Pansciùn* tace. Rimugina un po' e, dopo qualche minuto dice al *Gira* [...] Uno del pubblico: "Mai vista una cosa del genere!". Ma il *Gira*: "Dammi retta maestro, facciamo una bella cosa: tu accorci l'anguilla e io spengo il lanternino (T. Salvi, *Te sée regordet* cit., p. 70).

Non si tratterebbe, per quanto è possibile capire, di vere e proprie leggende del lago, quanto di narrazioni meno complesse, ossia, secondo la definizione di Thompson, «aneddoti brevi, raccontati a scopo umoristico» che sono diffusi in ogni parte del mondo[919]. «Il semplice aneddoto, consistente di solito di un unico tema narrativo» – scrive l'autore – non richiede, generalmente, grande abilità o memoria» e compare ovviamente in determinate situazioni sociali, diverse da quelle che richiederebbero una storia lunga[920]. Nella fattispecie, la funzione degli aneddoti brevi è semplicemente quella di intrattenere e, possibilmente, rispondere alla «richiesta di divertimento per riempire le ore di ozio»; richiesta di fronte alla quale «i popoli hanno rivelato, in massima parte, una grande povertà di risorse, e tranne quelli in cui la civiltà urbana moderna è penetrata a fondo, hanno sempre trovato nel racconto [...] un passatempo dei più felici»[921].

Specificatamente, la storia della grande canna va ascritta al filone molto diffuso di bugie ed esagerazioni: Thompson nelle sue ricerche si è imbattuto in «storie assurde di straordinaria fortuna alla caccia»[922], assimilabili alla pesca esagerata con lenza, ami, canna spropositati, il cui esito è però paradossale e divertente.

Analoga considerazione riguarda la stravagante conversazione dei due pescatori sulle loro catture: si tratterebbe di un tema ricorrente, il dialogo tra due bugiardi, in cui l'iperbole e l'esagerazione sono centrali. Un esempio è il caso del cavolo gigantesco:

> Un bugiardo illustra con abbondanza di particolari le enormi dimensioni di un suo cavolo, e il compagno gli descrive a sua volta una enorme pentola. Il bugiardo gli chiede a che diavolo possa servire una simile pentola. "Ma come? A cucinarvi il tuo cavolo naturalmente!"[923].

7.2. La lumaca gigante

Un altro celebre fabulazzo raccontava la caccia alla lumaca veloce, un orrendo animale di proporzioni gigantesche. L'importanza di quest'episodio, secondo Fo, risiede nel fatto che esso rappresenti un ottimo esempio «di storie integre, già ridotte all'osso nello svolgimento e cariche di una forza surreale incredibilmente autonoma»[924]. La sfida tra i due contendenti, l'uomo e il mostro, viene introdotta come fosse un appuntamento ricorrente, cioè il tassello di una serie infinita di scontri. L'ultima versione offerta da Fo di questa epopea è quella che assomiglia maggiormente ad un racconto compiuto:

> L'eroe [...] viene presentato fin dall'inizio già pronto a cavallo della sua moto, addobbato come un guerriero medievale. Il cacciatore saluta e avverte gli amici che quella sarà l'ultima tenzone. Uno dei due dovrà soccombere: o lui o la preda. Ma chi

---

919 Cfr. S. Thompson, *La fiaba nella tradizione popolare* cit., p. 27.
920 Cfr. ivi, p. 44.
921 Cfr. ivi, pp. 20-21.
922 Ivi, p. 304.
923 Ivi, p. 306.
924 D. Fo, *Dialogo provocatorio* cit., p. 29.

> sarà mai 'sta terrificante preda? Una lumaca! Attenti, non si tratta di uno squarocco mollaccione qualsiasi. Ci troviamo di fronte a una lumaca epica, gigantesca, delle dimensioni di un ippopotamo[925]. Una bestia orrenda, un refuso del mesozoico che scorrazza bellamente per tutte le tre valli dai calanchi di Muceno alla forestaccia del Musadino. Il tempo in cui si dà inizio alla battuta è quello della fioritura dei castagni e per tutta la valle si spandono odori che esaltano il cacciatore e lo spingono alla lotta. Così il nostro eroe parte con la moto, il fucile e una fiocina per riuscire a beccare questa lumaca che gli sfugge da anni oltre che per la straordinaria velocità e l'abilità nello zigzagare, per lo sbrodolame bavoso che l'animale lascia dietro di sé nella fuga. "Eccola! Maledetta! Proprio in curva versi il tuo viscido sozzume!" Frena, sbanda, slitta, rotola il guerriero. Ma questa volta ecco che il cacciatore riesce a indurre la lumaca a spingere la propria velocità oltre misura, così che quella sbanda e ruzzola nel burrone. È spacciata. Il cacciatore scende nel dirupo lasciandosi scivolare sulle natiche lungo il declivio… la squarta che respira ancora, la fa a pezzi, carica il gran bottino sulla moto che straborda di lumacame e torna a casa. Tutto il paese mangia, o meglio s'abbuffa per una settimana: quarti di lumaca da star male![926]

Altrove, è invece abbandonato il clima cavalleresco da singolar tenzone: la preda infatti non è un esemplare unico, ma appartiene ad un'intera specie di lumache rapidissime, grandi come camion stavolta, «che attraversavano rombando le strade dei paesi, facendo gran sconquasso… e sputavano fiumi di bava annegando le case fino al campanile»[927]

Il tema della velocità, nell'unica variante che si discosta dalle altre, diventa topico. Allo scontro brutale si sostituisce la gara nella corsa tra cacciatori e lumache velocissime, anche perché non si fa cenno a dimensioni pazzesche delle bestie, che quindi si suppone siano di taglia standard: «quando la lumaca, nella foga d'arrivar prima, sbandava in curva e si sfracellava contro una pietra, quei cacciatori si commuovevano e, cavallerescamente, non si sentivano più di raccoglierla per mangiarla»[928].

C'è quindi il richiamo alla lumaca in quanto cibo: è questo l'elemento che si lega alla realtà e che affianca quello assurdo della competizione feroce. Calderoni sottolinea con piacere le missioni a caccia di chiocciole e… di rane:

> Noi andavamo a caccia di lumache… non per combatterle, ma per mangiarle! Ci muovevamo sempre in compagnia, e così capitava di organizzare degli scherzi. Una volta c'era con noi un ragazzo inesperto… un novellino, insomma. Si andava a prendere le rane. Così l'abbiamo spedito in una specie di ruscello con la promessa di riempire il sacchetto in quattro e quattro otto di rane dalle belle gambe lunghe: per quello ha portato davvero a casa delle gambe lunghe, ma erano rospi!

---

925 Nella versione precedente, la lumaca era ancora più mastodontica, in quanto aveva le dimensioni di un elefante. È questa l'unica differenza tra il racconto del 1990 inserito nel volume a cura di L. Allegri e il romanzo autobiografico del 2002.

926 D. Fo, *Il paese dei Mezaràt* cit., pp. 67-68.

927 Cfr. D. Fo – J. Fo, *Poer nano* cit., p. 5.

928 Dall'intervista a C. Furnari, *Il teatro politico di Dario Fo* cit. (cit. in C. Meldolesi, *Su un comico in rivolta* cit., p. 28).

Ma a quanto pare, anche la lumaca colossale esisteva e traeva origine dalle rappresentazioni del mondo alla rovescia in cui gli animali compiono azioni contrarie alla loro natura. Cocchiara ha riscontrato nei manoscritti dal XII al XV secolo il modulo «della lumaca, la quale, con le corna allungate, si accinge a combattere contro un cavaliere armato di tutto punto, il Lombardo»[929]. L'autore cita a sostegno una pedina scolpita conservata al British Museum, un manoscritto del Trecento della Biblioteca Nazionale di Parigi, e, soprattutto, un codice miniato genovese del XV secolo che il Novati trovò da un antiquario milanese con «la figura di un guerriero a cavallo che, tutto chiuso nell'armi, si scagliava, lancia in resta, contro la lumaca ritta dinnanzi a lui in segno di sfida»[930].

Secondo il Baist, nell'allegoria molto diffusa a Parigi, il Lombardo veniva a rappresentare il prototipo della ricchezza e della potenza che avevano raggiunto i Comuni italiani. Tutto diverso dal significato originario:

> In origine il duello dell'uomo contro la chiocciola [è] stato una semplice rappresentazione scherzosa, germogliata, come parecchie altre congeneri, dalla fantasia degli artisti d'allora, sotto l'influsso più o meno diretto di quelle lotte fra uomini e animali, i pigmei per esempio e la gru, di cui tanto s'era compiaciuta l'antichità. Solo più tardi, quando in Francia cominciò a diffondersi l'opinione che i Lombardi fossero gente priva di coraggio e disadatta alle armi, la vista dell'omiciattolo, che un miniatore aveva appiattato dietro un elegante arabesco per scoccar di là la sua freccia contro la lumaca provocatrice, dovette far balenare nella mente di uno scolaro dormicchiante sopra le glosse del Digesto l'idea buffa: "Ma costui è un Lombardo!"[931].

Anche se purtroppo devo annotare che, se come nel precedente caso della "canna gigante" nessuno ricorda la storia nemmeno con approssimazione, constatare la possibilità di un riferimento culturale concreto, mi dona una chiave interpretativa: posso ipotizzare che il racconto sia davvero stato diffuso da qualcuno in paese... qualcuno proveniente dall'estero.

Non dimentichiamo che il lavoro in vetreria aveva concentrato a Porto soffiatori stranieri, e che quell'incredibile internazionalità aveva avuto effetti sull'intera comunità, dalla lingua al mischiarsi di etnie diverse. Fo ha ricordato che «questi soffiatori di vetro amavano raccontare storie ... e non erano solo le storie del Verbano, ma di tutta Europa ... storie che avevano acquisito dalle loro tradizioni popolari tedesche, francesi, spagnole, e che immettevano in questo strano crogiuolo che era il Lago Maggiore»[932]. E infatti Calderoni mi ha confermato che l'analisi di Fo è assolutamente fondata e che, nel caso specifico, fosse prematuro da parte mia giudicare le affermazioni dell'attore frutto di invenzioni («Caccia alla lumaca gigante? No, guarda... non credo che l'abbia inventata, perché tra vetrai e gente strana che c'era in giro, certamente qualcuno l'ha diffusa»[933]). Come sia arrivata all'orecchio parabolico di Fo, lo suggerisce Reggiori: «anche se io non conosco la storia, è probabile che l'abbia

---

929 G. Cocchiara, *Il mondo alla rovescia*, Torino, Boringhieri, 1981, p. 200.
930 *Ibidem.*
931 G. Baist cit. ivi, p. 201.
932 *Intervista a Dario Fo e Franca Rame...*, «Nisba» cit., p. 2.
933 Intervista a C. Calderoni del 11/05/2002.

sentita da qualcuno in virtù della sua parentela… Sì, perché Fo è imparentato con uno Schumacher: la sorella di questo tedesco aveva sposato il fratello della mamma del Fo che abitava a Luino e si chiamava Rota»[934]. Calderoni conferma che il nonno del comico Davide Rota, cugino di Dario Fo, «era uno Schumacher rimasto in zona in seguito alla chiusura della vetreria ed era un gran chiacchierone che amava molto parlare»[935].

7.3. Fungo porcino

Fo dice che le storie riguardavano la gente del lago nei suoi bisogni elementari. Tra essi, naturalmente, il cibo. Poc'anzi si è descritto il banchetto pantagruelico a base di «quarti di lumaca» che Allegri non ha esitato a definire rabelaisiano:

> Sembra Rabelais. Più ancora che surreale mi sembra una dimensione grottesca, con una materialità e una corporeità, un gioco di iperboli riguardo ai bisogni fondamentali come la fame – quel mangiare la preda per una settimana, ad esempio – che si ritrovano sempre nei prodotti della cultura folclorica[936].

La storia surreale del «fungo di cui nessuno si era mai accorto» è su questi temi:

> Nella valle avevano messo in giro la notizia che c'era un grande fungo e tutti lo cercavano ma nessuno lo trovava, anche se se ne indovinava l'odore e se ne avvertiva la presenza. Poi si sono accorti che era sotto di loro. Sotto i loro piedi c'era questo grande cappello di fungo. Se ne sono accorti per via di un grande verme, un verme grande come un serpente… un drago uscito dall'interno del fungo scavando una larga, profonda galleria. Con il fuoco, lanciando petardi, tutto il paese è riuscito a ricacciarlo dentro e poi a inseguirlo nella galleria. Quindi per riuscire a uccidere il vermicione drago, alcuni minatori sistemano una carica di dinamite… la fanno brillare… salta in aria tutto… ricadono blocchi di detriti… ma non è roccia! È polpa di fungo… fungo porcino![937].

Meldolesi, dodici anni prima aveva inserito nel suo libro un sunto dello stesso tema: «una clamorosa e sfortunata raccolta di funghi: i cercatori si aggiravano con panieri vuoti, senza accorgersi di camminare su un pavimento di funghi, di funghi enormi, impensabili per chi ha vedute ristrette»[938].

Ci troviamo di fronte ad un altro aneddoto dell'esagerazione, dello stesso tipo di quello del cavolo gigantesco, con cui ha in comune l'appartenenza al tema della «cucina colossale». La differenza è che il fungo rappresenta la risposta oggettiva ad un bisogno primario e quindi, per quanto sia fantastica la storia, non cade mai

---

[934] Intervista a G. Reggiori del 21/06/2002.

[935] Intervista a C. Calderoni del 27/02/2003.

[936] L. Allegri cit. in D. Fo, *Dialogo provocatorio* cit., p. 30. La stessa osservazione sulla storia della lumaca appare anche in D. Fo, *Il paese dei Mezaràt* cit., p. 68: «mi rendo conto che potrebbe essere una storia di Rabelais».

[937] Ivi, pp. 30-31.

[938] C. Meldolesi, *Su un comico in rivolta* cit., p. 29.

nell'assurdità pura, nel *nonsense* – come il «botta e risposta, con cui un bugiardo annuncia che il mare è bruciato e l'altro ribatte, per consolarlo: "tanti pesci fritti"»[939].
Se poi torniamo a considerare in maniera più approfondita il discorso del fungo e lo mettiamo in relazione con quello della lumaca, due entità commestibili immense, ci sovviene inevitabilmente il mito di Cuccagna, uno dei temi più noti del folclore.

Cuccagna ha sempre rappresentato l'evasione dalla realtà quotidiana verso un mondo migliore «dove si mangiasse senza lavorare, dove l'abbondanza dei prodotti fosse ottenuta senza fatica»[940], e proprio in tal senso ritengo vada considerato il porcino gigantesco e a disposizione di tutti, raggiungibile senza difficoltà e disponibile a tutti senza distinzioni. Lo stesso vale per il lumacone vinto dal motociclista che va a sfamare l'intera popolazione.
Tuttavia, il fungo rimanda al paese di Cuccagna anche per un'altra ragione: esso costituisce la materia di cui si compone la terra… è la terra stessa; come le sorgenti da cui sgorgano vino e olio, le vigne che generano salsicce, oppure il «gran Monte Mecca»:

> Sul cratere è posta un'immensa caldaia. Il pacifico vulcano si presta a servire da fornello; dall'enorme vaso che sempre bolle [...] balzano fuori fardelli di maccheroni, tortelli, ravioli che si rivestono di formaggio nel ruzzolare giù per le falde ed in ultimo vanno ad affogare in un fosso di burro e di strutto che stagna a piè del monte stesso[941].

Cuccagna è una bugia che gli uomini, non importa se in termini polemici o parodistici, costruiscono per vivere, pur consapevoli della sua irrazionalità. In essa infatti possono vivere bene e sentirsi tutti uguali, nell'evasione dalla realtà.

Le analogie riscontrate e il tentativo di posizionare la storia del fungo di cui nessuno si era mai accorto, si scontrano purtroppo con la cruda realtà: le mie ricerche sul campo, difatti, hanno prodotto solo risultati negativi, poiché, a quanto pare, Fc è l'unica persona che la ricorda (o conosce). Mi è difficile di conseguenza dire da dove provenisse e quale fosse il significato profondo; certo non è una leggenda del lago, e non ho trovato alcun riscontro riguardo a fiabe o racconti con protagonista un grande fungo.
L'unico fragile indizio è nella geomorfologia locale che offre quanto ci sia di più simile a un fungo che sostituisce la roccia come elemento del terreno, cioè una roccia che del fungo ha almeno le fattezze:

> Adagiato sul monte, a nord della frazione Monteggia, in comune di Laveno Mombello, da dove si domina gran tratto del Lago maggiore e l'impareggiabile spettacolo della cerchia alpina, questo millenario monolito posto ad una altitudine di m 450 circa sul livello del mare, è noto col nome di Sasso del fungo [.] La grande pietra di forma tabulare, dal perimetro di metri 15 e dello spessore di un metro e mezzo circa, poggia infatti su una rupe di natura calcarea sporgente dalla montagna che gli fa da piedistallo e che gli conferisce l'aspetto di un colossale fungo in bilico sul vuoto[942].

---

[939] S. Thompson, *La fiaba nella tradizione popolare* cit., p. 305.
[940] G. Cocchiara, *Il paese di Cuccagna e altri studi di folklore*, Torino, Boringhieri, 1980, p. 159.
[941] *Ibidem*.
[942] L. V. Ferrari Musumeci, *I massi erratici muti testimoni del passato*, «Terra e gente», Comunità Montana della Valcuvia, 1994 Nastro & Nastro Germignaga, p. 52.

La soluzione più comoda sarebbe supporre che la storia fosse davvero di provenienza estera, giunta magari sulle rive del lago alla stessa maniera dei miti di Cuccagna, cioè «come una di quelle fanfaluche che al ritorno dei loro fantastici viaggi raccontano i pellegrini»[943] (o come una di quelle bugie che si raccontano ai bambini[944]). Infatti, scrive Cocchiara, è probabile «che ad accendere la fantasia di alcuni scrittori di utopie abbiano contribuito le notizie che i viaggiatori del tempo diffondevano su paesi lontani e meravigliosi, trasformando i miti geografici dell'antichità in realtà storiche»[945]; è evidente la relazione con le osservazioni presentate nel 3° capitolo sulla grande importanza per il patrimonio narrativo dei racconti provenienti da esperienze all'estero.

Voglio tuttavia precisare che il mangiare, in quanto tematica tipica in una società che ha sperimentato l'esperienza della fame, è presente nel Varesotto quale protagonista di due componimenti carnevaleschi ritrovati nel Fondo Museo alla Biblioteca Civica di Varese: *Le stupendevoli ed arcipiuchesopramagnificentissime Mangiature di Gian Diluvio* il cui tema è «un "diluvio" di cibo ingurgitato in modo innaturale, con risvolti anche cannibaleschi»; e *Noi, Bacone, Re della Gran Ciocchina, Duca di Mai-Asciutto, Marchese del Tremore, Conte di Ama-Osti, Signore di Bevagna, e Maresciallo dell'inclito Reggimento Cioccamberg ec. ec. ec. ec.* In cui vi è l'esaltazione del bere[946].

È evidente quindi che questi temi folcloristici così diffusi dimorassero anche nella zona. Ma, disgraziatamente, non ci sono presupposti fondati per non ritenere la storia figlia solo dell'estro creativo di Fo, che ha spesso mostrato il proprio interesse per l'argomento cibo: «il mangiare è un problema fondamentale del vivere. Non c'è una mia commedia dove non si parli di questo bisogno che è il cibo»[947]. L'esempio migliore è la giullarata inserita in *Mistero buffo* dal titolo *La fame dello Zanni*: rappresenta un disgraziato, in preda ai morsi della fame, che sogna di poter placare l'appetito con un pranzo luculliano[948].

Faccio solo un'ultima valutazione: qualora i riferimenti al mito di Cuccagna fossero reali, Fo potrebbe averli colti proprio a Porto, dato che esiste ancora ai giorni nostri un edificio dal nome sintomatico,

---

[943] G. Cocchiara, *Il paese di Cuccagna e altri studi di folklore* cit., p. 162.

[944] Ha scritto Fo: «fin dal giorno in cui sono arrivato a Pino Tronzano, mi hanno fatto credere che di là, in Svizzera, tutto fosse di cioccolata, canditi, pasta di mandorle e strade di torrone! A spararmi 'sta frottola è stato per primo il radiotelegrafista della Stazione. Mi aveva offerto un quadretto di cioccolato e aveva aggiunto: "Come è ingiusta la vita! Noi qui a spiluccare miseri pezzettini di cioccolata e loro, di là, 'sti svizzeri del cavolo ce ne hanno da buttare, perfino sui tetti!". "Sui tetti?" faccio io. "Sì, non li vedi tutti rossi scuri che sono… hanno le tegole fatte col cacao pressato!". "Tegole di cioccolato?! Che fortunati!" e ho mandato già una golata di saliva da ingolfarmi. Quel bastardo cacciaballe del telegrafo aveva passato voce al cantoniere, ai finanzieri e ai carabinieri… tutti mi davano la baia con 'sta bufala della Svizzera cioccolatara» (D. Fo, *Il paese dei Mezaràt* cit., pp. 19-20).

[945] G. Cocchiara, *Il paese di Cuccagna e altri studi di folklore* cit., p. 185.

[946] Cfr. P. Piano, Tre componimenti carnevaleschi dal Fondo Museo di Varese, «Tracce», n. 4, 1989, p. 239 e segg.

[947] D. Fo cit. in Laura Bolen, «La Cucina Italiana», gennaio 1988 (cit. in D. Fo, *Fabulazzo* cit., p. 65).

[948] Edizione televisiva del *Mistero Buffo*, trasmessa dalla RAI nel 1977.

la *Ca' di Cücagna*: ci abitava un amico del Dario, uno un po' più vecchio che dipingeva assieme a lui e che è ora giudice in cassazione e presidente del tribunale di Novara. La casa ha quel nome lì perché, ancora all'epoca del Lombardo-Veneto, c'era dentro un'osteria molto frequentata dove la gente andava a divertirsi[949].

7.4. Le storie del Müscinìn

Le tre storie appena commentate, pare non abbiano lasciato un segno indelebile nelle menti degli abitanti del paese, infatti il solo Calderoni mantiene un ricordo, sebbene sbiadito. Chi, invece, riesce ad essere più preciso, è il fratello minore di Fo, Fulvio: egli, abbiamo già constatato[950], rammenta un personaggio caratteristico che sarebbe stato il divulgatore di quei racconti, quel *Müscinìn* nominato in verità anche dal Carluccio.

Scopriamo che era indispensabile invogliare il *Müscinìn*, stuzzicarlo («"A funghi... come la va?", oppure: "Stanotte ha piovuto, magari son venute fuori le lumache, sarà vero?"»[951]) per indurlo a raccontare uno dei suoi "cavalli di battaglia", per esempio la caccia alle lumache con la motocicletta «a trecento cilindri sul banco»:

> Le parole masticate e sconnesse del suo dialetto italianizzato alla bell'e meglio, pur scollegate come sono, lasciano egualmente intravedere la trama del racconto. Cosa facilitata dal corredo di sonori e prolungati *prrr... prirprirrr... brrrùum-brum-brum-brum... prrr-prrr* che forniscono, assai meglio di qualunque aggettivo, l'idea di un motore in tutte le sue varianti di accelerazioni e frenate. Per non dire degli improvvisi *zip* e *zacchete* e *zanzanzan* e *porcavaca* e *crispulinamadonasantisima* e quant'altro occorre per ricostruire la movimentata caccia alla lumaca (quasi sempre "bèla", "grasa", dall'aria "inteligenta" e furba che sembra una "scofola" ma "che l'è svelta come un razz!") Una lumaca che costringe la moto, se in rettifilo, a velocità sempre più pazzesche e, se in curva, e a maggior ragione in discesa, a deragliamenti e sconquassi a rotoloni giù per le scarpate... Finché, dopo le fughe, cadute, riparazioni di parti essenziali della moto (per lo più: trombetta e sellino) agguati, sparizioni e riapparizioni fulminee, eccoti [...] il cacciatore col fucile spianato in attesa che la bestia inconsapevole irrompa dall'ampia curva che a fine discesa dà sul lungolago... e: *patapum!*, quasi una cannonata a sentenziare lo sfracello finale[952].

Protagonista involontario dei racconti del *Müscinìn* era anche il *Dighelnò* che, ripetiamo, non era un pescatore, bensì un falegname, e soprattutto non pescava; anzi, protagonista era piuttosto il suo carro che tornava utile quando le vicende immaginarie lo prevedevano:

> raccogliere le voluminose spoglie della lumaca da corsa [;] trasporto di funghi talmente grandi da dover essere fatti a pezzi con cariche di dinamite; o per i cavedani, che ci voleva la forza dei buoi del *Dighelnò* per trascinarli a riva; o l'enorme croce di ferro – più

949 Intervista a C. Calderoni del 27/02/2003.
950 Cfr. cap. 6.6.
951 F. Fo, *Pescatore di sogni* cit. p. 2.
952 *Ibidem*.

> di novanta quintali – del campanile di Oggebbio agganciato sulla sponda opposta del Lago Maggiore da un lancio troppo lungo della sua canna da pesca…[953]

Emergono quindi le altre due storie, quella del fungo gigante – qui, «i funghi» – e la pesca del campanile – qui, della «croce» soltanto. In conclusione, ammette il Fulvio, «anche se le storie, alla fin fine, eran sempre le stesse […] ci sembravano, ad ogni volta, sempre più nuove e sorprendenti»[954].

La testimonianza imprevista di Fulvio Fo si situa a metà strada tra le dichiarazioni dell'illustre fratello e quelle degli abitanti di Porto Valtravaglia. È probabile dunque che, almeno queste prime storie, fossero presenti tra le chiacchiere di paese, sebbene non siano ricordate dai miei testimoni. È altresì evidente che, da come Fulvio descrive le storie e il loro narratore, non ci fosse la carica polemica che avrebbe contraddistinto, a detta del premio Nobel, i fabulatori del lago. Per quanto riguarda le origini degli aneddoti della lumaca e del fungo, pur nell'incertezza, ritengo possano essere comunque valide le considerazioni espresse in precedenza.

7.5. Gara di barche

Lo stesso tema, il racconto burlesco e giocoso, riguarda un'altra storia a cui Fo ha solo accennato. Si tratta delle avventure «di strani corridori su barche, che si dimenticavano di sciogliere gli ormeggi e si trascinavano dietro intere isole e arrivavano al traguardo logicamente secondi»[955]

I medesimi contenuti sono stati esposti in maniera più particolareggiata nell'intervista ad Allegri:

> Cronaca di una gara assurda, una regata su barche a quattro remi, dove si racconta di uno degli armi concorrenti che spinge i remi in acqua in modo forsennato: ma il timoniere si è dimenticato di slegare la corda che trattiene la barca al molo, cosicché la furiosa partenza dei rematori si trascina appresso l'imbarcadero. E alla fine il cantastorie commenta: "La barca è arrivata solo seconda"[956].

Disgraziatamente, non ho reperito la benché minima riprova della sua esistenza: gli abitanti di Porto Valtravaglia non ne sanno nulla e, a ben vedere, non compare neppure in una citazione minuscola ne *Il paese dei Mezaràt*, indicazione che forse quella storia non recava i segni di una tradizione medievale, bensì era figlia della meno "antica" passione di Fo per le barche a remi.

La spiegazione più ammissibile è proprio che «la cronaca di una gara assurda» sia un'invenzione del vulcanico attore comico.

---

953 Ivi, pp. 2-3. Fulvio racconta che veniva pescata la croce del campanile di Oggebbio, situato di fronte a Porto sulla sponda piemontese, versione più credibile di quella del fratello, in cui il campanile era quello di Cannero, molto più a nord rispetto a Portovaltravaglia.

954 *Ibidem* (corsivo nostro).

955 Dall'intervista a C. Furnari, *Il teatro politico di Dario Fo* cit. (cit. in C. Meldolesi, *Su un comico in rivolta* cit., p. 28).

956 D. Fo, *Dialogo provocatorio* cit., p. 125.

In effetti, il suo profondo interesse per le barche è attestato sia dalle sue parole («ognuno di noi sognava un giorno di riuscire a farsi una barca propria»[957]), sia da quelle di Reggiori («Fo aveva la passione per il canottaggio. L'ultima volta che l'ho visto, forse 25 anni fa, era venuto con la moglie e il figlio Jacopo che era un ragazzetto a vedere le gare di canottaggio a Cannero»[958]). Nell'autobiografia, inoltre, racconta dell'acquisto alla fiera campionaria di uno «skiff da corsa»[959].

In ultimo, Calderoni dice che «ne aveva riparata una con amici ma, il giorno del varo, è affondata dopo pochi metri perché era diventata pesantissima per il troppo catrame». Sull'episodio si è soffermata anche Bianca Fo:

> Un giorno d'estate ci venne in mente di costruirci nientemeno che una barca [.] Ci procurammo delle assi, pialla, martelli e chiodi [.] Eravamo lì dal mattino alla sera, rapiti da un febbrile lavoro [.] La barca però non resisteva alla prova dell'acqua e i secchi di catrame si moltiplicarono. Dopo tre settimane di duro lavoro era lì lustra e nera: una barchetta vera, con remi scolpiti, le forcole e due sedili[960].

Finalmente venne il giorno del varo:

> Io, Dario e Fulvio salimmo sulla barca, tutti vestiti di bianco per l'occasione [.] Non avevamo fatto ancora dieci metri che da una piccola falla la barca cominciò a far acqua [;] la falla si allargò e l'acqua vinse: glu, glu, e ci trovammo a mollo [.] Mogi e vinti, grondanti d'acqua, di corsa andammo verso casa[961].

7.6. Il mondo alla rovescia

Un'altra tematica presente nelle storie assurde dei fabulatori era il ribaltamento della morale corrente, che si manifestava nel presentare vicende caratteristiche del mondo alla rovescia. È questo uno dei temi peculiari della cultura trasmessa oralmente vista in contrapposizione con quella scritta, poiché la prima incarna gli interessi, le attività, la sensibilità delle classi subalterne in una cornice di presa di distanza e reazione al potere che si esplicita nella parodia, nel grottesco, in una concezione del mondo i cui valori sono capovolti. A questo proposito, scrive Cocchiara, «è connaturale della più intima essenza dell'anima umana la tendenza a pensare un mondo irreale in contrapposizione dialettica al mondo reale»[962].

Fo ammette di aver ascoltato il racconto di un pescatore:

> Una volta, col "ciasmo" (quando la luna di colpo scompare e rimane l'alone), ha visto un intero paese sommerso nell'acqua. E mentre vide il paese sentì parlare, discutere, litigare dentro questo paese. Quindi si mise uno scafandro con un secchio e andò giù. Vi

---

957 D. Fo, *Il paese dei Mezaràt* cit., p. 132.
958 Intervista a G. Reggiori del 21/06/2002.
959 Cfr. ivi, pp. 133-135.
960 B. Fo Garambois, *Da grande mi sposo un partigiano* cit., pp. 17-18.
961 *Ibidem*.
962 G. Cocchiara, *Il mondo alla rovescia* cit., p. 21.

trovò una forma di vita assurda, tutta il contrario di quella che c'era sopra. Fatta di storie surreali. Storie medievali, cinquecentesche[963].

In un'intervista a Chiara Valentini aveva poi fornito una descrizione più dettagliata:

[Si raccontava] di un paese sommerso, in una grotta sotto la montagna, dove la gente viveva alla rovescia: le donne all'osteria che tornavano a casa ubriache e imponevano a schiaffoni ai loro mariti di mettersi subito a fare l'amore con loro, i preti che andavano a confessarsi dai bambini, i padroni che si facevano prendere a calci dai contadini. Molto spesso poi queste storie riguardavano delle situazioni concrete del paese, su cui i pescatori lavoravano con la fantasia. Per esempio il ménage a tre di un macellaio, di sua moglie e del suo socio, vero o inventato che fosse, a cui ogni giorno si aggiungevano nuovi episodi: il marito che prendeva a schiaffi la moglie per strada perché aveva maltrattato l'altro, le situazioni morbose che si creavano dietro il bancone della macelleria...[964]

L'effetto immediato riscontrabile nel pubblico degli uditori è, secondo il Giannini, altamente umoristico:

Sottrarsi qualche volta alle leggi della ragione e sbizzarrirsi nei campi dell'inverosimile e del grottesco, accozzando insieme idee magari ripugnanti, attribuendo a un essere ciò che è proprio di un altro, confondendo e inventando l'ordine naturale delle cose per divertire sé stesso e i propri simili, è uno di quei piaceri che corrispondono agli istinti dello spirito umano, come quello di far le maschere, di raccontar frottole, di canzonare il prossimo e che si riscontran più o meno in tutti i popoli e in tutti i tempi[965].

Ma dopo tutto, secondo il Novati, il mondo alla rovescia si è sviluppato nella mente del narratore a seguito di una semplice e serena osservazione della realtà quotidiana: «il mondo [...] è una gabbia di matti: ognuno fa il contrario di ciò che vorrebbe fare»[966]. Inevitabile che queste creazioni bizzarre e gustose, figlie dei sogni e delle speranze dell'uomo che è continuamente alla ricerca di una condizione soddisfacente, si siano imposte nell'iconografia popolare.

Infatti, la fantasia che produce questo processo di invenzione non è sempre gratuita e finalizzata al semplice divertimento, ma c'è dietro un fatto culturale: l'uomo vuole manifestare l'insoddisfazione che deriva da avvenimenti storici, ritornando ad essere «l'ordinatore e il creatore» del suo mondo: «l'evasione dalla realtà quotidiana che si esprime sempre come desiderio di fare o di rifare il mondo, di interpretarlo e di dargli un ordine personale, anzi personalissimo» non è altro che la legittima aspirazione «ad un mondo migliore [...] ordinato secondo i propri desideri»[967]. Questa aspirazione legittima porta, come si è accennato poc'anzi, all'antitesi, descritta molto bene da Stadera, tra cultura "bassa contadina" e "alta libresca":

---

963 D. Fo cit. in E. Magri, «Europeo», ottobre 1973 (D. Fo, *Fabulazzo* cit., p. 40).
964 D. Fo cit. in C. Valentini, *La storia di Dario Fo* cit., pp. 19-20.
965 G. Cocchiara, *Il mondo alla rovescia* cit., p. 16.
966 F. Novati, *La storia e la stampa nella produzione popolare italiana*, 1906 (cit. in G. Cocchiara, *Il mondo alla rovescia* cit., p. 14).
967 G. Cocchiara, *Il mondo alla rovescia* cit., p. 22.

> Il popolo, costretto negli schemi di una vita ordinata dall'alto, si appropria di momenti di libertà, nei quali afferma il suo "realismo", opponendo alla cultura ufficiale una "filosofia" rovesciata e ambivalente, dove prevalgono l'irrisione, la deprecazione, l'oscenità, il "basso corporeo e materiale". Di ogni cosa si mette in risalto il contrario, in un processo di negazione-affermazione che accosta la morte alla vita, l'escremento al germoglio, la devozione al disprezzo, com'è degli insulti alla divinità e della parodia delle preghiere[968].

Nei luoghi e nelle occasioni di questi eventi che sono ovviamente staccati dalla cultura ufficiale e appartengono al popolo[969], Fo avrebbe scoperto lo spirito indomito di ribellione che giace come in incubazione nelle coscienze e che si manifesta poi con il riso e lo sberleffo del mondo alla rovescia. Infatti, quelle rappresentazioni obbediscono spesso anche alla volontà di ipotizzare una realtà utopistica per ammaestrare e insegnare; in tal senso allegoria e satira accostano «oggetti razionalmente differenti come fossero affini» e quindi servono a «rendere più gradevole e più accetto l'insegnamento morale che vogliono suggerire»[970].

Pur sommariamente, si è offerta la teoria alla base delle storie del mondo alla rovescia, uno dei temi classici della tradizione. Purtroppo, l'analisi approfondita degli argomenti specifici condotti da quelle storie bizzarre cozza con la greve realtà: nessun abitante di Porto Valtravaglia dotato di memoria storica-folclorica ha mai sentito storie di ribaltamenti che, di conseguenza, sarebbero una costruzione di Fo. Anzi, più che una "costruzione", dato che in effetti Fo non ha presentato intrecci definiti, ma ha solo elencato brevemente e alla rinfusa dei *plot*, reputo che lui abbia solo impiantato un elemento della cultura popolare effettivamente esistente in un habitat culturale a esso estraneo.

7.7. I pirati del Verbano

A Porto Valtravaglia, in occasione del Carnevale, Fo dice che «si "saltava addosso ai Malpaga"». In questo caso, esistono dei precisi riferimenti storici e letterari a sostegno delle sue parole:

---

968 L. Stadera, *Oralità e scrittura* cit., p. 16.

969 «La piazza, il dramma sacro, il banchetto e soprattutto la festa, dove si concentra e si esprime la percezione che il popolo avverte della sua continuità storica e che ha il suo clou nel Carnevale» (*Ibidem*). Consiglio a questo proposito di leggere le considerazioni di Edmund E. Learch. L'autore sostiene che i comportamenti rituali si possono ricondurre in sintesi ad una coppia di opposti: la formalità e la mascherata; indica inoltre un terzo comportamento, l'inversione dei ruoli, «in cui coloro che vi partecipano si divertono ad agire in modo diametralmente opposto a quello normale». La formalità si ha quando «la gente indossa uniformi, le differenze di condizione sociale sono delineate con precisione dal vestire e dal cerimoniale, le regole morali sono osservate con scrupolo e con ostentazione». La mascherata fa riferimento a «feste in costume, mascherate, banchetti. Qui l'individuo, invece di mettere in rilievo la sua personalità sociale e la sua posizione ufficiale, cerca di dissimularle. Il mondo si maschera, le regole formali della vita vengono dimenticate» (E. E. Learch, *Computo primitivo del tempo* in *Storia della tecnologia*, Torino, Boringhieri, 1961, pp. 210-211).

970 G. Cocchiara, *Il mondo alla rovescia* cit., p. 18.

> I Malpaga erano cinque fratelli che nel Cinquecento avevano costruito, su degli scogli affioranti qualche centinaio di metri dal paese di Cannero, una serie di strutture fortificate munite di quattro torri. Di lì partivano con le bande a far razzia per tutti i paesi del Verbano. Erano i turchi dell'alta Lombardia. Tanto profonda si è radicata nel cervello della gente per secoli la memoria del terrore per quelle bande di pirati che ancora oggi si esorcizzano le scorrerie dei Malpaga, si recitano coralmente: lo scontro con la popolazione armata, la loro cattura e il finale con l'impiccagione. Tutto con un andamento pagliaccesco, fra canti scurrili e gesti osceni[971].

Questo «saltare addosso» nasceva dal bisogno della popolazione di scongiurare l'orrore che le scorribande dei pirati avevano incusso, trasformandolo in una «catarsi liberatoria» col significato di sopprimere «i turchi d'oggi, i turchi del potere costituito e legale con le loro prevaricazioni, le ingiustizie, le insolenze e la spocchia. Quello si vuole sconfiggere nella pantomima – lo si vuole abbattere, sghignazzargli addosso. Seppellire il turco con la risata»[972].

Mi sono rivolto per avere delucidazioni al già invocato storico verbanese Pierangelo Frigerio, il quale sostiene ci sia un solido fondamento concernente il passato: la storia dei fratelli Mazzarditi, impropriamente chiamati Malpaga (nome del castello che c'era prima sugli isolotti di fronte a Cannero, nonché nome corrente in fatto di castelli e fortificazioni).
Mi affido alla sua ricostruzione dei fatti:

> Agli inizi del '400 [e non nel '500 come sostiene Fo, NdA] i fratelli Mazzarditi svolsero un ruolo politico di tutto rispetto, sebbene nella tradizione corrente e letteraria (2 o 3 racconti) siano passati per pirati, briganti, uccisori; il che era tra l'altro vero, ma loro non si comportavano come briganti di strada, bensì agivano all'interno di un disegno politico ben preciso teso a sovvertire il dominio dei Visconti, partendo inizialmente da Como col sostegno dei Rusca e avvalendosi, in seguito, dell'alleanza e della guida del condottiero Facino Cane, giunto a un pelo dal diventare il nuovo duca[973].

Nei fatti, i *Mazzardi* costituirono una piccola *task force* per il controllo del Verbano: «le loro scorrerie a Locarno, Ascona, Angera e anche in Valtravaglia» – precisa Frigerio – «furono realmente funeste; ad esempio destò raccapriccio il ritrovamento sulla riva di Germignaga dei corpi di dieci poveretti, uccisi e gettati nel lago a Cannobio»[974]. Essi si avvalsero con crudele efficacia della navigazione lacustre, dato che all'epoca «l'utilizzo di imbarcazioni per percorrere il lago era ormai cosa normale, nei commerci come nelle scorrerie delle bande armate»[975].
Fino all'epilogo:

---

[971] D. Fo, *Manuale minimo* cit., pp. 160-161. Cfr. anche D. Fo, *Fabulazzo* cit., p. 119.
[972] D. Fo, *Fabulazzo* cit., p. 119.
[973] Intervista a P. Frigerio del 14/03/2002. Per approfondimenti e chiarimenti suggerisco la lettura di P. Frigerio, *Storia di Luino e delle sue valli* cit., pp. 73-75; e soprattutto del seguente volume interamente dedicato alla vicenda: P. Frigerio – P. G. Pisoni, *I fratelli della Malpaga. Storia dei Mazzarditi*, Verbania Intra, Alberti, 1993.
[974] Intervista a P. Frigerio de 14/03/2002.
[975] C. A. Pisoni, *Note per una storia della navigazione verbanese* cit., p. 78.

> Nel 1412, lo stesso giorno, morirono sia Giovanni Maria Visconti inetto duca di Milano ma maggiore titolare, sia Facino Cane. Così Filippo Maria, che era stato sempre tenuto prigioniero da Facino Cane, si ritrovò libero ed erede, con tutte le qualità per esserlo.
> Venne così organizzata un'offensiva terrestre e navale (1414) per aggredire i Mazzarditi che vennero sconfitti e privati di ogni potere[976].

È una storia che è stata riscritta e riraccontata, "fabuleggiata"; o meglio, secondo Omodei Zorini,

> è una storia per molti versi ancora da scrivere, che in molti punti si confonde con la leggenda pur se i fatti in questione si svolsero in età relativamente recente [...] ma, anche sulla scorta di scarne tracce, uno scrittore fornito di buona fantasia può essere in grado di trarne lo spunto per il suo narrare ricostruendo, con il suggerimento della propria invenzione letteraria, le tessere mancanti del mosaico storico[977].

Il fatto è che i vari atti truculenti e sanguinosi, «uccisioni, torture, stupri, come emerge dagli atti del processo indetto tanti anni dopo contro gli eredi dei Mazzarditi dagli eredi delle vittime»[978], hanno alimentato le voci e conquistato l'immaginario popolare. E a ciò, spiega Pisoni, contribuì proprio il lago:

> Siam sicuri di non dire cosa errata, sostenendo che le prime merci a viaggiare sul Verbano furono notizie e maldicenze [;] era complice la relativa velocità dei mezzi utilizzati per gli spostamenti e il fatto che le vie dei traffici lacustri accorciavano le distanze fra gli opposti capi del bacino verbanese [.] Si propagavano velocemente notizie di fatti di sangue, rivolgimenti politici, voci di spostamenti di truppe, scorrerie di taglieggiatori, contrabbandieri o soldati sbandati[979].

Infatti, «spesse volte» – ha scritto Corti – «è difficile stabilire quali siano i personaggi veri e quelli creati dalla fantasia del popolo, da trovatori o da ciurmatori male intenzionati, ma che colpirono la fantasia popolare per cui divennero retaggio del popolo stesso»[980].
Certamente quelle voci e quei pettegolezzi, spesso incontrollabili e ancora più dirompenti perché provenienti "da fuori" sono approdate anche in teatro, nelle filodrammatiche parrocchiali[981].

«È possibile» – ribadisce e conclude Frigerio – «che la vicenda abbia fornito il pretesto per qualche scena carnevalesca. Anzi, visto che si prestava così bene ad essere rievocata nella fantasia popolare, mi stupisce che Fo non l'abbia presa come spunto per una sua commedia».

---

976 Intervista a P. Frigerio de 14/03/2002.

977 G. V. Omodei Zorini, *"I castelli di Cannero" di Giuseppe Torelli*, «Il Rondò», n. 2, 1990, p. 114.

978 Intervista a P. Frigerio de 14/03/2002.

979 C. A. Pisoni, *Note per una storia della navigazione verbanese* cit., p. 103.

980 Corti, Rinaldo, *Sentimento e fantasia: favole del Varesotto* cit., p. 169.

981 Frigerio ricorda che forse l'ex parroco di Dumenza aveva il testo recitato dalle filodrammatiche parrocchiali; testo che non era però stato scritto da un autoctono, ma da un forestiero, piacevolmente impressionato dalla storia dei Malpaga.

Dario Fo, infatti, non ha ripreso in un suo lavoro le gesta dei Mazzarditi, ma ne ha solo analizzato le rievocazioni popolari e certamente anche le drammatizzazioni effettuate da alcuni scrittori. L'attautoregista ha giustamente notato:

> Le avventure venivano raccontate anche con l'ambientazione completa del castello con le torri, l'isola-covo, il campanile-rifugio, e via dicendo. Tra questi cinque fratelli, che imperversavano sul lago e organizzavano scorrerie, c'era il fratello scemo, il fratello prepotente, il fratello bonaccione e sempre alticcio, il fratello timido costantemente innamorato, il fratello insolente e caustico[982].

Gli intrecci si adattavano dunque benissimo a subire continue trasformazioni di cui oggi restano purtroppo solo tracce scritte e romanzate. Il Carnevale è molto cambiato rispetto a inizio secolo e ancora prima, periodi in cui, sostiene Calderoni, «c'erano davvero le rievocazioni storico-popolari dei fatti di casa nostra, magari sul lago con le barche; e poi le rappresentazioni di quello che accadeva in paese»[983]. Dario Fo ha proposto come esempio la riedizione in chiave grottesca di una spedizione ladronesca a Germignaga:

> L'idea era di rapinare casa per casa tutti gli abitanti. I briganti attaccarono un asino alla corda delle campane e misero della paglia in alto, in modo che l'animale si levava rampante per afferrare la paglia e poi, ricadendo, tendeva la corda della campana che suonava. In questo alto e basso la campana produceva rintocchi continui. Era il suono che richiamava al raduno, così che tutta la popolazione accorse nella piazza chiedendosi cosa stesse succedendo. L'asino era rinchiuso nella torre campanaria e nessuno si immaginava fosse lui a suonare la raccolta. Ognuno faceva congetture diverse. Si discusse fino a tarda notte. Quando tornarono a casa, gli abitanti di Germignaga trovarono le loro case svuotate. Il fatto era storicamente esatto, salvo la storia dell'asino. In verità le campane furono sonate dai briganti stessi che all'accorrere della popolazione si dileguarono gettandosi al saccheggio delle case. La variante dell'asino era la chiave grottesca inserita per esorcizzare nella risata la memoria della paura, il ricordo terribile di quelle scorrerie piratesche con immancabili scannamenti e stupri, che si sono ripetute sulle sponde del lago per secoli ad ogni passaggio di eserciti di transito[984].

Diversi scrittori si cimentarono, con esiti diversi, nel romanzare le imprese dei pirati del Lago Maggiore. Tra questi Giuseppe Torelli (1816-1866) che, ne *I castelli di Cannero*, ha unito storia e immaginazione «con intento didattico e formativo finalizzato all'ideale nazionale risorgimentale» e «desiderio di presentare le località della sua terra [...] attraverso narrazioni in cui la fantasia, la storia, la descrizione naturalistica si compenetrassero offrendo nell'insieme un'immagine positiva e accattivante»[985].

Personaggi principali sono appunto «cinque fratelli [...] uniti e concordi nel delitto» alle dipendenze della casa lariana dei Rusconi, presso cui «studiarono la professione d'arme e più ancora il mestiere dell'assassino».

---

982 D. Fo, *Dialogo provocatorio* cit., p. 20.
983 Intervista a C. Calderoni del 27/02/2003.
984 D. Fo, *Dialogo provocatorio* cit., p. 21.
985 G. V. Omodei Zorini, *"I castelli di Cannero" di Giuseppe Torelli* cit. p. 114.

Uno di loro, il "Carmagnola" così nominato a ricordo del capitano di ventura, è il protagonista: «agognava di preferenza alle avventure amorose» a differenza dei fratelli che prediligevano le depredazioni e le uccisioni. Oggetto della «ardente passione» era Cristina de' Vitani vista nei pressi di Ronco, che, forse per sfuggirgli, sposò Jacopo del Pozzo, vicario ducale di Cannobio, uomo di prestigio ma non di coraggio.
Dopo tre anni, i Mazzarditi «deliberarono di andare a stabilire la loro tirannia sul Lago Maggiore», così la donna si rifugiò addirittura nel convento delle Umiliate, ma il Carmagnola (precursore di Don Rodrigo) la fece rapire e rinchiudere nel suo castello della "Malpaga". Ma Cristina rifiutò sempre le profferte dell'aguzzino. Dalla cella, riuscì a sottrarre uno stilo ad una guardia, con l'intento di difendersi al momento opportuno; con lo stilo stesso si ferì più volte affinché il dolore la mantenesse vigile. Purtroppo il Carmagnola riuscì a disarmarla e lei «gettò uno strido che echeggiò per tutto il castello della Malpaga». La trovarono tempo dopo nel lago, in cui «si era gittata dall'alto della torre».
Fu, infine, il duca di Milano, Filippo Maria Visconti, a deliberare la distruzione del castello[986].

I tre personaggi sono appena abbozzati: un giovane violento e arrogante, desideroso d'amore; una donna, fedele più al giuramento coniugale che all'uomo che la fece sua sposa; Jacopo, che acquista fierezza perché la rapita è sua moglie e poi attende lo svolgersi degli eventi.
Il risultato dell'impegno storico e letterario di Giuseppe Torelli è, secondo Omodei Zorini, piuttosto insoddisfacente:

> Pare che lo scrittore abbia tracciato una sorta di brogliaccio incompleto, sviluppando soltanto alcuni punti. L'ambiente, fin troppo minutamente descritto all'inizio del racconto, d'improvviso scompare e l'azione sembra svolgersi piuttosto su un palcoscenico. La gente di Cannobio fa solo una fugace comparsa e gli altri componenti della famigerata famiglia banditesca sono come fantasmi evanescenti[987].

Ne *Il frate dei castelli di Cannero*, è descritta una vicenda molto simile alla precedente, sebbene, più sintetica. Personaggio principale è ancora il Carmagnola, innamorato di una sposa ritiratasi in convento; mentre il frate del titolo è quello ucciso da un Mazzardito, al fine di sostituirsi a lui per rapire la donna. Alla fine, scoperte le loro trame criminose, i malviventi vengono annientati[988].

Ma le figure dei Mazzarditi compaiono in ogni genere narrativo. Ecco un esempio di fusione tra storia e leggenda di un luogo: si parla dei cinque fratelli cupi e malvagi che avevano radunato «una banda di ribaldi in tutto degna di essi», con cui effettuavano delle terribili scorrerie sul lago.

---

[986] Cfr. G. V. Omodei Zorini, *"I castelli di Cannero" di Giuseppe Torelli* cit., pp. 114-117.
[987] Ivi, p. 117.
[988] Cfr. *Il frate dei castelli di Cannero*, M. Merlo, *Leggende Lombarde* cit., p. 127.

Perciò tre giovani di Cannobio partono alla volta di Milano per esporre la situazione al duca Visconti; inseguiti, subiscono però l'aggressione dei Mazzarditi. Uno dei tre si salva passando, ignaro, sul lago di Varese gelato[989].
Questi sono solo alcuni dei numerosi esempi[990] di narrazione basata sulle feroci imprese dei Mazzarditi.

I miei contatti non ricordano la rievocazione specifica di quell'episodio, pur nel suo riferimento storico concreto; ma trattandosi di un'usanza di inizio Novecento o ancora precedente, i ricordi di chi era bambino o non era ancora nato, possono essere lacunosi. Calderoni, ad esempio, ricorda di aver sentito che «si faceva qualcosa, con le barche. E poi si prendeva spunto da quello che accadeva in paese»[991]. Tutto sommato, rispetto ad altre storie, la presenza dei Malpaga nel folclore lacustre è comunque fondata.

7.8. La rocca di Caldé

Il fabulazzo della rocca è, credo a ragione, il preferito di Fo, al punto di proporlo durante la premiazione a Stoccolma:

> Tanti anni fa [...] sul dorso scosceso di quel cocuzzolo che si erge dal lago... lassù, stava arroccato un paese di nome Caldé, che giorno dopo giorno franava tutt'in blocco giù verso il fondo del dirupo. Era uno splendido paese con il campanile, con le torri arroccate proprio in cima, con tutte le case una dietro l'altra. È un paese che esisteva e adesso non c'è più: nel 1400 è sparito. 'Ehi... – gli gridavano i contadini e i pescatori di fondovalle – attenti, state franando... sloggiate di lassù!'. Ma i roccaroli non ascoltavano, anzi ridevano, scherzavano, sfottevano: 'Furbi voi, cercate di terrorizzarci per convincerci a scappare, andare via lasciando le case, i nostri terreni per poi fregarveli voi. Non ci caschiamo'. E così continuavano a potare le viti, seminare i campi, sposarsi, fare all'amore. Andavano a messa. Sentivano slittare la roccia sotto le fondamenta delle case... ma non se ne curavano più di tanto: 'Normali mosse d'assestamento...' si rassicuravano.
> La grande scheggia di roccia stava affondando nel lago. 'Attenti, avete i piedi nell'acqua!', gridavano dalla costa. 'Macché, è l'acqua di scolo delle fontane, è soltanto un po' più umido'; e così, piano piano ma inesorabilmente, il paese intiero s'affonda nel lago.
> Glu... glu... pluf... affondano... case, uomini, donne, due cavalli, tre asini... iaa... glu... Il prete continuava imperterrito a confessare una suora: 'Te absolvi... animus... santi... gluu... Aame... Glu...'. Scompare la torre, va sotto il campanile con le campane: don... din... dop...plok ..

---

[989] «Fortificatisi nel castello detto della Malpaga, avevano radunato anche una flottiglia di barche e con questa, da veri pirati, scorrevano le acque del lago, sbarcando spesso nei paesi delle due rive, aggredendo gli abitanti, depredando e uccidendo senza pietà i coraggiosi che tentavano di fare resistenza» (Cfr. R. Corti, *Sentimento e fantasia: favole del Varesotto* cit., p. 184 e sgg.).
[990] Cfr. Lady Vere De Vere, *Il tesoro del convento – I castelli di Cannero* in AA. VV., *Leggende di Maccagno*, 1996 a cura della Pro Loco Maccagno, pp. 93-101. Vengono nominate le scorribande dei Malpaga anche in A. Giovanola, *La Malpaga (Castelli di Cannero)*, 1839 reperibile su www.verbanensia.org
[991] Intervista a C. Calderoni del 27/02/2003.

> 'Ancora oggi – raccontava il vecchio soffiatore di vetro – se ci si affaccia dallo spuntone di roccia rimasto a picco in quel punto del lago... se in quell'istante scoppia un temporale, i lampi riescono ad illuminare il fondo dell'acqua e, incredibile, là sotto si scorge il paese affondato con le case e le strade ancora intatte e, come in un presepe vivente, si scoprono loro, gli abitanti della vecchia Rocca, che si muovono ancora... e imperterriti ripetono: 'Non è successo niente'. I pesci passano loro davanti agli occhi di quà e di là... fin nelle orecchie... 'Niente paura!... è solo un tipo di pesce che ha imparato a nuotare nell'aria', commentano. 'Ecci!'. 'Salute!'. 'Grazie... fa un po' umido oggi... fa più umido di ieri... ma va tutto bene!' Sono sprofondati... ma per loro non è successo assolutamente nulla'[992].

L'argomento, praticamente con le stesse parole, era apparso in precedenza nel volume-intervista curato da Allegri e si è ripresentato nella formula consueta ne *Il paese dei Mezaràt*. Ci sono tuttavia due differenze apparentemente marginali, in quanto non modificano né l'intreccio, né la conclusione della vicenda, ma decisamente significative per capire il fenomeno delle fabulazioni.

La prima, interna alla storia, segna il cambiamento d'identità di colui (o coloro) che avvisa del pericolo imminente gli abitanti della rocca: nelle due ultime versioni sono «contadini e pescatori di fondovalle» a lanciare l'allarme, mentre nel testo del 1990, tale compito veniva assolto da un anonimo vecchio. Sottigliezze, penserà qualcuno.

Ma la seconda differenza riguarda nientemeno che l'identità del fabulatore da cui Fo avrebbe udito il racconto: nel 1997 era uno dei creativi soffiatori di vetro descritti nel capitolo 6, nel 1990 e 2002 si trattava del venditore ambulante Caldera-Magnan. Quisquilie mormorerà qualcuno.

La spiegazione ideale per conciliare queste piccole incongruenze è una sola: la storia della rocca era nota a tutti e rappresentava un punto fermo del patrimonio tradizionale della Valtravaglia. Peccato che nessuno, Fo escluso, ricordi niente di simile.

Fortunatamente, lo stesso Fo aveva offerto una diversa spia interpretativa emersa dai colloqui con Meldolesi. La storia della rocca apparteneva a quelle fabulazioni che prendevano spunto «da fatti realmente accaduti, o da riferimenti a luoghi reali, per liberare poi la fantasia». Il riferimento geostorico, sarebbe stato un'alluvione che colpì le terre intorno al Lago Maggiore, distruggendo un più antico insediamento: «la storia raccolta e rielaborata da Fo raccontava di un cornuto che aveva avuto un presentimento nell'imminenza del disastro e ne aveva fatto partecipi i compaesani». Non venne però creduto e così si rifugiò su un monte e si salvò dal disastro. Poi «con una barca tornò sul lago e, ai naufraghi che gli chiedevano soccorso, non prestò aiuto, anzi li respinse coi remi. Continuò poi ad aggirarsi sul lago, finché venne un giorno favorevole: mentre la brezza spazzava le acque, si formò come una porta d'accesso, era una di quelle chiazze di acqua bruna e increspata che si formano sottovento, mentre il lago riflette a specchio il cielo di piombo. Il cornuto vi si calò e scese per una scala nel profondo; sotto, il paese si era conservato intatto e la gente, dietro le finestre, sembrava ignara di quanto era accaduto. Famiglie intere continuavano a restare

992 D. Fo, *Contra jogulatores obloquentes* cit.

incollate ai vetri per sbirciare e parlare beffardamente dei passanti. Per loro non era successo niente»[993].

L'ultima versione ha dunque in comune con le precedenti il finale, che vede i calamitati insensibili e ignari della situazione; oltre al tema dello sconvolgimento ambientale, che viene però specificato con maggior precisione, trattandosi di un'alluvione e non di un semplice smottamento della roccia.

Proprio in virtù di quest'ultimo aspetto, potremmo far appartenere il fabulazzo della rocca alla categoria delle leggende. La loro funzione nel panorama folcloristico, secondo Stith Thompson, sarebbe quella di fornire nozioni semplici alla gente:

> Il novellatore sa che i suoi personaggi vivono nel mondo della finzione. Ciò non significa, però, che tutti i racconti della tradizione popolare [...] siano puri prodotti di fantasia. L'uomo semplice, anche se illetterato e ignorante di scienza e di storia, ha tuttavia una sua scienza e una sua storia, scienza e storia che gli sono state insegnate dai genitori e dai vicini. Sa come e perché gli animali abbiano acquisito le loro abitudini, come e perché il clima si comporti in un dato modo nel suo paese, come si siano formate le costellazioni, e che cosa significhino. Per ciascuna di queste cognizioni egli possiede una storia, una storia interessante, che giunge a lui da tempi remoti e non dà adito a dubbi[994].

Nella fattispecie si tratterebbe di una leggenda di luoghi:

> Le storie di cui ci stiamo occupando [...] si muovono in una zona molto più vicina alla fede e alla fantasia. È sempre difficile, però, tracciare delle linee nette di separazione. Molte tradizioni, intimamente collegate con luoghi [...] particolari, tendono a vagabondare, a spostarsi, cosicché riesce spesso difficile stabilire il luogo [...] attorno al quale, in origine, la leggenda andò formandosi. A causa, appunto, della loro mobilità, queste storie finiscono, assai spesso, per avvicinarsi molto alla finzione, pur sforzandosi in qualche modo di conservare dei riferimenti precisi ad una presunta realtà e di presentarsi come storie vere, piuttosto che come voli di fantasia[995].

Ad un'analisi approfondita, sfortunatamente, emerge una differenza: il tema centrale della storia della rocca non è l'evento che ha generato il fenomeno geologico o climatico, ma il fenomeno geologico/climatico stesso; non la causa, ma l'effetto; non rappresenta perciò una spiegazione di matrice popolare della conformazione della rupe, solamente ne commenta il crollo. Ho notato, nondimeno, la presenza di leggende che narrano di paesi sott'acqua, diffuse in molte versioni legate anche a bacini idrografici diversi: «tendono a vagabondare», direbbe Thompson. Il fatto importante è che tutte hanno una trama funzionale al collegamento con la realtà, cosa che manca nella storia della Rocca di Caldé.

---

993 Cfr. C. Meldolesi, *Su un comico in rivolta* cit., p. 26

994 S. Thompson, *La fiaba nella tradizione popolare* cit., pp. 331-332.

995 Ivi, p. 369.

7.8.1. Leggende d'acqua

Per chiarire il concetto appena espresso, propongo di seguito una serie di narrazioni, che paiono versioni della stessa *local tradition*, un «tipo di leggenda locale [che] consiste spesso nel dare la spiegazione dell'esistenza di una collina o di un dirupo, o del serpeggiare di un fiume nel paesaggio [.] Spesso la ragione della storia è tutta nella spiegazione, ma più spesso [...] la spiegazione è semplicemente qualcosa che viene aggiunta alla storia per renderne interessante la conclusione»[996].
La funzione di tali racconti è simile alla narrativa delle culture orali, particolarmente importante perché serve a unificare il pensiero. Scrive Ong:

> Nelle culture ad oralità primaria [...] non si può gestire la conoscenza sotto forma di categorie elaborate, più o meno scientificamente astratte; esse non possono generare tali categorie e si servono così del racconto di azioni umane per immagazzinare, organizzare, comunicare gran parte di ciò che conoscono[997].

Ma se è ovvio lo scarto tra una leggenda diffusa in una comunità che ha conosciuto la scrittura e una narrazione di un popolo a oralità primaria, ritengo comunque che ci sia nelle leggende di luoghi o persone quanto meno "l'ombra" dei significati gnoseologici e rituali di una popolazione. Infatti, a questo proposito, Thompson precisa che «alcune leggende sono decisamente delle mitologie, altre sono, con minori pretese, delle storie delle origini, e altre ancora delle storie locali; alcune illustrano delle credenze soprannaturali, altre assumono una forma narrativa così precisa, da differire ben poco dalla fiaba popolare complessa»[998]. Esse hanno, in ogni caso, un nesso con il mondo reale, e il loro valore è quello della storia, piuttosto che dell'invenzione. Ancora Thompson spiega che «la curiosità del passato ha sempre garantito l'esistenza di un pubblico pieno d'interesse per i racconti del tempo antico, racconti che all'uomo semplice forniscono tutto quanto egli sa della storia della sua gente. Le leggende si ingrossano con l'essere raccontate»[999].
Per questa ragione sono convinto che, in passato, le leggende abbiano rappresentato una fonte del sapere anche nella nostra zona.

La città sommersa è una leggenda del lago di Monate, raccontata nel libro da «un vecchio alto, gagliardo, con una lunga barba bianca [,] il capo dei pescatori»[1000]. Egli narra di una grande e potente città, di cui si scorgono ancora palazzi e campanili nelle albe più limpide; e al rintoccare della mezzanotte di Natale si odono suonare le campane della chiesa maggiore. L'ascoltatore è come rapito: «attraverso quella barba la voce fluiva lenta e dolce, ed io a tratti mi illudevo pensando che non fosse il vecchio a parlare, ma il lago col suo sussurro»[1001].

---

[996] Ivi, p. 26.
[997] W. J. Ong, *Oralità e scrittura* cit., p. 198.
[998] S. Thompson, *La fiaba nella tradizione popolare* cit., pp. 379-380.
[999] Ivi, p. 21.
[1000] *La città sommersa*, R. Corti, *Sentimento e fantasia: favole del Varesotto* cit., p. 15.
[1001] Ivi, p. 18.

La storia tratta del Maligno che decide di corrompere la gente del paese di Monarca e fa una scommessa con l'Onnipotente. Nelle vesti di un potente signore circondato da «donne bellissime» e «cavalieri compiti» riesce ad insinuare l'avidità, la lussuria e l'invidia nella tranquilla gente del paese. L'Onnipotente constata la sconfitta e, perciò, il Maligno può tranquillamente distruggere il paese inondandolo d'acqua che, «non solo scendeva dal cielo che aveva aperto le sue cateratte, ma sorgeva anche dalla terra attraverso mille e mille polle fangose e ruggenti»[1002]; solo alla famiglia del sagrestano viene data la possibilità di salvarsi, ma l'uomo non accetta la proposta. Ottiene però la grazia di poter tornare a suonare le campane nella notte di Natale. È il Signore, con una sua lacrima miracolosa, a purificare quelle acque limacciose.
Il testo si conclude col fortunato interlocutore del barbuto pescatore che, quasi a verificarne le parole, si reca una notte di Natale su quelle rive, per sentire «distintamente un suono dolcissimo di campane venire dal lago»[1003]; ma sono le campane che annunciano la messa di mezzanotte e che sfiorano solo quelle acque. Ed è per lui una delusione poiché, almeno intimamente, aveva creduto alla leggenda[1004].

Sono evidenti le somiglianze con *Il paese in fondo al lago*[1005]: il Diavolo sfida Dio e, prima corrompe gli abitanti di Monate, poi li fa affogare. Ma Dio aiuta il sagrestano a rifugiarsi sul campanile ove avviene lo scontro col Diavolo che viene sopraffatto e gettato con forza in acqua, l'elemento da lui più odiato. Così muore per 100 anni in fondo al lago «fra strade e palazzi che ancora si vedono tremolare sotto l'acqua nei giorni sereni» e «ogni anno si ode salire dal profondo un triste suono di campane a morto».

Il tema della campana compare anche in *La campana benedetta*[1006] di Barza d'Ispra: narra del Diavolo che, in combutta con tre streghe, trama per annullare il potere benefico di una campana che scaccia il maltempo. Alla fine il suo piano fallisce[1007].

Quest'ultima si fonde con *La maledizione delle acque*[1008] del lago di Monate, una variante della precedente *La città sommersa*: un'affascinante ragazza respinge la corte di un gentile signore che, uscito di senno per il rifiuto, le dà l'embargo dell'acqua, negandole la possibilità di dissetarsi. Nonostante le suppliche della giovane la cui

---

1002 Ivi, p. 21.
1003 Ivi, p. 22.
1004 Anche nel Novarese c'è la tradizione di un suono di campane che proviene dal fondo del lago, quello Maggiore stavolta: «C'è chi assicura che in alcune insenature della sponda novarese del Lago Maggiore sia possibile percepire, in determinate ore e giorni, soprattutto quando le acque sono agitate, rintocchi più o meno sordi e distinti d'un concerto di campane sommerse in epoca imprecisata. Forse si tratta soltanto di echi e di fenomeni naturali legati alla morfologia del terreno». (Le campane sommerse, M. Merlo, *Leggende lombarde* cit., p. 106).
1005 Cfr. P. Costa – R. Fassi – R. Prando, «Sillabario Prealpino» cit., pp. 133-137.
1006 Cfr. C. Ranci, *La sporda magra. Leggende del Lago Maggiore*, Varese, Nicolini, 1992 (1931), p. 99 e sgg.
1007 È interessante qui la figura del sagrestano, nipote di una delle streghe. Incaricato di scongiurare il pericolo, subisce gli assalti del maligno sotto forma di capro. Giunto in paese, racconta le sue peripezie tra una bevuta e l'altra. Così la storia "monta col vino", le sue imprese paiono scontri titanici, i "capri" diventano due e così via. Proprio l'atteggiamento da spaccone contafrottole che fomenta il sorgere di storie e aneddoti: «avveniva ciò che spesso avviene a questo mondo: i pusillanimi, quasi sempre fanfaroni, sanno accendere i loro gesti più banali e volgari di bagliori di splendido eroismo» (Ivi, p. 114).
1008 Cfr. ivi, p. 87 e sgg.

madre assetata è in fin di vita, lui non cede. L'anatema della donna scatena un uragano che sommerge il castello.

La campana benedetta e *La maledizione delle acque*, infine, sembrano confluire in *La bella Moténa*[1009], ancora sul lago di Monate: Motena piange la morte del suo amato, ucciso dagli sgherri del Sire di Capronno che la insidiava. Le lacrime che sgorgano per sette anni e le polle d'acqua che scaturiscono dal sottosuolo generano il lago[1010]. In aggiunta, c'è la presenza del Maligno, che compare però in una fabula parallela a quella principale – non sopporta le campane che suonano – e non influisce su essa.

Le analogie tra le storie citate, che spesso non costituiscono neppure varianti della stessa specifica leggenda, mostrano il ripetersi di motivi (l'inondazione, la campana, il diavolo, la strega, la dama, ecc.) che rappresentano elementi prefabbricati in grado di garantire diverse combinazioni. Come ha precisato Bogatyrëv, sia le varianti che le somiglianze tra una storia e l'altra, sono determinate dall'orientamento dell'opera popolare verso la *langue*:

> Nel folclore il rapporto tra l'opera e la sua oggettivizzazione, ossia le cosiddette varianti nell'enunciazione che ne viene fatta da persone diverse, è assolutamente analoga al rapporto esistente tra *langue* e *parole*. Così come la *langue*, anche l'opera popolare è superindividuale ed esiste soltanto potenzialmente, è soltanto un complesso di norme e di impulsi, un canovaccio dell'attuale tradizione che i recitanti abbelliscono con atti di creazione individuale, così come i produttori della *parole* ravvivano la *langue*. [.] La strada percorsa da un'opera popolare passa da un esecutore ad un altro esecutore [.] Per colui che la esegue l'opera popolare è un fatto della *langue* e quindi extra-individuale, dato indipendentemente dall'esecutore, sebbene permetta delle deformazioni e l'introduzione di nuovo materiale, sia esso poetico o prosaico-quotidiano [.] Una delle differenze fondamentali tra folclore e letteratura scritta consiste nel fatto che tipico del folclore è il suo orientamento verso la *langue* mentre tipico della letteratura scritta è l'orientamento verso la *parole* [.] L'opera letteraria non viene prestabilita fin dall'inizio dalla censura, non deriva completamente da essa; ne individua solo approssimativamente [...] le esigenze[1011].

Per questo elementi simili si ripropongono in leggende di luoghi magari distinti, come il tema della campana che compare sia a Ispra che nel Novarese; oppure, lo stesso riferimento geografico, la zona di Monate, e la stessa trama, il diavolo irritato dai rintocchi delle campane, conducono ad un finale diverso: è il caso de *Il Maligno nel campanile*, in cui la sconfitta del diavolo lo costringe a gettarsi nell'Inferno, lasciando una visibilissima spaccatura nella parete rocciosa del monte Pelada[1012]. E non si tratta di *La campana benedetta* indicata con un titolo diverso, solo perché inserita in un'altra raccolta, in quanto ci sono altre piccole differenze. O, caso ancora diverso, la nascita del lago Delio che in certe sue varianti è simile alla nascita del lago di Monate.

[1009] *La bella Moténa*, R. Corti, *Sentimento e fantasia: favole del Varesotto* cit., pp. 121-127.

[1010] Come *La maledizione delle acque* e *La bella Moténa*, ma qui la fanciulla maledice il signorotto locale: «Che tu possa soffrire la sete tutta l'eternità». Infatti i gorghi e le onde sarebbero prodotti dal signorotto che continua a bere e a rigurgitare l'acqua, sempre più assetato (cfr. *La maledizione di Monate*, M. Merlo, *Leggende lombarde* cit., 126-127).

[1011] *Il folclore come forma specifica di creazione* in P. G. Bogatyrëv, *Semiotica della cultura popolare* cit., pp. 70-71.

[1012] Cfr. *Il Maligno nel campanile*, R. Corti, *Sentimento e fantasia: favole del Varesotto* cit., pp. 73-77.

I racconti fantastici relativi al lago Delio – esempio perfetto di quanto possa essere intricata una leggenda che riguarda un singolo luogo – si sono sviluppati attorno a due nuclei narrativi:

> La leggenda cristiana [...] si inserisce nel fantasioso stereotipo che lega l'origine di molti laghi alpini in cui ricorre costante la presenza di santi pellegrini e di opulente vallate i cui abitanti, ingrati ed egoisti, vengono travolti per vendetta divina da improvviso catartico diluvio. Il bacino così originato cela spesso, adagiate sul fondo delle acque, rovine misteriose, castelli, torri e campanili in grado di effondere suoni lugubri per ricordare allo spensierato gitante l'inesorabile appressarsi della morte[1013].

Il secondo soggetto è, invece, «legato alla mitologia dell'Acqua e del Sole»[1014]: la donna si innamora del dio Elio e poi piange delusa; oppure la donna si tramuta in fonte per sciogliersi nel lago e poter sempre essere amata dal sole Elio.

Ciò che mi interessa è che, per ognuno dei due nuclei narrativi vengono proposte 3 versioni (e certamente ce ne saranno altre). Così la stessa leggenda cambia di molto forma, tant'è che ci sono punti di contatto con altre leggende di laghi. Per cui non c'è da stupirsi se dalle leggende non si possano ricavare informazioni vere e proprie. E, in aggiunta, ciò potrebbe giustificare il fatto che Fo abbia raccontato versioni diverse della stessa storia, se non fosse che, nel suo caso, la faccenda sa di mistificazione.

Mi auguro che questo approfondimento, oltre a dare coscienza della grande varietà di leggende che descrivono l'origine di un certo luogo, sia stato utile per capire che le *local tradition* sono una materia assolutamente volubile e da trattare con riguardo; specie quelle in forma scritta, come ha notato Calvino:

> Mi sono servito pochissimo delle leggende locali riguardanti origini di luoghi o usanze o ricordi storici; è questo un campo del tutto diverso da quello della fiaba, le narrazioni sono brevi, senza sviluppo, e i volumi dei loro raccoglitori [...] non riportano le storie con le parole del popolo, ma le rievocano in stile enfatico e nostalgico[1015].

Purtroppo, nel caso della rocca, non esistono leggende, aneddoti o facezie che dichiarino una loro vera o presunta origine locale e temporale. Fo ci racconta sì di un movimento sismico avvenuto in un luogo specifico, ma i testimoni che naturalmente lo conoscono e ne hanno ben presente le caratteristiche, non hanno però cognizione di intrecci che ad esso si riferiscano.

7.8.2. Le fornaci di calce

A seguito delle ultime considerazioni, credo che dietro la faccenda si celi un *cocktail* di storia, economia e un pizzico di aura leggendaria.

1013 AA. VV., *Leggende di Maccagno* cit., pp. 13-14.
1014 Ivi, p. 16.
1015 I. Calvino, *Sulla fiaba* cit., p. 23.

Caldé è un piccolo borgo sul lago, la Lerici del Lago Maggiore. Lungo il percorso che, costeggiando il Verbano, conduce a Porto Valtravaglia, si erge isolata la rupe di Caldé, postazione strategica che una volta ospitava la *Rocha de Travalia*: essa «dominava tutto il centro del lago e probabilmente faceva parte in origine delle fortificazioni limitanee erette a nord di Milano, verso i passi alpini». La sua esistenza è documentata già dal secolo X, ma risale a un periodo ancora precedente. Nel secolo XI finì in mano arcivescovile e successivamente viscontea, e poi venne coinvolta nelle vicende e nelle dispute tra i contendenti che bramavano il possesso dei territori lacustri; fino a che venne distrutta dai Confederati che occuparono la zona e, al momento di abbandonarla rinunciando alla sua occupazione, la distrussero per motivi precauzionali, dato che la rocca sarebbe stato un avamposto fortificato pericoloso ed un ottimo punto d'appoggio ai loro nemici. La tradizione colloca la distruzione nel 1513, ma non ci rimangono documentazioni probanti[1016].

Nella storia tramandata da Fo, viene fatto riferimento a Caldé come se fosse edificato sulla rupe: in realtà è questa una delle frequenti semplificazioni che il didattico Fo propone nelle sue digressioni storiche. Non solo è impossibile che lassù ci fosse l'abitato originario di Caldé che, ripeto, è da sempre in riva al lago e presta oggi solo il nome alla rocca; ma è assai improbabile che ci fosse un paese. Ciò è vero nonostante sia «difficile capire oggi» – come scrive Tamborini – «la struttura materiale della rocca di Travaglia, attraverso i pochi ruderi e le deboli tracce che si possono riconoscere sul colle di Caldé. Oltretutto negli anni venti, con la costruzione del monumento commemorativo dei caduti in cima al colle, si sono perse le testimonianze più cospicue del castello»[1017].

Per quanto è ricavabile dai documenti pervenutici, dato che si trattava appunto di una costruzione di difesa, i resti di mura ed edifici ancora riconoscibili sulla sommità non potevano assumere la conformazione di un paese vero e proprio: «appare dunque una fortificazione costituita da un castello maggiore, un *palatium* vecchio e uno nuovo "*de domignono*", e una "*caminatam castri de medio*", con torri, mura, cortine, porte, cisterne, canali», oltre a una chiesa dedicata a S. Tommaso[1018].
Il pretesto che giustifica il sorgere di una narrazione è che, in sostanza, "qualcosa c'era sulla cima della rupe".

Ma non è solo questo, c'è un'altra ragione allo stesso tempo storica, geologica ed economica che infonde un barlume di verosimiglianza alla leggenda della rocca.
Per scoprire a cosa mi riferisco è sufficiente osservare con attenzione l'intero massiccio roccioso, che si erge solitario con le sue ripide pareti di sasso bianco, in cima al quale si scorge un po' di vegetazione. «La conformazione rocciosa composta di

---

1016 Cfr. M. Tamborini, *"Rocha de Travalia": notizie storiche intorno alla rocca di Travaglia*, «Loci Travaliae», n. II, Biblioteca Civica di Portovaltravaglia, 1993, pp. 9 e segg.

1017 Ivi, p. 13.

1018 Cfr. ivi, p. 15 e, sullo stesso argomento, P. Frigerio, *Storia di Luino e delle sue valli* cit., p. 42: «il castello maggiore era circondato da ampie mura (si parla anzi di una "triplice cinta") e dotato di torri, d'un palazzo vecchio e di uno nuovo [,] il 'dongione' cioè il ridotto più sicuro del castello». Si aggiungano la scala d'accesso, le porte, i fossati e due chiese all'interno. Tuttavia, lo studio più completo dedicato alla Rocca, finalizzato a «raccogliere il maggior numero possibile di informazioni sullo stato di fatto e dei luoghi prima che scompaiano anche le ultime tracce rimaste», è stato scritto da M. Isabella e F. Noseda, *Rilievi e considerazioni sull'antica Rocca di Travalia*, «Loci Travaliae», n. XI, 2002, pp. 65-138.

calcare a strati praticamente verticali, tende a sfaldarsi e a cadere "a fette" nel lago»: questo è il parere tecnico dello studente di geologia Gianluca Miglio, con cui sono andato a osservare il paesaggio. Il muraglione a strapiombo è davvero impressionante, così come il fondale del lago che si abbassa di colpo:

> Prova a unire, con l'immaginazione, il punto in cui il fondale scende bruscamente e la sommità franata della rocca: si ottiene un declivio dolce e graduale che in realtà non c'è, perché le piogge, i venti e il lago hanno reso il tutto scosceso. Il fatto che la rocca sia crollata per cause naturali effettivamente è vero. Ma la causa principale della morfologia del luogo sono stati gli scavi per estrarre la calcina, già in epoca romana[1019].

Ai piedi del dirupo si notano infatti gli edifici che costituivano le celebri «fornaci di Castello. Già note dal Medioevo esse sono responsabili, e meritevoli, di aver caratterizzato con uno "scempio ecologico", uno dei più pittoreschi punti panoramici del lago: la candida spaccatura della rupe su cui era posta la rocca di Travaglia, sopra Castello e Caldé»[1020]. Anche il Morigia aveva evidenziato il pregevole binomio rocca/calce descrivendo Porto quale «luogo nominatissimo per la gran montagna di sasso bianco (n.d.r. la Rocca di Caldé), dove di quelli si fanno quivi molte fornaci di calcina, dalle quali non solo la gran città di Milano se ne serve co' grand'utile per le fabbriche, mà ancora ne prende grandissimo commodo la città di Pavia, Novara, Vigevano»[1021].

La calce prodotta era di ottima qualità e da sempre era stata usata per erigere massicce strutture difensive del ducato di Milano e quindi, a seconda dell'importanza dell'opera da realizzare, architetti e capomastri erano orientati a sfruttare l'affidabilissima calce di Caldé. Figurò persino tra le migliori produzioni d'Europa e servì all'edificazione del Duomo di Milano: tra le carte è stato trovato l'appunto di un tecnico senza firma, quindi assolutamente non ufficiale, che dice «Angera Ispra Galletto: cave da evitarsi [.] Quella di Caldé detta della Rocca è la migliore»[1022].
L'estrazione della roccia aumentò progressivamente con l'ausilio di nuove tecniche: «mentre prima si faceva tutto a mano, attorno agli anni '30 si usavano le mine»[1023]. Crebbero così anche i problemi, poiché, come ha notato Tamborini, andava alterandosi il già difficile equilibrio tra l'uomo e l'ambiente:

> Il lago, un tempo fondamentale per la commercializzazione del prodotto finito, era solo di ostacolo perché ingoiava tonnellate di preziosa roccia calcarea ad ogni esplosione di mine. L'eccessiva vicinanza del banco calcareo era divenuta fonte di disturbo a causa dei danni che spesso gli scoppi arrecavano agli impianti e alle strutture [.] Con l'impianto del forno rotatorio, la produzione aumentò a dismisura, assumendo ritmi frenetici. Gli abitanti di Caldé ricordano ancora le continue esplosioni, lo sfruttamento indiscriminato

---

1019 Intervista a G. Miglio del 18/04/2002.

1020 P. Frigerio, *Luino un secolo 1885-1985* cit., p. 32.

1021 P. Morigia, in *Historia della nobiltà et degne qualità del Lago Maggiore*, cit., p. 220.

1022 L. Bertagnon, *Le fornaci di calce della Valtravaglia*, «Loci Travaliae», n. IV, Biblioteca Civica di Portovaltravaglia, 1995, p. 28.

1023 Intervista telefonica a G. Geraci del 17/06/2002. Anche Reggiori si ricorda questo particolare: «E chi se lo dimentica il rumore! Facevano saltare le mine per far cadere la roccia per la calce… Gridavano: "Miinaaa!!!"» (Intervista a G. Reggiori del 21/06/2002).

> di tutte le aree della cava, senza considerare la diversa composizione mineralogica dei sassi ricavati in luoghi differenti, solo per arrivare a nutrire il vorace forno che andava alimentato giorno e notte[1024].

Basti considerare che «gli operai della cava dovettero essere fermati altrimenti sarebbero "entrati" nella galleria del treno»[1025]. La produzione, presente da sempre, ma sviluppatasi soprattutto dal XV secolo, si trascinò stancamente fino al 1970.

Concludendo, dato che nessuno l'ha mai sentita, suppongo che Fo si sia ispirato all'esistenza del castello in cima allo spuntone di roccia, alla presenza della cava di calcina e alla conformazione della roccia di cui mi ha accennato Miglio e, con tutti gli elementi, abbia costruito di persona la "leggenda". Ma dirò di più: Pippione mi ha svelato un *gossip* che riguarda il giovane Dario Fo in persona e che spiegherebbe la confidenza dell'attore con la rocca e le fornaci di calce e, di conseguenza, l'occasione di creare una storia:

> Insegnavo a Intra, e mio alunno era il figlio dei proprietari della cava di calce di Caldé. Siccome era un ragazzino piuttosto viziato ed ero riuscito a plasmarlo, come segno di riconoscenza, fui invitato dai genitori a casa loro e potei assistere ai lavori di estrazione della ditta. E soprattutto ebbi modo di vedere in casa un ritratto fatto da Fo a Carla, sorella del mio allievo, del periodo di quando "filavano"[1026].

Vista così, la storia pare proprio frutto di una buona – e romantica – osservazione della realtà.

7.9. Una storia del Caldera-Magnan

Questo racconto, che viene assegnato da Fo a un fabulatore definito, il *Caldera-Magnan*, lo stesso della "Storia della rocca", contiene a sua volta un seme di verosimiglianza. Racconta una storia capitata al coadiutore Ermanno che si è innamorato di Fulvia, amante del padrone della fonderia:

> Quel tontolone ci ha perso letteralmente la testa, scorge la ragazza entrare in chiesa, si infila nel confessionale al posto del prevosto e, nella classica situazione da farsa, si ritrova a raccogliere le confessioni dell'amata. Fulvia tra i singhiozzi rivela d'essersi innamorata del prete novizio. Il giovane, straluccato dalla scoperta, sbotta a piangere per l'emozione, così si scopre l'inganno. Fulvia manda un grido soffocato, solleva la tenda e si getta letteralmente fra le braccia del novizio. Ma è da incoscienti amarsi in quella specie di cassettone! Trepidanti, si arrampicano in cima al campanile, lui si spoglia della tonaca, lei delle vesti[1027].

1024 L. Bertagnon, *Le fornaci di calce della Valtravaglia*, cit., pp. 39-40.
1025 Intervista a C. Calderoni del 11/05/2002.
1026 Intervista a G. Pippione del 17/05/2002.
1027 D. Fo, *Il paese dei Mezaràt* cit., p. 64.

Mi ricorda un episodio, molto simile anche se non identico, raccontatomi dal Salvi e capitato a Luino una cinquantina d'anni fa. Esistono quindi tre possibilità: prima, il calderaio, frequentatore di mercati, e quindi anche di quello di Luino, potrebbe averlo sentito là e poi introdotto a Porto; seconda, è Fo stesso ad aver colto il racconto; terza, è una semplice coincidenza. Non si può sapere data la materia sfuggente.

In ogni caso protagonista è *l'Ambrös* detto *Bugìn*, figlio dell'Angiulin Paganini ultimo «*busserée e secrista* a tempo pieno» di Luino[1028]:

> Il ragazzo divenne a sua volta sacrista, ma al 50%. Era un bel *fiöö* e si era innamorato di una giovane e, benché fosse sposato, organizzava degli incontri galanti sul campanile. In una di quelle circostanze ha dimenticato la chiave nella toppa; così il prete, trovando lì le chiavi abbandonate, ha chiuso la porta e li ha lasciati dentro. I due amanti non sapevano come saltar fuori e così l'Ambrogio ha suonato la campana... e, causa scomunica, ha cessato di fare il sacrista![1029]

7.10. Le statue semoventi

La storia che vado a presentare è, come le due precedenti, a base reale, ossia contiene particolari o elementi riscontrabili in concreto. Si tratta di un altro *plot* molto presente nei testi che si occupano dell'attautoregista, e ha come figure caratterizzanti delle statue dotate di mobilità. Tuttavia, la cornice di questa meraviglia è altamente volubile.

Nella più volte citata intervista a Furnari, Fo accenna a «strani esploratori del mondo sottomarino dove scoprivano un paese "tel-quel-sura" (tale quale sopra), ma immobile e pulitissimo con tutti i suoi personaggi:

> L'esploratore, ad esempio, penetrava in un palazzo dove erano due statue tutte nude: una, un uomo con le alette ai talloni (Mercurio) e l'altra una bella donna con l'arco in mano (Diana). Come il visitatore si avvicinava ad accarezzare Diana, Mercurio strabuzzava gli occhi, s'agitava minaccioso, cercando subito di ricomporsi per non farsi scorgere in quella posizione, perché le statue sono statue e devono rimanere ferme. Ma non sempre ci riusciva e il visitatore lo coglieva immobile sì, ma ora con la testa girata, ora con gli occhi minacciosi, ora con il braccio proteso...[1030]

Le prime modifiche appaiono successivamente nel testo di Meldolesi, che, nel caso specifico, oltre a citare Binni, si avvale anche dei colloqui avuti con Fo. Il primo risultato è un differente *incipit*:

> Un'altra storia era nata dalla fantasia popolare intorno a una villa settecentesca vicino al paese, l'"Ermitage". Da fuori si intuivano piante all'inglese e serie di statue d'argomento mitologico. Era il luogo del mistero. Un giorno un fulmine fa breccia nel muro di cinta;

1028 T. Salvi, *Te sée regordet* ..cit., p. 73. *Busserée* è colui che va in giro col la *busséra de la gesa*, il sacchetto delle offerte.

1029 Intervista a T. Salvi del 20/05/2002.

1030 Dall'intervista rilasciata a C. Furnari per sua tesi *Il teatro politico di Dario Fo* cit. in L. Binni, *Attento te...!* cit., p. 195.

> mentre si compiono i lavori di riparazione, un muratore penetra di notte nel giardino[1031];

È un muratore, non un esploratore ad assistere al miracolo delle statue che compiono, furtive, dei movimenti:

> Appena dentro, è attratto dalla straordinaria bellezza di una statua nuda, la contempla a lungo e ne ricava come la sensazione che si muova dolcemente, è Diana, ha l'arco in mano. Un rumore lo fa trasalire; preso dalla paura fa per andarsene, ma poi torna a girarsi bruscamente e coglie di sorpresa un movimento della statua che affianca Diana. Era Mercurio, agitato di gelosia per lo sguardo rapito del muratore all'indirizzo di Diana. Ora la statua di Mercurio si era ricomposta [.] Più volte dunque, fingendo di andar via, il muratore verifica quel portento[1032].

Fino all'epilogo, sempre più paradossale, che vede la vendetta di Mercurio, ferito nell'orgoglio e negli affetti dalla relazione fugace di Diana e il muratore:

> Alla fine, sempre più invaghito, lega Mercurio e dà fondo alla sua passione, corrisposto dall'amata. L'indomani, convinto si fosse trattato di uno scherzo della luna, prima di riprendere il lavoro, il muratore torna nel giardino per rassicurarsi, ma qui gli appare una scena inequivocabile: la statua di Diana giace a terra, a pezzi, mentre Mercurio, tornato in posa, ha la spada scheggiata per i colpi inferti[1033].

La storia cambia ancora nell'ultima versione: la scena è la stessa villa del Settecento (che è più recente) con le sue statue di gusto palladiano disposte nel parco recintato.
Una prima differenza è che viene fatta passare per una crisi di follia del provetto giardiniere Tempo Sereno, fratello di Nuvolo, che alla fine viene portato con la solita auto imbottita alla Neurodeliri di Varese. «Tutta colpa di una passione amorosa esplosa tra le statue del parco»[1034]: questa è un'altra differenza. Le statue sono tre, al posto di due e non sono all'interno dell'edificio, bensì emergono dai rampicanti grazie al lavoro di Sereno: la prima raffigura Apollo tutto nudo col chitarrone e uno straccetto intorno ai fianchi; la seconda è una donna «chissà che dea è? Magari è una ninfa… sì, di sicuro una ninfa»[1035] sorridente e molto sensuale; il terzo è un quadrupede muscoloso, un centauro che guarda amorevolmente la ninfa. Il giorno dopo, la scena che appare ha dell'incredibile:

> Il centauro non c'è più [e] sul prato è rimasto tutto un solco, come l'avessero strascicato. Seguo il solco e mi ritrovo in scuderia [;] c'è l'Apollo steso a terra con una freccia di bronzo conficcata nel petto… La statua della ninfa è ancora in piedi, ma con le braccia sollevate in aria in un gesto disperato e trionfante insieme, con la mano sinistra tiene l'arco[1036].

[1031] C. Meldolesi, *Su un comico in rivolta* cit., p. 27.
[1032] *Ibidem.*
[1033] *Ibidem.*
[1034] D. Fo, *Il paese dei Mezaràt* cit., p.78.
[1035] Ivi, p. 79.
[1036] Ivi, p. 80.

Le accuse piovono sul frastornato giardiniere, dato che, sia la mazza impugnata da Apollo, sia la scure che giace per terra, artefici del disastro, gli appartengono. Ma lui si difende: «per me qua è scoppiata una vera e propria tragedia. Avevo notato subito come si guardavano, lei e lui... il mezzo cavallo... con una voglia! E soprattutto dovevate vedere la faccia tirata dell'Apollo...»[1037]. Chiaramente nessuno gli crede e così finisce in manicomio.

Il parallelismo con la storia della rocca è duplice: i miei testimoni, pur non avendo mai sentito la storia, ammettono che l'ambientazione non è frutto di immaginazione. In primo luogo la villa. Essa era quella dei signori Lucchini, proprio quella adibita a Casinò di cui ho già scritto nel capitolo 6. Malgrado emerga un'incongruenza sull'epoca di costruzione della villa – si trattava di una villa in stile *Liberty*, onde per cui edificata a cavallo tra XIX e XX secolo, non nel settecento – è attestato il particolare delle statue nel giardino. Reggiori l'aveva visitata:

> Io sono stato in quella villa. Quando andavo all'asilo, i Lucchini erano i benefattori; e la figlia del senatore, era la responsabile. Lei mi aveva preso in simpatia e ogni tanto mi portava nella villa. Mi ricordo un'enorme vetrata e una grandissima rampa di scale... e poi statue ovunque all'esterno, nei vialetti del parco... Forse ce n'erano anche all'interno[1038].

In secondo luogo il giardiniere Sereno, che lavorava alla villa, è un personaggio esistito veramente, degno di figurare tra le altre sagome di Porto Valtravaglia, come ricordato da Calderoni:

> Era giardiniere... ma fatto un po' a modo suo! Un giorno si era impuntato e aveva "messo su" un tiro a segno. Poi è entrato in combutta col *Dighelnò* [quello vero, non il pescatore di Fo, NdA] per suonare insieme. Il Sereno voleva suonare la fisarmonica... peccato che conoscesse solo 2 o 3 note! Allora, sì... iniziava a suonare, attaccava con la melodia... ma poi non riusciva ad andare avanti![1039]

«E poi aveva la mania dei nomi»: infatti si chiamava davvero Sereno. «I figli invece erano Nuvolo e Alba; infine la nipote, Serena». Peccato che il cognome Tempo sia stato il classico cammeo di Dario Fo[1040].

In conclusione, la storia è a base reale, poiché i miei testimoni, pur non avendo mai sentito la storia, ammettono che l'ambientazione non è frutto di immaginazione. Tuttavia è evidentissimo il rimaneggiamento continuo di Fo sui dettagli che sono stati cambiati in continuazione, così da generare versioni che differiscono non poco. È evidente che lui non si sia premurato di verificare ciò che già aveva detto sull'argomento.

1037 *Ibidem.*
1038 Intervista a G. Reggiori del 21/06/2002.
1039 Intervista a C. Calderoni del 27/02/2003.
1040 *Ibidem.*

7.11. Commenti

I contenuti delle storie appena esposte non consentono di chiarire in via definitiva la loro origine. Stando ai fatti, i testimoni – e non tutti – hanno ricordi scoloriti solo riguardo a qualche storia; più spesso hanno giustificato parzialmente i discorsi di Fo, anche quando racconta cose che nessuno ricorda, perché esiste una plausibilità di fondo, oppure potrebbero essere fatti che lui ha sentito da gente più anziana. Quanto poi abbia modificato intrecci e motivazioni è da valutare.

L'unica scappatoia all'*impasse* critico è proprio Porto Valtravaglia, la cui comunità si pone come vessillo di fantasia e creatività. L'incontro tra mestieri e culture ha certamente scatenato la reazione, come dimostrano alcuni precedenti che illustrano quali effetti producano tali contatti di persone, con il conseguente trasferimento di conoscenze che derivano dall'esperienza di vita e lavoro.

Azadovskij ha studiato i narratori Siberiani sul fiume Lena e ha scoperto «una combinazione particolarissima di gruppi sociali»; non vi sono infatti soltanto i normali abitanti, ma anche persone che scontano condanne penali; alcuni hanno preso dimora stabile, altri sono vagabondi:

> I racconti giungono dunque nella regione da ogni parte della Russia. Per di più, le condizioni di vita alquanto primitive esigono che questa gente viva affidandosi alle proprie risorse. Tra i costruttori di barche, i cacciatori, i trappolatori e i boscaioli, l'intervento del narratore è molto richiesto. Spesso i vagabondi usano la loro capacità per ottenere cibo e alloggio[1041].

Per certi versi simile a ciò che è accaduto a Porto grazie e immigrazione e varietà di professioni. E a ciò che si è verificato in Versilia «divisa sotto l'aspetto geografico tra la zona prospiciente il mare, la collina e la breve pianura, e l'entroterra montano», e caratterizzata da una singolare fisionomia socio-economica costituita da tre categorie lavorative: marinai, contadini e cavatori che contribuivano con le loro tradizioni culturali:

> Se da un lato i marinai davano l'impronta *esotica*, con le memorie dei viaggi sui navicelli, il senso dell'avventura, il gusto del meraviglioso geografico e iperbolico (una forma rudimentale di cultura era rappresentata dalle «fole» di bordo, in cui un episodio della vita di mare o un particolare accaduto a qualche barca uscita dai locali cantieri diveniva pretesto per il racconto d'una avventura fantastica); i coloni o contadini – impegnati nella monotona lotta per la sopravvivenza quotidiana sulle falde pedemontane e nei centri dell'interno apuano – davano l'impronta più *conservativa*, non priva tuttavia dell'esigenza di risarcimenti fantastici o evasivi [...] che solo occasionalmente, mediante il moderno commercio locale, il mercato rionale e le fiere annuali di qualche santo patrono, avevano contatti con le comunità più ampie e strutturate del vicino centro[1042].

[1041] S. Thompson, *La fiaba nella tradizione popolare* cit., pp. 608-609.

[1042] A. Barsotti, *Il teatro dei "maggi"*, Roma, Lucarini Editore, 1983, pp. 23-24.

Ma a differenza dei contrabbandieri, vetrai e pescatori di Porto Valtravaglia, che realizzavano i loro incontri nei caffè, in Versilia i contatti avvenivano grazie alle occupazioni stagionali alternative:

> Per caricare i marmi si utilizzavano i buoi delle stalle dei contadini e dei coloni e si andava alle cave; non solo, ma durante le stagioni poco propizie alla navigazione i marinai si facevano coltivatori e talvolta, più raramente, accadeva il contrario[1043].

Ma la vera discrepanza con Porto è tuttavia negli esiti folcloristici.
In Versilia hanno luogo, durante le feste, le rappresentazioni dei "maggi", che propongono

> vicende di un'epica sacra o cavalleresca, adattandole alla propria fantasia di campagnoli [...] e traendone suggestioni etiche e comportamentali. Insomma, dalle storie dei santi, dei re e dei cavalieri [...] si riceveva e si conservava nella drammatizzazione quanto era «funzionale» alla data comunità[1044].

Questi non erano solo racconti, ma vere rappresentazioni di teatro popolare caratterizzate da moduli spettacolistici:

> La riduzione al minimo dell'apparato scenico, concretamente allusivo (un telone fissato a due pali [...] doveva "apparire" un bosco, una marina, una reggia); la voluta semplicità dei costumi (mantelli che lasciavano intravedere l'abito di tutti i giorni dell'attore, elmi di latta, spade fatte con manici di scopa [...]); l'attiva partecipazione degli spettatori [...] e il loro dibattito continuo con gli attori (più spesso gente del paese che compagnie girovaghe), con l'autore (se era presente) o comunque col testo[1045].

Il caso dei narratori siberiani, invece, non riguarda il teatro, ma solo la circolazione di racconti popolari orali che, per la maggior parte dei popoli del mondo, «è ancor oggi una delle principali forme di divertimento»; e la capacità di rendere la storia piacevole ha dato prestigio ad alcuni narratori semi-professionisti che «acquistano così grande popolarità e prestigio, e sono gelosi della loro reputazione»[1046] (a Fo, vedremo nel capitolo successivo, è successo lo stesso: i suoi racconti – e non fiabe ovviamente – lo hanno reso celebre fin da ragazzo, specie durante le trasferte in treno per recarsi a Milano).

Queste componenti, il teatro popolare e la professione del narratore, sono al contrario mancate sul lago[1047], la cui vitalità artistica ha ritagliato il suo spazio tra acqua e monti, tra "caffè" e mercato: il narrare in quei luoghi ha caratteristiche ibride, tra la

---

[1043] *Ibidem.*
[1044] Ivi, p. 10.
[1045] *Ibidem.*
[1046] Cfr. S. Thompson, *La fiaba nella tradizione popolare* cit., p. 604 e 611.
[1047] Anche se la seguente affermazione di Fo fa rientrare nella categoria teatro anche le "esibizioni" degli abitanti del lago: «Silvio D'Amico asseriva: due persone che parlano fra loro e un'altra che ascolta, questo è già teatro. Dacroux di rimando: una persona che sale su una sedia e che, facendo dei gesti, riesce ad attirare l'attenzione di un passante, questo è teatro, se poi riesce a vendergli pure un orologio di ottone per oro 18, allora siamo davanti all'opera d'arte» (D. Fo cit. in C. Meldolesi, *Su un comico in rivolta* cit., p. 61).

ricerca dell'originalità della trama e l'ambizione di riportare fatti accaduti o sentiti da altri. Nei bar, le informazioni di cronaca, i racconti di fantasia e quant'altro venga condiviso tra gli avventori assume le stesse fattezze, quelle del pettegolezzo che, quasi avente vita propria, si propaga e diventa migliore o peggiore a seconda dell'abilità del narratore occasionale.
Il punto in comune fra le tre realtà rimane l'incontro produttivo di gruppi sociali i cui componenti contribuiscono indistintamente a incoraggiare la circolazione di storie e che, in ciò, svolgono contemporaneamente il ruolo di mittente e destinatario; non potrebbe essere altrimenti, dato che non c'è una produzione organica di narrativa popolare, ma tutto è lasciato all'improvvisazione, all'istinto[1048].

Rimangono comunque forti perplessità sull'argomento "fabulatori" riguardo alle tecniche fabulatorie impiegate, che vanno ad aggiungersi ai dubbi proposti durante l'analisi delle storie.
I fabulatori «parlavano sempre in prima persona, come se loro avessero assistito personalmente ai fatti»[1049] e «non iniziavano mai d'acchito una storia, ma trovavano pretesti esterni e si facevano "tirar dentro" a fabulare fingendo succedesse loro malgrado»[1050]. Erano poi maestri nell'improvvisare e nello sfruttare gli imprevisti e gli incidenti:

> Si preoccupavano di adattare i vari passaggi ad una realtà contingente. Mi è capitato di ascoltare la stessa storia proposta in tre o quattro versioni differenti. L'abilità di chi raccontava consisteva proprio nell'adattarla ogni volta a tutte le varianti di cronaca, compresi i fatti locali e i pettegolezzi del lavatoio[1051].

L'oralità è di per sé vicina all'esperienza umana, e la conoscenza che ne deriva riguarda sempre cose della vita: infatti «apprendistato e conoscenza in una cultura orale significano identificazione stretta, empatica, con il conosciuto»[1052].

«E soprattutto» – condizione essenziale per un attore – « i fabulatori non perdevano mai di vista l'umore, le emozioni di chi stava ascoltando»[1053]; prassi importante

---

1048 «Tra la completa differenziazione tra produttore e fruitore [es. in Russia: la poesia religiosa declamata da professionisti retribuiti, NdA] ed il caso diametralmente opposto, quello in cui l'intera comunità è al tempo stesso produttrice e fruitrice (proverbi, aneddoti, canzoncine, alcuni tipi di canzoni rituali ecc.) esiste una serie di casi intermedi. In un dato ambiente sociale si evidenzia un gruppo di persone dotate che monopolizza in misura maggiore o minore la produzione di un certo tipo di folclore (per esempio le fiabe). Non sono dei professionisti e la creazione poetica non costituisce la loro occupazione principale, la fonte dei loro guadagni; sono piuttosto dei dilettanti, che nei momenti liberi praticano la poesia. Non si può in questo caso affermare la completa identità tra produttore e fruitore; non esiste però una separazione netta. Il confine è instabile. Queste persone sono in grado maggiore o minore dei favolatori ed al tempo stesso degli ascoltatori; il narratore dilettante facilmente si trasforma in ascoltatore e viceversa [.] Soltanto in un caso la poesia orale oltrepassa i limiti del folclore e cessa di essere una creazione collettiva, quando cioè un gruppo ben affiatato di professionisti con determinate tradizioni si rapporta ad alcune opere con un pietismo tale da cercare di conservarle immutate a qualsiasi costo» (P. G. Bogatyrëv, *Il folclore come forma specifica di creazione* cit., pp. 77-78).

1049 D. Fo cit. in C. Valentini, *La storia di Dario Fo* cit., p. 19.

1050 D. Fo, *Il paese dei Mezaràt* cit., p. 68.

1051 Ivi, pp. 59-60. Cfr. anche D. Fo, *Dialogo provocatorio* cit., pp. 22-23.

1052 Cfr. W. J. Ong, *Oralità e scrittura* cit., pp. 72 e 75.

1053 D. fo, *Il paese dei Mezaràt* cit., p. 60.

anch'essa, discendente dalle culture orali, in cui l'originalità delle narrazioni stava proprio nell'interazione col pubblico, le cui vivaci reazioni potevano introdurre nuovi elementi nelle storie[1054].

Fo ha scoperto solo dopo anni che dentro questa struttura della fabulazione «c'erano delle precise modalità narrative, che sono di origine antica, alcune seicentesca, altre addirittura medievale», come appunto il farsi "tirar dentro", già prassi consueta dei Comici dell'Arte, dato che «nella tradizione popolare non si parte mai esplicitamente con : "Adesso vado a raccontare…"»[1055].

La mimica e la gestualità, inoltre, avevano un peso determinante:

> Una teatralità che è fondata sulla gestualità, sulla capacità di essere contemporaneamente più personaggi, di passare rapidamente da un ruolo all'altro, con ritmi veloci, che mantengano la tensione del rapporto fra attore e pubblico. La mimica, fattore primario di teatralità, è linguaggio tipicamente popolare, è momento d'incontro fra invenzione individuale e senso comune. Nei gesti con cui il «fabulatore» indica l'azione di un pescatore in un lancio assurdo della lenza pesca un campanile sull'altra sponda del lago si realizza un gioco collettivo, legato in parte alla diretta esperienza degli spettatori. La mimica del teatro popolare è momento di sintesi che al limite rende superflua la parola[1056].

E a chiudere il cerchio, Fo ammette di porsi quale prosecutore di quella tradizione:

> È lo stesso meccanismo che anche io adopero spesso nell'abbrivio dei miei spettacoli, quello di conversare con il pubblico a luci accese in sala […] tutto serve per la rottura, per distruggere il cliché del «sono uno spettatore» [.] Parto anche dal commentare il fatto di cronaca di cui tutti parlano [.] Poi pian piano rientro nel tema dello spettacolo vero e proprio[1057].

In realtà, dubito fortemente che il suo meccanismo espositivo riprenda quello dei contastorie Mezaràt. Anzi, direi che è esattamente il contrario, nel senso che Fo ricalca il proprio stile, frutto di studi, esperienza scenica e attitudine – basta pensare alla recitazione in *Mistero buffo* – e lo trasferisce esattamente ai suoi presunti maestri; quegli stessi che, stando alla nostra analisi, affollavano sì i bar e le piazze, ma solo per lavoro o svago e, per i quali, il racconto era divertimento. Fo ha detto che sia i comici dell'Arte, sia i fabulatori del lago non iniziavano d'acchito e non dicevano mai "Adesso vado a raccontare…": queste affermazioni, confrontate coll'autentica realtà del paese, sono ovvie, dato che si trattava di gente comune che non aveva fini specifici da perseguire con i propri discorsi e che mai e poi mai si sarebbe rivolta a un interlocutore seduto al tavolino del caffè dicendo "Ti racconto", perché avrebbe raccontato e basta, senza tanti complimenti.

1054 Cfr. W. J. Ong, *Oralità e scrittura* cit., p. 71.

1055 Cfr. D. Fo, *Dialogo provocatorio* cit., p. 32 e D. fo, *Il paese dei Mezaràt* cit., p. 68.

1056 L. Binni, *Dario Fo* cit., p. 16.

1057 D. Fo, *Dialogo provocatorio* cit., pp. 32-33.

Per chiarire una volta per tutte, mi affido nuovamente alle parole di Calderoni che, oltre ad aver vissuto di persona gli incontri nei luoghi topici nel paese, si è sempre interessato al ricordo delle figure caratteristiche:

> Non era esattamente come dice Fo [esistenza dei fabulatori e loro storie assurde, NdA] C'era sì della gente un po' matta, o che lavorava tanto e poi si scatenava. Mio padre era un buon esempio: faceva il calzolaio e aveva la bottega in piazza, praticamente in mezzo al paese, quindi ci passava davanti sempre tanta gente... che spesso si fermava a chiacchierare, dato che lui era un tipo molto allegro e contava un sacco di frottole; con tutta la gente che faceva tappa ne uscivano fuori di tutti i colori, e sempre di nuove. La bottega era un bugigattolo, sarà stato di massimo 20 m^2, e una volta ci siamo trovati dentro in 36: non perché non si sapesse dove altro andare, c'era un bar vicinissimo, ma era vuoto! Tutti erano da noi, perché mio padre raccontava, si stava in allegria[1058].

Si respirava la tipica atmosfera da "Osteria degli amici": nessuno era dotato di tecniche fabulatorie, nell'accezione di Fo ovviamente, che perciò saranno state da lui assimilate in altre circostanze, magari durante le ricerche e gli studi sul teatro. È praticamente impossibile che l'unico "eletto" ad aver notato le finezze delle loro manifestazioni narrative fosse il giovane Fo.

Non sarebbe dunque altro che un falso, o meglio, con la terminologia usata dalla Valentini, «una delle tipiche giustificazioni a posteriori che Fo ha usato in una fase della sua vita, quella dei primi anni Settanta, in cui tendeva ad ammantare di dotte giustificazioni culturali ogni sua azione»[1059], come il discendere da una tradizione a cui apparterrebbero gli "ectoplasmi" dei fabulatori (oltre al nonno Bristìn).

Le iperboli e le esagerazioni che sarebbero state alla base dei racconti dei fabulatori, a quanto emerge, caratterizzano piuttosto le dichiarazioni di Fo, che mutano di continuo e mostrano crepe di fronte agli scetticismi.

Mi riferisco tra l'altro al *grammelot*, il linguaggio onomatopeico di origine cinquecentesca che i comici dell'arte avrebbero inventato per aggirare la censura. Su questo punto, Fo è già stato smentito[1060] e, a proposito, Straniero lo definisce «una re-invenzione, un *idioletto* [,] una *koiné* dialettale mutuata dalle parlate medievali del nord'Italia, specialmente il lombardo veneto»[1061].

Perciò ha dell'incredibile quanto apparso sul «Corriere della Sera» del 4 ottobre 2002, in cui l'intervistato Fo, commentando l'uscita della sua autobiografia, afferma: «E anche il famoso *gramelot*[sic], la lingua universale che non c'è ma che si fa capire ovunque, viene da lì [Porto Valtravaglia, NdA]» [1062]. La motivazione sarebbe stata la presenza dei maestri soffiatori giunti da mezza Europa che, come abbiamo visto, influì sul dialetto del paese, ma solo con l'introduzione di qualche parola o espressione. Già è una forzatura dire che esisteva un idioma universale, ma addirittura, dopo decenni di carriera e di "lezioni" di storia del teatro dispensate al popolo, è assurdo radicare sul lago anche questa pseudo-tradizione.

[1058] Intervista a C. Calderoni del 27/02/2003.

[1059] C. Valentini, *La storia di Dario Fo* cit., p. 120.

[1060] Cfr. cap. 5.6.

[1061] M. L. Straniero, *Giullari & Fo* cit., p. 46.

[1062] G. Manin, *Fo: io giovane Gulliver, nella terra dei «mezzi topi»* cit.

È sicuramente suggestivo collegare l'internazionalità del paese con «un immaginario esperanto dei poveri e dei diseredati»[1063] – tenendo poi conto che Fo è imparentato con uno Schumacher e che quindi ha vissuto il *melting pot* linguistico in casa – ma la realtà è ben altra: Fo ha cambiato più volte le carte in tavola, forse per sviare i critici che cercavano giustificazioni storiche alle sue parole. Se nel *Mistero buffo* televisivo del 1977, il *grammelot* era la lingua inventata dai comici dell'Arte che assommava termini dei dialetti dell'Italia settentrionale e della piana del Po, nell'intervista al «Corriere della Sera», ammette un'origine molto meno remota e "casalinga", a cui LUI si sarebbe ispirato. Un altro falso, primo perché l'influenza sul dialetto giunta dall'estero è stata al massimo avvertita, ripeto, in alcune parole e modi di dire; secondo, perché nel testo *Il paese dei Mezaràt* non si trova riferimento alcuno al *grammelot*, e quindi il concetto apparso sul quotidiano è, o una libera interpretazione della giornalista Giuseppina Manin, o l'ennesima "bufala" di Fo.

Ciò non ha nulla a che vedere con la sua abilità e i meriti acquisiti per aver miscelato termini di vari dialetti dell'Italia settentrionale, al punto di creare – ancora con le parole di Straniero –

> un quasi-padano ricavato da golose letture e da memorie personali, dialettali e mimetiche, potenziate da una prodigiosa capacità assimilativa. L'incertezza magmatica del materiale, còlto e rielaborato in stato di fusione, serve ad accentuare la sua possibilità semantica sfruttando al massimo il margine di elasticità, con uno sforzo di riaddensazione che tende a vanificarne le strutture lessicali per spingerlo verso il fluire perfettamente plasmabile del grammelot cioè ad uno stadio coatto di regressione verso la pura articolazione sentimentale del procedimento del parlare[1064].

Viazzo conferma la tesi che quel linguaggio «lo ha fatto lui: è un lombardo con piemontese, emiliano, comunque del nord. Mettiamo pure che qualche parola puramente onomatopeica l'abbia inventata, ma la base è di parole colte da un linguaggio già esistente»[1065].
Una lingua dunque di grandi possibilità semantiche, flessibile e aperta ad adattamenti, sebbene molto più impegnativa di quanto sembri, e richiedente la massima concentrazione, come ha ammesso Tosi:

> Ho assistito allo spettacolo a Bologna in cui interpretava San Francesco [*Lu Santo Jullare Francesco*, NdA]. Credo che quel giorno non fosse in splendida forma, pareva affaticato e la recitazione ne risentiva soprattutto quando parlava nel suo celeberrimo *grammelot*... mi sembrava di sentir parlare mia madre[1066].

Questo per dire che, in determinate circostanze, il linguaggio scivola nel suo dialetto d'origine, tradendo il suo intervento concreto.

Chiudo con un'altra citazione che, in base alla consapevolezza acquisita a questo punto del nostro cammino, non potrà che far sorridere:

[1063] R. Tian cit. in C. Valentini, *La storia di Dario Fo* cit., p. 125.
[1064] M. L. Straniero, *Giullari & Fo* cit., p. 49.
[1065] Intervista a V. Viazzo del 04/05/2002.
[1066] Intervista a P. Tosi del 09/05/2002.

> Io ero lombardo, ma provenivo dalla zona attorno a Milano e questo era per me un dialetto un po' arcaico, più duro; sentivo le risate di quelli che stavano intorno, ma spesso non avevo colto precisamente la battuta e me la facevo ripetere, e così ridevo in controtempo. Io ho imparato il dialetto da questi fabulatori, da loro ho imparato il dialetto più arcaico [,] ho imparato la struttura di una lingua primordiale, integra[1067].

Ovviamente l'autobiografia non contiene queste castronerie. Anzi, il dialetto puro e arcaico è in netta contraddizione con l'idioma locale aperto agli influssi dall'estero, figlio della vetreria. E poi, perché mai Fo sarebbe giunto «dalla zona attorno a Milano»? Bèh sì, quando tornava da Brera col treno…

Finora si è discusso delle forzature, delle imprecisioni, dei "ricami", benché, ancora, non si sia commentato il fatto che, a detta di Fo, in quelle storie assurde ci fossero temi ben precisi: «l'ironia sui luoghi comuni e la liturgia della gente perbene, l'astio e l'orrore per il mondo dei ricchi, l'amarezza e la ribellione per la propria condizione, il senso della paura e del bisogno»[1068]. Temi di cui si faceva portatore il personaggio popolare «che reagiva con la fantasia ed esorcizzava il mito, e che però del mito finiva col divenire una vittima ribelle»[1069]. Il fabulatore, col suo spirito critico e anticonformista, incarna e chiarisce la protesta, nei suoi gesti «la collettività riconosce elementi della propria vita, nei racconti immaginosi proietta i propri desideri e le proprie delusioni»[1070]. In questo modo si colpivano degli obiettivi precisi, come riporta Meldolesi: «altre favole, che si affidavano ad immagini iperboliche, vengono da Fo spiegate con il piacere dei fabulatori a rovesciare la retorica del fascismo. Con quelle iperboli, sembravano conferire una mitica storia alla gente del lago, per soddisfare il gusto di specchiarsi in una lontana infanzia»[1071].

Questi temi sono comuni nella cultura popolare, come nei "Maggi" dove, in risposta ad insoddisfazione e frustrazione, i ceti subalterni rivendicano almeno la propria vitalità culturale con il ricorso ad «una attività fantastica e creativa, provocata dal bisogno di evadere da un'esistenza altrimenti insopportabile, verso il "sogno ad occhi aperti" del giusto mondo maggesco: dove tutti i torti vengono alla fine riparati, vince l'oppresso e muore l'oppressore»[1072].
Oppure, la voglia di riscatto a una vita di stenti si coglie con evidente semplicità nelle fiabe:

> La morale della fiaba è sempre implicita, nella vittoria delle semplici virtù dei personaggi buoni e nel castigo delle altrettanto semplici e assolute perversità dei malvagi; quasi mai vi s'insiste in forma sentenziosa o pedagogica. E forse la funzione morale che il raccontar fiabe ha nell'intendimento popolare, va cercata non nella direzione dei contenuti ma nell'istituzione stessa della fiaba, nel fatto di raccontarle e di udirle[1073].

1067 D. Fo, *Dialogo provocatorio* cit., p. 22.
1068 Da un'intervista a Fo del 1976, riportata in C. Meldolesi, *Su un comico in rivolta* cit., p. 28.
1069 *Ibidem.*
1070 L. Binni, *Dario Fo* cit., p. 16.
1071 C. Meldolesi, *Su un comico in rivolta* cit., p. 28.
1072 A. Barsotti, *Il teatro dei "maggi"* cit., p. 31.
1073 I. Calvino, *Sulla fiaba* cit., p. 52.

Propongo alcuni esempi, tra cui *Il regalo del vento Tramontano*: il contadino Geppone «pativa la fame con tutta la famiglia», a causa delle persecuzioni operate dal Vento Tramontano che martoriava il suo raccolto. Così, come risarcimento, il vento dona al villano una scatola magica che ha il potere di colmarsi delle vivande desiderate. Ma il priore, informato dalla moglie di Geppone, si fa dare la scatola in cambio di qualche sacco di sementi. Il vento, impietosito, dona un'altra scatola d'oro; il priore se ne impossessa, ma da quella fuoriescono degli omaccioni rabbiosi armati di bastone che puniscono lui e gli altri sacerdoti[1074].

Il succo è una critica evidente alla prepotenza del padrone e al potere ecclesiastico temporale, vero responsabile delle disgrazie del contadino e, sebbene in origine sia indicato il vento quale colpevole delle sciagure, in realtà esso è l'aiutante. Gli eventi atmosferici possono nuocere o meno, sono sì imprevedibili, ma assolutamente imparziali e regolati dalla natura. Il padrone, invece, è furbo, calcolatore, meschino. A lui spetta la raffica di bastonate che chiude questa storia paradossale, segno di un desiderio di rivalsa per le ripetute sofferenze interiori.

Peppi, protagonista di *Sperso per il mondo*, da «bovaro morto» diventa «reuzzo» grazie al coraggio e alla forza di volontà[1075]. È una «fiaba contadina [...] con l'eroe zappatore, coi poteri magici che restano appena un precario aiuto alla forza delle braccia e alla virtù ostinata [...] che prende in prestito i suoi motivi dalle vicende cavalleresche»[1076].

Anche in *Giuseppe Ciufolo che se non zappava suonava lo zufolo*, le prodezze agricole aiutano uno zappatore amante della musica che ha un rapporto difficile col padrone («prima diceva sempre che zappava bene ma troppo poco, ora si mise a dirgli che zappava molto ma zappava male»). Grazie alla carità dimostrata nel seppellire un cadavere ritrovato nel campo, la zappa inizia a zappare da sola, consentendogli di dedicarsi alla musica dello zufolo. Abbandonato il padrone e non trovando lavoro, Giuseppe è costretto a dividere le elemosine con un mendicante. La sua impresa si compie quando zappa da solo un terreno brullo e impestato dalle erbacce di proprietà del re. La principessa ode il canto del contadino e la musica da lui suonata e se ne innamora. Così decidono di fuggire per realizzare un'unione che, altrimenti, sarebbe ostacolata per ragioni di ceto: il mendicante, a questo punto, dichiara di essere il morto sotterrato benevolmente e benedice gli innamorati che vanno su un'isola piena di ricchezze che li attendono[1077].

Ma la fiaba che, certamente più delle altre, può essere accostata alla descrizione che Fo offre delle storie del lago, è *Quattordici*: ci sono iperbole, esagerazione e un tocco rabelaisiano.

L'ultimo di quattordici fratelli cresce grosso e forte: perciò lavora per quattordici, ma mangia anche per quattordici. Di conseguenza il «contadino grosso», ossia il possidente, per evitare di pagare l'immenso lavoro svolto dal lavorante, lo manda all'inferno da Lucibello per prendere dell'oro, convinto che non farà ritorno. Giunto là, il nostro Quattordici, così si chiama, sconfigge i diavoli, prende l'oro e conduce dal

---

[1074] Cfr. *Il regalo del vento Tramontano*, I. Calvino, *Fiabe italiane* cit., pp. 334-338.
[1075] Cfr. *Sperso per il mondo*, ivi, pp. 597-608.
[1076] I. Calvino, *Sulla fiaba* cit., p. 52.
[1077] Cfr. *Giuseppe Ciufolo che se non zappava suonava lo zufolo*, I. Calvino, *Fiabe italiane* cit., pp. 420-422.

padrone Lucibello, che torna all'inferno con la nuova preda. Quattordici rimane padrone di tutto[1078].

È una sorta di «fatiche di Ercole bracciantili», dove non è il re ma il padrone a ordinare, la forza non ha nulla di soprannaturale, e c'è la discesa all'inferno[1079]. Come in *Sperso per il mondo*, *Giuseppe Ciufolo…*, la conclusione capovolge l'ordine sociale preesistente del protagonista.

Detto ciò, anche ammessa l'esistenza (improbabile) delle storie del Lago Maggiore, dal materiale che abbiamo analizzato – che in fondo è tutto quello che abbiamo a disposizione – non è possibile ritrovare dalle nostre parti la stessa volontà di reazione all'oppressione che c'è nelle fiabe, dove veramente c'è il riscatto di una vita di stenti, mentre nelle storie di Fo, questo è presente, al limite, solo nei fabulazzi del fungo e della lumaca. Anche nel racconto che vede protagoniste le statue, non noto intenti veramente polemici, sacrificati al paradosso dei movimenti furtivi delle figure marmoree; l'unico accenno, reperibile nel dilemma squilibrio-sanità mentale che accompagna il racconto del povero giardiniere Sereno, va interpretato semplicemente come l'ultimo arrangiamento di Fo alla trama originaria.

Il riferimento a precetti morali e alla contrapposizione bene-male è, invece, specifico della fiaba e non vale per le storie dei fabulatori in cui, a quanto pare, tale dialettica è assente, eccezion fatta per le rievocazioni delle piraterie dei Mazzarditi.

È più semplice, quindi, definire in negativo le storie dei fabulatori. Non erano manifestazioni di teatro popolare, né fiabe, considerando l'orbita di ricerca di Calvino:

> Fuori dalle regioni "privilegiate", il materiale si fa scarso [.] Poco della Lombardia, e che non ci lascia giudicare d'una particolare fantasia di racconto, se non un gusto preminente per la fiaba infantile o la filastrocca, comunque per un raccontare senza grande impegno, "per ridere"[1080].

Perché sul lago e in Lombardia c'erano poche fiabe, per di più estranee a vicende contenenti ribellione e voglia di riscatto oppure rovesciamenti della morale e critica al potere. Che altrove, per esempio in Sicilia, sono molto diffuse:

> Sia le parità (apologhi e parabole) sia le storie (leggende e aneddoti) contengono crudi rovesciamenti della morale cristiana, prescrivono – avallati dai santi o dal Signore in persona – comportamenti inflessibilmente asociali e antisociali: il Signore che confida ai poveri che il principale loro male è lo sbirro e che raccomanda ad Adamo di usare sulla moglie il bastone […] san Gerlando che fa il ladro di mestiere; san Giuseppe che va a rubare i fichi con Gesù Bambino per mano; san Martino la cui santità non vien meno anche se eccessiva è la sua devozione al vino; san Francesco da Paola che a cuor leggero fa testimonianza falsa; san Cristoforo, per sua parte parricida, che consiglia Sant'Elmo di praticare il contrabbando; e così via[1081].

[1078] Cfr. *Quattordici*, ivi, pp. 376-378.
[1079] Cfr. ivi, p. 378.
[1080] I. Calvino, *Sulla fiaba* cit., p. 42.
[1081] L. Sciascia, *Feste religiose in Sicilia*, Bari, Leonardo da Vinci, 1965, pp. 29-30.

Il cenno è a *Le parità e le storie morali dei nostri villani* di Serafino Amabile Guastella (1819-99) che, con vocazione ironica e moralista, descrive la condizione dei contadini in rapporto ai potenti. Segue l'analisi di Calvino:

> Sulla disuguaglianza sociale non è tanto il moralismo che dà mordente a *parità* e leggende (il diavolo dona il soffio vitale a una statua dorata con un diamante al posto del cervello e un pezzo di ferro per cuore – il ricco – mentre Dio anima una rozza statua di creta col cuore d'oro – il povero) quanto gli ironici e mal rassegnati tentativi di trovare una dimostrazione razionale del perché della situazione (una torre di bronzo con sette porte custodiva la Giustizia, ma gli Scribi e i Farisei con una chiave donata dal diavolo la sorpresero nel sonno e le conficcarono un chiodo nell'orecchia sinistra, quella con cui era solita dare ascolto alle lamentele dei poveri) [...] Che i signori siano spietati coi poveri entra nella logica dei rapporti tra le classi [...] Il villano risponde con la sola arma che gli resta, la *malignitati*, l'astuzia[1082].

E si è visto che, anche le poche leggende[1083] si presentano diverse dalle fabulazioni e comunque tendono a legarsi a un luogo preciso. Speroni evidenzia una ragione per questa mancanza di identità folcloristica:

> Non si può parlare di un'unità culturale della provincia di Varese e neppure forse si possono rinvenire caratteristiche peculiari nelle plaghe che le appartengono, costituendo esse piuttosto zone periferiche dei territori storicamente gravitanti su Milano ovvero su Como [.] Da quanto detto appare che lo studio delle tradizioni popolari della provincia di Varese si presenta da un lato più complesso e dall'altro lato forse meno interessante di quello di altre province, proprio per questa caratteristica di non unità delle tradizioni dei territori che la compongono e per il loro carattere di perifericità rispetto ai centri culturali, che ovviamente sollecitano per primi l'interesse degli studiosi[1084].

Per quanto è possibile dedurre su fabulatori, tecniche, linguaggio e temi, gli spunti di Fo funzionano al contrario, perché la vera fonte è lui, mentre l'ambiente è il destinatario. Questo fatto ha trasformato la provincia in un mondo continuamente plasmabile, adatto a venire modellato e rimodellato mediante le sue considerazioni.

A suffragio dell'ultima scoperta, faccio riferimento all'incontro tenutosi a Porto Valtravaglia a inizio febbraio 2003, in cui Fo ha magnificato le origini antichissime del paese, riprendendo la parte del libro dedicata a spiegare da dove provenga il nome.
Fu un professore, un certo Civolla, che gli trasmise siffatta cognizione durante uno dei viaggi in treno tra Milano e Porto. Il docente gli parlò della spedizione degli Argonauti nella Colchide per appropriarsi del vello d'oro, della relazione tra Giasone e Medea e dell'aiuto da lei fornito ai greci. E continuò descrivendo la crudeltà della donna che, per ostacolare il padre e i suoi soldati, disperdette le membra del fratello dopo averlo

---

1082 I. Calvino, *Sulla fiaba* cit., pp. 76-77.

1083 Stadera scrive: «nel nostro territorio si sono ridotte a poca cosa e si sono ormai confuse con una trascrizione dall'oralità non sempre attendibile. Il recupero delle versioni originali sarebbe importante sul piano "narrativo" sia per i riferimenti "storici" impliciti nel racconto» (L. Stadera, *Oralità e scrittura* cit., p. 14).

1084 Mario Speroni, *Fonti per lo studio delle tradizioni popolari nella provincia di Varese*, «Tracce», n. 3, luglio 1984, p. 164.

ucciso. Ma, per sfuggire definitivamente ai soldati del re, non restò che risalire il Danubio:

> "Dopo qualche mese, razziando e uccidendo [,] raggiungono le sorgenti del Danubio. Nave in spalla e faticando come bestie, seppur eroiche, si ritrovano sul Reno, quindi, navigando per un paio di lune controcorrente, entrano nel lago di Costanza. Altre lune. Passano le Alpi bestemmiando, sempre con lo scafo sulle schiene, e finalmente raggiungono l'Italia scendendo nel Lago Maggiore [...] Ecco, qui è il punto in cui approdano".
> "Ma è sulla nostra sponda! Questa dovrebbe essere la foce del Tresa e qui, questa insenatura...?"
> "Ci sei arrivato: è la nostra conca. Nel porto della Valtravaglia si trovava il tempio dell'oracolo!"[1085].

Nel tempio, gli Argonauti dovettero compiere un rito sacrificale per purgarsi dai delitti e dalle atrocità commesse e soprattutto Medea, fu costretta a partorire tra dolori inimmaginabili sotto gli occhi dei suoi compagni. Nel dialogo tra Fo e Civolla emerge la teoria:

> Viene forse da questo parto doloroso il nome della nostra valle?".
> "Già," conclude il professore, "Valle del 'travaglio'... quello di Medea, si intende!"
> "Incredibile! Io pensavo alludesse alla fatica del lavorare..."
> "Può darsi che sia l'origine giusta. Infatti non conviene mai fidarsi troppo delle etimologie cariche di mistica tragicità!"[1086].

Tutti i presenti all'incontro si son guardati stupefatti con delle espressioni inebetite, e ritengo che a qualcuno sia venuto il dubbio che la ricostruzione mitologica fosse corretta.

È vero che Travaglia è un'espressione di origine incerta: Geraci mi ha spiegato che «il toponimo è "Rocha di Travalia", mentre "Travalia" non esiste in sé e quindi si possono solo fare delle supposizioni»[1087]. Ma il nome della valle potrebbe derivare dal francese *travaille* (lavoro) – e non fatica del lavoro che suonerebbe come "travaglio del *travaille*" – ossia valle di lavoratori; oppure da *Trium vallium*, cioè l'insieme di Val Margorabbia, Val Marchirolo e l'odierna Val Travaglia che prima non aveva un nome specifico; o infine da "Travaglio", castello che sorgeva anticamente sulla rocca[1088].

Ma a prescindere dall'etimologia misteriosa, Fo ha davvero esagerato... e ha sconcertato un po' di gente. Per ottenere questo risultato gli è bastato citare un illustre

---

1085 D. Fo, *Il paese dei Mezaràt* cit., pp 129-130.
1086 Ivi, p. 131.
1087 Intervista telefonica a G. Geraci del 17/06/2002.
1088 Cfr. Scuola media statale "Giovanni XXIII", *La Valtravaglia*, Castelveccana 1976-'77, p. 5.

professore di cui non si ricorda nessuno[1089], rilevare l'assonanza "travaglio-travaglia" e spacciare il fatto come documentato[1090].

7.12. Parafrasi bibliche, letterarie e storiche

Dario Fo, nelle vesti del fantomatico professor Civolla, ha utilizzato il mito degli Argonauti e, con un sapiente lavoro di montaggio, ha plasmato la vicenda secondo il suo intento, forte delle numerose versioni che assegnano al vagabondare della nave Argo tragitti diversi, tra cui appunto la navigazione sul Danubio e l'inevitabile, a quel punto, trasporto a braccia. Il suo intervento si limita alla conclusione della vicenda, in cui la nave, invece di issare le vele nel mare Adriatico[1091], lo fa prima nel lago di Costanza e poi in quello Maggiore.

È facile riconoscere in questo procedimento la mano di Fo, proprio in virtù dell'interesse che ha da sempre dimostrato per le vicende di origine biblica, storica e letteraria, rimaneggiate con esiti spesso esilaranti.

La tecnica fabulatoria impiegata per intervenire su questo materiale è il ribaltamento della morale corrente, finalizzato a mettere in una luce inconsueta fatti di grande notorietà.

Il che ci riconduce direttamente alle considerazioni svolte sul tema del "mondo alla rovescia", con due precisazioni: primo, nel "mondo alla rovescia" non si trattavano miti scolastici o religiosi; secondo, nelle parafrasi, Fo ha presentato esempi complessi – storie complete, intendo – e non semplici accenni. Difatti la Valentini ha scritto che «questo stesso meccanismo di racconto, questo rovesciamento della realtà sarà la chiave delle prime trate comiche di Fo, sui palcoscenici delle riviste estive e poi alla radio, nel *Poer nano*»[1092], a testimonianza del ruolo fondamentale di quelle rappresentazioni per la sua carriera.

La genesi di quelle storie risale inequivocabilmente all'adolescenza di Fo ma questo, come già altre volte capitato, è un punto controverso, in cui le sue dichiarazioni si confondono e si sovrappongono. Nel 1976, Fo ha scritto:

> Ho imparato a raccontare le storie del "Poer nano" dai fabulatori del mio paese, sul Lago Maggiore, quand'ero un ragazzo. Erano storie antiche, parafrasi della Bibbia. Mentre rammendavano le reti i vecchi pescatori raccontavano di Isacco che discute con il padre sull'opportunità o meno di farsi tagliare la testa come a un capretto: "guarda che il padreterno t'ha fatto uno scherzo papà" e Abramo cocciuto che insiste: "tira giù la

---

[1089] Carluccio Calderoni e altri hanno chiesto a Fo chi fosse questo Civolla, ma l'attore ha commentato solo: «io lo ricordo, ma forse il cognome era diverso, magari era "Cipolla" che esiste da queste parti» (D. Fo alla presentazione de *Il paese dei Mezaràt* a Portovaltravaglia, 02/02/2003.)

[1090] A proposito, per scrupolo, ho cercato notizie sull'eventuale presenza di reperti greci in Valtravaglia. Non ho trovato nulla, salvo le tracce di una necropoli romana ai piedi della rocca (Cfr. Scuola media statale "Giovanni XXIII", *La Valtravaglia* cit., p. 12).

[1091] Cfr. Enciclopedia UTET, 1968.

[1092] C. Valentini, *La storia di Dario Fo* cit., p. 20.

> testa che mica voglio grane con quello... giù la testa... e spicciamoci... che già sta venendo a piovere, e fra poco vedrai m'arriva un fulmine!"[1093].

«La chiave di queste storie» – spiega – «era sempre il paradosso, l'opposto, il contrario: Caino era la vittima, non il boia»[1094]. Caino era un "povero ragazzo", un poveretto bistrattato da tutti, un Calimero *ante litteram*.
Lo stesso valeva per i protagonisti delle grandi tragedie shakespeariane,

> tipo Otello che essendo forestiero parlava il dialetto dell'altra sponda del lago... e non era negro, ma albino, e non era affatto geloso, anzi era offeso a morte con la moglie perché Desdemona non era gentile sessualmente col suo amico di bisbocce. Per non parlare della tragedia di Amleto... che del padre morto non gliene fregava un bel niente... tant'è vero che era stato lui ad ammazzarlo per prendersi la madre che in realtà non era sua madre ma una matrigna con la quale se la faceva da un pezzo. Era lo zio infatti che per fargli mettere la testa a posto voleva dargli in moglie Ofelia... che in realtà era un travestito amante dello zio. Il padre, meglio il suo spirito, gli appariva d'innanzi ogni volta che Amleto si sbronzava... cioè tutti i giorni dalle quattro del pomeriggio a mezzanotte... ma non era un vero spettro, era Orazio che voleva spaventarlo, truccato col lenzuolo, per soffiargli la matrigna della quale era da tempo innamorato e corrisposto[1095].

Ne *Il paese dei Mezaràt*, invece, il "FObulatore" non fa neppure un accenno a queste trame e si limita ad annotare genericamente che i fabulatori «spesso raccontavano di fatti accaduti secoli e secoli fa... ma era una ribalderia, cioè prendevano a prestito storie mitiche per trattare della realtà quotidiana e degli avvenimenti della cronaca più recente giocando di satira e di grottesco»[1096], senza specificare quali fossero le «storie mitiche» prese "a noleggio". Addirittura, la vicenda di Abramo e Isacco, che abbiamo già incontrato, si scopre essere nient'altro che uno sfogo di Fo che difende la sua dignità di bambino[1097].

La verità è emersa facilmente dai colloqui che ho avuto coi testimoni. A Porto Valtravaglia, innanzi tutto, nessuno ricorda la circolazione di storie di argomento biblico, letterario o storico. Le persone ascoltate affermano decisamente l'impossibilità di una siffatta tradizione.
Coloro che, contrariamente, hanno avuto più di un'occasione di assistere a una di quelle "conte", giurano che fossero invenzioni sue:

> La predisposizione a concepire racconti con personaggi biblici come protagonisti era certamente innata. Sotto questo aspetto della fabulazione era fantasioso lui: coglieva degli elementi che poi rielaborava in maniera incredibile e rivestiva con particolari inediti irresistibili. Mi ricordo benissimo quando ci intratteneva sul treno[1098].

1093 D. Fo – J. Fo, *Poer nano*, Milano, Edizioni Ottaviano, 1976, p. 5.
1094 *Ibidem*.
1095 *Ibidem*.
1096 D. Fo, *Il paese dei Mezaràt* cit., p. 57.
1097 Cfr. cap. 5.6.
1098 Intervista a V. Viazzo del 04/05/2002.

Anche Salvi ribadisce i meriti della «fervida immaginazione e della prontezza di spirito che lo sostenevano quando teneva banco negli incontri tra amici»[1099]; e che, ripeto, erano finalizzate a rallegrare, non a criticare i dettami della cultura istituzionale. Gli fa eco Ramponi che riporta un episodio risalente alla prima giovinezza: «Dario veniva sempre a casa mia e si fermava a mangiare. Mi raccontava barzellette e storie di sua invenzione. Aveva fantasia ed era vivacissimo, un discolo, infatti suo padre mi portava a esempio per il figlio, dato che ero più tranquillo» [1100].
Si trattava dunque non di storie a sfondo politico, ma di parodie rispondenti a quelle che Thompson indica come «necessità sociali e individuali»:

> Di fronte alla richiesta di divertimento per riempire le ore di ozio, i popoli hanno rivelato, in massima parte, una grande povertà di risorse, e tranne quelli in cui la civiltà urbana moderna è penetrata a fondo, hanno sempre trovato nel racconto di favole un passatempo dei più felici[1101].

I racconti a sfondo biblico e letterario, vedremo, si ripropongono alla radio perché il meccanismo che decostruisce l'intreccio primitivo, per ricomporre una nuova vicenda dagli sviluppi paradossali e ribaltati, poteva funzionare con successo per ogni storia. Ma all'inizio non erano satire pungenti contro la cultura dominante, ma erano geniali parodie. La flessibilità che rappresenta una delle sue doti ha impedito che le storie si cristallizzassero in una forma definitiva, ne ha fatto un magma continuamente ripensabile e riplasmabile. Così si è arrivati al significato di denuncia del pensiero comune.

7.13. Come nasceva e si diffondeva una storia

I fatti curiosi che accadevano in paese, naturalmente, diventavano di dominio comune non appena qualcuno li registrava per riproporli nei luoghi topici dove subivano i commenti e il giudizio dei presenti. Altre volte, come nell'esempio che mi appresto a illustrare, ci si organizzava per far sì che il diretto protagonista raccontasse di fronte a tutti l'accaduto.
Costui, racconta Calderoni, era un personaggio tutto particolare:

> Era uno un po' strano, a cui era venuta voglia di arruolarsi nei paracadutisti. Così, per provare le sue attitudini, si era lanciato con un ombrellone dal secondo o terzo piano di una casa… l'ombrellone si è rovesciato, ma per fortuna un mucchio di sabbia ha attutito la caduta. Lui non era nativo di Porto, ma di Taino e si era trasferito per lavorare in vetreria [guarda caso! NdA][1102].

«Un giorno» – continua il mio testimone – «si è venuto a sapere che aveva tagliato le orecchie all'asino»:

[1099] Intervista a T. Salvi del 20/05/2002.
[1100] Intervista telefonica a F. Ramponi del 08/01/2003.
[1101] S. Thompson, *La fiaba nella tradizione popolare* cit., p. 20.
[1102] Intervista a C. Calderoni del 27/02/2003.

> Il fatto era successo a Taino – per questo non era molto noto – dove suo papà era prestinaio e lui faceva delle commissioni... ma una volta al posto di pagare la farina, è tornato a casa con la moto! Comunque andava in giro con un grosso asino a consegnare il pane. Il tipo era un po' sfigato e tutti lo sfottevano per via che andava in giro con l'asino e non con un cavallo, e quindi le ragazze non lo guardavano neppure. Così aveva chiesto al papà di vendere l'asino e comprare un cavallo. Ma uno degli "amici", il più "spinto", gli suggerì di tagliare le orecchie all'asino per farlo sembrare un cavallo. E lui l'ha fatto!... coi forbicioni mentre la bestia era attaccata nella stalla. L'animale, per il dolore, ha strappato su tutto e ha schizzato sangue ovunque in giro per Taino[1103].

Questa era la storia, originale e divertente; adattissima ad entrare nel patrimonio folcloristico della zona. Ma si voleva di più, perché essa avrebbe dato un gusto e una soddisfazione ancora maggiori, solo se raccontata dal "tagliatore di orecchie" in persona. Non fu difficile ottenere la disponibilità del balordo:

> Mio padre, anche se l'aveva scoperta per vie traverse, ha fatto di tutto per fargli raccontare la storia dell'asino: l'ha chiamato in bottega con una scusa, gli ha fatto bere qualche bicchiere (che lui gradiva volentieri) e poi è entrato in argomento e gli ha fatto raccontare tutto. Un crocchio di gente era accorsa nel fresco della una sera estiva. E tutti erano lì a bere e a divertirsi perché poi continuavano a farsi raccontare la storia dell'asino: non ne avevano mai abbastanza! Dario ha certamente sentito racconti come questi che giravano nelle botteghe e nelle osterie[1104].

È valutando esempi come questo che annovero di diritto le storie del lago nella categoria delle novelle semplici. Difatti «d'aneddoto semplice» – scrive Thompson – «si rifiuta di assumere una forma e una trama precise e rigide. Il suo pregio principale consiste nel fatto di lasciar libero il novellatore di esercitare la sua libertà. Non si attribuisce alcun valore alla fedeltà ad un testo o alla continuazione di un'antica tradizione»[1105]. Anche perché le storie passate per l'osteria, di antico non avevano proprio nulla e quindi, l'unica possibilità di sopravvivere al logorio del tempo è che qualcuno ne mantenga una traccia.

Dopo aver esposto un fatto accaduto veramente, vorrei soffermarmi invece sul meccanismo che, prendendo spunto da una menzogna, crea poi un'intera vicenda. Piero Chiara ha scritto una novella, *Cammina cammina...*[1106], in cui è chiarissimo come nasca e si sviluppi una "balla": nell'episodio, il protagonista Pierino inventa una storia incredibile per giustificare la sua sparizione del giorno prima, causata dalla reclusione forzata in un magazzino in cui si era avventurato per rubare della frutta secca. Il racconto che scaturisce dalla sua fantasia ha molti tratti in comune con le presunte storie dei fabulatori: il bambino entra in una grotta attraverso un pertugio ma, essendo franato l'ingresso, è costretto a cercare un'altra uscita; così, seguendo i cunicoli, viene a

---

1103 *Ibidem.*
1104 *Ibidem.*
1105 S. Thompson, *La fiaba nella tradizione popolare* cit., p. 307.
1106 Cfr. *Cammina cammina...*, P. Chiara, *Le avventure di Pierino al mercato di Luino* cit., pp. 47-66.

trovarsi sotto il lago, separato dall'antro mediante rocce trasparenti, attraverso cui si vedono pesci e barche.

L'autore scrive che Pierino «neppure da grande raccontò la storia vera, perché a forza di perfezionare la sua favola aveva finito col credere in quel viaggio sotto il fondo del lago, anche se gli pareva d'averlo fatto in sogno o in un'altra vita»[1107].

Sono certo che storie e leggende si propaghino in un modo molto simile a questo: un abbozzo fantasioso di vicenda viene più volte ripetuto, cambiano narratore e ascoltatori, finché assume una dignità autonoma e si fissa nel folclore, seppur con certe varianti. Chiara, nel libro citato, certamente non propone una leggenda del lago, sebbene offra un esempio molto efficace di come tali narrazioni prendano vita e si diffondano.

Credo che Fo, in fondo, sia stato come quei bambini che dicono le bugie a loro stessi e poi finiscono per credere a quello che dicono. Come Pierino, non sapeva neppure più cosa fosse vero o meno del suo passato: è difficile ormai filtrare 90 anni di vita, per rinvenire informazioni risalenti a un'ottantina di anni fa, su cui molto è già stato detto in tempi e modi diversi. I ricordi non possono essere precisi e infatti Fo, nelle interviste, ha illustrato le medesime situazioni con alcune varianti.

E poi non si può sottovalutare uno degli aspetti ineliminabili e, direi, portanti del racconto orale, sintetizzato magistralmente da un proverbio toscano "*la novella nun è bella, se sopra nun ci si rappella*", ossia «la novella vale per quel che su di essa tesse e ritesse ogni volta chi la racconta, per quel tanto di nuovo che ci s'aggiunge passando di bocca in bocca»[1108]. Da questo punto di vista la «creazione popolare è una creazione collettiva, identica a quella i cui prodotti sono i nidi delle rondini, le cellette delle api, le conchiglie delle chiocciole»[1109]: i racconti, provenienti o meno dalla tradizione popolare, hanno un legame genetico con l'oralità e si manifestano nella "ripetizione continua di simili", ossia la riproposizione dello stesso racconto da parte o dello stesso narratore, o da parte di un narratore differente, suscettibile di subire variazioni anche minime che però provocano un *gap* tra la storia originaria e la nuova.

Le orecchie dell'asino e la grotta sotto il lago, nel loro piccolo, rappresentano la casistica delle storie che possono nascere sul Verbano. Ci sono dei punti in comune con alcune fabulazioni, vere o presunte dei contastorie di Fo ma, il dato fondamentale è che lui si è spinto oltre la soglia della frottola da bar, ha operato in maniera differente: naturalmente ha costruito una trasposizione fantastica del reale fagocitando persone, pseudonimi[1110], fatti, ma ha voluto dare dignità concependo le storie come fossero legate a una tradizione («dentro i testi dei codici medievali e dei poeti, testimoni delle nostre origini più antiche [...] stanno le radici di ogni fabulazzo che ho appreso dai miei contastorie»[1111]) della satira più pungente e spregiudicata.

Il fatto che lui sostenga questo, è un classico esempio di giustificazione a posteriori.

[1107] Ivi, p. 66.

[1108] I. Calvino, *Sulla fiaba* cit., p. 28.

[1109] H. Naumann cit. in P. G. Bogatyrëv, *Il folclore come forma specifica di creazione* cit., p. 74.

[1110] Considerando i soprannomi di alcuni personaggi descritti da Fo, dato che molti di questi non sono noti in paese, mi sembra evidente che abbia utilizzato dei termini con un significato con piccoli cambiamenti. (es. Gratacü, Bigulòt, Vescica).

[1111] D. Fo, *Il paese dei Mezaràt* cit., p. 57.

Alla luce di tutto il nostro ragionamento, ritengo oltremodo gonfiato sostenere che «quelle storie, ripetute di generazione in generazione dai fabulatori, erano diventate per lui, col tempo, un "blocco strutturale"», ossia «un immaginario-profondo costante e fertile» che sorreggesse la mobilità del suo processo creativo[1112]. Secondo Meldolesi, Fo scopre nei racconti dei fabulatori quell'inventario di possibilità, di chiavi narrative, di contrappunti che hanno valore ben oltre la semplice narrazione nel contesto del lago: «i racconti dei fabulatori sono la matrice evocativa di fondo del "teatro di Fo"». Egli ha potuto, nella sua lunga carriera, attingere a piene mani a quel mondo poetico e creativo. In questo modo ha potuto assecondare l'indiscussa maestria e la strumentazione espressiva che si sono adattate perfettamente a sviluppare quelle soluzioni narrative, fino a esiti spettacolistici apparentemente molto distanti[1113].
La questione va necessariamente ridimensionata: Fo ha subito il fascino dell'ambiente bizzarro in cui viveva che si coniugava in modo ottimale con le sue passioni e con le sue doti naturali. Ma è impreciso, alla luce delle mie scoperte, definire le storie un bacino immaginifico in cui pescare soluzioni creative. Reputo viceversa corretto ammettere che Fo qualche stimolo l'abbia colto, ma che soprattutto abbia lavorato molto con la sua *verve*.

Mi sono rivolto a una persona molto vicina a Dario Fo nella speranza di ottenere quanto meno la conferma di aver individuato degli aspetti cardine della questione. Fulvio, fratello del premio Nobel e affidabilissimo testimone oculare di quell'epoca ha risposto al mio quesito sull'esistenza dei fabulatori con poche significative parole che non lasciano adito ad alcun dubbio:

> A Porto Valtravaglia c'era sì un ambiente strano… sai, gli stranieri, la vetreria, le osterie. Non si trattava di una tradizione: c'era gente così… fatta a modo suo… che aveva una grande fantasia da cui Dario ha pescato[1114].

Infatti le dichiarazioni riportate testé avanti sul personaggio chiamato *Müscinìn*, è vero che spezzano una lancia a favore del premio Nobel, perché affermano l'esistenza di tre aneddoti[1115], ma allo stesso tempo non mostrano alcun accento polemico e nessuna tradizione.

[1112] Cfr. C. Meldolesi, *Su un comico in rivolta* cit., p. 29. L'autore fa riferimento a quanto scritto da Fo nell'edizione bilingue di *Mistero buffo* uscita nel '73 sul mercato francese.
[1113] Cfr. *ibidem*.
[1114] Intervista telefonica a F. Fo del 15/05/2003.
[1115] Cosa comunque discutibile perché oggettivamente manca la "prova del nove" di altri testimoni esterni alla famiglia Fo. L'unico ad avere solo in parte qualche ricordo, lo ribadisco di nuovo, è davvero Calderoni.

8. Dal lago alla città

«Di norma il comico non ha una data di nascita, la sua vocazione si perde nel tempo rarefatto dei segni premonitori»[1116]. Meldolesi, con queste parole, fa riferimento alle storie dei fabulatori, alla passione per le marionette e alla vocazione per lo spettacolo ereditata dal padre che recita Ibsen.
Tutti fattori che abbiamo via via incontrato nell'analisi del *background* di Fo. Una serie di tasselli, veri o falsi, che si sono incastrati per formare il ponte su cui Fo si è incamminato per arrivare ad essere un artista di teatro completo e affermato.

Finora sono stati sviscerati la scenografia, le atmosfere e i personaggi del "romanzo di formazione". L'elemento che manca è proprio Dario, il protagonista di «una serie di episodi vissuti, che al racconto scorrono come momenti di teatro, fatti di equivoci, travestimenti, furbizie»[1117].

8.1. In paese

«*Quand el vedi in televisiun, püsee vecc' ma l'è an'mò quell*»[1118]. Con questa capacità di sintesi, una signora ottantenne del Centro Ricreativo di Porto Valtravaglia ha descritto il suo illustre concittadino, a dimostrazione che l'istinto dell'uomo di spettacolo è sempre appartenuto a Dario Fo.

Le prime avvisaglie, si è visto, risalgono alla sua permanenza a Pino Tronzano; peccato che non siano confrontabili con altre testimonianze e che quindi ci si debba affidare solo ai suoi ricordi, i quali, purtroppo, appaiono anzichenò ricostruiti.

Ma è proprio nel secondo «paese delle meraviglie», così stimolante grazie all'incontro di diverse culture e alla presenza di personaggi curiosi, che sbocciano definitivamente le sue doti artistiche: "genio e sregolatezza", una formula abusata per descrivere chi si differenzia dalla massa ma che, nel caso di Fo, è perfettamente calzante[1119].

La mattina era sempre in ritardo quando doveva andare a prendere il treno: «capitava di vederlo in giro per il paese mezzo nudo che si vestiva lungo il tragitto… infilava *sü* la *camisa*, i *calzòn* e prendeva il treno al passaggio a livello perché i macchinisti lo aspettavano o rallentavano»[1120]. Lo stesso Fo ha ammesso il fatto:

> Mi alzavo ogni mattina alle cinque e mezzo, mi lanciavo di gran carriera percorrendo tutto d'un fiato il lungolago e, tenendo un orecchio sempre teso all'uscita delle gallerie

---

[1116] C. Meldolesi, *Su un comico in rivolta* cit., p. 17.
[1117] Ivi, p. 18.
[1118] Trad.: Quando lo vedo in televisione, più vecchio, ma è sempre lo stesso (Intervista alla *Sciúra* del 05/06/2002).
[1119] Basti dire che la maggior parte delle persone che ho fermato, anche quelle che non ricordavano episodi specifici o non avevano piacere di parlarmene, sentendo il suo nome, avevano grossomodo tutte la stessa reazione: «Il Fo? *L'era propi matt*».
[1120] Intervista a C. Calderoni del 11/05/2002.

dentro e fuori dalle quali spariva e riappariva il treno proveniente da Luino, ingaggiavo perennemente la gara a chi arrivava primo alla stazione[1121].

La "missione" quotidiana, prendere il treno, riguardava anche il fratello Fulvio, immensamente grato alla lungimiranza del padre: «fortuna che papà faceva fermare il treno, perché sapeva che eravamo in ritardo... e la gente ci incitava dai finestrini, dato che ci vedeva scattare lungo i binari. Ormai si erano abituati tutti a quei rallentamenti fuori programma!»[1122]

Dario «era intelligente e a scuola sarebbe stato molto bravo se non fosse stato per l'ortografia: faceva degli erroracci da sbalordire la maestra»[1123]. Maria Bricchi Perelli, che fu l'insegnante del premio Nobel per la letteratura, alunno di quinta elementare a Porto Valtravaglia nell'anno scolastico 1936/37, giudica così l'ex scolaro:

> Accenti, articoli, apostrofi non esistevano. La sua creatività era talmente forte da essere più veloce dell'ortografia [.] Mi colpì subito la sua intelligenza presente, viva e aperta che quel bambino faceva emergere nel suo voler apprendere sempre di più. Era bravissimo nella lingua italiana, un autentico vulcano nello scrivere. Ed eccelleva nel disegno. Le sue composizioni erano sempre da 9 e da 10...anche se alla fine ero costretta ad aggiustare il voto con 7 a causa dell'ortografia che lasciava a desiderare[1124].

Il problema con l'ortografia dipendeva certamente dal fatto che «era distratto e aveva sempre la testa tra le nuvole. Un giorno che la mamma lo mandò a comprare un pezzo di sapone da bucato, tornò dopo una bella ora, senza sapone, ma raggiante, tenendo per la coda una lucertola tramortita: - Guarda mamma, che meraviglia»[1125].

Era un discolo a cui piaceva fare gli scherzi, infatti, «quando andava a scuola a Luino, insieme al suo amico Rosso, sputava dal treno addosso alla casellante. Visto che la donna non ne poteva più, si era rivolta al capostazione Fo per richiamare i due monelli»[1126]. Ma anche a scuola l'atteggiamento era lo stesso. La Bianchi giura che, «quando frequentava le scuole commerciali a Luino, era così indisciplinato da essere sospeso spesso dalla severissima insegnate Badi»[1127]. I luoghi dove, invece, poteva sfogare liberamente la sua irruenza erano le strade e i boschi, in compagnia di altri scapestrati alla ricerca di giochi pericolosi e, spesso, di scontri "corpo a corpo": «i

---

1121 D. Fo, *Il paese dei Mezaràt* cit., p. 122.

1122 Intervista telefonica a F. Fo del 15/05/2003.

1123 B. Fo Garambois, *Io, da grande mi sposo un partigiano* cit., p. 10.

1124 http://web.tiscali.it/Porto Valtravaglia/dariofo.html. A proposito, in R. Nepoti – M. Cappa, *Dario Fo* cit., p. 20, c'è una foto del diploma di V elementare rilasciato a Porto Valtravaglia il 19 giugno 1937: canto-buono; disegno e bella scrittura-lodevole; lettura espressive e recitazione-lodevole; ortografia, lettura ed esercizi per iscritto di lingua italiana-sufficiente; aritmetica e contabilità-buono; geografia-lodevole; storia-buono; scienze fisiche e naturali e nozioni organiche di igiene-buono; nozioni di diritto e di economia-lodevole; educazione fisica-buono; lavori donneschi e lavoro manuale-buono; condotta-buono).

1125 B. Fo Garambois, *Io, da grande mi sposo un partigiano* cit., p. 10.

1126 Intervista a Carlo C. del 27/02/2003.

1127 Intervista telefonica a C. Bianchi del 08/05/2002.

match a pugni, le spintonate, i calci e le ginocchiate, erano all'ordine del giorno in Valtravaglia»[1128].

Soprattutto si distingueva per la parlantina sciolta. Bianchini l'ha conosciuto molto bene: «Era molto amico del mio futuro cognato. Erano sempre insieme e scorrazzare in giro per il paese. Amavano andare soprattutto in riva al lago. Fo lo ricordo davvero loquace»[1129].

Chiacchierone, amante della compagnia, sempre in movimento... e, come già osservato, portato per le rappresentazioni grafiche:

> La sua più grande passione era disegnare, ed era bravissimo. Aveva sempre la matita in mano e ogni pezzo di carta era suo. Disegnava dappertutto: sui muri, sulla scala, sulla tappezzeria della nostra camera. Con un chiodo appuntito incise persino la sponda del suo letto. La cosa mandò in bestia mio padre, tanto più che, sgranando gli occhi stupiti, Dario sosteneva di aver fatto un bellissimo lavoro[1130].

Il suo talento purissimo era unanimemente riconosciuto e gli valse anche un premio prestigioso:

> Dario vinse il primo premio quando aveva 13 anni ai "Ludi Juveniles" di disegno. Partecipò con un ritratto fatto a me vestito da Balilla. Prima passò la selezione provinciale e regionale e venne poi giudicato il migliore in tutta Italia. La premiazione avvenne a Milano, dove rimase esposto per parecchio tempo, all'Arengario. E fu vanto per Varese, ma anche per la Lombardia e Milano[1131].

Fu proprio grazie a quella passione che Reggiori, di otto anni più giovane, entrò in contatto con Dario:

> Studiava a Milano, a Brera, insieme a un suo coetaneo, Franco Bertone. Io avevo circa dieci anni e portavo i capelli a caschetto; loro pensavano che fossi un bel soggetto da ritrarre e così mi portarono nella palazzina di una zia del Fo. Così mi hanno fatto sedere in veranda su una poltroncina in vimini e mi hanno fatto contemporaneamente il ritratto, da due angolazioni diverse. La cosa che più mi ha colpito era la differenza tra i due pittori: il Bertone era attento e concentrato, mentre Fo continuava a chiacchierare, commentare quel che faceva e gesticolare: facevo fatica a rimanere serio! Alla fine mi hanno ringraziato e come pagamento ho ricevuto... una manciata di caramelle[1132].

1128 D. Fo, *Il paese dei Mezaràt* cit., p. 71. Cfr. anche sui giochi rischiosi cap. 4, p. 95.
1129 Intervista a O. Bianchini del 19/06/2002.
1130 B. Fo Garambois, *Io da grande mi sposo un partigiano* cit., p. 11.
1131 Intervista telefonica a F. Fo del 15/05/2003.
1132 Intervista a G. Reggiori del 21/06/2002. In R. Nepoti – M. Cappa, *Dario Fo* cit., p. 21, c'è un'immagine del cartellone della mostra congiunta di Fo e Bertone che si è tenuta dall'1 al 10 dicembre del 1945 a Bergamo.

8.2. Il primo palcoscenico: il treno

Il primissimo pubblico del Fo ragazzino era composto ovviamente dagli amici che poterono assistere agli spettacoli di burattini allestiti e messi in scena dai fratelli Fo[1133]; ma che ebbero anche occasione di ascoltare le prime esibizioni fabulatorie del quattordicenne Dario:

> Ogni tanto mi esibivo per i miei compagni di scuola. Ripetevo le storie del *Magnan*, del *Bretela* e del *Dighelnò*, infilandoci spesso mie variazioni e adattamenti. Quasi senza rendermene conto stavo acquistando un certo mestiere e un piccolo pubblico di affezionati ascoltatori[1134].

Ma la notorietà arrivò grazie ai viaggi alla volta di Milano che lo misero a contatto con un uditorio nuovo, più ampio, ma ugualmente elettrizzato dalla sua simpatia, al punto di aiutarlo con entusiasmo, come già detto, a salire sul treno in corsa. Ogni giorno i vagoni diretti a Milano si trasformavano in una spettacolare carovana ambulante:

> Il convoglio del treno era formato da cinque o sei vagoni: c'era quello di seconda classe, tutto scompartimenti di otto posti, mentre il resto dei vagoni era di terza classe, cioè composto di un solo ampio spazio che noi ragazzi preferivamo in quanto ci permetteva di stare tutti insieme. Una masnada di maschi e femmine, studenti, giovani impiegati e qualche operaio… salivano tutti alle varie stazioni a piccoli gruppi fino a stipare l'intero convoglio. Io, con qualche altro amico della Valtravaglia, coprivo il ruolo di "contastorie", poi c'erano ragazzi e ragazze che cantavano accompagnandosi con chitarre e fisarmoniche. A Caldè saliva spesso una vera e propria banda di ottoni: i due che suonavano il flauto e il trombone a coulisse erano addirittura allievi del Conservatorio. Così il nostro vagone godeva del soprannome di "Caravan de ciuch" (carovana di ubriachi). Ogni tanto disertavo quel pandemonio e mi rifugiavo in un altro vagone dove poter studiare, ma non sempre ci riuscivo: i miei compagni mi venivano a sequestrare e mi imponevano di raccontar loro almeno un paio di storie[1135].

Lo spettacolo quotidiano pare quindi che fosse molto vario, con racconti, canzoni e musica, tra cui emergeva proprio quel ragazzo «lungo e magro [,] né bello né brutto [,] con gli occhi verdi e rotondi con le ciglia lunghe e dritte, e due dentoni un po' sporgenti da farlo sembrare un coniglietto»[1136], che era l'attrazione principale. Ricorda l'avvocato Viazzo, uno che c'era:

> Allora era un goliardo, ambita compagnia per noi studenti: qualunque fosse l'oggetto delle nostre discussioni [,] bastava una sua battuta, un suo sberleffo, e si rideva per ore, come pazzi. Ricordo i viaggi in treno, spesso sui carri bestiame, per recarci a Milano all'Università. Viaggi interminabili, che Dario allietava e rendeva brevi con i suoi stralunati racconti e le parodie della Divina Commedia in cui inseriva dei personaggi noti nel luinese rivestendoli dei panni di Ugolino o di Farinata degli Uberti o di altre

---

1133 Cfr. cap. 4.4.1.

1134 D. Fo, *Il paese dei Mezaràt* cit., p. 70 (corsivo nostro).

1135 Ivi, pp. 122-123.

1136 B. Fo Garambois, *Io, da grande mi sposo un partigiano* cit., p. 10.

> figure della Commedia. O narrando, a puntate, le avventure dei fratelli Malpaga di Cannero, nelle loro scorribande sulla sponda orientale del Lago Maggiore. Era teatro tutte le mattine, con la platea plaudente e divertita di studenti, impiegati ed operai che si accalcavano nella vettura o nel carro dove Dario offriva spettacolo gratuito con i suoi lazzi e le sue sceneggiate[1137].

«Era davvero irresistibile» – mi ha confermato Viazzo a voce – «tanto che io e altri, che avevamo il biglietto di prima classe in quanto eravamo figli di ferrovieri, andavamo tutti insieme nei carri bestiame, dove aspettavamo come la manna di arrivare a Porto per sentire una storia»[1138]. La cosa affascinante, oltre alle trame divertentissime, era il modo di raccontare, di esporre le cose «quasi con distacco. Lui non rideva mai, le buttava là...»[1139].
Per questa ragione, nel capitolo precedente, ho annoverato Viazzo tra coloro che sostengono il massiccio intervento di Fo nella creazione delle storie: «costruiva i fatti come se fossero in gran parte veri, dicendo di riprenderli dalla bocca di tizio»[1140].

Ma la verità risiedeva nella grande capacità immaginifica che gli consentiva, a partire dagli spunti più diversi, letterari, storici, ecc. di ricreare una vicenda frutto, in sostanza, di invenzione; cosa, in fondo, ammessa tra le righe nella sua autobiografia:

> A quel tempo possedevo un repertorio piuttosto limitato, per cui, per non ripetermi, ero costretto a *inventarmi* sempre nuove avventure, buttando in paradosso grottesco imprese storiche famose come quella di Garibaldi e della spedizione dei Mille [...] l'Odissea era diventato il mio magazzino inesauribile di motivi satirici e pagliacceschi[1141].

Dopo «variazioni e adattamenti» alle storie dei fabulatori per intrattenere gli amici di Porto, Fo ammette di essersi affidato all'invenzione per soddisfare un pubblico sempre più esigente, rinnegando finalmente le precedenti dichiarazioni che lo dipingevano come un semplice ripetitore; parole come queste fugano ogni dubbio sulla questione fabulatori-tradizione:

> È ovvio, sto abbozzando solo le trame di quelle storie con le quali mi esibivo sul treno nel viaggio dal lago a Milano. A ogni replica inserivo varianti con lazzi nuovi, improvvisazioni vocali e mimiche. Spesso ero costretto a montare sulla panca nel centro del vagone perché tutti mi potessero seguire. Insomma, la carrozza dell'accelerato Luino-Gallarate-Milano, Stazione Porta Garibaldi, è stata per anni il mio palcoscenico, con platea sempre esaurita e festante![1142]

Sul treno, sostiene Frigerio, «ha veramente preso forma il Fo cantastorie, che sfornava scenette come il *Poer nano*, note perciò a tanti prima che assurgessero a notorietà»[1143].

1137 V. Viazzo, *Luino 1947: l'estro nascente di Dario Fo*, «Il Rondò», n. 14, 2002, p. 39.
1138 Intervista a V. Viazzo del 04/05/2002.
1139 *Ibidem.*
1140 *Ibidem.*
1141 D. Fo, *Il paese dei Mezaràt* cit., p. 123.
1142 Ivi, p. 125.
1143 Intervista a P. Frigerio del 14/03/2002.

Quei viaggi, ricorda Salvi, un altro che ha avuto la fortuna di partecipare, erano assolutamente indimenticabili:

> Io sono del 1919 e prendevamo il treno alle 5.00 del mattino, che fermava a Porto alle 5.07, e andavamo a Milano sulle panche dei vagoni bestiame e Fo teneva banco, insieme all'avvocato Spozio suo coetaneo e ad altri… certo ne combinavamo una dietro l'altra: ad esempio un anno, il '48 mi pare, nevicava molto e il treno su cui viaggiavamo era fermo. Fu una fortuna invece che una seccatura, perché Dario ci allietava con le sue storie[1144].

A giudicare dall'individualismo esacerbato dall'uso compulsivo degli smartphone, quanto sembrano lontani quegli anni, in cui la faceva ancora da padrone la comunicazione orale e analogica. Grazie ad essa, la genesi delle storie poteva essere particolarmente fiorente; ma ora, purtroppo, si è passati dall'ascoltare e dal ripetere, magari cambiando il contenuto, al guardare e poi postare sempre lo stesso identico contenuto. E gli scompartimenti dei treni, oggi, sono frequentati da zombie...

8.3. Brera e gli scherzi

La sua vena non si esauriva naturalmente sul treno, ma proseguiva in Accademia – «lavorando, non smetteva mai di raccontare le sue storie incredibili, su argomenti inventati lì per lì, tirava avanti per ore, col risultato che noi smettevamo di dipingere per ascoltarlo»[1145] – e «nelle osterie di Brera, dove non faticò a farsi conoscere per la sua facilità di improvvisare»[1146]; e aumentava, fagocitando nuovi spunti: «ormai mi ero fatto un repertorio considerevole e soprattutto con riferimenti continui all'attualità, nonché caricature di nostri professori e grandi maestri dei quali conoscevamo manie, generosità o mitiche taccagnerie»[1147]. Tra queste le satire su Carrà e su De Chirico, «paradossi che poco avevano a che fare con la realtà» e che quindi mostravano com'era la sua comicità pre-politica[1148]. Si consideri anche quest'altro ritratto canzonatorio:

> Un professore interroga un allievo e alle prime parole lo interrompe per iniziare una dotta dissertazione sull'argomento della domanda, finendo per dimenticarsi dell'interrogato sino al momento in cui termina l'ora di lezione; giunto a quel punto, soddisfatto del piacere di aver tenuto una bella lezione, dà un bel voto a quel fortunato allievo che per conto suo era magari impreparato: un formidabile personaggio comico[1149].

1144 Intervista a T. Salvi del 05/03/2002.

1145 Testimonianza di un compagno d'Accademia cit. in C. Valentini, *La storia di Dario Fo* cit., p. 29.

1146 F. Quadri, *Dario Fo poeta della lingua orale*, «Il Rondò», n. 11, 1999, p. 9.

1147 D. Fo, *Il paese dei Mezaràt* cit., p. 184. Cfr. anche C. Meldolesi, *Su un comico in rivolta* cit., p. 18.

1148 Cfr. ivi, pp. 184-185. Due esempi: Carrà chiede alla moglie di fargli da modella per dipingere… un cane! De Chirico disegna delle copie dei suoi dipinti metafisici, ma va in confusione e, tra varianti assurde apportate ai quadri, non riesce più a scovare l'originale.

1149 M. Fanoli, *I professori di Brera primo pubblico di Dario Fo*, «Milano sera», 24 agosto 1954.

Del suo periodo a Brera si ricordano anche degli scherzi grandiosi («fare le scene»), in collaborazione coi suoi compagni. A Porto Valtravaglia, una domenica mattina, il gruppo di amici intervenne «durante una di quelle feste che gli affaristi milanesi usano fare lontano dalla città [...] a recitare la messa; Fo era il chierico, il prete era un ex seminarista. Quando chiamarono i presenti a pentirsi, ci furono momenti di sgomento»[1150]. In un'altra occasione, a casa di uno speculatore edile che «voleva divertire gli invitati con l'esibizione di un poveraccio, un affamato che aveva reputazione di gran mangiatore», il gruppo fece irruzione per protesta, «creando scompiglio, trafugando i vassoi del dessert, entrando in casa col trattore, malmenando gli invitati di soppiatto»[1151].

Il capolavoro, comunque, fu l'arrivo di "Picasso" a Milano, organizzato da Fo e dai suoi colleghi e amici dell'Accademia: «la nostra chiave di volta» – scrive Fo – «era Otello, il bidello della Brianza [...] sui cinquant'anni, di bassa statura, ben piazzato, con il cranio ornato di pochi capelli bianchi e la faccia identica a quella del caposcuola cubista»[1152]. La gente era letteralmente impazzita per l'emozione e l'attesa, così nel luogo in cui si sarebbe dovuto celebrare ufficialmente l'arrivo del "Maestro", successe il finimondo[1153].

A parte l'influenza dei compagni intellettuali e artisti – come il pittore Emilio Tadini che «era stato una sera intera nascosto in un enorme vaso sulla terrazza di un industriale che dava un ballo, per uscire come una marionetta a mezzanotte in punto, fra lo sgomento generale gridando: "Borghesi, vi affosseremo"»[1154] – nella voglia di organizzare tiri burleschi permaneva l'ascendente dello spirito giocoso di Porto Valtravaglia, dove gli scherzi pare fossero frequenti e degni dei libri burleschi che, scrive Thompson, erano zeppi di individui «sciocchi e semplicioni»[1155].

Fo, per l'appunto, racconta dei *Bindula*, una «banda di balordi sfaccendati, autentici campioni della beffa, addirittura geniali nell'architettare e mandare a segno scherzi a dir poco diabolici»; e della loro vittima preferita, l'Ardito "*Pacioch*", «un energumeno candido e credulone [...] "grand-gross-e-ciula"». I balordi prendono in prestito il facsimile di una Bugatti che si trovava in officina e, lasciando il motore da parte, la

---

1150 C. Meldolesi, *Su un comico in rivolta* cit., p. 21. Di questo particolare mi ha accennato al telefono Lucio Petrolo il giorno 14/02/2003: «Una volta si era vestito da prete e aveva inscenato una messa che puoi immaginare...».

1151 Cfr. *ibidem*. Non mi è stato possibile verificare questo avvenimento; tuttavia, il «gran mangiatore» corrisponde alla descrizione del *Pieromatt*, incontrato nel capitolo precedente. Questo potrebbe suffragare l'autenticità dell'episodio, oppure, potrebbe costituire l'appiglio alla realtà da cui Fo è partito per costruire l'aneddoto.

1152 D. Fo, *Il paese dei Mezaràt* cit., p. 186.

1153 Cfr. ivi, pp. 186-189 e C. Meldolesi, *Su un comico in rivolta* cit., p. 21. I due brani, ovviamente, non collimano nei dettagli dello scherzo: del resto sono passati molti anni tra le due pubblicazioni (1978 e 2002) e quindi bisogna mettere in conto l'incessante rimaneggiamento di Fo sulle sue memorie.

1154 C. Valentini, *La storia di Dario Fo* cit., p. 30.

1155 «I libri burleschi contengono molti [...] aneddoti di azioni imprevidenti e sciocche» registrati spesso nelle raccolte di fiabe popolari, tra cui l'uomo che cerca di infilare contemporaneamente entrambe le gambe nei pantaloni. Oppure raccontano di come «ad una persona nuda si faccia credere di essere vestita, a un laico di essere un monaco, ad un uomo in perfetta salute di essere ammalato» (cfr. S. Thompson, *La fiaba nella tradizione popolare* cit., p. 275). Della stessa pasta sono l'uomo col vestito dipinto sulla pelle, l'Ardito a cui viene fatto credere di essere forte come una bestia, o il Bigino che si tagliava barba da una parte e capelli dall'altra.

riassemblano con un rotolo di filo da pesca. Il capo, soprannominato *Grataciü*, si fa spingere di fronte al bar Mira-Lago da due compari e chiede all'Ardito di prendere un secchio d'acqua da mettere nel radiatore. Ottenuto questo chiede al tontolone di chiudergli la portiera dimenticata (apposta) aperta «ma mi raccomando, è una macchina molto preziosa e delicata… fai piano!». Ma quando la chiude, «dietro il portabagagli, i due compari tirano con forza il cavo della trappola: strattonano le lenze fissate ai vari pezzi della macchina cosicché tutto l'assetto crolla rovinosamente a terra». Tutti accusano l'Ardito di essere una bestia scatenata e di aver commesso un danno irreparabile; per il colpo perfino il motore è finito su un platano (sistemato naturalmente prima della sceneggiata). Uno dei *Bindula* avanza una proposta: «"Ha dei muscoli da bestia, bisognerebbe imporgli di girare con due cerchi di ferro infilati nelle braccia per bloccargli la potenza propulsiva dei bicipiti, se no è un pericolo pubblico!"». Lo conducono così dal maniscalco a mettere i ferri… già pronti[1156].

L'episodio è molto curioso e non so se sia avvenuto… ma neppure sono certo del contrario, perché l'esperto "garante" Calderoni ha lasciato aperto uno spiraglio di possibilità:

> Mah, ne succedevano talmente tante che questa può essere capitata. Per esempio c'era il *Bigulina*, di cognome Galli; ed era padre dei tre fratelli pescatori, tra cui quello che ha nominato il Dario. Erano bravi giovanotti, portavano in tempo di guerra gli ebrei in Svizzera. Ma gli altri ragazzi li prendevano in giro, così il padre una volta si è "incavolato" e a chi li prendeva in giro ha detto di smetterla con le offese. Loro ascoltavano in silenzio e sorridevano sotto i baffi mentre l'altro si sfogava. Poi, come risposta, mogi mogi, hanno detto: "Non lo facciamo più". Però, mentre se ne andavano hanno urlato "Arrivederci signor *Bigulina*!"… l'avevano preso in giro ancora![1157]

8.4. Il "FObulatore" arriva a teatro

Dove si è tenuto il primo vero spettacolo di Dario Fo?

Tre abitanti di Porto Valtravaglia, hanno affermato con orgoglio che, nonostante nessun libro lo menzioni, l'esordio avvenne nel loro paese[1158]. Bianchini ricorda che «ha recitato e ha anche messo su una specie di filodrammatica nella balera, quella che realizziamo ancora oggi, per i festeggiamenti del mese di agosto specialmente»[1159]. Reggiori conferma:

> Dove hanno fatto la balera adesso per le feste d'estate della Pro Loco, aveva già organizzato del teatro a 18-19 anni, magari anche per questo si riferisce a Porto come

---

[1156] Cfr. D. Fo, *Il paese dei Mezaràt* cit., pp. 111-114.

[1157] Intervista a C. Calderoni del 27/02/2003. *Bigulina* è offensivo, in quanto deriva dal termine *bìgul*, ossia stupido, scemo.

[1158] Sinceramente neanche Fulvio Fo, interpellato sull'argomento, ricorda uno spettacolo vero a Porto: «magari ha fatto qualche scenetta, ma niente di molto organizzato. Comunque non ne sono certo, non ricordo» (Intervista telefonica a F. Fo del 15/05/2003).

[1159] Intervista a O. Bianchini del 19/06/2002.

> sede di linfa artistica. Non ricordo il titolo e la trama dello spettacolo ma era già estroso. Non era un teatro classico, serio, delle compagnie di zona o girovaghe[1160].

Calderoni ricorda vagamente quello spettacolo sulla balera:

> Si era servito di noi altri ragazzi per fare la rappresentazione. Eravamo tutti truccati... con del carbone ci eravamo dipinti le facce di nero. E i vestiti anche erano importanti: avevamo dei gonnellini per sembrare dei selvaggi. Non ricordo molto, ma a un certo punto entrava in scena una macchina di cartone, una Lancia mi pare[1161].

Secondo Meldolesi, invece, l'esordio fu nel '44, sotto le armi, con una farsa intitolata *Un padrone fa impazzire un servo, poi un servo farà impazzire il padrone*[1162], anche se, definizione della Valentini, «la prima comparsa pubblica» avvenne effettivamente nel Teatro Sociale di Luino, nel 1948.

«Il Teatro Sociale di allora» – spiega il professor Aschei – «aveva platea, prima galleria, seconda galleria, balconcini: era un buon teatro»[1163]. Ebbe una grande importanza, perché «la disponibilità *in loco* di una sala prestigiosa favorì l'iniziativa locale di filodrammatiche e gruppi spontanei che poterono spesso proporvi propri spettacoli»[1164]. Volonté conferma che gli spettacoli di prosa non venivano messi in scena solo ad opera delle compagnie provenienti da fuori, ma anche, «con non minore maestria, del Gruppo d'Arte Drammatica locale o delle filodrammatiche oratoriane che organizzarono persino festival-concorso di una certa rinomanza»[1165]. E le iniziative dei dilettanti ebbero «un notevole valore culturale e formativo, con felici risultati d'aggregazione nel corpo sociale»[1166].

Naturalmente, i risultati non furono sempre lodevoli, come scrive Pippione[1167], ma non vi è dubbio alcuno che, «la presenza in Luino di un teatro nobile e attrezzato fu certo invito all'ispirazione locale per gustose rappresentazioni strapaesane, di cui

---

1160 Intervista a G. Reggiori del 21/06/2002. Non erano spettacoli come quelli della compagnia Rame che, ricorda Viazzo, «allestiva drammoni: *Le due orfanelle*, *Il padrone delle ferriere*; e tutta la famiglia recitava» (Intervista a V. Viazzo del 04/05/2002).

1161 Intervista a C. Calderoni del 27/02/2003.

1162 Dall'archivio di Fo è emerso il commento della madre alle foto ricevute dalla caserma: «Dario Fo allampanato, vestito con una rendigote, tutto scarmigliato e sconvolto, fa il cameriere pazzo. Il padrone, grasso ciccione seduto su una sedia a dondolo, sta per levarsi la camicia per consegnarla al cameriere che pretende di denudarlo. Dice che è stato un vero successo» (C. Meldolesi, *Su un comico in rivolta* cit., p. 19).

1163 Intervista ad A. Aschei del 15/07/2002.

1164 S. Baroli – P. Frigerio, *La società operaia di Luino* cit., p. 71.

1165 C. Volonté, *A tutti piace...* cit., p. 104.

1166 S. Baroli – P. Frigerio, *La società operaia di Luino* cit., p. 71.

1167 Pippione ha scritto la gustosa cronaca di una rappresentazione drammatica finita tra risate e ribaltamenti di panche: «Le filodrammatiche facevano capo a organizzazioni religiose o di partito [.] I giovani che si accingevano, seppure senz'ombra di professionismo, a fare teatro possedevano [le] doti – il gusto dell'umorismo, l'arguzia, la vena comica del vecchio luinese – ma, evidentemente, non riuscivano ad esprimerle convenientemente sulla scena». Il primo attore era strabico, il secondo molto miope; la prima donna aveva «il piede del mulo» e il suggeritore, emozionabile, veniva colto da crisi di balbuzie: «quella recita rimasta, tra l'altro inconclusa, non ebbe repliche; la filodrammatica si sciolse e, per lungo tempo, fu oggetto di celie e di canzonature nei Caffè luinesi» (cfr. *Gli sciagurati*, G. Pippione, *Castelli d'acqua* cit., pp. 131-135).

celeberrime rimangono ancora nella memoria *Luvineide* e *Kursaaleide* all'inizio del secolo e *Ma la Tresa ci divide* appena terminato il secondo grande conflitto»[1168].

8.4.1. *Ma la Tresa ci divide*

Ci sono molti accenni a questo spettacolo, a cui ho avuto la possibilità di affiancare testimonianze genuine. Ciò che ne deriva è talvolta contraddittorio.

Nel 1948[1169], «con alcuni studenti Fo organizza uno spettacolo: la satira di un comizio elettorale»[1170].

«Gli impresari del paese affidano [...] il compito di mettere a punto il copione, di curare le scene» al «pittore-architetto-intellettuale», cosa che egli realizza «con fantasia scatenata e un po' di goliardismo»[1171].

Lo spettacolo nacque grazie alla collaborazione di molte persone ed ebbe uno scopo benefico: «raccogliere fondi per i *Mutilatini*». Oltre a Dario e ai fratelli Fulvio e Bianchina, pare ci fu anche Piero Mazzarella; in più molti altri studenti e ragazzi sfollati da Milano e indigeni che diedero vita all'improvvisata "grande" orchestra o si impegnarono nella recitazione [1172].

Tra questi figurò Ovidio Rigamonti[1173], che ricostruisce in breve come nacque il progetto:

> Ci divertivamo facendo scherzi e recitando prose, Dario faceva le sue presentazioni personali, già marcanti sin da quel tempo. Ed un giorno, riuniti in gruppo senza saper cosa fare, nacque l'idea di montare uno spettacolo di varietà. Il locale: Teatro Sociale di Luino. Il tema: varietà. – Il titolo: "Ma la Tresa Ci Divide". Questo titolo fu scelto per attirare il pubblico. C'era in piedi un grande movimento separatista di Germignaga, che voleva diventare Comune, separandosi da Luino [;] la polemica sul tema occupava la stampa locale, la politica, le discussioni ai caffè, quindi lo spettacolo sarebbe stato un grande richiamo. E così fu. Grandi manifesti affissi per la città accesero la curiosità e la polemica... L'attesa divenne morbosa, si fecero speculazioni sullo spettacolo[1174].

1168 C. Volonté, *A tutti piace...* cit., p. 104. Nel cap. 2 si è già fatto accenno alle due prime riviste satiriche.

1169 Questo è il primo punto controverso, dato che nei testi dedicati a Fo la data è il '48, mentre nelle fonti locali è il '47, dicembre per l'esattezza.

1170 L. Binni, *Attento te!...* cit., p. 196.

1171 C. Valentini, *La storia di Dario Fo* cit., p. 30.

1172 Cfr. S. Baroli – P. Frigerio, *La società operaia di Luino* cit., p. 78. La segnalazione di Mazzarella, non confermata da altre fonti, è da attribuire invece ad A. Costantini, *Storie di comici* cit., p. 315. Parteciparono in tanti, ma «il copione fu scritto da Dario [e Fulvio], così come l'intera scenografia fu da lui, ottimo pittore, immaginata e realizzata» (V. Viazzo, *Luino 1947: l'estro nascente di Dario Fo* cit., p. 40).

1173 «Partecipai alla preparazione, e allo spettacolo. Per poter aver tempo per le prove, andai dal medico accusando dolori addominali. Mi diede otto giorni di riposo. Ma la sera dello spettacolo, il medico era in prima fila, e mi vide ballare e cantare, specialmente alla chiusura, quando, vestito da ballerina, ballai il can-can con gli altri. Il giorno dopo mi chiamò e mi rimandò immediatamente al lavoro. Tornammo al calcio, al caffè, a cantare... e a lavorare». Testimonianza di Ovidio Rigamonti pervenutami tramite Roberto Micotti che mi ha fatto avere la fotocopia di un testo scritto appunto dal Rigamonti. Non mi è possibile allegare i riferimenti bibliografici precisi in quanto il Micotti non rammentava titolo e casa editrice e l'autore, molto impegnato in verità, si trovava addirittura in Brasile.

1174 *Ibidem.*

Anche Viazzo afferma che lo spunto fu la volontà di affrancarsi ed erigersi a comune autonomo di Germignaga:

> Si immaginava che l'autonomia di Germignaga fosse il risultato di una sorta di congiura dei suoi cittadini per liberarsi del 'giogo' luinese e ottenere la libertà, congiura peraltro contrastata da una contro-congiura dei luinesi che avrebbero voluto mantenere lo status quo [;] l'idea dominante, quindi, era quella di rappresentare, con accenti burleschi, le conventicole in cui si congiurava, volta per volta, contro Luino o contro Germignaga[1175].

Meldolesi ha proposto una sua analisi che evidenzia il tema sottostante, la farsa della ricostruzione, diventata «beffa capitalistica» nella coscienza dei giovani:

> Dopo la sconfitta elettorale era un ridere amaro su tragici fatti, come poi tutto il teatro di Fo. Il pretesto veniva dalle ambizioni annessioniste del Comune bianco di Luino verso un vicino comune rosso [Germignaga, NdA] Il titolo *Ma la Tresa ci divide* stava a significare il diritto al territorio naturale, a essere sé stessi. Lo spettacolo era tutto giocato dal punto di vista della dignità e dei diritti del paese rosso ed era in chiave, già allora di storia grottesca: Luino pretendeva il latte di una mucca del paese vicino, perché aveva pascolato e cacato sul suo territorio[1176].

Tale analisi critica, funzionale all'intellettuale militante Dario Fo degli anni '70, non ha tuttavia alcun senso, dato che Germignaga, all'epoca, non era un comune autonomo:

> Siamo nel 1947, la seconda guerra mondiale è ormai archiviata ma fra Luino e Germignaga le schermaglie continuano: la forzata annessione al comune di Luino avvenuta nel 1928, mai digerita e sempre contestata "al di qua della Tresa", sfocia subito dopo la fine del conflitto in una "insurrezione popolare" per il ritorno all'autonomia amministrativa e centinaia di cittadini germignaghesi firmano una petizione per richiederla[1177].

La visione di Meldolesi non trova inoltre riscontri in coloro che, o hanno partecipato in prima persona, o hanno assistito. Rigamonti ammette che «della Tresa nemmeno si parlò. Il genio di Dario Fo e del fratello, creò scenette gustosissime, *senza intonazioni politiche*»[1178]. Micotti lo descrive come uno spettacolo principalmente di rivista con la musica (c'era «un'improvvisata "grande" orchestra»[1179]) e le ballerine; c'era qualche accenno, ma era una satira non molto politica»[1180]. Viazzo, infine, ricorda che «c'era,

---

[1175] V. Viazzo, *Luino 1947: l'estro nascente di Dario Fo* cit., p. 40.
[1176] C. Meldolesi, *Su un comico in rivolta* cit., p. 22.
[1177] https://www.facebook.com/128933957179857/posts/come-sempre-accade-dopo-la-notizia-della-morte-di-una-persona-nel-giro-di-poche-/1199907646749144/
[1178] Ovidio Rigamonti cit. Corsivo nostro.
[1179] S. Baroli – P. Frigerio, *La società operaia di Luino* cit., p. 78.
[1180] Intervista a R. Micotti del 10/07/2002. Questa opinione è in linea col pensiero di Salvi, che aggiunge: «io avevo contribuito a compilare qualcosa di *Ma la Tresa ci divide*, perché comunque eravamo amici Fo e io. Purtroppo non potei né assistere, né partecipare perché ebbi un grave lutto in famiglia, e a quei tempi il lutto si osservava per mesi» (Intervista a T. Salvi del 20/05/2002).

tra i molti sketches, uno che riguardava un democristiano, un liberale, un comunista e ognuno era caratterizzato da un certo comportamento caricaturale... non era una critica feroce, più che altro si trattava di macchiette»[1181]; venivano privilegiati altri aspetti della messinscena:

> Gli incontri clandestini per i congiurati avvenivano [...] previo scambio di assurde parole d'ordine [.] E così si intrecciavano i discorsi più stravaganti che la fertile mente di Dario poteva creare. Il filo conduttore della vicenda veniva ogni tanto spezzato da stacchi di canzone o di ballo, tanto per essere in tema con la "rivista"[1182].

Lo scarto notevole tra l'analisi di Meldolesi e i ricordi degli altri impone di valutare bene le scene che componevano lo spettacolo, ossia «gli sketch che erano uniti dall'esile filo dell'avvenuto affrancamento di Germignaga da Luino»[1183], dei quali, purtroppo, non abbiamo delle descrizioni complete. La Valentini, in maniera sintetica, sostiene che l'argomento elettorale molto sentito dalla popolazione, prevedeva «una vacca vera tenuta per la corda da un contadino, due motociclette che continuavano a passare a gran velocità su un pontile, e perfino una teleferica con cui l'Angelo (interpretato da Fo in una satira dei cattolici bigotti) scende dal loggione fino in scena»[1184].

Del significato della mucca, causa scatenante della contesa politica si è già detto. Le motociclette, anzi la motocicletta secondo le ricostruzioni di Binni e Meldolesi «si collegava all'insofferenza della gente per l'annuale gara motociclistica di Luino», un fenomeno sportivo molto seguito e di grande prestigio: «il Moto Club di Luino divenne popolarissimo con le gare, i suoi campioni, le scampagnate collettive». Per le vie del centro del paese, venne tracciato un circuito per le moto e in seguito «per ragioni di sicurezza», ad esse si sostituirono i sidecar; «ma anche questa specialità si rivelò troppo pericolosa». Ci furono dei morti in gara e in allenamento, già nel '33 e nel '46[1185].

Non mi è noto invece, il particolare della persona esasperata che aveva sparato con il fucile da caccia su un centauro, e che avrebbe suggerito a Fo di collocare «in alto sopra il pubblico un attore pronto a sparare sul motociclista nei giri di scena; a ogni fucilata però, veniva colpito per sbaglio un passante e la corsa proseguiva»[1186]; le fonti non hanno evidenziato questo nesso.

Sempre Meldolesi ha registrato «la satira sulla democrazia (non) rappresentativa: un contadino andava in giro per il paese chiedendo al prete e ad altri notabili di certe sue necessità e questi gli rispondevano incomprensibilmente»[1187]. I testimoni oculari non ricordano questa scena, né viene menzionata in altri testi. È opposto, invece, il caso della «gag notevole di Garibaldi in forma di statua che muoveva le braccia, si sedeva,

---

1181 Intervista a V. Viazzo del 04/05/2002.
1182 V. Viazzo, *Luino 1947: l'estro nascente di Dario Fo* cit., p. 40.
1183 Intervista a V. Viazzo del 04/05/2002.
1184 C. Valentini, *La storia di Dario Fo* cit., p. 30.
1185 Cfr. P. Frigerio, *Storia di Luino e delle sue valli* cit., pp. 161-162.
1186 C. Meldolesi, *Su un comico in rivolta* cit., p. 23.
1187 *Ibidem.*

interloquiva, demistificando anche visivamente i miti nazionali»[1188]. Secondo Binni, «il Garibaldi ingessato, da riporre in soffitta dopo l'esposizione al pubblico» si contrappone alla vitalità della mucca fuori posto[1189].

Ebbene, queste sono corbellerie. È interessante spendere fiumi di inchiostro sulla metafora del Garibaldi ingessato, contro «i miti nazionali» probabilmente con spirito antibellico, ma perché farlo quando la realtà è più semplice?

Garibaldi non è ingessato, né è in forma di statua: è una statua! Quella che ancora è visibile nell'omonima piazza di fronte al lago a Luino (primo monumento in Italia dedicato all'eroe dei due mondi, edificato nel 1867[1190]): infatti «lo spettacolo [...] cominciava sulla scena della piazza Garibaldi di Luino, con tanto di monumento all'Eroe»[1191] impersonato da un attore.

Il fatto che fosse rappresentata da un attore, di certo avrà avuto un significato oltre quello puramente scenografico, ma, a quanto i presenti sostengono, mancavano gli intenti polemici che i critici hanno intravisto, a vantaggio della parodia e delle *gag* puramente buffe.

Questa è un'altra dimostrazione di come sia facile travisare o reinterpretare storie o copioni, molto più semplici e "ingenui", per piegarli al proprio interesse ideologico.

Per quanto riguarda la «satira dei cattolici bigotti», ossia l'Angelo-Fo che scende dal loggione in teleferica, non pare si possa leggere una chiara satira alla bigotteria dei cattolici:

> Garibaldi [,] dopo aver stretto la mano a Vittorio Emanuele II, [esaltato e forse polemico] esclamava: "E adesso mi piacerebbe tanto vedere gli angeli scendere dal cielo". Non aveva terminato di dire la battuta che, su appositi carrellini attaccati a funi d'acciaio, piombarono sul palcoscenico alcuni angeli con seriche vesti azzurrine e ali di cartone; gli angeli uscivano poi salutando militarmente, Fo si dice fosse tra questi e che uscisse zoppicando per aver sbagliato la caduta[1192].

Di certo si potrebbe trovare la risposta ad ogni dubbio, se esistesse il copione...

> Una volta c'era, ma Dario lo cambiava in continuazione. Era impossibile recitare, perché cambiava sempre le battute, e allora noi attori scoppiavamo a ridere. Non eravamo preparati alle sue *gag*; non eravamo "corazzati", porco giuda! L'unica era girare le spalle al pubblico per ridere.
> E proprio davanti al pubblico, la sua comicità è esplosa, più che durante le prove: davanti alla gente si è esaltato. In molti punti la gente se l'è fatta addosso dal ridere. Il custode del teatro sociale aveva trovato, nel fare le pulizie il giorno dopo, molti laghetti di pipì per terra, perché molte signore... A Luino non si è mai più riso così[1193].

1188 *Ibidem.*
1189 Cfr. L. Binni, *Attento te!...* cit., p. 196.
1190 Cfr. https://www.ilgiorno.it/varese/cultura/statua-garibaldi-1.2218608
1191 V. Viazzo, *Luino 1947: l'estro nascente di Dario Fo* cit., p. 40.
1192 C. Meldolesi, *Su un comico in rivolta* cit., p. 23.
1193 Intervista a V. Viazzo del 04/05/2002.

I cambiamenti in corsa, le correzioni, le varianti, si sa, sono molto congeniali a Fo per il quale, come ha sottolineato la Barsotti, vale la formula di «testo mobile», che si discosta dal canovaccio, ma concede ampio spazio all'improvvisazione[1194]. In ciò si nota il legame con l'oralità che, a differenza della scrittura, che esclude al suo interno il fenomeno delle varianti, consentendo di riflettere e di ritornare quando si vuole sul testo, favorisce la volubilità del messaggio e quindi la nascita di versioni nuove. Un tipo di scrittura che rappresenta un'eccezione è appunto quella teatrale, in cui la variabilità è una costante, perché variabili sono il contesto socio-politico e il pubblico: un medium perfetto per un autore che, come Fo, è anche attore e regista.
E infatti «il testo deve essere funzionale allo spettacolo, deve essere flessibile alle esigenze della scena, prender corpo definitivo solo al momento della recitazione a contatto con il pubblico»[1195], cosa che Fo ha preso in seria considerazione fin dal debutto sul palco e che l'ha caratterizzato in seguito in tutto e per tutto [la "rigidità", abbiamo constatato, è stata bandita anche per quanto riguarda gli episodi e i ricordi della sua infanzia, NdA].

In definitiva, la gente di Luino apprezzò le improvvisazioni e le trovate originali, «fu un pienone. Successo completo di pubblico, con una lunga fila alla biglietteria [;] era il primo spettacolo di rivista dopo la guerra, ed il pubblico applaudì ogni numero, ed alla fine, esplose in una ovazione»[1196]. Fu davvero una sorpresa e «lasciò scioccata buona parte del pubblico, ma non mancarono grandi applausi e irrefrenabili risate»[1197]. Naturalmente il ricordo di Fo è dissimile, e scivola sul terreno politico:

> [Era] uno spettacolo di satira politica, seppur goliardica. Si era al tempo delle prime elezioni del '48 e noi avevamo fatto una tirata terribilmente provocatoria. Parte del pubblico, indignato, voleva linciarci per le cose che avevamo detto, arrivammo a una vera e propria baruffa dentro la platea[1198].

In verità non ci fu indignazione, e tanto meno incidenti, ma tante risate che resero trionfale quella serata in cui un gruppo di amici salì sul palcoscenico quasi per gioco. Conclude Viazzo:

> Ancora non mi rendo conto di come da una banalità, quale fu una recita studentesca quasi improvvisata da giovani che volevano soprattutto divertire sé stessi, sia sbocciato il genio di un commediografo ed attore[1199].

La conferma ottimale proviene da un altro che partecipò, il fratello Fulvio:

> *Ma la Tresa ci divide* prese spunto dalla rivalità storica tra Luino e Germignaga, ma solo come pretesto. Si trattava di uno spettacolo fatto da studenti, da goliardi, pieno di

---

[1194] Cfr. A. Barsotti, *Eduardo & Fo* cit., p. 64.
[1195] C. Valentini, *La storia di Dario Fo* cit., p. 58.
[1196] Ovidio Rigamonti cit.
[1197] A. Costantini, *Storie di comici* cit., p. 315.
[1198] D. Fo, *Dialogo provocatorio* cit., p. 46.
[1199] V. Viazzo, *Luino 1947: l'estro nascente di Dario Fo* cit., p. 41.

soluzioni divertenti. Io, ad esempio, recitavo un pezzo che si ispirava addirittura a Totò[1200].

8.5. Il *Poer nano*: da Intra alla radio

Nel 1950 ci fu l'incontro con Franco Parenti, a Intra: Fo si presentò all'attore in occasione di uno di quegli spettacoli definiti "spedizioni punitive", organizzati da gente che lavorava alla radio e chiese di poter fare qualche numero. Così Fulvio Fo ricorda l'episodio:

> È autunno inoltrato. Da Laveno [...] è in partenza il battello serale per la riva opposta del Lago Maggiore, quella piemontese [.] Dario è su quel battello, diretto ad Intra, paese di media grandezza, compresso com'è sulla stretta fascia costiera fra monti e lago. Un amico del padre, sapendo delle curiose storie di Dario, gli ha parlato dello spettacolo di beneficenza combinato da suoi conoscenti ad Intra con la partecipazione di importanti attori della RAI. Perché non tentare di farsi conoscere? Avviene così che Dario si presenta agli organizzatori i quali, volentieri, gli riservano lo spazio di qualche minuto per un suo *sketch*. Nel corso della recita, lo spazio a disposizione di Dario si dilata in quanto il personaggio di rilievo della serata, il divo radiofonico *Anacleto il gasista* – al secolo: Franco Parenti – è talmente divertito dalle storielle di Dario da pretendere ulteriori esibizioni[1201].

Non è chiaro quali siano stati esattamente gli *sketch* messi in scena, perché non c'è una perfetta sintonia tra le due testimonianze seguenti. La prima compare nel libro-intervista curato da Allegri:

> Mi sono inserito in quel gruppo recitando un personaggio di fabulatore che si chiamava "poer nano", e terminavo il mio numero cantando un pezzo di *blues* in *grammelot* inglese. E di lì sono partito, ma è stata una partenza normale, senza traumi o fatiche. Non è che mi sono inventato qualcosa di speciale per l'occasione, no, ho fatto quello che facevo normalmente fra gli amici[1202].

La seconda è invece stata registrata dalla Valentini:

> Quando mi trovai sul palcoscenico mi misi a raccontare quello che avevo sempre raccontato agli amici. Le storie dei fabulatori, come quella di una caccia a lumache grandi come case che passavano e distruggevano tutto. E poi la storia di Caino e Abele, che era una specie di difesa di Caino, visto come la vittima e non come il boia. Erano trattazioni surreali, riprese da tradizioni medievali, cinquecentesche. Io le raccontavo mezzo in dialetto e mezzo in italiano. E la gente è impazzita"[1203].

Di certo, confermato dall'opinione di Parenti, la carica umoristica di Fo ebbe successo:

1200 Intervista telefonica a F. Fo del 15/05/2003.

1201 F. Fo, *Pescatore di sogni* cit., p. 11[illegible].

1202 D. Fo, *Dialogo provocatorio* cit., p. 47.

1203 C. Valentini, *La storia di Dario Fo* cit., p. 31.

> Dario raccontò delle storie assolutamente originali, di un umorismo fuori dagli schemi, spiritoso e personalissimo. Finito lo spettacolo, andammo a passeggiare sul lago e lui mi raccontò altre storie, nacque allora il progetto di lavorare insieme a una rivista diversa, che non copiasse la realtà, ma coinvolgesse e prendesse posizione[1204].

Davvero in quell'occasione nacque un'amicizia, suggellata inoltre dal gustoso epilogo che ebbe la serata. È stato Fulvio Fo a rendere noto quanto seguì allo spettacolo. Il fratello accettò di seguire Parenti a casa di una «matrona del posto» che aveva invitato il noto attore, il quale aveva acconsentito giusto per poter avere un posto dove mangiare e dormire; egli infatti era convinto che lo avrebbero atteso ore lunghe e noiose. Invece i due trovarono «una schiera di donne, tutte apparentemente giovani e di bell'aspetto» nella villa signorile arredata con «abbondanza di nudi femminili riprodotti nei quadri appesi un po' ovunque» che logicamente non lasciava «dubbi circa la funzione della villa e la professione delle sue occupanti». Furono padrone di casa premurose e divertenti e dimostrarono cultura, interessi e sensibilità non comuni[1205].

In seguito, Fo cominciò a seguire Parenti e il suo gruppo nelle "spedizioni punitive", di nome e di fatto, «perché quello strano clan milanese raggiungeva le piazze in treno, senza scene, con pochi oggetti; capitava a volte addirittura di dover fare a meno dell'orchestra per disguidi e contrattempi. E allora, per occupare il tempo, si doveva ricorrere a delle specie di improvvisazioni recitative»[1206].

Fulvio Fo partecipò per una casualità alla spedizione organizzata a Besozzo:

> Gli sfarzosi spettacoli sbandierati agli ingenui nativi di quei paesi di provincia, a parte un prim'attore alla moda e qualche altro nome secondario di richiamo, erano fatti da orchestrali, ballerine e pseudo-artisti buoni a tutto fare raffazzonati perlopiù sul mercato dell'avanspettacolo [;] essendo rigorosa consuetudine che la "star" [...] apparisse ai comuni mortali soltanto alla fine del primo e del secondo atto, fui cooptato e costretto al pianoforte per eseguire, insieme a Dario, un paio di travolgenti (ma solo per noi) imitazioni di *blues*, del nostro repertorio goliardico-casereccio. Così transitò, senza infamia e con scarse lodi, la prima parte dello spettacolo[1207].

Ad essa, da programma, doveva seguire una travolgente danza latino-americana: peccato che il pubblico, illusosi che avrebbe assistito a «ubriacanti esibizioni di chiappe e di tette appartenenti al meglio della produzione femminina del centro-America» si fosse trovato di fronte la «desolante esibizione di quattro sgallettate, per niente creole e ruspanti, che nemmeno avevano avuto il buon senso di passarsi una mano di lucido da scarpe». I fischi e i pernacchi si fecero così minacciosi che l'intero organico si dileguò lasciando solo il povero Fulvio che non era addestrato per simili evenienze[1208].

[1204] F. Parenti cit. in C. Meldolesi, *Su un comico in rivolta* cit., pp. 25-26.
[1205] Cfr. F. Fo, *Pescatore di sogni* cit., pp. 112-116.
[1206] C. Meldolesi, *Su un comico in rivolta* cit., p. 30.
[1207] F. Fo, *Pescatore di sogni* cit., pp. 8-9.
[1208] Cfr. ivi, p. 9.

Ma per Dario, grazie all'intercessione di Parenti guadagnata nella sera a Intra, si profila uno spazio diverso dai cinema di provincia, che trova la sua misura negli spettacoli radiofonici del *Poer nano*[1209], «una serie di monologhi in cui rovesciava paradossalmente i miti della storia e della letteratura come si studiano a scuola»[1210].
Bianca ha descritto così l'audizione del fratello:

> Quattro grossi funzionari gelidamente attenti, lo invitavano a esibirsi. Il primo istinto, in quel gelo, fu quello di girar loro le spalle e andarsene; ma poi incominciò a raccontare una storia. Via via che si snodava il suo racconto vedeva le facce distendersi, sorridere; allora prese la carica e fu un successo. Così fra gli applausi entrò alla radio e nel regno dello spettacolo, subito dalla porta grande[1211].

Si è detto che Fo spacciava quei monologhi per appartenenti ad una tradizione del rovesciamento, appresa da bambino grazie ai fabulatori del Lago Maggiore. Ma questa motivazione è posteriore alla nascita di molte storie, che appaiono quindi come sono diventate, non come erano.
Infatti, Meldolesi sostiene correttamente che Fo ha potuto ripensare più di recente il *Poer nano* come un ciclo di contestazione della logica convenzionale:

> Le storie del "Poer nano" [...] segnano la data di ri-nascita della fabulazione, riprendendone la natura di favola per adulti: storie scontate, o che tutti prevedono, e che perciò creano un'intesa tra chi recita e chi ascolta. E come nella fabulazione la matrice del racconto è sempre la vita quotidiana, così nel "Poer nano" i casi della storia tornano alla scala di tutti i giorni. Le vicende e i sentimenti sono di tutti i giorni, mentre le forme e le persone assumono di conseguenza proporzioni grottesche[1212].

Spiega Fo:

> Questi ribaltamenti non erano fine a sé stessi, erano un sacrosanto rifiuto d'accettare la logica della convenzione, la ribellione alla morale contingente che vede sempre il bene da una parte e il male sempre e solo dalla parte opposta. Il giusto sollazzo di buttare le regole del gioco stabilito da una ragione che sta da una parte sola, quella del potere[1213].

Ecco il ripensamento. Se prima era semplicemente un sollazzo, in seguito Fo ha compreso che quelle tirate potevano avere dei presupposti diversi, maggiormente in sintonia con la sua linea politica; e così le ha sfruttate:

[1209] Il significato dell'espressione è "poveretto", in tono compassionevole. Ma Bianchini, mi ha fatto notare che quella formula, già in gioventù, faceva parte del gergo di Fo al punto di contraddistinguerlo: «Dario era conosciutissimo per il suo saluto: "ciao nano"» (Intervista a O. Bianchini del 19/06/2002). Le date: *Poer nano* (1952) ; *Chicchirichì* (1952-53) ; *Non si vive di solo pane* (1955).
[1210] C. Valentini, *La storia di Dario Fo* cit., p. 35.
[1211] B. Fo Garambois, *La ringhiera dei miei vent'anni*, Torino, Einaudi, 2000, p. 119 (allegato a *Io, da grande, mi sposo un partigiano* (1976), di cui ho citato tuttavia un'altra edizione).
[1212] C. Meldolesi, *Su un comico in rivolta* cit., p. 32.
[1213] D. Fo – J. Fo, *Poer nano* cit., p. 5.

> Caino è cattivo, Abele è buono, Golia è il tiranno, Davide è l'eroe liberatore… Adamo è un allocco, Eva è una intrigante puttana… ecc. ecc.! Perché, chi l'ha detto? Chi l'ha stabilito…? Dove sono i testimoni? E se fosse il contrario? Anzi è senz'altro il contrario!
> E la risata, il divertimento liberatorio, sta proprio nello scoprire che il contrario sta in piedi meglio del luogo comune… anzi, è più vero… o almeno, più credibile. Ma c'è anche il gran piacere di dissacrare, di buttar giù il monumento intoccabile e sacro della sacra tradizione. Tutto quello che i sacri testi hanno stabilito, codificato, benedetto e glorificato[1214].

In fin dei conti, ha sempre stravolto le storie. Solo che gli scopi sono cambiati nel tempo, c'è stata un'evoluzione: all'inizio lo faceva per divertire (sul treno), poi per politica (*Poer nano* e soprattutto, vedremo, *Mistero buffo*), infine per giustificare una tradizione classica posticcia (gli Argonauti a Porto Valtravaglia). Per queste ragioni, gli episodi di vita da lui trasmessi, vengono sempre accompagnati da una sana dose di sospetto per stemperare il sentore dell'autocelebrazione; ad esempio gli scherzi memorabili descritti poc'anzi: benché sia convinto della loro esistenza, non credo alla carica polemica sottolineata da Fo e dai commentatori che ne hanno ripreso le parole, quanto piuttosto a un clima di spensierata goliardia, meno impegnato e più faceto.

Non posso perciò esimermi dal correggere quanto ha scritto Meldolesi, secondo cui in radio «il mestiere di fabulatore diviene di creazione»: Viazzo e altri hanno testimoniato che il "FObulatore" è un creatore da sempre. Al coro si aggiunge nientemeno che la sorella Bianca, che rammenta gli incontri in compagnia a Milano: «i nostri amici arrivavano soprattutto alla sera [.] Parlavamo di Sartre e dell'esistenzialismo. L'Emilio Tadini ci declamava García Lorca, e Dario tutte le sere *reinventava la storia* e ci raccontava del povero Caino, di Sansone e Dalila»[1215].

Come Fo abbia convertito le storie, nate dal suo genio con intenti comici e grotteschi, in chiavi politicamente e culturalmente polemiche, è facilmente comprensibile col supporto di qualche esempio concreto.

La fabulazione di *Caino e Abele*, la stessa che ha introdotto il nostro studio, nella versione originaria contrappone semplicemente i fratelli biblici, giocando sulle marcate differenze tra i due che stimolano con facilità il riso del pubblico. Ma basta aggiungere una presentazione *ad hoc*, che sottolinea il «significato politico ben preciso» perseguito dal fabulatore di turno[1216], per dare il taglio voluto.

In alternativa, Fo ha operato delle modifiche al testo per renderlo più politico: si osserva questo nel volume a fumetti *Poer nano* in cui compare, oltre alla già citata *Caino e Abele*, anche la vicenda di *Sansone e Dalila*. Protagonista è «il più forte del rione», che si specchia per rimirarsi i riccioli neri e che si scontra coi filistei che lo accusano di sterminare tutti i loro leoni. Finché Dalila col «bacio d'amore» lo irretisce, gli estorce il segreto della sua forza e lo rapa a zero, riducendolo a una «crapa pelada»[1217], cosa che lo rende lo zimbello di tutti, fino alla morte sua e di tutti i filistei[1218].

1214 *Ibidem.*

1215 B. Fo Garambois, *La ringhiera dei miei vent'anni* cit., p. 67. Corsivo nostro.

1216 Cfr. cap. 1.

1217 Credo fermamente che la storia l'abbia partorita sul lago, come si deduce da una chiara spia narrativa, la filastrocca per bambini che, presumibilmente, è un ricordo della sua infanzia: «*Crapa peràda / L'à fài i*

I due racconti radiofonici, in principio, non avevano un'intenzione realmente polemica contro il potere costituito come appare nel volume. Mi riferisco alle vignette dedicate alla vicenda dell'«Agente dell'antiterrorismo Rok» in *Caino e Abele*, e al «crollo del tempio DC» o alle grida della folla impaurita in *Sansone e Dalila* («Hanno ammazzato Panagulis»; «Ancora una volta a uccidere sono i padroni»; «Uccidono perché hanno paura che finisca la loro baldoria, ma è certo che finirà!»; «Ancora una volta hanno ammazzato un proletario»[1219]): queste "intrusioni", in pratica, affiancano con le loro vignette e i loro *balloon* la trama già nota.
Perciò ritengo che fossero invenzioni create principalmente per far ridere, certamente ribaltando la storia e la morale comuni, ma soprattutto finalizzate all'intrattenimento facile. Frutto di un gusto divertito per il paradosso e degli spunti continui derivanti dalla cultura tradizionale.

L'aggiunta di parti al copione[1220] si verifica anche nel dattiloscritto intitolato *Nerone*, che racconta della passione dell'imperatore romano per gli scontri nel circo tra gladiatori e leoni, coi primi che mangiano i secondi; e del fuoco appiccato a Roma per scaldare un po' la sua signora, venendo addirittura accusato di essere un milanese. In questo caso, non c'è ribaltamento, ma solo parodia, perché il Nerone "di carta" mantiene la medesima negatività di quello originale. In realtà, Fo fa dire al suo personaggio «Basta che non ci sia ancora lì l'antichissimo ministro Vanoni» (Ministro democristiano delle finanze dal 1948 al 1954); ma solo successivamente, ha aggiunto al testo battuto a macchina dei commenti a penna, per politicizzare la vicenda che funzionerebbe anche senza («Oh ma questi D.C. non li si può mai invitare ad uno spettacolo che mangiano tutto», gli «antichi D.C.» sono i gladiatori) sintomo perciò di un ripensamento; sempre a penna inserisce il nome di Scelba, Presidente del Consiglio dal 1954 al 1955, al posto di Vanoni[1221].

Due altre storie mostrano riferimenti politici ancora più blandi. *Giulio Cesare*, un padre «senza cuore» che maltratta il figlio Tuquoque, chiamandolo sempre «Tuquoque, brutto figlio mio». Al punto che il figlio piccolo e nero «soffia sul fuoco della rivolta», finché arriva il momento di vendicarsi del genitore, «ma piccolo com'era il Bruto non riusciva a darci neanche una coltellata, poer nano!». Non ci sono ritocchi al testo dattiloscritto, ma c'è un lieve accenno politico, dato che Bruto rifiuta di mettere in spalla il fascio littorio («caro stai fresco che io mi comprometto andando in giro col fascio littorio, così che appena che la si rivolta, mi mettono al muro») e comunque congiura contro Cesare, emblema del potere che viene sconfitto[1222].

---

turtèi / U gh'en dà mia ai so fredèi / So fredèi i à fai la fritàda / I gh'en dà mia a crapa peràda» Trad.: Testa pelata fa i tortelli / Non ne dà ai suoi fratelli / I suoi fratelli fan la frittata / Non ne danno a testa pelata (M. Nastro – C. Valsecchi, *Pin pin cavalìn…*, «Il Rondò», n. 4, 1992, p. 35). Questa è la versione nel dialetto luinese della tiritera. Fo, nel libro *Poer nano*, ha invece utilizzato la più comune versione in milanese (cfr. *Poer nano*, op. cit.).

1218 Cfr. http://www.archivio.francarame.it/scheda.aspx?IDScheda=695&IDOpera=134

1219 Cfr. D. Fo – J. Fo, *Poer nano* cit, p. 21.

1220 Col *Poer nano*, Fo passa da canovacci corredati da appunti, a una stesura più rigorosa «per arricchire di toni, passaggi, aggressività una recitazione che, nell'uso del mezzo radiofonico, non poteva contare sul formidabile appoggio della mimica, del gesto» (cfr. C. Valentini, *La storia di Dario Fo* cit., p. 36).

1221 Cfr. http://www.archivio.francarame.it/scheda.aspx?IDScheda=693&IDOpera=134

1222 Cfr. http://www.archivio.francarame.it/scheda.aspx?IDScheda=694&IDOpera=134

L'allusione compare anche in *Davide e Golia*, che sono in realtà due amici che vengono arruolati in due fazioni opposte e che quindi si ritrovano per caso a dover combattere l'uno contro l'altro; il gigante, « un po' di sinistra», muore al posto dell'amico, perché altrimenti la gente direbbe «bella forza quel Golia, così grande e grosso com'è approfittarsi di uno più piccolo di lui», invece di «che bravo quel Davide che ha ammazzato il gigante»[1223]. Meldolesi legge un riferimento «alla classe operaia vittima "volontaria" dei sacrifici della ricostruzione»[1224].

La Critica sociale e politica è, invece, totalmente assente nelle seguenti storie. A partire da *Guglielmo Tell*: «senza un eroe nazionale il turismo non si può mica fare» e infatti i forestieri preferiscono visitare Gallarate (!), dato che in Elvezia non si trova nemmeno un monumento equestre con tanto di eroe. Per fortuna l'invasione degli austriaci permette di scegliere finalmente un eroe con tutti i crismi: «uno che ci ha il baracchino del tiro a segno! Quattro palle una lira!» di nome «Guglielmo... Me ricordi pù...». Il Guglielmo è famoso per il gioco del tiro alla mela sulla testa del figlio, ma non sanno che quello bravo è il pargolo, che riesce a intercettare la freccia con colpi di reni felini, nonostante la scarsa mira del padre. Gli austriaci, ammirati, vogliono giocare, ma non avendo l'abilità del figliolo, vengono regolarmente infilzati («Guglielmo stupid, va che boecc che te me fai!»). Così le truppe si ritirano e, in onore di Tell, vengono fatti buchi ovunque, nelle montagne, nel formaggio, e gli alberghi prendono il nome "Oh, Tell" (Hotel). In questo dattiloscritto non ci sono aggiunte a penna, e infatti sembra proprio una presa in giro del famoso balestriere elvetico, perfetta per sollazzare gli amici e i compagni di scuola[1225].

Lo stesso vale per quell'ubriacone di *Noè* che ha inventato lo spumante per varare l'arca e «non era più un giovanotto» ma «ci ha tante conoscenze», grazie alle quali può far scendere un bel diluvio universale per lavare gli uomini sudici e impolverati. Peccato che il benedetto diluvio non arrivi mai e, quando finalmente comincia, a lui cade «una catinella proprio in sulla testa, poer nano»[1226].

E poi *Amleto*, per il quale Fo utilizza il metateatro: il narratore assiste in platea alle effusioni di Amleto e Ofelia («mi hanno insegnato che quando due sono lì che fanno l'intimità bisogna far finta di niente»); all'apparizione del fantasma del re («arriva che non sono neanche le undici e un quarto e senza preavviso!»); al celebre monologo "essere o non essere" («ha preso in mano un teschio da morto che ci aveva lì e ha cominciato a dire un mucchio di stupidate»); agli scontri e alla vendetta («sciabolate di qua, gente che moriva avvelenata di là»). Ma crede sia tutto vero e si stupisce delle reazioni della gente, ossia del pubblico[1227].

Restando a Shakespeare, la «tormentata storia d'amore» tra *Giulietta e Romeo*, non dipende dall'ostilità delle famiglie, bensì dalla pazzia della ragazza («l'era un po' matta»), che mette perennemente in difficoltà il suo innamorato: gli fa scalare il muro

---

1223 Cfr. http://www.archivio.francarame.it/scheda.aspx?IDScheda=700&IDOpera=134

1224 C. Meldolesi, *Su un comico in rivolta* cit., p. 32.

1225 Cfr. http://www.archivio.francarame.it/scheda.aspx?IDScheda=699&IDOpera=134. Ciò dimostra che Fo apprezzava la vicenda, anche se, ripeto, di certo non era nato tutto dallo sproloquio del piccolo Dario proprio durante la festa in Svizzera (cfr. cap. 5, p. 135).

1226 Cfr. http://www.archivio.francarame.it/scheda.aspx?IDScheda=698&IDOpera=134

1227 Cfr. http://www.archivio.francarame.it/scheda.aspx?IDScheda=701&IDOpera=134

invece di farlo entrare dal cancello; lascia liberi apposta i cani che lo inseguano nel giardino, confida ai genitori che Romeo dice maldicenze su di loro, butta giù le trecce come Raperonzolo e, siccome sono posticce, le taglia quando Romeo è arrivato a metà[1228].

E ancora *Romolo e Remo*, maltrattati, in quanto figli della lupa («loro ci hanno una mamma tutta bella [mentre] noi ci abbiamo te che sei una lupa») dagli altri bambini e dalle loro mamme («dag adoss, dag adoss») e quindi costretti a creare una loro città per diventare cittadini, dibattendo sul nome (Roma o San Remo), fino all'epilogo fratricida, in cui Romolo provoca, con una palettata, «una commozione un po' cerebrale» al Remo[1229].

In tutte queste storie non c'è critica sociale e politica, ma solo nonsense e tecnica del ribaltone. Esattamente come nelle ultime tre che vado a citare e che, per colpa del politicamente corretto un po' ipocrita, oggi non sarebbero consentite.

La prima è *Otello* (che inizia come *Caino e Abele* del '77: «Adesso provo a raccontarla però la comincio al volo eh. Adesso comincio»), il quale di sé dice: «non sono negro, sono solo un po' abbronzato [...] Poer negher»; divorato dalla gelosia («anche ieri ho trovato la macchinetta della barba adoperata [e] il pennello sporco di sapone») picchia *la* Desdemona, incolpata *dal* Iago e, prima che la donna muoia, la prega di dirgli «in che cassetto è la pancera di lana»[1230].

In *Rigoletto*, Fo gioca pesantemente sui difetti fisici del personaggio rimasto piccolo perché, proprio nel periodo della crescita, indossava un «paltoncino» che non s'allargava mai e, anzi, si restringeva con la pioggia. E quando si è scucito sulla schiena, gli è venuta la gobba e per non far capire che ci ha la «gobbettina», volge la faccia dall'altra parte, da far sembrare la gobba un torace... «peccato che ci abbia i piedi all'incontrario». Perché «ridendo e scherzando [è] proprio un nano davvero, poer nano»[1231].

Infine, la madre di *Cristoforo Colombo* non gli dà le famose 100 lire ché lui in America vuole andar, e allora va in giro a cercare finanziamenti, fino ad arrivare alla corte di Isabella di Castiglia, a cui sbaciucchia tutta la mano, nella speranza di sfilarle ben 12 caravelle. Ma la regina, «grassottella», «giallina», addirittura una «carampana», non vuole privarsi di così tante imbarcazioni. Così il funambolico Cristoforo tira fuori l'uovo di Colombo da far stare in piedi («ci do un colpettino all'uovo sul tavolo, ci faccio un po' di schiacciatina, così rimane in piedi»), ma il tuorlo schizza sul vestito della sovrana che, moderatamente contrariata («porco qui, porco là») lo congeda con solo 3 caravelle. Poer nano[1232].

In sintesi Fo, nel tempo, ha potuto continuare a sviluppare delle storie partendo da una base prevalentemente scherzosa, creando delle presentazioni ad hoc, facendo delle aggiunte o scrivendo delle annotazioni, così da ammantare d'ideologia quelli che erano solo racconti da bar o meglio, nel suo caso, da "scompartimento del treno".

[1228] Cfr. http://www.archivio.francarame.it/scheda.aspx?IDScheda=692&IDOpera=134
[1229] Cfr. http://www.archivio.francarame.it/scheda.aspx?IDScheda=703&IDOpera=134
[1230] Cfr. http://www.archivio.francarame.it/scheda.aspx?IDScheda=697&IDOpera=134
[1231] Cfr. http://www.archivio.francarame.it/scheda.aspx?IDScheda=689&IDOpera=134
[1232] Cfr. http://www.archivio.francarame.it/scheda.aspx?IDScheda=702&IDOpera=134

Di certo la nostra consapevolezza è cresciuta: dal credere che queste parafrasi appartenessero tutte a una tradizione; al ritenerle in parte sue invenzioni; fino al giudizio più drastico, ma anche più sensato, cioè che fossero solo sue invenzioni.

8.6. Il "FObulatore" a Milano

L'ambiente di Milano è stato importante per la sua formazione per due ragioni: primo, gli ha dato la possibilità e gli strumenti per accrescere la sua coscienza politica che, nonostante le sue dichiarazioni sul passato e l'infanzia (vedremo tra breve) non era così definita; secondo, arrivando in città, si è imbattuto in una tradizione, un folclore e una vivacità popolare impensabili in provincia, ma che gli sono serviti, insieme alle altre nozioni acquisite grazie alla sua carriera, a creare l'identikit del fabulatore. Esso è infatti un *pot-pourri* del suo essere, dei personaggi curiosi del Lago Maggiore, dei giullari medievali e, credo, anche dei cantastorie meneghini, una categoria che val la pena delineare brevemente.

8.6.1. Cantastorie

Nelle canzoni si esprime alla perfezione e con chiarezza lo spirito sarcastico, polemico, a volte grottesco dell'uomo. Fo ricorre spesso alle canzoni nelle sue commedie per trasmettere dei concetti in maniera semplice e immediata, senza rinunciare al riso e allo sghignazzo. Tramite le strofe cantate può narrare, con sintesi ed efficacia estreme, vicende che si dipanano in un lasso di tempo ampio[1233], affidare alle rime e alla melodia argomenti scottanti di denuncia[1234], ma anche intrattenere con canzoni famose riadattate nel testo[1235]. Il risultato sono motivetti piacevoli e orecchiabili, magari accompagnati da coreografie di ballo che, tuttavia, recano un contenuto molto profondo e significativo. In ciò si può riscontrare l'eco dei cantastorie, che possiedono il tono didattico ed enfatico brechtiano: «il loro stile declamatorio è antichissimo, perché è lo stile epico allo stato puro, originario»[1236].

In questo caso, ritengo che per Fo sia stato determinante l'approdo a Milano, «in cui molto più fervida era la tradizione popolare; perché si respirava un'altra aria, certamente più colta e immersa nelle vicende storiche rispetto alla zona del lago, un po' emarginata in tal senso»[1237].

1233 Per esempio le canzoni in *Isabella, tre caravelle e un cacciaballe* che riproducono in breve i viaggi di Colombo nelle Indie. (cfr. op. cit. in *Le commedie di Dario Fo*, vol. II, Torino, Einaudi, 1976 (1966), pp. 54-55).

1234 Cito la «canzone dell'italiota» (cfr. *Settimo: ruba un po' meno*, in *Le commedie di Dario Fo* vol. II cit., pp. 207-208).

1235 Es. ne *I sani da legare*, la canzone *E il taxi tornò solo*: «Son tutti belli i taxisti del mondo / quando un volante si stringono al cuor…» (http://www.archivio.francarame.it/scheda.aspx?IDOpera=155&IDSchedaLocandina=6689).

1236 *Cantastorie siciliani* in Il Nuovo Canzoniere Italiano, *Dalla rappresentazione popolare al teatro politico* cit., p. 99.

1237 Intervista a P. Frigerio del 14/03/2002.

Nella metropoli, invece, capitava di incontrare individui "armati" di fisarmonica e batteria, i due strumenti tipici dei cantastorie milanesi, che cantavano nel megafono con voce epica:

> Sono gesti indicati e sommari, sono mimiche discrete, sono passi di danza grotteschi e appena accennati. C'è il senso sincero del teatro popolare, la presenza viva della maschera dell'arte. E il contrappunto non è soltanto di movimenti, ma anche di suoni [.] E poi c'è il coro, discorde e roco, all'ultimo verso di ogni strofa [...] e l'accompagnamento degli strumenti.[1238].

È difficile dire quanti siano oggi i cantori dell'Italia settentrionale, perché la natura stessa del loro mestiere vagabondo ostacola il censimento. Leydi, nella ricerca svolta negli anni '50 ne ha ravvisati di ogni sorta, vagabondi che vivono stentatamente o celebrità di fiere e mercati. Certo che, rispetto al meridione dove questa antica professione ha tutt'ora una nobiltà (e una fortuna) che altrove sono ormai sconosciute, nel nord i cantastorie rappresentano «una patetica sopravvivenza, un fenomeno anacronistico e decaduto»[1239].

Il repertorio di *bôsinad*[1240], spesso consiste nel cantare motivi di successo «con un testo nuovo, rozzo, ingenuo, ma ricco di sapore ironico, d'intenzione parodistica, dedicato a illustrare, in immagini semplici, i sentimenti e i fatti della dura esperienza quotidiana della povera gente»[1241]; ma non raramente sono presenti riferimenti politici:

> È, per esempio, il caso di quei molti componimenti dedicati ai problemi delle lotte contadine che i cantanti ambulanti hanno portato sulle piazze dei paesi della nostra «bassa», là dove più duri e drammatici sono i contrasti economici e più gravi i problemi del lavoro. Naturalmente si tratta sempre di testi ingenui e perfino banali, ma non certo privi di sincerità. Gli argomenti, esposti nella forma del contrasto, [...] si valgono di immagini elementari e concetti semplici, ma proprio in questo rifiuto inconsapevole della retorica [...] è il primo loro valore[1242].

[1238] R. Leydi, *Cantastorie* in AA. VV., *La piazza* cit., p. 278.

[1239] «È in Sicilia che questi cronisti girovaghi, a quotidiano contatto con una civiltà carica di antiche memorie, possono assolvere con maggior decoro e precisione la loro missione di divulgatori di notizie e di critici illustratori degli eventi della cronaca. Se nel nord le melodie che cantastorie usano per i loro «drammi» sono quasi sempre risapute e sciocche, nel sud la tradizione popolare sa offrire ai creatori di ballate temi sempre nuovi e sempre vivi; se nel nord le storie si vestono dei panni dimessi di poveri versi e di rime ingenue, in Sicilia la narrazione dei grandi fatti dell'onore e del sangue si compongono nelle forme di autentici poemi, pieni di efficacia drammatica e di calore umano» (cfr. ivi., p. 353).

[1240] «Le *bosinade* erano filastrocche con versi a rime baciate, recitate o cantate talora a due voci, una di basso e l'altra in falsetto» (C. Comoletti, *I mestee de Milan* cit., p. 32). Il termine deriva da *bosin*, precisamente "abitante della Brianza", che però designa «il campagnolo in genere, perché è dalle campagne che venivano i girovaghi a rallegrare le compagnie domenicali delle osterie, né lasciavano perdere una fiera» (A. Garobbio, *Milano canta e vive* cit., p. 50). In effetti anche Fo è partito dalla provincia per poi arrivare in città.

[1241] Ivi, p. 280.

[1242] Ivi, p. 283. Un esempio è *I patti agrari* di Marino Piazza, «uno dei cantastorie settentrionali più sensibili ai suggerimenti della cronaca e più impegnato in termini sociali e politici».

Ma la tradizione delle *bôsinad* a sfondo politico ha una radice antica. È infatti del 12 aprile 1583 una grida del governatore di Milano, il duca di Terranova, «la quale statuiva la pena di morte per coloro che scrivevano o cantavano satire»[1243].

Oppure nel 1668 l'Alessandrino «era solito fermarsi alle bettole, e ponendosi le mani dietro gli orecchi inventava nuove canzoni con rima assai buona per un uomo dozzinale, che si accontentava del vitto dai passeggeri, e dai molti che lo facevano improvvisare». Certamente udì delle storie raccontate da chi era stato in Spagna durante la guerra col Portogallo – la faccenda dei racconti provenienti "da fuori" ci richiama quanto detto a commento dei personaggi fanfaroni di Piero Chiara – così compose una canzone che non poteva che essere «un crescendo di invettive contro gli spagnoli, dei quali si diceva ogni male, del modo con il quale mangiavano, si vestivano, si comportavano». La canzone si diffuse e divenne popolare; così il governatore Ponze de León accolse l'Alessandrino, lo ubriacò con un «vino traditore» e gli fece cantare la «*bôsinada* incriminata»: la notte stessa venne strangolato. Non ci fu reazione popolare e la città terrorizzata «ammutolì in un silenzio sordo e cupo»[1244].

Due anni dopo venne preso di mira il governatore Gaspare Tellez Giron duca d'Ossuna; «uomo violento, capriccioso e scostumato perdette ben presto quello che si suol dire il prestigio personale, fioccarono le satire e si giunse ad affiggerne una al portone del suo palazzo». Un «negromante napoletano» gli indicò come autore un frate, poi esiliato. Poi toccò al Verpello. Era «un *bôsin* e come i suoi predecessori commentava i fatti del giorno, giudicandoli in base al buon senso ed alla rettitudine popolare». Notando l'insolenza con cui il duca faceva pesanti avances ad altre dame, compose una «*bôsinada* fustigatrice» che pagò con l'impiccagione (luglio 1671)[1245].
Infine segnalo una canzone diventata celebre, la *Gigôgin*, che venne suonata dalla banda civica nella notte di San Silvestro del 1858 e che incitava a marciare in attesa del consolidamento dell'alleanza tra Vittorio Emanuele II e Napoleone III[1246].

Ma a parte la satira politica, non mancano naturalmente temi volgari e scurrili e il ricorso frequente alle similitudini sessuali, il tipico elemento della cultura popolare citato più volte da Fo[1247]:

> Più frequenti [...] sono le canzoni di intento umoristico e satirico, dedicate ai fatti di costume e soprattutto ai rapporti fra i sessi. Si tratta quasi sempre di componimenti abbastanza grossolani dove tuttavia è facile scoprire, tra l'immagine sciocca, la parola

---

1243 A. Garobbio, *Milano canta e vive* cit., p. 53.
1244 Cfr. ivi, pp. 53-55.
1245 Cfr. ivi, pp. 67-68.
1246 Cfr. ivi, pp. 86-88.
1247 Ad esempio l'esasperazione tragica del sesso di Arlecchino: «un'ossessione che ci viene insegnata, alla quale veniamo ammaestrati nei racconti, nelle allusioni di bassa ridancianeria, un chiodo fisso che sta dentro la cultura fallocratica di cui siamo ben intrisi. Ebbene questi sono argomenti tragici. Anche lo scurrile è tragico». (D. Fo, *Dialogo provocatorio* cit., p. 112). Oppure questa dichiarazione di Franca Rame: «L'osceno è sempre stato, non smetterò mai di ribadirlo, l'arma più efficace per abbattere il ricatto che il potere ha piazzato nel cranio della gente, inculcandole il senso di colpa, la vergogna e l'angoscia del peccato [.] Distruggere, col far ridere, questa angoscia è sempre stato l'impegno principale dei comici» (F. Rame cit. in D. Fo, *Manuale minimo* cit., p. 300).

pesante e il doppio senso volgare, i resti d'uno dei più antichi e stabili generi dell'autentica poesia popolare: il canto di scherno a contenuto erotico[1248].

Trovano posto anche gli eventi sportivi, le grandi catastrofi e le (non molte in verità) storie d'amore. Ma la narrazione epica raggiunge l'apice nei «drammi», vale a dire i grandi fatti di cronaca, su cui «ogni giorno nascono, suggeriti dai resoconti dei giornali, nuovi testi e trovano la via, attraverso una distribuzione quasi misteriosa, per giungere ad ogni compagnia di cantastorie»[1249]. Tra essi le gesta di briganti famosi, che tuttavia hanno un valore diverso rispetto a cinquanta o cento anni prima: il brigante infatti, che nella società primitiva contadina svolgeva il ruolo «di ribelle solitario, di campione disperato e sfortunato della protesta contadina», da quando la lotta contadina si è politicizzata, è retrocesso a semplice «delinquente, ladro, e assassino»[1250].

Tenute conto le debite differenze, si può considerare l'ammirazione nutrita nei confronti dei contrabbandieri simile al rispetto e alla devozione manifestata verso i briganti: in entrambi i casi, la popolazione legittima un'azione contro la legge in nome della difesa della propria dignità e della lotta alla miseria.
Un personaggio con caratteristiche proprie, infine, era il *Barbapedanna*:

Barbapedanna el gh'aveva on gilé
Rott per denanz e strasciaa per dedree…

Si tratta di uno dei personaggi più cari della vecchia vita popolare milanese, «eccentrico e gaio uomo di strada», ultimo erede della tradizione di «dicitori di bosinade» che Milano ha avuto dal '500, forse anche da prima[1251].

Barbapedanna havevel 'na capascia
Senza color, con la fodraeda strascia;
L'era bandiera sü la dürlindanna
Quand la portava in gir Barbapedanna.

L'era homm de carnevaee volt una spanna
E quest''even nomaee Barbapedanna,
L'eva st'homm inscà tant piscinin
Ch'al possera balà ben sü ôn quatrin[1252].

Da questa descrizione ricaviamo l'immagine di «uomo carnevalesco e tipo buffo» che ha permesso a «un piccolo patrimonio di reliquie poetiche e musicali popolaresche» di giungere fino ai giorni nostri, seguendo i tempi della tradizione popolare urbana,

---

1248 R. Leydi, *Cantastorie* in AA. VV., *La piazza* cit., p. 290.
1249 Ivi, p. 302.
1250 Cfr. ivi, pp. 303-304
1251 Cfr. *Il Barbapedanna* in AA. VV., *La piazza* cit., p. 340. Trad.: Barbapedanna aveva un gilè, rotto davanti e strappato di dietro.
1252 Trad.: Barbapedanna aveva una cappa / senza colore, con la fodera strappata / faceva bandiera sulla spada / quando la portava in giro Barbapedanna / Era l'uomo di carnevale alto una spanna / e questo era chiamato Barbapedanna / quest'uomo era così piccolo / che poteva ballare tranquillamente su un soldino (ivi, p. 342).

secondo la quale «un Barbapedanna si è succeduto all'altro, nel volgere delle generazioni, conservando quasi intatto, nel mutare del costume, degli abiti e dei modi di vita, se non l'aspetto esteriore, almeno il carattere morale»[1253].

Enrico Molaschi, nato a Milano il 1 gennaio 1823, fu il più celebre. Divenuto amico di un suonatore ambulante «che intonava accompagnandosi sulla chitarra, molte canzoni popolari e filastrocche ingenue», cominciò la sua carriera in provincia, prima di trasferirsi a Milano.

«Vestito del suo comico giubbone, con in testa il gran cappello all'italiana e a tracolla la fedelissima chitarra, Barbapedanna girava le osterie a presentare il suo programma e non raramente era invitato a rallegrare i trattenimenti e le feste nelle famiglie»[1254].

Arrigo Boito si interessò alla figura del Barbapedanna, di cui descrisse una *performance*: con grande ammirazione vengono sottolineati l'aspetto fiero e virile e l'inarrivabile abilità nell'uso della chitarra mentre «il nostro giullare» intonava «una specie di leggenda burlesca narrante i fasti di Barbapedanna medesimo: egli ne aveva creato il concetto, i versi, le note, l'accento – la ballata cantava Barbapedanna e Barbapedanna cantava la ballata»[1255]. Poi anche per quel personaggio venne l'ora triste del tramonto[1256].

Gli artisti da strada appena presi in considerazione somigliano in maniera impressionante ai fabulatori ipotizzati all'inizio del nostro viaggio. Infatti, come abbiamo visto, Nanni Svampa ha fatto riferimento al cantare in dialetto milanese come forma di protesta[1257]. Perciò credo che le loro peculiarità siano confluite nell'immaginario a cui Fo ha attinto per costruire la sua "genitura popolare". Specie l'importanza argomentativa delle canzoni che, con la loro schiettezza e con il loro messaggio inequivocabile, consentivano un'analisi immediata e lucida delle brutture e delle problematiche della società.

Per essere precisi, tuttavia, devo annotare un altro elemento, già incontrato nel nostro percorso, presente nelle canzoni del "FObulatore": gli stornelli paesani molto diffusi in Valtravaglia, specie in concomitanza del Carnevale dei Matti:

È arrivato il Carnevale
con i matti di Sarigo,
è arrivato il Carnevale
con la borsa di ogni intrigo;
s'è levato la mascherina
e ci ha detto: "Signorsì,
io vi ho tutti qui,
con il ben ed il mal!".

1253 Cfr. ivi, pp. 342-343.

1254 *Ibidem.*

1255 A. Boito, cit. ivi, pp. 344-348.

1256 «Verso il 1890 Enrico Morlaschi era ormai senza denti e non poteva più cantare. Suonava ancora con slancio la sua chitarra e i temi fantasiosi del suo repertorio era costretto a fischiarli. Il suo ingresso nelle osterie [...] ancora suscitava piacere negli avventori più anziani e quando camminava per la strada non mancavano i ragazzini schiamazzanti a fargli corteo, ma i giovani non credevano più al semplice mondo evocato dalla chitarra e dalla voce dell'ultimo Barbapedanna, relitto commovente giunto fino alle soglie del 20° secolo dalle memorie dei tempi passati» (ivi, pp. 348-349).

1257 Cfr. cap. 3.3.

È arrivato il Carneval[1258].

8.6.2. *Fo non politico*

Lamberto Binni scrive che argomento delle prime tirate di Dario Fo assieme ai compagni dell'Università erano «i luoghi comuni della cultura scolastica, i cui valori e personaggi vengono irrisi e colpiti attraverso l'arma del grottesco e della satira a riso aperto [...] Si tratta prevalentemente di brevi monologhi su "eroi" della storia libresca, in cui le situazioni vengono grottescamente rovesciate»[1259]: esattamente gli stessi del *Poer nano*.

Ciò era dovuto alla «coesistenza contraddittoria di "due culture", la cultura ufficiale-borghese che Fo studia sui banchi dell'Università, ed elementi di cultura contadina che Fo si porta addosso» che infusero «diffidenza e ostilità nei confronti dell'intellettualismo e dell'astrazione teorica, aderenza a principi di "buon senso", semplicità e concretezza; rifiuto istintivo di ogni forma di decadentismo e di pessimismo borghese, esaltazione della vitalità e della sana gioia di vivere»[1260].

Però, si è ripetuto più volte che la motivazione primigenia di quelle storie, nate idealmente sul lago, era l'intrattenimento. Il fatto evidente è che una serie di concause ne ha in seguito mutato il tenore, perché in primo luogo era la mentalità di Fo che stava cambiando. Molto diverso da ciò che Fo vuol far credere, e cioè che da sempre abbia avuto una coscienza civile e politica forte che guidasse le sue scelte e ispirasse i suoi racconti.

Il nodo della questione, attorno al quale ruota tutto, le storie, le sue dichiarazioni, il suo modo di interpretare il passato e la provincia, risiede in questo: capire quando Fo si è politicizzato.

Non sono pienamente persuaso che, con l'arrivo a Milano, si sia determinata nell'acerbo artista «una caratteristica mediazione mobile, sensibile, di liberissimo ripensamento, fra l'intellettuale che Fo è diventato e l'ambiente provinciale in cui è cresciuto»[1261]. Queste parole di Meldolesi, che non legge nostalgia nell'approccio di Fo al suo passato, perché «il riferimento alla provincia è per lui un'arma contro la cultura stabilizzatrice»[1262], mi trovano in disaccordo, non tanto sul concetto, quanto sul momento in cui tale idea si sarebbe manifestata.

A mio modesto avviso, ed è ciò che voglio dimostrare, è impossibile che Fo abbia maturato una visione critica, costruita, del proprio passato, appena prima del 1950. Lo stesso Meldolesi, ad essere precisi, riporta il pensiero di Fo che dichiara di appartenere a quella genealogia di fabulatori:

> *È proprio dai discorsi dei miei compaesani matti che ho cominciato a pensare al teatro*. Al teatro come mezzo d'invenzione di tutto... del tempo... dello spazio... di oggetti che sono

---

1258 Scuola media statale "Giovanni XXIII", *La Valtravaglia* cit., p. 39. Cfr. anche cap. 6, p. 142.
1259 L. Binni, *Dario Fo* cit., p. 17. "Eroi" tra cui Caino spinto al fratricidio, Giulio Cesare, Sansone e Dalila.
1260 *Ibidem.*
1261 C. Meldolesi, *Su un comico in rivolta* cit., p. 24.
1262 *Ibidem.*

> personaggi e personaggi portati al valore di oggetti… Al teatro come follia… una follia quadrata… composta in equilibrio differente. A tutto ciò vanno aggiunte le grandissime possibilità figurative che il teatro ha in sé e, *siccome sono un figurativo di nascita e di educazione*, eccomi letteralmente buttato in quella direzione contro la letteratura del teatro[1263].

Ebbene, l'autore specifica che il periodo a cui risalirebbero tali considerazioni sarebbe «verso il '60». Data criticata da Michele Straniero che, commentando l'auto-investitura di Fo[1264] dovuta alla sua esperienza tra i fabulatori e datata, appunto, 1960, scrive: «personalmente ritengo che la data di questi appunti debba essere ritardata di una decina d'anni»[1265].

La presa di posizione di Straniero, credo dipenda dal fatto che le affermazioni di Fo, tese a giustificare la sua naturale proclamazione a fabulatore, sono contenute nelle varie biografie, interviste, ecc., tutte edite da metà anni '70 in avanti. Ma, anche mantenendo il 1960 come data del "ritorno al passato", è evidente che egli abbia avuto circa un quindicennio per metabolizzare la sua esperienza sul lago e fare delle riflessioni. Sbarcato a Milano, non risulta assolutamente che abbia sbandierato la sua "origine", anzi, ha studiato, è stato uno spettatore teatrale insaziabile, è entrato in contatto con molti artisti. Come ha confidato Fulvio Fo, «la crescita politica di Dario ha ricevuto un'accelerazione grazie alla frequentazione degli amici e colleghi a Brera… che erano tutti un po' anarchici, ma non si è manifestata subito… basta considerare i primi spettacoli»[1266].

Di conseguenza, credo che il suo arrivo nel capoluogo abbia certamente influito in tal senso, ma non nei modi che sono stati indicati dalla critica, secondo cui nella sua mente sarebbe scaturita una serie di intense meditazioni:

> Fo arriva ad avvertire nel particolare della provincia il generale della storia: la provincia sembra dare un peso storico alle ragioni del suo presente […] Nella sfera dei rapporti del popolo disgregato vi era dunque, per sua intuizione, civiltà inespressa e latente in cerca di autore, o di mediazione. Vi era vitalità, bisogno di disordine[1267].

Queste sono considerazioni validissime, ma solo alla luce dell'ideologia di cui, anni dopo, si è fatto portatore, e che perciò non proiettano l'immagine del vero Fo intellettuale, distratto, con la testa tra le nuvole, ma del teorico Dario Fo che cita Marx e Mao, capace di reinventare la "sua" provincia.

1263 Da bozze di programmi per le commedie conservate nel suo archivio e riprese da C. Meldolesi, *Su un comico in rivolta* cit., p. 60. Corsivo nostro. Si tratta della stessa cartella visionata da L. Binni, *Attento te!* cit., p.193, già ripresa in questa sede al cap. 2, pp. 37 e 46.

1264 Cfr. nota precedente.

1265 M. L. Straniero, *Giullari & Fo*, cit., p. 14.

1266 Intervista telefonica a F. Fo del 15/05/2003.

1267 C. Meldolesi, *Su un comico in rivolta* cit., p. 24.

È quindi corretto ammettere che lo sbocciare dell'impegno politico sia stato graduale, che Fo non sia stato un estremista da subito[1268], che la coscienza politica abbia preso sì forma al contatto con la sfera intellettuale della città, ma che, ancora, non lasciasse spazio a elucubrazioni sulla vitalità e la voglia di reazione della provincia a cui lui avrebbe dato voce.

I punti a favore di questa tesi sono: le considerazioni fatte sulle storie del *Poer nano*, che abbiamo visto mutare gradatamente sotto gli influssi della mediazione culturale cittadina; i primi spettacoli che, vedremo, sono all'inizio solo vagamente politici; e, soprattutto, le testimonianze dirette:

> Io non l'ho mai sentito, da ragazzi, fare un discorso politico, mai! Tra noi manifestavamo le idee politiche, senza voler litigare, ma lui non partecipava. Perciò pensavamo che se ne fregasse. Quando emerse la sua idea, fummo molto meravigliati[1269].

Questa è l'opinione autorevole di Viazzo che si riferisce al periodo a cavallo della Seconda Guerra Mondiale, e che è in linea con quanto dichiarato da Viazzo stesso e da altri a proposito dello spettacolo *Ma la Tresa ci divide*, cioè che non si trattava di una «tirata terribilmente provocatoria».

Calderoni è sostanzialmente d'accordo: «quando era a Porto, Dario era meno interessato alle faccende politiche rispetto a suo padre per esempio… nel libro [*Il paese dei Mezaràt*, NdA], invece, lo sembra molto di più…»[1270]. Ramponi è dello stesso avviso, mentre Bianchini ammette quanto meno l'esistenza di una simpatia politica:

> Ogni tanto mi chiedeva dei pareri, dato che anch'io sono di sinistra, ma più che altro si interessava ai problemi della Valtravaglia, tanto è vero che a Brera raccoglieva sovente notizie per ricostruirne la storia, era il suo pallino di sicuro[1271].

Un aspetto interessante, che credo non sia molto noto, è la partecipazione all'avventura editoriale di «Gioventù Luinese», «la voce dei giovani» cominciata nel '45 al termine del secondo conflitto e proseguita con uscite non regolari («Esce come e quando può» si leggeva sulla prima pagina sotto alla testata) fino al numero unico del '48. Frigerio, che ha dedicato un articolo all'argomento, scrive che il giornale operava «per la costruzione morale e intellettuale dei giovani» e guardava al PCI ma «senza professione di fede politica e distinzione di ceto sociale»[1272]. «Toccava esiti esilaranti» ed era di «scrittura mordace» grazie alla guida di Spozio e Rigamonti[1273] che, guarda caso, parteciparono al successo di *Ma la Tresa ci divide*: del secondo si è già scritto; il primo, invece, interpretò la statua di Garibaldi («monumento all'Eroe, rappresentato

---

1268 «I soldi non l'hanno mai interessato eccessivamente e non ne è mai stato schiavo però, quando era in TV e aveva pubblicato le prime tre commedie, aveva una bella villa a Cernobbio con tanto di maggiordomo in guanti bianchi» (Intervista a V. Viazzo del 04/05/2002).
1269 Intervista a V. Viazzo del 04/05/2002.
1270 Intervista a C. Calderoni del 27/02/2003.
1271 Intervista a O. Bianchini del 19/06/2002.
1272 P. Frigerio, *Gioventù Luinese*, «Il Rondò», n. 15, 2003, p. 137.
1273 Cfr. ivi 137-153, anche per approfondimenti.

con sciabola sguainata dal compianto Attilio Spozio che fu poi valoroso avvocato e senatore»[1274]). Bisogna annotare che Fo contribuì solo in qualità di vignettista, restando perciò ai margini del dibattito politico vero e proprio.

Certo questo non è un indizio determinante della sua "timidezza politica", ci possono essere state altre ragioni che non gli hanno permesso di scrivere sul giornale, ma è pur sempre un'informazione utile, specie se considerata in relazione con le seguenti importantissime parole di Fulvio Fo:

> In effetti in famiglia, abbiamo sempre respirato un'aria un po' di sinistra. Però in modo blando, almeno fino alla Liberazione. Mio papà, infatti, stava sempre zitto... doveva stare sempre zitto, perché aveva l'attività fondamentale di coordinare il trasporto degli ebrei e quindi doveva agire nell'ombra, in modo poco visibile... ma dopo ha potuto manifestare la propria posizione[1275].

È chiaro quindi che Dario fosse tendenzialmente di sinistra, già durante la guerra, ma in maniera acritica, non pienamente consapevole. Comprendere questo fatto non è cosa da poco e ci consente, tra l'altro, di esprimere la nostra valutazione su un aspetto che è ancora oggetto di un acceso dibattito: il suo arruolamento volontario.

Fo è stato accusato di aver partecipato attivamente a dei rastrellamenti, viceversa lui si è sempre proclamato innocente e ha sostenuto di non aver compiuto nulla, e di essersi anzi mosso contro il regime. Propaganda e contro-propaganda si sono combattute aspramente su questo punto e credo che resterà sempre un mistero[1276].

Il fatto è che, analizzando diverse fonti che riportano la vicenda, emergono delle contraddizioni evidenti, di cui fornisco solo un esempio.

Nepoti e Cappa hanno scritto che nel 1945, Fo diserta dal corpo dei paracadutisti di Tradate e «tenta di congiungersi con i partigiani della Lazzarini, proprio mentre la banda viene sterminata nell'imminenza del 25 aprile»[1277]; per Meldolesi, «tenta di unirsi alla "Lazzarini", proprio mentre la banda viene sterminata. Infine il 25 Aprile»[1278]; per la Valentini, «non riesce a mettersi in contatto, e così passa i mesi che lo separano dalla fine della guerra vagando per le vallate, dormendo quasi sempre fuori casa»[1279]. L'informazione che cambia in queste tre versioni, è il lasso di tempo tra il 25 Aprile e lo sterminio della "Lazzarini", che nel primo caso sembra breve; nel secondo non è chiaro; nel terzo pare di alcuni mesi.

Per onore di cronaca, va precisato che sulla banda Lazzarini medesima le notizie sono confuse, come ha scritto Frigerio[1280], ma è certo che «la vicenda della formazione

---

1274 V. Viazzo, *Luino 1947: l'estro nascente di Dario Fo* cit., p. 40.

1275 Intervista telefonica a F. Fo del 15/05/2003.

1276 Le voci si rincorrono e non ci sono comunicazioni ufficiali, anzi le ipotesi sono molte e variegate. Per alcuni, se qualcosa è stato commesso da Fo, si è trattato solo di una ragazzata condizionata dalle circostanze. Per altri, invece, lui ha fatto parte della X Mas di stanza a Tradate e, impegnato in rastrellamenti a Cannobio, è stato assolto perché un ufficiale ha giurato il falso. Per altri ancora, come riporto, non è successo nulla; Ramponi (intervista cit.) dice che durante la leva faceva i manifesti e i cartelloni.

1277 R. Nepoti, M. Cappa, *Dario Fo* cit., p. 21.

1278 C. Meldolesi, *Su un comico in rivolta* cit., p. 20.

1279 C. Valentini, *La storia di Dario Fo* cit., p. 24.

1280 P. Frigerio, *Storia di Luino e delle sue valli* cit., pp. 436-450.

Lazzarini ebbe termine nell'ottobre 1944»[1281] e quindi circa sei mesi prima della fine delle ostilità.
La ciliegina sulla torta che non chiarisce è tratta dalla sua autobiografia, in cui la Lazzarini non viene nominata: il disertore Fo scappa con un compagno e torna al suo paese («approfittando della libera uscita corriamo alla stazione [.] Io scendo a Porto») e aspetta, rintanato in una bicocca nel bosco, la fine del conflitto[1282].

Dall'idea che mi sono fatto, incoraggiata dalle parole di chi l'ha conosciuto bene («Dario non è stato assolutamente un torturatore di partigiani, mi ricordo che precedette la chiamata di qualche giorno solo per comodità, per non essere spedito chissà dove... Non ha fatto azioni di guerra. Tant'è che io e Spozio eravamo disposti a testimoniare in suo favore»[1283]), Fo non si è macchiato di colpe, ma allo stesso tempo, non è stato impegnato nella lotta al fascismo come il padre o altri membri della comunità, proprio perché, come cerco di spiegare, non aveva ancora lo spirito militante che l'ha sostenuto e caratterizzato anni dopo.

Sempre nel tentativo di capire il suo grado di politicizzazione, annoto anche il parere di Salvi: «Fo e i genitori erano assolutamente atei. Dario infatti andava ogni tanto in chiesa giusto perché voleva sposarsi. Ma è stata Franca Rame, comunista più "feroce" a coinvolgerlo maggiormente»[1284]. Viazzo concorda con quest'ultima osservazione: «Franca "l'ha tirato" nella politica... infatti, lui non è mai stato iscritto a nessun partito»[1285].

Pare proprio che l'ascendente della Rame, unito alle amicizie nate a Milano e alla collaborazione con Parenti e Durano, diedero un input consistente alla sua crescita politica. Ancora Viazzo:

> All'epoca delle sue prime riviste con Franco Parenti e Giustino Durano, la compagnia andava in tournée e quando faceva tappa a Milano, Varese, Lugano, nei posti più vicino alla nostra zona, insomma, ci si organizzava con un gruppo di amici per andare a vederlo recitare. Così, al termine dello spettacolo, si andava a trovarlo in camerino e, dopo aver riso e scherzato, l'incontro si chiudeva regolarmente con una *bagarre* politica tra Dario e l'avvocato Spozio socialista[1286].

8.7. Conclusione

Da quanto è stato detto sinora sulla sua vita, è sacrosanto ciò che scrive Meldolesi: «Dario Fo inizia effettivamente a vivere da comico fin da ragazzo e progressivamente si convince di esserlo»[1287]. Questo significa che ha partecipato con tutto sé stesso alla propria formazione artistica e "si è fatto le ossa" sin dai primi anni di vita. Il genio e la tenacia, la capacità di assorbire l'influenza dell'ambiente, la flessibilità per proporsi a

[1281] Ivi, p. 446.
[1282] Cfr. D. Fo, *Il paese dei Mezaràt* cit. p. 175.
[1283] Intervista a V. Viazzo del 04/05/2002.
[1284] Intervista a T. Salvi del 05/03/2002.
[1285] Intervista a V. Viazzo del 04/05/2002.
[1286] *Ibidem.*
[1287] C. Meldolesi, *Su un comico in rivolta* cit., pp. 24-25.

chiunque, dagli amici del treno al grande pubblico, sono stati, ora possiamo dirlo con certezza, elementi che hanno contribuito in modo determinante.

In questo senso allora vale il concetto di *Bildung*, giustificato dalle "prove" (di spettacolo si intende) che ha dovuto sostenere a più riprese e in cui è stato aiutato dalle sue qualità e, con le dovute precisazioni, dalle persone che ha incontrato: gente originale, spensierata e un po' matta, ma a-s-s-o-l-u-t-a-m-e-n-t-e estranea a una tradizione di fabulatori, nozione questa, figlia dell'ideologia, un'altra tappa fondamentale, ma appartenente a un periodo successivo della sua vita.

9. Le prime opere

> Nei gesti del "fabulatore" la collettività riconosce elementi della propria vita, nei racconti immaginosi proietta i propri desideri e le proprie delusioni. Ritengo importante sottolineare i caratteri di questa esperienza giovanile a cui lo stesso Fo ha sempre riconosciuto un'importanza decisiva nello sviluppo della sua poetica teatrale. Le radici culturali di Fo le ritroviamo nella cultura contadina della sua zona di provenienza[1288].

Le parole di Binni sono il risultato del fenomeno di costruzione della tradizione appena analizzato. Posso concordare che le radici risiedano nella provincia da cui è partito, sempre per la vivacità, l'allegria, l'importanza del racconto nei rapporti interpersonali. Ma è ormai assodato che a quei racconti e a quelle figure mancava il proposito a fare, l'ideologia e, certo, il mestiere, inteso come attributo dell'arte.

Perciò trovo ambigua la seguente affermazione di Fo, secondo la quale, lui "avrebbe vissuto" tutti i suoi fabulazzi come se si trovasse ancora sul lago:

> Io sono ben collocato nel mio paese, in quelle sue strade, in quei fiumi lombardi, nei boschi che mi sono familiari: montagne, cielo, acqua sono sempre lì, dove è la mia propria storia [;] il mio universo di immagini è lì [e] io non mi sposto dal lago, dalle valli e dai fiumi dove sono nato e dove ho sentito raccontare le prime storie[1289].

Dichiarazione d'amore o estrema mistificazione? Mi spiego: è legittimo che il pensiero di Fo vada ai luoghi amati; il sentimento è una componente genuina e incontrollabile. Meno genuino e incontrollabile – anzi – che il riferimento al lago coincida coi fabulatori fittizi che gli avrebbero insegnato l'arte.

La gente di Porto Valtravaglia e zone limitrofe, lo ripeto ancora, non ha influenzato Fo, né sulle tecniche recitative, né sui temi, ma semplicemente gli ha fornito quella dose di spregiudicatezza e di assurdità genuina che è tuttavia ravvisabile solo nei primi spettacoli. Poi l'impegno politico e la rivisitazione in chiave ideologica della storia, della religione, del teatro, hanno coperto l'influsso del lago, mascherando con dotte spiegazioni la realtà.

Guinot e Ribes hanno fatto delle considerazioni di sicuro valore sulla costruzione del giullare di Fo; considerazioni che si possono estendere al nostro oggetto d'indagine:

> È proprio dalla scoperta di testi antichi che Dario Fo ha trovato la via di ricostruzione del suo personaggio? L'erudizione avrebbe il potere di restituirci una forma teatrale in disuso per molti secoli di oblio, di farci ritrovare uno stile di recitazione la cui tradizione si è persa da tempi tanto lontani? Dario Fo in effetti elude queste domande con artifici da storico divertito [.] Come per dare più credito al suo personaggio, cerca di attenuare la dimensione mitica. Gioca con la piacevole illusione che il giullare non sarebbe che una figura ritrovata dallo storico Dario Fo, non sarebbe che il frutto di una minuziosa scoperta, realizzata in parecchi anni di erudite ricerche. E lo spettatore, senza farsi

---

[1288] L. Binni, *Dario Fo* cit., p. 16.

[1289] D. Fo, *Dialogo provocatorio* cit., p. 28.

ingannare, si compiace anche lui a lasciarsi convincere che questa immagine del giullare, questo archetipo di teatro sovversivo, questa figura di attore popolare, quale non pensava poter sognare, sono proprio davanti a lui con tutte le garanzie della storia. E al tempo stesso sa che immagine, modello, figura non sono vere perché storicamente autentiche, ma perché meritano credito, perché sono state rinventate a nostra misura, per un migliore uso della storia, e sono anche la costruzione immaginaria dell'attore Dario Fo[1290].

Lo stesso riguarda anche la «continuazione dei giullari», i fabulatori: con la differenza che essi non sarebbero il reperto scovato nei libri dall'erudito Fo, ma figure realmente incontrate. E come il giullare di Fo è meritevole di credito e fiducia, credevo che lo fossero anche i fabulatori; e certamente in molti hanno pensato come me.
Guinot e Ribes, inoltre, fanno una constatazione che ricalca quanto detto sulla genesi della tradizione fabulatoria del lago: l'artificiosità del giullare, come quella del fabulatore, è figlia del mestiere e del ripensamento critico a posteriori:

> Dario Fo passa sotto silenzio il suo processo di creazione sul palcoscenico: non avrebbe potuto rinventare l'immagine del giullare e incarnarla di nuovo, senza essersi preparato ideologicamente alla prova [...] attraverso gli avvenimenti di vent'anni di esperienza di teatro politico, e anche attraverso il mestiere. Le fonti del mestiere non risalgono al medioevo. Nel medioevo, come per dare più peso alla filiazione mitologica dal giullare, Dario Fo occulta un'altra filiazione, operante per via di mediazione, sperimentata, intimamente conosciuta, quella dei generi popolari considerati "minori": l'avanspettacolo e il varietà[1291].

Le due categorie tendono a sfumare l'una nell'altra: sul fronte fabulatori, l'intervento dell'attore e regista è stato deciso, proprio perché ha dovuto costruire dal nulla una tradizione che avesse una parvenza di storicità e che recasse una categoria umana il più possibile credibile. Perciò si è avvalso dei caratteri tipici dei giullari, che già erano una sua reinvenzione, e li ha tranquillamente travasati in provincia: ha travestito le figure strambe e originali del Lago Maggiore con l'abito del giullare, del suo giullare.
Ma questa operazione, ad un'analisi rigorosa, si rivela per quello che è: una doppia mistificazione, perché Fo ha creato un personaggio inesistente sfruttando i caratteri di un secondo, il giullare appunto, anch'esso deformato.

Perciò è irrealistico pensare che il Fo militante abbia continuato a recitare i suoi pezzi come se fosse nella piazza del suo paese o nel vagone del treno, perché i riferimenti residui alla sua vita e ai veri caratteri del lago che abbiamo analizzato, sono reperibili solo negli spettacoli fino al '69, momento della svolta decisiva.

Col *Poer nano*, Fo aveva raggiunto una sua dimensione. E il successo aumentava, sia alla radio che nei piccoli teatri di provincia, dove spesso si recava accompagnato dalla sorella:

1290 J. Guinot – F. Ribes, *Pourquoi le théâtre de Dario Fo passe par l'acteur*, trad. it., 1974 (cit. in C. Meldolesi, *Su un comico in rivolta* cit., pp. 195-196).
1291 *Ibidem.*

> Un po' me ne stavo dietro le quinte, un po' in mezzo al pubblico, per sentirlo ridere più da vicino. Era proprio bravo il Dario [;] Vestito da giullare, alto magro e dinoccolato, bastava che girasse gli occhi o spalancasse le braccia, per riempire tutto il palcoscenico; e poi lo popolava di personaggi immaginari, e vi guizzava in mezzo, dentro e fuori, con cento toni di voci diverse [.] Gli applausi non finivano mai, le grida, i "bravo, bravo", ed anch'io applaudivo forte fino a spellarmi le mani[1292].

Ecco come si presentava Dario Fo alla vigilia della consacrazione in teatro secondo il giudizio di Meldolesi

> È un autore, con tanto da dire e poco fiato da spendere; è cresciuto nell'arte sottile di dire poche cose al momento giusto, è portato alla misura breve, ma sente al tempo stesso di dover proseguire per non rimanere prigioniero di sé, scrittore di poemi che non riesce ad andare oltre la misura del sonetto e al quindicesimo verso perde il filo[1293].

9.1. Le riviste

Con *Il dito nell'occhio* (1953)[1294] Fo, Parenti e Durano raccontano «in sketch brevi e violenti, la storia dell'umanità, infilando però un dito nell'occhio alla storia tradizionale, rovesciando gli schemi con cui si era abituati a commentarla». Ad esempio si rimarca il fatto che le piramidi siano state costruite da ignoti schiavi; si assegna a uno sconosciuto soldato la trovata del cavallo di troia; gli Orazi e i Curiazi si sfidano nell'arena in una mortale corsa con le bighe accompagnati dai commenti dello *speaker* in stile Nicolò Carosio, a cui segue il numero del lanciatore di coltelli "Tu Quoque", detto Bruto, e del suo *partner* Cesare; Napoleone e l'Ammiraglio Nelson si scambiano reciprocamente una serie di insulti e minacce infantili; e il Risorgimento viene accompagnato dal patriottismo trito e ridondante delle canzoni dell'epoca.

Per questi temi, valgono le osservazioni già fatte riguardo al *Poer nano*, poiché era già presente il rovesciamento della storiografia ufficiale, e si ritrova qualche spunto (Tu Quoque detto Bruto, per esempio). Solo che ne *Il dito* il sottofondo è ancora più chiaramente politico, sebbene non spudorato.

I sani da legare (1954)[1295] è «la storia di una giornata in una grande città del nord, probabilmente Milano», costruita in quadri giustapposti che raccontano vari personaggi-categorie[1296]: direttore, editore, medico, segretaria, giocatori di poker, ecc. Lo spettacolo ha molto successo soprattutto presso il pubblico di sinistra, perché i bersagli politici sono più chiari rispetto alla rivista dell'anno prima, «proprio a causa del suo carattere di maggiore contemporaneità che non attaccando soggetti cristallizzati, coinvolge in modo più continuativo e polemico il pubblico borghese»[1297].

1292 B. Fo Garambois, *La ringhiera dei miei vent'anni* cit., pp. 126-127.
1293 C. Meldolesi, *Su un comico in rivolta* cit., p. 35.
1294 Cfr. http://www.archivio.francarame.it/scheda.aspx?IDOpera=57&IDSchedaLocandina=6692
1295 Cfr. http://www.archivio.francarame.it/scheda.aspx?IDOpera=155&IDSchedaLocandina=6689
1296 Cfr. C. Valentini, *La storia di Dario Fo* cit., p. 47.
1297 R. Nepoti – M. Cappa, *Dario Fo* cit., p. 37.

Facendo un'osservazione generale, nelle prime rappresentazioni, si nota il contributo di Fo nella fantasiosa scelta delle vicende che appaiono paradossali e ribaltate secondo la logica dei suoi spettacoli radiofonici. Ma il fatto che non fosse né l'unico autore, né l'unico regista, e che per di più fosse il più giovane e inesperto dei tre, fa pensare che ci fosse poco della sua esperienza sul lago.
Di certo quei primi lavori, oltre a dargli degli strumenti scenici fondamentali per la sua carriera futura, sono stati caratterizzati dalla guida dei colleghi più "scafati" che gli hanno mostrato la satira politica e ne hanno stimolato le qualità in senso critico.

9.2. Le farse

Dalle riviste alle farse, nel 1958, si registra il passaggio dagli sketch a vere e proprie storie, ove l'autore e regista ha potuto dare libero sfogo alla sua immaginazione, e in cui compaiono alcuni riferimenti alla sua esperienza di vita sul lago.
La dimostrazione del fatto che Fo non fosse ancora sulla strada del teatro politico proviene dalle farse stesse, come spiega Fulvio Fo:

> Nelle prime tirate e nei primi spettacoli, gli atti unici, intendo, non c'era satira politica: per esempio *Ladri, manichini e donne nude*… c'era puro divertimento e una carica comica assurda e irresistibile. Poi ha cominciato a schiacciare sul pedale della satira politica quando è passato dagli atti unici alle commedie, mi sovviene subito *Settimo: ruba un po' meno*, critica già nel titolo. Mentre nelle prime commedie, come *Aveva due pistole con gli occhi bianchi e neri* c'era solo qualche battuta… poi invece è venuto fuori di più[1298].

9.2.1. Ladri, manichini e donne nude

L'analisi delle storie contenute in questa prima raccolta di atti unici evidenzia la correttezza dell'appunto di Fulvio Fo, come conferma la Valentini:

> L'entusiasmo dei critici di sinistra non è giustificato da nessun particolare impegno politico dello spettacolo [.] Fo è ben lontano dal compiere l'operazione che faranno negli anni Sessanta altri giovani registi su quel genere di testi: mostrare la faccia livida e grottesca della borghesia, smascherarne i meccanismi[1299].

Un buon esempio è *Gli imbianchini non hanno ricordi*[1300]. Protagonisti sono due imbianchini che si presentano in casa di una signora per ottenere un impiego. Sul posto trovano il di lei consorte imbalsamato e paradossalmente credono di essere stati la causa della sua morte. Così si crea una serie di equivoci e di travestimenti che svelano la gelosia della donna che, per mantenere il marito lontano dalle sue "conmogli", gli inietta periodicamente una sostanza mummificante.

[1298] Intervista telefonica a F. Fo del 15/05/2003.
[1299] C. Valentini, *La storia di Dario Fo* cit., pp. 56-57.
[1300] Cfr. *Gli imbianchini non hanno ricordi* in *Il teatro comico di Dario Fo*, Milano, Garzanti, 1962, pp. 39-68.

Nella farsa compaiono motivi da circo equestre, che racchiudono la passione per i clown sbocciata a Oleggio[1301] e che saranno presenti nove anni dopo in *La signora è da buttare*, a testimonianza dell'importanza che Fo assegna al loro ruolo scenico:

> Un mestiere affine a quello del giullare e del mimo greco-romano, dove concorrono gli stessi mezzi d'espressione: voce, gestualità acrobatica, musica, canto, e con in più la prestidigitazione, oltre a una certa pratica e dimestichezza con animali anche feroci. Quasi tutti i grandi clown sono abilissimi giocolieri, mangiatori di fuoco, sanno servirsi di fuochi d'artificio e sanno suonare alla perfezione uno o più strumenti [.] Ai nostri giorni, il clown è diventato un personaggio destinato a divertire i bambini: è sinonimo di puerilità sempliciotta, di candore da cartolina d'auguri, di sentimentalismo [.] In altri tempi il clown aveva saputo esprimere la satira alla violenza, alla crudeltà, la condanna dell'ipocrisia e dell'ingiustizia. Ancora qualche secolo fa era una catapulta oscena, diabolica[1302].

Il clown «è l'attore parlante del Circo e va dal pezzo decisamente comico a quello patetico sentimentale. Il testo recitato dagli attori del Circo non è, in breve, che quello recitato dai buffoni in piazza»[1303].

Dal Lago Maggiore proveniva il celebre clown Dimitri, probabilmente anche lui influenzato dalla famosa anomalia magnetica situata a ovest di Locarno e dall'atmosfera del Monte Verità che attirò tanti artisti e intellettuali, compresi probabilmente i genitori antroposofi. In oltre 50 anni di esperienza artistica, arrivò persino a fondare un teatro, poi una scuola, infine un museo comico. Dimitri era una persona pacifica, tranquilla, non polemica, che certamente non ha utilizzato la sua arte con lo stesso spirito politico militante di Dario Fo, bensì con lo scopo più modesto di far ridere. Secondo lui il pagliaccio «è un eterno cercatore, rincorre la felicità, la gioia, l'ingenuità»[1304]. Aveva dunque, come ricordato dal regista teatrale Raffaele De Ritis, un'idea diversa della figura del clown: se negli anni Sessanta pionieri come Dario Fo, Jérôme Savary, Jango Edwards, Bustric e Leo Bass pescavano dal circo e «quasi tutti riscoprivano il clown in una chiave trasgressiva o rivoluzionaria, Dimitri ne esaltava la delicatezza poetica»[1305].

Nicoletta Ossanna Cavadini, direttrice del m.a.x. museo di Chiasso, conferma che Dimitri ripeteva che «senza ridere si potrebbe sopravvivere, ma non si potrebbe vivere bene»; la *clownerie* sarebbe dunque finalizzata a rendere felici gli spettatori, in quanto arte particolare «che si contraddistingue per l'esternalizzazione dei conflitti interiori dell'essere umano [poiché] il clown accetta e celebra la follia dell'uomo, la scissione tra ragione ed emozione, la mette in ridicolo»[1306].

Dimitri non è stato, dunque, artefice di una satira feroce contro il potere anche se, come ricordato dall'ex direttore della RSi Maurizio Canetta, «ha vissuto

---

1301 Cfr. cap. 5.5.
1302 D. Fo, *Manuale minimo* cit., pp. 266-267.
1303 *I pagliacci* in AA. VV., *La piazza* cit., p. 196.
1304 *Dimitri. Uomo, padre e artista. Una vita per il palcoscenico*, Monografia a cura della BPS (Suisse), 2021, p. 3 (https://www.bps-suisse.ch/pdf/media_dimitri_uomo_padre_artista__una_vita_palcoscenico_1.pdf)
1305 Cfr. ivi, p. 39.
1306 Cfr. ivi, p. 34.

profondamente anche il mondo reale tanto che per lui la difesa dei deboli era un dovere; per esempio, si è sempre schierato a favore dei migranti, di coloro che sognavano e sognano un'altra vita»[1307].

Non mi risulta che si sia incontrato con Dario Fo, ma la sua scuola ha interpretato nel 1988 *Zum Beispiel: Kolumbus*, adattamento in tedesco di *Isabella, tre caravelle e un cacciaballe*[1308].

Chiudendo questa digressione, *I cadaveri si spediscono, le donne si spogliano* è, invece, una «farsa gialla» che racconta di un'originale agenzia per divorzi, gestita da una donna astuta che «era impiegata alle poste ed era al corrente del fatto che dopo un certo numero di viaggi a vuoto, il materiale spedito diventa proprietà dello Stato… [e] quando lo Stato rileva qualche cosa non c'è più niente da fare». Così, secondo la prassi, i mariti delle clienti vengono mandati in letargo e sballottati in giro per la penisola all'interno di un pacco postale.

Comunque, la componente più significativa dal punto di vista della nostra analisi è la figura del provincialotto trapiantato in una grande città, dove ancora appare spaesato; quasi una parodia autobiografica sulla propria condizione. Le reazioni del personaggio, infatti, sono sovente di stupore; ad esempio quando vede l'Uomo in tight con gli occhi coperti…

> GUARDIA. Mi deve scusare… io vengo dalla provincia… e a certe usanze che avete qui in città, io non ci sono abituato… ecco, lo sposo bendato, per esempio, non l'avevo mai visto… [1309]

… e quando ha il piacere di ammirare i vestiti succinti di Francisca:

> GUARDIA. Bellissimo… mai vista una cosa simile… è inutile… è proprio vero che noi in provincia siamo dei provinciali… se una ragazza del mio paese andasse a sposarsi con un vestito come questo, chissà cosa non succede… come siamo indietro con la moda noi…[1310]

In fin dei conti, pare che la vita movimentata, mai banale della città lo diverta molto, specie per i costumi tutt'altro che castigati («Ah, basta… io in provincia non ci torno più»[1311]). Anche se mostra di essere sensibile alle differenze con la sua provincia («La città corrompe tutto… anche i fucili»[1312]). Le stesse emozioni si scoprono nel Becchino, anch'egli di provincia e sbalordito dai fatti cittadini:

> BECCHINO. […] ma roba dell'altro mondo… sentite… io sono trent'anni che lavoro nelle pompe funebri… ma non ho mai visto niente del genere… Sarà perché vengo dalla provincia…

1307 Ivi p. 3.
1308 Cfr. http://www.archivio.francarame.it/scheda.aspx?IDScheda=10709&IDOpera=79)
1309 *I cadaveri si spediscono, le donne si spogliano* in *Il teatro comico di Dario Fo* cit., p. 173.
1310 Ivi, pp. 174-175.
1311 Ivi, p. 181.
1312 Ivi, p. 182.

GUARDIA. Dalla provincia? Anche lui… ma guarda come è piccolo il mondo! (*va incontro al becchino e gli stringe la mano*)[1313].

Ci sono grosse probabilità che la figura del becchino sia una citazione di Porto Valtravaglia e precisamente del *Toni*, necroforo di Muceno, il quale, ricorda Ramponi, «era veramente un bel tipo»[1314]. Calderoni lo descrive con più accuratezza:

> Si chiamava Barozzi e abitava in via Muceno. Prima faceva il boscaiolo, poi il contadino e ultimamente il becchino. Una volta un medico, uno molto maniaco per l'igiene, anche un po' schizzinoso – per attaccare i francobolli usava assolutamente la spugnetta bagnata – era andato al cimitero per partecipare a una riesumazione. Naturalmente là aveva incontrato il becchino che aveva appena tirato fuori le ossa dalla bara e, nel frattempo, mangiava qualcosa… faceva uno spuntino, lì dov'era.
> Allora il medico disse: "Ah, i microbi!" e il becchino: "*Ma saran mia elefant questi microbi!? Se veden gnanca!*"[1315].

In generale, «il gusto del paradosso, dell'equivoco, dell'assurdo, del surreale viene espresso sfruttando a fondo le potenzialità della messa-in-scena»[1316], come in *L'uomo nudo e l'uomo in frak*.

Un ambasciatore viene trovato nudo in un bidone della spazzatura (era fuggito dal letto di una donna all'improvviso rientro del legittimo marito) da un netturbino al quale spetterà il compito di risolvere la situazione, cercando un frac con cui vestire l'uomo per consentirgli il ritorno a casa[1317].
In quest'ultima vicenda, più che una spia precisa, è l'andamento generale a ricordare i gesti assurdi che avevano reso famosi i maestri soffiatori di Porto.

9.2.2. Comica finale

In questa seconda collezione di farse, Fo pesca nella tradizione:

> La fonte erano stati i bauli di copioni, sia per attori che per marionette, della famiglia Rame, conservati e raccolti dal fratello di Franca, Enrico, dai quali Fo aveva potuto trarre spunti e invenzioni, rielaborandoli però in una scrittura autonoma, o anche, come nel caso della *Marcolfa*, riscrivendoli di sana pianta, con un grosso gusto della contaminazione e del falso storico[1318].

L'aspetto fondamentale è che «l'impegno politico era in secondo piano. Le sue comiche erano grosse macchine per far ridere, anche se già si avvertiva un sottofondo

---

[1313] Ivi, p. 184.
[1314] Intervista a F. Ramponi del 08/01/2003.
[1315] Trad.: Ma non saranno mica elefanti questi microbi!? Non si vedono neanche! (Intervista a C. Calderoni del 27/02/2003).
[1316] R. Nepoti, M. Cappa, *Dario Fo* cit., p. 39.
[1317] Cfr. *L'uomo nudo e l'uomo in frak* in *Il teatro comico di Dario Fo* cit., pp. 203 e segg.
[1318] C. Valentini, *La storia di Dario Fo* cit., p. 58.

di populismo, uno sfottò popolaresco ai ricchi, ai potenti»[1319]. Come ha notato Colombo, lo spettatore viene proiettato «in un mondo dove ciò che è assurdo diventa logico e ciò che è logico assurdo. Siamo dunque sulla linea del divertimento puro, senza intenzioni o docenze»[1320]. Infatti le trame sono piuttosto fragili, a vantaggio della velocità, della coralità e della continua sollecitazione del pubblico, raggiunto con successo, nonostante Bragaglia critichi l'uso troppo "milanese" della lingua e degli accenti[1321].

A giudizio della Valentini, i materiali reperiti nei bauli gli donano

> la padronanza di temi popolari, capaci di piacere e di divertire anche il pubblico meno colto, e l'uso di meccanismi sconosciuti normalmente sui grossi palcoscenici commerciali: come la coralità dell'azione, il proseguire sulla strada della recitazione grottesca e non psicologica fino a far muovere, in molti casi, gli attori come se fossero marionette sostenute da fili, la continua introduzione di musiche e canzoni[1322].

In sostanza, scrive Binni, «la risata ha ancora una funzione "liberatoria", a riso aperto; non ha ancora la funzione ideologica del grottesco che Fo ricercherà in anni successivi e che verrà sviluppandosi attraverso le commedie del periodo 1959-1967»[1323]. La canzone intonata all'apertura del sipario (e ripresa come sigla nel ciclo televisivo del 1977) è eloquente: «"Ma che aspettate a batterci le mani / a metter le bandiere sul balcone? / Sono arrivati i re dei ciarlatani / i veri guitti sopra il carrozzone"»[1324].

Non è facile reperire elementi lacustri che, a mio modesto avviso, sono presenti solo in *Un morto da vendere*. Innanzi tutto l'ambientazione: «un'osteria di campagna con due tavoli, parecchie sedie, un bancone sul fondo, qualche botte e molte bottiglie»[1325] in cui l'occupazione preferita è giocare a carte d'azzardo:

> UBRIACO. Sì, vinco io, ma poi vi do indietro tutto… Giochiamo solo per far passare il tempo…
> MARCO. Ah sì, eh?… Be'!… mi dispiace, ma siccome noi siamo per l'eterna giovinezza, facciamo di tutto per non far passare il tempo… così giochiamo solo a quattrini… [1326]

Ovviamente il gioco non è regolare, ma finalizzato all'imbroglio. Il Padre e Marco vogliono solo truffare con le carte i clienti, perciò agiscono in perfetto *team* spegnendo a starnuti la candela che illumina il tavolo, così da rovistare nelle carte e assicurarsi i colpi vincenti. Ma Maria, in combutta col figlio del calzolaio, riesce a prendere in giro il padre e il suo promesso sposo Marco, lasciandoli in balia dell'Ubriaco che, in realtà, è un ladro assassino. Il *topic* è la differenza tra essere e apparire, così sottile da poterci giocare e approfittarne.

1319 G. De Bosio cit. ivi, p. 59.
1320 A. Colombo, *Comica finale,* «Letture», dicembre 1958, pp. 840-841.
1321 Cfr. A. G. Bragaglia, «Record», Roma, 5 aprile 1959.
1322 C. Valentini, *La storia di Dario Fo* cit., p. 60.
1323 L. Binni, *Dario Fo* cit., p. 22.
1324 Cfr. C. Valentini, *La storia di Dario Fo* cit., p. 59.
1325 *Un morto da vendere* in *Il teatro comico di Dario Fo* cit., p. 133.
1326 *Ibidem.*

Altri fattori tipici della provincia sono l'emigrazione all'estero per cercare lavoro…

> MARCO. Il guaio è che incominciano a marcar visita anche quelli… con questa maledetta mania che hanno tutti di andare a lavorare in Francia, verrà il giorno che in questo disgraziato paese non ci resterà più nessuno… E allora i polli li troveremo solo… nei pollai![1327]

… il mercato…

> MARCO. […] non è detto che uno di questi giorni ci capiti un merlo grosso, come si dice… e allora… Non dimentichiamo che domani è giorno di mercato… potrebbe darsi…
> […]
> CLIENTE. […] vedete, mio padre è un commerciante di bestiame e mi ha ordinato di venire al mercato che si terrà in questo maledetto paese, per vedere se è il caso di comprare qualche mandria… [1328]

… e ancora il becchino:

> MARIA. Lo so, non è un lavoro molto romantico… ma quando l'ho conosciuto io era il più bravo becchino della provincia… venivano anche dall'estero per farsi seppellire da lui… Aveva una palata così leggera… [1329]

«Venivano anche dall'estero a farsi seppellire da lui», proprio come a Porto Valtravaglia, dove, si è visto, gli stranieri non sono mai mancati.

9.2.3. Il 999° dei mille

Nel 1959, si ripropone un atto unico che rimanda ai temi del *Poer nano*. Si notano comunque le differenze, tra quei racconti asciutti e tale farsa.
Il titolo è *Il novecentonovantanovesimo dei Mille*: il protagonista è un "cacciaballe" che racconta di aver partecipato alla famosa spedizione, mentre in realtà si è divertito con una marchesa. La fidanzata e la madre di lei sono consapevoli delle sue menzogne, mentre il suocero è molto fiero e ringalluzzito, al punto di invitare gli amici dell'osteria per sentire storie mirabolanti dal futuro genero. Carlo, così si chiama il "Garibaldino", narra di scontri epici, con tamburi rullanti e trombe squillanti, di Garibaldi («Accidenti […] gli sa parlare lui agli uomini!») che addirittura usa il nostro Carlo come cavalcatura («Se tutti i cavalli fossero come te avremmo la più bella cavalleria del mondo!»). Purtroppo per lui, il nipote di un amico del padre lo contraddice, affermando di aver partecipato realmente a quella guerra «dura, rognosa, piena di disastri, di gente morta malamente [,] vinta soltanto perché […] c'erano degli uomini che ad ogni costo volevano vincere». Arbitro della controversia diventa Garibaldi in persona, che

---

[1327] Ivi, p. 138.
[1328] Ivi, pp. 139 e 140.
[1329] Ivi, p. 160.

pernottando al paese, è in grado di stabilire se le parole di Carlo siano «delle gran balle». L'eroe dei due mondi riconosce il valore bellico del nipote dell'amico e finge di riconoscere Carlo, per portarselo appresso («Ci sarà da sparare ancora, e più palle di quelle che ha sparato fino adesso! Se non altro… più dure!»)[1330].

Benché l'argomento sia ancora una parodia, naturalmente della spedizione dei Mille, affiora la critica antibellica, anche se non ancora decisa come apparirà nelle commedie successive. E il cacciaballe occhieggia a quello che sarà in *Isabella, tre caravelle e un cacciaballe*, in cui la morale è «il vero furbo è sempre l'uomo onesto»[1331]; qui Carlo parte per Roma con gli altri soldati e si congeda mestamente dalla sua fidanzata Teresina che dice: «Hai pagato cara la mania di cacciar frottole!»[1332].

9.3. Le commedie

«La definizione di "commedie", a proposito delle storie di cui si parla, appare impropria [...] Fo è scrittore, ma non di "commedie". Piuttosto si potrebbe definirlo un narratore di storie»[1333].

E appunto nelle prime di queste storie, per recentissima ammissione dello stesso Fo, ci sono le assurdità e i paradossi che dominavano in provincia:

> [C'era] solo sul lago questa presenza, questa vitalità, questa follia, questo gioco, questo paradosso, queste storie incredibili e i personaggi [.] Io ho capito il significato del raccontare, del produrre, dell'inventare proprio qua, in 10 anni – sono arrivato a Porto che ne avevo 9 – io ho vissuto tutta la vita: quello che poi ho riprodotto, proiettato, ripensato, rimesso in piedi, sempre parte da questo paese… Devo dire grazie al fatto di essermi costruito qui [;] ho scritto almeno quattro commedie legate alle situazioni di Porto Valtravaglia (certamente *Gli arcangeli non giocano a flipper*, con personaggi, immagini tutti da questo paese), io ho veramente depredato la memoria di Porto, ma lo merita… [1334]

«Con le commedie», commenta Meldolesi, i personaggi del fabulatore Fo arrivano finalmente in scena: «le enormi lumache del lago, le statue innamorate, i paesi sottomarini, fra riso grottesco e profondità indecifrabile di riferimenti al presente, fermentano come acido di base per la simbolizzazione della nuova città e del nuovo assurdo»[1335].

Ma, come vedremo, i riflessi dell'antropologia lacustre si fanno sempre più rarefatti, dato che, ripeto nuovamente, non sono esistiti i fabulatori e neppure le rispettive tecniche teatrali hanno ragion d'essere: al massimo, dunque, come nelle farse, possiamo trovare dei semplici cenni.

[1330] Cfr. D. Fo – J. Fo, *Poer nano* cit., pp. 37-40.

[1331] D. Fo, *Isabella, tre caravelle e un cacciaballe* cit., p. 86.

[1332] D. Fo – J. Fo, *Poer nano* cit., p. 40.

[1333] C. Meldolesi, *Su un comico in rivolta* cit., p. 69. Mirella Capeggia chiede la sua occupazione preferita. Risposta: «il raccontare» (M. Capeggia, «Stampa Sera», marzo 1991 cit. in D. Fo, *Fabulazzo* cit., p. 69).

[1334] D. Fo alla presentazione de *Il paese dei Mezaràt* a Porto Valtravaglia, 02/02/2003.

[1335] C. Meldolesi, *Su un comico in rivolta* cit., p. 63.

9.3.1. Gli arcangeli non giocano a flipper

La prima commedia, che debuttò nel 1959, contiene senza dubbio dei riferimenti alla vita di Porto Valtravaglia: in particolar modo, al clima scherzoso che contraddistingueva il paese e di cui già ci siamo occupati analizzando una burla organizzata dai *Bindrela*[1336]. Fo ne ha accennato durante l'incontro a Porto Valtravaglia, ma anche in precedenza:

> Mi ricordo [...] storie di scherzi. Una di queste storie mi è poi servita per *Gli arcangeli non giocano a flipper*, quella di un tale a cui fanno sposare un'etera, come dicono i letterati, una prostituta. Noi bambini ascoltavamo queste storie, e imparavamo a fare gli scherzi[1337].

Il protagonista della commedia, il Lungo, è un balordo preso continuamente in giro dagli amici che si divertono a deriderlo. Questa volta gli fanno credere di avergli trovato una moglie («SECONDO. Siamo tutti pistola! Gli procuriamo la moglie: un pezzo di sleppa che non finisce più, coi soldi, illibata...»[1338]), ma naturalmente è organizzato tutto per farsi beffe di lui («DOTTORE. Ce lo tiriamo appresso giusto perché ci fa crepare dal ridere. Gli possiamo fare gli scherzi più balordi e lui ci casca sempre... (*Fa per sedersi sull'unica sedia: gliela tolgono di sotto, cade a terra*)»[1339]).

Calderoni non ricorda questo scherzo specifico, ma si è già detto che «c'era gente che faceva scherzi»:

> Dario frequentava la bottega di mio papà, dove ne venivano fuori di tutti i colori. Ma allora questa storia dovrei conoscerla anch'io. Penso quindi che 'sto scherzo se non è inventato di sana pianta, ha una piccola radice originale perché probabilmente si riferisce a cose successe indietro nel tempo, che lui ha sentito a sua volta raccontate da qualcuno... Va bèh, in qualche caso sarà anche stato presente[1340].

L'incertezza del mio testimone è comunque giustificata, dato che, come abbiamo avuto modo di dire nel capitolo precedente, Fo ha conosciuto altre persone che amavano "fare le scene" e colpire i borghesi. Nella commedia gli amici del Lungo, infatti, cantano: «Noi siamo una gran ghenga di balordi, / freghiamo i cani e i gatti ai benestanti, / e quando il benestante è ben piangente / lo ricattiam con mancia competente»[1341]. Ritengo perciò quasi sicuro un mix tra entrambi gli stimoli giocosi.

Altri riferimenti riguardano proprio il Lungo, le cui generalità sono già note:

1336 Cfr. cap. 8.3.

1337 D. Fo cit. in N. Orengo, «Stampa Sera» giugno 1979 (cit. in D. Fo, *Fabulazzo* cit., p. 52).

1338 D. Fo, *Gli arcangeli non giocano a flipper* in *Le commedie di Dario Fo*, vol. I, Torino, Einaudi, 1976 (1966), p. 8.

1339 Ivi, pp. 17-18.

1340 Intervista a C. Calderoni del 27/02/2003.

1341 D. Fo, *Gli arcangeli non giocano a flipper* cit., p. 7.

> LUNGO. [...] Ha cominciato mio padre che, per far lo spiritoso, siccome il cognome era Tempo, m'ha messo come tre nomi di battesimo: Sereno, Nuvolo, Agitato! «Così potrà scegliere a seconda delle condizioni atmosferiche», diceva[1342].

E ancora: «Tempo Sereno, nato il 24 marzo '24 a Sangiano»[1343].

Ci sono quindi diversi richiami alla realtà: il Lungo, che già nel nome ricorda la figura allampanata e dinoccolata di Dario Fo, è nato nel suo stesso paese[1344], lo stesso giorno e mese, solo due anni prima. Il nome "atmosferico", inoltre, l'abbiamo già incontrato, ed era quello del giardiniere di villa Lucchini[1345].

Ma c'è un'altra e più significativa similitudine tra il protagonista della commedia e il suo autore: la funzione di divertire. Non ha importanza che il Lungo lo faccia per campare e, più che far ridere, lasci che gli altri ridano di lui. Il risultato è lo stesso:

> LUNGO. [...] Quello di farmi sfottere è un po' il mio mestiere.
> BIONDA. Il mestiere di farsi sfottere?
> LUNGO. Sì, hai in mente i giullari? (*Accende la sigaretta*)
> BIONDA. E... certo che ce li ho in mente. (Erudita, enciclopedica) I giullari erano quelli che facevano ridere i monarchici... È giusto?
> LUNGO. (*ridendo*) Giustissimo. E anche per me è la stessa cosa... Con la sola differenza che non essendoci più i monarchici, (*premendo sullo svarione*) faccio ridere gli amici del caffè. Sono il Rigoletto dei poveri, insomma... Ma l'importante è che mi guadagno anch'io il mio stipendio.
> BIONDA. (*stupita, incredula*) Ti danno uno stipendio?
> LUNGO. Guadagno certo di più che se facessi l'impiegato, e lavoro molto meno[1346].

Il Lungo, dunque, come Fo intrattiene gli amici del caffè, fa il buffone. Ma il personaggio si definisce, e questa è la prima volta che compare il termine, "giullare", segno che, se ancora non è il momento dell'ideologia, comunque il sentiero è imboccato e Fo inizia a riflettere sul suo ruolo di comico.

Lo sbaglio anagrafico per cui l'uomo viene registrato come cane (preso oltre tutto da una novella di Augusto Frassineti), la microfabula del ministro e le critiche sottintese alla burocrazia e alla classe dirigente, seppure ancora vicini alla parodia, appaiono già distanti dalle storie fresche e ingenue che Fo aveva dato alla luce sul lago.

Forse un'ultima velata citazione alla sua vita, è il personaggio del capotreno, ferroviere come Pa' Fo, che si permette di controbattere all'arroganza del ministro: «Ti insegno io a fare il furbo con la gente che lavora! Hai finito di fare il ministro cocco bello!»[1347]

[1342] Ivi, p. 27.
[1343] Ivi, p. 46.
[1344] In un primo momento, credevo che il Lungo fosse un personaggio realmente esistito a Sangiano da cui Fo aveva preso spunto; poi, però, mi sono reso conto che l'autore non può ispirarsi a gente di Sangiano, perché era troppo piccolo per ricordarne i caratteri.
[1345] Cfr. cap. 7.10.
[1346] D. Fo, *Gli arcangeli non giocano a flipper* cit., pp. 26-27.
[1347] Ivi, p. 69.

9.3.2. *Aveva due pistole con gli occhi bianchi e neri*

In questa commedia del 1960, la satira politica acquista ancora più spazio. Apparentemente, come suggeriscono Nepoti e Cappa, non ci sono spunti presi dagli anni vissuti sul lago:

> L'argomento compreso fra due riferimenti alla cronaca (le vicende dello smemorato di Collegno e quelle del bandito Pollastro, di cui lo stesso nome Gallina è un evidente richiamo), presenta una chiara determinazione temporale, quella del primo dopoguerra mondiale. All'interno di queste precise coordinate, si inseriscono evocazione della *black comedy* americana [...] e di Brecht, con la tipizzazione di un bandito non molto differente da Mackie Messer[1348].

Nonostante ciò, la storia che racconta lo scambio di persona tra un prete smemorato e un malvivente incallito, ricorda quanto meno nelle atmosfere una vicenda descritta da Fo ne *Il paese dei Mezaràt*. Mi riferisco all'amore clandestino tra bella Elise di origini egiziane e il Monco (aveva perso una mano a causa dell'elica di un motoscafo), figlio della Polacca che abitava in Svizzera. Questi era sposato con una ragazza di Lugano, da cui non poteva separarsi in via definitiva dato che in Italia il divorzio non era ancora legale; inoltre lei era la donna del Brizzi, detto *Scorridór*, il capo della *ligera*[1349]. La loro unione si concretizzò quando il Brizzi finì in galera per percosse e traffico di stupefacenti, e loro aggirarono il divieto a divorziare, con un matrimonio in rito copto. Finita la cerimonia, partirono in motoscafo, che però si impennò e si inabissò senza scampo per i due[1350].

Di questa storia ho cercato conferma e, ancora una volta, pare che Fo abbia costruito una sintesi partendo da spunti diversi, perché, come ha scritto la Valentini commentando le ricerche sulla cultura popolare, Fo le compie con grande libertà, «spesso procedendo più sulle intuizioni e sulle analogie che sui documenti»[1351]. Sia che parli di un movimento eretico, sia che riferisca cosa è successo al suo paese, il procedimento è il medesimo. Calderoni è riuscito a fare un po' di chiarezza:

> C'era uno Svizzero-Italiano espulso dalla Svizzera perché era stato un grosso bandito a Milano. Era senza un braccio e non si è mai capito per quale ragione... se incidente o regolamento di conti; ma guidava la macchina e la moto con un braccio solo. Con noi non si comportava da delinquente, ma sapevamo che era un tipo così; sua mamma abitava ancora in Svizzera. Mi pare che il nome fosse Rossetti, e morì nel '51: in tre erano usciti col motoscafo e ci fu un'esplosione, per un regolamento di conti. Lui è

1348 R. Nepoti, M. Cappa, *Dario Fo* cit., p. 50.

1349 Cfr. D. Fo, *Il paese dei Mezaràt* cit., pp. 103-111. A titolo informativo, segnalo che il termine *ligera*, non equivale necessariamente a "malavita", anzi nella nostra zona, a differenza del milanese, ha un significato molto più *soft*, come ha detto Salvi: «il *ligéra* o *lingéra* è un vagabondo, una persona incostante. Una specie di lazzaroncello, ma buono» (Intervista del 20/05/2002). Ci sono anche dei detti sulla *ligéra*: «*Se a la ligéra a ghe gira la tèsta / incöö la lavura, dumàn la fa fèsta / e se al la ligéra a ghe gira 'l testun / ciapa la giaca e saluda 'l padrùn*» (Trad: Se alla ligera gira la testa / oggi lavora, domani fa festa / e se alla ligera le gira il testone / prende la giacca e saluta il padrone; T. Salvi, *Te sée regordet...* cit., p. 88).

1350 Cfr. ivi, pp. 114-116.

1351 C. Valentini, *La storia di Dario Fo* cit., p. 122.

> morto per una congestione, un altro è annegato, e il corpo del terzo non è stato più trovato.
> C'era però un altro monco, un povero Cristo che andava ad aiutare i pescatori e si chiamava Scannabissi di cognome. La ragazza invece, non so… non mi dice niente[1352].

Segnalo infine, nella commedia, la passione per i clown e i loro attrezzi, come il «baule dei trucchi», con il «martello che esplode», i «nasi finti con relativi occhiali e baffoni annessi»[1353].

9.3.3. Chi ruba un piede è fortunato in amore

«Nel buio si stagliano i profili di statue bianche […] entrano due uomini con tanto di palandrana e cappuccio da domino» Sono due ladri, che si sono introdotti nel museo per effettuare un "colpo". Così inizia la commedia. Uno dei due mostra di gradire l'avvenenza di una statua («Oeuh! Ma com'è nuda… Tutta bianca e nuda…»[1354]) che nient'altri è che la ninfa Dafne, di cui, secondo la mitologia, si era invaghito il dio Apollo. Per sfuggire alle sue profferte, la ninfa venne tramutata dal padre in albero. C'è una seconda statua, Mercurio, a cui i ladri segano un piede per poterlo utilizzare per ricattare un'impresa di costruzioni.

«Il muratore innamorato della statua di Diana, nella notturna esplorazione della villa sul lago» – scrive Meldolesi – «diviene protagonista balordo»[1355] della commedia. Dell'aneddoto delle statue innamorate, ci siamo già occupati nel capitolo 7 e abbiamo messo in evidenza tre varianti; perciò, assistiamo qui all'arrivo in città del "FObulatore" in persona con la valigia in cui ha chiuso le sue storie pronte ad essere riscoperte.

Ma a differenza del racconto nato sul lago, la maggiore razionalità della commedia non consente movimenti inconsueti ed effusioni proibite tra i marmi; perciò le statue restano tali, ossia ferme, e forniscono solo gli *input* che si ripresenteranno per l'intera *piéce*: l'amore del ladro-taxista di nome Apollo per la Dafne in carne e ossa; il ricatto tramite «piede di Damocle» e, unico elemento pseudo-paranormale, la maledizione della scultorea estremità che cade dolorosamente sui piedi dei vari personaggi.

Per il resto, è sempre più evidente l'approdo di Fo al teatro di satira borghese (siamo nel '61), rispecchiato anche dal protagonista Apollo che si trova in un ambiente signorile che non rispecchia il suo mondo.

Infine, compare nuovamente la «valigia dei trucchi»[1356] e Fo-Apollo si lascia andare ad un atteggiamento da «imbonitore» («Torroncino… fragola… Gelato!»[1357]), che certamente avrà sentito per la prima volta nelle fiere e nei mercati del suo paese.

1352 Intervista a C. Calderoni del 27/02/2003.

1353 Cfr. D. Fo, *Aveva due pistole con gli occhi bianchi e neri* in *Le commedie di Dario Fo*, vol. I cit., p. 167.

1354 D. Fo, *Chi ruba un piede è fortunato in amore* in *Le commedie di Dario Fo*, vol. I cit., p. 185.

1355 C. Meldolesi, *Su un comico in rivolta* cit., p. 59.

1356 D. Fo, *Chi ruba un piede è fortunato in amore* cit., pp. 247 e 253.

1357 Ivi, p. 285.

9.3.4. Isabella, tre caravelle e un cacciaballe

Tra *Chi ruba un piede* e *Isabella* c'è l'esperienza contraddittoria in televisione come conduttore di *Canzonissima* (ottobre-novembre 1962 per sette settimane), in cui la satira apertamente politica fu causa di censura e forti critiche, ma, allo stesso tempo, fece di Fo l'osannato paladino della libertà d'espressione.

Il lago si allontana: la commedia (1963) ripercorre le gesta di Cristoforo Colombo e naviga verso altri lidi. La predilezione che Fo ha per la riscrittura di fatti storici, in questo caso, si spinge molto oltre i traguardi raggiunti col *Poer nano*; l'autore costruisce infatti una vicenda decisamente più complessa con meccanismi teatrali più impegnativi, come il teatro nel teatro.

Ciò nondimeno la figura del famoso nocchiero potrebbe avere un precedente. Si consideri l'opinione di Fo su Colombo:

> Uno che se si fosse comportato da santo e non da marinaio, da avventuriero, non avrebbe fregato dall'archivio del re del Portogallo la carta del Toscanelli, non avrebbe raccontato un sacco di balle a Isabella, non avrebbe compromesso un mucchio di cortigiani. E quindi non sarebbe mai riuscito a farsi dare le tre caravelle, a diventare Cristoforo Colombo, a scoprire l'America[1358].

Ed ora la si confronti con quella del nonno materno: «se uno non ci ha le madonne d'incazzato non riesce a remare tanto… e non va lontano. Se a Colombo non gli facevano tanto girare le scatole mica ci sarebbe mai arrivato fino in America!»[1359].

Le somiglianze sono palesi e, nonostante Bristìn abbia sottolineato più la tenacia che l'astuzia del marinaio genovese, il nipote-discepolo potrebbe aver conosciuto la vicenda proprio durante le vacanze in campagna. Ci sarebbe comunque nella commedia un altro richiamo alle storie dell'agricoltore della Lomellina: l'uso della licenziosità sessuale, di cui Bristìn si serviva per intrattenere le clienti nei mercati e che abbiamo visto essere tipico della cultura popolare. «Il Comico» – scrive la Valentini – «ancor prima che con l'Arte diventi un professionista, si rende conto della grande capacità liberatoria del gioco osceno nei confronti del potere della Chiesa, della sua repressione moralistica»[1360].

9.3.5. Settimo: ruba un po' meno

L'idea di *Settimo: ruba un po' meno* (1964), sarebbe nata da uno strano incontro giovanile, una sera che Fo aveva perso l'ultimo treno per tornare a casa:

[1358] D. Fo cit. in R. Leydi, «L'Europeo», 8 settembre 1963.

[1359] P. Rota Fo, *Il paese delle rane* cit., p. 74.

[1360] C. Valentini, *La storia di Dario Fo* cit., p. 87. Cfr. anche quanto scritto sulle *bôsinad* milanesi, cap. 8, p. 250.

> Erano gli anni in cui vivevo a Luino e studiavo a Milano. Una sera persi l'ultimo treno. [...] Incontrai un vecchio compagno. Mi disse di andare a casa sua. E mi portò al Cimitero Monumentale. Era il figlio del guardiano. Io non l'avevo mai saputo. Mi vennero gli incubi e le paure, ma non potevo scappare via. E loro con le facce tranquille e serene, i lumini delle tombe là fuori della finestra. La madre con le galline che razzolavano nei viali del cimitero. Un po' ubriacona la madre del mio amico, ma il padre le perdonava tutto perché il posto di guardiana era il suo e lui l'aveva sposata proprio per quello. Un quadretto che mi tornò alla memoria e dal quale tirai fuori idee e personaggi[1361].

Questo è un esempio interessante di come nascano le storie nella mente di Fo: la sua memoria è un insieme di dettagli, appunti, ricordi alla rinfusa, magari anche scritti su carta, i quali, sotto l'impulso della sua incredibile dote naturale e della sua competenza, vanno a comporre un mosaico sempre più chiaro, al punto di diventare una storia o addirittura una commedia.

L'opera teatrale, dominata dalla satira politica, è molto distante dalle prime fabulazioni e, seppur ricca di gag che ruotano attorno alla corruzione, non offre elementi che possano ricondurre alla sua infanzia.

Tuttavia c'è un elemento gestuale, la camminata da «automa completamente disarticolato»[1362] del Feretrofobo che richiama alla mente l'andatura di un personaggio descritto dalla sorella Bianca in *Da grande mi sposo un partigiano*, il figlio della maestra, un sommergibilista che fu tra i primi a tornare dal fronte:

> Passava per le strade da solo, senza guardare, con gli occhi fissi, straniti. Avanzava movendosi come una marionetta; prima muoveva la testa di scatto, poi sollevava sempre a scatti un gomito, poi l'altro, e poi ancora una gamba tesa, e così continuamente, ad ogni passo. Noi ragazzi ci nascondevamo dietro agli angoli delle strade per vederlo senza essere visti [.] Ma nessuno osava ridere[1363].

Non posso averne la certezza, eppure non nascondo che la somiglianza sia impressionante.

9.3.6. La colpa è sempre del diavolo

Interrogato da Allegri che gli chiedeva se i temi contenuti nelle storie dei fabulatori fossero arrivati in scena, Fo ha risposto: «ti assicuro che queste storie le ho raccontate, le ho immesse in qualche commedia, non so, per esempio *La colpa è sempre del diavolo*»[1364].

A mio avviso, invece, non ci sono riferimenti evidenti a personaggi o vicende del lago, ma solo un'atmosfera di continue allusioni che, in quanto tali, lasciano piena libertà d'azione e d'invenzione: il fabulatore Fo può così tratteggiare fatti e caratteri in

---

1361 D. Fo cit. in B. D'Alessandro, «La settimana Incom», marzo 1966 cit. in D. Fo, *Fabulazzo* cit., p. 31.
1362 D. Fo, *Settimo: ruba un po' meno* cit., p 138.
1363 B. Fo Garambois, *Io, da grande mi sposo un partigiano* cit., p. 26.
1364 Cfr. D. Fo, *Dialogo provocatorio* cit., pp. 27-28.

base alle sue necessità comunicative. Le storie del lago, cioè quell'insieme di chiacchiere e pettegolezzi di paese, leggende locali diffuse o ricostruite, vicende bizzarre e curiose, non compaiono in *La colpa è sempre del diavolo* (1965). Eccezion fatta per l'atteggiamento imbonitorio[1365] e per alcuni elementi della tradizione popolare presenti anche nella nostra zona, la superstizione[1366], il diavolo.

Il ritorno a reinterpretare il passato storico, non rende fabulatorio uno spettacolo che, per ambientazione, personaggi e lingua, è già proiettato verso *Mistero buffo*. Specie nell'atteggiamento anticlericale e contro il potere costituito, compreso il finale amaro con l'invito a reagire.

9.3.7. Storia vera di Piero d'Angera, che alla crociata non c'era

Il copione nacque nel 1960, in contemporanea con *Aveva due pistole*. Costantini, invece, scrive che l'idea risaliva a qualche anno prima: nel '56 incontrò Fo, arrivato in vacanza con moglie e figlio (tra un albergo ad Agra e la casa dei genitori a Luino), il quale accennò l'intenzione di scrivere «La vera storia del crociato Jacopino d'Angera, che alla crociata non c'era», realizzata poi 29 anni dopo con un titolo leggermente diverso[1367]. Era il 1985, al Teatro della Tosse di Genova: la compagnia diretta da Tonino Conte mise in scena *Storia vera di Piero d'Angera, che alla crociata non c'era*, priva però delle situazioni più complesse.

Si tratta di «una satira nutrita di sarcasmo e dissacrazione per quelle guerre che, portate in Oriente nel segno della croce, si rivelarono poi imprese di rapina e di violenza; come tutte le guerre in fondo»[1368], ma non è mai stata tradotta da Fo in spettacolo, sostanzialmente per problemi tecnici. Al teatro che all'epoca ospitava le sue opere, l'Odeon di Milano, non c'erano né lo spazio, né le macchine sceniche per concretizzare alcune scene spettacolari. Inoltre, la compagnia non era abbastanza numerosa, essendo alto il numero dei personaggi da interpretare.

La vicenda contiene alcuni riferimenti alla zona del lago, primo fra tutti, l'ambientazione: la rocca d'Angera[1369], ma anche il monastero benedettino del Sasso, su cui va fatta qualche precisazione. Fo ambienta la commedia nel 1095-96, ma allora l'eremo non esisteva ancora. La tradizione vuole che fondatore fu Alberto dei Besozzi di Arolo che tenne fede al voto fatto per scampare a un naufragio, ritirandosi a vita eremitica nel 1170 c. Il nome che ha ancora oggi, S. Caterina del Sasso Bàllaro, deriva

---

1365 Cfr. D. Fo, *La colpa è sempre del diavolo* in *Le commedie di Dario Fo* vol. II cit., p. 242.

1366 Un esempio: «molti erano i segni da cui si spiava l'avvenire, la fortuna o la disgrazia [.] Singolare la credenza che le lucertole con due code portassero fortuna: due giovani di Maccagno si giovarono d'un animaletto del genere per estrarre cinque numeri da una scatola e si precipitarono a Intra per giocarli al lotto, ma al ritorno la loro barca naufragò e i due persero la vita; nessuno dei numeri [...] fu estratto» (P. Frigerio, *Storia di Luino e delle sue valli* cit., p. 155-156).

1367 Cfr. A. Costantini, *Storie di comici* cit., p. 315.

1368 *Ibidem.*

1369 «La struttura della rocca risale ai tempi longobardi e romani. Le mura sono dei sec. XII e XIII. Divenne proprietà dei Borromeo, attuali conservatori nel 1449» (*I 141 Comuni della Provincia di Varese*, CD-ROM cit.).

dal sacello fatto costruire dall'eremita in onore della santa (1195 c.)[1370]. La vicenda ha dato l'impulso alla nascita di narrazioni popolari[1371].

La capacità di volare di Piero compare anche nell'edizione televisiva del '77 di *Mistero buffo*, in cui si racconta la nascita del motto *ora et labora* di S. Benedetto da Norcia: il santo, per evitare che i frati svolazzassero troppo sorretti dalla loro divina spiritualità, ordina che impugnino degli arnesi, come zavorra e come incentivo a impegnarsi nel lavoro e nella fatica[1372].

Piero è un puro, lontano dalle passioni terrene e perciò può librarsi nell'aria. È un «povero ragazzo ingenuo e un po' babbeo», un *poer nano* che crede alle parole di tutti, finché non prende coscienza e si pone come guida per i villani, i «pecoroni», e li libera dal duca.

Si captano parallelismi tra la storia di Piero e *La colpa è sempre del diavolo*: in entrambi è presente la tematica dell'invasione bellica e la rivolta al potere, con la differenza che la conclusione è qui più positiva, probabilmente perché la storia, almeno nella sua idea originaria non contemplava lo spirito didattico e polemico che, in *La colpa* cominciava a prendere il sopravvento. In *Storia vera* pare che i buoni sentimenti e i valori semplici possano ancora trionfare, il tutto in un clima prossimo alla sagra paesana.

La passione e la pratica acquisite con le prove da burattinaio nel giardino di casa hanno il loro spazio nella rappresentazione della gigantessa Ruana[1373], costituita da una grossa testa issata su una pertica, due sfere a formare i seni e un drappo come vestito. Ritengo probabile che il fantoccio abnorme, sia un debito al Carnevale dei Matti della Valtravaglia[1374]. Così come i numerosi travestimenti di cui sono protagonisti i vari personaggi della commedia[1375].

Compare poi il tema del rapimento della dama:

> FEDERICA. Preferisco piuttosto tornare nel convento dal quale mi hai raccolta.
> PIERO. Brava! No, no, non tornare nel convento.
> ODDO. Che donna formidabile! Ti giuro che se nascessi un'altra volta ti rapirei di nuovo… anche se tu fossi già diventata suora[1376].

Ciò fa pensare ad una delle vicende del lago più citate da Fo: le gesta dei Malpaga che, abbiamo scoperto, si producevano anche nel sequestro di avvenenti pulzelle indifese, rinchiusesi preventivamente tra le sante mura di un convento[1377].

Infine, c'è una piccola citazione dell'episodio biblico di Abramo che è più volte apparso per bocca del "FObulatore": «mi trovo negli stessi panni di Abramo quando il

---

1370 Cfr. Padre A. M. Caccin, *S. Caterina del sassoballaro*, Gavirate, Nicolini Editore, 1995, p. 64.

1371 *La leggenda della rupe di S. Caterina*, C. Ranci, *La sponda magra. Leggende del Lago Maggiore* cit., p. 17 e segg.: racconta della conversione di un messere avido che si salva da una tempesta sul lago. La sua fede novella resiste alle tentazioni del diavolo. La stessa storia è raccontata in *Il mercante di Leggiuno*, R. Corti, *Sentimento e fantasia: favole del Varesotto* cit., pp. 29-35.

1372 Cfr. Ediz. TV di *Mistero buffo*, 1977, cit.

1373 Cfr. D. Fo, *Storia vera di Piero d'Angera, che alla crociata non c'era* in *Le commedie di Dario Fo*, vol. XI, Torino, Einaudi, 1997, pp. 16-17.

1374 Cfr. cap. 6.1.

1375 Cfr. D. Fo, *Storia vera di Piero d'Angera* cit., ad es. p. 41.

1376 Ivi, p. 25.

1377 Cfr. cap. 7.7.

suo Signore gli ordinò di sacrificargli Isacco. Per mia disgrazia qui il Signore sono io e se mi do un ordine non posso disubbidirmi»[1378].

9.3.8. *Nota sui personaggi delle commedie*

Meldolesi, presupponendo che il premio Nobel abbia avuto un approccio critico alla sua esperienza di vita fino ad allora, sostiene: «Fo [,] tornato a cercare il personaggio nel mondo del Lago Maggiore, lo ha subito mascherato, come la merce nel processo di scambio, in città»[1379].

Invece, proprio in virtù dei risultati della nostra analisi, reputo che il trapianto dei personaggi in teatro non sia stato così premeditato, ma molto più naturale: non si è assistito ad un vero ripensamento critico, almeno negli anni delle prime commedie, dato che Fo ha semplicemente continuato a proporre gli stessi tipi umani; direi piuttosto che si è trattato di evoluzione naturale del modo di fare spettacolo. Ciò che è cambiato sono l'intento e gli argomenti più legati alla critica dell'attualità. È pretestuoso sostenere – cosa che Fo ha spinto a fare – che lui sia "metaforicamente tornato al suo paese" per catturare suggestioni da utilizzare negli spettacoli. I personaggi cambiano perché sta cambiando il suo teatro.

Un esempio su tutti è la figura del matto che viene sovente ritrovata nella sua storia di vita, e che compare altrettanto spesso negli spettacoli.

Fo ha molto utilizzato questa figura nelle sue commedie, e di certo le originali "sagome" della Valtravaglia hanno influito, anche se, i caratteri che lui assegna, sono tipici più di una tradizione teatrale popolare (per esempio i "Maggi"[1380]), che del semplice folclore paesano. Meldolesi, quando indica il lago come sorgente di quei personaggi in perfetta sintonia con le sospette dichiarazioni di Fo, si riferisce proprio a questa categoria, dotata di genialità, spregiudicatezza e capacità di rivelare gli inganni del potere.

Ci sovviene ad esempio l'autista della strana vettura adibita al trasporto dei pazzi, di cui l'attautoregista, ricordiamo, ha sostenuto l'esistenza:

> Mi assicurava che la pazzia non è una malattia, ma la conseguenza dello sviluppo positivo del nostro cervello di uomini. "Ciò che ci distingue dalle bestie non è l'intelletto – diceva – ma è proprio la follia". Qualche giorno fa ho saputo che l'hanno ospitato, furgone compreso, nel padiglione "neurodeliri". Anche lui ha voluto distinguersi dalle bestie[1381].

Il fatto che quest'uomo così profondo e riflessivo non abbia lasciato negli abitanti di Porto le tracce rinvenute da Fo, è un invito alla meditazione e uno strumento per

---

[1378] Cfr. D. Fo, *Storia vera di Piero d'Angera* cit., p. 35.

[1379] C. Meldolesi, *Su un comico in rivolta* cit., p. 60.

[1380] Il *Buffone* assolve o all'interno del testo o fuori di esso a tre funzioni fondamentali: introdurre l'elemento «magico-diabolico»; il cosiddetto «senso comune»; e la critica beffarda o prosaica al sistema di valori rappresentato dalla morale esplicita del Paggio nella Licenza. Nel Buffone si versa lo spirito critico, dissonante, del "maggio". (cfr. A. Barsotti, *Il teatro dei "maggi"* cit., p. 36).

[1381] D. Fo cit. in C. Meldolesi, *Su un comico in rivolta* cit., p. 61.

interpretare una dichiarazione che abbiamo già riportato, stando alla quale, l'intuizione sul valore del matto come personaggio teatrale e popolare sarebbe nata proprio a Porto Valtravaglia[1382], dove quelle storie di matti erano un pretesto «per raccontare anche di quelli che stavano intorno al matto: il prete che voleva benedirlo o esorcizzarlo, il medico che diceva che era una questione di depressione sessuale e via via… fino al sindaco, la moglie, l'amante di lei, il maresciallo dei carabinieri»[1383].

Dato lo scarso riscontro con i testimoni diretti, è evidente che i malati di silicosi e gli originali siano stati solo un riferimento che Fo ha colto a posteriori: lui non "se li è portati dietro dal lago alla città" ma, ripeto, nel momento dell'ideologia della sua carriera, è andato – attenzione! – non a prenderseli, ma a fabbricarseli.

Lo dimostra l'evoluzione dei suoi personaggi che, solo da un certo momento in poi, assumono le caratteristiche di lucida follia analitica in grado di ridicolizzare veramente il potere. Essi sono apparentemente squilibrati ma perfettamente consci di chi intendano colpire. Esattamente come il loro creatore. Nelle farse e nelle prime tre commedie, invece, non sono matti: sono balordi, tonti, ingenui, babbei, ma non matti. Successivamente *Giovanna la Pazza* e gli ospiti dell'istituto psichiatrico in *Settimo: ruba un po' meno* manifestano invece un'arguzia sempre crescente che si oppone alla morale corrente. Fino a *Morte accidentale di un anarchico* in cui occorreva un «personaggio-esca», un «mallevadore» (un garante, insomma), che stabilisse un collegamento tra il palcoscenico e il pubblico e ne sollecitasse l'intelletto con allusioni mirate a condannare la strage di stato. A Fo «è venuto in mente che potesse essere un pazzo, che cioè ha la chiave, al livello di follia, per far diventare tutta la follia esatta. E lui diventa normale, mentre gli altri sono anormali. Proprio il ribaltamento»[1384].

9.4. La fine del fabulatore e la consacrazione del "FObulatore"

Dalla fine degli anni '60, Fo entra decisamente nella fase politica della sua carriera artistica, lasciandosi alle spalle le irresistibili tirate comiche nate sulla linea ferroviaria Luino-Gallarate-Milano, gli spettacoli radiofonici, il teatro di satira borghese.

Passa dalla risata sgangherata degli amici a quella tirata dei "maggiorenti" che si accalcano al botteghino, fino allo sghignazzo beffardo di studenti e operai.
Cambia quindi il suo ruolo, che non è più far ridere con la bocca, ma con la testa:

> Il potere, qualsiasi potere, teme oltre ogni altra cosa il riso, il sorriso, lo sghignazzo. Perché la risata denota senso critico, fantasia, intelligenza, distacco da ogni fanatismo. Nella scala dell'evoluzione umana abbiamo prima l'homo faber, poi l'homo sapiens e terzo senz'altro l'homo ridens. Il più sottile, difficile da mettere sotto e incastrare. Seconda osservazione. Nell'esprimersi, sempre il popolo minuto, la gente semplice, non può fare a meno, anche nel rappresentare le storie più tragiche, di inserire il gioco dell'humor, il sarcasmo, il paradosso comico[1385].

1382 Cfr. cap. 6.3.
1383 D. Fo, *Il paese dei Mezaràt* cit., p. 63. Cfr. anche D. Fo, *Dialogo provocatorio* cit., p. 24.
1384 C. Meldolesi, *Su un comico in rivolta* cit., p. 178.
1385 D. Fo, *Manuale minimo* cit., p. 160.

Ed è soprattutto ora – non con l'arrivo in città come sosteneva Meldolesi[1386] – che Fo volta la testa e rivolge la sua attenzione al passato, inteso sia in senso storico, sia personale. È in questo istante che nasce l'argomento della nostra indagine.

L'interesse per il passato, inteso non solo come momento in cui si ritrovano similitudini con la situazione sociale e politica del presente che si era già notato in alcune commedie (*Isabella*, *La colpa* e *Piero d'Angera*), ma anche come oggetto di indagine per far emergere le tradizioni, si ripropone grazie al lavoro di ricerca e diffusione delle canzoni popolari ad opera del "Nuovo Canzoniere Italiano" molto apprezzato da Fo.
Nasce così il progetto di creare uno spettacolo di canzoni affidato alla sua regia, denominato *Ci ragiono e canto*, del 1966. Fin dall'inizio emergono delle frizioni a causa dell'ingombrante presenza del "dittatore" Fo che interviene sui testi con eccessiva disinvoltura. Il gruppo del ricercatore musicale Gianni Bosio, viceversa, richiede precisione e rigore. Racconta il chitarrista Ivan della Mea:

> Da parte nostra c'era continuamente il richiamo alla precisione filologica, al rispetto per i materiali così com'erano, preoccupati che ad alterarli non saltasse più fuori il punto di vista della classe. Da parte di Dario c'era il tentativo di esasperare i testi per renderli teatrali. Noi ci impuntavamo continuamente, ci rifiutavamo di far cose che allora ci sembravano assurde come quella di truccarci per la scena, di muoverci con un ritmo teatrale[1387].

Grazie ai compromessi, lo spettacolo riesce, ma il gruppo di lavoro si scioglie, sebbene Fo mantenga il titolo «numerandolo progressivamente come fanno i più beceri produttori cinematografici con i film colossali e di cassetta»[1388] e crei due spettacoli nuovi di zecca nel '69 e nel '73:

> Mentre del centinaio di testi popolari adoperati nel primo *Ci ragiono e canto* nessuno era stato reperito da lui, perché tutti provenivano dalla ricerca sul campo e bibliografica avviata dai collaboratori dell'Istituto Ernesto de Martino [,] i due copioni successivamente serviti con lo stesso titolo erano infarciti di redazioni, manipolazioni e rifacimenti dello stesso Fo, mescolati a qualche raro testo popolare disperso qua e là[1389].

È questo un ulteriore esempio della facilità con cui il "FObulatore" riesce a inventare, legare, riadattare. La stessa che ha dimostrato a proposito delle storie del lago.

La Valentini fornisce un altro caso significativo da cui emerge l'abilità costruttiva a partire da pochi spunti, *Ci ragiono e canto* a Casteggio in Lombardia:

> Si fa raccontar storie vere successe durante la Resistenza, come quella di mamma Togni, un donnone di più di 90 chili che aveva avuto un marito e un figlio fucilati dai tedeschi durante la guerra e che l'anno prima aveva impedito al federale missino di Milano,

---

[1386] Cfr. cap. 8.6.2.
[1387] I. Della Mea cit. in C. Valentini, *La storia di Dario Fo* cit., p. 97.
[1388] M. L. Straniero, *Giullari & Fo* cit., p. 45.
[1389] *Ibidem*.

> Franco Maria Servello, di fare un comizio, prendendogli a bastonate l'asta del microfono. Dopo un breve lavoro di elaborazione Fo e la Rame si presentano al pubblico [...] e recitano a soggetto il processo dei tedeschi ai partigiani del paese, e poi il processo ai fascisti, dopo la liberazione, sotto gli occhi dei vecchi protagonisti seduti in platea[1390].

La contaminazione di spettacolarizzazione e ricerca filologica di testi con il proprio genio e la propria fantasia per porsi quale punto di riferimento per il popolo, a cui dare le direttive, prosegue da *Ci ragiono e canto* a *Mistero buffo*.

In mezzo troviamo *La signora è da buttare* (1967) in cui ci sono ancora i personaggi delle farse, e i numeri clownistici, ma totalmente asserviti all'ideologia, in un'immensa allegoria della politica e della società USA.

Ormai, il teatro di Fo si è allontanato dalle prime forme fabulatorie, il cui *requiem* viene idealmente recitato in *Mistero buffo*, occasione in cui si assiste alla reincarnazione del fabulatore. Nella celebre "giullarata" del 1969, Fo si rivolge al popolo con la lingua del popolo, per mostrargli le brutture e le violenze del potere che, oggi come nel medioevo, sarebbero le medesime.

Per ottenere ciò, ricorre al procedimento di destoricizzazione. Il punto è che questo, «messo in atto al puro servizio dell'effetto spettacolare [...] induce lo stesso Fo, sia pure nel calore della discussione, a teorizzazioni quanto meno problematiche, se non apertamente bislacche, con risultati [...] accettabili forse sul piano dello spettacolo, ma distruttivi su quello della cultura, urbana, suburbana o contadina che sia»[1391].

La destoricizzazione consiste nella disarticolazione e nella distorsione della "cultura del proletariato" fino a staccarla dal suo contesto, dalla sua durata reale. Così, se lo spettacolo ha successo, lo stesso non si può dire del messaggio politico e sociale.

Infatti, scrive la Valentini, «sull'origine dei testi di *Mistero buffo* Fo aveva qualche volta tentato il bluff di farli passare quasi tutti per materiali autentici, solo in piccola parte rimaneggiati. E invece la sua operazione, come ha ammesso più tardi, è stata molto più profonda». *Bonifacio VIII* e *Nascita del giullare*, sarebbero inventati di sana pianta a partire da spunti. In altri casi, Fo avrebbe «lavorato su canovacci originali, arricchendoli però di contrapposizioni e di trovate, ripulendoli [...] delle falsificazioni, delle aggiunte, dei goffi tentativi di abbellimento letterario ai quali erano stati sottoposti nei secoli successivi, durante le trascrizioni dai codici»; ad esempio *Nascita del villano* attribuito al giullare Matazone da Calignano[1392].

La certezza che Fo si sia lasciato spesso prendere la mano dalla fantasia, è dimostrata da varie imprecisioni. Scrive Straniero, di certo il commentatore più critico nei confronti del premio Nobel:

> In particolare è da sottolineare la sicurezza con cui vengono affrontate e date in qualche modo per scontate certe notizie quanto meno problematiche [...] che però servono a rinforzare la tesi ideologica che sorregge questo modo di "fare teatro", o addirittura francamente improbabili, e che magari non servono a nient'altro che a confondere le

---

1390 C. Valentini, *La storia di Dario Fo* cit., p. 149.
1391 M. L. Straniero, *Giullari & Fo* cit., p. 37.
1392 Cfr. C. Valentini, *La storia di Dario Fo* cit., pp. 120-121.

idee dell'uditorio in quella che i tedeschi chiamano *eine solide Halbkultur*, una solida mezza-cultura[1393].

L'autore, nel caso specifico si riferisce alle parole con cui Fo ha spiegato origine e significato dell'espressione "mistero buffo"; ma l'osservazione è applicabile ai suoi discorsi in generale. Ci sono spesso piccole imprecisioni che solo la pedante puntualizzazione riesce a smascherare, ma evidenziarle non è irrilevante, anzi, è significativo: «l'imprecisione e la piccola soperchieria "culturalesca" fatte metodo, ostentate e polemicamente difese non possono in alcun modo continuare ad essere considerate elementi privi di significato, né sul piano ideologico, né su quello meramente espressivo e formale»[1394].
Questo perché, a mio avviso, forzare la memoria del passato storico ma anche folcloristico per interpretare il presente creando dei parallelismi o dei precedenti, alla lunga è controproducente: la credibilità va scemando e ogni affermazione viene accolta da mille sarcastici dubbi[1395]. È esattamente ciò che ho vissuto io, nell'ambito della mia modesta ricerca.

Dal canto suo Fo, di fronte delle critiche, tende ad attaccare a sua volta, accusando di pignoleria e di puntigliosità spinta all'estremo il censore di turno. È quanto è accaduto, per esempio, nella diatriba epistolare documentata da Straniero tra Fo e il professor Cesare Grassi di Prato: quest'ultimo aveva criticato alcune inesattezze sul poeta Ruggeri Apugliese e sulla città di Siena nel Duecento. La risposta piccata di Fo è stata:

> Gli accademici della storia sono quelli che quando gli si indica la luna, loro guardano il dito… e osservano che l'unghia è sporca […] il nostro accademico "guardadito" non perdona! Come un accanito giocatore di secchinetta, s'attacca all'inciampo e alla disattenzione per batterti all'arraffo e portarti via il piatto. Non sta a valutare se sia corretto o meno il discorso di fondo, il fatto storico riguardo al ribaltamento morale e politico di un grande giullare del 200[1396].

Si evince che Fo, di fronte a obiezioni fondate e inconfutabili, tenda a trincerarsi dietro le finalità con cui emette determinate sentenze storiche o letterarie. L'importante non è la "confezione" del messaggio, ma il significato che quel messaggio reca: quindi, per colpire le coscienze e stimolare l'intelligenza, ben vengano le imperfezioni. Le esagerazioni e le iperboli sono l'ideale per svegliare il popolo. A parere di Meldolesi, la ragione del narrare di Fo

> nasce da una esigenza di moltiplicare la finzione di sorprendere la creatività del pubblico, di gonfiarne l'immaginario, perché gli spettatori possano guardare la realtà dal

---

[1393] M. L. Straniero, *Giullari & Fo* cit., pp. 35-36.
[1394] *Ibidem.*
[1395] Straniero si sofferma su uno dei cavalli di battaglia di Fo: l'analisi di *Rosa fresca aulentissima.* Fo accusa la cultura dotta e libresca di aver espropriato un brano giullaresco per consegnarlo a un autore aristocratico. Uno dei barbassori colpevoli di tale infamia, sarebbe il De Sanctis che, invece, ha riscontrato un'eco plebea nel *Contrasto* (cfr. M. L. Straniero, *Giullari & Fo* cit., pp. 40-41).
[1396] D. Fo cit. in M. L. Straniero, *Giullari & Fo* cit., pp. 142-143.

> livello stesso delle iperboli della società dei consumi e della grande finzione quotidiana. Ecco la necessità del ricorso alla fabulazione e del riferimento di novella: che le cose di tutti i giorni, la famiglia, la casa, i discorsi, il lavoro crescano d'immaginario quanto la falsa coscienza[1397].

In questo processo di costruzione di una cultura popolare a uso e consumo suo e dei suoi adepti, è stato coinvolto persino il suo passato – non solo il passato in generale – per dimostrare che lui stesso, il profeta del popolo, è tale in virtù della tradizione che ha alle spalle. «Io sono nato come fabulatore recitando cose del medioevo senza saperlo», ha detto. «Io non sapevo di recitare cose di origine antica, perché le avevo lì e non mi interessava di scoprirne le date», ha aggiunto[1398].

Ma qui sta il *busillis*: Dario Fo, in un certo momento della sua vita, ha "sciacquato" tutto ciò che c'era prima e l'ha "tinto di rosso". Non solo la sua arte, ma anche la sua biografia.

9.5. La tradizione popolare ricostruita

Tirando le somme, la motivazione più plausibile delle sue dichiarazioni è che Fo abbia inventato per avvalorare la tesi dell'importanza della cultura popolare e del valore dello sghignazzo come strumento per far riflettere.
Il punto di partenza è stata l'idea di cultura popolare di Gramsci:

> Conoscere sé stessi vuol dire essere sé stessi, vuol dire essere padroni di sé stessi, distinguersi, uscir fuori dal caos, essere un elemento di ordine, ma del proprio ordine e della propria disciplina a un ideale. E non si può ottenere ciò se non si conoscono anche gli altri, la loro storia, il susseguirsi degli sforzi che essi hanno fatto per essere ciò che sono, per creare la civiltà che hanno creato e alla quale vogliamo sostituire la nostra[1399].

È in pratica la ricerca per capire "da dove veniamo", obiettivo a cui Fo ne ha affiancato un altro, ossia sconfiggere l'idea dominante «che tutto quello che nella cultura popolare trovi d'importante e veramente a livello d'arte è frutto di scopiazzature e di rifacimenti da modelli colti, dalla cultura alta»[1400] . A sostegno della sua asserzione, cioè che, a fare cultura e arte, non siano stati sempre e solo individui colti e raffinati, ma spesso anche dei popolani, mette in campo testi come *Rosa fresca aulentissima* e *La nascita del villano*… e anche il suo passato:

> "Ma allora non è cultura da quattro soldi, questa che ho sottomano!". E io ho la fortuna di trovarmela a domicilio, ancora viva; di potermela ascoltare, imparare nei suoi ritmi

---

[1397] C. Meldolesi, *Su un comico in rivolta* cit., pp. 70-71.
[1398] Cfr. D. Fo, *Dialogo provocatorio* cit., p. 125.
[1399] A. Gramsci, «Il grido del popolo», 29 gennaio 1916 (cit. in C. Valentini, *La storia di Dario Fo* cit., pp. 121-122).
[1400] D. Fo, *Dialogo provocatorio* cit., p. 127.

giusti, non come ricalco intellettualistico ingessato. Così ho imparato anche a intendere il valore di quelle storie, un valore a sé stante, non secondario come ci insegnano[1401].

La cosa curiosa è che, per dimostrare questa scoperta, si è dato lui stesso all'invenzione, spacciando per vere certe storie, e comportandosi proprio come quella cultura dotta e libresca contro cui si è più volte scagliato per un certo modo di tramandare il passato e di leggere gli eventi, cioè in maniera reazionaria e strumentale. Straniero ha evidenziato perfettamente il punto:

> Questa ingenerosa (e tutto sommato un po' ingenua) polemica con una "cultura dotta e libresca", che invece tanto ha fatto per la liberazione dell'uomo, e tra l'altro ha fornito all'operatore Dario Fo gli strumenti essenziali (la lingua, la formazione scolastica, i libri...) del suo possibile operare, anche politico, serve soprattutto a esaltare, in positivo, quella "cultura popolare" idoleggiata e idealizzata sulla quale si scarica tutto il peso della rivoluzione, tracciando un rapporto schematico per cui struttura degli oppressori è uguale a cultura oppressiva, struttura degli oppressi è uguale a cultura liberatoria, molto appagante a prima vista, ma abbastanza privo di fondamento[1402].

Il "giullare del popolo" Fo non può comunque prescindere dalla cultura che l'ha formato:

> Fo protesta a ogni passo contro la cultura borghese, la cultura libresca e colta, ma ne tradisce un'ansia di gratificazione segreta, mostra di ambirne i riconoscimenti, ne condivide in larga misura la metodologia e la scala di valori. E non potrebbe non essere così, perché il "luogo culturale" nel quale Fo come autore e critico di sé stesso pretenderebbe di collocarsi, in realtà non esiste, è una costruzione mentale e teatrale che

---

1401 Ivi, pp. 126-127. Il passo è già stato inserito nel capitolo 1: ma quello che cambia è l'intento con cui lo si è considerato. Come ha sussurrato Bianchini (cfr. cap. 8.6.2) gli studi sulla Valtravaglia sono stati il suo pallino in passato; riporto un brano dello stesso Fo che osserva come degli studi sull'architettura del paese gli siano serviti per rinsaldare la sua teoria dell'importanza della cultura popolare:
«Leggendo i testi classici dell'architettura, pareva che tutto provenisse naturalmente dalla cultura egemone: dai duchi, dai conti, dai grandi architetti delle corti [.] Quando ho iniziato a fare ricerche al mio paese, ho avuto la fortuna di trovare diversi documenti molto interessanti. Fra questi, gli attestati "donativi", che documentavano l'origine di un bellissimo battistero a pianta circolare costruito intorno al XII secolo in Domo Val Travaglia. Altri documenti riguardavano le spese di fabbriceria per le costruzioni di altri edifici a Muceno, Musadino, Vigezzo, ecc., tutti databili intorno all'XI o XII secolo. Così vengo a scoprire che quelle cappelle, pievi, battisteri che io credevo copiati dai grandi monumenti a firma di famosi architetti di Milano, di Pavia e via dicendo, erano in realtà anteriori. Scopro che quelle innovazioni strutturali e decorative erano state portate direttamente dall'Oriente dai muratori locali, tutti comacini, che proprio in quei secoli se ne erano andati per tutto il Mediterraneo e oltre [...] chiamati a prestare la loro opera. Così, quando se ne tornarono a casa, si buttarono a sviluppare quelle forme strane dalle quali erano rimasti affascinati. Questi muratori, proprio lì al loro paese, hanno sperimentato per primi l'uso composito di materiali diversi, pietra e mattoni con valori cromatici differenti, così da creare un tessuto decorativo molto suggestivo e originale. [...] Allora, voglio dire, questo per me è stato uno shock, la scoperta di una solenne mistificazione storica. Sempre ci hanno insegnato che tutto scende dall'alto, e invece vado ad accorgermi che molte invenzioni o intuizioni importantissime provengono dal basso» (ivi, pp. 125-131).

1402 M. L. Straniero, *Giullari & Fo* cit., p. 16.

> ha l'unico o il principale scopo di consentire al Fo autentico, al Fo mimo-attore-giullare, di scatenare in totale libertà la sua pazzesca poesia[1403].

Ma il ragionamento di Fo è stato un altro: chi si rivolge al popolo, è meglio che sottolinei di provenire dal popolo, di possedere il substrato culturale popolare. Ha molto più senso asserire che il proprio stile recitativo appartenga a una qualche tradizione piuttosto che mostrarlo, come è in realtà, quale prodotto del proprio talento teatrale. Ciò è testimoniato dal fatto che spesso c'è identità tra comportamento, stile e vicende suoi e dei "fabulatori": per esempio, racconta che, a Brera, si faceva pregare dai compagni per raccontare una storia, esattamente come il "suo" *Dighelnò*[1404]; oppure sostiene che anche il non perdere mai di vista gli ascoltatori e il dialogo col pubblico, proverrebbe dai porti del lago, in un accenno di teatro epico[1405].

Fo ha dunque ricreato l'ambiente di provincia alla luce del suo vissuto posteriore, del suo fare teatro e dei suoi studi sul teatro; il suo pensiero è una costruzione autogiustificatoria per ampliare la popolarità e non banalizzare il senso del suo vissuto; così ha elevato le figure di paese a "fabulatori" e ha aggiunto loro la volontà polemica e persuasoria. Anna Barsotti ha scritto giustamente:

> Il recupero d'una tradizione teatrale da cui decollare è per lui frutto di una scelta artistica, motivata anche da ragioni ideologiche: il rapporto tra "cultura popolare" del passato e lotte del "proletariato urbano" nel presente diventerà chiaro, per lui, alla luce del suo impegno politico. Perciò si ricostruisce la tradizione per via d'immaginazione e di studio, tracciando *a posteriori* anche un'autobiografia dell'infanzia che gli sembra adatta a disegnare una figura di "teatrante" proiettato verso il "popolo", al quale regala la libertà del riso, della satira [Nonno Bristìn era il perfetto esempio di teatrante popolare, NdA] [1406].

Dove però la Barsotti è stata imprecisa, vittima certamente delle ripetute falsificazioni di Fo, è nel credere che ci fosse un patrimonio di fabulatori da valorizzare; ella scrive: «*pur valorizzando la tradizione orale dei fabulatori* dalla quale afferma di essere partito [...] egli stesso finisce per riconoscere che la sua è una tradizione ricostruita»[1407].

Non è invece così, perché la tradizione che Fo ha valorizzato è a sua volta costruita.

Il che non significa che l'ambiente del lago non abbia influito per nulla a formare il teatrante Fo: i riferimenti che abbiamo individuato, a prescindere dalle sue sofisticazioni, sono ugualmente impronte che in qualche modo hanno segnato il suo cammino artistico. Ma è fuor di discussione che l'intervento più deciso sia stato il suo: il lago ha plasmato lui e, soprattutto, lui ha riplasmato il lago.

1403 Ivi, p. 47.

1404 Cfr. D. Fo, *Il paese dei Mezaràt* cit., p. 184.

1405 «Quello del "fabulare" è stata la basculla che mi ha spinto a esprimermi in forma epica-popolare» (ivi, p. 60).

1406 A. Barsotti, *Eduardo & Fo (Eduardo visto da Fo)* cit., p. 52.

1407 Ivi, pp. 52-53. Corsivo nostro.

10. Capolinea

> Ebbene sì, è vero,... spesso invento... ma attenzione, sia chiaro... le storie che mi fabbrico di sana pianta vi sembreranno ogni volta terribilmente autentiche... quasi ovvie... invece, quelle impossibili, paradossali, che giurereste inventate, sono al contrario tutte autentiche e documentabili[1408].

La nostra affascinante spedizione alla ricerca dei fabulatori in compagnia di Dario Fo è ormai prossima all'epilogo. La sponda magra del Lago Maggiore è stata percorsa invano con l'obiettivo di trovare le orme di quei contastorie eccezionali che incantavano i passanti nelle pubbliche piazze. Mi ero figurato «moltissimi fabulatori» piacevoli, sagaci, sfrontati; appartenenti a una tradizione di girovaghi, i più liberi e i più puri tra gli uomini; divulgatori di storie uniche, incredibili, grottesche, miranti a sovvertire l'ordine e la morale comune.

Alla delusione per non aver potuto tener fede al proposito che ha stimolato questo lavoro, ha tuttavia fatto seguito la soddisfazione per la scoperta – ma sarebbe più corretto dire conferma – di quel microcosmo intriso di varia e particolare umanità, di cui si respira ancora l'aria camminando lentamente assorti per le vie dei borghi lacustri. Perché l'acqua e il vento, a giudicare dagli innumerevoli esempi proposti nell'arco dell'intera ricerca, hanno comunque generato situazioni e personaggi curiosi e divertenti. Ma, almeno nei punti cardine, il mondo progettato da Fo in cui ci siamo addentrati, si è rivelato solo una verosimile illusione.

In fondo, non voglio pensare che sia solo per convenienza politico-propagandistica che Fo abbia egoisticamente "inventato" i fabulatori del lago. Preferisco pensare che, nonostante il legame con la zona non fosse idilliaco, le sue parole fossero un atto d'amore per i luoghi dell'infanzia; non una "balla" gratuita per indottrinare il suo pubblico.

Comunque un fatto rimane, al di là delle contraddizioni nascoste o palesi che via via abbiamo messo in evidenza: l'innegabile bacino di fantasia popolare presente sul lago. Ed è questa fantasia il legame tra i suoi «paesi delle meraviglie» e il premio Nobel; Fo ha detto: «io dichiaro sempre d'essere un gran ladro: rubo soluzioni, trovate da chicchessía... ma devo avvisarvi anche che, per rubare bene, bisogna continuare a guardarsi intorno»[1409]. E proprio questo ha fatto. Ha vissuto intensamente gli anni sul Verbano, ne ha saputo estrapolare gli aspetti positivi, ha fatto sue le cose più pazze ed è arrivato al successo. Ma non perché abbia avuto dei maestri particolari che gli potessero insegnare tecniche recitative e trovate narrative. Gli individui di cui ci siamo occupati, infatti, sono stati personaggi da osteria paesana, contaballe tornati da una lunga permanenza lavorativa all'estero, e via dicendo: in realtà, è lui ad essere stato ricettivo. Anche se non ama ammetterlo, e preferisce sostenere di aver ritrovato certe soluzioni su testi medievali e cinquecenteschi dimenticati nelle biblioteche, procedura che gli è fruttata la nomea di «cacciaballe», da lui seccamente rifiutata:

1408 D. Fo, *Manuale minimo* cit., p. 4.
1409 Ivi, p. 214.

> Questa è una menzogna per coprire l'ignoranza. Soprattutto da parte dei critici che dicono: "Ma come, io che so tutto del teatro non mi ricordo la tal cosa? Allora non esiste. Impossibile: l'ha inventata". E io rispondo: "Tu sei un ignorante che non ha fatto nessuna ricerca". Per un'abitudine radicata già sin dalla scuola, abitudine alla ricerca, ho continuato sempre a informarmi. Non avendo soldi per acquistarli, certi testi sono andato a ritrovarli nelle biblioteche[1410].

Per la verità, ha confidato lui stesso al nonno Bristìn di avere proprio quella nomea: «mi daranno del contaballe, un titolo che oltretutto mi hanno già appioppato in un sacco di occasioni!»[1411].

Ma allora, ha senso parlare di fabulatori del Lago Maggiore? Stando alle coordinate che lui ha tracciato, la risposta non può che essere un categorico No. Tuttavia oltre al "FObulatore" in persona, c'era anche Chiara.

10.1. Il «teatro del grande affabulatore»[1412]

> Dalla minuta trama della vita quotidiana del borgo, delineata con l'occhio ironico e il linguaggio mordace di chi ha frequentato i caffè di provincia [,] ha tratto spunto per l'affresco, in fondo amaro, di un'umanità sballottata fra amori e affanni ingannevoli e illusori. Nonostante la trasfigurazione artistica, non manca nei suoi racconti un preciso valore documentario, la capacità di restituire appieno l'atmosfera e la mentalità di un'epoca e di una società: ciò che è anche di notevole utilità storica[1413].

Frigerio descrive con queste parole uno dei personaggi più celebri nati sulle sponde del Lago Maggiore. Piero Chiara è stato uno scrittore molto prolifico e ha ambientato gran parte dei suoi romanzi e delle sue novelle tra i porticcioli e i caffè, nelle piazze e nelle case affacciate sul lago. Ha amato in maniera veramente speciale i suoi luoghi natii e ne ha cantato pregi e difetti con un'incomparabile ironia: perciò è stato amato. Ha però raccontato fatti effettivamente accaduti e descritto personaggi realmente vissuti, alterando dei particolari magari insignificanti per il lettore cresciuto in altri lidi, ma profondamente importanti per chi si è visto inserito, apostrofato e irriso senza possibilità di replica nelle pagine dello scrittore: perciò è stato criticato.

Il Chiara, vero tipo umano luinese e lacustre, ha sofferto più del previsto l'ostilità con cui sono stati accolti alcuni suoi scritti presso la gente dei luoghi che gli stavano a cuore: la sua sensibilità lo portava a patire, nel constatare che i consensi ricevuti al di fuori del suo habitat non corrispondevano all'opinione di molti concittadini.

Io che non ho avuto la fortuna di conoscerlo di persona e, di conseguenza, non sono apparso trasfigurato in qualche sua novella, leggendolo, trovo in lui e nei suoi personaggi la «riservatezza attenta» e la «capacità dell'ironia sottile». Una coppia di elementi con cui Claudio Barigozzi ha voluto indicare il tipo umano luinese, che Chiara ha dipinto perfettamente, delineando «il bovarismo del giocatore che si logora

---

[1410] D. Fo cit. in E. Magrì, «Europeo» cit. (cit. in D. Fo, *Fabulazzo* cit., p. 44).
[1411] D. Fo, *Il paese dei Mezaràt* cit., p. 46.
[1412] Riferimento tratto da *Ricordo di Piero Chiara*, «Il Rondò» n. 1, 1989, p. 10
[1413] P. Frigerio, *Storia di Luino e delle sue valli* cit., p. 502.

al caffè sognando un mondo oltre la barriera dei monti, dove sia possibile giocarsi una vera vita»[1414].

Autore e personaggio si fondono, ma attenzione, non si ha la semplice trasposizione letteraria dell'autore nel personaggio, perché autore e personaggio sono della stessa materia: l'aria che hanno respirato, l'acqua in cui si sono immersi, le stecche da biliardo con cui hanno giocato, sono le medesime.

Ecco spiegati i riferimenti ai suoi libri fatti in precedenza: la sua indagine letteraria condotta nel tessuto sociale del Verbano ha ottenuto dei risultati interessantissimi che consentono di capire le dinamiche sociali in atto. Il limite, o il pregio a seconda dei punti di vista, è stata la creazione di stereotipi, inevitabile per chi è dedito allo scrivere piuttosto che al descrivere: la volontà del narratore, l'arte, sopravanza l'analisi storica o sociologica. Pippione, a proposito, racconta un aneddoto eloquente:

> Ero solito trascorrere le mie vacanze a Rapallo. Lì mi capitò di fare la conoscenza di persone che avevano letto qualcosa di Chiara; i giudizi erano sempre positivi, come mi aspettavo. Ma la cosa curiosa era che tutti mi chiedevano se gli abitanti di Luino erano tutti ubriaconi, contrabbandieri, falsari e giocatori d'azzardo: io rispondevo di no, che avevo un'infinità di amici che lavoravano sul serio e che, se andavano frequentemente in Svizzera, era per lavorare e non per contrabbandare[1415].

La sua dote principale era proprio quella di saper calare il lettore in una storia così funzionale – personaggi rapporti luoghi – da risultare assolutamente vera. Anzi, con le sue parole assegnava valore di assolutezza a un singolo episodio: non c'erano alcuni contrabbandieri e giocatori, lo erano tutti.

10.1.1. Chiara distorce

Come abbiamo già avuto modo di constatare, l'autore luinese aveva una grandissima abilità nello scrivere affreschi di vita vissuta, cosa riconosciuta unanimemente. Allo stesso modo è opinione comune che abbia falsificato e distorto alcuni particolari. Posso fare ancora un paio di esempi: il primo è già stato inquadrato e riguarda le somiglianze tra il *Pansciùn* e il pescatore Bordigoni, protagonista del romanzo *Il balordo*[1416]; Salvi dissipa i dubbi:

> Me lo ricordo, avrò avuto una decina d'anni. Si chiamava Manfredi ed era maestro elementare… alto 1,80 circa e pesantissimo… e portava i *papüsc'*. È vero che pescava e suonava molto bene il piano, anche come accompagnamento ai film muti; ma non è vero assolutamente che era diventato sindaco: in questo c'è la mano dell'autore. E poi aveva una figlia, Paola. All'epoca eravamo bambocci e ci trovavamo sulle panchine dei giardinetti dietro la Banca Popolare, da cui partivamo in tromba per suonare i campanelli delle case e soprattutto… per andare a cantarle la serenata: "Paola, mia

---

[1414] Cfr. C. Barigozzi, *Una riservatezza attenta*, «La Rotonda» n. 1, 1979, pp. 19-22.
[1415] Intervista a G. Pippione del 04/05/02.
[1416] Cfr. cap. 6.5.5 e P. Chiara, *Il balordo* cit.

> rondinella / sei la più bella / a far l'amor". Lei era 125 chili!! "Siamo qui in cinque, ma non bastiamo per te!", era il nostro commento finale[1417].

Il secondo esempio, molto più sostanzioso, concerne una delle figure cardine del panorama lacustre, ossia il giocatore. Salvi approfondisce il concetto espresso[1418]:

> Nei suoi libri si narrano fatti veramente avvenuti, ma l'unico assente era lui. Chiara riesce a trasmettere vicende come fossero autobiografiche quando, in realtà, racconta quello che gli altri gli hanno detto. Si può dire che, in un certo senso, "rubava" i pensieri agli altri… A uno in particolare, che si chiamava *Peppino Steild* (o *Staidl*) e che raccontava in modo meraviglioso. Era primo segretario del Procuratore della Repubblica di Varese; era onestissimo e giocava nei limiti delle sue possibilità. Effettivamente frequentava i caffè, il "Clerici" in particolare, e amava raccontare cosa succedeva in quei locali, da parlatore eccezionale quale era. Dava intonazione a tutto, il modo di parlare, anche con le mani, e si ricordava tutto della vita di Luino[1419].

Proprio dalle parole del *Peppino*, venne a conoscenza, ad esempio, della partita a carte durante l'inondazione della cantina dell'albergo "Kursaal" (oggi Palazzo Verbania), che inserì nel libro *Il piatto piange*. Continua il Salvi:

> Il Chiara, invece, non ha mai giocato. *Il gh'aveva mia de danée*. È vero che c'era un gruppo di giocatori che giocava forte e si nascondeva nelle cantine del palazzo Verbania. Ma lui non era tra questi: del resto, per uno che, a 17 o 18 anni, è entrato in pretura come scritturale del vicecancelliere, era difficile poter puntare delle somme troppo elevate[1420].

In questo senso, le descrizioni di Chiara sono assimilabili a quelle di Fo, e devono essere accolte col beneficio d'inventario. Di certo i luinesi non erano tutti giocatori viziosi e incalliti, anche se qualcuno c'era:

> A Luino, che all'unità d'Italia faceva 2000 abitanti, era pieno di gente coi soldi, quando già erano aperte la Hussy e la Steiner[1421] e ancor più dopo. Quindi alla sera c'erano quelli che avevano delle possibilità, degli habitué del "Clerici Club" prima della guerra, grandi giocatori di biliardo; come a Varese al caffè Siberia, ad aspettare il pollo da spennare a biliardo. Oppure al Clerici giocavano a biliardo o a carte ai tavolini, ma come si gioca ovunque nella vita normale dei caffè… La domenica dopo la messa, tanto per dire, c'erano persone che li frequentavano e accanto ai laureati c'era gente come il *bagatt* [calzolaio]. La sera a Luino dopo le 19.00 non vedevi nessuno, perché la mattina presto si lavorava già[1422].

1417 Intervista a T. Salvi del 20/05/2002. I *papüsc'* sono le scarpe di corda, oppure le scarpe semplicemente troppo usate.
1418 Salvi mi aveva già accennato la questione nell'intervista del 05/03/02 (cfr. cap. 2.1.).
1419 Intervista a T. Salvi del 20/05/2002.
1420 Trad.: Non aveva soldi. *Ibidem*.
1421 Il primo stabilimento sorse nel 1868; il secondo nel 1875. Entrambi erano cotonifici. Per approfondimenti, cfr. P. Frigerio, *Storia di Luino e delle sue valli* cit., p. 254 e segg.
1422 Intervista a T. Salvi del 20/05/2002.

Per cui c'erano i giocatori, ma così come in molti altri luoghi. Anzi, i divertimenti notturni sarebbero stati molto più parchi del previsto. Esistevano degli individui che amavano giocare forti somme, specie al Verbania, ma avevano le possibilità economiche per farlo: «era chiuso a tutti, tranne a professionisti, ufficiali di dogana, carabinieri, pretore, avvocati, commercialisti, finanzieri; c'erano i fedelissimi che andavano a giocare a bridge»[1423].

Come è avvenuto per Fo, il quadro cambia in base a rivelazioni più precise, sebbene ci sia anche chi contraddice le considerazioni del Salvi: Pippione sostiene, infatti, che «Chiara giocava a biliardo e a poker da pazzi».
Qualunque sia la verità oggettiva, Piera Corsini ammette che la materia su cui si è concentrato lo studio letterario dell'autore, gli era offerta inevitabilmente dal paese stesso:

> È innegabile che Piero Chiara, nei suoi libri, non ha fatto che reinventare una realtà che Luino e la sua gente gli offrivano, interpretandone i costumi e illustrandoli secondo un collaudatissimo modello letterario. Reinventava la realtà nutrendola degli aromi di un'ironia un poco cinica, del narrare sapido ai confini di un umorismo mai esplicitamente risolto, proprio per la consapevolezza di doversi aggirare entro un labirinto di debolezze umane che del narrare stesso costituivano la trama, l'intento, la confessione [.] Si è rivelato [...] un affabulatore piccante gustoso acuto[1424].

E forse proprio per questa visione soggettiva della realtà, la gente non ha dimostrato amore per un letterato come Chiara, quasi fosse una malcelata invidia verso un concittadino celebre, giudicato da molti solo «una specie di vitellone aggrappato a una insperata fortuna letteraria e proteso a sfruttarne la resa in termini strettamente economici». La Corsini afferma senza ipocrisie che molti compaesani «non hanno mai voluto sentirsi orgogliosi di lui e delle sue opere in ogni dove apprezzate e tradotte in quattordici lingue»; e tra essi si ricorda il *Nicio*, «libero posteggiatore, che finse di non riconoscere Piero Chiara», salvo poi intascare «con fierezza» le diecimila lire che lo scrittore gli offriva: quel personaggio, conclude mestamente la scrittrice, «impersonò in quel momento, con impietoso realismo, l'anima segreta dei Luinesi»[1425].

Visti lo scalpore e il conseguente rancore causati dai suoi personaggi di carta, possiamo dedurre che qualcosa di vero ci fosse e che quindi i riferimenti non fossero completamente fantasiosi; onde per cui permane il valore documentario delle sue novelle, perché ha inventato, anzi re-inventato, come dicono Corsini e Cadoni, una realtà che l'ambiente gli consegnava, come premio della sua capacità di ascoltare.

1423 *Ibidem.*
1424 P. Corsini, *Lunario*, «Il Rondò» n. 6, 1994, p. 82.
1425 Cfr. Ivi, pp. 82-83.

10.2. Chiara e Fo

La sensazione di rifiuto, di rinnegamento, l'abbiamo già incontrata riguardo a Dario Fo; questo elemento è solo uno dei tanti che creano un parallelismo tra i due fabulatori.
Spiega Tosi: «i due si conoscevano certamente e di sicuro non c'era molto *feeling*. Chiara ha pubblicato dopo Fo, e questo ha accusato l'altro di avergli "rubato" delle storie finite nei racconti»[1426].

Potrebbe essere il caso di una vicenda scritta da Chiara e presente sia in un romanzo, sia in una raccolta di novelle. Siamo tra il 1920 e il 1923, e la corporazione dei ladri di Milano, come ogni anno ha scelto Luino per la gita sociale di Ferragosto:

> Erano borsaioli, scassinatori, operatori del "piede di porco" e del grimaldello, taccheggiatori e ladri di biciclette [.] L'occhio d'un esperto poteva agevolmente riconoscerli per ladri dalle facce impallidite nell'ombra delle prigioni, dalle lunghe mani che portavano penzoloni e inerti quasi per farle riposare, dal modo di parlare girando gli occhi e senza muovere la testa [;] erano i ladri di Milano al completo, riuniti in corporazione, che avevano scelto quel paese di lago per la gita sociale d'ogni anno [,] per l'inspiegabile richiamo che il luogo ha sempre esercitato sopra gli irregolari d'ogni qualità[1427].

È in effetti curiosa l'assonanza col sindacato dei ladri di *Aveva due pistole con gli occhi bianchi e neri*; anche il tempo, il primo dopoguerra mondiale, coincide. La commedia di Fo è del 1960, mentre gli scritti di Chiara sono uno del 1967 e l'altro, che presumibilmente raggruppa spunti e novelle varie, è del 1988.

Anche secondo Viazzo i due si conoscevano e non c'era un buon rapporto; e non crede che si siano influenzati:

> Assolutamente non si sono frequentati, né influenzati. Questa è sempre stata la mia grande angoscia: non capire per quale ragione i due si ignorassero, quasi ostentatamente. Ero molto amico di entrambi, con Dario da studente; con Piero, per motivi di lavoro avvocato-cancelliere. Fo veniva a Luino, ci si fermava, ci si vedeva sul treno per andare a scuola, eravamo anche coetanei; mentre Piero, più anziano, era più distaccato, di un mondo diverso. E i due non si sono mai "annusati", mai uno ha parlato con me dell'altro. Sono dispiaciuto di non aver mai propiziato un discorso per sapere cosa uno pensasse dell'altro… ma non solo da ragazzi, ma anche dopo quando ho incontrato entrambi (più quotidianamente Chiara, più raramente Fo)[1428].

Se Fo era discendente dei fabulatori, anche Chiara avrebbe potuto esserlo; Chiara era del '13 e Fo del '26, ma è da escludere che il più anziano abbia ispirato il più giovane, dato che ha pubblicato solo dal '62, dopo Fo. In base alla carriera artistica dei due potrebbe essere il contrario, ma sarebbe di certo un'interpretazione forzata. Il rapporto tra Chiara e Fo va considerato come garanzia della possibilità effettiva di creare storie

---

1426 Intervista a P. Tosi del 09/05/2002.
1427 P. Chiara, *Il balordo* cit., pp. 36-37; *I ladri di Milano* in *Di casa in casa, la vita* cit., pp. 85-90.
1428 Intervista a V. Viazzo del 04/05/2002.

sul lago, o raccontando di fatti e persone estrapolati dal borgo, o raccontando alla maniera di quelle persone viventi e agenti nel borgo.

10.2.1. Narrazione vs cronaca

Tornando a Chiara, si è detto che, nonostante la validità documentaria delle descrizioni, le ha infarcite con svariate contraffazioni grazie alla propria inventiva; lo stesso ha fatto anche Fo, benché con una motivazione diversa. Per il Nobel, lo ricordiamo, si trattava di giustificare a posteriori il concetto di cultura popolare adottato e l'appartenenza ad una tradizione di fabulatori; oltre ad una, per così dire, imprecisione congenita.

Chiara, invece, una volta ha scritto parole che, lette dal punto di vista della nostra ricerca, suonano come una giustificazione della sua funzione di narratore:

> Senza i romanzi, che la narrano dettagliatamente, e qualche volta sapientemente la inventano, la vita di provincia non avrebbe storia: passerebbe come l'acqua dei canali, sempre uguale, senza lasciare un segno. Fare storia degli avvenimenti, delle istituzioni e di qualche personalità, non serve, non restituisce il tempo e il suo significato[1429].

Forse la vita di provincia non è interessante di per sé, o almeno non abbastanza da poter rifiutare una "rinfrescata". Affinché essa possa protrarre la propria esistenza nel tempo, non è sufficiente raccontare gli eventi storici che la costituiscono, perché così si perdono le notizie veramente interessanti che, generalmente, passano solo di bocca in bocca oppure vengono colte solo dagli animi più predisposti e sensibili. Invece «la cronaca è spietata, ma riguardosa» – continua l'autore – «sta ai fatti e normalmente non li interpreta né li sviscera oltre la comune apparenza. Fa il suo dovere di cronaca e lascia agli scrittori il ricamo, l'indagine psicologica, l'intreccio»[1430].

Ma non sono solo gli scrittori a beneficiarne, anzi, essi spesso sono solo l'ultimo anello della catena: all'origine troviamo coloro che riportando fatti accaduti, inevitabilmente li modificano e li arricchiscono, influenzati dalla propria visione delle cose, dai propri preconcetti, dal rapporto che avevano con quel determinato fatto o quella determinata persona. Non scopriamo di certo adesso che la comunicazione non è mai un semplice trasferimento di informazione ma, come ci insegna Jakobson, dipende da vari fattori ugualmente determinanti[1431]. Anche Ong sottolinea la compresenza di più aspetti:

[1429] *L'orefice* in P. Chiara, *Di casa in casa, la vita* cit., p. 135. *L'orefice* apparso nel 1964 sul «Gazzettino». Come ha scritto Stadera «la cultura orale è conservatrice, dovendo fare i conti col meccanismo mnemonico. Invece la storia registra e interpreta i fatti con metodo critico [...] Proprio per la sua oralità la tradizione è memoria di tutti, ma non di tutto; la storia, al contrario, è [...] storia di tutto, ma non di tutti o per tutti, certamente non per le classi subalterne e analfabete» (L. Stadera, *Oralità e scrittura* cit., p. 13).

[1430] *L'orefice* in P. Chiara, *Di casa in casa, la vita* cit., p. 136.

[1431] Il linguista russo, assegna a ciascun elemento del processo comunicativo una particolare funzione comunicativa, che si manifesta nelle forme e nei contenuti del messaggio (cfr. R. Jakobson, *Saggi di linguistica generale*, Milano, Feltrinelli, 1966).

> L'espressione orale è indirizzata da un individuo reale, vivente, a un altro o a più individui ugualmente reali e viventi, in un momento specifico e in un ambiente preciso che include sempre molto più delle semplici parole. Le parole sono modificazioni di una situazione complessiva; esse non si presentano mai da sole, in un contesto esclusivamente verbale[1432].

La complessità del quadro, dell'esposizione e della comprensione dei fatti, legati a molteplici variabili mutevoli, determina, infine, una visione parziale e soggettiva della vicenda o del fenomeno in questione. Esempio perfetto è l'orefice protagonista della novella omonima che, dopo il decesso, viene citato sui giornali in quanto persona conosciuta e rispettata da tutti, senza nei apparenti. Invece, «dietro quella vita c'era un mare di veleno»[1433]: il commerciante nutriva un odio profondo e represso per tutta la cittadinanza. Non lo disse mai, si limitò a vivere estraniato dagli altri. In tal modo il suo rancore è potuto sfuggire al redattore del suo necrologio… ma si è consegnato ai discorsi della gente, ai pettegolezzi che, nelle loro continue metamorfosi, forse sarebbero riusciti a lambire la verità nascosta.

C'è però anche la possibilità che le balle siano proprio una parte integrante e ineliminabile della comunicazione del posto: e che quindi anche lo scrivere sia stato influenzato dalla dinamica dialogica che inevitabilmente è "entrata sotto la pelle" degli abitanti del lago. In verità, è mia opinione che ci sia sempre una motivazione, e che quindi le frottole non siano mai completamente gratuite, né quelle "sparate" al bar, né tanto meno quelle che diventano arte.

Ma perché, dunque, trasferire le chiacchiere e la realtà di paese sulla pagina scritta o a teatro?
È quanto si è domandato Chiara:

> Quando mi chiedo perché ho scritto dei romanzi e dei racconti, mi accorgo che la mia impresa è stata un tentativo per uscire dalla solitudine parlando ad altri di me, dei miei guai e delle mie fortune. Ho scritto per avere intorno qualcuno, come quando raccontavo a voce in un piccolo cerchio di amici e anche per capire me stesso e il mondo nel quale vivevo[1434].

E cioè rendere conto di quella «città di provincia e di confine, con pochi invertiti, pochissime prostitute, che vengono tutte da fuori, i soliti ladri e gli ultimi contrabbandieri» in cui a lui non pare di trovarsi fuori dal mondo e dalla realtà, anzi gli sembra di essere «nel giusto e nel buono del mondo e del vivere»[1435].

Chiara non è mai, metaforicamente parlando, uscito dal paese, per «un vizio d'origine», non si è unito ai suoi coetanei per scambiare la «schiuma dell'intelligenza», anzi, ha frequentato esseri estranei all'arte e alla letteratura: professionisti, «esercenti, giocatori, gabbamondo, gente di campagna e di città, ricchi e poveri: il magma umano che attraversa l'esistenza senza osservarla, senza trarne balsami o veleni letterari»[1436]: si

---

1432 W. J. Ong, *Oralità e scrittura*, trad. it., Bologna, il Mulino, 1986, p. 145
1433 P. Chiara, *L'orefice* cit., p. 139.
1434 *La solitudine del narratore,* P. Chiara, *Di casa in casa, la vita*, p. 194.
1435 *Lettera dalla provincia*, P. Chiara, *Gli anni e i giorni* cit., pp. 93-95.
1436 Cfr. P. Chiara, *La solitudine del narratore* cit., p. 194.

è soffermato a idealizzare la provincia e il lago. Lo dimostra, sia il fatto che abbia iniziato tardi a scrivere quelle storie, provenienti in gran parte dalla sua esperienza, o meglio, dalla visione personale della sua esperienza, maturata in anni di vita nei caffè e appoggiato alla ringhiera che si affaccia sul lago; sia la contestualizzazione che, prevalentemente, è la prima metà del XX secolo. L'aspetto cruciale è che, lui stesso lo dice, «allo stesso modo di chi emigra in giovane età e torna anziano al suo paese, mi sono quindi trovato tagliato fuori da un mondo che avrebbe dovuto essere mio e nel quale ero invece vissuto come in sogno»[1437]; e ha cercato quindi di colmare il divario tra sogno e realtà costruendo storie e narrandole:

> Al pari dei vecchi emigranti ho cominciato allora a raccontare, a favoleggiare, a render conto di un continente che i letterati raramente percorrono. Ne è risultata per me una nuova solitudine [,] anche trovando ascoltatori [;] quella a cui si riduce chi scrive e racconta di sé e del mondo nel quale è passato, la solitudine del narratore, sospeso tra la vita e il sogno della vita, come il ragno al filo della sua tela[1438].

L'esito è simile a quello di Fo, ma i presupposti sono differenti. Fo, come abbiamo ampiamente documentato, ha fatto molte esperienze diverse, è un vero apolide. Fin da bambino, ha cambiato spesso ambiente, per cui le sue radici sono ovunque e in nessun luogo specifico: Pino, Oleggio, Porto Valtravaglia, Luino, Milano e poi sempre in giro per l'Italia e per il mondo.

E, anche se ha dimostrato «l'intelligenza e l'accortezza degli uomini di paese, che facevano fortuna in qualunque arte o mestiere e in ogni parte del mondo perché sapevano ridurre tutto alla loro misura e sé stessi alla misura della realtà»[1439], il narrare e rivivere la provincia per Fo, abbiamo constatato, è stato frutto di una lucida riflessione a posteriori della sua infanzia e giovinezza.

Il ritorno, anzi dovremmo dire la permanenza di Chiara sul lago, ha un'anima spirituale e sentimentale; il ritorno di Fo, una funzionale e spettacolare.
Perciò i due si possono considerare due facce della stessa medaglia: questo incarna la figura del giullare/fabulatore da lui descritta; l'altro è un narratore/fabulatore solitario, non è un guascone, e viene descritto sempre un po' in disparte, più ascoltatore che raccontatore, che "sente" la compagnia ma non la vive completamente.

Emerge di conseguenza, dal confronto della loro opera, una certa differenza nelle storie: curiose e divertenti per entrambi, sono più paradossali e surreali quelle di Fo, più legate alla vita di paese quelle di Chiara. Ma secondo Viazzo «le due figure si confondono e si confrontano, per le vicende raccontate come se fossero state vissute, ma in realtà costruite letteralmente… Fo è assimilabile a Piero Chiara, che costruiva il "castello" di un romanzo, partendo da spunti»[1440].

[1437] Cfr. *ibidem*.

[1438] Ivi, p. 195.

[1439] La frase si deve a Piero Chiara ed era originariamente riferita al ciclista Alfredo Binda, uno dei più grandi campioni sportivi che l'Italia ha avuto nel '900; nato a Cittiglio nel Varesotto nel 1902, spiccano tra le sue vittorie cinque Giri d'Italia e tre Campionati del Mondo. Morì nel 1986 (*L'uomo di paese campione del mondo*, P. Chiara, *Gli anni e i giorni* cit., p. 251-252). Ritengo che la descrizione possa calzare anche per Dario Fo.

[1440] Intervista a V. Viazzo del 04/05/2002.

I due diventano, sia prototipo del fabulatore, sia specchio della società passata che intendo mostrare. Specialmente Chiara che nelle sue pagine ha "fermato" maggiormente l'ambiente.
Chiara è un "metafabulatore": quasi un fabulatore che in modo fabulatorio, descrive i meccanismi del raccontare, diffondere notizie, cacciare balle. Metafabulatore proprio perché lui si comporta esattamente come i personaggi che descrive, intenti a commentare i fatti di paese, seduti ai tavolini del caffè. Aschei ha descritto con molta cura il raccontare di Chiara:

> Usava ascoltare e si faceva ascoltare e poi scriveva: quindi l'oralità era la sua fonte e, in seguito, la sua prima verifica, un po' come fanno i produttori americani che testano i film in due o tre province. Ci sono infatti varianti che testimoniano il suo tentativo di vedere "che effetto faceva". Raccontare è un porre in attenzione, un creare un'aspettativa. Il feedback è fondamentale: racconto una storia, ne ricevo impressioni e quindi la storia si modifica direttamente, oppure cambia passando da interlocutore a interlocutore[1441].

Il passaggio che ora riporto ha la duplice valenza di testimoniare la metafabulazione: l'originalità del personaggio, la cui inventiva e scaltrezza è tipica; e la capacità di Chiara di essere fabulatore-narratore-descrittore o fabulatore-inventore di un personaggio curioso:

> Un furbo, un fannullone, per niente uscito dal consorzio umano. Egli si era infatti collocato sopra un monte accessibile e contornato di paesi, aveva preso possesso di un luogo di devozione ben frequentato, e con la commedia della segregazione lasciava che gli ingenui lo credessero un santo e un penitente. Intanto i contadini lo mantenevano e lo coccolavano [.] Né un santo né un pazzo [,] un sornione, un simulatore e in fondo un mendicante, che aveva trovato modo di campare senza fatica proprio nel mezzo di quella società per la quale ostentava tanto disprezzo. E mi spiegavo perché tirasse con tanta forza la campana quelle poche volte che si avvicinava la grandine: vedeva in pericolo le vigne delle quali beveva il vino, le primizie che i contadini si facevano obbligo di offrirgli, quell'abbondanza dei raccolti che gli garantiva l'esistenza, solo che avesse saputo mantenere intorno a sé un po' di mistero e di favola[1442].

Lo stesso dicasi per il pescatore schivo che ha il potere di sentire gli odori, protagonista della già nominata novella *Ti sento, Giuditta*[1443] che, in poche pagine, sintetizza il microcosmo lacustre e i suoi personaggi, il tutto raccontato in maniera realmente fabulatoria. Essa, tirando le somme, è una storia incredibile, per certi versi commovente e nostalgica, un dipinto vivido della vita sul lago.

Ma se consideriamo il tutto da un'altra prospettiva, ossia quella della pura finzione letteraria, constatiamo la grande vena narrativa e immaginifica dell'autore, capace di creare un'atmosfera in apparenza reale pur nella sua bizzarria, sebbene assolutamente fantasiosa ad un'analisi più approfondita. «È un segreto. Se la voce si sparge, non

---

1441 Intervista a A. Aschei del 15/07/2002.
1442 *L'eremita*, P. Chiara, *L'uovo al cianuro e altre storie* cit., p. 38.
1443 Cfr. cap. 6,6.5.

sentiremo più niente. Di odore ce n'è poco: per un naso o due. Capisci?»[1444]: divertente pensare che gli odori siano quantificati, non condivisibili, consumabili e di questo era convinto anche l'autore[1445]. Chiara osserva il mondo che lo circonda, lo rielabora e lo trasforma, ma sempre senza snaturarlo. Magari cambia i nomi delle persone; o i particolari di un evento; o i luoghi. Ma sempre nel rispetto dell'essenza.

Invece Fo, che certamente a sua volta – conferma Calderoni – ha respirato l'aria dei caffè e delle osterie, è più che un metafabulatore, falsifica la realtà, perché il suo intervento su essa è più profondo, non si limita a modificare alcuni particolari, ma introduce degli elementi che assolutamente non ci sono, come la tradizione dei fabulatori; perciò occorre una maggiore cautela per guardare la realtà attraverso gli occhi delle sue descrizioni, che sono soprattutto, abbiamo visto, funzionali al suo teatro politico.

Ma col beneficio del dubbio vanno prese, in ogni caso, le parole di entrambi – mi riferisco ad esempio al maestro de *Il Balordo* o al *Dighelnò* di Fo – anzi, addirittura con la certezza di un retrogusto di ragionevole menzogna, perché è come ha scritto Chiara: la vita di provincia, e quindi i suoi personaggi, non vivono nella cronaca, ma nel racconto, scritto o orale che sia. Dalle testimonianze che si ricavano, è difficile che emergano personaggi piatti, perché si perderebbero nell'oblio; ma rimangono quelli particolari – realmente originali o "costruiti" cambia poco col passare dei decenni. Tutto, mutando, sfuma e si confonde. Ma proprio per evitare questo bisogna tenere sempre presente l'esistenza di un confine labile tra la realtà incolore e l'immaginazione in *technicolor*.

10.3. Ultima fermata

Siamo giunti alla fine. Nel nostro viaggio sul lago dei *temp inderée*, abbiamo incontrato molti personaggi grotteschi, insoliti, eccentrici, *casciaball*, che amavano la compagnia, che raccontavano e ascoltavano, ma non fabulavano. Ricordo brevemente il *Bernardo*, simpaticissimo e abilissimo racconta storie, di memoria prodigiosa e lingua svelta, capace di inventare una splendida galleria di personaggi e di prendere spunti da tutto. Ma non aveva intenti polemici, semplicemente amava divertire gli amici: sembra proprio uguale al giovane Fo che teneva banco sul treno diretto a Milano!

Anche il *Müscanìn* citato da Fulvio Fo, comunque si interpretino le sue caratteristiche, non collima con due pilastri come Dario Fo e Piero Chiara, gli unici degni di essere chiamati fabulatori: dove affabulare, dal francese *affabulation*, significa sì «narrare in forma di favola, di finzione poetica, scenica, ecc.» ma, cosa sacrosanta alla luce delle parole qui spese, vuol dire anche «ingannare, avvolgere in trama favolosa e illusoria»[1446].

In tal senso le loro storie e i loro personaggi si staccano dalla cornice di lago e monti che li ha generati e si trasferiscono nell'universo dell'immaginario; e il Lago

---

1444 P. Chiara, *Ti sento, Giuditta* cit., p. 30.

1445 «Una delle frasi più grandi e spiritose scritte da Chiara, anche a giudizio dell'autore stesso» (Intervista a V. Viazzo del 04/05/2002).

1446 Cfr. Enciclopedia Multimediale Rizzoli Larousse 2001.

Maggiore sparisce dal Nord Italia per finire nella cartina geografica su cui sono segnati i luoghi ideali della fantasia.
Due fabulatori "ufficiali" dunque.

Invece, il fabulatore polemico, pungente, comico, in una parola il "FObulatore", bèh… quello era e rimarrà, uno soltanto.

Postfazione

21 anni. Tanto ci è voluto per dare questo libro alle stampe. La stesura originale era infatti la mia tesi di laurea. Era il 29 maggio 2003, il giorno dopo la finale di Champions League, giocata a Manchester e vinta dal mio Milan sulla Juventus; partita di cui non vidi neppure uno scampolo, tanto ero impegnato ad aggiustare il testo con le ultime disperate correzioni. Quel giorno, l'intero documento salvato su CD-ROM, un supporto oggi quasi *vintage*, era pronto per essere consegnato in copisteria. Un mese dopo ebbe luogo la discussione della tesi, conclusa la quale iniziai a coltivare il sogno di pubblicarla. Non fu purtroppo possibile per diverse ragioni: la mancanza dei soldi che chiedevano gli editori per dare credito ad un perfetto sconosciuto; la voglia e il bisogno di dedicarsi ad altro, dopo un anno e mezzo speso sulla stessa tematica; la necessità di pianificare il futuro, cercare degli sbocchi nel mondo del lavoro e, nel mio caso, prepararsi ad un trasferimento all'estero. Il progetto finì dunque in naftalina.

L'attento lettore si chiederà per quale motivo, quasi fuori tempo massimo, abbia deciso finalmente di pubblicare la storia di Fo e dei fabulatori del Lago Maggiore.
La risposta è che non ho potuto fare a meno di notare che, nonostante i miei studi, il premio Nobel abbia continuato imperterrito a scrivere e raccontare dei fabulatori del lago. Come se il mio lavoro non esistesse. Il fatto è che, ovviamente, nessuno poteva conoscerlo. Ho ritenuto pertanto che fosse giunta l'ora di renderlo pubblico, grazie all'opportunità offerta dalla rete.

Il primo passo per pubblicare quella che era la tesi di laurea è stato riprendere in mano il testo, soffiare via, metaforicamente, lo strato di polvere e rileggerlo, così da appassionarmi nuovamente all'argomento e alla figura di Dario Fo. È emersa talvolta, tra le righe, una certa acredine nei suoi confronti, dovuta al tempo speso dietro alla chimera dei fabulatori e alla delusione iniziale. Cercando di esporre i fatti, mi sono trovato in difficoltà e, siccome Dario Fo non è sempre stato irreprensibile nei racconti, le continue verifiche sono costate molta fatica. Non avevo, né ho, tuttavia, preconcetti ideologici, simili a quelli di Michele Straniero, che criticava partendo da posizioni chiaramente cattoliche, di certo poco compatibili con l'anticlericalismo della coppia Fo-Rame.

Ora, a distanza di anni, sono più consapevole che si tratta di arte, non di cronaca e critica storica. Come i film, biografici o storici, che non raccontano la verità, anche se lo spettatore ha l'illusione che sia così, mentre, come ha ripetuto in numerose occasioni lo scrittore e sceneggiatore Lorenzo De Luca[1447], circa il 20% della verità trova spazio sulla pellicola.

Nella mia ricerca sulle orme dei fabulatori del Lago Maggiore, non ho ovviamente la pretesa di aver offerto la verità assoluta, ma almeno un po' di verità "altra" rispetto a quella del premio Nobel, sedimentata in libri, articoli e interviste che sono stati redatti, magari in buona fede, ma con poco scrupolo.

[1447] Il suo canale, *Dragonland*, offre molte informazioni sul cinema dei generi (d'arti marziali, western, horror) e non solo: https://www.youtube.com/@lorenzodeluca1934

Testi ai quali, dopo il 2003, se ne sono aggiunti altri che costituiscono il motore di questo capitolo supplementare: non solo di Dario, ma anche di Jacopo e Fulvio Fo, molto preziosi perché offrono ulteriore materiale di analisi, sia confortando le conclusioni già raggiunte, sia stimolandone di nuove, sia correggendo le affermazioni di Dario, e che troveranno spazio in queste pagine, almeno per quanto attinenti alle mie ricerche.

Certamente notiamo come un certo pressapochismo sia riscontrabile non solo nell'attautoregista che, riprendendo un esempio già citato, postdatò la morte del padre Felice ai primi mesi del 1987; bensì, tale padre tale figlio, anche in Jacopo, che scrive: «Felice Fo morì a ottantasette anni, nel 1987»[1448]. Per la precisione, suo nonno era nato a Monvalle l'11 novembre 1898 e morto a Luino il 31 dicembre 1986[1449], quando aveva 88 anni compiuti e andava per gli 89.
Ma anche in un altro particolare Jacopo dimostra un po' di superficialità, quando scrive: «a Porto Valtravaglia, in una casa con due pini altissimi che mia nonna mi mostrava sempre quando passavamo col treno, era nato Dario, poi suo fratello Fulvio e da ultima Bianca»[1450]. Ebbene, nessuno dei tre è nato a Porto Valtravaglia: Dario a Sangiano, Fulvio e Bianca a Luino.

In altri casi, errori così marchiani hanno ceduto il passo al romanzare il racconto, per rievocare aneddoti avvolti nelle nebbie del tempo e per descrivere un mondo, nella fattispecie quello del Lago Maggiore dei primi decenni del XX secolo, che appare sì molto vivido e dettagliato ma che, ad un'analisi rigorosa, lascia emergere dei dubbi, esattamente come quelli già esposti nei precedenti capitoli del libro. Dubbi condivisi, tra gli altri, dal cantautore e scrittore Giangilberto Monti, che sintetizza così: «il fatto è che l'intera storia del signor Fo e della signora Rame l'hanno scritta loro due [e] tuttavia, come nelle migliori autobiografie, ci si ritrova qualche libertà».[1451]

Oppure va constatato che il passare degli anni depositi una coltre sugli eventi che si cristallizzano nella memoria con forme e colori che, magari, sono frutto di un'intima involontaria rielaborazione, come raccontato da Alessandro Fo, figlio di Fulvio, in una poesia dedicata al nonno paterno, soldato nella Grande Guerra. Felice aveva raccontato ai nipoti degli aneddoti del fronte e uno specifico si è impresso nella mente del poeta che, infatti, precisa «senza riscontri; me lo sarò sognato?»:

> Dopo un assalto, rientrava di fretta,
> ma al momento del salto, sotto i colpi
> restò impigliato in un reticolato.
> Bestemmiando contro i numi avversi
> disimpegnava in affanno la ghetta,
> quando una bomba gli sorvolò la testa,
> finí in trincea al suo posto, e uccise tutti.
> Senza quel filo, a cui noi siamo appesi,

1448 J. Fo, *Com'è essere figlio di Franca Rame e Dario Fo*, Parma, Guanda, 2019 (ebook), cap. 3 (*Quando mio nonno morì*).

1449 In https://it.wikipedia.org/wiki/Dario_Fo, viene erroneamente scritto il 1° gennaio 1987.

1450 J. Fo, *Com'è essere figlio…*, cit., cap. 3 (*Due fratelli assassini e una sorella*).

1451 G. Monti, *E sempre allegri bisogna stare. Le canzoni del signor Dario Fo*, Firenze, Giunti Editore, 2016 (ebook), cap. 2 (*Il Mario in bicicletta*).

niente Bianca, né Dario, né Fulvio,
né noi nipoti, né il premio Nobèl
(né questa nebbia di ricordi in versi)[1452].

Alla fine del libro, Alessandro Fo ribadisce di essere l'unico membro della famiglia a ricordarsi della vicenda:

> In Filo spinato [,] come dico nel testo, il racconto da cui nasce la poesia è vivo nei miei ricordi, ma non sembra trovare riscontri in quelli dei miei familiari che ancora potrebbero testimoniare di averlo udito dal mio nonno paterno, Felice. 'Filologicamente' parlando: se me lo fossi solo immaginato (ero piccolo), non credo mi avrebbe fatto un'impressione tale da rimanere così profondamente inciso nella memoria[1453].

A prescindere se fosse corretto il ricordo di quella tragedia mancata, una vera e propria *sliding door* nel destino dei Fo, il racconto mi ha molto colpito, dato che anche il mio nonno materno Giulio Condi combatté sul Carso e fu ferito da schegge di shrapnel.

Ora, prima di fare ritorno al lago, vorrei precisare che la pubblicazione, anche in ritardo di 21 anni, serve a chiudere il cerchio, perché ho sempre ritenuto la ricerca meritevole di essere divulgata, specialmente grazie alle testimonianze che ho raccolto, alcune di persone note solo a livello locale, eppure degne di far conoscere il loro racconto ad un pubblico più ampio. Questo libro, in un certo senso, serve ad estinguere un debito di riconoscenza, anche nei confronti di coloro che non ci sono più. Come, purtroppo, Dario Fo, il "FObulatore", che ci ha lasciato il 13 ottobre 2016, all'età di 90 anni. 3 anni dopo Franca Rame, deceduta il 29 maggio 2013.

Quando lavoravo alla tesi, presi contatto con la sua segretaria, grazie alla quale si profilò l'opportunità d'intervistarlo. Peccato che lui si trovasse in vacanza a Cesenatico e l'impresa, tra i costi per il viaggio e il pernottamento in alta stagione, e il poco tempo che mi lasciava il servizio civile che stavo svolgendo, non era praticabile. Come ho già scritto[1454], riuscii almeno a parlargli al telefono, ma il mio viaggio mancato in Riviera Romagnola, ancora lo rimpiango.
Mi piace tuttavia pensare che, ovunque si trovi la sua anima, possa magari leggere questo libro.

Ritorno al lago

Il bacino del Lago Maggiore, l'abbiamo capito, ha sfornato molti comici e, prima di concentrarci sull'ultimo Dario Fo, vorrei segnalare che, nell'ultimo ventennio, sulla sponda magra, non sono emersi nuovi personaggi comici.

Unica novità di rilevo è il ticinese di Locarno Flavio Sala[1455], che ha studiato a Brera come Fo e che è diventato famoso con i suoi sketch ironici, prima radiofonici, poi

---

[1452] A. Fo, *Filo spinato*, Torino, Einaudi, 2021 (ebook): il titolo della poesia è anche quello del libro.
[1453] Ivi, *Un Appunto.*
[1454] Cfr. cap. 4.2.
[1455] Cfr. https://www.compagniaflavio.ch/flavio-sala/

televisivi e infine approdati addirittura al cinema, dedicati ai frontalieri, un argomento di nicchia che è veramente comprensibile solo da coloro che hanno sperimentato l'attraversamento della dogana svizzera: in *Frontaliers*, un operaio italiano si reca ogni mattina a Lugano per lavorare e si trova ostacolato regolarmente dallo stesso inflessibile e piuttosto ottuso doganiere, dando vita a scenette satiriche immediate, non volgari, ma neppure politiche. La comicità di Flavio Sala gioca molto col dialetto, ancora molto presente, vivo e radicato nel Canton Ticino, dove si realizzano commedie teatrali, anche grazie alla compagnia fondata dallo stesso Sala, trasmesse persino in televisione. Oltreconfine, l'uso del dialetto è molto più apprezzato che da noi, come dimostra la riscoperta di commedie teatrali milanesi o legnanesi.

Chiusa questa parentesi sul più recente prodotto del lago, ciò che Dario Fo ha continuato a dire, scrivere e far scrivere negli ultimi 21 anni, ha offerto degli spunti vecchi e nuovi. Vediamo alcuni di questi contributi più recenti, che vanno ad integrare quelli già esposti.

Tanto per cominciare, l'ambiente del lago ha formato il corpo del giovane Dario:

> Al mio corpo debbo molto. È stato uno strumento di lavoro prezioso, indispensabile. Uno strumento fedele, che non mi ha mai tradito. Anche qui devo ringraziare la sorte che mi ha fatto nascere sano e in un luogo dove ancora si poteva vivere a contatto con la natura e seguirne i richiami. Nella mia vita non ho mai fatto sport come si intende oggi, nel senso di andare in palestra, di seguire artificiosi allenamenti, di gonfiare spropositatamente i muscoli. I miei sport sono stati quelli che offriva l'ambiente, allora quasi incontaminato, del lago. Dove, come tutti i giovani, nel tempo libero si andava in barca, si nuotava, ci si tuffava, si faceva a cazzotti, si andava sullo slittino quando c'era la neve e ci si arrampicava sugli alberi in primavera... E si correva. Sempre, tanto, a perdifiato[1456].

E ne ha forgiato anche lo spirito, in quanto «luogo di scoperte e di eventi straordinari»[1457], in cui gli scalmanati fratelli Fo potevano dar sfogo alla loro intraprendenza e alla loro fantasia, come dimostrato da questi episodi, raccontati da Jacopo Fo, che non comparivano ne *Il paese dei Mezaràt*:

I. Dopo un paio di mesi i teppisti si misero in testa di attraversare il lago Maggiore in barca. La loro casa era sulla riva, perciò fu semplice impossessarsi del mastello per lavare i panni, procurarsi tavole di legno da usare come remi, ammarare la scialuppa e partire. Affondarono miseramente a cinquanta metri dalla riva e furono salvati da un pescatore che passava di lì.

II. I due legarono la sorellina a un albero, accumularono fascine, si dipinsero la faccia, si infilarono qualche piuma di gallina in testa, diedero fuoco alle fascine e iniziarono a danzare intorno al rogo facendo versi con la mano sulla bocca come gli indiani che danno fuoco ai cowboy. Le urla della piccola Bianca richiamarono i vicini, che salvarono l'infante e chiamarono la madre dei due killer nativi americani.

1456 D. Fo, *Il mondo secondo Fo. Conversazione con Giuseppina Manin*, Parma, Guanda, 2007, p. 55.

1457 Ivi, p. 58.

III. Un giorno, Dario aveva sei anni e Fulvio quattro, i due fratelli decisero di darsi al paracadutismo e si buttarono dal balcone del secondo piano aggrappati all'ombrello del padre per rallentare la caduta. L'ombrello si sfasciò in volo e i fratelli precipitarono sopravvivendo miracolosamente, quasi illesi[1458].

Faccio notare che quest'ultimo aneddoto è simile a quello raccontato da Calderoni, ma riferito ad un'altra persona[1459]
Se i tre stralci erano inediti, Fo ha citato di nuovo un personaggio a cui si sarebbe ispirato per *Gli arcangeli non giocano a flipper*, che neppure compariva ne *Il paese dei Mezaràt*, ma che abbiamo già citato[1460]:

> Tutto nasceva come sempre da un personaggio del mio paese. Un furbastro che aveva scoperto che a fingersi allocco poteva vivere di rendita. Senza farsi accorgere, si era costruito la maschera del bonaccione, di uno perennemente stupefatto, buono da portarsi dietro per sentirsi comunque superiore a lui. Era così diventato il buffone della comunità, bersaglio di ogni scherzo, anche i più feroci. Compreso quello di convincerlo a sposarsi con una puttana. In cambio di tanto sollazzo per gli altri, riceveva una sorta di 'stipendio' in natura: mangiava gratis, al bar non pagava, gli regalavano abiti e scarpe, gli allungavano qualche mancia. Insomma, per campare aveva accettato di diventare un essere umano derubricato. Uno spunto reale di sapore surreale, che io mescolai con altra cronaca viva, con altre storie di costume e malcostume [1461].

Un altro brano che non compariva né nell'autobiografia, né ne *Il paese delle rane*, sarebbe una sorta di profezia della vittoria del Nobel, in un episodio riguardante la nonna Pina Rota, raccontato da Jacopo:

> Un giorno, da ragazza, era andata nei campi a raccogliere le insalate selvatiche. A un certo punto il cielo si era spalancato e una grande luce l'aveva avvolta, dopodiché, in preda a un'emozione incontenibile, era svenuta. Lei lo aveva interpretato come un segno, una specie di chiamata mistica. Questa esperienza si legò a quel che successe pochi giorni dopo. A Sartirana arrivò un mago che giurava di saper leggere il futuro. Mia nonna gli diede qualche centesimo e lui le lesse la mano. Le disse quel che probabilmente aveva rifilato a centinaia di postulanti: «Tu avrai un figlio che sarà famoso in tutto il mondo!»[1462].

Aneddoto simile a quello raccontato da Dario per descrivere la madre «spiritosa, leggera, curiosa [...] speciale, persino un po' strega»:

> Ricordo che ero ancora agli inizi di carriera, ai primi successi sulla scena, e lei, entusiasta, già aveva decretato in famiglia: Par mi quel lì el vince el Nobel!' Per riportarla con i piedi per terra, mio fratello Fulvio le aveva spiegato che per vincere il Nobel

[1458] J. Fo, *Com'è essere figlio...*, cit., cap. 3 (*Due fratelli assassini e una sorella*).
[1459] Cfr. cap. 7.13.
[1460] Cfr. cap. 9.3.1.
[1461] D. Fo, *Il mondo secondo Fo*, cit., p. 94.
[1462] J. Fo, *Com'è essere figlio...*, cit., cap. 3 (*Dario: i danni irreparabili di un'educazione troppo permissiva*).

bisognava essere letterati, mica andar per teatri. E Pirandello, allora?' aveva ribattuto lei. 'È un uomo di teatro o no?'[1463].

Ecco, nella versione di Dario Fo, con l'esplicito riferimento al premio Nobel, questa sembra quasi una profezia riadattata, dato che, ne *Il paese dei Mezaràt*, non compariva; ma il Salvi, ricordiamo, mi aveva confidato che anche Felice Fo aveva avuto una sorta di preveggenza[1464].

Dario Fo fascista

Il libro di Jacopo Fo, ritengo sia particolarmente importante per risolvere una volta per tutte una polemica invero pelosa (paragonabile a quella riguardante un altro premio Nobel, Günter Grass) che, a prescindere, non modificava di una virgola il giudizio su uno dei più grandi uomini di teatro che possa vantare l'Italia. Jacopo scrive cose interessanti sulla vicenda del padre, delineandone meglio i dettagli, e sul nonno, offrendo particolari che Dario non aveva inserito nel suo testo.

Il ruolo di Felice Fo, che avevamo già delineato, è così riassunto dal nipote:

> Il nonno durante il fascismo teneva i contatti con gli oppositori in Svizzera, anche grazie al suo ruolo di capostazione nei pressi del confine. Quando mio padre era molto piccolo, Felice gli nascondeva addosso i documenti degli antifascisti per passare la frontiera. Nei pannolini di Dario non guardava nessuno. All'inizio della guerra partigiana, Felice diventò tenente del Cln, si occupava di far scappare gli ebrei e i prigionieri inglesi evasi. Nascondevano i fuggitivi nei cassoni che contenevano la sabbia, indispensabile per frenare il treno[1465].

Su questo punto, giunge una conferma anche da Fulvio, che ha definito il padre «responsabile locale del Comitato di Liberazione Nazionale», che faceva pervenire informazioni importanti via telegrafo alla stazione di Bellinzona, da cui poi rimbalzavano «ai nuclei partigiani e clandestini»[1466].
E anche Pina Rota contribuiva a quella missione:

> Mentre il Felice Fo si dava da fare insieme al Nino Rota per far scappare ebrei e inglesi in Svizzera, mia nonna non stava con le mani in mano. Lei si occupava di ricucire i partigiani feriti. Le capitò di curare anche Leo Wächter[1467] e un altro gappista che avevano ammazzato un colonnello delle SS a Milano. I partigiani dei Gap (Gruppi di Azione Patriottica) agivano nelle città compiendo azioni punitive contro i capi nazifascisti[1468].

1463 D. Fo, *Il mondo secondo Fo*, cit., p. 11.
1464 Cfr. cap. 4.2.
1465 J. Fo, *Com'è essere figlio…*, cit., cap. 3 (*La Seconda guerra mondiale*).
1466 F. Fo, *Gente di lago - Ai margini della storia*, Milano, Alacrán, 2010, p. 52.
1467 Finita la guerra grande organizzatore Teatrale e fondatore del teatro Ciak (Cfr. https://www.milanocittastato.it/evergreen/forse-non-sapevi-che/teatro-ciak-leon-wachter/
1468 J. Fo, *Com'è essere figlio…*, cit., cap. 3 (*La Seconda guerra mondiale*).

Alla luce di tutto ciò, spiega Jacopo, l'arruolamento «volontario, senza aspettare la chiamata alle armi» di Dario era funzionale a nascondere l'attività della famiglia: «era indiscutibile che mio padre si fosse presentato volontario per arruolarsi nell'esercito fascista», per un motivo molto semplice e determinante, ossia che «non poteva disertare, perché la posizione di Felice sarebbe stata compromessa, sarebbe saltata l'occasione di far scappare persone in Svizzera e la possibilità di continuare le altre attività legate alla Resistenza che facevano capo alla casa dei Fo (e su questo al processo testimoniarono svariati militanti partigiani). Ergo, per evitare di finire subito al fronte, si era arruolato nelle truppe speciali «prima come guastatore, poi come paracadutista». Ma quando sembrava che Dario fosse destinato al fronte orientale in Germania, falsificò due permessi e scappò a Luino con un amico[1469]. E ora il dettaglio importante che ancora mancava:

> La Pina andò da un noto fascista del paese e gli disse: «Devi nascondere mio figlio» e quello accettò. Così, fino alla Liberazione, Dario restò nascosto in un casale in campagna. Fulvio, che era più piccolo, gli portava da mangiare[1470].

La versione di Fo è molto diversa: si rifugia in un casolare nel bosco, di cui neppure la madre conosce l'esistenza, la sorella del ferroviere proprietario dell'immobile gli porta i viveri e gli animali del bosco fanno da "sentinelle"[1471]; ma questa è ovviamente l'affabulazione romanzata.

La verità era dunque più complessa e meno romantica, dato che la fuga di Dario mise in difficoltà Felice, che venne arrestato. Da questo punto in avanti, è davvero pregevole il racconto di Jacopo, scevro dalla cieca apologia della Resistenza, e che riporto volentieri:

> Ma successe una cosa incredibile: alcuni fascisti di Luino intervennero in sua difesa e ottennero che fosse liberato, garantendo sulla sua innocenza. La guerra civile era così, con persone di una parte che decidevano di aiutare quelle dell'altra. A volte i rapporti personali contavano più delle ideologie.
> Dopo la Liberazione, mio nonno, con la fascia tricolore del CLN al braccio, impedì la fucilazione dei fascisti che lo avevano aiutato, compreso quello che aveva nascosto mio padre. Poi requisì un'auto e con altri tre partigiani iniziò a girare per i paesi intorno a Luino. Arrivavano, chiedevano dove fosse il comando partigiano, poi armi alla mano ordinavano di consegnare loro i fascisti arrestati. Mio nonno si era reso conto che dopo la vittoria si era scatenata una mattanza, nella quale gente che non aveva mai fatto parte della Resistenza approfittava della confusione per autonominarsi «comitato insurrezionale» e regolare vecchi conti. C'era chi fucilava come fascista il vicino di casa per rubargli un pezzo di terra, chi sparava all'amante della moglie. Il Felice interrogava i fascisti arrestati, valutava le accuse che erano mosse contro di loro, liberava chi magari era fascista ma non si era mai macchiato di crimini, e organizzava il trasferimento a San Vittore di chi aveva accuse pesanti perché avesse un processo regolare. È indiscutibile che dopo la Liberazione accaddero cose terribili, a volte con il beneplacito dei comandi

[1469] Cfr. Ivi, cap. 3 (*Mio padre fascista*).
[1470] *Ibidem*.
[1471] D. Fo, *Il Paese dei Mezaràt* cit., pp. 175-176.

locali della Resistenza, a volte a opera di delinquenti che niente avevano avuto a che fare con le truppe democratiche[1472].

Questo è il quadro che descrive i gravi e concitati avvenimenti che interessarono la famiglia Fo. Fatico a comprendere, tuttavia, perché dei gesti tanto equi e generosi di Felice non abbiano trovato spazio ne *Il paese dei Mezaràt*.

Il Cacciaballe

Il tema cardine, comunque, rimane quello dell'inchiesta, ossia se fossero esistiti o no i fabulatori del Lago Maggiore. In diversi libri nati dalla collaborazione tra Dario Fo e la giornalista del Corriere della Sera Giuseppina Manin[1473], la tematica viene ripresa e ridiscussa, magari aggiungendo dettagli un po' diversi, tuttavia sempre con lo stesso tenore di fondo: i fabulatori del Lago Maggiore sono esistiti, trattavano determinate tematiche e hanno pesantemente influenzato la carriera di Fo. Proprio le considerazioni a cui avevo dato credito e fiducia all'inizio del percorso di conoscenza, per poi dimostrare nella mia tesi di laurea, che ovviamente né Fo, né la Manin avevano potuto leggere, che lui era l'unico fabulatore, il "FObulatore".

Vorrei perciò presentare alcuni brani, da leggere con la consapevolezza acquisita dalla lettura dei capitoli precedenti, a partire da quello in cui Fo racconta alla Manin quanto scritto da lui stesso 5 anni prima sulla vita notturna di Porto Valtravaglia:

> Di notte, lo sanno bene gli artisti e i tiratardi, le fantasie, i sogni, i pensieri, vengono meglio. Strambi magari, ma meglio. Così, a furia di frequentare quei balordi di talento, di ascoltarli nelle osterie, in piazza, alla darsena, sul sagrato della chiesa, noi ragazzi si collezionava rosari di storie meravigliose. Che poi erano più o meno sempre le stesse, ma che ogni volta parevano nuove, rimodellate a seconda dell'occasione sui fatti locali, sulle ultime chiacchiere dei lavatoi. E soprattutto sui personaggi che stavano intorno. Tirati dentro a sorpresa nelle vicende con tutti i loro tic, i loro intercalari, coinvolti e inglobati con stupefacente rapidità, gusto della presa in giro e innato senso dello spettacolo, da quei fabulazzatori incantatori»[1474].

Ascoltare «i meravigliosi fabulatori del [suo] paese e i canti di quelle valli» sarebbe inoltre stata la prova dell'esistenza di «un'autentica cultura popolare»[1475].
La Manin, in un'altra occasione, riferendosi alla "lezione" davanti ai giurati del Nobel, sottolinea l'importanza dell'infanzia di Fo e dipinge un quadro dei fabulatori:

> A quei primi maestri di racconto, ai fabulatori del lago, Dario manda il suo saluto reverente. Prima ancora che al re di quella terra lontana che ora gli sta davanti e gli sorride affabile, il giullare rosso si inchina, e stavolta senza esitare, a quei principi del lago della sua infanzia. Personaggi maestosi, spesso avvolti in mantellacci scuri che,

[1472] J. Fo, *Com'è essere figlio…*, cit., cap. 3 (*Mio padre fascista*).
[1473] L'avevo già nominata nel cap. 7.11.
[1474] D. Fo, *Il mondo secondo Fo*, cit., p. 17.
[1475] Ivi, p. 83.

> finito il loro lavoro della notte, si ritrovavano alle prime luci nelle osterie di Porto Valtravaglia a bere, giocare a carte e sciorinare storie comiche, tragiche, buffe. Di pesche miracolose, di balordi sterminatori di galline, di preti esorcisti, di lumache giganti che il paese intero ci mangiava per una settimana...[1476]

I concetti appena esposti, comunque, erano già stati espressi con lo stesso tenore. La novità, nelle ultime pubblicazioni, è invece il presentare tematiche religiose, riprendendo un personaggio che già conosciamo e al quale Fo è molto legato, il *Dighelnò*[1477]:

> Ma il mio era un paese strano, di confine, di gente libera, dove non si faceva gran specie se uno credeva o no. La religione lì era qualcosa che faceva parte della cultura popolare, della scansione della natura. Gli spunti per parlarne non mancavano certo, ma lo si faceva in modo molto speciale, fuori dalle chiese e dalle regole. A far concorrenza ai preti lì erano i fabulatori. Me ne ricordo uno formidabile a raccontare il catechismo a modo suo. Si chiamava Dighel-no (tradotto: non dirglielo). Straordinario, ti tirava dentro una storia che neanche ti accorgevi. Partendo da un qualsiasi fatterello locale ti portava su, su, fino a Dio. Per esempio, la scottante questione che ci avrebbe creati a sua immagine e somiglianza. Tutti? Si chiedeva in coro noi ragazzi dandoci di gomito. Tutti tranne quel lì, rispondeva lui additando a turno uno di noi. E giù risate.
> Poi tirava fuori la storia di Adamo ed Eva, o di Caino e Abele, sciorinandole alla buona, come una delle tante faccende di ogni giorno, ambientandole nelle cascine, nei boschi, nelle osterie. Proprio come si trattasse di tuo padre, tua madre, dei suoi fratelli... Io, l'ho sempre ammesso, ho imparato le basi del mio mestiere da quegli straordinari fabulatori. Tutto dipende da dove sei nato, diceva un grande saggio. Per quanto mi riguarda è stato proprio così. Tenendo come maestri i fabulatori del lago e i giullari ho raccontato anch'io l'altra storia, l'altro Vangelo. Dove ogni episodio è uguale identico nella struttura a quelli che ci insegnava il prete, ma diversissimo nella forma e nel significato profondo. Prendiamo la resurrezione di Lazzaro. Tradizionalmente ammantata di un misticismo un po' macabro, avvolta in un'atmosfera sacrale, gelida, ha in quelle fonti popolari una sua versione ben più viva e divertente. Con la gente che fa ressa intorno al sepolcro, che spinge per vedere, con qualcuno che subito fa immediato mercatino di pani e pesci e affitta sedie per chi è stufo di star in piedi. E intanto si scatenano le scommesse: ce la farà a tirarlo fuori da quel buco? Ce la farà a farlo tornare in vita? Sì, no, in quanto tempo... Fino al finale quando Lazzaro finalmente risorge. Ma proprio in quella qualcuno approfitta del fatto che tutti stanno lì, a bocca aperta a guardare, per rubare la borsa vicino. E il silenzio mistico della resurrezione viene spezzato dal grido: 'ladro, ladrone, i miei soldi!'[1478]

In questo brano piuttosto lungo Fo, oltre a esprimere per l'ennesima volta riconoscenza ai fabulatori, lega il *Dighelnò*, che abbiamo visto non essere stato assolutamente un fabulatore, alle storie del *Poer nano*, inventate da lui e raccontate agli amici; poi addirittura alla Resurrezione di Lazzaro, quella che nell'edizione televisiva del '77 veniva definita una «famosissima giullarata del '400».

1476 G. Manin, *Ho visto un Fo*, Parma, Guanda, 2017 (ebook), cap. 3 (*Immortali e fabulatori*).

1477 Per coerenza coi precedenti capitoli, continuo ad utilizzare la grafia "*Dighelnò*", anche se Fo e Manin hanno optato per "Dighel-no".

1478 D. Fo, *Il mondo secondo Fo*, cit., pp. 71-72.

Questo è un filone che potremmo chiamare delle "tematiche religiose sul lago", e che ha trovato spazio nei dialoghi su carta di Fo e Manin, i quali hanno creato una vera e propria contrapposizione tra il "fabulatore" *Dighelnò* e il prete del paese. Presento due estratti:

I. Manin: Disturbatore di professione già allora. [riferendosi al giovane Dario che frequentava il catechismo]

   Fo: «Il fatto è che quelle storie sacre io le conoscevo già, ma in modo diverso, del tutto profano. Quei fabulatori del lago che tanto piacevano alla Pina, affascinavano anche me. In particolare ce n'era uno, chiamato dalla gente del posto "Dighel-no", straordinario nel raccontare a modo suo leggende e verità. Quando alla sera arrivava in qualche cascina od osteria, subito correva la voce e tutti gli erano intorno per sentire lui che, davanti a un bicchiere di vino, favoleggiava su qualche episodio della Bibbia o dei Vangeli, riletto secondo l'antico passaparola popolare. Che teneva ferma la struttura originaria ma l'arricchiva e la deformava ogni volta con infinite varianti. Una più divertente e spiritosa dell'altra. Così che la gente ascoltava incantata, si commoveva e rideva a crepapelle».
   Manin: Una sorta di concorrenza sleale ai sermoni del prete.
   Fo: «Che, difatti, quel giullare contadino non poteva proprio vederlo. Per di più, il parroco allora in carica non era particolarmente simpatico. Un ipocrita bigotto che predicava bene e razzolava malissimo. Pronto a bacchettare i peccati altrui e assolvere i suoi senza neanche dover dire un rosario, in segreto aveva un'amante e pure un figlio [.] Era uno specialista in prediche da sbadiglio, ma non riusciva a capire come mai avessero così poco séguito, mentre per andare a sentire quell'ignorante di Dighel-no la gente faceva a spintoni»[1479]

II. Manin: È il Vangelo secondo Dighel-no o secondo Fo. Concorrenza pericolosa per i preti... [riferendosi proprio alla *Resurrezione di Lazzaro*]
   Fo: «E difatti quello del mio paese non aveva troppi clienti, Così piatto e noioso, così assente, quasi che lui per primo non credesse una parola di quel che diceva. Dighel-no invece ci credeva, eccome. Ma forse quel prete aveva altro per la testa: aveva avuto un bambino da una donna e li doveva mantenere. In paese lo sapevano tutti anche se nessuno ci faceva gran caso. Un'altra botta di saggezza dei miei valligiani. Perché mai un prete, per il fatto che indossa una tonaca, non dovrebbe essere anche un uomo?»[1480]

Neppure questo parroco molto noioso e bigotto, che criticava severamente i peccati dei suoi parrocchiani, pur avendo un'amante e un figlio, compare ne *Il paese dei Mezaràt* e neppure nei testi di Fulvio Fo che, al contrario, ricorda un prete anziano (don Gesuino) molto umano e disponibile, al quale è poi subentrato uno più giovane (il «merdùs»[1481] don Italo) «propugnatore dell'imperativo mussoliniano "credere-obbedire-combattere"»[1482], ma che non viene descritto avere amanti, né figli.

[1479] Cfr. D. Fo – G. Manin, *Dario e Dio*, Parma, Guanda, 2016 (ebook), cap. 4 (*La fortuna di nascere laici*).
[1480] D. Fo, *Il mondo secondo Fo*, cit., pp. 72-73.
[1481] F. Fo, *Gente di lago*, cit., p. 70.
[1482] Ivi, p. 178.

È evidente che, negli ultimi 2 decenni di vita, Dario Fo abbia assegnato pure tematiche religiose ai fabulatori del lago, come ribadito in un video dalle giornaliste Anna Bandettini e Giuseppina Manin: il fatto che la religione fosse davvero una delle radici della cultura popolare, sarebbe stata una lezione che Fo avrebbe imparato dai fabulatori del lago, i quali avevano come cardine della loro fabulazione i temi religiosi, che erano quelli che tutti conoscevano ma che loro raccontavano in modo assolutamente poco ortodosso[1483].

Come si desume da un altro aneddoto di stampo religioso, inerente a una Passione realizzata a Porto Valtravaglia:

> Mentre transitava la croce sorretta da Cristo aiutato dal cireneo, ecco apparire le tre Marie seguite da Veronica che reca il panno sul quale è rimasto impresso il volto sanguinante di Gesù.
> Subito uno dei «crociatori» si stacca dalla processione e, brandendo un grosso martello, si getta alla volta di Veronica gridando: «E tu hai pure il coraggio di venire qui ad asciugare le sbreffate di sangue e sudore di Cristo che, guarda caso, è anche quello col quale ti vai sollazzando appena io sono fuori di casa?».
> La Veronica getta il mantino addosso al marito, quasi a cercare di fermarlo, ma il tradito si rivolge all'uomo sotto la croce, che si libera subito dell'impaccio e, travolgendo il cireneo che finisce al suolo abbracciato alle assi incrociate, si dà alla fuga cercando scampo nella chiesa, sempre inseguito dal crociatore col martello. Altri personaggi della Passione si preoccupano di bloccare quel pandemonio e, a questo punto, in mancanza degli interpreti principali, la processione viene sospesa fra il disappunto di ognuno. Ma nelle mie valli la storia della catastrofica sceneggiata viene imparata da ogni fabulatore che si rispetti e raccontata in tutte le occasioni di festa, sia ai matrimoni che ai battesimi, e qualche volta anche durante i pranzi alla chiusura dei funerali[1484].

Una costruzione tanto precisa e dettagliata, che per giunta sarebbe una tradizione di quei luoghi, oltre a non essere stata inclusa in precedenti interviste o pubblicazioni, non gode purtroppo di alcuna conferma. Cosa strana, dato che sarebbe stata imparata da «ogni fabulatore che si rispetti».

Anche nel libro *La bibbia dei villani*, che raccoglie storie di stampo religioso, come sempre in chiave grottesca e anticonformista, Fo ripropone la più volte citata storia di Caino e Abele, precisando che «nasce dalla tradizione Popolare dell'alta Lombardia, quella dei laghi», in cui «il gioco era quello di scegliere dei personaggi della Bibbia, della storia, da sempre visti negativamente, e dar loro un momento di fulgore, di generosità»[1485]. E durante la presentazione alla libreria Feltrinelli del 12/04/2010, a colloquio con l'immancabile Giuseppina Manin, Fo racconta che quella storia e le altre del *Poer Nano* era potuta passare in radio solo in quanto i censori «non avevano capito il gioco ironico e che esisteva una cultura reale, non erano invenzioni mie piatte, ma dietro c'era una grande cultura popolare che per secoli e secoli aveva dominato il

---

1483 Cfr. Raiplay, «Storia di Dario Fo», ep. 24, *Dario e Dio*, da min. 02:15 ca.

1484 D. Fo, F. Rame, *Nuovo manuale minimo dell'attore*, Chiarelettere, 2015 (ebook), cap. e par. *Narrate, uomini, la vostra storia*.

1485 D. Fo a cura di F. Rame, *La bibbia dei villani*, Parma, Guanda, 2010, p. 85.

territorio»[1486]. Su questo punto abbiamo già riscontrato ampiamente che la satira politica era molto blanda, se non addirittura assente[1487].

Semplicemente i fabulatori, anche nei racconti di Fo più recenti, hanno sempre continuato ad essere simili alla "continuazione dei giullari", da cui era partita la mia ricerca. O come i fabulatori lombardi del XII secolo, descritti in un'altra pubblicazione recente: «agivano fuori dalle corti e preferivano esibirsi nelle piazze e sui sagrati delle chiese, raccontando storie di rusteghi di campagna e di città, e attraverso quelli si permettevano perfino di irridere chi deteneva il potere»[1488].

A mettere chiarezza, come già nei capitoli precedenti, ci ha pensato Fulvio Fo. Nel suo ultimo libro, in cui ha scritto dei racconti ambientati proprio a Porto Valtravaglia, leggiamo che il *Dighelnò* di Dario, quasi certamente, era il *Müscinìn*[1489] di Fulvio. Il premio Nobel forse ha confuso i due soprannomi, o forse ha scelto quello migliore (Dighel-no = non dirglielo), spendibile per un pubblico vasto, certamente più evocativo di *Müscinìn* che significa solo, "originario della frazione Muceno".

Fulvio ricostruisce la nascita del soprannome *Dighelnò*, sbugiardando il fratello e, di conseguenza, la giornalista Manin e confermando quanto avevo scritto, ossia che non era un pescatore, né un fabulatore. Dalla sua penna scopriamo che era, piuttosto, un *tombeur de femmes*, per via di quel qualcosa di «proporzioni terrificanti [...] che teneva in mezzo alle gambe»[1490]. Attività che, una volta sposato, doveva necessariamente tenere nascosta, onde evitare pettegolezzi, specie tenuto conto delle «ridotte dimensioni territoriali e demografiche del paese di Porto Valtravaglia» e che lo portava quindi ad utilizzare un'«accorata formula» per chiedere solidarietà e connivenza agli amici:

> "Me racumandi, dìghel no a la mia mié!" Oppure: "Dìghel no a Mariapia, per piasè..." O ancora: "Dìghel no che mi hai visto sulla spiaggia alle fornaci..."
> Ben noti erano dunque, ai paesani, i tentativi di eludere la sorveglianza della moglie [;] circostanze che diedero luogo all'impietoso soprannome di *Dìghel no*, appellativo conseguente al fatto risaputo che il mondo perdona più facilmente un delitto che una decadenza[1491].

L'appellativo *Dighelnò* non aveva nulla a che vedere con un'attività fabulatoria, magari di denuncia di chi "non dice" quello che vuole il potere costituito o il pensiero unico, come potrebbe credere il lettore o lo spettatore del premio Nobel.

Diverso, invece, era il personaggio del *Müscinìn*, per presentare il quale, Fulvio riprende, quasi letteralmente, quanto aveva già delineato in *Pescatore di sogni* e qui descritto al cap. 6.6., ossia l'indole apparentemente ritrosa nel concedersi a raccontare,

---

1486 Cfr. *Dario Fo: La Bibbia dei villani - LaFeltrinelli* (https://www.youtube.com/watch?v=SoEca3M9xOY&t=741s)

1487 Cfr. cap. 8.5.

1488 D. Fo, *Il Barbarossa e la beffa di Alessandria*, Parma, Guanda, 2017 (ebook), cap. *La Repubblica milanese in lotta con l'imperatore*.

1489 Per coerenza coi capitoli precedenti, continuo ad utilizzare la grafia "*Müscinìn*", anche se Fulvio scrive "*Muscinìn*".

1490 F. Fo, *Gente di lago*, cit., p. 105.

1491 Trad.: Mi raccomando, non lo dica a mia moglie [...] per piacere. Ivi, p. 127.

che faceva parte del rituale per creare *suspense* negli ascoltatori, e il racconto della caccia alla lumaca:

> Il *Muscinìn* è già lì, al suo posto, appoggiato alla balaustra di cemento che, sulla murata a bordo lago, delimita lo spiazzo fra il porticciolo e l'imbarcadero, lo sguardo perso sull'acqua, attorniato dal solito gruppetto di ragazzini di ambo i sessi in paziente attesa che il vecchio si decida a raccontare una delle sue inverosimili avventure.
> Quel discolo che gli sta vicino, appostato con una rozza canna da pesca, dall'età apparente di otto-nove anni, che i compagni canzonano con l'appellativo di *Paletta* per via delle vistose orecchie a sventola, non immagina certo di dover essere proprio lui, più di mezzo secolo dopo, a richiamare la figura del bizzarro contastorie, in apertura di un romanzo, con queste parole: [...][1492]

Fulvio precisa anche perché il *Müscinìn* veniva consultato per conoscere le previsioni del tempo:

> Ai pescatori che sanno sempre dove trovarlo per chiedergli le previsioni sul vento e sui movimenti del lago, come unico oracolo degno di fede (riconosciuto tale a seguito della fantasmagorica profezia delle barche volanti), dopo aver controllato chissà cosa nell'aria e ruminato masticando l'eterno mozzicone di toscano, risponde con scarne parole essenziali nel suo linguaggio sconclusionato che tanto diverte i bambini[1493].

La «fantasmagorica profezia» fu la previsione, il 9 aprile 1935, dell'arrivo di un vero e proprio mix di uragano, tifone e tromba d'aria che, oltre a strappare gli ormeggi delle barche e i panni stesi, disperse addirittura gli addobbi e le insegne «predisposte in segno di tripudio e di caloroso saluto a Mussolini, il cui idrovolante, da lui stesso pilotato avrebbe solcato l'intero Lago Maggiore a pelo d'acqua, per tutta la sua lunghezza, la mattina del 10 aprile 1935»[1494].

Ma la caratteristica che amavano i più piccoli, non erano le previsioni del tempo, bensì la capacità di raccontare, per la quale andava invogliato, fino a quando sputava in acqua la masticatura di sigaro «segno di buona parabola e di tiro pulito ma anche segnale di avvio del motore»[1495]. E Fulvio non ricorda tirate polemiche e sarcastiche, né politiche o religiose, piuttosto che il *Müscinìn* «divertiva ragazzi di ogni età con le sue invenzioni ricche di immaginazione e povere di patriottismo, prendendo a prestito la vicenda della tromba d'aria per farne occasione di altre storie fantasmagoriche»:

> Si era svegliato con un forte raffreddore, quel giorno... E lo sfracello di quei tragici burrascosi minuti era stato provocato, non come si credeva, dalle raffiche di vento, bensì dalla violenza dei suoi terrificanti starnuti, tanto che lo stesso *Mario il Matto* che gli stava vicino, anziché mettersi in salvo buttandosi a terra, era stato investito in pieno da

[1492] F. Fo, *Gente di lago*, cit., p. 171. Le parole, simili alla mia citazione al cap. 6.7.: «un muntagnatt senza nome, da tutti chiamato el Muscinìn, dato che è venuto giù da Muceno, e che ha scelto di finire i suoi giorni a Porto Valtravaglia per essere più vicino al suo lago, l'unica cosa che gli è amica, che mai l'ha tradito, di cui conosce tutte le voglie e i segreti [...]».
[1493] F. Fo, *Gente di lago*, cit., p. 172.
[1494] Ivi, p. 176.
[1495] Ivi, p. 174.

> uno starnuto, così da venire scaraventato in cima all'obelisco del monumento ai caduti sopra la rocca di Caldè, che dovettero andarci i pompieri con le loro scale a tirarlo giù[1496].

In questo breve *plot* non c'è spazio per i vangeli o le accuse contro il potere. Pertanto ritengo Fulvio molto più affidabile di Dario, proprio perché non ha alcun intento ideologico.

Nel libro compare la descrizione di un altro personaggio incontrato nei capitoli precedenti, il *Mangina*, che già in terza elementare «incominciò a dar segni di intolleranza con azioni scomposte e imprevedibili [creando problemi] prima per la madre, per la maestra e qualche compagno, poi per il paese intero»[1497]. Turbe psichiche, dovute a molti fattori: morte del padre, odio della madre per il fascismo, il nuovo compagno della madre, sfociate poi in queicomportamenti che hanno fatto dire eufemisticamente al Calderoni che «era un po' discolo»[1498]:

> Come quando, a scuola, alla prima distribuzione di olio di fegato di merluzzo, aveva spruzzato tanto olio quanto poteva tenerne in bocca, sul comandante dei Balilla Gioachino Viganò e sui compagni, o aveva riempito di piscio i calamai o aveva svegliato l'intero paese appendendosi alla corda della campana a martello – quella che avvisava degli incendi – dopo aver appiccicato il fuoco nella rimessa del podestà, o quando, giocando a tirar palle di neve, lui ci metteva dentro i sassi, o aveva rubato, per poi buttar tutto nel lago, moschetti, giberne e borracce dei Giovani Avanguardisti... Quando era andato a strappar via le maioliche fotoricordo dalle tombe del cimitero per infilarle nelle cassette delle lettere o scappava da scuola senza motivo oppure, se veniva punito per aver picchiato a sangue i compagni, spariva per giornate intere...[1499]

Le considerazioni fatte possono dunque portare alla conclusione che Fo abbia soltanto mentito e che Fulvio abbia detto sempre la verità?

Non possiamo saperlo. Di certo Fulvio, nella nota iniziale del suo libro, si è espresso così:

> Il lettore che volesse sprecare il suo tempo a verificare [...] l'attendibilità di tutto ciò che questo libro contiene (la veritiera esistenza e identità di persone, il comprovato verificarsi di avvenimenti, e cosi via) si troverebbe ben presto a fare i conti con più di una sorpresa: cose apparentemente aderenti alla realtà non troveranno riscontro, così come figure e situazioni decisamente improbabili, da liquidare come frutto di smaccata invenzione, risulteranno sorprendentemente vere[1500].

Frase che richiama le parole, con le quali il fratello più celebre ammetteva di inventare («le storie che mi fabbrico di sana pianta vi sembreranno ogni volta terribilmente

---

1496 Ivi, p. 178.
1497 Ivi, p. 64.
1498 Cfr. cap. 6/bis.2.
1499 F. Fo, *Gente di lago*, cit., p. 65.
1500 Ivi, p. 9.

autentiche… quasi ovvie… invece, quelle impossibili, paradossali, che giurereste inventate, sono al contrario tutte autentiche e documentabili»[1501]).
Fulvio continua:

> Fuori da ogni dichiarazione cautelativa, dirò più semplicemente che nel variegato panorama di umanità e di circostanze che hanno occupato la vita del mio paese, ho preso in prestito dalla realtà, secondo fabbisogno, personaggi e fatti già seppelliti dal tempo, per associarli alla immaginazione, essendomi fatta la convinzione che l'immaginazione serve meglio la realtà, della verità stessa[1502].

Fulvio, in questa dichiarazione d'intenti, sembra seguire la linea di Dario, specie nella convinzione che l'immaginazione, e non la verità, serva meglio la realtà, cosa che non posso condividere in toto. L'immaginazione può effettivamente migliorare la realtà, renderla più gradevole e sostenibile, tuttavia una tale operazione cosmetica, alla prova dei fatti, potrebbe rivelarsi controproducente, mettendo piuttosto una maschera alla verità.

Comunque, anche ammesso che Fulvio abbia inventato modificando personaggi, caratteri e situazioni, nel libro non descrive figure assimilabili ai fabulatori, eccetto il *Müscinìn*!
Al massimo avrà inventato in maniera molto più sfumata rispetto al premio Nobel che era effettivamente un cacciaballe, cosa evidenziata nel mio percorso di analisi storiografica, e ammesso da lui stesso al nonno Bristìn, come abbiamo visto[1503].

In tal senso, non è certamente un caso che Fo realizzò per Carosello degli sketch in cui interpretava "Il Ballista" per promuovere la pasta Barilla: raccontava delle frottole sempre più grosse, fino a quando un interlocutore diceva «Eh no! Questa non me la bevo» a cui Fo presentava il prodotto dicendo «E questa, la mangi?»[1504].

Ruberie e invenzioni

Possiamo dunque affermare, senza ombra di dubbio, che Fo abbia mentito sui fabulatori del lago? La risposta non è così definitiva e va ulteriormente argomentata.

Dai racconti dei miei testimoni è emersa una realtà speciale e innegabile. Altrettanto innegabile è che Fo non era un cronista, ma un artista e gli artisti prendono spunti (rubano) e reinterpretano (inventano). Concetto che ha ripetuto negli anni, tra le righe, specie quando raccontava dell'origine popolare delle sue tirate.

Il primo furto che ha confessato volentieri è, neanche a dirlo, quello ai fabulatori delle sue valli:

> Quello del commediante è un mestiere da ladro, noi si ruba a tutti, sulla scena e nella vita. Ma dato che, come dice il mio amico Jannacci, 'il primo furto non si scorda mai', io

---

[1501] Cfr. 10.1.
[1502] F. Fo, *Gente di lago*, cit., p. 9.
[1503] Cfr. cap. 10.1
[1504] Cfr. Barilla Spot - Dario Fo: *Il Ballista* (1959) in https://www.youtube.com/watch?v=auAmzEbncN4

> mai potrò scordarmi del tesoro che ho scippato ai fabulatori delle mie valli, geniali ispiratori della difficile arte del raccontare, da loro ho imparato alcune regole 'base': il cominciare una storia sempre di sorpresa, entrandoci di sguincio, come per un incidente di transito. È poi l'andare fuori corda, il cercare l'equilibrio nel massimo del 'déséquilibre', nella fluidità, nell'instabilità sistematica... E naturalmente l'uso della situazione, fondamento e cardine di ogni affabulazione ma anche della scrittura teatrale, quell'elemento che dà peso e forma alla storia[1505].

Fo avrebbe rubato delle "regole base" da sfruttare con successo a teatro, quello vero. Su questa considerazione, Fo innesta il processo di invenzione, dato che nella migliore delle ipotesi, con tutte le cautele che abbiamo applicato nei capitoli precedenti, i suoi fabulatori gli avranno ispirato qualche storia.

Giuseppina Manin descrive il lavoro intellettuale paragonandolo a quello dei pittori:

> Tutto sommato questo è anche il suo modo di lavorare in teatro. Ogni sua commedia, ogni suo spettacolo è nato con questa stessa formula: mescolare, e non necessariamente in parti uguali, storia e fantasia, realtà e invenzione. Una storia dentro l'altra, e chi se ne importa se sono vere o no.

Fortunatamente ci sono ancora fruitori a cui importa se le storie siano vere o no, al di là della qualità delle stesse. In ogni caso, Fo risponde di aver preso spunto sia dai pittori, sia dai fabulatori:

> È così. Del resto, i grandi pittori sono sempre dei grandi fabulatori. Pensiamo a Mantegna, a Leonardo, a Caravaggio. I miei prediletti, anche per la loro genialità narrativa. Dentro un loro quadro, se lo guardi con attenzione, ti puoi perdere a furia di inseguire personaggi e vicende. Opere piene di misteriosi percorsi, da leggere in mille modi, dove il soggetto ufficiale, dichiarato, è un pretesto per introdurre a chissà quali altri racconti. In ogni grande dipinto c'è sempre una storia e una controstoria. Sì, i pittori hanno rubato il metodo ai fabulatori. E io ho rubato a entrambi[1506].

Il secondo furto, ancora più complesso e importante del primo, come rammenta Jacopo, si è realizzato grazie all'influsso della famiglia Rame: «quando i miei, nel 1956, iniziarono a mettere in scena le loro commedie, mio padre rielaborò alcune macchine che mia madre gli aveva fatto conoscere, raccontandogli le comiche nelle quali aveva recitato da ragazza»[1507].

Dario Fo ha formulato una vera e propria dichiarazione d'amore alla sua Franca… e ai copioni dei Rame:

> Cari Rame, tutto quello che Franca mi ha insegnato viene da voi. Ho sposato non solo la più bella e intelligente delle donne ma anche la più ricca. Perché mi ha portato in dote

---

1505 D. Fo, *Il mondo secondo Fo*, cit., p. 39.

1506 Ivi, pp. 148-149.

1507 «Per macchine in gergo teatrale si intende la struttura di una storia, che poi può essere adattata con diverse chiavi»: J. Fo, *Com'è essere figlio…*, cit., cap. 2 (*Discendenti da un neonato abbandonato*).

> la vostra arte meravigliosa, il vostro patrimonio di copioni e canovacci, trucchi scenici ed espedienti tecnici degni del teatro barocco[1508].

Franca proveniva, lo sappiamo, da una famiglia che costituiva una vera compagnia di giro, che aveva «in cartellone un vario e vasto repertorio: commedie comiche, drammi storici, opere moderne e perfino sceneggiati tratti da romanzi di successo»[1509]. Tale repertorio aveva «radici antiche [...] che risalivano alla Commedia dell'Arte»[1510] e che sfruttava la recitazione «*all'improvvisa* (termine con cui [...] si indicava l'andare a soggetto, fuori dal testo), [ossia] inventarsi sul momento passaggi di dialogo e variazioni di battuta»[1511].
L'improvvisazione richiedeva, oltre ad una grande freschezza e agilità scenica, studio approfondito e metodo rigoroso, in quanto i membri della compagnia dovevano raccogliere informazioni e spunti, sia sul pubblico, sia sul luogo delle rappresentazioni:

> Così niente copioni ma «canovacci». Del dramma originario resta solo una traccia, da elaborare volta per volta a seconda dell'estro di chi recita, soprattutto del pubblico che per essere coinvolto deve riconoscersi in quel che vede in scena. E allora, prima di alzare il sipario, qualcuno della compagnia si prende la briga di andare in giro per le osterie a informarsi delle vicende e degli aneddoti salienti del paese e dei paesani. «La loro bravura stava proprio lì, nel cogliere quella tradizione orale e integrarla nel testo, nel raccontare cose vere facendole parere inverosimili e viceversa. Sempre in modo nuovo, diverso, perché ogni volta aggiungevano o levavano particolari, cambiavano gli sfondi, modellavano i racconti sui fatti di cronaca di giornata» ricorda Dario[1512].

Fo quindi si appropriò prima dei racconti ascoltati al Lago Maggiore, poi dei testi trovati negli archivi dei Rame. Tutto materiale che nel tempo ha subito un processo di rielaborazione o, addirittura, di invenzione. Rubare, rielaborare e inventare sono sfumature diverse della stessa "attività predatoria" e, talvolta, possono essere compresenti, per generare un racconto la cui riuscita dipende dalla capacità, massima nel caso di Fo, dell'artista. Per la Valentini, come abbiamo già riportato[1513], Fo ha rielaborato «con gusto della contaminazione e del falso storico» i «materiali reperiti nei bauli» della famiglia Rame.

Inventare contenuti credibili ha, ovviamente, il più elevato tasso di difficoltà e il lavoro su *Ci ragiono e canto* lo dimostra: «il successo è tale che alla prima edizione segue subito una seconda, nuovi canti e nuovi cantori si aggiungono. Alcuni autentici, altri quasi. Senza pudori Dario crea, spaccia, secondo il suo uso, magnifici "falsi d'autore"»[1514]. Infatti, scrive Giangilberto Monti, la «rigorosità» di alcuni collaboratori «non collimava con quella del signor Fo»[1515], come confermato anche dalla chitarrista Giovanna Marini:

1508 G. Manin, *Ho visto un Fo*, cit., cap. 5 (*Carri, treni e corriere*).
1509 F. Rame – D. Fo, *Una vita all'improvvisa*, Parma, Guanda, 2007, p. 15.
1510 J. Fo, *Com'è essere figlio...*, cit., cap. 2 (*Discendenti da un neonato abbandonato*).
1511 F. Rame – D. Fo, *Una vita all'improvvisa*, cit., p. 17.
1512 G. Manin, *Ho visto un Fo*, cit., cap. 3 (*Immortali e fabulatori*).
1513 Cfr. cap. 9.2.2.
1514 G. Manin, *Ho visto un Fo*, cit., cap. 8 (*Il cane di Jannacci*).
1515 G. Monti, *E sempre allegri bisogna stare*, cit., cap. 6 (*Ci ragiono e canto*).

> Dario era un uomo veramente generoso in fatto di idee. Ricordo che mentre lavoravamo mi disse di fargli una ballata autentica del Cinquecento. Io gli chiedevo di farmi il testo o quantomeno qualche spunto. Lui portò questi versi da chissà dove, giurando che era un sonetto del Sedicesimo secolo. In realtà non ho mai capito se le parole che mi stava dando le inventava sul momento oppure se le aveva trovate da qualche parte. Aveva la verità dei creativi, era autentico[1516].

Un altro esempio di come il "FObulatore" fosse in grado di ricostruire con successo una narrazione è offerto dalla fabulazione *Lu Santo Jullàre Françesco*, introdotta così: «del testo che vi vado a recitare non esiste nessuna traccia scritta; mi sono permesso con grande incoscienza di ricostruirlo attraverso le testimonianze e le cronache del tempo. Non starò a darvene conto, dovete fidarvi!»[1517].

Non esisterebbe un testo fatto e finito, ma solo testimonianze, non si sa quanto attendibili, da richiedere la "professione di fede" dello spettatore. Un'affermazione del genere, va accolta come quella in cui annuncia di «recitare una giullarata del '400-'500». Infatti, secondo il docente universitario Francesco Bianco, «Fo non si fa scrupolo di piegare la storia, ivi compresa quella linguistica, alle esigenze della scena e del messaggio sociopolitico che essa veicola»[1518]. Perché lo scopo, non va mai dimenticato, non è la ricostruzione storica, artistica o linguistica, ma, come ricorda la Manin, prendere una gloriosa tradizione, intrecciarla e innestarla su quella misconosciuta dei giullari e dei cantastorie, ridandole nobiltà letteraria, salvaguardando il suo spirito originario di «fustigare i potenti e ridare dignità agli oppressi».[1519]

Il gioco sottile è proprio quello di discriminare il "ridare" dal "dare" oppure, con altra valenza, il "ricostruire" dal "costruire". Questa è un'attività di discernimento tutt'altro che semplice e che può sfociare, ad esempio, nell'equivoco che induce la Manin ad accomunare la tradizione del teatro dei Rame, basata sui canovacci e la raccolta di informazioni per integrare il testo, alla presunta tradizione dei fabulatori:

> La stessa lezione dei fabulatori lacustri, ma collaudata e rinsaldata dalle ferree leggi del teatro, del dover sedurre ogni sera un pubblico diverso. Perché, come ripete Franca, «ogni luogo ha la sua storia» e bisogna tenerne conto. Il teatro di Fo nasce e si modella sulla grande e ardua lezione di una scena «all'improvvisa», che sa rileggere le piccole vicende locali in chiave epica, trasformando di volta in volta la cronaca in un'epopea delle meraviglie[1520].

Ecco il quiproquo: quello che rileggeva le vicende locali epicizzandole era il teatro dei Rame, descritto da Jacopo e Franca nei libri, a cui Dario ha poi attinto a piene mani; assolutamente non era «la stessa lezione dei fabulatori lacustri».

[1516] *Ibidem.*

[1517] D. Fo a cura di Franca Rame, *Teatro*, Torino, Einaudi 2000, p. 881.

[1518] F. Bianco, *La lingua di Dario Fo tra varietà nazionale e locale* in http://www.francescobianco.net/linguistica/

[1519] Cfr. G. Manin, *Ho visto un Fo*, cit, cap. 5 (*Carri, treni e corriere*).

[1520] Ivi, cap. 3 (*Immortali e fabulatori*).

È dunque vero che Fo, usando le parole della Manin, ha rubato «a man bassa [...] i racconti dei fabulatori del lago, quelli del nonno Bristìn, le filastrocche del paese, le guittate degli artisti del varietà, la genialità corporea del clown», integrandoli poi col patrimonio dei «tanti autori senza nome della commedia dell'arte», che costituivano i «gioielli di famiglia» Rame; proseguendo infine coi «pellegrinaggi febbrili ed entusiasmanti per biblioteche, archivi, monasteri» alla ricerca di nuovi spunti[1521]. Fo l'ha detto e ripetuto in ogni modo: «la mia scuola è stata questa, andar per teatri, osservare, rubare»[1522].

Ma l'affabulazione è far credere che la professione degli attori di giro avesse la stessa dignità e lo stesso spessore di quello dei fantomatici fabulatori.

Ritengo che il teatro di Fo si fondi soprattutto sul suo genio innato, poi sui bauli dei Rame, i «gioielli di famiglia», infine sullo studio di altre macchine sceniche, frugando tra scaffali impolverati. La «lezione dei fabulatori» è, invece, una proiezione del Fo adulto, che ha riletto e poi riscritto la sua infanzia. Tutti i testimoni hanno detto che «lui era fatto così» e non che «lui ha fatto come tanti altri», e questo ha più valore di tante indagini critiche ideologiche o intellettuali.

Genialità e metodo

La verità è sempre più chiara e i contributi più recenti del premio Nobel non la sconfessano, anzi, la confermano: Fo ha dotato la sua infanzia di una tradizione e di un'aura scenica che in realtà non esisteva, perché lui l'ha trovata nei suoi studi e, perché no, nella sua immaginazione, che era quella di un genio assoluto.

Nel cap. 7 scrivevo che solo la pubblicazione delle storie dei fabulatori del lago avrebbe potuto permettere un giudizio su quelle, ma Fo non le ha mai pubblicate, probabilmente perché non era in grado di «ricomporre il tessuto». Ma forse c'era poco da ricomporre, stando anche a quanto scritto da Jacopo: «mio padre aveva iniziato da tempo a raccontare agli amici piccole storie, in parte prese dal repertorio che aveva ascoltato nei bar sul lago Maggiore, in parte inventate da lui»[1523].

Lo stesso Dario fa una dichiarazione fondamentale, da leggere e rileggere nella sua chiarezza e completezza, che conferma la tesi sostenuta nel libro:

> E poi, a ben pensare, in tutta la mia vita, mi pare di non aver fatto altro che ascoltare storie. Ascoltare e raccontare. Con la voce, con la penna, con il pennello. Sempre cantastorie sono stato. E a furia di narrarle, di impastarle, di scriverle e riscriverle, di aggiungere realtà al sogno e sogno alla realtà, alla fine non so ben distinguere nemmeno io quale sia la verità e quale l'invenzione. Persino la 'mia' storia... È quella mia davvero? Non ne ho rubato dei pezzi a qualcun altro? Quanti miraggi, quante fantasie, quanti miti si sono sovrapposti in tutti questi anni? Ero davvero io quel bambino che correva per i prati, che nuotava nel lago, che si tuffava nella vita con così tanta felicità? Cosa resta oggi di lui? A volte mi pare di averlo perso per strada, di essere diventato qualcun altro.

1521 Ivi, cap. 7 (*Il canto dello stunàt*).

1522 D. Fo. *Il mondo secondo Fo*, cit., p. 36.

1523 J. Fo, *Com'è essere figlio…*, cit., cap. 3 (*L'incontro: come mettere assieme una miscela esplosiva*).

> Si dice che ogni sette anni le nostre cellule si rinnovino del tutto, si cambia la pelle e forse anche l'anima. Si vivono tante vite, ogni volta si perdono pezzi delle precedenti. E quello che sei stato via via si dissolve, mentre emerge un altro che gli somiglia solo a tratti, solo un po'... Sempre meno. La progressiva perdita della memoria forse altro non è che un liberarsi di tanti inutili ricordi, di un passato che ormai non ti appartiene più. O meglio ti si addice solo a patto di rigenerarlo di volta in volta con quella creatività che il tempo ha moltiplicato...[1524]

Fo, con grande candore e massima lucidità, formula quello che ho cercato di esprimere in questo libro, ossia che lui ha miscelato verità e finzione; ha rigenerato il passato nelle interviste, nei suoi racconti; ha sovrapposto miraggi, fantasie e miti. Azione fondamentale per preservare i ricordi dall'oblio, pagando il prezzo della confusione tra realtà e immaginazione. Perché lui ha continuato sempre a fare quello che aveva iniziato sullo scompartimento del treno Porto Valtravaglia-Milano che lo portava all'Accademia di Brera, come ho scritto nel cap. 8.2., e che poi ha riproposto in tutto il mondo. Non posso perciò che dissentire con la giornalista Manin, che vede sempre e comunque l'impronta dei fantomatici fabulatori del lago:

> Storie di pesche miracolose, di villaggi sommersi, di zucche così smodate che dentro ci potevi scavare una casa... Storie profane di matti che pensavano di saper volare, di assassini di galline, di preti innamorati... Ma anche storie sacre, di santi e vescovi, rimpastate però da quei «fantasisti sbilenchi» con la terra e la lingua grassa di quel luogo fantastico, crogiuolo di genti e culture diverse, dove tutti venivano e andavano ma nel frattempo lasciavano un pezzo del loro mondo. «E da un 'fabulazzo' ne nasceva un altro, ogni volta arricchito da una piega diversa, a seconda del suo narratore»[1525].

Dario non è diventato il "FObulatore" scimmiottando dei contastorie di paese, che al massimo avranno suggerito degli *incipit* su cui costruire delle storie, ma grazie ad un'innata predisposizione scenica, persino ereditaria, poiché «c'era da un lato la vocazione di cantastorie campestre del Bristìn e dall'altro la segreta passione di papà Fo, severo capostazione di giorno, teatrante dilettante alla sera»[1526]. Quindi il suo genio era genetico ed è stato forgiato dall'imitazione dei Rame.
Probabilmente ha ragione la Manin, quando specifica che Fo «senza saperlo [utilizzava] lo stesso metodo dei Rame»[1527], nell'adattare le storie, prendendo spunti dalla cronaca e dalla quotidianità, benché la vera "scuola" fu rappresentata non solo dal pescare nei bauli, ma dal godere dell'influsso della sua amata Franca.

Perché, non va mai dimenticato, l'arte non è solo fantasia e immaginazione, è anche mestiere, cioè il saper far bene. E Franca Rame, moglie, attrice e capocomica, lo sapeva fare così bene, da essere l'unica a svolgere il ruolo di "contrappuntista", da lei stessa definito «il cantare una canzone diversa dal semplice elogio del genio del marito», impiegando frasi inequivocabili come «Mi spiace, non ci siamo. La chiave non regge, i ruoli sono approssimativi, i personaggi non affascinano. Il tema è svolto in

---

1524 G. Manin, *Ho visto un Fo* cit., cap. 6 (*L'aragosta della principessa*).
1525 Ivi, cap. 5 (*Carri, treni e corriere*).
1526 *Ibidem*.
1527 *Ibidem*.

modo non credibile e soprattutto poco graffiante. Manca di sarcasmo negli affondi politici!». Compito particolarmente ingrato, poiché spesso portava a svilire e smontare il lavoro di molte settimane, ma decisivo per salvare la compagnia «sul palcoscenico con una commedia che franava come una torre di sabbia costruita dai bambini in riva al mare». Temendo il giudizio severo e insindacabile di Franca, al momento di leggerle un progetto di testo, si sentiva sempre come un ragazzino all'esame di maturità, a cui sudano le mani, manca il respiro ed escono dalla gola strani toni in falsetto[1528].

Anche Jacopo ricorda che, nel caso di una scena molto complessa che aveva richiesto prove estenuanti, quando anche fu completata venne comunque tagliata, perché la Rame non ne era convinta e lei «raramente [...] sbagliava un giudizio su una commedia. Aveva un istinto formidabile, lei era nata sul palcoscenico». [1529]
Soprattutto grazie all'intuito di Franca, il metodo di scrittura di Dario si è ulteriormente evoluto, nelle infinite varianti di uno stesso racconto, ad es. *Mistero Buffo*, grazie allo studio maniacale dello «stretto rapporto artigianale tra la replica serale e l'ascolto della sua registrazione, nei giorni successivi, durante il quale il signor Fo sottolineava riga per riga reazioni e risate del pubblico con pazienza certosina, per poi allungare, ampliare o tagliare parti del racconto, fino alla sua versione "quasi" definitiva»[1530].

Franca era fondamentale per correggere e instradare la sua arte e il suo genio. Parafrasando il vecchio slogan di una nota marca di pneumatici, "La genialità è nulla senza metodo".

Pure l'espressione artistica che dovrebbe rappresentare il massimo dell'estro spontaneo e sregolato, l'improvvisazione, presuppone invece che ci sia un attento studio alla base: essa, precisa Fo, «a teatro è un falso [e] per un attore niente è più faticoso, più elaborato, più studiato, che improvvisare»[1531]. Anche in questo caso, la genialità va accoppiata al metodo.

Così come gli enormi talenti della coppia Fo-Rame si sono potuti integrare e influenzare a vicenda, per creare un patrimonio artistico unico al mondo. Il premio Nobel, assegnato a lui, andava necessariamente condiviso con lei. Dario Fo ne era ovviamente consapevole («Dividerlo con lei era inevitabile. L'ho deciso fin dal primo momento. Senza Franca non sarei stato Dario. Non questo Dario qui, almeno»[1532]), al punto di dichiararlo davanti alla giuria a Stoccolma: «E per finire permettete che io dedichi una buona metà della medaglia che mi offrite, a Franca»[1533]. Quindi a lei spetta metà del Nobel, che è appunto una medaglia e, quindi, ha proprio due facce.

Ma oltre la dimensione artistica, Franca è stata anche di più, come ricorda la Manin:

> Casalinga riluttante, Franca per molti anni tiene insieme le redini della compagnia, e di Soccorso Rosso, l'organizzazione che aveva creato a sostegno dei detenuti politici, e dell'archivio dei mille lavori di Dario. E in più quelle di una faticosa, complessa, vita

---

[1528] Cfr. D. Fo a cura di Franca Rame, *Teatro*, cit., Introduzione.
[1529] J. Fo, *Com'è essere figlio...*, cit., cap. 6 (*Ogni anno uno spettacolo*).
[1530] G. Monti, *E sempre allegri bisogna stare*, cit., cap. 8 (*Ho visto un re*).
[1531] D. Fo, *Il mondo secondo Fo*, cit., p. 78.
[1532] D. Fo – G. Manin, *Dario e Dio*, cit., cap. 14 (*La grande bellezza di Maria*).
[1533] https://www.nobelprize.org/prizes/literature/1997/fo/25808-dario-fo-discorso-del-nobel/

domestica. «Che altro potevo fare? Il genio qui dormiente non sa neanche allacciarsi le scarpe, non sa comperarsi un fazzoletto»[1534].

Di nuovo genialità e metodo.

Senza dimenticare che Franca è stata fondamentale anche per stimolare l'impegno politico del marito (nel cap. 8.6.2. ho scritto che «Franca "l'ha tirato" nella politica»), grazie alla sua generosità, al suo coraggio e alla sua determinazione.

La generosità è stata dimostrata da molti episodi di azione diretta (durante gli spettacoli, Franca vendette un camion di bicchieri prodotti in una fabbrica occupata, i cui operai non ricevevano lo stipendio da 6 mesi[1535]), da raccolte di ricevute (scrive Jacopo: «Per il Natale del 1994 regalai ai miei un fascicolo con tutte le ricevute rilasciate da sindacalisti, associazioni, singoli che avevano avuto denaro. Mia madre aveva archiviato ogni documento, ma non aveva mai fatto le somme. In totale erano tre miliardi e mezzo di lire»[1536]), dai pulmini attrezzati per disabili acquistati coi soldi del Nobel («La gioia di mia madre e la gioia di mio padre quando vennero messi uno vicino all'altro: trentasei pulmini per trentasei associazioni di disabili che vennero a prenderli»[1537]).

Franca era anche coraggiosa, combattendo le ingiustizie ed esponendosi in prima persona, al punto di subire una terribile aggressione, sulla quale Jacopo ha detto: «mia madre è stata rapita perché rompeva i coglioni! Era intollerabile per i fascisti, per il potere, che ci fosse una donna, bella tra l'altro, che osava dire no a questo orrore!»[1538]

Diverso l'atteggiamento di Dario Fo: "veniva trascinato spesso in queste missioni dissuasive ed era sempre in ambascia nel trovarsi a spalleggiare mamma quando prendeva di petto questa gente [i dirigenti d'azienda, NdA]. Lui non avrebbe mai usato né quei toni né quelle parole. Lui si incazzava solo quando non riusciva a far realizzare agli attori una scena come voleva lui. Allora sì che perdeva le staffe. Per il resto era un uomo abbastanza tranquillo"[1539]. Quindi anche in questo senso lei era un suo contraltare, dato che era più concreta, mentre lui viveva soprattutto nel suo mondo.

E i due, che per decenni avevano fatto politica nei teatri, nelle fabbriche, nelle università, rivolgendosi soprattutto agli umili e alla cosiddetta base, sempre utilizzando il metodo dei Rame, ossia grazie a Soccorso Rosso, l'organizzazione fondata dal duo Fo-Rame per dare assistenza legale ai detenuti politici, ricevendo continuamente, dagli avvocati dei carcerati, «informazioni di prima mano da tramutare sul momento in teatro vivo»[1540], provarono anche ad inforcare la politica classica.

Fo si candidò alla primarie 2006 de L'Ulivo, per diventare sindaco di Milano, ma solo il 25% degli elettori scelse il suo programma[1541]. Evidentemente andava bene in funzione di megafono antiberlusconiano, ma non doveva mettere le mani in pasta

---

[1534] G. Manin, *Ho visto un Fo*, cit., cap. 10 (*La sciarpa di Franca*).

[1535] J. Fo, *Com'è essere figlio…*, cit., cap. 13 (*Mia madre era onesta in modo esagerato)*, p.110 pdf.

[1536] *Ibidem.*

[1537] Ivi, *Appendice, Commemorazione funebre per mia madre.*

[1538] *Ibidem.*

[1539] Ivi, cap. 1 (*Mamma telefona al ministro. E lo minaccia*).

[1540] D. Fo. *Il mondo secondo Fo*, cit., p. 43.

[1541] Cfr. Nobile, Andrea, *Io non sono un moderato*, Dolmen, 2007, DVD.

della politica vera, boicottato dalla stessa coalizione di sinistra che, invece, avrebbe dovuto appoggiarlo, come descritto con amara ironia nel film *Io non sono un moderato*[1542].

Strada che tentò anche Franca Rame, per giunta con esiti, all'inizio, più promettenti. Si candidò con L'Italia dei Valori e venne eletta, ma ebbe un brusco risveglio: «cominciò a trovarsi malissimo al Senato. Un ambiente dove i rapporti umani non erano contemplati. Neppure le donne elette a sinistra la salutavano. E quando proponeva qualche cosa ai leader progressisti, non l'ascoltavano».

Si battè ad esempio contro l'uranio impoverito nell'ex Jugoslavia che minacciava la salute dei soldati: «D'Alema non se ne curò. I nostri soldati si trovarono in maglietta e calzoncini ad agire nelle zone nelle quali statunitensi e inglesi andavano in giro con gli scafandri». Fu lei, invece, a compiere un prodigo gesto: tutto lo stipendio da parlamentare di quasi due anni, quattrocentottomila euro, «venne utilizzato per azioni di solidarietà sociale, in gran parte per le vittime dell'uranio impoverito»[1543].

Tirando le somme, entrambi hanno tentato il modo più nobile di fare politica, scontrandosi però con la gretta realtà. Resteranno pertanto nella storia per i loro altri inconfutabili pregi. Lui era un genio assoluto, per doti, creatività, espressività. Lei era, invece, una professionista a tutto tondo del teatro, che certamente fu importante per la redazione dei testi e le messinscene e per coordinare quella che, a tutti gli effetti, era una vera e propria impresa. Oltre al fatto che era molto buona, oserei dire materna, e quindi si lanciava lancia in resta per combattere le ingiustizie di cui veniva a conoscenza.

Erano, in sintesi, un bel team: genialità e metodo.

Il *grammelot*

Dario Fo era per natura particolarmente dotato di acume e abilità affabulatoria.

Era anche un artista e, come si è visto, gli artisti, generalmente, rubano e inventano.

Per comprendere come lui fosse capace di cogliere uno spunto e ricamarci sopra, vorrei riconsiderare brevemente uno dei suoi cavalli di battaglia: il celebre *grammelot*[1544].

Nei capitoli precedenti ho già scritto che il poliglottismo in voga a Porto Valtravaglia, grazie soprattutto alla vetreria, potrebbe aver ispirato Fo a quella che era una sua creazione; e mi chiedevo se il suo ricondurre la nascita del *grammelot* proprio a Porto Valtravaglia fosse libera interpretazione della giornalista Giuseppina Manin, o l'ennesima "bufala" di Fo[1545].

Evidentemente la Manin ne è convinta, poiché scrive che, a Stoccolma, Fo ha usato «il grammelot dei buffoni perseguitati, dei comici dell'arte, dei fabulatori del lago»[1546].

Rileggiamo intanto come l'autore, in varie circostanze, abbia definito il *grammelot*:

1542 Cfr. *Ibidem*.

1543 Cfr. J. Fo, *Com'è essere figlio…*, cit., cap. 24 (*Le grandi avventure fanno bene alla salute*).

1544 Per coerenza, quando utilizzo la parola *grammelot*, la scrivo in corsivo.

1545 Cfr. cap. 7.11.

1546 G. Manin, *Ho visto un Fo* cit., cap. 3 (*Immortali e fabulatori*).

> Grammelot è un termine di origine francese, coniato dai comici dell'Arte e maccheronizzato dai veneti che dicevano gramlotto. È una parola priva di significato intrinseco, un papocchio di suoni che riescono egualmente ad evocare il senso del discorso. Grammelot significa appunto, gioco onomatopeico di un discorso, articolato arbitrariamente, ma che è in grado di trasmettere, con l'apporto di gesti, ritmi e sonorità particolari, un intero discorso compiuto. In questa chiave è possibile improvvisare grammelot di tutti i tipi riferiti a strutture lessicali le più diverse. La prima forma di grammelot la eseguono senz'altro i bambini con la loro incredibile fantasia quando fingono di fare discorsi chiarissimi con farfugliamenti straordinari[1547].

Più sinteticamente, potrebbe definirsi «una specie di sproloquiare composto da suoni onomatopeici e cadenze che di volta in volta riproducevano grottescamente vari idiomi»[1548].

La sua origine avrebbe un contesto storico ben preciso:

> Il grammelot è la forma di espressione più antica e complessa di ogni altro linguaggio dell'uomo. Studiando i comici dell'arte e seguendoli nella diaspora che alla fine del Cinquecento dall'Italia li costrinse a emigrare per tutti i paesi d'Europa, dalla Spagna alla Russia, dall'Inghilterra addirittura fino alla Turchia, abbiamo scoperto che, per riuscire a comunicare con pubblici di così diversa etnia e cultura nonché lessico, i comici dell'arte improvvisavano una specie di sproloquiare composto da suoni onomatopeici e cadenze che di volta in volta riproducevano grottescamente vari idiomi. Di questi assurdi monologhi non si indovinavano tanto le parole, ma piuttosto il senso del discorso nei significati più vivi ed elementari: la fame, la paura, l'amore, l'allusione alla violenza, a un'aggressione o alla tenerezza. Pian piano il grammelot diventò gergo fondamentale delle maschere italiane[1549].

Questo il pensiero di Dario Fo. Di ben altro avviso è Alessandra Pozzo, autrice del libro *Grrr....grammelot. Dai primi balbettii al grammelot di Dario Fo*, secondo la quale l'etimologia della parola *grammelot* è quantomeno incerta:

> Secondo Fo il termine risale al periodo in cui avviene la contaminazione tra il repertorio dei comici dell'Arte e la cultura francese, cioè non prima del XVI secolo, con una trasformazione successiva nel dialetto veneto. Senonché nessuna traccia di grammelot è reperibile nei testi del periodo, e nemmeno in quelli dei secoli immediatamente successivi. Anche in un dizionario specializzato in espressioni di uso teatrale come il *Dictionnaire Comique, Satyrique, Critique, Burlesque, Libre et Proverbial di Philibert Le Roux*, edito nel 1750, il grammelot è assente.
> I testi inerenti alla Commedia dell'Arte non contengono accenni al grammelot[1550].
> [...]
> Bisogna quindi ipotizzare che il vocabolo, nel significato che gli viene attribuito da Fo, non abbia origine in questo né in altri dialetti dell'Italia settentrionale, e che neppure sia

---

1547 D. Fo, *Manuale minimo dell'attore*, cit., p. 9.
1548 F. Rame – D. Fo, *Una vita all'improvvisa*, cit., p. 224.
1549 *Ibidem*.
1550 A. Pozzo, *Grrr....grammelot. Dai primi balbettii al grammelot di Dario Fo*, Bologna, CLUEB, 1998, p. 70

da collegare all'attività dei comici dell'Arte, poiché non è possibile rintracciare alcuna testimonianza in merito[1551].

A dispetto della sicumera con cui Fo ha sempre presentato l'origine del termine, non ci sarebbero tracce né in testi sulla Commedia dell'Arte, né in quelli sul teatro francese dell'epoca. Compare invece *grommelot* in un testo del 1946 di un collaboratore di Jacques Copeau, Léon Chancerel:

> Non ci si potrà permettere altro che dei rumori inarticolati, dei *grommelots*, una specie di linguaggio primitivo che si avvicina a quello degli animali. Si notano i vantaggi di questa costrizione: essa fissa istantaneamente una melodia e un ritmo vocale in accordo con i sentimenti profondi del personaggio[1552].

Continuando nella sua indagine, la Pozzo trova le dichiarazioni di un altro collaboratore di Copeau, Jacques Lecoq, secondo il quale

> l'origine di *grommelot* è collegata all'attività della scuola teatrale del Vieux Colombier di Parigi, fondata dallo stesso Copeau. In questa sede il vocabolo sarebbe nato da un'invenzione, un gioco linguistico spontaneo, intorno all'anno 1918, sostiene Marie Hélène Dasté, figlia di Jacques Copeau e anch'essa allieva della scuola teatrale del Vieux Colombier. L'anziana attrice, ora scomparsa, raccontava che agli attori, come ai bambini, capita di inventare delle parole e così è successo con il *grommelot*. All'inizio si era usato il termine *grummelot*, che derivava da *grumeau* [grumo, NdA], e lo si utilizzava per designare un gioco di improvvisazione linguistica che imitava le espressioni, i ritmi e le sonorità tipiche di determinate situazioni[1553].

E siccome Jacques Lecoq contribuì alla realizzazione de *Il dito nell'occhio*, Giangilberto Monti precisa:

> Jacques Lecoq, funambolo del movimento e inventore della pantomima moderna [...] spinge gli allievi a usare anche i suoni e a esprimersi in una "non lingua": frammenti dialettali, onomatopeismi da fumetto, espressioni gutturali e linguismi di ogni tipo, in una sorta di esperanto del linguaggio. È il grammelot, geniale commistione di mimica e vocalità[1554].

Infatti, nel cap. 5.6. citavo Copeau («la parola *grammelot* è una reinvenzione del termine *grommelots*, coniato nella cerchia degli attori di Copeau per indicare certi esercizi fisici preverbali fatti di borbottii») e il talentuoso attore, regista, coreografo, pedagogista, insegnante di educazione fisica Jacques Lecoq «dopo la guerra lavorò per due anni come coreografo e attore nella compagnia di Jean Dasté (Dasté, genero di Jacques Copeau, introdusse Lecoq al lavoro con le maschere)»[1555]. Fino appunto alla sua

---

1551 Ivi, p. 71.

1552 *Ibidem.*

1553 Ivi, p. 72.

1554 G. Monti, *E sempre allegri bisogna stare*, cit., cap. 2 (*Il Mario in bicicletta*).

1555 Cfr. *Copeau, il Théâtre et l'École du Vieux Colombier* in https://books.openedition.org/xy/504?lang=it#bodyftn64

collaborazione per creare «quel pezzo in grammelot [che] diventa uno sketch di *Il dito nell'occhio* e negli anni a seguire, in mano al signor Fo, quella "non lingua" sarà il suo capolavoro»[1556]. Tutto torna[1557].

Invece, secondo il parere di Dario Fo, la conferma dell'esistenza del *grammelot* emergerebbe dagli studi del linguista Gianfranco Folena, autore del libro *Il linguaggio del Caos*, citato dai coniugi Fo-Rame in *Una vita all'improvvisa*:

> È un testo che sembra voler prendere in giro un dialettologo che volesse analizzarlo o localizzarlo nelle sue componenti, o uno storico della lingua che volesse datarne gli elementi: una fricassea di dialetti non solo continuatamente commutati nella successione sintagmatica, ma espressionisticamente deformati e compenetrati al livello morfematico, nella stessa parola. Mescidando dialetti vari, dal lombardo all'area friulana, che è sempre stata la sede privilegiata di esperimenti pluridialettali e maccheronici, Fo ha voluto ricreare, come lingua giullaresca itineraria e proletaria, e insieme come 'lingua di classe', una sorta di versipelle iperdialetto romanzo norditalico. Ha affibbiato perfino a questa paradossale lingua giullaresca la misteriosa etichetta di grammelot, l'informe borbottio semantizzato dal gesto teatrale. Questa interlingua teatrale è in sostanza una lingua individuale extragrammaticale eppure di fortissima capacità comunicativa orale. Essa non richiede dal pubblico per essere intesa specifiche competenze dialettali perché la mimica, il lazzo, l'onomatopea compensano l'apparente arbitrarietà linguistica e la carenza semantica e perché Fo, grandissimo mimo, padroneggia da maestro le tecniche del discorso e della narrativa popolare, la deittica e la prossemica, e la sua sintassi narrativa è tanto unitaria e reale quanto il suo lessico è artificiale e composito [...] e c'è alla base, oltre che un'abile strategia culturale e un'irriverente e paradossale intelligenza storica, l'intuizione della ragione profonda della commedia dell'arte e delle sue soluzioni linguistico-mimiche, dell'improvvisazione simulata, della libertà e dell'evasione linguistica[1558].

Fo ha voluto ricreare una lingua di classe, a cui ha dato un nome misterioso, e che non richiede competenze linguistiche dialettali specifiche, grazie alle capacità rappresentative dell'attore; alla base di tale processo ci sarebbero una strategia precisa e una visione irriverente e paradossale della storia, oltre alla conoscenza degli stilemi della Commedia dell'Arte. Tradotto significa che, in nome del suo messaggio politico-culturale, Fo rimodella con spregiudicatezza la storia retrodatando la lingua di classe, come scrive la Pozzo, «a un Medioevo immaginario, ideologicamente connotato in opposizione alla prevaricazione sociale e ideologica»[1559].

Nelle parole di Folena leggo una celebrazione della grandezza e del genio di Fo, che il linguista stesso definisce «la maschera più incisiva dei nostri giorni»[1560], che ha saputo creare un linguaggio straordinario – per dirlo con le parole di Fo, «per uscire dalle

---

[1556] G. Monti, *E sempre allegri bisogna stare*, cit., cap. 2 (*Il Mario in bicicletta*).

[1557] Un'altra curiosità che lega Fo al già citato clown Dimitri: egli era stato allievo di Marcel Marceau e del di lui maestro Étienne Decroux; anche Lecoq era stato allievo di Decroux. E quest'ultimo era stato allievo di Copeau (fonte: Wikipedia).

[1558] G. Folena, Il linguaggio del caos, Bollati Boringhieri, Torino, 1991, pp. 120-121 (cit. anche in F. Rame, D. Fo, *Una vita all'improvvisa,* cit., pp. 218-220, ma solo fino a «padroneggia da maestro le tecniche del discorso e della narrativa popolare»).

[1559] A. Pozzo, *Grrr....grammelot*, cit., pp. 73-74.

[1560] G. Folena, *Il linguaggio del caos*, cit., p. 122.

righe ho così reinventato un gramelot tutto mio»[1561] – piuttosto che limitarsi a riprendere una certa tradizione. Infatti Folena si riferisce esplicitamente ad una «reinvenzione di Fo di una lingua giullaresca»[1562].

Un'ulteriore prova che il *grammelot* fosse una creazione del geniale Dario Fo:

> «Perché acquistassero valore, queste esibizioni da poliglotta avevano bisogno non solo di personaggi, ma anche di una traccia di «storia» semplificata, di cui si doveva dare assolutamente informazione al pubblico nell'introduzione che precedeva l'esibizione in grammelot»[1563].

Il prologo è fondamentale per capire, basta aver guardato *Mistero Buffo.* Ma i comici della Commedia dell'Arte, nella diaspora, come facevano ad introdurre un testo in una lingua che conoscevano poco o per nulla? Nella mia giullarata preferita, che ho visto e rivisto fino a consumare il nastro della videocassetta, *La fame dello Zanni*, anche se Fo la introduce dicendo che sono poche le parole vere, in realtà sono pochissime quelle inventate, a fronte di moltissime dialettali. Viceversa, nei *grammelot* dell'avvocato inglese e di Scapino (in francese), lingue che Fo conosceva meno, è l'esatto contrario. Il prologo serve dunque a far capire il contesto, laddove neppure la mimica e la gestica del Nobel potrebbero bastare.

Il *grammelot* di Fo è figlio del binomio genialità e metodo, che è sì germogliato sul lago, ma non perché lì i presunti fabulatori lo usassero, ma perché la comunità locale era variegata:

> Sono nato in un piccolo paese del Lago Maggiore e lì subito ho avuto una fortuna incredibile; sono incappato in una quantità di ragazzini che non erano nati in Italia, ma erano nati altrove nell'Europa dal sud al nord all'est e si cercava di comunicare [...] addirittura nel dialetto del luogo e soprattutto con parole nuove e ho acquisito degli elementi fondamentali del linguaggio che sono quelli basilari sui quali poi ho impostato il mio studio della rappresentazione[1564].

La fortuna di essere cresciuto a Porto Valtravaglia, ha di nuovo ribadito alla presentazione del libro *La bibbia dei villani*, era dovuta alla vetreria Lucchini «che teneva più di 2000 operai [il numero è decuplicato, NdA] e la cosa particolare è che questi operai erano tutti maestri di soffiatura [e] provenivano da civiltà, da culture diverse». Da quella "torre di babele" avrebbe attinto il linguaggio, dato che i ragazzi del luogo, una quindicina, erano in classe con altri 20-25, tutti stranieri:

> Noi parlavamo il dialetto [che] è una ricchezza incredibile, ma gli altri [che] non sapevano neanche l'italiano, hanno imparato a parlare il dialetto invece dell'italiano e lo mettevano insieme alla propria lingua [...] e noi abbiamo arricchito con questa loro lingua diversa la nostra parlata, abbiamo imparato i suoni, abbiamo imparato

[1561] D. Fo, G. Manin, *Un clown vi seppellirà*, Parma, Guanda, 2013 (ebook), cap. 7, *Capi, capetti, capoccia.*

[1562] G. Folena, *Il linguaggio del caos*, cit., p. 123.

[1563] F. Rame – D. Fo, *Una vita all'improvvisa*, cit. p. 225.

[1564] *Dario Fo compie 90 anni: "Non temo la morte, il mio motto è far ridere!"* in https://www.youtube.com/watch?v=7cjY3t7CCDc

> l'onomatopeica, il valore di queste cose, senza rendercene conto. Io mi sono reso conto di questo fatto quando sono entrato nel teatro, quando ho cominciato a studiare [.] Solo allora ho capito che razza di accademia straordinaria mi era capitato di conoscere [1565].

Perciò, lo dice lui, si è ritrovato in un'«accademia straordinaria» e «ha impostato il suo studio della rappresentazione», quindi ci ha molto ragionato e ha utilizzato un impianto complesso e variegato di dialetti, una realtà linguistica che lo ha sempre affascinato e che lui ha sempre difeso:

> Mi viene in mente un'espressione di Gianni Rodari che, riguardo all'impoverimento lessicale, ricordava che una volta la lingua si arricchiva di tutte le nuove invenzioni lessicali, per non parlare di quelle offerte dal dialetto. E aveva ragione, oggi nessuno a Milano parla più il milanese, a Torino nessuno parla il torinese. In passato anche gli scrittori usavano il dialetto nelle loro opere. Carlo Emilio Gadda, Luigi Pirandello, Leonardo Sciascia e più recentemente Andrea Camilleri: tutti hanno approfittato del proprio dialetto per ricostruire forme nuove di linguaggio. Il risultato è che oggi centinaia di parole in uso ancora solo cinquant'anni fa non si conoscono più! Sono totalmente scomparse e siamo costretti a infilare al loro posto termini inglesi, francesi, perché quelli italiani li abbiamo perduti... [1566]

Anche per Folena i dialetti sono un'«ultima frontiera della libertà e dell'autenticità espressiva», in un'epoca di «irrimediabile lenta distruzione di tutto il patrimonio millenario di cultura popolare». Nel mondo globalizzato di oggi, questa affermazione piuttosto datata è quanto mai attuale: se il linguista intendeva che «alle parole del dialetto non si sostituiscono nella lingua parole portatrici di cultura nuova, come avevano sperato Ascoli e Gramsci, ma piuttosto, a livello di massa, parole che sono veicoli passivi di non-valori di consumo»[1567], ora la stessa lingua italiana è "minacciata" da anglicismi sui quali cavalcano le stesse logiche di mercato.

Dopo l'unificazione politica nazionale, invece, nel periodo in cui Fo stava facendosi un nome, si discuteva del «mito populistico del dialetto», per dirla con Tullio De Mauro e Mario Lodi. Puntualizza la Pozzo:

> Si tratta dell'abitudine [...] di celebrare le lodi del dialetto come modo di parlare più autentico dell'italiano. Poiché il fascismo aveva dichiarato guerra ai dialetti, il mito del buon dialetto è diventato, per contrasto, prerogativa della sinistra, sicché l'uso del dialetto al posto dell'italiano assume la qualità di espressione particolarmente rivoluzionaria[1568].

Tuttavia nel caso specifico di Fo, la scelta espressiva dialettale ritengo fosse «ideologicamente motivata [e] funzionale alla figura del giullare e del cantore antico»[1569]

[1565] Cfr. *Dario Fo: La Bibbia dei villani - LaFeltrinelli* (https://www.youtube.com/watch?v=SoEca3M9xOY&t=741s)

[1566] B. Grillo – D. Fo – G. Casaleggio, *Il Grillo canta sempre al tramonto*, Milano, Chiarelettere, 2013 (ebook), cap. 7 (Nella rete del MoVimento).

[1567] G. Folena, *Il linguaggio del caos*, cit., pp. 122-123.

[1568] A. Pozzo, *Grrr...grammelot*, cit., p. 79

[1569] Ivi, p. 81.

solo in un secondo momento, mentre all'inizio era assolutamente spontanea, figlia del tempo e del luogo in cui la persona – non ancora il personaggio – Dario Fo viveva, agiva e raccontava. All'epoca si parlava ancora in dialetto, siccome non c'era ancora stata l'azione uniformante e livellatrice della televisione.

Nel suo percorso artistico, il "FObulatore" ha invece costruito un linguaggio dialettale, mescolando con sapienza e metodo idiomi diversi a cui affiancare l'onomatopeica, come confermato da lui stesso nel seguente passaggio:

> La lingua che uso è quella di cui mi sono servito anche in Mistero Buffo, con termini legati al Nord Italia, ai vari dialetti della pianura Padana, e al Meridione, parole che volutamente inserisco perché vive. Quindi mi servirò anche del grammelot, una forma di linguaggio fatto di suoni onomatopeici che alludono all'azione, alla situazione, agli oggetti, ma di cui non esiste né una grammatica né tantomeno un dizionario: sono completamente inventati[1570].

Questo è un altro indizio che il *grammelot* impiegato da Fo, che nel discorso precedente pare indipendente e scisso dalla mistura di dialetti, fosse una sua invenzione.

Quindi, riprendendo quanto ho scritto nel cap. 7.11., il germe di quel miscuglio di dialetti con qualche onomatopea e che presupponeva grande impegno e massima concentrazione, come diceva l'Avv. Viazzo, «lo ha fatto lui», perché Dario Fo, come ho ripetuto più volte, era un genio assoluto.
I francesi, concorda il Monti, dicono semplicemente: «le théatre du Fo, c'est Fo», che non vuole ridurre la complessità della sua arte a lui solo, bensì celebrare l'inimitabile e irraggiungibile «capacità tecnica in mimesi e vocalità»[1571].

Corteo funebre

Fulvio Fo termina il suo libro con il ricordo del funerale del *Müscinìn*, tenutosi nel 1936: «quando l'amico scontroso e incartapecorito dei ragazzi di Porto scomparve, insieme a lui e alle sue storie se ne andò un pezzo del loro paese e della loro vita spensierata»[1572]. Il *Müscinìn* fu fatto a pezzi da una bomba a mano dei pescatori di frodo inesplosa e il funerale vide la partecipazione di solo due adulti, il prete e il *Dìghel no* (quello vero...) col suo carro, oltre ad uno stuolo di ragazzini, tra i quali figuravano proprio i 3 piccoli Fo, la *Biancnina* (Bianca), il *Paletta* (Fulvio) e il *Lungo* (Dario):

> Silenziosi e mesti, i ragazzi, accompagnavano l'amico nel suo ultimo viaggio lungo le stesse strade della Valtravaglia che avevano tante volte percorso, insieme, alla scoperta di funghi spropositati o cavalcando una moto "da trecento cilindri sul banco" a caccia sfrenata di lumache[1573].

1570 D. Fo a cura di F. Rame, *La bibbia dei villani*, cit., p. 18.
1571 G. Monti, *E sempre allegri bisogna stare*. cit., cap. 7 (*Vengo anch'io. No, tu no*).
1572 F. Fo, *Gente di lago*, cit., p. 179.
1573 Ivi, p. 181.

Con lo stesso silenzio e la stessa mestizia, ricordo i fratelli Fo e alcuni dei miei testimoni, Cadoni, Calderoni, Corsini, Micotti, Piccini, Pippione, Salvi e Viazzo, che hanno lasciato il corpo e alla cui memoria questo libro è dedicato.

Bibliografia

Opere di Fo

Fo, Dario, *Il teatro comico di Dario Fo*, Milano, Garzanti, 1962: *La Marcolfa*; *Gli imbianchini non hanno ricordi*; *I tre bravi*; *Non tutti i ladri vengono per nuocere*; *Un morto da vendere*; *I cadaveri si spediscono, le donne si spogliano*; *L'uomo nudo e l'uomo in frak*
Fo, Dario, Le commedie di Dario Fo, vol. I, Torino, Einaudi, 1976 (1966): *Gli arcangeli non giocano a flipper*; *Aveva due pistole con gli occhi bianchi e neri*; *Chi ruba un piede è fortunato in amore*
Fo, Dario, *Le commedie di Dario Fo*, vol. II, Torino, Einaudi, 1976 (1966). Contiene: *Isabella, tre caravelle e un cacciaballe*; *Settimo: ruba un po' meno*; *La colpa è sempre del diavolo*
Fo, Dario, *Le commedie di Dario Fo*, vol. XI, Torino, Einaudi, 1997: *Storia vera di Piero d'Angera, che alla crociata non c'era*
Fo, Dario, *Morte accidentale di un anarchico*, Torino, Einaudi, 1974
Fo, Dario - Fo Jacopo, *Poer nano*, Milano, Edizioni Ottaviano, 1976
Fo, Dario, *Mistero Buffo*, Einaudi, Torino, 1997 (1977)
Fo, Dario, *Manuale minimo dell'attore*, Torino, Einaudi, 2001 (1987)
Fo, Dario, *Dialogo provocatorio sul comico, il tragico, la follia e la ragione*, a cura di Luigi Allegri, Bari, Laterza & Figli, 1990
Fo, Dario, *Fabulazzo*, Milano, Kaos, 1992
Fo, Dario a cura di Rame, Franca, *Teatro*, Torino, Einaudi 2000
Fo, Dario, *Il Paese dei Mezaràt*, Milano, Feltrinelli, 2002
Fo, Dario, *Il mondo secondo Fo. Conversazione con Giuseppina Manin*, Parma, Guanda, 2007
Fo, Dario a cura di Rame, Franca, *La bibbia dei villani*, Parma, Guanda, 2010
Fo, Dario – Manin, Giuseppina, *Un clown vi seppellirà*, Parma, Guanda, 2013 (ebook)
Fo, Dario – Rame, Franca, *Nuovo manuale minimo dell'attore*, Milano, Chiarelettere, 2015 (ebook)
Fo, Dario – Manin, Giuseppina, *Dario e Dio*, Parma, Guanda, 2016 (ebook)
Fo, Dario, *Il Barbarossa e la beffa di Alessandria*, Parma, Guanda, 2017 (ebook)

Opere con Fo

Rame, Franca – Fo, Dario, *Una vita all'improvvisa*, Parma, Guanda, 2007
Grillo, Beppe – Fo, Dario – Casaleggio, Gianroberto, *Il Grillo canta sempre al tramonto*, Milano, Chiarelettere, 2013 (ebook)

La critica su Fo

Saggi

Barsotti, Anna, *Eduardo & Fo (Eduardo visto da Fo)* in AA.VV., *Eduardo 2000*, Napoli, ESI
Binni, Lamberto, *Attento te!... Il teatro politico di Dario Fo*, Verona, Bertani, 1975
Binni, Lamberto, *Dario* Fo, Firenze, Il Castoro, 23 marzo 1977
Fo, Jacopo, *Com'è essere figlio di Franca Rame e Dario Fo*, Parma, Guanda, 2019 (ebook)
Manin, Giuseppina, *Ho visto un Fo*, Parma, Guanda, 2017 (ebook)
Meldolesi, Claudio, *Su un comico in rivolta. Dario Fo il bufalo e il bambino*, Roma, Bulzoni Editore, 1978

Monti, Giangilberto, *E sempre allegri bisogna stare. Le canzoni del signor Dario Fo*, Firenze, Giunti Editore, 2016 (ebook)

Nepoti, Roberto – Cappa, Marina, *Dario Fo*, Roma, Gremese Editore, 1997

Straniero, Michele L., *Giullari & Fo*, Roma, Lato Side Editori, 1978

Valentini, Chiara, *La storia di Dario Fo*, Milano, Feltrinelli Economica, 1977

Recensioni, interviste e articoli

Bragaglia, Anton Giulio «Record», Roma, 5 aprile 1959

Campagnani, Bruno – Salvi, Francesco (a cura di), *Intervista a Dario Fo e Franca Rame, Paolo Sciotto, Carlo Barsotti*, «Nisba», Numero unico di cultura locale, dicembre 1977

Colombo, Achille, *Comica finale*, «Letture», dicembre 1958

Colombo, Filippo, *Dario Fo nel paese dei Mezaràt*, «Portonotizie» n. 15, giugno 2003

Fanoli, Michele, *I professori di Brera primo pubblico di Dario Fo*, «Milano sera», 24 agosto 1954

Frigerio, Eliana, *Dario Fo ritorna nel paese dei Mezaràt*, «La Prealpina», 29/01/2003

Manin, Giuseppina, *Fo: io giovane Gulliver, nella terra dei «mezzi topi»*, «Corriere della Sera», 4 ottobre 2002

Testi di carattere generale

AA.VV., *La piazza*, Milano, Edizioni Avanti, 1959: Piantanida Sandro, *Ciarlatani*; A. Cervellati, *Gente delle fiere*

AA.VV., *Travalia. Studi su Luino e "gli immediati dintorni"*, Luino, Biblioteca Civica

AA.VV., *Leggende di Maccagno*, a cura della Pro Loco Maccagno 1996

AA.VV. *Pesca e pescatori nell'antichità*, a cura di Angela Donati, Angela – Pasini, Paolo, Milano, Leonardo Arte, 1997

Antonelli, Roberto – Bianchini Simonetta, *Dal clericus al Poeta*, in LIE, vol. II, 1983

Baiocchi, Maria Giulia, *Cronache della sponda magra*, Germignaga, Marcocattaneoeditore , 1997: *Il notaio*, cronaca tratta da «Il Corriere del Verbano» del 26/04/1882 n. 17; *L'ispettore*, cronaca tratta da «Il Corriere del Verbano» del 19/03/1879 n. 11; *Le monache*, cronaca tratta da «Il Corriere del Verbano» del 22/03/1882 n. 12; *L'erba magica*, cronaca tratta da «Il Pescatore del Verbano» del 10/11/1880 n° 45; *La beffa*, cronaca tratta da «Il Corriere del Verbano» del 05-03-1879 n. 9; *Il carico*, cronaca tratta da «Il Corriere del Verbano» del 29/10/1890 n. 4

Barbieri, Nicolò, *La Supplica. Discorso famigliare a quelli che trattano di comici*, a cura di F. Taviani, Milano, Il Polifilo, 1971

Baroli, Sergio - Frigerio Pierangelo, *La società operaia di Luino*, Luino, Nastro & Nastro, 1999

Barsotti, Anna, *Il teatro dei "maggi"*, Roma, Lucarini Editore, 1983

Bogatyrëv, Petr Grigorevic, *Semiotica della cultura popolare*, trad. it., Verona, Bertani, 1982

Bogatyrëv, Petr Grigorevic, *Il teatro delle marionette*, trad. it., Brescia, Grafo edizioni, 1980; Sordi, Italo, *La tradizione italiana*, introduzione

Bosisio, Paolo, *Teatro dell'Occidente*, Milano, LED, 1995

Calvino, Italo, *Fiabe italiane*, Milano, Mondadori, 1980 (1956)

Calvino Italo, *Sulla fiaba*, Torino, Einaudi, 1988

Cantù, Cesare, *Storia di Varese e sua Provincia*, Bornato di Franciacorta (BS), Fausto Sardini Editore e Stampatore, 1975 (dalla *Storia della Provincia di Como*, anno 1859)

Chiara, Piero, *Il piatto piange*, Milano, Mondadori, 1995 (1962)

Chiara, Piero, *La spartizione*, Milano, Mondadori, 2002 (1964)

Chiara, Piero, *Il balordo*, Milano, Mondadori, 1967
Chiara, Piero, *L'uovo al cianuro e altre storie*, Milano, Mondadori, 1969
Chiara, Piero, *Le avventure di Pierino al mercato di Luino*, Milano, Mondadori, 1980
Chiara, Piero, *Di casa in casa, la vita*, Milano, Mondadori, 1988
Chiara, Piero, *Gli anni e i giorni*, Pordenone, Edizioni Studio Tesi, 1988
Circolo Felice Cavallotti, Creva di Luino, *Creva di ieri*, Luino, Eurostampa, 1985
Cocchiara, Giuseppe, *Il paese di Cuccagna e altri studi di folklore*, Torino, Boringhieri, 1980
Cocchiara, Giuseppe, *Il mondo alla rovescia*, Torino, Boringhieri, 1981
Comoletti, Cesare, *I mestee de Milan*, Milano, Libreria Meravigli Editrice, 1983
Corti, Rinaldo, *Sentimento e fantasia: favole del Varesotto*, Varese, La Tecnografica, 1974. (collana artisti e scrittori varesini e prealpini)
Ferrari Trecate, Luisa, *Gente di mare*, Vimercate (MI), Libreria Meravigli Editrice
Fo, Alessandro, Filo spinato, Einaudi, 2021 (ebook)
Fo, Fulvio, *Pescatore di sogni*, Cagliari, Edispes, 2002
Fo, Fulvio, *Gente di lago - Ai margini della storia*, Milano, Alacrán, 2010
Fo Garambois, Bianca, *Io, da grande mi sposo un partigiano*, Torino, Einaudi, 1976
Fo Garambois, Bianca, *La ringhiera dei miei vent'anni*, Torino, Einaudi, 2000
Folena, Gianfranco, *Il linguaggio del caos*, Torino, Bollati Boringhieri, 1991
Frigerio, Pierangelo – Mazza, Sandro – Pisoni Pier Giacomo, *Verbani lacus. Il lago Verbano*, Intra, Alberti, 1975
Frigerio, Pierangelo, *Luino un secolo 1885-1985*, Luino, 1985 (volume a cura della *Banca Popolare di Luino e di Varese*)
Frigerio, Pierangelo – Pisoni, Pier Giacomo, *I fratelli della Malpaga. Storia dei Mazzarditi*, Intra, Alberti, 1993
Frigerio, Pierangelo, *Storia di Luino e delle sue valli*, Azzate-Varese, Macchione editore, 1999
Gagliardi, Carlo A., *Conoscere il vetro*, Milano 1945
Garobbio, Aurelio, *Milano canta e vive*, Milano, Baldini & Castoldi, 1964
Garzoni, Tommaso, *Piazza universale di tutte le professioni*, Venezia, 1585
Giovanola, Antonio, *La Malpaga (Castelli di Cannero)*, 1839
Grimaldi, Pietro, *Il calendario rituale contadino*, Milano, FrancoAngeli, 1993
Gugliemino, Salvatore – Grosser, Hermann, *Il sistema letterario*, vol. I, Milano, Principato,1992
Il Nuovo Canzoniere Italiano, *Dalla rappresentazione popolare al teatro politico*, Sapere Edizioni - Edizioni del Gallo, dicembre 1972
Jannaco, Carmine, *Stesura e tendenza letteraria della commedia improvvisa in due prologhi di Flaminio Scala*, «Studi secenteschi», n. I (1960)
Jakobson, Roman, *Saggi di linguistica generale*, trad. it., Milano, Feltrinelli, 1966
Learch, Edmund E., *Computo primitivo del tempo* in *Storia della tecnologia*, Torino, Boringhieri
Lucato, Roberta, *Contrabbandiere mi voglio fare*, Azzate-Varese, Macchione Editore, 1998
Macchione, Pietro, *La Gioconda rapita*, Azzate-Varese, Macchione Editore, 1995
Macchione Pietro – Bertoni, Alberto., *La sponda operosa*, Azzate-Varese, Macchione Editore, 1996
Merlo, Mario, *Leggende Lombarde*, Milano, Longanesi & C., 1979
Morigia, Paolo, *Historia della nobiltà et degne qualità del Lago Maggiore*, Milano, Hieronimo Bordone & Pietro Martire Locarni, 1603
Musi, Andrea, *Voci e gridi della vecchia Milano*, Milano, Mursia, 1978
Ong, Walter J., *Oralità e scrittura*, trad. it., Bologna, il Mulino, 1986
Ottonelli, Giovanni Domenico, *Della Christiana Moderatione del Theatro*, Firenze, 1652
Padre Caccin, Angelo Maria, *S. Caterina del sassoballaro*, Gavirate, Nicolini Editore, 1995
Perrucci, Angelo, *Dell'arte rappresentativa premeditata e all'improvviso* (1699) a cura di Bragaglia, Anton Giulio Firenze, Sansoni, 1961

Petroli Piazza, Anna – Rossi, Emilio, *Colmegna. Ripercorrendo gli antichi approdi*, Azzate-Varese, Macchione Editore, 2000
Pippione, Giovanni, *L'Inverna*, Luino, Francesco Nastro Editore, 1986
Pippione, Giovanni, *Castelli d'acqua*, Luino, Francesco Nastro Editore, luglio 1987
Pippione, Giovanni, *Brezza di lago*, Luino, Francesco Nastro Editore, novembre 1987
Pippione, Giovanni, *Il Lago racconta. Vicende della Luino di Fo, Chiara, Sereni e C.*, Germignaga, Marcocattaneoeditore, 1997
Pozzo, Alessandra, *Grrr....grammelot. Dai primi balbettii al grammelot di Dario Fo*, Bologna, CLUEB, 1998
Ranci, Costanzo, *La sponda magra. Leggende del Lago Maggiore*, Varese, Nicolini, 1992 (1931)
Reggiori, Giorgio, *Racconti dialettali della mia Valtravaglia*, 1993
Rota Fo, Pina, *Il paese delle rane*, Torino, Einaudi, 1978
Salvi, Trento, *Te sée regordet…*, Germignaga, Edizioni Verbano, 1981
Salvi, Trento, *'na gèrla de paroll*, Luino, Francesco Nastro Editore, 1985
Sapegno, Natalino, *Compendio di storia della letteratura italiana*, Firenze, La Nuova Italia, 1936 (ed. 1963)
Sciascia, Leonardo, *Feste religiose in Sicilia*, Bari, Leonardo da Vinci, 1965
Scuola media statale "Giovanni XXIII", *La Valtravaglia*, Castelveccana, 1977-'78
Sereni, Vittorio, *Poesie*, antologia per la scuola a cura di Dante Isella e Clelia Martignoni, Luino, Nastro & Nastro, 1993
Sereni, Vittorio, *Poesie*, a cura di Isella, Dante, Milano, Mondadori, 1995
Stadera, Luigi, *Le parole dei pescatori*, Varese, Lativa, 1998
Suira, Luciano, *Luino un luogo ameno*, Luino, Eurostampa Di Castri, 1993
Suira, Luciano, *se nascevi a Luino…*, Luino, Eurostampa Di Castri, 1998
Taviani, Ferdinando, *La Commedia dell'Arte e la società barocca. La fascinazione del teatro*, Roma, Bulzoni, 1969
Tessari, Roberto, *Commedia dell'arte: la maschera e l'ombra*, Milano, Mursia, 1984
Thompson, Stith, *La fiaba nella tradizione popolare*, Milano, Il Saggiatore, 1967
Uberti, Giulio, *Guida ai Laghi Subalpini e alla Brianza*, Milano 1890
Vagliano, Giovanni Giuseppe, *Le rive del Verbano*, Intra, Alberti, 1976 (anastatica del 1710), a cura di P. Frigerio e P. G. Pisoni
Volonté, Carlo, *A tutti piace… pazzerellata storico-ambientale senza impegno di sorta*, Luino, Cerutti &Pozzi, 1967
Volonté Carlo, *Tiremm innanz… … portiamo a vanti una chiacchierata che pare sia piaciuta a tutti*, Luino, Francesco Nastro Editore, 1980

Periodici

La Rotonda

Almanacco Luinese ideato da Piero Chiara e Vittorio Sereni che venne pubblicato annualmente dal 1978 al 1983 da Francesco Nastro Editore.

«La Rotonda», n.1 per il 1979, 1978: Sereni, Vittorio, *Il matto di Bedero*; Barigozzi, Claudio, *Una riservatezza attenta*
«La Rotonda», n.3 per il 1981, 1980: Barigozzi, Silvio, *Mercoldì pasàa*; Chiara, Piero, introduzione alla novella *La vergogna di tutta la famiglia*; *Negli anni di Luino*
«La Rotonda», n. 5 per il 1983, 1982: Frigerio, Pierangelo – Pisoni, Pier Giacomo, *Otto secoli di mercato*

Il Rondò

Almanacco di Luino e dintorni, erede di «La Rotonda» e pubblicato annualmente dal 1988 da Francesco Nastro Editore.

«Il Rondò», n. 1 per il 1989, 1988: *Ricordo di Piero Chiara*; Cadoni, Basilio, *La Tresa, il Masotti e le radici quadrate*; Corsini, Piera, *Qui lo dico e qui lo nego: storie di bricolle*
«Il Rondò», n. 2 per il 1990, 1989: Corsini Piera, *Storie minime*; Omodei Zorini, Gian Vincenzo, *"I castelli di Cannero" di Giuseppe Torelli*
«Il Rondò», n. 4 per il 1992, 1991: Nastro, Manuela – Valsecchi, Camilla, *Pin pin cavalìn…*
«Il Rondò» n. 5 per il 1993, 1992: Corsini, Piera, *Una casa, la vita (o una vita)*
«Il Rondò» n. 6 per il 1994, 1993: Corsini, Piera, *Lunario*
«Il Rondò» n. 7 per il 1995, 1994: Corsini, Piera, *Lunario*
«Il Rondò» n. 8 per il 1996, 1995: Svampa Nanni (intervista), *La barca dei comici. Chiacchierata semiseria con Nanni Svampa*
«Il Rondò», n. 9 per il 1997, 1996: Chiara, Piero, *Sereni al suo paese*
«Il Rondò», n. 10 per il 1998, 1997: Corsini, Piera, *Lunario*
«Il Rondò», n. 11 per il 1999, 1998: Quadri, Franco, *Dario Fo poeta della lingua orale*,
«Il Rondò», n. 13 per il 2001, 2000: Ramella – Corsini – Crimi, *A quattro mani e una "chiave di basso"*
«Il Rondò», n. 14 per il 2002, 2001: Barigozzi, Silvio, *Vittorio Sereni a Luino*; Corsini, Piera, *Lunario*; Viazzo, Vincenzo, *Luino 1947: l'estro nascente di Dario Fo*
«Il Rondò», n. 15 per il 2003, 2002: Corsini, Piera, *Lunario*; Frigerio, Pierangelo, *Gioventù Luinese*

Loci Travaliae

Pubblicazione annuale a cura della Biblioteca Civica di Portovaltravaglia.

«Loci Travaliae», n. II, 1993: Tamborini, Marco, *"Rocha de Travalia": notizie storiche intorno alla rocca di Travaglia*
«Loci Travaliae», n. III, 1994: Frigerio Pierangelo, *La pieve di Travaglia tra medioevo ed età moderna (sec. XV-XVIII)*,
«Loci Travaliae» n. IV, 1995: Campagnani, Bruno, *Duecento anni di vetreria a Portovaltravaglia*
«Loci Travaliae» n. IV, 1995: Bertagnon, Luca, *Le fornaci di calce della Valtravaglia*
«Loci Travaliae», n. VII, 1999: Pisoni, Carlo Alessandro, *Note per una storia della navigazione verbanese*
«Loci Travaliae», n. XI, 2002: Isabella, Maurizio – Noseda, Franco, *Rilievi e considerazioni sull'antica Rocca di Travalia*

Verbanus

Periodico annuale stampato presso Alberti Libraio Editore di Intra; dove necessario ho specificato autore e titolo dell'articolo.

«Verbanus», n. 1, 1979
«Verbanus», n.3, 1981-1982: Isella, Dante, *Piero Bianconi*

«Verbanus» n. 8, 1987: Grimaldi, Ettore, *Annotazioni da una illustratissima guida inglese ai laghi italiani del primo novecento*; *Valcuvia 1797: la ventriloqua, gli esorcisti, i lumi*, a cura di Beppe Galli
«Verbanus», n. 10, 1989: Mariani, Claudio, *Verbania e il nonno*; *Mendicanti targati*
«Verbanus», n. 12, 1991
«Verbanus», n. 20, 1999

Tracce

Stampato a Induno Olona (VA) da Ediba Editrice.

«Tracce», n. 3, luglio 1984: Speroni, Mario, *Fonti per lo studio delle tradizioni popolari nella provincia di Varese*
«Tracce», n. 4, 1989: Piano, Pierluigi, *Tre componimenti carnevaleschi dal Fondo Museo di Varese*
«Tracce» n. 29, aprile 1999: Stadera, Luigi, *Sacralità delle acque e santi del lago*
«Tracce», n. 34, novembre-dicembre 1999: Stadera, Luigi, *Oralità e scrittura*

Altri

«Mondo popolare in Lombardia», n. 5, Silvana Editoriale, 1979, copyright della Regione Lombardia: Sanga, Glauco, *Dialetto e folklore. Ricerca a Cigole*
Costa, Paolo – Fassi, Roberto – Prando, Riccardo, «Sillabario Prealpino», a cura dell'Amministrazione Provinciale di Varese: vol. I, Nicolini, 1989; vol. II, Editrice Promedit, 1992
«Terra e gente», Comunità Montana della Valcuvia, Luino, Nastro & Nastro, 1994: Ferrari Musumeci, Luce Vera, *I massi erratici muti testimoni del passato*
Leydi, Roberto, «L'Europeo», 8 settembre 1963

Siti Internet
(ultima consultazione il 12/12/2023)

www.archivio.francarame.it è un sito che offre migliaia di documenti: testi, foto, recensioni, articoli di giornale, ecc. su Dario Fo e Franca Rame. Da questo ho tratto:

Morta la mamma di Dario Fo, «Corriere del Verbano», 08/04/1987 in
http://www.archivio.francarame.it/scheda.aspx?IDScheda=11537&IDOpera=62

Oggi commosso addio al papà di Dario Fo, «La Prealpina» 02/01/1987
Marce rigorose intercalate da «Oh bella ciao» hanno accompagnato Felice Fo all'ultima dimora, «La Prealpina», 03/01/1987 in
http://www.archivio.francarame.it/scheda.aspx?IDScheda=9584&IDOpera=62

Oleggio, è qui la festa per il concittadino Fo, La Stampa ed. Alessandria, 17/11/2007
Dario Fo: "Grazie Oleggio sei il posto dei miracoli", La Stampa ed. Novara, 19/11/2007
"Oleggio punto chiave della mia vita", Corriere di Novara, 22/11/2007 in
http://www.archivio.francarame.it/scheda.aspx?IDScheda=28152&IDOpera=138

I testi radiofonici del *Poer nano* e delle riviste:

Amleto:
http://www.archivio.francarame.it/scheda.aspx?IDScheda=701&IDOpera=134
Caino e Abele:
http://www.archivio.francarame.it/scheda.aspx?IDScheda=688&IDOpera=134
Cristoforo Colombo:
http://www.archivio.francarame.it/scheda.aspx?IDScheda=702&IDOpera=134
Davide e Golia:
http://www.archivio.francarame.it/scheda.aspx?IDScheda=700&IDOpera=134
Giulietta e Romeo:
http://www.archivio.francarame.it/scheda.aspx?IDScheda=692&IDOpera=134
Giulio Cesare:
http://www.archivio.francarame.it/scheda.aspx?IDScheda=694&IDOpera=134
Guglielmo Tell:
http://www.archivio.francarame.it/scheda.aspx?IDScheda=699&IDOpera=134
Nerone:
http://www.archivio.francarame.it/scheda.aspx?IDScheda=693&IDOpera=134
Noè:
http://www.archivio.francarame.it/scheda.aspx?IDScheda=698&IDOpera=134
Otello e Desdemona:
http://www.archivio.francarame.it/scheda.aspx?IDScheda=697&IDOpera=134
Rigoletto:
http://www.archivio.francarame.it/scheda.aspx?IDScheda=689&IDOpera=134
Romolo e Remo:
http://www.archivio.francarame.it/scheda.aspx?IDScheda=703&IDOpera=134
Sansone e Dalila:
http://www.archivio.francarame.it/scheda.aspx?IDScheda=695&IDOpera=134
Il dito nell'occhio:
http://www.archivio.francarame.it/scheda.aspx?IDOpera=57&IDSchedaLocandina=6692
I sani da legare:
http://www.archivio.francarame.it/scheda.aspx?IDOpera=155&IDSchedaLocandina=6689

Su Dario Fo

Barilla Spot - Dario Fo: *Il Ballista* (1959):
https://www.youtube.com/watch?v=auAmzEbncN4

Bianco, Francesco, *La lingua di Dario Fo tra varietà nazionale e locale* in
http://www.francescobianco.net/linguistica/

Bricchi Perelli, Maria (estratto di intervista):
http://web.tiscali.it/portovaltravaglia/dariofo.html

Dario Fo compie 90 anni- "Non temo la morte, il mio motto è far ridere!" in
https://www.youtube.com/watch?v=7cjY3t7CCDc

Dario Fo: La Bibbia dei villani - LaFeltrinelli:
https://www.youtube.com/watch?v=SoEca3M9xOY&t=741s

Dario Fo (biografia):
https://it.wikipedia.org/wiki/Dario_Fo

Fo, Dario, *Contra jogulatores obloquentes*, Discorso del Nobel 1997:
https://www.nobelprize.org/prizes/literature/1997/fo/25808-dario-fo-discorso-del-nobel/

Fo, Felice e Rota, Pina (biografia):
http://www.assoentilocali.it/fo.htm

Germignaga, ricordi dal passato su *Ma la Tresa ci divide*:
https://www.facebook.com/128933957179857/posts/come-sempre-accade-dopo-la-notizia-della-morte-di-una-persona-nel-giro-di-poche-/1199907646749144/

Oleggio e Dario Fo:
https://www.lastampa.it/novara/2016/10/14/news/dario-fo-e-la-sua-musa-d-arte-fu-la-maestra-di-oleggio-voi-avete-i-primi-scarabocchi-della-mia-carriera-pittorica-1.34787453/

https://www.lastampa.it/novara/2016/10/14/news/morto-dario-fo-a-oleggio-l-infanzia-con-il-padre-capostazione-era-cittadino-onorario-1.34787369/

Premio Nobel (motivazione per l'assegnazione):
https://www.nobelprize.org/prizes/literature/1997/summary

Altri siti

Copeau, il Théâtre et l'École du Vieux Colombier:
https://books.openedition.org/xy/504?lang=it#bodyftn64

Culto di Giano:
https://www.treccani.it/enciclopedia/giano_%28Enciclopedia-dei-ragazzi%29/

Dimitri il clown:
Dimitri. Uomo, padre e artista. Una vita per il palcoscenico, Monografia a cura della BPS (Suisse), 2021
https://www.bps-suisse.ch/pdf/media_dimitri_uomo_padre_artista__una_vita_palcoscenico_1.pdf

Monte Verità:
https://www.editorialedomani.it/idee/cultura/sulla-collina-dellutopia-dove-si-ballava-con-la-natura-nzfwr12l
https://fileane.com/it/culture-umanistiche/monte-verita-italiano/
https://it.wikipedia.org/wiki/Monte_Verit%C3%A0
https://it.wikipedia.org/wiki/Balabiott

Pino (informazioni):
http://www.lagomaggiore.net/pino-sulla-sponda-del-lago-maggiore.htm

"Magazzino Storico Verbanese" (sito dell'associazione):

http://www.verbanensia.org

Plutarco su Antonio e Cleopatra:
https://traduciversioni.it/details/cleopatra-si-prende-gioco-di-antonio

Proverbio bresciano su cacciatori e pescatori:
http://web.tiscali.it/cumpustela/sent-var.htm

Racconti sulla pesca (nomi/pseudonimi degli autori):
Anchise: http://utenti.lycos.it/pescare/racconto_001.htm
S*: http://utenti.lycos.it/pescare/racconto_003.htm
Lucio Di Quinzio: www.spinningclub2001.com/archivio%20rubriche/lucio1.htm

Sala, Flavio (biografia)
https://www.compagniaflavio.ch/flavio-sala/

Salvi, Francesco (intervista):
https://www.fucinemute.it/2000/06/accattatev-illo/

Sangiano (informazioni):
http://www.lagomaggiore.net/sangiano.htm

Svampa, Nanni (intervista):
https://mariobiondiscrittore.it/Sito_Personale/Giornalismo/Spettacolo_moda/Svampa/svampa.html

Statua di Garibaldi più antica: Luino vince la sfida con Iseo, Il Giorno, 03 giugno 2016:
https://www.ilgiorno.it/varese/cultura/statua-garibaldi-1.2218608

Tronzano (informazioni):
http://www.lagomaggiore.net/tronzano-lago-maggiore.htm

Wächter, Leon (storia):
https://www.milanocittastato.it/evergreen/forse-non-sapevi-che/teatro-ciak-leon-wachter/

Canzoni di Davide Van De Sfroos

De sfroos da «Manicomi», Misternet, 1995:
http://www.testietraduzioni.com/cantanti/d/davide-van-de-sfroos/de-sfroos.html
El mustru da «... e semm partii», Tarantanius, 2001:
http://www.testietraduzioni.com/cantanti/d/davide-van-de-sfroos/el-mustru.html
Jony da «Ciulandàri», autoprodotto, 1992
http://www.testietraduzioni.com/cantanti/d/davide-van-de-sfroos/jony.html
Ninna nanna del contrabbandiere da «Brèva e Tivàn», Tarantanius, 1999:
http://www.testietraduzioni.com/cantanti/d/davide-van-de-sfroos/ninna-nanna-del-contrabbandiere.html
I testi sono stati riveduti e corretti dall'Autore.

Varie

Video

Fo, Dario, *Mistero Buffo*, registrazione televisiva del 1977, abbinata al volume *Mistero buffo*, Torino, Einaudi, 1997, VHS
Fo, Dario, *Lezioni di teatro*, registrazione televisiva del 1985, abbinata al volume *Manuale minimo*, Torino, Einaudi, 2001, VHS
Mazzarella, Piero – Silveri, Rino, *El fradell del mè fradell e sò fradell*, Eagle Pictures, 2007, DVD
Mazzarella, Piero – Silveri, Rino, *Cà de ringhera*, Paneurope, 1994 VHS
Nobile, Andrea, *Io non sono un moderato*, Dolmen, 2007, DVD
Raiplay, «Storia di Dario Fo», ep. 24, *Dario e Dio*

Altro

Poli, Magda, *Le baracche dei magattèi*, «Il Corriere della Sera», 6 aprile 2002
Volantino per la stagione 2001-2002 della compagnia "Il Teatro del Drago" di Ravenna
Enciclopedie: «UTET», 1972; «Treccani», 1993; «Enciclopedia Multimediale Rizzoli Larousse», 2001
I 141 Comuni della Provincia di Varese, CD-ROM a cura del settimanale d'informazione locale «L'eco del Varesotto», 2000

Interviste

In ordine alfabetico:

Aschei, Angelo	15/07/2002
Bianchi, Chicca	08/05/2002
Bianchini, Osvaldo	19/06/2002
Cadoni, Basilio	09/03/2002
Calderoni, Carlo (Carluccio)	11/05/2002 e 27/02/2003
Campagnani, Bruno	27/08/2002
Colombo, Filippo	25/02/2003
Corsini, Piera	02/05/2002
Fiorini, Silvio	16/03/2003
Fo, Dario	02/02/2003 (presentazione dell'autobiografia)
Fo, Fulvio	15/05/2003
Frigerio, Pierangelo	14/03/2002
Geraci, Giovanni	17/06/2002
Giovanelli, Genesio	30/04/2003
Micotti, Roberto	10/07/2002
Miglio, Gianluca	18/04/2002
Petrolo, Lucio	14/02/2003
Piccini, Giacomo	20/09/2002

Pippione, Giovanni	17/05/2002
Ramponi, Fiorenzo	08/01/2003
Reggiori, Giorgio	21/06/2002
Salvi, Trento	05/03/2002 e 20/05/2002
Sciúra	05/06/2002
Tosi, Pietro	09/05/2002
Viazzo, Vincenzo	04/05/2002

Ringraziamenti

Il mio pensiero va innanzi tutto ai miei genitori, Angelo e Giovanna, e a mia sorella Giulia, che mi hanno incoraggiato ad arrivare alla meta e mi hanno sostenuto in molte maniere difficili a elencarsi.

Ringrazio sentitamente le molte persone, già nominate in bibliografia, che hanno accettato con disponibilità ed entusiasmo di concedermi il loro tempo, la loro esperienza, le loro memorie; e che si sono interessate all'andamento della ricerca.

Sono grato a Mirco Cucina per aver redatto la prefazione e a Franco Marmino per avermi messo a disposizione, per la copertina, la bellissima foto del Lago Maggiore e della Rocca di Caldè.

Ringrazio per l'appoggio che si è concretizzato nei modi più disparati, ma ugualmente importanti e graditi: Alberto, Ingo, Carola, Lola, Beppe Bestagno, Rolando, Bruna, Fabrizio, il personale delle biblioteche di Luino, Porto Valtravaglia e Cittiglio, la segretaria di Dario Fo, Silvia, e certamente Dario Fo, senza il quale semplicemente non sarebbe esistito questo lavoro.

Infine, ringrazio col cuore mia moglie Jana e le mie bimbe Olivia, Ella e Tina, le quali hanno tollerato, molto a lungo, che il lavoro svolto abbia sottratto loro l'attenzione che meritano e che vorrei dare loro sempre.

Printed in Poland
by Amazon Fulfillment
Poland Sp. z o.o., Wrocław

39854986R00213